NomosPraxis

Joachim Francke | Dr. Dr. h.c. Alexander Gagel
Dr. Dirk Bieresborn [Hrsg.]

Der Sachverständigenbeweis im Sozialrecht

Inhalt und Überprüfung medizinischer Gutachten

2. Auflage

Dr. jur. Dirk Bieresborn, Richter am Bundessozialgericht, Kassel | **Dr. med. Susanne Dahlmann**, Düsseldorf | **Joachim Francke**, Rechtsanwalt, Fachanwalt für Sozialrecht und Fachanwalt für Medizinrecht, Düsseldorf | **Dr. jur. Dr. h.c. Alexander Gagel**, Vorsitzender Richter am Bundessozialgericht a.D., Kassel | **Manuela Gillner**, Richterin am Sozialgericht, Wiesbaden | **Dr. rer.medic. Andreas Glatz**, Köln | **Paul-Heinz Gröne**, Vorsitzender Richter am Landessozialgericht a.D., Erkrath | **Dr. med. Norbert Hülsmann**, Neuss | **Dr. med. Michael Lorrain**, Düsseldorf | **Dr. med. Marianne Miller**, Waltrop | **Dr. med. Hans-Martin Schian**, Wilnsdorf | **Dr. jur. Gert H. Steiner**, Vorsitzender Richter am Landessozialgericht, Darmstadt | **Dr. med. Heinfried Tintner**, Richter am Landessozialgericht, Essen

Nomos

Deutscher Anwaltverein
Arbeitsgemeinschaft
Sozialrecht

Die Deutsche Nationalbibliothek verzeichnet diese Publikation in der Deutschen Nationalbibliografie; detaillierte bibliografische Daten sind im Internet über http://dnb.d-nb.de abrufbar.

ISBN 978-3-8487-3489-4

2. Auflage 2017

Vorwort zur zweiten Auflage

Bücher können Erfolg haben. Die in der ersten Auflage von *Alexander Gagel* aufgestellten Anforderungen an Beweisbeschlüsse in Rentenverfahren werden inzwischen in der Praxis umgesetzt. Die von ihm kritisierten „herkömmlichen Beweisbeschlüsse“, in denen Mediziner zur Beurteilung von Rechtsbegriffen aufgefordert werden, finden sich heute kaum noch.

Erfolg verwöhnt und führt zum Stillstand. Dem wollen wir mit einer zweiten, erheblich erweiterten Auflage zuvorkommen. Wir haben weitere Rechtsgebiete einbezogen und die dort praxisrelevanten Beweisfragen aus richterlicher Sicht dargestellt.

Dies gilt insbesondere für die gesetzliche Unfallversicherung, in der Kausalitätsfragen eine wichtige Rolle spielen. Dazu hat das BSG einige richtungweisende Entscheidungen verkündet. Der gesetzlich völlig neu geregelte Bereich der Pflegeversicherung wird in der Neuauflage erläutert, auch wenn erst in Zukunft entsprechende Gerichtsentscheidungen ergehen werden. Die Darstellung der neuen Beurteilungsrichtlinien in der Pflegeversicherung wird den Einstieg in die neue Rechtsmaterie erleichtern.

Der gewachsene Aufgabenbereich erforderte ein größeres Team. Es ist uns gelungen, für die einzelnen Rechtsgebiete ausgewiesene Spezialisten des jeweiligen Fachgebietes als Autoren zu gewinnen. Die Beiträge aus den verschiedenen medizinischen Bereichen und zur Qualitätssicherung in der Begutachtung wurden unter Berücksichtigung der aktuellen wissenschaftlichen Diskussion in den Fachzeitschriften, insbesondere der MedSach, erweitert. Ein wesentlicher Bestandteil der Neuauflage bleibt die Darstellung der unterschiedlichen prozessualen Vorgehensweisen des Prozessbevollmächtigten, falls die Beweisaufnahme aus seiner Sicht ungünstig ausgegangen ist. Die Arbeitshilfen für die Mandatsbearbeitung, die sich im Anhang finden, haben wir gezielt um einzelne Rechtsgebiete erweitert.

Die Qualität der medizinischen Begutachtung und auch der auf ihr basierenden gerichtlichen Entscheidungen hat sich stetig verbessert. Die Weiterentwicklung der Medizin führt zu immer besseren Beurteilungskriterien. Diese darzustellen und damit die Transparenz und Gerechtigkeit medizinrechtlicher Entscheidungen, die für den Rechtssuchenden meistens von größter Bedeutung sind, zu erhöhen, haben wir uns wieder zum Ziel gesetzt.

Düsseldorf/Kassel im März 2017

Joachim Francke *Dr. Alexander Gagel* *Dr. Dirk Bieresborn*

Inhaltsübersicht

Inhaltsverzeichnis

Über die Autoren

Dr. jur. **Dirk Bieresborn** ist seit 2013 Richter am Bundessozialgericht und dort dem für die gesetzliche Unfallversicherung zuständigen 2. Senat zugewiesen.

Dr. med. **Susanne Dahlmann**, Fachärztin für Innere Medizin, Rehabilitationswesen, Psychotherapie war bis 2000 an einer Rehaklinik als Funktionsoberärztin tätig und ist seitdem in einer internistischen Gemeinschaftspraxis in Düsseldorf niedergelassen.

Joachim Francke, Fachanwalt für Sozialrecht und für Medizinrecht, hat sich auf die Bearbeitung von Rentenangelegenheiten vor den Sozialgerichten, Zivilgerichten und auch Verwaltungsgerichten spezialisiert und referiert zum Thema „Überprüfung sozialmedizinischer Gutachten“ bei der Deutschen Anwaltakademie und anderen Fortbildungseinrichtungen.

Dr. jur. Dr. hc **Alexander Gagel**, bekannt auch als Herausgeber und Mitautor eines Kommentars zum Arbeitsförderungsrecht, war bis 28. Februar 1998 Vorsitzender Richter des 13. Senats des Bundessozialgerichts, zuständig für Rentenversicherung. Er ist nach Eintritt in den Ruhestand weiter wissenschaftlich tätig und beschäftigt sich schwerpunktmäßig mit Fragen der Rehabilitation, Prävention und sozialmedizinischer Begutachtung.

Manuela Gillner ist seit 2005 als Richterin der hessischen Sozialgerichtsbarkeit in verschiedenen Positionen tätig.

Dr. rer.medic. **Andreas Glatz** ist Medizinsoziologe und hat darüber hinaus an der medizinischen Fakultät der RWTH Aachen am Institut für Arbeitsmedizin und Sozialmedizin zum Themenkreis „Assessments in der arbeits- und sozialmedizinischen Beurteilung“ promoviert. Er ist zu diesem Thema durch verschiedene wissenschaftliche Veröffentlichen hervorgetreten. Dr. Glatz arbeitet als Projektleiter am Institut für Qualitätssicherung in Prävention und Rehabilitation an der Sporthochschule Köln (iqpr) und lehrt zudem an der Otto-Friedrich-Universität Bamberg.

Paul-Heinz Gröne war bis Herbst 2016 als Vorsitzender Richter des unter anderem für Angelegenheiten der Pflegeversicherung zuständigen 10. Senates beim Landessozialgericht Nordrhein-Westfalen tätig. Als Rechtsanwalt und Fachautor liegt sein Schwerpunkt im Sozialrecht, hier insbesondere in der Pflegeversicherung und im Entschädigungsrecht.

Dr. med. **Norbert Hülsmann** ist Facharzt für Orthopädie, war bis 1991 als Oberarzt an einer orthopädischen Klinik in Düsseldorf tätig, hat im Rahmen dieser Tätigkeit viele Gutachten erstellt und ist nun in Neuss bei Düsseldorf niedergelassen.

Dr. med. **Michael Lorrain** ist seit 1989 als Facharzt für Neurologie (Schwerpunktpraxis für neurodegenerative Krankheiten) in Düsseldorf niedergelassen.

Dr. med. **Marianne Miller**, Fachärztin für Psychiatrie und Psychotherapie, war bis 2004 stellvertretende Klinikleiterin einer psychiatrischen Fachklinik. Sie ist jetzt als Psychotherapeutin, Coach und Sachverständige in Waltrop in eigener Praxis niedergelassen.

Dr. med. **Hans-Martin Schian** ist Arbeitsmediziner mit den Fachbereichen Neurologie und Psychiatrie und war bis 2008 wissenschaftlicher Leiter beim Institut für Qualitätssicherung in Prävention und Rehabilitation (IQPR) an der Sporthochschule Köln.

Dr. jur. **Gert H. Steiner** ist Vorsitzender Richter am Hessischen Landessozialgericht in Darmstadt. Im Nebenamt ist er seit dem Jahre 2004 als Lehrbeauftragter für Sozialrecht am Fachbereich Rechtswissenschaften der Philipps-Universität Marburg tätig.

Dr. med. **Heinfried Tintner** ist Richter am Landessozialgericht Nordrhein-Westfalen und auch aufgrund seiner medizinischen Ausbildung in der anwaltlichen, richterlichen und ärztlichen Fort- und Weiterbildung tätig.

Abkürzungsverzeichnis

aA	**andere(r) Ansicht/Auffassung**
aaO	am angegebenen Ort
Abb.	Abbildung
ABl.	Amtsblatt
abl.	ablehnend
Abs.	Absatz
abschl.	abschließend
Abschn.	Abschnitt
Abt.	Abteilung
abw.	abweichend
aE	am Ende
aF	alte Fassung
allg.	allgemein
allgA	allgemeine Ansicht
allgM	allgemeine Meinung
Alt.	Alternative
aM	andere Meinung
amtl.	amtlich
Änd.	Änderung
ÄndG	Änderungsgesetz
ÄndVO	Änderungsverordnung
Anh.	Anhang
Anl.	Anlage
Anm.	Anmerkung
Arch.	Archiv
Arg.	Argumentation
Art.	Artikel
AT	Allgemeiner Teil
Auff.	Auffassung
aufgeh.	aufgehoben
Aufl.	Auflage
Aufs.	Aufsatz
ausdr.	ausdrücklich
ausf.	ausführlich
ausl.	ausländisch
ausschl.	ausschließlich
Az.	Aktenzeichen
BAnz.	**Bundesanzeiger**
BArbBl.	Bundesarbeitsblatt
Bay.	Bayern
bay.	bayerisch
Bbg.	Brandenburg

bbg.	brandenburgisch
Bd.	Band
Bde.	Bände
Bearb.	Bearbeiter, Bearbeitung
bearb.	bearbeitet
Begr.	Begründung
begr.	begründet
Beil.	Beilage
Bek.	Bekanntmachung
Bem.	Bemerkung
Ber.	Berichtigung
ber.	berichtigt
bes.	besonders
Beschl.	Beschluss
Bespr.	Besprechung
bespr.	besprochen
bestr.	bestritten
Betr.	Betreff
betr.	betrifft, betreffend
BezG	Bezirksgericht
BGBl.	Bundesgesetzblatt
BGH	Bundesgerichtshof
Bl.	Blatt
BMAS	Bundesministerium für Arbeit und Soziales
BMG	Bundesministerium für Gesundheit
BMI	Bundesministerium des Innern
BMJV	Bundesministerium der Justiz und für Verbraucherschutz
BMVg	Bundesministerium der Verteidigung
BR	Bundesrat
BRD	Bundesrepublik Deutschland
BR-Drs.	Bundesrats-Drucksache
BR-Prot.	Bundesrats-Protokoll
BSG	Bundessozialgericht
Bsp.	Beispiel
bspw.	beispielsweise
BStBl.	Bundessteuerblatt
BT	Bundestag; Besonderer Teil
BT-Drs.	Bundestags-Drucksache
BT-Prot.	Bundestags-Protokoll
Buchst.	Buchstabe
BVerfG	Bundesverfassungsgericht
BVerwG	Bundesverwaltungsgericht
BW	Baden-Württemberg
bzgl.	bezüglich
bzw.	beziehungsweise

ca.	circa
d.	**der/die/das/den/des/durch**
Darst.	Darstellung
DDR	Deutsche Demokratische Republik
ders.	derselbe
dgl.	dergleichen, desgleichen
dh	das heißt
dies.	dieselbe
diesbzgl.	diesbezüglich
diff.	differenziert, differenzierend
Diss.	Dissertation
div.	diverse
Dok.	Dokument
Drs.	Drucksache
dt.	deutsch
DVO	Durchführungsverordnung
E	**Entwurf**
Ed.	Edition
ehem.	ehemalig/e/er/es
Einf.	Einführung
einf.	einführend
eing.	eingehend
einhM	einhellige Meinung
Einl.	Einleitung
einschl.	einschließlich
EL	Ergänzungslieferung
Empf.	Empfehlung
endg.	endgültig
Entsch.	Entscheidung
Entschl.	Entschluss
entspr.	entspricht, entsprechend
erg.	ergänzend
Ergbd.	Ergänzungsband
Erkl.	Erklärung
Erl.	Erlass, Erläuterung
Erwgr.	Erwägungsgrund
etc	et cetera (und so weiter)
EuG	Gericht erster Instanz der Europäischen Gemeinschaften
EuGH	Europäischer Gerichtshof
europ.	europäisch
eV	eingetragener Verein
ev.	evangelisch
evtl.	eventuell

EWIV	Europäische wirtschaftliche Interessenvereinigung
f., ff.	**folgende Seite bzw. Seiten**
Fn.	Fußnote
G	**Gesetz**
GBl.	Gesetzblatt
GE	Gesetzesentwurf
geänd.	geändert
geb.	geboren
gem.	gemäß
ges.	gesetzlich
ggf.	gegebenenfalls
ggü.	gegenüber
glA	gleicher Ansicht
Grdl.	Grundlage
grdl.	grundlegend
grds.	grundsätzlich
GVBl.	Gesetz- und Verordnungsblatt
GVOBl.	Gesetz- und Verordnungsblatt
hA	**herrschende Ansicht/Auffassung**
Halbbd.	Halbband
HdB	Handbuch
Hess.	Hessen
hins.	hinsichtlich
hL	herrschende Lehre
hM	herrschende Meinung
Hmb.	Hamburg
Hrsg.	Herausgeber
hrsg.	herausgegeben
Hs.	Halbsatz
idF	**in der Fassung**
idR	in der Regel
idS	in diesem Sinne
iE	im Einzelnen
iErg	im Ergebnis
ieS	im engeren Sinne
iHv	in Höhe von
insbes.	insbesondere
insges.	insgesamt
iRd	im Rahmen des/der
iS	im Sinne
iSd	im Sinne des/der
iSv	im Sinne von

iÜ	im Übrigen
iVm	in Verbindung mit
iW	im Wesentlichen
iwS	im weiteren Sinne
iZw	im Zweifel
Jg.	**Jahrgang**
Jge.	Jahrgänge
Jh.	Jahrhundert
JMBl.	Justizministerialblatt
jur.	juristisch
Kap.	**Kapitel, Kapital**
Kl.	Kläger
Komm.	Kommentar
krit.	kritisch
lfd.	**laufend**
Lfg.	Lieferung
LG	Landgericht
li.	links, linke(r)
Lit.	Literatur
LSG	Landessozialgericht
lt.	laut
mÄnd	**mit Änderungen**
mAnm	mit Anmerkung
Mat.	Materialien
maW	mit anderen Worten
max.	maximal
MBl.	Ministerialblatt
mBespr	mit Besprechung
mE	meines Erachtens
mind.	mindestens
Mio.	Million(en)
Mitt.	Mitteilung(en)
mN	mit Nachweisen
Mot.	Motive
mtl.	monatlich
MV	Mecklenburg-Vorpommern
mwH	mit weiteren Hinweisen
mwN	mit weiteren Nachweisen
mWv	mit Wirkung vom
nachf.	**nachfolgend**
Nachw.	Nachweise

Nds.	Niedersachsen
nF	neue Fassung
Nr.	Nummer
nrkr	nicht rechtskräftig
NRW	Nordrhein-Westfalen
nv	nicht veröffentlicht
o.	**oben, oder**
oÄ	oder Ähnliche/s
oa	oben angegeben(e/es/er)
öffentl.	öffentlich
og	oben genannte(r, s)
OLG	Oberlandesgericht
OVG	Oberverwaltungsgericht
rd.	**rund**
RdErl.	Runderlass
RdSchr.	Rundschreiben
re.	rechts, rechte(r)
RegE	Regierungsentwurf
RhPf.	Rheinland-Pfalz
rhpf.	rheinland-pfälzisch
rkr.	rechtskräftig
RL	Richtlinie
Rn.	Randnummer
Rs.	Rechtssache
Rspr.	Rechtsprechung
RVO	Reichsversicherungsordnung (SozR)
S.	**Seite(n), Satz**
s.	siehe
s. o.	siehe oben
s. u.	siehe unten
sa	siehe auch
Saarl.	Saarland
Sachs.	Sachsen
sächs.	sächsisch
SchlH	Schleswig-Holstein
Schr.	Schrifttum, Schreiben
Sen.	Senat
SG	Sozialgericht
Slg.	Sammlung
sog.	so genannt
Sp.	Spalte
st.	ständig
Stellungn.	Stellungnahme

Stichw.	Stichwort
str.	streitig, strittig
stRspr	ständige Rechtsprechung
teilw.	**teilweise**
Thür.	Thüringen
u.	**und, unter, unten**
ua	und andere, unter anderem
uÄ	und Ähnliches
UAbs.	Unterabsatz
UAbschn.	Unterabschnitt
uam	und anderes mehr
uÄm	und Ähnliches mehr
überarb.	überarbeitet
Überbl.	Überblick
überw.	überwiegend
Übk.	Übereinkommen
uE	unseres Erachtens
Umf.	Umfang
umfangr.	umfangreich
umstr.	umstritten
unstr.	unstreitig
unv.	unverändert, unveränderte Auflage
unveröff.	unveröffentlicht
unzutr.	unzutreffend
Urk.	Urkunde
Urt.	Urteil
usw	und so weiter
uU	unter Umständen
uvam	und vieles anderes mehr
uvm	und viele mehr
v.	**vom, von**
va	vor allem
Var.	Variante
vAw	von Amts wegen
Verf.	Verfasser, Verfassung, Verfahren
VerfG	Verfassungsgericht
VerfGH	Verfassungsgerichtshof
Verh.	Verhandlung
Veröff.	Veröffentlichung
Vers.	Versicherung
Vertr.	Vertrag
vertragl.	vertraglich
Verw.	Verwaltung

Vfg.	Verfügung
VG	Verwaltungsgericht
VGH	Verwaltungsgerichtshof
vgl.	vergleiche
vH	von Hundert
VO	Verordnung
Voraufl.	Vorauflage
Vorb.	Vorbemerkung
vorl.	vorläufig
Vorschr.	Vorschrift
vs.	versus
Wiss.	**Wissenschaft**
wiss.	wissenschaftlich
wN	weitere Nachweise
Württ.	Württemberg
württ.	württembergisch
zahlr.	**zahlreich**
zB	zum Beispiel
Ziff.	Ziffer
zit.	zitiert
zT	zum Teil
zul.	zuletzt
zusf.	zusammenfassend
zust.	zustimmend
zutr.	zutreffend
zVb	zur Veröffentlichung bestimmt
zw.	zweifelhaft
zzgl.	zuzüglich
zzt.	zurzeit

§ 1 Das medizinische Gutachten im Sozialgerichtsprozess

A. Einführung

I. Der Anteil medizinrechtlicher Beweisfragen in Sozialgerichtsverfahren

Die Bewertung menschlichen Leistungsvermögens steht im Mittelpunkt einer Vielzahl juristischer Auseinandersetzungen, insbesondere wegen Erwerbsminderungsrenten aus der gesetzlichen, aber auch der privaten Rentenversicherung oder der berufsständischen Versorgung. Für diese Beurteilung benötigt der Jurist die Hilfe des medizinischen Sachverständigen. In der sozialgerichtlichen Praxis stellen medizinrechtliche Fragestellungen den **ganz überwiegenden Anteil** aller Beweisfragen; eine Befragung von Sachverständigen über technische oder berufskundliche Fragen ist in der heutigen sozialgerichtlichen Praxis selten geworden. Durchschnittlich in jedem zweiten sozialgerichtlichen Verfahren wird der dem Juristen fehlende medizinische Sachverstand durch Einholung medizinischer Gutachten ersetzt. 1

In der Diagnose von Erkrankungen sind Mediziner sich häufig einig, die sozial- oder versicherungsmedizinische Beurteilung des Leistungsvermögens wird aber oft kontrovers beurteilt. Mediziner und Juristen unterscheiden sich durch Denkweise und Sprachgebrauch. Fragen und Antworten des Einen sind für den Anderen oft nicht nachvollziehbar. 2

Quantitativ stehen die **Renten- und Schwerbehindertenverfahren** im Vordergrund, danach folgen die Verfahren aus dem Unfall- und Kranken- und Pflegeversicherungsrecht. In jedem Verfahren auf Anerkennung einer Erwerbsminderungsrente ist eine sozialmedizinische Beurteilung erforderlich. Im Jahre 2015 wurden in der gesetzlichen Rentenversicherung 346.335 Erwerbsminderungsrentenanträge gestellt. Ca. 52 % der bearbeiteten Anträge wurde positiv beschieden. Ca. 72 % aller Ablehnungen wurden damit begründet, dass keine Erwerbsminderung vorliege.[1] 3

Das Zugangsalter der Antragsteller für Erwerbsminderungsrenten ist in den letzten 25 Jahren stetig gesunken: Während für die neuen Bundesländer das Zugangsalter bei den Frauen im Jahre 1980 noch bei 57,7 Jahren lag, ist es im Jahre 2014 auf unter 50,6 Jahre abgesunken. Das Zugangsalter für Erwerbsminderungsrenten von Männern betrug im Jahre 1980 noch knapp 54,4 Jahre und ist bis zum Jahre 2014 auf 51,6 Jahre abgesunken. [2] 4

Während nach der Statistik der Rentenversicherungsträger noch 1993 dem größten Anteil der Versicherten Erwerbsminderungsrenten wegen Erkrankungen des Skeletts, der Muskeln oder der Bindegewebe bewilligt wurden, hat sich dieses Verhältnis zwischenzeitlich in Richtung der psychischen Erkrankungen verschoben. Aktuellen Statistiken zu Folge stellen die **psychischen Erkrankungen mit 49,5 % den häufigsten Grund** für die Bewilligung einer Erwerbsminderungsrente, gefolgt von Krankheiten 5

1 Quelle: www.forschung.deutsche-rentenversicherung.de – Statistiken > Rente > Rentenanträge > Januar bis Dezember 2015.

2 Quelle: www.deutsche-rentenversicherung.de > Wir über uns > Fakten und Zahlen > Statistiken > Statistikpublikationen > Rentenversicherung in Zahlen 2015 (download S. 68).

von Skelett, Muskeln und Bindegewebe mit 13,1 %. Danach folgen Neubildungen (Krebserkrankungen) mit 12,5 % und neurologische Erkrankungen mit 6,1 %.[3]

6 Durch die jetzt eingeführte Heraufsetzung des Regel-Rentenalters wird sich der Anteil von Versicherten, die vor Erreichen des Altersruhegeldes Erwerbsminderungsrenten beantragen, weiter erhöhen. In diesem Zusammenhang ist auch ein Ansteigen der Verfahren auf Anerkennung der Schwerbehinderteneigenschaft zu erwarten, zumal gerade in diesem Gebiet die Verwaltungshandhabung immer restriktiver wird und für die Betroffenen die unterschiedliche Behandlung im Vergleich zu Altfällen vielfach nicht nachvollziehbar ist. Wegen der durch den medizinischen Fortschritt steigenden Lebenserwartung der Bevölkerung werden die Aufwendungen für Pflegeleistungen weiter steigen. Die ab dem 1.1.2017 geltenden gesetzlichen Neuregelungen für Leistungsanträge aus der Pflegeversicherung werden zu einem steigenden Bedarf an Pflegegutachten führen.

II. Entscheidungshilfen und Arbeitsmittel für die Überprüfung sozialmedizinischer Gutachten

7 Für den Richter stellt sich die Frage, ob er dem Gutachten, das er in Auftrag gegeben hat, folgen kann. Der Prozessbevollmächtigte muss prüfen, ob und welche prozessualen Mittel er gegen ein für seinen Auftraggeber ungünstiges Gutachten einzusetzen hat.

8 Das vorliegende, von Medizinern und Juristen gemeinschaftlich verfasste Buch soll Verfahrensbevollmächtigten und Richtern Arbeitsmittel und Entscheidungshilfen an die Hand geben: Mediziner der am häufigsten befragten Fachrichtungen erläutern die Bedeutung der von ihnen durchzuführenden Untersuchungen, häufig wiederkehrende Fachbegriffe und besondere Beurteilungsprobleme ihres jeweiligen Gebietes sowie notwendigerweise einzuhaltende **Qualitätsstandards** für sozialmedizinische Begutachtungen.

9 Aus richterlicher Sicht werden Entscheidungshilfen für die Formulierung der dem Mediziner zu stellenden Beweisfragen in den praxisrelevanten Rechtsgebieten zur Verfügung gestellt. Weiterhin werden neue Mittel zur Objektivierung der Begutachtungsergebnisse durch standardisierte Begutachtungsverfahren vorgestellt.

10 Schwerpunkte der Darstellung aus anwaltlicher Sicht sind **Prüfungsreihenfolgen** zur formellen und materiellen Überprüfung von Gutachten sowie eine Darstellung der zur Auswahl stehenden prozessualen Möglichkeiten, ungünstige sozialmedizinische Beurteilungen anzugreifen und eine angemessene sozialmedizinische Bewertung zu erreichen.

11 Die erste Auflage dieses Buch basierte im anwaltlich-juristischen Teil auf Vorträgen des Autors zur Fortbildung von Fachanwälten für Sozialrecht für die Deutsche AnwaltAkademie. In der Anlage finden sich **Mustertexte und Arbeitsmaterialien**, die weitgehend auch für andere sozialgerichtliche Verfahren, in denen medizinische Fra-

3 Quelle: www.deutsche-rentenversicherung.de > Wir über uns > Fakten und Zahlen > Statistiken > Statistikpublikationen > Rentenversicherung in Zahlen 2015 (download S. 57).

gen entscheidungserheblich sind, eingesetzt werden können. Gesetzlich Versicherte haben häufiger private Zusatzversicherungen abgeschlossen, die gelegentlich auf die medizinischen Ermittlungen der Sozialversicherungsträger zurückgreifen wollen. Hier sind bei der Beratung über die Leistungspflicht der Berufsunfähigkeits-, Unfall- und Krankentagegeldversicherung Besonderheiten zu berücksichtigen, die zu abweichenden Beweisfragen und Ergebnissen führen können. Dem Sozial- und Medizinrechtler werden daneben auch Mandate gegen die Versorgungswerke der Freiberufler angetragen. Daher werden auch die Besonderheiten derartiger medizinisch-juristischer Verfahren erläutert.

Zwischen Gerichten und Sachverständigen muss eine klare **Aufgabentrennung** bestehen. 12
Auch wenn durch die medizinischen Gutachten wichtiger Sachverstand in die gerichtlichen Prozesse eingeführt wird, können und dürfen die Mediziner den Gerichten die eigentliche Entscheidung nicht abnehmen. Der Richter darf den medizinischen Standard nicht ohne Sachverständigengrundlage allein aus eigener rechtlicher Beurteilung heraus festlegen.[4] Es bleibt Hauptaufgabe des Gerichtes, den Sachverständigen anzuleiten und den Rechtsstreit zu entscheiden. Der Sachverständige soll dem Gericht die zur rechtlichen Beurteilung erforderlichen tatsächlichen Fragen aus seinem jeweiligen medizinischen Fachgebiet beantworten. Die korrekte Beantwortung richtig gestellter Beweisfragen mit dem dafür notwendigen medizinischen Sachverstand ist Voraussetzung für eine rechtlich fehlerfreie Entscheidung in Streitigkeiten wegen Erwerbsminderung, Krankheit, Behinderung oder Pflegebedürftigkeit, die nicht nur vor den Sozialgerichten, sondern mit teilweise abweichenden Beweisfragen im Bereich der Privatversicherung vor den Zivilgerichten und bei berufsständisch Versicherten vor den Verwaltungsgerichten ausgetragen werden.

Das Erfordernis, die Qualität medizinischer Gutachten zu überprüfen und zu gewähr- 13
leisten, stellt sich nicht nur aus der Sicht der rechtsuchenden Partei, sondern auch für Verwaltung[5] und Gerichte. **Fortbildungsveranstaltungen zur Qualitätssicherung** bei Begutachtungen werden von den Sozialgerichten und auch von der Privat-Versicherungsbranche durchgeführt. Das Bundesministerium für Gesundheit hat Forschungsvorhaben zur Qualitätssicherung in Prävention und Rehabilitation gefördert. Die Beurteilungsbögen der Rentenversicherungsträger zur Qualitätsanalyse ärztlicher Gutachten können auch aus anwaltlicher Sicht als Qualitätsmaßstab für die Prüfung sozialmedizinischer Gutachten herangezogen werden.[6] Entsprechendes gilt für die vom Institut für Qualitätssicherung in Prävention und Rehabilitation an der Deutschen Sporthochschule (IQPR) durchgeführten Untersuchungen und zusammengestellten Materialien.[7] Wenn die dort gestellten Anforderungen von einem Gerichtsgutachten nicht erfüllt werden, besteht die Möglichkeit, dieses anzugreifen und den Richter davon zu überzeugen, dass ein qualitativ besseres Gutachten einzuholen ist.

4 BGH 29.11.1994 – VI ZR 189/93 (Leitsatz); BSG 24.7.2012 – B 2 U 9/11 R (Leitsatz); BSG 4.3.2014 – B 1 KR 113/12 B –, juris Rn. 8.

5 Vgl. Abschlussbericht der Kommission zur Weiterentwicklung der Sozialmedizin in der gesetzlichen Rentenversicherung – SOMEKO – Schriftenreihe der DRV, Band 53 März 2004.

6 www.deutsche-rentenversicherung.de >Zielgruppen > Sozialmedizin und Forschung > Sozialmedizin > Sozialmedizinische Begutachtung.

7 www.iqpr.de > abgeschlossene Projekte > PVRE.

14 Gerade dem Juristen sollte bewusst sein, dass vermeintlich feststehende Sachverhalte unterschiedlich beurteilt werden können. Viele sozialmedizinische Beurteilungen lassen sich widerlegen. Es ist Aufgabe des im Medizinrecht tätigen Juristen, unter Berücksichtigung der Darstellung des Mandanten zu überprüfen, ob dem medizinischen Sachverständigen alle für seine Beurteilung erforderlichen Informationen zur Verfügung gestanden haben sowie verwertet wurden und ob die Begründung für die sozialmedizinische Beurteilung angreifbar erscheint. Die Untersuchungen des medizinischen Sachverständigen für den Juristen verständlich zu machen und das zur Überprüfung der Beurteilung notwendige Instrumentarium in kompakter Form darzustellen, ist Ziel dieses Buches.

15 Für den rechtsuchenden Versicherten werden sozialmedizinische Fragestellungen am häufigsten im Bereich des Sozialversicherungsrechtes relevant. Die für dieses Rechtsgebiet gewonnenen Erkenntnisse zur Überprüfung sozialmedizinischer Gutachten lassen sich aber – angepasst auf die jeweiligen vertraglichen, satzungsmäßigen oder gesetzlichen Bestimmungen – auch auf Verfahren vor den Zivil- und Verwaltungsgerichten übertragen.

B. Erfolgsaussichten von Rechtsmitteln

16 Die Erfolgsaussichten medizinrechtlicher Klageverfahren vor den Sozialgerichten sind unterschiedlich in Abhängigkeit vom jeweiligen Rechtsgebiet.

I. Schwerbehindertenrecht

17 Die größten Erfolgsaussichten dürften auf dem Bereich des Schwerbehindertenrechtes liegen. Hier sind selbst nach eigenen Angaben der Verwaltung Erfolgsquoten von bis zu 50 % möglich. Dies liegt in den verfahrensmäßigen Eigenheiten der Schwerbehindertenverfahren begründet: Deren Verwaltungsentscheidungen ergehen in aller Regel auf der Basis von Kurzgutachten nach Aktenlage auf der Grundlage knapper Befundberichte der behandelnden Ärzte. Schon durch diese Verfahrensweise ergibt sich zwangsläufig eine höhere Fehlerquote als bei einer Verwaltungsentscheidung nach tatsächlicher körperlicher und apparativer Untersuchung der Probanden.

II. Rentenverfahren

1. Klageverfahren

18 Aber auch in Rentenverfahren wegen Erwerbsminderungsrenten sind Erfolgsquoten von bis zu 50 % realistisch, wenn bei der Mandatsannahme durch den Anwalt eine summarische „Schlüssigkeitsprüfung“ anhand der eigenen Angaben des Mandanten durchgeführt wird. Nach älteren Statistiken der Rentenversicherungsträger liegt die Erfolgsquote in Rentenverfahren zwar „lediglich“ bei ca. **einem Drittel** aller Verfahren. Wenn man aber berücksichtigt, dass hier Verwaltungsentscheidungen getroffen werden, in denen mittelbar über das Wohl und Wehe ganzer Familien entschieden wird, ist diese Abänderungsquote immer noch viel zu hoch. Allerdings ist zu berücksichtigen, dass aufgrund der relativ langen Verfahrensdauer oft neue Leiden hinzutre-

ten, die im Verlaufe des Verfahrens zu einer weiteren Herabsetzung des Leistungsvermögens oder einem Hinzutreten neuer Behinderungen führen.

2. Widerspruchsverfahren

Die Erfolgsquote im Widerspruchsverfahren ist bei weitem geringer als in Klageverfahren und liegt nach früher veröffentlichten Statistiken (insbesondere aus dem Bereich der Rentenversicherung) und anwaltlicher Erfahrung bei maximal 20 %. Der Grund hierfür dürfte darin liegen, dass im Widerspruchsverfahren in den seltensten Fällen neue Gutachten anderer Ärzte eingeholt werden, sondern dass den Beratungsärzten die Begründung des Widerspruchsführers vorgelegt wird und eine Überprüfung nach Aktenlage stattfindet. Hierauf sollten die Mandanten im Erstgespräch hingewiesen werden, um unnötige Enttäuschungen über den Ausgang des Widerspruchsverfahrens zu vermeiden. Zu berücksichtigen ist auch, dass die Gerichtsbarkeit, zumindest in einigen Bundesländern, inzwischen oftmals schneller arbeitet als die Verwaltung. Von den Sozialrichtern wird in aller Regel auch darauf geachtet, dass die von ihnen beauftragten Gutachter nicht identisch mit denjenigen sind, die regelmäßig für bestimmte Versicherungsträger tätig werden. Dass die Erwartungshaltung des jeweiligen Auftraggebers zwar nicht für den Ausgang des Gutachtens maßgeblich sein sollte, in der Praxis aber oft ist, ist eine berufliche Erfahrung aller Beteiligten an Verfahren, in denen sozialmedizinische Beurteilungen entscheidungserheblich sind. 19

III. Gesetzliche Unfallversicherung

Die Erfolgsaussichten von Klagen sind im Bereich der gesetzlichen Unfallversicherung am niedrigsten, soweit Streitgegenstand die Bewertung der Minderung der Erwerbsfähigkeit (MdE) von Unfallfolgen ist. In der medizinischen Fachliteratur existiert ein weitgehender Konsens über die MdE-Einschätzung bei bestimmten Unfallverletzungen. Etwas anderes gilt für **Kausalitätsbeurteilungen**, da die medizinischen Sachverständigen gelegentlich falsche Vorstellungen von den gesetzlichen Vorgaben haben oder von der Verwaltung juristisch unrichtige Beweisfragen gestellt wurden (vgl. hierzu nachstehend § 4 Rn. 15 ff.). Wenn Gerichtsgutachten von denen der Unfallversicherungsträger abweichen, werden häufig umfangreiche medizinische Stellungnahmen vorgelegt, die das abweichende Gutachten widerlegen sollen. Insgesamt wird die rechtliche Auseinandersetzung in diesem Bereich „härter" geführt als in anderen Bereichen der Sozialversicherung. 20

IV. Berufsständische Versorgungseinrichtungen

Klagen gegen ablehnende Rentenbescheide berufsständischer Versorgungseinrichtungen sind vor den **Verwaltungsgerichten** zu verhandeln (zu den unterschiedlichen Anspruchsvoraussetzungen vgl. nachstehend § 8 Rn. 39). Obgleich auch dort der Amtsermittlungsgrundsatz gilt, werden die für eine Verlaufsbeurteilung durch den medizinischen Sachverständigen wichtigen Befundberichte der behandelnden Ärzte selten eingeholt. Die Bereitschaft, Verwaltungsgutachten durch Gerichtsgutachten zu überprüfen, ist bei der Verwaltungsgerichtsbarkeit im Vergleich zur der Sozialgerichtsbar- 21 keit deutlich reduziert.[8] Hier sollte und muss – gegebenenfalls schon im Antragsverfahren – mit Parteigutachten gearbeitet werden, um die Besonderheiten und Auswirkungen der Erkrankungen des Mandanten rechtzeitig herauszuarbeiten.

V. Privatversicherung

22 Dem Sozialgerichtsprozess ähnliche Beweisfragen stellen sich auch bei ablehnenden Entscheidungen privater Versicherungsträger über Anträge auf Berufsunfähigkeitsrenten oder auf Leistungen einer privaten Unfallversicherung. Wenn der gesetzlich versicherte Mandant Zusatzversicherungen abgeschlossen haben sollte, sind Mandate aus beiden Rechtsgebieten oft parallel zu führen. Zu beachten sind die unterschiedlichen Anspruchsvoraussetzungen, die den jeweiligen Versicherungsbedingungen zu entnehmen sind. Dies gilt insbesondere für den Begriff der „Berufsunfähigkeit", der nicht mit dem der Sozialversicherung gleichzusetzen ist und in den einzelnen Zweigen der Privatversicherung unterschiedlich definiert wird. In jedem Einzelfall ist zu prüfen, ob auf die letzte Tätigkeit abzustellen ist oder ob der Versicherer auf vergleichbare Tätigkeiten verweisen kann. Private Versicherungen entscheiden über Leistungsanträge aufgrund von Gutachten ihrer Beratungsärzte oder sog „freier Gutachter". Die Qualität dieser Gutachten ist sehr unterschiedlich. Da sich die Erstellung von Gutachten für manche niedergelassenen Ärzte als von der Budgetierung nicht erfasste **Zusatzeinnahme** etabliert hat und private Gutachtenaufträge besser honoriert werden als Aufträge der gesetzlichen Versicherungsträger, sind viele Ärzte und auch Gutachtenstellen an Kliniken oder Hochschulen daran interessiert, dass auch in Zukunft Gutachtenaufträge eingehen werden. Dass die **Erwartungshaltung** des jeweiligen Auftraggebers in Zweifelsfällen nicht ohne Einfluss auf das Ergebnis bleibt, wird von etablierten Sachverständigen vehement bestritten, entspricht aber anwaltlicher und richterlicher Erfahrung. Da solche Gutachten meist aufgrund einmaliger Untersuchung des Versicherten erstellt werden und dem Gutachter Befundberichte nur dann zur Verfügung stehen, wenn sie vom Versicherten vorgelegt wurden, fehlt in derartigen Gutachten häufig die zwingend notwendige Verlaufsbeurteilung der bisherigen Therapie (zur Verlaufsbeurteilung vgl. nachstehend § 1 Rn. 44 und § 11 Rn. 78 ff.). Psychosomatische Faktoren für eine Leistungsminderung werden häufig übersehen oder ignoriert.

23 Klagen gegen ablehnende Regulierungsentscheidungen privater Versicherer sind vor den **Zivilgerichten** zu führen, bei denen der Kläger nach dem Beibringungsgrundsatz alle erforderlichen Beweismittel und damit auch Befundberichte über die bisherigen Therapien vorzulegen hat. Vom Anwalt ist in derartigen Verfahren mehr vorbereitende Aufklärungsarbeit zu leisten als bei solchen, in denen eine gesetzliche Amtsermittlungspflicht besteht und auch tatsächlich erfüllt wird.

---

8 Vgl. Zitate aus dem Schreiben des Präsidenten des OVG NRW an den Justizminister vom 24.2.2003, AnwBl. 2004, 106.

VI. Zusammenfassung

Für alle Rechtsgebiete gilt, dass der Gutachter bei einer Ausübung eines Beurteilungsspielraumes zugunsten des Versicherten damit rechnen muss, vom wachsamen Versicherungsträger durch Vorlage von Gegengutachten medizinisch qualifiziert kritisiert und ggf. widerlegt zu werden. Umgekehrt, d.h. von Seiten der Versicherten, ist eine derartig **substantiierte Kritik** eher der Ausnahmefall: Über Beratungsärzte oder medizinische Grundkenntnisse verfügen nur wenige, spezialisierte Anwaltspraxen. Die Kosten für Partei- oder Gegengutachten sind von den erkrankten Versicherten häufig nicht aufzubringen. Rechtsschutzversicherer sind für Parteigutachten nicht eintrittspflichtig. In Sozialgerichtsverfahren werden Anträge auf Anhörung des Arztes des Vertrauens nach § 109 SGG prozesstaktisch häufig falsch vorbereitet und gestellt (vgl. hierzu nachstehend § 11 Rn. 131ff)). Das Risiko widerlegt und damit beim Gericht unglaubwürdig zu werden ist für den als Sachverständigen tätigen Arzt somit bei weitem geringer, wenn er sich bei seiner Beurteilung eher der Position des Versicherers annähert. 24

C. Schlüssigkeitsprüfung bei der Mandatsannahme

Es macht keinen Sinn, ein Klageverfahren einzuleiten, wenn die gesetzlichen Anspruchsvoraussetzungen schon nach der **eigenen Darstellung des Mandanten** nicht gegeben sind. Es ist daher empfehlenswert, den Mandanten beim Erstgespräch nicht uferlos von der Vielzahl seiner Erkrankungen unter genauer Aufzählung der Diagnosen und jahrelanger Behandlungen berichten zu lassen, sondern als Anwalt aktiv die Gesprächsführung zu übernehmen und den Mandanten insbesondere nach den konkreten Auswirkungen der einzelnen Erkrankungen auf sein Leistungsvermögen zu befragen. Maßgeblich für die Beurteilung des Leistungsvermögens ist nämlich nicht die Diagnose einer bestimmten Erkrankung, sondern die durch sie bedingten Leistungseinbußen. Viele identische Diagnosen können sich je nach Schweregrad oder Fortschritt der Erkrankung im Hinblick auf objektivierbare Beeinträchtigungen völlig unterschiedlich auswirken. 25

Eine Arbeitshilfe sind hier standardisierte Aufnahmebögen, in denen die einzelnen für das jeweilige Rechtsgebiet in Betracht kommenden Fragen in Form einer Prüfungsreihenfolge abgefragt werden. Derartige Formulare werden von vielen Sozialrichtern nach Klageeingang standardmäßig an die Kläger versandt. Ein Formulierungsvorschlag in Erweiterung der in NRW gebräuchlichen Fragebögen findet sich im Anhang A. I. dieses Buches. 26

Lange medizinische Ausführungen in anwaltlichen Schriftsätzen, insbesondere zu den einzelnen Diagnosen, werden „im doppelten Sinne“ nicht honoriert. Das Gericht ermittelt regelmäßig nur den Schwerpunkt der Gesundheitsstörungen des Klägers und muss mangels eigener medizinischer Sachkunde auf dem jeweiligen Fachgebiet zur Aufklärung des sozialmedizinisch relevanten Sachverhaltes dadurch aktiv werden, dass es entsprechende medizinische Sachverständige einschaltet.[9] Der Jurist, der ange- 27

9 BGH 29.11.1994 – VI ZR 189/93 (Leitsatz); BSG 24.7.2012 – B 2 U 9/11 R (Leitsatz); BSG 4.3.2014 – B 1 KR 113/12 B –, juris Rn. 8.

lesene oder vom Mandanten übernommene medizinische Detailkenntnisse in seinen Schriftsatz aufnimmt, läuft Gefahr, vom medizinisch geschulten Sachverständigen in Einzelfragen, die nicht einmal streitentscheidend sind, widerlegt zu werden, was sich auf die Schlüssigkeit seines (viel wichtigeren!) Vorbringens zu den Folgen der von ihm darzustellenden Erkrankungen seines Mandanten negativ auswirken kann.

28 Wesentlich für die Beurteilung der Leistungsminderung ist nicht die Frage, ob bestimmte Diagnosen zutreffen, sondern die Frage, wie die einzelnen Krankheiten sich konkret auf die Leistungsfähigkeit auswirken. Bei gleicher Diagnose können sich in Abhängigkeit vom Schweregrad der Erkrankung und auch von der Disposition des zu Beurteilenden völlig unterschiedliche Auswirkungen ergeben! Bedeutend wichtiger als die medizinisch korrekte und im einzelnen spezifizierte Darstellung der einzelnen Diagnosen ist somit die Darlegung, wie die Erkrankungen unterschiedlicher körperlicher oder seelischer Funktionssysteme sich auf die **Leistungsfähigkeit des Betroffenen** auswirken.

29 Rentenverfahren wegen Erwerbsminderung sind in Bezug auf die wirtschaftliche Bedeutung für den Mandanten herausragend. Viele Kläger können sich nach längerer Krankheit bzw. Arbeitslosigkeit einen Arbeitsalltag überhaupt nicht mehr vorstellen. In diesem Falle sollte man den Mandanten veranlassen, seinen typischen **Tagesablauf** zu schildern und ihn zu befragen, aus welchen Gründen er beispielsweise meint, nach einer bestimmten Tätigkeitsdauer eine Pause einlegen oder sich gar hinlegen zu müssen oder warum er der Auffassung ist, seine oder eine körperlich leichte Arbeit nicht weiter verrichten zu können. Diese genaue „Anamnese“ wird später wesentlicher Teil der Klage- oder Widerspruchsbegründung. Verfehlt wäre es insbesondere, nach umfänglicher Wiedergabe der Krankenakte schlicht vorzutragen, dass „deshalb der Kläger nicht mehr arbeiten kann“.

30 Dies gilt sowohl für die Darlegungen des Anwaltes im vorgerichtlichen Bereich als auch im Klageverfahren, auch wenn man sich als Anwalt (und als Mandant) darüber im Klaren sein muss, dass den Ausführungen im Verwaltungsverfahren häufig nicht im Einzelnen nachgegangen wird, sondern die formularmäßige Antwort erfolgt, dass das Vorbringen im Widerspruchsverfahren keinen Anlass zu einer anderen Beurteilung als im Ausgangsbescheid gibt.

31 Wenn der Anwalt das Mandat bereits im vorgerichtlichen Bereich annimmt und den Sachverhalt im Erstgespräch sorgfältig aufgenommen und dargestellt hat, ist schon die wesentliche Vorarbeit für die Begründung der wahrscheinlich notwendig werdenden Klageschrift geschaffen.

D. Verfahrensdauer und Vorschläge zur Beschleunigung sozialgerichtlicher Verfahren

32 Betroffene, Anwälte und Gerichte haben ein gemeinsames Interesse an einer möglichst zügigen Verfahrenserledigung. Dabei darf Geschwindigkeit allerdings nicht zulasten der Qualität der Sachverhaltsaufklärung und der Entscheidung gehen. Wenn sich das Verfahren zu lange hinauszieht, wird der Anwalt durch häufige Rückfragen seiner von Existenzängsten geplagten Mandanten von seiner eigentlichen Arbeit ab-

gehalten. Eine längere Verfahrensdauer verursacht auch in der Anwaltskanzlei höhere Kosten für die ohnehin unterdurchschnittlich honorierten sozialgerichtlichen Verfahren. Insofern entspricht es auch dem Interesse des Anwaltes, dem Richter unnötige Arbeit abzunehmen oder diese zu beschleunigen.

I. Rechtsmittelfristen nicht ausschöpfen

Der erste Ansatz zur Verfahrensbeschleunigung entstammt der Erkenntnis, dass es erste Aufgabe des Richters ist, die **Rechtzeitigkeit der Klageerhebung** zu überprüfen. Wenn die Klage erst am letzten Tag des Fristablaufes eingeht, müssen zunächst die Verwaltungsakten angefordert werden und das Datum der Zustellung des Widerspruchsbescheides an die klagende Partei ermittelt werden. Dieser Verfahrensschritt wird entbehrlich, wenn die Klageschrift innerhalb der Monatsfrist nach Datum des Bescheides eingeht. Aus diesem Grunde sollten in sozialgerichtlichen Verfahren Rechtsmittelfristen nicht nach dem Zustellungsdatum, sondern nach dem Bescheiddatum notiert und erledigt werden. 33

II. Verwendung von Fragebögen

Ein weiterer früher Verfahrensschritt jedes medizinrechtlichen Prozesses vor den Sozialgerichten ist die schriftliche Befragung des Klägers nach seinen **behandelnden Ärzten**, verbunden mit einer Entbindung von der ärztlichen Schweigepflicht und gegebenenfalls einer Einverständniserklärung zur Beiziehung von Verwaltungsakten anderer Versicherungsträger. In der sozialgerichtlichen Praxis wird die Klage zunächst nach Eingang EDV-mäßig erfasst und dann dem Richter vorgelegt. Dieser verfügt dann die Zustellung eines Fragebogens an den Prozessbevollmächtigten der klagenden Partei. 34

Hinweis: Die bis zum Eingang des Fragebogens bei dem Kläger verstreichende Zeit kann man dadurch einsparen, dass der Fragebogen mit der Entbindungserklärung von der ärztlichen Schweigepflicht direkt mit der Klageschrift an das Sozialgericht übersandt wird. 35

Die einzelnen Gerichte haben ihre Standard-Fragebogen häufig im Internet veröffentlicht.[10] Sie können also frühzeitig heruntergeladen, ausgedruckt und ausgefüllt werden. Aufgrund der richterlichen Unabhängigkeit ist es jedoch jedem Richter unbenommen, eigene Fragebögen zu entwickeln und zu verwenden. Häufig sind diese Fragebogen umfangreicher und gezielter als die im Internet veröffentlichten „amtlichen Fragebögen“, die zudem noch den Nachteil haben, dass die für das handschriftliche Ausfüllen vorgesehenen Spalten oft so klein sind, dass es selbst einem gesunden Kläger schwer fällt, diese lesbar auszufüllen. 36

In der Praxis akzeptiert werden Fragebögen, die kumulativ den Wünschen und individuellen Vorstellungen aller Richter gerecht werden (siehe Vorschlag für NRW als Anhang A I. in diesem Buch). Ein solcher Fragebogen ist zwar etwas umfangreicher als der „amtliche“, dafür erspart er aber Rückfragen und Ergänzungswünsche des Gerichtes. Das Ausfüllen dieses Fragebogens beim Erstgespräch gemeinschaftlich mit 37

10 www.sozialgerichtsbarkeit.de.

dem Mandanten hat auch den Vorteil, dass die „anwaltliche Anamnese" beim Erstgespräch nachvollziehbar dokumentiert und dafür Sorge getragen wird, dass alle erforderlichen Angaben (mit der gebotenen Kürze) **lesbar** und mit allen Anschriften direkt mit der Klageerhebung zu Gericht gelangen.

38 Alternativ kann man dem Mandanten den Fragebogen nach Hause mitgeben und ihn sich – rechtzeitig vor Ablauf der Klagefrist – zurückschicken lassen. Diese Handhabung versetzt den Richter in die Lage, unmittelbar nach dem Anlegen der Stammdaten der Gerichtsakte und parallel mit der Anforderung der Verwaltungsakten bereits Befundberichte von den behandelnden Ärzten anzufordern.

39 Dabei sollten **unnötige Angaben** beim Ausfüllen der Fragebögen vermieden werden. Die behandelnden Ärzte sind nach ihrem jeweiligen Fachgebiet und dem Gegenstand ihrer Behandlungen zu bezeichnen. Dies gilt beispielsweise dann, wenn ein Orthopäde ein Rückenleiden und ein anderer die Kniegelenkserkrankung behandelt. Zeitlich weit zurückreichende Angaben über ärztliche Behandlungen sollten vermieden werden, da sie für die sozialmedizinische Beurteilung der aktuellen Beschwerden meistens nicht relevant sind und vom Richter deshalb ohnehin nicht durch Befundberichte abgefragt werden. Freunde schafft man sich unter Richtern und nachhaltig auch bei den Mitarbeitern der Geschäftsstellen, wenn man als Anwalt in dem Fragebogen die genauen Anschriften mit Postleitzahlen gut lesbar angibt.

40 Angaben zu **Krankenhausaufenthalten** können durch Übermittlung von Entlassungsberichten, die die Mandanten häufig von sich aus zu den Besprechungen schon mitbringen, konkretisiert werden. Da die meisten Sozialrichter zunächst nur Behandlungsberichte der behandelnden Ärzte anfordern und diese die ihnen vorliegenden Krankenhausentlassungsberichte fast immer mit übersenden, erübrigen sich Anfragen bei den Krankenanstalten nach Befundberichten somit in den meisten Fällen. Sofern der Mandant ärztliche Befundunterlagen zur Besprechung mitbringt, sollten Kopien mit der Klage und dem Fragebogen bei Gericht eingereicht werden.

E. Bedeutung ärztlicher Befundberichte

41 Die Bedeutung der Befundberichte, die das Sozialgericht in aller Regel als Erstes von den behandelnden Ärzten anfordert, wird von diesen häufig als „bloß ein weiteres auszufüllendes Formular" unterschätzt. Der Befundbericht ist dagegen sowohl für die Entscheidungsfindung des Richters als auch die Bewertung des Gutachters aus mehreren Gründen unentbehrlich.

I. Diagnose

42 Der Befundbericht enthält zunächst Diagnosen. Er versetzt Anwalt und Gericht in die Lage zu überprüfen, ob bestimmte Erkrankungen von den Gutachtern des außergerichtlichen bzw. Verwaltungsverfahrens übersehen wurden.

II. Einschätzung der behandelnden Ärzte

Die meisten Gerichte fragen in den Befundberichten auch nach der Einschätzung des behandelnden Arztes über das Leistungsvermögen des Klägers. Ein Gericht kann seine Entscheidung zwar nicht ausschließlich auf die Beurteilung behandelnder Ärzte stützen. Dennoch ist die Beantwortung dieser Frage für den Richter insofern wichtig, als er hiernach entscheidet, ob die Einholung von Sachverständigengutachten und, falls ja, auf welchem Fachgebiet, erforderlich ist. Wenn alle behandelnden Ärzte einheitlich bestätigen, dass der Kläger zwar krank ist, die Erkrankung auf ihrem Fachgebiet aber nicht dazu führt, dass er weniger als drei, sechs oder acht Stunden arbeiten kann, wird der Richter sich genau überlegen, ob er die Staatskasse mit kostspieligen Gutachten nach § 106 SGG belastet. 43

III. Darstellung bisheriger therapeutischer Maßnahmen

Auch für den später gerichtlich eingeschalteten Sachverständigen sind dezidierte Befundberichte für seine sozialmedizinische Beurteilung wichtig: Anhand der Befundberichte kann er sehen, welche therapeutischen Maßnahmen die behandelnden Ärzte eingeleitet und zu welchem Erfolg oder Misserfolg diese geführt haben (**Verlaufsbeurteilung**). Ein dezidierter Befundbericht mit Darstellung bisheriger Behandlungsmaßnahmen und klinisch objektivierbarer Befunde nach durchgeführten Behandlungsmaßnahmen macht es dem Sachverständigen schwer, in seinem Gutachten später zu behaupten, dass die Erkrankung des Klägers bei ordnungsgemäßer Therapie innerhalb kürzerer Zeit behandelt werden könnte und dann keine gravierende Leistungsminderung mehr vorliege. 44

Daneben darf auch nicht unterschätzt werden, dass ein Befundbericht, der Auskunft über eine sorgfältige Diagnostik und umfangreiche (aber erfolglose) Therapie gibt, dem Sachverständigen auch zeigt, dass der behandelnde Fachkollege sämtliche Möglichkeiten seines medizinischen Fachgebietes ausgeschöpft hat und deshalb weitere therapeutische oder rehabilitative Maßnahmen keine **Aussicht auf Erfolg** haben. 45

In der Praxis sieht man bedauerlicherweise häufig kaum lesbare und nur in Stichworten ausgefüllte Befundberichte, was möglicherweise an der unzureichenden Honorierung für diese Tätigkeit liegt. Eine Verzögerung vieler sozialgerichtlicher Verfahren tritt dadurch ein, dass manche behandelnden Ärzte Befundberichte nicht oder erst nach mehrfacher richterlicher Anmahnung oder Androhung der persönlichen Vernehmung übersenden. Das Erstellen von Befundberichten wird von vielen Ärzten zu Recht als lästig empfunden, insbesondere dann, wenn der Patient wegen seiner Erkrankung seinen Arbeitsplatz verliert, zeitgleich einen Antrag auf Anerkennung als Schwerbehinderter und einen Rentenantrag stellt und sich möglicherweise auch noch der medizinische Dienst des Arbeitsamtes zur Prüfung der Verweisbarkeit einschaltet und alle Beteiligten eigene Befundberichte anfordern. Oft zu Recht fragen sich viele Ärzte, weshalb jede einzelne Behörde ihren eigenen Bericht anfordert, die Gerichte sich mit den Befundberichten, die gegenüber der Verwaltung bereits abgegeben wurden, häufig nicht zufrieden geben und sie die ganze Arbeit noch mal machen müssen und warum das gesamte Verfahren nicht koordiniert werden kann. 46

47 Gerade Rentenverfahren haben für die klagende Partei existentielle Bedeutung. Um unnötige Rückfragen im Laufe des Verfahrens zu vermeiden, können die Mandanten mit der Übersendung der Klageschrift schriftlich über den weiteren Gang des Verfahrens informiert und aufgefordert werden, die **Ärzte** beim nächsten Besuch **darauf vorzubereiten,** dass sie demnächst vom Gericht wegen ihres Rentenverfahrens angeschrieben werden und sie es durch schnelle Erstellung des Befundberichtes in der Hand haben zu verhindern, dass das Klageverfahren länger läuft als die Krankengeld- oder Arbeitslosengeldzahlung. Gerade bei multimorbiden und daher „guten" Patienten wird der Arzt dann bestrebt sein, den Befundbericht möglichst schnell an das Gericht zu versenden, wenn sein Patient ihn darum bittet und noch höflich auf die überragende Bedeutung des Berichts hinweist. Diese Vorgehensweise ist häufig viel effektiver als spätere gerichtliche Drohbriefe. Manche „gerichtserfahrenen" Hausärzte wissen nämlich genau, dass es völlig ausreichend ist, einen lustlos erstellten Befundbericht erst einen Tag vor der Anberaumung des Vernehmungstermins zu den Gerichtsakten zu reichen.

48 **Hinweis:** Jede Aktenwiedervorlage kostet den Anwalt Zeit und damit Geld. Vom Gericht zur Kenntnisnahme in Kopie übermittelte einzelne Befundberichte sollten gesammelt und am besten in Verbindung mit der schriftsätzlichen Stellungnahme des Anwaltes an das Gericht, ob und in welchen Fachgebieten Sachverhaltsaufklärung zu betreiben ist, an den Mandanten verschickt werden. Hier bietet sich für den Prozessbevollmächtigten die erste Möglichkeit, auf den späteren Beweisbeschluss Einfluss zu nehmen.

§ 2 Bedeutung der Beweisbeschlüsse und Beweisfragen aus richterlicher Sicht

A. Einleitung

In kaum einer Gerichtsbarkeit kommt medizinischen Sachverständigengutachten eine so große Bedeutung zu wie in der Sozialgerichtsbarkeit. Zumindest in den "klassischen" Sozialversicherungsgebieten kommen die Spruchkörper nur selten umhin, den fehlenden medizinischen Sachverstand mittels Beauftragung von Sachverständigen "einzukaufen". Häufig steht und fällt die Akzeptanz einer Gerichtsentscheidung mit der Qualität der zuvor eingeholten Gutachten. Da es trotz der gelegentlich für Sachverständige zu hörenden Bezeichnung als „Richter in Weiß" die Berufsrichter sind, denen die Entscheidung des Rechtsstreits obliegt, ist die Beachtung der Rollenverteilung zwischen den agierenden Gerichtspersonen von enormer Wichtigkeit. Hierbei kommt der Formulierung geeigneter, mit der Beweisanordnung einhergehender Beweisfragen große Bedeutung zu. 1

B. Begriffsbestimmungen

Unter einem **Gutachten** wird die umfassende wissenschaftliche Bearbeitung einer im konkreten Fall relevanten fachlichen Fragestellung durch den Sachverständigen verstanden.[1] Keine Gutachten sind lediglich **medizinische Stellungnahmen** sowie Schriftsätze des Sozialleistungsträgers, selbst wenn diese den Inhalt beratungsärztlicher Äußerungen wiederholen.[2] Zur **Abgrenzung** wird teilweise in der Rechtsprechung auf den Schwerpunkt der ärztlichen Äußerung abgestellt: Stellt sie sich als fachärztliche, kritische Bewertung eines vorher eingeholten Gutachtens dar, die nicht überwiegend von eigenen gutachtlichen Auswertungen der Akten und eigenen gutachtlichen Schlussfolgerungen geprägt ist, handelt es sich z.B. um kein Gutachten.[3] Ein solches liegt aber vor, wenn ein Gutachten angefordert oder ausweislich seiner Bezeichnung erstellt und übersandt oder abgerechnet wurde.[4] Auf den Umfang alleine kommt es hierbei nicht an.[5] Das LSG Baden-Württemberg stellt zur Abgrenzung eines Gutachtens von einer beratungsärztlichen Stellungnahme auf die Kombination äußerer und innerer Faktoren ab.[6] 2

Als **Sachverständigengutachten** werden in der Regel solche Gutachten bezeichnet, die durch das Gericht in Auftrag gegeben werden. 3

Unter **Parteigutachten** werden im Zivilprozess solche verstanden, die sich eine Partei (vgl. § 50 ZPO) bei einem von ihr ausgewählten Sachverständigen z.B. vorprozessual 4

1 BSG 5.2.2008 – B 2 U 8/07 R – juris Rn. 16, 19, 26 bzw. BSG 5.2.2008 – B 2 U 10/07 R – juris Rn. 16, 19, 26.
2 LSG Baden-Württemberg 28.10.2011 – L 8 U 5734/10 – juris Rn. 42.
3 LSG Baden-Württemberg 28.10.2011 – L 8 U 5734/10 – juris Rn. 44 f zu § 200 SGB VII; s zu dieser Problematik Rn. 41.
4 LSG Nordrhein-Westfalen 17.3.2010 – L 17 U 191/09; BSG 18.1.2011 – B 2 U 5/10 R, SozR 4-2700 § 200 Nr. 3 = juris Rn. 338.
5 Hessisches LSG 24.10.2011 – L 3 U 50/11 zu einer 29-seitigen Stellungnahme, die wesentlich aus der Wiedergabe der Anamneseerhebung und umfangreichen Befunderhebungen besteht.
6 Urteil 23.10. 2015 – L 8 U 1012/14 –, juris Rn. 34.

beschafft.[7] Nach der BGH-Rechtsprechung sind diese als urkundlich belegter **qualifizierter Parteivortrag** iSv § 138 ZPO zu verwerten.[8] Das BSG hat insoweit entschieden, dass bereits im Verwaltungsverfahren eingeholte Gutachten (von Nicht-Behördenangehörigen) keine Parteigutachten seien, sondern auch im sozialgerichtlichen Verfahren urkundlich als Sachverständigengutachten verwertet werden können.[9]

5 Das gelegentlich geforderte **„Obergutachten"** existiert demgegenüber nicht. Der Begriff impliziert, dass einem solches Gutachten gegenüber zwei widersprüchlichen Gutachten ein höherer Beweiswert zukomme, was aber mit dem Grundsatz der freien Beweiswürdigung nicht zu vereinbaren wäre. Vielmehr muss bei sich widersprechenden Gutachten das Gericht entscheiden, welches überzeugender ist.

C. Rechtsgrundlagen

6 Sofern das **Sozialgericht** einen Gutachtensauftrag erteilt, finden gemäß § 118 Abs. 1 SGG die für den Sachverständigenbeweis einschlägigen Normen der Zivilprozessordnung (ZPO), nämlich die §§ 402–413 ZPO Anwendung.[10] Auch das Rechtsverhältnis zwischen dem Gutachter und der zu begutachtenden Personen (Proband) gestaltet sich nach dieser rechtlichen Sonderbeziehung.[11]

7 Erteilt eine **Behörde** in einem sozialrechtlichen Verwaltungsverfahren einen Gutachtenauftrag, ist § 21 SGB X die Rechtsgrundlage. Gemäß § 21 Abs. 3 SGB X besteht für Sachverständige eine Pflicht Erstattung von Gutachten, wenn sie durch Rechtsvorschrift vorgesehen ist, wobei sich ein Verweigerungsrecht aus der ZPO ergibt. Die Vergütungsansprüche ergeben sich aus dem JVEG.[12]

8 Sofern der Gutachter in einem **Beschäftigungs- oder Beamtenverhältnis** zum Auftraggeber steht, finden die Normen des Arbeitsrechts zur Direktionsbefugnis (§ 315 BGB, § 106 GewO) bzw. des Beamtenrechts Anwendung. Gibt es keine besonderen rechtlichen Beziehungen, wie dies insbesondere bei **Privatgutachten von Privatpersonen** der Fall ist, handelt es sich bei einem Gutachtenauftrag regelmäßig um einen Werkvertrag iSd §§ 631 BGB.[13]

D. Beweiserhebungsgrundsätze

I. Amtsermittlung

9 Neben der rechtlichen Würdigung und Auslegung unbestimmter Rechtsbegriffe ist für die Anspruchsprüfung das **Feststellen der anspruchsbegründenden Tatsachen** unabdingbar. Sowohl für das Sozialgerichts- wie für das Verwaltungsverfahren gilt, dass

7 *Baumbach/Lauterbach*, ZPO, Übers § 402 Rn. 21; Mü RR 88, 1534.
8 BGH 27.5.1982 – III ZR 201/80 –, juris Rn. 16; vgl. *Deggau* ZMR 84, 74.
9 S. Rn. 40 sowie BSG 14.12.2000 – B 3 P 5/00 R –, SozR 3-3300 § 15 Nr. 11 Rn. 13; BSG 8.12.1988 – 2/9 b RU 66/87 – SozR Nr 3 zu § 118 SGG und bereits BSG 31.5.1963 – 2 RU 231/62 – SozR Nr. 66 zu § 128 SGG; *Kopp/Ramsauer* § 26 Rn. 28; *Siller* MedSach 1996, 45, 47.
10 *Becker* MedSach 105 (2008), S 85 f.
11 *Becker* MedSsach 105 (2008), S. 85 f.
12 *S. Krauß* in Bieresborn, Einführung in die medizinische Sachverständigentätigkeit vor Sozialgerichten, S. 395 ff.
13 S BGH 26.10.1978 – VII ZR 249/77 –, BGHZ 72, 257, 258; *Sprau* in Palandt, BGB, 71. Aufl. 2012 Einführung vor Sekt § 631 Rn. 24.

Gericht bzw. Behörde den Sachverhalt von Amts wegen erforschen müssen und somit nicht an das Vorbringen der Beteiligten gebunden sind (§ 103 Satz 1 SGG; § 20 SGB X).[14] Es muss hingegen nicht nach Tatsachen geforscht werden, für die keine Anhaltspunkte bestehen.[15]

Von einer **Beweisaufnahme** darf nach analoger Anwendung der Grundsätze des § 244 Abs. 3 bis 5 StPO nur abgesehen werden, wenn die ungeklärte Tatsache als wahr unterstellt werden kann, weil es auf sie nicht ankommt,[16] oder wenn das Beweismittel völlig ungeeignet oder unerreichbar ist,[17] oder wenn die behauptete Tatsache bereits erwiesen oder offenkundig ist.[18] Eines **Beweisantrags** bedarf es aufgrund des geltenden Amtsermittlungsgrundsatzes nicht.[19] 10

Grundsätzlich muss von allen Ermittlungsmöglichkeiten, die vernünftigerweise zur Verfügung stehen, Gebrauch gemacht werden.[20] Des **Sachverständigenbeweises** bedarf es immer dann, wenn dem Gericht die für die Beurteilung des Sachverhalts notwendige Sachkunde fehlt.[21] Nur wenn das Gericht selbst über die notwendige Sachkunde verfügt, wofür diejenige eines (auch ehrenamtlichen) Richters des Spruchkörpers genügt,[22] darf nach Ausübung pflichtgemäßen Ermessens[23] unter vorherigem Hinweis an die Beteiligten die Zuziehung fremder Sachkunde unterbleiben.[24] 11

II. Freie Beweiswürdigung

§ 128 Abs. 1 SGG bestimmt, dass das Gericht nach seiner freien, aus dem Gesamtergebnis des Verfahrens gewonnenen Überzeugung entscheidet. Dies gilt auch für die Würdigung von Sachverständigengutachten. Dieser Grundsatz findet seine Grenze darin, dass nicht gegen **Beweisgrundsätze, allgemeine Erfahrungssätze** oder **Denkgesetze** verstoßen werden darf sowie das **Gesamtergebnis des Verfahrens umfassend gewürdigt** werden muss.[25] Zu den Erfahrungssätzen zählen auch medizinische Erfahrungssätze, die auf wissenschaftlichen Erkenntnissen basieren und von den beteiligten 12

14 Vgl. *Dapprich*, SGb 62, 257; im Unterschied zum Beibringungsgrundsatz, der den Zivilprozess beherrscht, vgl. BGH 21.12.2000 – V ZR 254/99 – NJW 2001, 1287; vgl. BSG 28.11.1990 – 4 RLw 5/90 – SozR 3-1300 § 32 Nr. 4.

15 BSG 17.12.1997 – 11 RAr 61/97 – BSGE 81, 259, 262 f.; BSG 5.4.2000 – B 5 RJ 38/99 R – BSGE 86, 107, 110; BSG 21.9.2000 – B 11 AL 7/00 R – BSGE 87, 132, 138. Das Amtsermittlungsprinzip wird erst dann verletzt, wenn Ermittlungen unterlassen werden, die ausgehend von der Rechtsauffassung des Gerichts bzw. der Behörde hätten angestellt werden müssen; BSG 1.2.1996 – 2 RU 8/95 – HVBG-Info 1996, 1422 – juris Rn. 16; *Leitherer* in Meyer-Ladewig/Keller/Leiterer, SGG, § 103 Rn. 5 und 20.

16 Vgl. BVerwG 24.3.1987 – 9 C 47/85 – BVerwGE 77, 150, 156.

17 BFH 29.5.1974 – I R 167/71 – BFHE 112, 455, 456.

18 Vgl. BSG 16.11.1978 – 3 RK 29/76 – NJW 79, 1063; s.a. BVerwG 6.2.1985 – 8 C 15/84 – BVerwGE 71, 38, 41.

19 S. aber zur Bedeutung im Rahmen einer Nichtzulassungsbeschwerde sogleich Rn. 63.

20 BSG 11.12.1969 – GS 2/68 – BSGE 30, 192, 205.

21 BSG 17.4.2013 – SozR 4-3800 § 1 Nr. 20.

22 *Pawlak* in Hennig, § 118 Rn. 9; BSG 28.2.1963 – 6 RKa 29/61 – SozR Nr. 64 zu § 128.

23 BSG 14.10.2008 – B 13 R 407/08 – juris Rn. 15; *Leopold* in Roos/Wahrendorf, SGG, § 118 Rn. 79.

24 BSG 24.10.2013 – B 13 R 209/13 B – juris Rn. 8; *Leopold* in Roos/Wahrendorf, SGG, § 118 Rn. 79.

25 *Keller* in Meyer-Ladewig/Keller/Leitherer, SGG § 128 Rn. 4 und 10; *Aussprung* in Roos/Wahrendorf, SGG, § 128 Rn. 31; *Krasney/Udsching*, Hdb des sozialgerichtlichen Verfahrens, III Rn. 162; für das Verwaltungsverfahren s. *Krasney* in KassKomm, SGB X, § 20 Rn. 10; *Schütze/von Wulffen*, SGB X, § 20 Rn. 8; s.a. LSG Niedersachsen 24.4.1991 – L 2 J 208/90 – *Breith* 1992, 125.

Fachkreisen überwiegend akzeptiert werden müssen.[26] Das Gericht muss insbesondere bei der Anwendung von antizipierten Sachverständigengutachten und Konsensempfehlungen überprüfen, ob diese dem aktuellen wissenschaftlichen Erkenntnisstand entsprechen.[27] **Unterlässt das Gericht die Einholung eines Sachverständigengutachtens oder setzt es sich ohne stichhaltige Gründe über ein existentes Gutachten hinweg, verletzt es die Grenzen freier Beweiswürdigung.**[28]

In Fällen der Unerweislichkeit einer Tatsache (sog. *non-liquet*) ist nach allgemeinen Beweislastgrundsätzen zu entscheiden. Eine Beweisführungslast wie im Zivilprozess gibt es im sozialrechtlichen Verwaltungs- und Gerichtsverfahren auf Grund des Untersuchungsgrundsatzes nicht.[29] Gleichwohl existiert nach den Grundsätzen der objektiven Beweislast die sogenannte materielle Feststellungslast, der zu Folge - wie in allen anderen Gerichtsverfahren auch - derjenige die Folgen der Nichtfeststellbarkeit einer Tatsache trägt, der aus dieser Tatsache ein Recht oder einen Vorteil herleiten will.[30]

III. Beweismittel

13 Das Sozialgericht ist im Unterschied zum Zivilprozess auch in der Wahl seiner Beweismittel frei.[31] Die Beweismittel, die in § 118 Abs. 1 SGG unter Verweisung auf die entsprechenden Vorschriften der ZPO abschließend aufgezählt werden, sind neben dem **Sachverständigenbeweis** (§ 402 ff. ZPO) der **Zeugenbeweis** (§ 373 ff. ZPO), der **Urkundsbeweis** (§ 415 ff. ZPO) und der **Augenscheinsbeweis** (§ 371 ff. ZPO). Auf Antrag des Versicherten muss ferner gem. **§ 109 SGG ein bestimmter Arzt** gutachtlich gehört werden.[32] Die genannten Beweismittel werden durch § 106 Abs. 3 SGG erheblich ergänzt,[33] weil danach der Vorsitzende zur Vorbereitung auf die mündliche Verhandlung um **Mitteilung von Urkunden** sowie um **Übermittlung elektronischer Dokumente** ersuchen (Nr. 1), **Krankenpapiere, Aufzeichnungen, Krankengeschichten, Sektions- und Untersuchungsbefunde** sowie **Röntgenbilder** beiziehen (Nr. 2), **Auskünfte jeder Art** einholen (Nr. 3), einen **Termin anberaumen**, das **persönliche Erscheinen der Beteiligten** hierzu anordnen und den **Sachverhalt mit diesen erörtern** (Nr. 7) kann. Letzteres ermöglicht wiederum als wesentliche Erkenntnisquelle die Vernehmung des Klägers – wenn auch nicht als **förmliche Parteivernehmung** wie nach §§ 445 ff. ZPO, da diese mit dem Amtsermittlungsprinzip nicht vereinbar wäre.[34] Die

26 BSG 2.5.2001 – B 2 U 16/00 R – SozR 3-2200 § 551 Nr. 16; BSG 27.6.2006 – B 2 U 20/04 R – BSGE 96, 291 Rn. 23 f; BSG 10.12.1987 – 9 a RV 36/85 – SozR 1500 § 128 Nr 31; *Krasney/Udsching*, Hdb des sozialgerichtlichen Verfahrens III Rn. 47.

27 S. dazu *Siefert* ASR 2011, 45–50.

28 *Leopold* in Roos/Wahrendorf, SGG, § 118 Rn. 79; s. Rn. 54.

29 *Leitherer* in Meyer-Ladewig, SGG, 11. Aufl. 2014, § 103 Rn. 19; *Siefert* in von Wulffen/Schütze, SGB X, 8. Aufl. 2014, § 20 Rn. 31.

30 S. BSG 24.10.1957 - 10 RV 945/55 - BSGE 6, 70, 72; BSG 29.3.1963 - 2 RU 75/61- BSGE 19, 52, 53.

31 *Krasney/Udsching*, Hdb d sozialgerichtlichen Verfahrens, Kap. III Rn. 30.

32 S. dazu *Krasney/Udsching*, Hdb d sozialgerichtlichen Verfahrens, III Rn. 75 ff.

33 BSG 12.4.1962 – 10 RV 1107/61 – NJW 62, 1789; *Meyer-Ladewig/Keller/Leitherer*, SGG, § 106 Rn. 8; *Pawlak* in Hennig, SGG, § 106 Rn. 50.

34 BSG 24.11.1990 – 1 BA 45/90 – SozR 3-1500 § 160 a Nr. 2; BSG 31.10.1956 – 4 RJ 267/55 – SozR Nr. 1 zu § 445 ZPO; BSG 3.6.2004 – B 11 AL 71/03 R – SGb 2004, 479; vgl. *Meyer-Ladewig/Keller/Leitherer*, SGG, § 106 Rn. 15.

Aufzählung ist – wie der Zusatz „insbesondere“ zeigt – nicht abschließend.[35] § 21 SGB X verweist für das Sozialverwaltungsverfahren auf die o.g. Beweismittel.

IV. Beweisanträge

Aufgrund des **Amtsermittlungsprinzips** ist die Stellung eines Beweisantrags vor Beweiserhebung nicht erforderlich. Diese sind im Rahmen der **Nichtzulassungsbeschwerde** zum BSG wichtig, weil nach § 160 Abs. 2 Nr. 3 SGG ein Verfahrensmangel auf eine Verletzung des § 103 SGG (*Amtsermittlungsgrundsatz*) nur gestützt werden, wenn er sich auf einen Beweisantrag bezieht, dem das LSG ohne hinreichende Begründung nicht gefolgt ist.[36] Ein ordnungsgemäßer Beweisantrag iSv § 160 Abs. 2 Nr. 3 SGG setzt nach § 118 SGG iVm § 402 ZPO die **Nennung** von **Beweismittel** und **Beweisthema** voraus, ansonsten handelt es sich nur um eine **Beweisanregung.**[37] 14

V. 109er Antrag

Für einen Antrag nach § 109 SGG muss ein bestimmter Antrag mit Name und Anschrift genannt werden. Der Bezeichnung eines Beweisthemas bedarf es hingegen nicht.[38] Der Antrag darf nur abgelehnt werden, wenn die Gutachtenseinholung die Erledigung des Rechtsstreits **objektiv verzögern** würde, z.B. ein bereits erfolgte oder bevorstehende Terminierung verschoben werden müsste[39] oder er in **Verschleppungsabsicht** gestellt wurde, was einen böswilligen Verstoß gegen Treu und Glauben in der Prozessführung voraussetzt.[40] Grobe Nachlässigkeit setzt voraus, dass nicht getan wurde, was jedem einleuchten musste.[41] 15

VI. Beweisbeschluss

Für die Beweisaufnahme genügt grundsätzlich eine **prozessleitende Verfügung** des Gerichts. Ein **förmlicher Beschluss** ist gem. § 118 Abs. 1 S 1 SGG iVm § 358 ZPO nur notwendig, wenn die Beweisaufnahme ein besonderes Verfahren erfordert, z.B. bei Beweisaufnahme im **Ausland** (§ 118 Abs. 1 S 1 SGG iVm § 363 ZPO) oder durch den **ersuchten oder beauftragten Richter** (§ 118 Abs. 1 S 1 SGG iVm §§ 361, 362 ZPO).[42] In diesen Fällen ist ein Beschluss unter Bezeichnung der Tatsachen, über die Beweis zu erheben ist sowie unter Bezeichnung der Beweismittel und Benennung des konkreten Sachverständigen zu erlassen.[43] Dieser bedarf mangels Anfechtbarkeit (§ 172 16

35 *Leitherer* in Meyer-Ladewig/Keller/Leitherer, SGG, § 106 Rn. 7; *Krasney*, KassKomm, SGB X, Stand 9/2007, § 21 Rn. 3.
36 S. Rn. 63.
37 BSG 24.5.1993 – 9 BV 26/93 – SozR 3-1500 § 160 Nr. 9; s. auch *Kummer*, Nichtzulassungsbeschwerde, Rn. 210 ff.
38 *Keller* in Meyer-Ladewig/Keller/Leitherer, § 109 Rn. 11.
39 LSG Nordrhein-Westfalen 28.1.2010 – L 2 KN 212/09 U; *Keller* in Meyer-Ladewig/Keller/Leitherer, § 109 Rn. 11.
40 BSG 17.8.1961 – 8 RV 113/61 – SozR Nr. 29 zu § 109; *Keller* in Meyer-Ladewig/Keller/Leitherer, SGG, § 109 Rn. 11.
41 BSG 10.6.1968 – 9 RV 836/55 – BSGE 7, 218, 219.
42 *Leopold* in Roos/Wahrendorf, SGG, § 118 Rn. 16.
43 *Kummer* in Peters/Sauter/Wolff, SGG, § 117 Rn. 59.

Abs. 2 SGG) keiner Begründung (§ 142 Abs. 2 S 1 SGG) und muss auch nicht förmlich zugestellt werden.[44]

E. Die Person des Sachverständigen und seine Rolle gegenüber dem Gericht

17 Eine allgemeine gesetzliche Definition des Sachverständigen existiert nicht.[45] Alleine § 36 GewO listet als Voraussetzungen für die öffentliche Bestellung eines Sachverständigen auf dem Gebiete der Wirtschaft auf

- besondere Sachkunde und das Fehlen von Bedenken gegen die Eignung,
- Erfüllung seiner Aufgaben und Erstattung der Gutachten unabhängig weisungsfrei persönlich gewissenhaft und unparteiisch,
- gegebenenfalls bestimmte persönliche Voraussetzungen, einschließlich altersmäßiger Anforderungen.

18 Nur eine **natürliche Person** darf zum Sachverständigen bestellt werden, die dann auch die persönliche Verantwortung für ihr Gutachten trägt. Dies gilt auch wenn die benötigte Sachkunde eines Instituts, oder einer Anstalt oder sonstigen Institutionen Anspruch genommen werden soll.[46] Damit enthält die Gewerbeordnung bereits Grundanforderungen, die uneingeschränkt auch für den medizinischen Sachverständigen Anwendung finden.[47] Fachfremde Fragen darf der Sachverständige nicht beantworten.[48]

19 Da Gutachten bei fehlender eigener Sachkunde des Richters einzuholen sind, ist die Rollenverteilung zwischen Richtern und Sachverständigen eindeutig: Der Sachverständige wird im Rahmen des ihm erteilten Gutachtenauftrags **weisungsgebunden** tätig. Die richterliche Aufgabe besteht nicht nur im Moderieren von medizinischen Sachverständigengutachten, sondern er trägt die alleinige Verantwortung für die Richtigkeit des am Ende gesprochenen Urteils.[49] Der Sachverständige ist zwar der eigentliche Fachmann zur Beantwortung der gestellten Beweisfragen, die umfassende Lösung des oftmals weit facettenreicheren Streitfalls hingegen ist von Gesetzes wegen dem **Richter** zugewiesen.[50]

F. Auswahl des Sachverständigen

20 Zu den schwierigsten Aufgaben des Gerichts gehört – abgesehen von den Fällen des § 109 SGG – die Auswahl des geeigneten Sachverständigen. Neben den qualitativen Anforderungen muss dieser über die notwendige Neutralität verfügen.

---

44 *Leopold* in Roos/Wahrendorf, SGG, § 118 Rn. 16; s. auch BGH 18.12.2008 – I ZB 118/07 – NJW-RR 2009, 995.
45 *Hartmann* in Baumbach/Lauterbach, ZPO, Übersicht § 402 Rn. 4; Becker, Medsach 105 (2008), 85.
46 *Becker* aaO.
47 *Grüner* in Bieresborn, Einführung in die medizinische Sachverständigentätigkeit vor Sozialgerichten, S 62.
48 *Kahlert* ASR 2016, 90, 96.
49 *Steiner* in Bieresborn, Einführung in die medizinische Sachverständige Tätigkeit vor Sozialgerichten, S. 25.
50 *Steiner* in Bieresborn, Einführung in die medizinische Sachverständige Tätigkeit vor Sozialgerichten, S. 25.

I. Neutralität des Sachverständigen

Gemäß den §§ 118 Abs. 1 Satz 1, 60 Abs. 1 SGG iVm den §§ 406 Abs. 1 Satz 1, 42 Abs. 1 ZPO kann ein Sachverständiger wie ein Richter wegen **Besorgnis der Befangenheit** abgelehnt werden.[51] Einen **Ausschluss kraft Gesetzes** sieht § 406 ZPO nicht vor; liegen Tatsachen in der Person des Sachverständigen vor, die den Ausschluss eines Richters rechtfertigen würden (§ 60 Abs. 1 SGG iVm § 41 Nrn.1–7 ZPO), ist dies als **Ablehnungsgrund** zu würdigen.[52] 21

Im Übrigen sind Ablehnungsgründe solche, die geeignet sind, Misstrauen gegen die Unparteilichkeit des Sachverständigen zu rechtfertigen (§ 42 Abs. 2 ZPO). Es kommt nicht darauf an, ob der vom Gericht beauftragte Sachverständige nachweislich parteilich ist oder ob das Gericht selbst keine Zweifel an der Unparteilichkeit des Sachverständigen hat; vielmehr ist darauf abzustellen, ob ein solcher Grund vom **Standpunkt eines Verfahrensbeteiligten** auch bei vernünftiger und objektiver Betrachtungsweise anzunehmen ist.[53] 22

Typischerweise wird eine Befangenheit des Sachverständigen bei **Vorbefassung** z.B. als behandelnder Arzt des Beteiligten, der bereits eine privatärztliche Diagnose über diesen gestellt hat, angenommen,[54] wenn dieser mit einem Prozessbeteiligten **verwandt** oder **verschwägert** ist, in **freundschaftlicher** oder **feindschaftlicher Beziehung** zu einem Prozessbeteiligten steht oder ein **eigenes wirtschaftliches** oder **wissenschaftliches Interesse** am Ausgang des Rechtsstreits hat. Ebenso ist eine Befangenheit des Sachverständigen zu bejahen, wenn dieser **in beruflich enger Beziehung** zu einem Prozessbeteiligten steht, die regelmäßig insbesondere auch zu einer wirtschaftlichen Abhängigkeit des Sachverständigen von diesem Prozessbeteiligten führt.[55] Ein Sachverständiger, der gleichzeitig auch in einem **abhängigen Beschäftigungsverhältnis zu einem Sozialversicherungsträger** steht, kommt deshalb als unabhängiger Sachverständiger nicht in Betracht.[56] Ebenso bestehen Bedenken bei einem **nicht nur vorübergehenden Beratungsarztverhältnis** zwischen einem am Verfahren beteiligten Versicherungsträger und dem Gutachter.[57] Eine Tätigkeit in anderen Fällen als Gutachter oder **Beratungsarzt** für andere Sozialleistungsträger[58] alleine ist hingegen wie auch eine solche als Durchgangsarzt für Berufsgenossenschaften[59] kein Grund, der geeignet ist, Bedenken gegen die Unbefangenheit eines Sachverständigen zu begründen. Denkbar ist auch die Beauftragung eines pensionierten Mitarbeiters eines Sozialversicherungsträgers oder der Mitarbeiter nicht verfahrensbeteiligter Träger.[60] In be- 23

51 S. zum Antrag Rn. 48.
52 BSG 31.5.1958 – 2 RU 59/58 – SozR Nr. 1 zu § 42 ZPO; vgl. BSG 30.11.2006 – B 9a SB 14/06 B –, SozR 4-1750 § 41 Nr. 1, SozR 4-1500 § 60 Nr. 3, Rn. 5; *Leopold* in Roos/Wahrendorf, SGG, § 118 Rn. 108.
53 Vgl. BSG 31.7.1985 – 9a RVs 5/84 – SozR 1500 § 60 Nr. 3.
54 *Hartmann* in Baumbach/Lauterbach, § 496 ZPO Rn. 8 f.
55 Ausf. *Kutschera* in Bieresborn, Einführung in die medizinische Sachverständigentätigkeit vor Sozialgerichten, S. 71.
56 BSG 11.12.1992 – 9a RV 6/92 – SozR 3-1500 § 128 Nr. 7; BVerwG 6.10.1998 – 3 B 35/98 – NVwZ 1999, 184–186; LSG Nordrhein-Westfalen 28.11.2012 – L 11 KR 335/12 B – juris Rn. 11.
57 Vgl. LSG Baden-Württemberg 19.10.1998 – L 2 U 4328/97 A – juris; *Keller* in: Meyer-Ladewig/Keller/Leitherer, SGG, § 118 Rn. 12k.
58 Bayerisches Landessozialgericht 16.5.2013 – L 2 SF 174/12 B – juris Rn. 26.
59 LSG Baden-Württemberg 24.7.1996 – L 2 U 1617/96 B – Breithaupt 1997, 373, 375.
60 Vgl. zum Technischen Aufsichtsdienst der Unfallversicherungsträger *Bieresborn* NZS 2008, 354, 357 f.

stimmten Bereichen, wie z.B. dem Berufskrankheitenrecht, sind für bestimmte medizinische Fragestellungen besonders qualifizierte Sachverständige in Unfallkliniken der Unfallversicherungsträger anzutreffen, was im Hinblick auf deren notwendige Neutralität ein systemimmanentes Problem bedeutet.[61]

24 Grundsätzlich begründen aber **wirtschaftliche oder wissenschaftliche Beziehungen** zwischen einer Partei und dem Sachverständigen nur bei besonderen Umständen des Einzelfalles eine Besorgnis der Befangenheit.[62] Insbesondere kann sich aus **geschäftlichen Kontakten** wissenschaftlicher Einrichtungen mit Wirtschaftsunternehmen, die sich im üblichen Rahmen halten, nicht ohne Weiteres aus einer Abhängigkeit oder Verbundenheit beteiligter Personen geschlossen werden, die geeignet ist, die objektive Einstellung zu beeinträchtigen.[63] Ausschlaggebend ist, ob objektive Umstände vorliegen, die bei Anlegung eines eine ruhig und vernünftig denkende Partei kennzeichnenden Maßstabes an der Unvoreingenommenheit des Sachverständigen zweifeln lassen. Weder die Mitgliedschaft zweier Sachverständiger in derselben medizinischen Fachgesellschaft rechtfertigt die Ablehnung wegen Besorgnis der Befangenheit,[64] noch reichen Kontakte, die im wissenschaftlichen Bereich als selbstverständlich anzusehen.[65] Auch aus dem bloßen Umstand heraus, dass ein beauftragter Sachverständiger **einem Institut angehört**, dessen Einrichtungen er gegen Entgelt nutzt und welches gleichzeitig – ohne dass eine weitergehende wirtschaftliche oder wissenschaftliche Verbundenheit besteht – von einem Mitarbeiter des beklagten Sozialversicherungsträgers im Rahmen einer Nebentätigkeit ebenfalls gegen Entgelt dessen Einrichtungen genutzt werden, lässt sich alleine kein Grund der Befangenheit ableiten.[66] Befangenheit kann wiederum bestehen bei Kontaktaufnahme nur zu einem Beteiligten[67] unsachlichen Äußerungen oder Beleidigungen gegenüber einem Beteiligten,[68] nicht aber bei bloßen Mängeln des Gutachtens, es sei denn es wird substantiierter Vortrag eines Beteiligten vollständig unberücksichtigt, er den Sachverhalt einseitig behandelt oder einen Beteiligten berät.[69]

II. Anhörung der Parteien vor Ernennung des Sachverständigen

25 Durch Gesetz vom 11.10.2016[70] ist zwecks Stärkung des Vertrauens in die Unabhängigkeit und Neutralität gerichtlich bestellter Sachverständiger und zur Verbesserung

61 *Krasney/Udsching*, Hdb. d. sozialgerichtlichen Verfahrens, Kap. III Rn. 179; vgl. BSG 11.12.1992 – 9 a RV 6/92 – SozR 3-1500 § 128 Nr. 7; vgl. auch *Kühl* NZS 2003, 579 ff.

62 So OLG Frankfurt 26.2.2003 – 4 W 52/02 – juris Rn. 10 ff; s. a. OLG München 11.5.1998 – 3 W 1537/98 – MDR 1998, 858; Möller/Greger, ZPO, § 406, Rn. 8 f.; *Baumbach/Lauterbach/Hartmann*, ZPO, § 406 Rn. 11, 13, 19.

63 BGH 1.2.2005 – X ZR 26/04 – NJW 2005, 2858.

64 Vgl. OLG Köln 13.1.1992 – 13 W 1/92 – NJW-RR 1993, 63; s. a. LG Berlin 28.11.2005 – 6 O 58/03 – ZMGR 2005, 357 f.

65 S. OLG Düsseldorf, Beschluss v. 24.2.2004, 8 U 102/02, MietR 2005, 42 f.

66 SG Kassel 24.7.2007 – S 4 SB 172/06 – MedSach 103 (2007), 214.

67 *Greger* in Zöller, ZPO, § 402 Rn. 5 u § 496 Rn. 9.

68 *Hartmann* in Baumbach/Lauterbach, ZPO, § 406 Rn. 7.

69 *Becker* MedSach 105 (2008), 85, 88.

70 Gesetz zur Änderung des Sachverständigenrechts und zur weiteren Änderung des Gesetzes über das Verfahren in Familiensachen und in den An-gelegenheiten der freiwilligen Gerichtsbarkeit sowie zur Änderung des Sozialgerichtsgesetzes, der Verwaltungsgerichtsordnung, der Finanzgerichtsordnung und des Gerichtsverfassungsgesetzes (BGBl I 2016, 2222).

der Qualität von Gutachten in § 404 Abs. 2 ZPO eingefügt worden, der über § 118 SGG auch im sozialgerichtlichen Verfahren gilt, wonach künftig vor der Ernennung eines Sachverständigen eine Anhörung der Parteien bzw. Beteiligten erfolgen kann.[71] Eine solche Anhörung wird nach dieser **Ermessensvorschrift** vornehmlich bei Verdacht auf Vorliegen einer der obigen Befangenheitsgründe zu erfolgen haben.

G. Persönliche Erstellung des Gutachtens

Gem. § 118 SGG iVm § 404 Abs. 1 Satz 1 ZPO muss der beauftragte Sachverständige das Gutachten persönlich erstatten; eine **Beauftragung anderer Personen** ist gemäß § 407a Abs. 2 Satz 1 ZPO nicht zulässig.[72] Erstattet ein anderer Arzt das Gutachten, liegt ein **Verfahrensfehler** vor.[73] Der Sachverständige ist auch nicht befugt, den Auftrag auf einen anderen zu übertragen, weil dies einen zentralen Inhalt des Gutachtensauftrages, eine nach ihrer Persönlichkeit und Qualifikation geeignet erscheinende Person ausgewählt zu haben, illusorisch machen und überdies im Fall der Sachverständigen-Beeidigung (§ 410 ZPO) die Gefahr eines **Eidesdelikts** beinhalten würde.[74] 26

Zwar darf der Sachverständige bei der Erstellung des Gutachtens auch Mitarbeiter heranziehen, die jedoch nur **unterstützende Dienste** nach Weisung unter Aufsicht des Sachverständigen leisten dürfen wie z.B. die Durchführung von Laboruntersuchungen (§ 118 SGG iVm. § 407a Abs. 2 ZPO).[75] Der Umfang der Mitarbeit ist offenzulegen. Die **Abgrenzung**, wann noch solche erlaubte Mitarbeit vorliegt und wann eine unzulässige Übertragung des Gutachtens vorliegt, ist häufig schwierig. Die Grenzüberschreitung liegt bei Gerichtsgutachten jedenfalls dann vor, wenn der beauftragte Sachverständige seine das Gutachten prägenden und regelmäßig in einem **unverzichtbaren Kern von ihm selbst zu erbringenden Zentralaufgaben** nicht selbst wahrgenommen, sondern delegiert hat.[76] Andererseits kann es bei **arbeitsteiligen Gutachten** in Kliniken ausreichen, wenn die Mitarbeit nachgeordneter Ärzte auf einem sinnvollen Konzept beruht, nämlich der Anamneseerhebung durch den Mitarbeiter nach vorheriger Besprechung mit dem Sachverständigen, einer Exploration durch ärztliche Mitarbeiter, an der der Sachverständige sich so lange beteiligt, bis er zu einer Meinungsbildung in der Lage ist, wenn sodann eine Besprechung des Ergebnisses stattfindet und anschließend ein schriftliches Konzept durch den Mitarbeiter erstellt wird, das von beiden überarbeitet wird. Entscheidend ist, dass eine eigenverantwortliche gutachterliche Tätigkeit des bestellten Sachverständigen vorliegt[77] und der Umfang der Delegation im Gutachten dargelegt wird. Es kann bei einem orthopädischen Gutachten genügen, wenn der eigentlich beauftragte Klinikleiter mit „einverstanden aufgrund eigener Untersuchung und Beurteilung" unterschreibt.[78] Der alleinige Zusatz 27

71 S. BT-Drs. 18/6985 – und BT-Drs. 18/9092; s. dazu ausführlich *Roller* SGb 2017, 1 – 5.
72 Vgl BSG 14.112013 – B 9 SB 10/13 B, juris Rn. 7; BSG 5.5.2009 – B 13 R 535/08 B – juris Rn. 12 mwN; *Brandenburg/Lindemann/Palsherrn* MedSach 2011, 230, 234.
73 BGH NJW 1985, 1400.
74 *Becker* MedSach 105 (2008) 85, 88; *Greger* in Zöller ZPO § 404 Rn. 1 a; *Kahlert* ASR 2016, 90, 94.
75 *Becker* MedSach 105 (2008) 85, 88; BVerwG 9.3.1984 – 8 C 97/83 – BVerwGE 69, 70.
76 *Grüner* in Bieresborn, Einführung in die medizinische Sachverständige Tätigkeit vor Sozialgerichten, S. 63.
77 OLG Frankfurt 16.12.1992 – 13 U 223/89 – VersR 1994, 610.
78 OLG Koblenz 5.2.1999 – 10 U 518/98 – VersR 2000, 339.

„einverstanden“ genügt den Anforderungen hingegen nicht.[79] Bestimmte Kernaufgaben wie z.B. das explorierende Gespräch und die persönliche Begegnung mit der zu untersuchenden Person bei einer **psychiatrischen Untersuchung** können nicht übertragen werden.[80] Das BSG hat dies für neurologische Untersuchungen relativiert.[81] Die Mitzeichnung eines weiteren Arztes – z.B. des Chefarztes – kann u.U. gegen datenschutzrechtliche Bestimmungen verstoßen, weil insoweit keine Übermittlungsbefugnis besteht.[82] Die Schweigepflicht gilt i.Ü. auch unter Ärzten.[83]

H. Anwesenheit Dritter bei Untersuchung

28 Gelegentlich wünschen Probanden, dass der Untersuchung eine **ihnen vertraute Person** beiwohnt. Abgesehen davon, dass darin eine **Schweigepflichtentbindung** zu sehen ist, verlangt der **Grundsatz der Parteiöffentlichkeit** (§ 202 SGG iVm § 357 ZPO) und des **fairen Verfahrens**, die auch für den Sachverständigenbeweis gelten, dass der Beteiligte zur Untersuchung durch den Gerichtssachverständigen grundsätzlich eine Begleitperson mitbringen darf.[84] Ein Ausschluss der Parteiöffentlichkeit darf nicht entgegen seinem Schutzzweck als prozessuales Instrument des Sachverständigen zulasten des zu Untersuchenden ausgelegt werden.[85] Dies gilt auch für den generellen Ausschluss eines Rechtsanwalts von der Untersuchung eines Klägers durch einen vom Gericht bestellten ärztlichen Sachverständigen.[86] Selbst die Befürchtung des Sachverständigen, eine ordnungsgemäße Untersuchung sei bei Anwesenheit eines Dritten nicht möglich, steht dem nicht zwingend entgegen, sondern kann sogar Zweifel des Probanden an der Objektivität des Sachverständigen begründen.[87] Ausnahmen dürften indes bei **psychiatrischen Untersuchungen** denkbar sein, in denen das erforderliche vertrauliche Gespräch bei Anwesenheit eines Dritten u.U. nicht aufgebaut werden kann.[88]

29 Umgekehrt muss der zu Untersuchende nicht dulden, dass während der Untersuchung außer dem ärztlichen Sachverständigen und eventuell dessen Hilfspersonal Dritte anwesend sind und dadurch seine **Intimsphäre** verletzt wird. Dies gilt auch, wenn z.B. der Ehemann darauf besteht, der ärztlichen Untersuchung seiner Ehefrau beizuwohnen. Vor diesem Hintergrund erweist sich der Ausschluss der Parteiöffentlichkeit von der ärztlichen Untersuchung durch den Sachverständigen als Schutzmaßnahme zugunsten des zu Untersuchenden, und nicht als prozessuales Instrument des Sachverständigen, Dritte hiervon auszuschließen.[89]

---

79 BSG 27.4.1989 – 9 RV 29/88 – juris Rn. 10.

80 *Becker* aaO; s. BSGE 18.9.2000 – B 9 VU 2/03R – SozR 4-1750 3 407a Nr. 1 Rn. 7; BSG 15.7.2004 – B 9 V 24/03 B – SGb 2004, 702.

81 BSG 30.1.2006 – B 2 U 358/05 B – juris Rn. 4; s. auch *Steiner* in Bieresborn, Einführung in die medizinische Sachverständige Tätigkeit vor Sozialgerichten, S. 31; vgl. *Pilz*, der den Unterschied zwischen neurologischem und psychiatrischem Fachgebiet nicht berücksichtigt, NZS 2016, 99.

82 *Baur* MedSach 2006, 79, 81; *Deitmaring* MedSach 2011, 223, 227.

83 *Baur* aaO.

84 *Berchtold* in Berchtold/Richter, Prozesse in Sozialsachen, 2. Aufl. 2016, § 11 Rn. 106.

85 *Berchtold* aaO.

86 LSG Rheinland-Pfalz 23.2.2006 – L 4 B 33/06 SB –, juris.

87 LSG Rheinland-Pfalz 23.2. 2006 – L 4 B 33/06 SB –, juris Rn. 7.

88 S. zu diesem Problemkreis ausführlich *Francke* § 11 Rn. 59 ff.

89 LSG Rheinland-Pfalz 23.2. 2006 – L 4 B 33/06 SB –, juris Rn. 7.

I. Das professionelle Gutachten

30 Die zentralen rechtlichen Voraussetzungen für ein professionelles Gutachten beziehen sich zum einen auf das Gutachten selbst, das

- dem Gutachtenauftrag entsprechen und
- mangelfrei sein muss. [90]

I. Fachliche Eignung

31 Der SV muss seine fachliche Eignung für das zu erstellende Gutachten selbst prüfen und ggf deren Fehlen dem Gericht anzeigen (§ 407 a Abs. 1 ZPO).[91]

II. Beachtung der Beweisanordnung

32 Zwischen dem Sachverständigen und dem Sozialgericht entsteht durch den Gutachtenauftrag ein Auftragsverhältnis, dass durch den individuellen Auftrag bzw. ergänzende gesetzliche Regelungen geprägt ist. Hieran ist der Sachverständige sowohl im Hinblick auf die Art der Begutachtung als auch im Hinblick auf die Durchführung gebunden. Die **Art der Begutachtung** unterscheidet sich danach, ob diese nach Aktenlage, nach ambulanter Untersuchung oder stationärer Untersuchungen durchgeführt wird. Soweit keine speziellen Weisungen darüber hinaus vorliegen, werden vom Auftrag die **normalen Laboruntersuchungen**, bei neurologischen Fragen die Messung von Nervenleitgeschwindigkeit und ähnlichem sowie die Anfertigung von Röntgenaufnahmen, nicht jedoch MRT und CT, umfasst sein.[92] Soweit der Sachverständige **weitere Untersuchung** für notwendig hält, muss er diese zuvor genehmigen lassen.[93] Die **angewandten Untersuchungsmethoden** müssen zudem transparent sein.[94]

III. Bedeutung der Beweisfragen

33 Für die Qualität eines Sachverständigengutachtens ist die Qualität der Beweisfragen von erheblicher Bedeutung. Das Gesetz bestimmt in § 404 a ZPO, dass das Gericht die Tätigkeit des Sachverständigen **leitet**, dem Sachverständigen für Art und Umfang seiner Tätigkeit **Weisungen** erteilen kann und bei **streitigem Sachverhalt** bestimmt, welche Tatsachen der Sachverständige der Begutachtung zugrunde legen soll. Dies entspricht der eindeutigen Rollenverteilung zwischen Richter und Sachverständigem (s. Rn 5).

34 Wichtigstes Kriterium bei der Einhaltung des Gutachtenauftrags ist die **strikte Beachtung und Beantwortung der gestellten Beweisfragen.**[95] Deren Nichtbeachtung oder eine Abweichung führt dazu, dass das Gutachten mangelhaft ist.[96] Sofern der Gutachter Zweifel über den Inhalt oder den Umfang des Gutachtenauftrags hat, muss er gemäß § 407 a Abs. 3 S. 1 ZPO unverzüglich eine **Klärung durch den Auftraggeber**

90 *Becker* MedSach 105 (2008) 85, 86.
91 *Becker* MedSach 105 (2008) 85, 86.
92 *Grüner* in Bieresborn, Einführung in die medizinische Sachverständige Tätigkeit vor Sozialgerichten, S. 64.
93 *Grüner* aaO.
94 *Kahlert* ASR 2016, 90, 96.
95 *Grüner* in Bieresborn, Einführung in die medizinische Sachverständige Tätigkeit vor Sozialgerichten, S. 65.
96 *Greger* in Zöller, ZPO, § 413 Rn. 4; *Becker* MedSach 105 (2008), 85, 88.

herbeiführen.[97] Schließlich ist das Gutachten innerhalb der mittlerweile zwingend zu setzenden **Frist**[98] zu erstellen.[99]

IV. Tatsachenfeststellung durch Gutachter

35 Unterschieden wird zwischen den so genannten **Anknüpfungstatsachen**, die vom Gericht selbst wegen des Grundsatzes der Beweisunmittelbarkeit festzustellen sind (s. § 355 ZPO sowie § 404 Abs. 3 ZPO), und den so genannten **Befundtatsachen**, die der Sachverständige im Rahmen seiner Untersuchung selbst feststellt.[100] Sofern der Sachverständige notwendigerweise selbst solche Befundtatsachen erheben muss, ist diese Erhebung von Gutachtenauftrag als umfasst anzusehen, wobei der Sachverständige im Gutachten nachprüfbar darlegen muss, wie er diese Kenntnisse erlangt hat.[101] Sowohl die **Befunderhebung** als auch deren **Dokumentation** ist so genau wie möglich durchzuführen, damit das Gericht überprüfen kann, ob die Tatsachen ordnungsgemäß ermittelt wurden.

36 Wenn sich bei der Anamneseerhebung bzw. Untersuchung ein von den bisherigen vom Gericht vorgegebenen Feststellungen (Anknüpfungstatsachen) **abweichender Sachverhalt** präsentiert, darf der Sachverständige diesen nicht ohne weiteres seiner Beurteilung zugrunde legen, weil er damit gegen den ihm erteilten Auftrag verstößt.[102] Er muss vielmehr die Sachverhaltsdarstellung der zu begutachtenden Person dokumentieren und als weitere Variante in die Beurteilung mit einführen.[103] Geschieht dies nicht, sollte der Kläger bzw. der ihn vertretende Anwalt dies unverzüglich beim Gericht rügen. Eine Nichtberücksichtigung des vom Kläger präsentierten Sachverhaltes kann einen Verstoß gegen den **Grundsatz des rechtlichen Gehörs** nach § 62 SGG, Art 103 Abs. 1 GG bedeuten, der verhindern soll, dass Beteiligte durch eine Entscheidung eines Gerichts überrascht werden, die auf Rechtsauffassungen, Tatsachen oder Beweisergebnissen beruht, zu denen sie sich nicht äußern konnten.[104] Ein **Überraschungsurteil** liegt zwar nur vor, wenn das Gericht einen bis dahin nicht erörterten rechtlichen oder tatsächlichen Gesichtspunkt zur Grundlage seiner Entscheidung macht und damit den Rechtsstreit eine Wendung gibt, mit der nach dem bisherigen Verlauf des Verfahrens nicht zu rechnen war.[105] Dies gilt aber auch, wenn ein (neuer) Vortrag ohne Begründung gar nicht berücksichtigt wird.

---

97 *Greger* in Zöller ZPO § 413 Rn. 4; *Becker* MedSach 105 (2008), 85, 88.

98 § 407a Abs. 1 S. 1 idF des Gesetzes zur Änderung des Sachverständigenrechts und zur weiteren Änderung des Gesetzes über das Verfahren in Familiensachen und in den Angelegenheiten der freiwilligen Gerichtsbarkeit sowie zur Änderung des Sozialgerichtsgesetzes, der Verwaltungsgerichtsordnung, der Finanzgerichtsordnung und des Gerichtsverfassungsgesetzes (BGBl. I 2016, 2222) vom 11.10.2016.

99 *Schmidt* MedSach 102 (2005), 62, *Weber* MedSach 102 (2005), 42, 44.

100 *Becker* MedSach 105 (2008), 85, 88 mwN.

101 *Greger* in Zöller, ZPO, § 402 Rn. 5 d. Diese weitgehend eigenverantwortliche Datenerhebung stellt im Verwaltungsverfahren das größte Problem bei der Bewertung der Tätigkeit von Beratungsärzten als Auftragsdatenverarbeitung iSv § 11 BDSG/§ 80 SGB X dar, s. *Bieresborn* in Krasney, SGB VII, § 200 Rn. 39 ff.

102 *Becker* Medsach 105 (2008), 85, 89.

103 *Schmidt* MedSach 102 (2005), 62 f.

104 Vgl BSG 4.7.2013 – B 2 U 79/13 B – SozR 4-1500 § 62 Nr. 15 Rn. 5; BSG 13.10.1993 – 2 BU 79/93 – SozR 3-1500 § 153 Nr. 1, Rn. 10 mwN; BVerfG 29.5.1991 – 1 BvR 1383/90 – BVerfGE 84, 188, 190.

105 Vgl BVerwG 25.5.2001 – 4 B 81.00 – Buchholz 310 § 108 Abs. 2 VwGO Nr. 20; vgl. auch BSG 2.4.2009 – B 2 U 281/08 B – juris Rn. 6; BSG 21.6.2000 – B 5 RJ 24/00 B – SozR 3-1500 § 112 Nr. 2 S. 3; BSG 13.10.1993 – 2 BU 79/93 – SozR 3-1500 § 153 Nr. 1 S 3.

Bei der Durchführung von **Fremdanamnesen** vor allem bei psychiatrischen Sachverständigengutachten ist die Grenze zwischen dem Sachverständigen erlaubter Abklärung zwischen Eigen- und Fremdwahrnehmung des Probanden einerseits und der unzulässigen verdeckten Zeugenbefragung bezüglich zwischen den Beteiligten streitigen Tatsachenfragen zu beachten.[106] 37

V. Die Wertung

Kern des Gutachtens ist die **Beurteilung** in Form einer **zusammenfassenden Darstellung der relevanten Tatsachen** mit **argumentativer Beantwortung der gestellten Fragen.**[107] Ausgangspunkt und Grundlage für diese Beurteilung müssen die festgestellten Tatsachen einschließlich der erhobenen Befunde sein.[108] Der Beurteilung selbst muss der aktuelle wissenschaftliche Erkenntnisstand zugrunde gelegt werden.[109] Sofern der Sachverständige hiervon abweicht, muss er dies transparent machen und darlegen, aus welchen Gründen er abweicht.[110] Abschließend ist eine **präzise Beantwortung** der gestellten Fragen erforderlich.[111] Erforderlich ist auch, dass der Sachverständige den **Sicherheitsgrad bzw. die Wahrscheinlichkeit** der Antworten nicht im juristischen Sinne, aber aus seiner medizinischen Sicht angibt. Vereinfacht ausgedrückt: Er muss zugeben, wenn er sich nicht sicher ist.[112] Empfehlenswert ist in medizinischen Gutachten, dass der Sachverständige klare Diagnosen anhand der **einschlägigen Diagnosesysteme** wie z.B. ICD 10 vornimmt.[113] 38

VI. Der aktuelle wissenschaftliche Erkenntnisstand

Basis für die Beurteilung durch den Sachverständigen muss der aktuelle wissenschaftliche Erkenntnisstand sein. Denn auch für die Beurteilung des Einzelfalles kommt es nicht auf die allgemeine wissenschaftliche Auffassung des einzelnen Sachverständigen an, sondern auf den aktuellen medizinischen Erkenntnisstand.[114] Diesem entsprechen solche Erfahrungssätze, die von der **großen Mehrheit der auf dem betreffenden Gebiet tätigen Fachwissenschaftler** anerkannt werden, über die also, von vereinzelten, nicht ins Gewicht fallenden Gegenstimmen abgesehen, **wissenschaftlich fundierter Konsens** besteht.[115] Es ist weder erforderlich, dass diese Erkenntnisse die einhellige 39

106 Kahlert, ASR 2016, 90, 98 mwN,; s. auch nachstehend *Francke* § 11 Rn. 69 ff.
107 *Becker* MedSach 105 (2008), 85, 89.
108 Vgl. BGH 13.11.1997 – X ZR 144/94 – NJW 1998, 1059 mwN.
109 S zuletzt BSG 17.12.2015 – B 2 U 11/14 R – BSGE vorgesehen.
110 *Becker* MedSach 103 (2006), 74, 76.
111 *Becker* aaO, S. 89 mwN.
112 S. nachstehend *Steiner* § 3 Rn. 173; vgl. *Rudolf* in Beyerlein, Sachverständigen Handbuch, § 30 Rn. 3.
113 S. BSG 9.5.2006 – B 2 U 1/05 R – BSGE 96, 196 = SozR 4-2700 § 8 Nr. 17 Rn. 26; a.A. *Kahlert* für das Rentenrecht, wobei er zutreffend darauf hinweist, dass es nicht auf die Diagnose, sondern die Funktionsbeeinträchtigung ankomme. Ohne Zuweisung einer genauen Diagnose ist jedoch die Verität der Funktionsbeeinträchtigung schwerlich nachzuweisen.
114 Vgl. BSG 23.4.2015 – B 2 U 6/13 R – SozR 4-5671 Anl. 1 Nr. 2108 Nr. 7; B 2 U 10/14 R – BSGE 118, 255–267; B 2 U 20/14 R – BSGE 118, 267–282; vgl BSG 27.6. 2006 – B 2 U 20/04 R = BSGE 96, 291 – 297; s. auch *Grüner* in Bieresborn, Einführung in die medizinische Sachverständigentätigkeit vor Sozialgerichten, S. 68.
115 BSG 27.6.2006 – B 2 U 13/05 R – SozR 4-2700 § 9 Nr. 9 Rn. 16; vgl. Jung, Anforderungen an die richterliche Beweiswürdigung im BK-Recht, in Deutscher Sozialgerichtstag e.V. (Hrsg.), Sozialrecht als Menschenrecht, 287, 299 f. S. auch *Spellbrink* MedSach 2017, 51 ff.

Meinung aller Mediziner widerspiegeln,[116] noch dass zu jedem Ursachenzusammenhang epidemiologische Forschungen existieren.[117] Andererseits reichen vereinzelte Meinungen einiger Sachverständiger grundsätzlich nicht aus.[118] Weicht ein Sachverständiger von in einem Konsens getroffenen Empfehlungen ab, handelt es sich u.U. um eine wissenschaftliche Einzelmeinung, welche bei Zugrundelegung eine revisible Überschreitung der freien Beweiswürdigung bedeuten kann.[119]

J. Verwertbarkeit anderer Gutachten aus Gerichts-/Verwaltungsverfahren

I. Grundsätzliches

40 Sachverständigengutachten aus **anderen gerichtlichen Verfahren** können gem. § 118 SGG iVm § 411 a ZPO[120] als Sachverständigengutachten verwertet werden.[121] Ebenso können bereits **im Verwaltungsverfahren eingeholte Gutachten** (von Nicht-Behördenangehörigen) auch im sozialgerichtlichen Verfahren urkundlich als Sachverständigengutachten verwertet werden.[122] Gutachten **behördeninterner Sachverständiger** können hingegen aufgrund der besonderen Nähe zu einem Beteiligten allenfalls **als besonders qualifizierter Parteivortrag** gewürdigt werden.[123] Insbesondere, wenn der Kläger die Feststellungen und Bewertungen der Beklagten **schlüssig anzweifelt** oder prozessuale Vorschriften (z.B. nach § 407a ZPO), die über § 21 SGB X auch im Verwaltungsverfahren gelten, missachtet wurden, muss sich dem Richter die Frage nach der Einholung eines unabhängigen (gerichtlichen) Sachverständigengutachtens stellen.[124]

II. Verstoß gegen datenschutzrechtliche Bestimmungen

41 Ein Verstoß bei der Einholung von Gutachten unter Missachtung grundrechtsschützender Datenschutznormen wie § 76 SGB X kann zur **Nichtverwertbarkeit des Gutachtens** führen.[125] Voraussetzung ist freilich, dass es sich überhaupt um ein Gutachten handelt[126] sowie dass dieses durch einen **externen Sachverständigen** erstellt wurde. Der Gutachter muss zur Anwendbarkeit des § 76 SGB X Dritter iSv § 67 Abs. 9 SGB X sein, weil sonst keine **Übermittlung** stattfindet.[127] Als denkbare Variante, dass eine Weitergabe von Daten an eine natürliche oder juristische Person nicht als Übermittlung iSv § 67 Abs. 6 Nr. 3 a SGB X anzusehen ist, kommt einmal in Betracht, dass

116 BSG 23.4.2015 – B 2 U 10/14 R – BSGE 118, 255, Rn. 28.
117 BSG 9.5.2006 – B 2 U 1/05 R, BSGE 96, 196 = SozR 4-2700 § 8 Nr. 17 Rn. 18; a.A. *Stevens/Foerster* MedSach 2003, 104, 107.
118 BSG 4.6.2002 – B 2 U 20/01 R – juris Rn. 22; bereits BSG 23.3.1999 – B 2 U 12/98 R, BSGE 84, 30, 35 mwN = SozR 3-2200 § 551 Nr. 12.
119 Hessisches LSG 1.12.2009 – L 3 U 145/05 WA – juris; s. ausf. § 4 Rn. 31 ff.
120 IdF d. Art. 10 Nr. 5 des Gesetzes v. 22.12.2006 (BGBl I 3416).
121 *Leopold* in Roos/Wahrendorf, SGG, § 118 Rn. 125.
122 S. Rn. 4; vgl. BSG 31.5.1963 – 2 RU 231/62 – SozR Nr. 66 zu § 128 SGG; *Kopp/Ramsauer* § 26 Rn. 28.
123 S. zu Gutachten des TAD Bieresborn, NZS 2008, 354, 358.
124 Vgl BSG 14.11.2013 – B 9 SB 10/13 – Rn. 6.
125 BSG 5.2.2008 – B 2 U 8/07 R – BSGE 100, 25 = SozR 4-2700 § 200 Nr. 1 = NZS 2009, 99 = SGb 2009, 40 zu § 200 Abs. 2 SGB VII. S. Rn. 45.
126 S. Rn. 2.
127 LSG Nordrhein-Westfalen 18.2.2009 – L 17 U 216/08 – juris Rn. 22 sowie 20.6.2007 – L 17 U 125/04 – NZS 2008, 321–325.

diese **Teil der verantwortlichen Stelle** iSv § 67 Abs. 9 SGB X[128] ist, was voraussetzt, dass sie entweder – im Falle einer juristischen Person – im Rahmen einer **Organisationseinheit** an der funktionalen Durchführung einer Aufgabe des SGB beteiligt ist,[129] oder – im Falle einer natürlichen Person – als Arbeitnehmerin oder im Rahmen einer Dienstvereinbarung höherer Art in den Organisationapparat eingegliedert ist.[130] Zwingende Voraussetzung auch hierfür ist die **betriebliche Eingliederung**, die bei Sachverständigen, die räumlich außerhalb der Behörde als Freiberufler oder bei einer anderen verantwortlichen Stelle, die nicht als Organisationseinheit anzusehen ist, tätig sind, regelmäßig fehlt.[131]

Als weitere, eine Übermittlung ausschließende rechtliche Variante kommt die sog. 42 **Auftragsdatenverarbeitung iSv § 80 SGB X**[132] in Betracht, deren wichtigstes Kriterium der **Verbleib der Entscheidungsbefugnis über die Daten bei der übertragenden Stelle** und die **fehlende Einräumung eines eigen inhaltlichen Bewertungs- oder Ermessensspielraums** zugunsten des Auftragnehmers bzw hier des Gutachters ist.[133] Da die konkreten Fragen an den Probanden aufgrund der besonderen Sachkunde meist nur vom Sachverständigen formuliert werden können, wird man die damit verbundene immanente Freiheit des Gutachters als Auftragnehmer zugunsten der Annahme von Auftragsdatenverarbeitung nur dadurch kompensieren können, dass der UV-Träger zum einen den **Zweck und Umfang der Fragen** und den **Zweck der Verwendung der Antworten** zuvor festlegt, zum anderen aufgrund einer **auf Dauer angelegten Rechtsbeziehung** als Beratungsarzt sowie einem Mindestmaß an bestehender **Weisungsgebundenheit,** z.B. hinsichtlich des Orts und der Methode der Untersuchung, des Zeitrahmens des Gutachtenserstellung oder der Anzahl der anzufertigenden Gutachten in einem bestimmten Zeitraum es gerechtfertigt ist, diesen Gutachter dem „Lager" der verantwortlichen Stelle mit der Konsequenz einer fehlenden Übermittlung an einen Dritten zuzurechnen.

III. Konsequenzen von Verfahrensverstößen bei der Gutachtenseinholung

1. Rechtswidrigkeit der Verwaltungsentscheidung

Die Nichtbeachtung datenschutzrechtlicher Normen im Verwaltungsverfahren kann 43 u.U. bereits die Rechtswidrigkeit der Ausgangsentscheidung bewirken.[134] Gem. § 42 S. 1 SGB X kann zwar die Aufhebung eines Verwaltungsaktes, der nicht nach § 40 SGB X nichtig ist, nicht allein deshalb beansprucht werden, weil er unter Verletzung von Vorschriften über das Verfahren, die Form oder die örtliche Zuständigkeit zustande gekommen ist, dies gilt aber nur, wenn **offensichtlich** ist, dass **die Verletzung**

128 Künftig „Verantwortlicher" nach Art 4 Nr. 7 EU (VO) 679/2016 (EU-Datenschutzgrundverordnung).

129 *Stähler* in Krahmer, Sozialdatenschutz nach SGB I und X, 3. Aufl. 2011; *Rombach* in Hauck/Noftz, SGB X, Rn. 26; *Bieresborn* in von Wulffen/Schütze, SGB X, 8. Aufl. 2014, § 67 Rn. 32.

130 Vgl. BSG 5.2.2008 – B 2 U 8/07 – SGb 2009, 40–49.

131 *Bieresborn* in von Wulffen/Schütze, SGB X, 8. Aufl. 2014, § 67 Rn. 31.

132 Künftig „Auftragsverarbeitung" nach Art 4 Nr. 8 EU (VO) 679/2016 (EU-Datenschutzgrundverordnung).

133 *Gola/Klug/Körffer*, BDSG, § 11 Rn. 9; Wächter CR, 1991, 333; *Plath*, BDSG § 11 Rn. 28.

134 Dies wäre ein ausnahmsweise nach § 42 SGB X beachtlicher Verfahrensfehler, sofern nicht offensichtlich ist, dass die die Verletzung die Entscheidung in der Sache nicht beeinflusst hat; vgl. BSG 20.7.2010 – B 2 U 17/09 R – juris Rn. 39.

die Entscheidung in der Sache nicht beeinflusst hat, was aber bei der Verwertung von rechtswidrig gewonnenen Ermittlungsergebnissen häufig der Fall sein wird.

2. Löschungsanspruch

44 Darüber hinaus resultiert ein Löschungsanspruch aus der **Unzulässigkeit der Speicherung** der Daten.[135] Die Unzulässigkeit der Speicherung besteht bereits dann, wenn diese nicht oder nicht mehr durch eine Rechtsnorm oder die Einwilligung des Betroffenen gedeckt ist.[136] Der Löschungsanspruch erfasst damit die Unkenntlichmachung unzulässig erhobener Sozialdaten,[137] wozu auch die Entfernung von schriftlichen Datenträgern aus Verwaltungsakten sowie deren anschließende Vernichtung oder Rücksendung an den Betroffenen zählt.[138]

3. Beweisverwertungsverbot

45 Zur Entscheidung der Frage, ob ein **Beweisgewinnungsverbot** zu einem **Beweisverwertungsverbot** führt, sind die widerstreitenden Interessen unter- und gegeneinander abzuwägen.[139] Die Intensität des Verfahrensverstoßes fällt dabei ebenso ins Gewicht wie die Überlegung, dass die Wahrheit nicht um jeden Preis erforscht werden darf.[140] Nach ganz herrschender Meinung ist die Verwertung grundsätzlich verboten, wenn die verletzte Norm den Betroffenen vor **Grundrechtseingriffen** schützt.[141] Dies gilt auch für eine Verletzung des aus Art. 2 Abs. 1 GG sowie Art. 6 EMRK abgeleiteten Anspruchs auf ein faires Verfahren.[142]

4. Fernwirkungen von Beweisverwertungsverboten

46 Nicht eindeutig geklärt ist u.a. die Frage, ob ein Beweisverwertungsverbot auch unbegrenzt Fernwirkungen dergestalt entfaltet, dass **Folgegutachten**, die in Kenntnis eines unter Verstoß gegen eine datenschützende Norm zu den Akten gelangten Gutachtens aber ansonsten ohne Rechtsverstoß erstellt wurden, zwangsläufig ebenfalls nicht verwertbar sind.[143] Eine allgemeine Fernwirkung von Beweisverwertungsverboten ist dem deutschen Recht fremd.[144] Fraglich ist ferner das Eintreten von Beweisverwer-

---

135 *Bieresborn* ASR 2012, 46, 54.

136 *Gola/Klug/Körffer*, BDSG, § 20 Rn. 10; laut amtlicher Begründung zu § 84 SGB X ist die Regelung des § 84 SGB X im Wesentlichen eine Übernahme des § 20 Abs. 2 Nr. 1 BDSG: BT-Drs. 12/5187, S. 43.

137 LSG Baden-Württemberg 28.10.2011 – L 8 U 5734/10 – juris.

138 LSG Bayern 31.3.2011 – L 15 SB 80/06 – juris Rn. 56.

139 BSG 5.2.2008 – B 2 U 8/07 R – SGb 2009, 40, 47f. mwN; vgl. BVerfG, Beschluss v. 30.11.2010 – 2 BvR 2101/09 zur Verwertung der „Steuer-CD's" für den hinreichenden Tatverdacht; *Benfer* NVwZ 1999, 237, 239; Köhler, Kausalität, Finalität und Beweis, 2001, S. 34.

140 BGH St 31, 304, 309.

141 *Engelhardt* in: Obermayer, Kommentar zum VwVfG, § 24 Rn. 141; Hufen, Fehler im Verwaltungsverfahren, 4. Aufl. 2002, Rn. 143; *Köhler* Kausalität, Finalität und Beweis, 2001, S. 30.

142 S. zu dessen Inhalt BVerfGE 69, 381, 385ff.; 88, 118, 124ff., BVerfG, Beschluss 30.11.2010 – 2 BvR 2101/09.

143 Vgl BSG 5.2.2008 – B 2 U 10/07 R; s. mit rechtsvergleichenden Bezügen zum angelsächsischen Recht Bieresborn, SGb 2009, S. 52.

144 Dies im Unterschied beispielsweise zum us-amerikanischen Strafprozessrecht, wo nach der „fruit of the poisonous tree-doctrine" auch mittelbare Beweisergebnisse als „Früchte des verbotenen Baumes" stets einem Verwertungsverbot unterliegen, s. Silverthorne Lumber Co v. United States, 1920, United States Reports, Vol. 251, Oct. Term 1919, p. 385, andererseits wird alternativ auch dort die Frage gestellt, ob das Beweismittel auch auf rechtmäßige Weise hätte erlangt werden können: sog „hypothetical clean path doctrine", s. nur Crispus Nix v. Robert Anthony Williams, 1984, United States Supreme Court Reports 467 US 431, 81 L Ed 2d 377, 104 S. Ct. 2501; vgl. *Beulke* ZStW 103, 657, 666. *Bieresborn,* Anm. zu BSG

tungsverboten im Falle des Verstoßes gegen datenschutzrechtliche Normen, die ausschließlich Dritte schützen.[145]

K. Anwaltliche Angriffsmittel gegen Gutachten

I. Keine Beschwerde gegen Beweisbeschluss

Selbst in den **Ausnahmefällen**, in denen einer Beweisaufnahme ein **förmlicher Beweisbeschlusses** vorausgeht,[146] kann dieser gem. § 172 Abs. 2 SGG nicht mit der Beschwerde angefochten werden.[147] 47

II. Befangenheitsantrag

Gemäß § 118 Abs. 1 SGG i. V. m. § 406 ZPO ist ein Ablehnungsantrag wegen Befangenheit des Sachverständigen spätestens binnen zwei Wochen nach Verkündung der Zustellung des Beschlusses über die Benennung des Sachverständigen zu stellen; da im SG-Verfahren idR keine Beweisbeschlüsse erfolgen, beginnt die Frist mit dem Zugang der Beweisanordnung.[148] Zu einem **späteren Zeitpunkt** ist die Ablehnung nur zulässig, wenn der Antragsteller glaubhaft macht, dass er **ohne sein Verschulden** verhindert war, den Ablehnungsgrund früher geltend zu machen. Dies kann z.B. dann der Fall sein, wenn sich der Ablehnungsantrag erst aus dem Gutachten ergibt.[149] Bei der Frage des Verschuldens bei der Stellung eines späteren Ablehnungsantrages ist auf die allgemeinen Regelungen zurückzugreifen: Nach § 276 Abs. 1 Satz 2 BGB handelt fahrlässig, wer die im Verkehr erforderliche Sorgfalt außer Acht lässt.[150] Die Gegenauffassung, dass keine Erkundigungspflicht sowie die Verpflichtung zu Nachforschungen hinsichtlich der Unparteilichkeit von Sachverständigen besteht,[151] vermag nicht zu überzeugen, da gerade zeitaufwändige und kostspieligen Beweisaufnahmen vorgebeugt werden.[152] 48

III. Rügepflicht

Trotz des im SGG-Verfahren herrschenden Amtsermittlungsprinzips (§ 103 SGG) sind Verstöße gegen Verfahrens- und hierbei insbesondere gegen Formvorschriften nicht von Amts wegen, sondern nur **auf Rüge** durch das Gericht zu beachten.[153] Da- 49

5.2.2008 – B 2 U 8/07 R, SGb 2009, 49, 51; *Behrens/Froede* NZS 2009, 129, 134; zum Vergleich mit fehlender Belehrungspflicht im Strafrecht: *Köhler* in: ZFSH/SGB 2009, 451, 460 f.; VSSR 2009, 205, 216; *C. Wagner* in: jurisPR-SozR 25/2008 Anm. 6.

145 S. zur im Strafverfahren vertretenen Rechtskreistheorie zuletzt BGH 20.1.2004 – 1 StR 319/03 – NStZ 2004, 442; s. a. BGHSt 1, 39, 40; 11, 213, 219; 38, 302, 304; *Meyer-Goßner*, StPO, § 55 Rn. 17; *Roxin*, Strafverfahrensrecht, § 24 Rn. 18 ff.

146 S. Rn. 16.

147 *Leopold* in: Roos/Wahrendorf, SGG, § 118 Rn. 16; s. auch BGH 18.12.2008 – I ZB 118/07 – NJW-RR 2009, 995.

148 *Leopold* in: Roos/Wahrendorf, SGG, § 118 Rn. 117; s. zu den möglichen Befangenheitsgründen Rn. 21 ff.

149 Vgl. *Meyer-Ladewig/Keller/Leitherer*, SGG, § 118 Rn. 12 b.

150 SG Kassel 24.7.2007 – S 4 SB 172/06 – MedSach 103 (2007), 214.

151 Zöller-*Greger*, ZPO § 406 Rn. 11; *Dammrau* in: MüKo-ZPO, § 406 ZPO Rn. 7, *Schneider* MDR 75, 353, 355 f.

152 S. zur Anhörung der Beteiligten vor Erteilung des Gutachtenauftrags s. Rn. 25.

153 BSG 5.2.2008 – B 2 U 8/07 R – SGb 2009, 40 ff.

her muss gem. § 295 Abs. 1 ZPO bzw. § 556 ZPO jeweils iVm § 202 SGG[154] eine Rüge bezüglich der Verwertbarkeit eines Gutachtens, das im Laufe des Gerichtsverfahrens eingeholt wird, spätestens in der nächsten mündlichen Verhandlung[155] erhoben worden sein, um nicht verloren zu sein.[156] Der ansonsten eintretende **Verlust des Rügerechts** soll dem Gericht gegenüber eine Warnfunktion erfüllen, indem dieses klar darauf hingewiesen wird, dass der Beteiligte die Verletzung bestimmter Verfahrensvorschriften rügt, und Gelegenheit gegeben wird, die entsprechenden Mängel ggf. zu beheben.[157] Diese **Warnfunktion der Antragstellung** mit der Folge der Heilung, wenn kein Antrag gestellt wird, wird auch nicht erfüllt, wenn eine in einem früheren Verfahrensstadium schriftsätzlich erhobene Rüge in der nächsten mündlichen Verhandlung nicht mehr erkennbar weiterverfolgt wird. Von der auf den **Anwaltsprozess** zugeschnittenen Regelung des § 295 ZPO ist allerdings bei **nicht rechtskundigen Beteiligten** eine Ausnahme zu machen, weil das Gericht grundsätzlich auf eine angemessene und sachdienliche Antragstellung hinzuwirken hat (§ 112 Abs. 2 S. 2 SGG) und rechtsunkundige Beteiligte durch eine Regelung, die zu einem Verlust des Rügerechts führt, überrascht sein können.[158]

50 Das BSG hat diese Rechtsprechung auf das Verwaltungsverfahren ausgedehnt, indem es postuliert, dass auch dort der Verstoß gegen eine Verwaltungsverfahrensnorm **„unverzüglich"**, d.h. nach allgemeiner juristischer Terminologie **ohne schuldhaftes Zögern** (§ 121 BGB), zu rügen ist.[159] Ob ein Verschulden vorliegt hängt insbesondere bei rechtsunkundigen und anwaltlich nicht vertretenen Beteiligten vom **Ausmaß des Verstoßes** ab. Bei anwaltlich vertretenen Klägern wird man demgegenüber immer von einem Rügeverlust ausgehen müssen, wenn diese nicht spätestens bis zum Erlass des Widerspruchsbescheids vorgebracht wird.

IV. Fragerecht

51 Der Anspruch auf **rechtliches Gehör** hat im Zusammenhang mit der Einholung von Sachverständigengutachten in §§ 116 Satz 2, 118 Abs. 1 Satz 1 SGG iVm §§ 397, 402, 411 Abs. 4 ZPO eine spezifische Ausprägung hinsichtlich der Möglichkeit, ergänzende Fragen zu stellen, erfahren.[160] Nach ständiger Rechtsprechung des BSG steht nach diesen Normen – unabhängig von der nach § 411 Abs. 3 ZPO im pflichtgemäßen Ermessen des Gerichts liegenden Möglichkeit, zur weiteren Sachaufklärung von Amts wegen das Erscheinen des Sachverständigen zur mündlichen Verhandlung

154 BSG 30.12.1987 – 5 a BKn 10/86 – SozR 1500 § 160 a Nr. 61 mwN; vgl. *Kummer*, Die Nichtzulassungsbeschwerde, XI Rn. 200 f.

155 Dazu zählt nicht ein bloßer Erörterungstermin gem. § 106 Abs. 3 Nr. 7 SGG, *Leitherer* in: Meyer-Ladewig/Keller/Leitherer, SGG, § 106 Rn. 15; *Kranig* in Hauck/Noftz SGB VII § 200 Rn. 26; vgl. a. § 272 Abs. 3 ZPO, § 279 Abs. 1 ZPO sowie *Greger* in: Zöller, ZPO, § 278 Rn. 8.

156 BSG 5.2.2008 – B 2 U 8/07 R – SGb 2009, 40 ff.

157 BSG 26.1.2006 – B 2 U 204/05 B – SozR 4-1750 § 295 Nr. 1; s. zum Zivilprozess: *Hartmann* in: Baumbach u.a., ZPO, § 295 Rn. 8.

158 Vgl. BSG 18.9. 2003 – B 9 VU 2/03 B – SozR 4-1750 § 407 a Nr. 1 = SGb 2004, 363 mit zustimmender Anm. von *Roller*; ebenso zum Zivilprozess: *Greger* in: Zöller, ZPO, § 295 Rn. 9 mwN.

159 BSG 20.7.2010 – B 2 U 17/09 R – SGb 2011, 405, 407 Rn. 34; SG Karlsruhe 17.7.2014 – S 1 U 4193/13 – juris Rn. 21; LSG Sachsen-Anhalt 20.11.2013 – L 6 U 42/12 –, juris Rn. 43.

160 BSG 27.11.2007 – B 5a/5 R 60/07 B – SozR 4-1500 § 116 Nr. 1 Rn. 6; BSG 24.4.2008 – B 9 SB 58/07 B – SozR 4-1500 § 116 Nr. 2 Rn. 4; s auch BSG 25.4.2013 – B 13 R 29/12 B - juris Rn. 11 ff.

anzuordnen – jedem Beteiligten das Recht zu, einem Sachverständigen diejenigen Fragen vorlegen zu lassen, die er zur Aufklärung der Sache für dienlich erachtet.[161] Beachtet ein Gericht diese verfahrensrechtlichen Anforderungen nicht, so liegt darin jedenfalls dann ein Verstoß gegen den verfassungsrechtlichen Anspruch auf rechtliches Gehör, wenn es einen **Antrag auf Erläuterung des Sachverständigengutachtens völlig übergeht** oder ihm allein deshalb nicht nachkommt, weil das Gutachten ihm überzeugend und **nicht weiter erörterungsbedürftig** erscheint.[162] Dies gilt auch dann, wenn der Sachverständige ein Gutachten auf Antrag des Beteiligten gemäß § 109 SGG erstellt hat.[163] Sachdienliche Fragen iSv § 116 Satz 2 SGG liegen dann vor, wenn sie sich **im Rahmen des Beweisthemas halten und nicht abwegig oder bereits eindeutig beantwortet** sind.[164] Hierbei müssen keine Fragen formuliert werden; es reicht vielmehr aus, die erläuterungsbedürftigen Punkte hinreichend konkret zu bezeichnen.[165] Hingegen fehlt es an der Sachdienlichkeit, wenn der Antrag auf Anhörung des Sachverständigen **rechtsmissbräuchlich** gestellt ist, insbesondere wenn die Notwendigkeit einer Erörterung überhaupt nicht begründet wird oder nur beweisunerhebliche Fragen angekündigt werden.[166]

Da das Fragerecht an den Sachverständigen der Verwirklichung des rechtlichen Gehörs dient, ist weiterhin erforderlich, dass der Beteiligte alles getan hat, um die Anhörung des Sachverständigen zu erreichen. Dazu muss er einen darauf gerichteten Antrag rechtzeitig stellen, dort schriftlich objektiv sachdienliche Fragen ankündigen und das Begehren bis zuletzt aufrechterhalten.[167] Hat das erstinstanzliche Gericht einem Antrag auf mündliche Anhörung des Sachverständigen verfahrensfehlerhaft nicht entsprochen, so muss nach der Rechtsprechung des BGH das Berufungsgericht dem in zweiter Instanz wiederholten Antrag stattgeben.[168] 52

V. Geltendmachung von Mängeln der Sachverständigenbegutachtung in der Revisionsinstanz

Da das BSG an die **Tatsachenfeststellungen der Vorinstanz einerseits gebunden** ist (§ 163 SGG) und andererseits der Sachverständigenbeweis der Feststellung von Tatsachen dient,[169] können Mängel bei der Erhebung des Sachverständigenbeweises in der Revisionsinstanz nur noch **indirekt, z.B. als Verfahrensfehler** des Instanzgerichts, geltend gemacht werden. Hierbei ist zwischen einem **Revisionsverfahren** und der **Nichtzulassungsbeschwerde** zu unterscheiden. 53

161 BSG 16.6.2016 – B 13 R 119/14 B – juris Rn. 12; BSG 27.11.2007 – B 5a/5 R 60/07 B – SozR 4-1500 § 116 Nr. 1 Rn. 7; BSG 24.4.2008 – B 9 SB 58/07 B – SozR 4-1500 § 116 Nr. 2 Rn. 5; BSG 17.4.2012 – B 13 R 355/11 B – juris Rn. 13, jeweils mwN s. a. BVerfG 3.2.1998 – 1 BvR 909/04 – NJW 1998, 2273 – juris Rn. 11 f.

162 BSG 24.7.2012 – B 2 U 100/12 B – SozR 4-1500 § 160 Nr. 24 Rn. 15; vgl. auch BGH 17.12.1996 – VI ZR 50/96 -- NJW 1997, 802.

163 BSG 15.9.2015 – B 13 R 201/15 B – juris Rn. 7; BSG 12.4.2000 – SozR 3-1750 § 411 Nr. 1 S 5 f.

164 BSG 27.11.2007 – B 5a/5 R 60/07 B – SozR 4-1500 § 116 Nr. 1 Rn. 10.

165 BSG 12.4.2000 – B 9 VS 2/99 R – SozR 3-1750 § 411 Nr. 1 = juris Rn. 20.

166 Vgl. BVerfG 29.8.1995 – 2 BvR 175/95 – NJW RR 1996, 183 = Juris Rn. 29 mwN; BGHZ 20.9.1961 – V ZR 46/60 – BGHZ 35, 370, 371; vgl hierzu zuletzt Beschluss des Senats v. 18.7.2012 – B 2 U 105/12 B.

167 BSG 27.11.2007 – B 5a/5 R 60/07 B –, SozR 4-1500 § 116 Nr. 1 Rn. 7.

168 BGH Beschlüsse 10.5.2005 – VI ZR 245/04 – juris und 14.7.2009 – VIII ZR 295/08 – NJW-RR 2009, 1361, 1362.

169 S. Rn. 33 ff.

1. Revisionsverfahren

54 Während **Rechtsfragen** durch das BSG voll überprüfbar sind,[170] sind **Tatsachenfeststellungen** des Vordergerichts gem. § 163 SGG für das BSG bindend. Dies gilt aber nur soweit die **Grenzen der freien Beweiswürdigung** (§ 128 SGG)[171] nicht überschritten wurden. Letzteres ist bei Verletzung einer das Verfahren bei der Feststellung von Tatsachen betreffenden Rechtsnorm wie z.B. Verstößen gegen Verfahrens- und Beweisregeln aber auch bei Verkennung existierender oder Anwendung nicht vorhandener Erfahrungssätze der Fall. Folgt daher das Gericht einem Sachverständigengutachten, welches unter **Verstoß gegen Verfahrens- und Beweisregeln**, unter **Verkennung existierender oder Anwendung nicht vorhandener Erfahrungssätze** zustanden gekommen ist, kann die daraus resultierende Feststellung u.U. mittels Verfahrensrüge erfolgreich angegriffen werden.

55 Verfahrensrügen müssen gem. § 164 Abs. 2 SGG **innerhalb der Revisionsbegründungsfrist** unter **Angabe der Tatsachen** erhoben werden, **die den Mangel ergeben** sollen. Dazu muss ein solcher Verstoß im Einzelnen vom Beteiligten dargelegt werden. Es genügt nicht die bloße Behauptung, sondern das Revisionsgericht muss in die Lage versetzt werden, sich allein anhand der der Revisionsbegründung ein Urteil darüber zu bilden, ob die angegriffene Entscheidung auf einem Verfahrensmangel **beruhen** kann.[172]

56 Bei einem Verstoß gegen die **Amtsermittlungspflicht** (§ 103 SGG)[173] ist darzutun, inwiefern nach den der Vorinstanz vorliegenden Beweismitteln Fragen zum tatsächlichen Sachverhalt **aus ihrer rechtlichen Sicht** offengeblieben sind, damit zu einer weiteren Aufklärung des Sachverhalts zwingende Veranlassung bestanden hat und die so zu ermittelnden Tatsachen nach der Rechtsauffassung der Vorinstanz entscheidungserheblich sind. Nicht ausreichend ist hierfür, wenn lediglich die eigene Beweiswürdigung an Stelle derjenigen des LSG gesetzt wird;[174] vielmehr ist darzutun, dass sich das Tatsachengericht **von seinem sachlich-rechtlichen Standpunkt aus zu weiteren Ermittlungen hätte gedrängt** fühlen müssen.[175] Gleichfalls ist zu benennen, wann und in welcher Form diese Tatsachen vorgebracht wurden.[176] Schließlich sind die **konkreten Beweismittel** zu benennen und anzugeben, zu welchem Ergebnis die für erforderlich gehaltenen Beweismittel geführt hätten.[177] Die Verpflichtung zur Einholung **eines weiteren Gutachtens** besteht auch bei einander widersprechenden Gutachtensergebnissen im Allgemeinen nicht.[178] Liegen bereits mehrere Gutachten vor, ist das Tatsachengericht nur dann zur weiteren Beweiserhebung verpflichtet, wenn die vorhandenen Gutachten **grobe Mängel** oder **unlösbare Widersprüche** enthalten und **von unzu-**

170 *Heinz* in: Roos/Wahrendorf, SGG, § 163 Rn. 9.
171 S. Rn. 12.
172 BSG 29.11.2011 – B 2 U 10/11 R – SozR 4-2700 § 8 Nr. 42 Rn. 19; BSG 31.3.2017 – B 12 KR 16/14 – R (Pressebericht).
173 S. Rn. 9 ff.
174 BSG 14.12.2011 – B 5 R 2/11 R – juris Rn. 20; BSG 18.6.2003 – B 2 U 6/12 R – SozR 4-2700 § 9 Rn. 22; s. *Aussprung* in: Roos/Wahrendorf, SGG § 128 Rn. 37 sowie *Heinz* in: Roos/Wahrendorf, SGG § 163 Rn. 32.
175 BSG 27.6.2006 – B 2 U 20/04 R – BSGE 96, 291 Rn. 24; *Heinz* in: Roos/Wahrendorf, SGG § 163 Rn. 33.
176 BSG 12.11.2012 – B 2 U 19/11 R – BSGE 112, 177 Rn. 29.
177 BSG 3.7.2012 – B 1 KR 25/11 R – BSGE 111, 168 Rn. 28.
178 S. zum „Obergutachten" Rn. 5.

treffenden sachlichen Voraussetzungen ausgehen oder **Anlass zu Zweifel an der Sachkunde des Gutachters** geben.[179] Hält das Gericht hingegen eines von mehreren Gutachten für überzeugend, darf es sich diesem anschließen, ohne ein weiteres Gutachten einzuholen.

Bei einer Rüge der Verletzung des **Grundsatzes des rechtlichen Gehörs** (§§ 62 und 128 Abs. 2 SGG, Art. 103 Abs. 1 GG) ist vom Revisionsführer darzulegen, warum er unter keinen Umständen mit der angefochtenen Entscheidung habe rechnen können, obwohl er alle prozessualen Möglichkeiten ausgeschöpft hat, sich rechtliches Gehör zu verschaffen.[180] Die **Begründungspflicht** nach § 128 Abs. 1 Satz 2 SGG ist im Übrigen nicht schon dann verletzt, wenn die Ausführungen des Gerichts nach den Darlegungen des Beschwerdeführers falsch, oberflächlich oder wenig überzeugend sind.[181] Auch der aus Art. 2 Abs. 1 GG iVm dem Rechtsstaatsprinzip bzw Art. 6 EMRK folgende Anspruch auf ein **faires Verfahren** ist nur verletzt, wenn grundlegende Rechtsschutzstandards, wie das Gebot der Waffengleichheit zwischen den Beteiligten,[182] das Verbot von widersprüchlichem Verhalten oder von Überraschungsentscheidungen nicht gewahrt werden.[183] 57

Hinsichtlich der Verwendung **„falscher" Erfahrungssätze** ist die Rüge denkbar, das Gericht sei einem Sachverständigengutachten gefolgt, welches den **aktuellen wissenschaftlichen Erkenntnisstand** nicht beachtet habe. Nach ständiger Rechtsprechung des 2. Senats des BSG sind z.B. die die einzelnen Tatbestandsmerkmale der jeweiligen BK unterfütternden allgemeinen (generellen) Tatsachen, die für alle einschlägigen BK-Fälle gleichermaßen von Bedeutung sind, anhand des aktuellen wissenschaftlichen Erkenntnisstands auch revisionsrechtlich überprüfbar.[184] 58

Das BSG hat die Aufhebbarkeit von Feststellungen genereller Tatsachen sogar **ohne entsprechende Rüge** zumindest dann angenommen, wenn ein angewandter Erfahrungssatz **offenkundig nicht dem aktuellen Erkenntnisstand** entspricht.[185] Zu diesem Schluss ist es auch gekommen, wenn **existierende Erfahrungssätze nicht angewandt** wurden.[186] 59

Nicht geklärt ist die Frage, ob bei entsprechend zulässiger Rüge auch die Aufhebung eines **nicht offensichtlich falschen Erfahrungssatzes** erfolgreich geltend gemacht werden kann. In diesem Sinne lässt sich die Entscheidung des 2. Senats vom 27.10.2009[187] verstehen. Hierfür spricht auch, dass **generelle Tatsachen** zwischen 60

---

179 BSG 12.12.2003 – B 13 RJ 179/03 B – SozR 4-1500 § 160 a Nr. 3 Rn. 9 mwN; s. BSG 12.5.2015 – B 9 SB 93/14 B – juris Rn. 6.
180 BSG 27.6.2013 – B 9 V 57/12 B – NZS 2013, 838; *Heinz* in: Roos/Wahrendorf, SGG, § 163 Rn. 60.
181 S. BSG Beschluss 26.5.2011 – B 11 AL 145/10 B – juris Rn. 3; BSG 24.2.2010 – B 13 R 547/09 B.
182 Vgl EGMR 27.10.1993 – 37/1992/382/460 – NJW 1995, 1413 – Dombo Beheer.
183 BSG Beschluss 12.12.2014 – B 10 ÜG 15/14 B – juris Rn. 8; BSG Beschluss 17.4.2013 – B 9 V 36/12 B – SozR 4-1500 § 118 Nr. 3, Rn. 16; s zur Überraschungsentscheidung auch Rn. 5.
184 Zuletzt BSG 17.12.2015 – B 2 U 11/14 R – NZS 2016, 429–434; BSG 23.4.2015 – B 2 U 6/13 R – SozR 4-5671 Anl. 1 Nr. 2108 Nr. 7 Rn. 20; BSG – B 2 U 10/14 R – SozR 4-5671 Anl. 1 Nr. 2108 Nr. 6 Rn. 20; BSG – B 2 U 20/14 R – SozR 4-5671 Anl. 1 Nr. 2108 Nr. 8 Rn. 33; dort auch mit Nachweisen zur älteren Senatsrechtsprechung und zur Rechtsprechung anderer Senate des zur Überprüfung sog „genereller Tatsachen", „Rechtstatsachen" sowie zu „allgemeinkundigen Tatsachen historischer Natur".
185 BSG vom 23.4.2015 – B 2 U 10/14 R Rn. 27; s. bereits BSG vom 27.10. 2009 – B 2 U 16/08 R –, juris Rn. 15.
186 BSG 17.12.2015 – B 2 U 11/14 R – NZS 2016, 429–434.
187 BSG 27.10.2009 – B 2 U 16/08 R – juris.

(auf Rüge überprüfbaren) Tatsachen und (stets uneingeschränkt überprüfbaren) Rechtsfragen stehen. Andererseits ist zu berücksichtigen, dass bei der Überprüfung und Aufhebung nicht offensichtlich falscher Erfahrungssätze das BSG in der Gefahr stünde, sich **eigene nicht vorhandene Sachkunde** anzumaßen, weil es selbst kaum in der Lage ist, einen nicht offensichtlich falschen Erfahrungssatz als nicht dem aktuellen wissenschaftlichen Erkenntnisstand entsprechend zu erkennen. Dies führt letztlich dazu, dass bei einem kontroversen Stand der wissenschaftlichen Erkenntnisse Tatsachengerichte zur **Feststellung unterschiedlicher Erfahrungssätze** gelangen können, die dann jeweils revisionsrechtlich akzeptiert werden müssten. Das BSG hat darauf hingewiesen, dass dies zum einen die logische Folge der den Gerichten nur eingeschränkt eröffneten Möglichkeiten ist, sich den tatsächlichen aktuellen medizinischen wissenschaftlichen Erkenntnisstand zu verschaffen, zum anderen aber auch Aufgabe des Gesetzgebers sei, entsprechend präzise Normtatbestands zu schaffen.[188]

2. Nichtzulassungsbeschwerde

61 Im Verfahren der Nichtzulassungsbeschwerde können Mängel des Sachverständigenbeweises lediglich **als Verfahrensfehler** geltend gemacht werden. Nach § 160 Abs. 2 Nr. 3 SGG ist die Revision zuzulassen, wenn ein Verfahrensmangel geltend gemacht wird, auf dem die angefochtene Entscheidung beruhen kann; der Verfahrensmangel kann nicht auf eine Verletzung von § 109 SGG und § 128 Abs. 1 Satz 1 SGG (Grundsatz der freien richterlichen Beweiswürdigung) und auf eine Verletzung des § 103 SGG (Amtsermittlungsgrundsatz) nur gestützt werden, wenn er sich auf einen Beweisantrag bezieht, dem das LSG ohne hinreichende Begründung nicht gefolgt ist. Gestützt werden kann die Nichtzulassungsbeschwerde nur der Verstoß gegen eine Verfahrensnorm, der den Weg zur Entscheidung betrifft (*error in procedendo*), nicht auf die „falsche“ Auslegung verfahrensrechtlicher Vorschriften, die den Inhalt der angefochtenen Entscheidung selbst bilden (*error in iudicando*).[189]

62 Gemäß § 160 a Abs. 2 S 2 SGG ist der Verfahrensmangel zu **„bezeichnen“**. Dazu müssen die Umstände benannt werden, die den entscheidungserheblichen Mangel ergeben sollen.[190] Die **Darlegungs- und Bezeichnungsobliegenheit** soll den Aufwand für die Bearbeitung der Nichtzulassungsbeschwerde reduzieren und dadurch das Beschwerdeverfahren beschleunigen. Der **Vertretungszwang** soll wiederum verhindern, dass die Nichtzulassungsbeschwerde an mangelnden Rechtskenntnissen des Beschwerdeführers scheitert und zugleich gewährleisten, dass die Ausführungen ein bestimmtes fachliches und professionelles Niveau erreichen.[191] Erforderlich sind demgemäß **qualifizierte, ins Einzelne gehende, fallbezogene und aus sich heraus verständliche, auf den jeweiligen Zulassungsgrund bezogene und geordnete Ausführungen**, die

188 BSG 23.4.2015 – B 2 U 10/14 R – BSGE 118, 255 Rn. 29; im konkreten Fall ging es um die Fassung von BK-Tatbeständen durch den Verordnungsgeber der Berufskrankheitenverordnung.

189 BSG Beschluss 31.3.2015 – B 12 KR 84/13 B –, juris Rn. 8; vgl *Kummer*, Die Nichtzulassungsbeschwerde, 2. Aufl. 2010, Rn. 445 mwN; *Karmanski* in: Roos/Wahrendorf, SGG, § 160 Rn. 51.

190 Vgl zB BSG 23.9.2012 – B 10 ÜG 12/13 – Beck RS 2013, 73754 Rn. 6; BSG 18.2.1980 – 10 BV 109/79, SozR 1500 § 160 a Nr. 14, 24, 36.

191 Vgl. BSG 24.2.1992 – B7 Bar 86/91 — SozR 3-1500 § 166 Nr. 4 S. 9; *Karmanski* in: Roos/Wahrendorf, SGG, § 160 a Rn. 44 mwN.

sich mit der angefochtenen Entscheidung auf der Grundlage einer eigenständigen Sichtung und Durchdringung des Prozessstoffs auseinandersetzen.[192]

Bei der Aufklärungsrüge hinsichtlich der **Nichteinholung eines (weiteren) Sachverständigengutachtens** muss der Beschwerdeführer daher zunächst einen prozessordnungsgemäßen Beweisantrag iSd § 160 SGG,[193] der für das BSG ohne weiteres auffindbar ist und den er bis zum Schluss der mündlichen Verhandlung aufrechterhalten hat, benennen.[194] Folgt ein Gericht einem Beweisantrag nicht, liegt nicht zwangsläufig ein Verfahrensfehler vor. Hinzukommen muss nach § 160 Abs. 2 Nr. 3 SGG, dass dies **ohne hinreichende Begründung** geschieht, was nicht formell, sondern materiell iSv „ohne hinreichenden Grund" zu verstehen ist.[195] Da sich das LSG von seinem sachlich-rechtlichen Standpunkt gedrängt gefühlt haben müsste, den beantragten Beweis zu erheben,[196] ist in der Nichtzulassungsbeschwerde darzulegen, inwiefern nach den dem LSG vorliegenden Beweismitteln Fragen zum tatsächlichen medizinischen Sachverhalt aus der rechtlichen Sicht des LSG erkennbar offengeblieben sind, damit **zu einer weiteren Aufklärung des Sachverhalts zwingende Veranlassung** bestanden hat und die so zu ermittelnden Tatsachen nach der Rechtsauffassung des LSG **entscheidungserheblich** sind.[197] Zusammengefasst muss in der Begründung 63

- die Rechtsauffassung der Vorinstanz wiedergegeben werden, aufgrund derer das LSG sich zur weiteren Beweiserhebung hätte gedrängt fühlen müssen,
- die Tatumstände geschildert werden, die eine weitere Beweiserhebung erfordert hätten,
- das voraussichtliche Ergebnis der Beweisaufnahme angeben und schließlich
- darlegt werden, warum die Entscheidung des LSG auf der angeblich fehlerhaft unterlassenen Beweisaufnahme beruhen kann, das Vordergericht also von seinem Rechtsstandpunkt zu einem günstigeren Ergebnis hätte gelangen können.[198]

Bei der Geltendmachung des **Fragerechts**[199] ist im Rahmen der Darlegungslasten einer Nichtzulassungsbeschwerde vom Beschwerdeführer zudem zu fordern, dass er im Einzelnen aufzeigt, welche Fragen und Punkte in dem Gutachten aus seiner Sicht klärungsbedürftig und einer weiteren Sachaufklärung für den Ausgang des Rechtsstreits erheblich waren.[200] Da das an den Sachverständigen der Verwirklichung des rechtlichen Gehörs dient, muss eine entsprechende Rüge zudem aufzeigen, dass der Beteiligte alles getan hat, um die Anhörung des Sachverständigen zu erreichen. Auch hierzu muss er darstellen, dass er einen hierauf gerichteten **Antrag rechtzeitig gestellt**, 64

192 *Karmanski* in: Roos/Wahrendorf, SGG, § 160 a Rn. 43.
193 S. dazu Rn. 14.
194 BSG 29.3.2007 – B 9 a VJ 5/06 B – juris Rn. 11.
195 BSG 31.7.1974 – 5 BJ 28/75 – SozR 1500 § 160 Nr. 5; BSG 13.8.2013 – B 2 U 58/13 B.
196 BSG 12.12.2003 – B 13 RJ 179/03 B – SozR 4-1500 § 160 a Nr. 3 Rn. 9.
197 BSG Beschluss 19.6.2008 – B 2 U 76/08 B – Rn. 7 mwN; BSG 14.4.2009 – B 5 R 206/08 B – SozR 4-1500 § 160 Nr. 18; BSG 12.12.2003 – B 13 RJ 179/03 B – SozR 4-1500 § 160 a Nr. 3 Rn. 5; *Karmanski* in: Roos/Wahrendorf, SGG, § 160 a Rn. 89.
198 BSG 14.4.2009 – B 5 R 206/08 B – SozR 4-1500 § 160 Nr. 18; BSG 12.12.2003 – B 13 RJ 179/03 B – SozR 4-1500 § 160 a Nr. 3 Rn. 5; *Karmanski* in: Roos/Wahrendorf, SGG, § 160 a Rn. 89.
199 S. Rn. 51.
200 S. BSG 22.5.2012 – B 2 U 119/12 B sowie 16.3.2010 – B 2 U 343/09 B.

dabei schriftlich objektiv sachdienliche Fragen angekündigt und das Begehren **bis zum Schluss aufrechterhalten** hat.[201]

65 Fehler bei der **Ermittlung genereller Tatsachen** können ebenfalls allenfalls im Wege der Aufklärungsrüge im Rahmen einer NZB geltend gemacht werden.[202] Fehler bei der Beweiswürdigung sind selbst dann von der NZB ausgeschlossen, wenn sie als **Rechtsfrage** formuliert werden.[203] Zwar handelt sich hierbei um Rechtstatsachen, sie sind aber als generelle Tatsachen Tatfragen, die dem Beweis zugänglich sind, und keine Rechtsfragen.[204]

66 Nahezu unmöglich dürfte es daher sein, die **richtige Anwendung von Erfahrungssätzen mittels Geltendmachung grundsätzlicher Bedeutung der Rechtssache** nach § 160 Abs. 2 Nr. 1 SGG erfolgreich zu rügen. Grundsätzliche Bedeutung hat eine Rechtssache nur dann, wenn sie eine bundesrechtliche Rechtsfrage aufwirft, die – über den Einzelfall hinaus – allgemeine Bedeutung hat und einer Klärung durch das Revisionsgericht **mittels juristischer Methodik** bedürftig und fähig ist. Die Beschwerdeführer müssen daher in der Beschwerdebegründung als Erstes angeben, welche rechtlichen Fragen sich zu einer bestimmten Vorschrift des Bundesrechts iSd § 162 SGG stellen. Sodann haben sie darzutun, dass diese Rechtsfragen von **allgemeiner Bedeutung** sowie **klärungsbedürftig** und im angestrebten Revisionsverfahren **klärungsfähig** (entscheidungserheblich) sind.[205] Erforderlich ist stets die **Formulierung einer konkreten Rechtsfrage** zu hinreichend abstrakten generellen Rechtsbegriffen einer bundesrechtlichen Norm. Zu thematisieren ist der **abstrakte Bedeutungsinhalt eines Rechtsbegriffs;** verweist dieser auf außerrechtliche Verhältnisse und Entwicklungen, Eischätzungen und Bewertungen, geht es um tatsächliche Bewertungen, die nicht im Revisionsverfahren vorgenommen werden können.[206] Denkbar ist allenfalls, dass eine „allgemeine Tatsache“ selbst **zum normativen Tatbestand** einer gesetzlichen oder untergesetzlichen Regelung gehört (wie es z.B. in einigen BK-Tatbeständen der Fall ist), und eine Frage zur normativen Reichweite oder Anwendbarkeit der Norm auf einen verallgemeinerungsfähigen Sachverhalt gestellt wird.[207]

L. Weiterführende Literaturhinweise

Baumbach/Lauterbach/Albers/Hartmann, ZPO, 74. Aufl. 2016; *Berchtold/Richter*, Prozesse in Sozialsachen, 2. Aufl. 2016; *Becker*, Die Nichtzulassungsbeschwerde zum BSG, Sgb 2007, 261 und 328; *Beyerlein*, Sachverständigen Handbuch, 5. Aufl. 2015; *Bieresborn* (Hrsg.), Einführung in die medizinische Sachverständigentätigkeit vor So-

201 BSG 15.9.2015 – B 13 R 201/15 B – juris Rn. 7; BSG 27.11.2007 – B 5a/5 R 60/07 B – SozR 4-1500 § 116 Nr. 1 Rn. 7.

202 S. Rn. 63 zur Bedeutung von Beweisanträgen.

203 BSG 28.12.2010 – B 13 R 320/10 B – juris Rn. 6; BSG 18.1.2012 – B 5 406/11 B.

204 BSG 7.10.2005 – B 1 KR 107/04 B – SozR 4-1500 § 160 a Nr. 9; *Berchtold* in: Berchtold/Richter, Prozesse in Sozialsachen, § 7 Rn. 94.

205 Zuletzt BSG 7.3.2017 – BLV 140/16 B SozR 4 (vorgesehen); vgl BSG 19.4.2012 – B 2 U 348/11 B – juris Rn. 37; BSG 2.3.1976 – 12/11 BA 116/75 – SozR 1500 § 160 Nr. 17 Rn. 4.

206 BVerwG 5.9.2008 – 9 B 10/08 – juris Rn. 4; s. a. BSG 7.10.2005 – B 1 KR 107/04 B – SozR 4-1500 § 160 a Nr. 9 Rn. 8; BSG 23.10.2009 – B 1 KR 98/09 B – juris; *Karmanski* in: Roos/Wahrendorf, SGG, § 160 Rn. 26.

207 Vgl. BSG 7.10.2005 – B 1 KR 107/04 B – SozR 4-1500 § 160 a Nr. 9 Rn. 8; *Karmanski* in: Roos/Wahrendorf, SGG, § 160 Rn. 25.

zialgerichten, Frankfurt 2015; *Deutscher Sozialgerichtstag e.V.* (Hrsg.), Sozialrecht als Menschenrecht, 2010; *Gola/Klug/Körffer*, BDSG, 12. Aufl. 2015; *Greger*, Zivilprozessordnung - ZPO, 31. Aufl. 2016; *Hauck/Noftz*, Sozialgesetzbuch (SGB) VII: Gesetzliche Unfallversicherung, Loseblatt, Stand 9/2016; *Hennig*, SGG, Loseblatt, seit 35 Aufl. 2016 fortgeführt von Hauck/Behrend; *Hufen*, Fehler im Verwaltungsverfahren, 4. Aufl. 2002; Kasseler Kommentar, SGB X, Stand 9/2016; *Köhler*, Kausalität, Finalität und Beweis, 2001; *Köhler*, Kausalität, Finalität und Beweis, 2001; *Kopp/Ramsauer*, VwVfG, 17. Aufl. 2016; *Krasney/Udsching*, Handbuch des sozialgerichtlichen Verfahrens, 6. Aufl. 2011; *Kummer*, Nichtzulassungsbeschwerde, 2. Aufl. 2010; *Meyer-Ladewig/Keller/Leiterer*, 11. Aufl. 2014; *Obermayer*, Kommentar zum VwVfG, 4. Aufl. 2014; *Palandt*, Bürgerliches Gesetzbuch - BGB, 75. Aufl. 2016; *Peters/Sauter/Wolff*, Kommentar zur Sozialgerichtsbarkeit, Stand 2015; *Roos/Wahrendorf*, SGG, 1. Aufl. 2014; *Roller*, SGb 2017, 5.

§ 3 Begutachtung in der gesetzlichen Rentenversicherung

A. Begutachtungsrelevante Streitfragen in der gesetzlichen Rentenversicherung

1 Nach dem Sozialgesetzbuch Sechstes Buch (SGB VI) gehören zum Leistungskatalog der gesetzlichen Rentenversicherung die Leistungen zur Teilhabe,[1] die Renten wegen Alters,[2] die Renten wegen Erwerbsminderung[3] und die Renten wegen Todes[4] (sog. Hinterbliebenenrenten). Gestritten wird in Verfahren aus der gesetzlichen Rentenversicherung nicht nur um die Berücksichtigung der für den Leistungsanspruch bedeutsamen sog. rentenrechtlichen Zeiten und über die Höhe der jeweiligen Leistung[5], sondern in mehr als der Hälfte aller Fälle um sozialmedizinische Fragen. Die meisten Sachverständigengutachten werden insoweit eingeholt zur Klärung der Anspruchsvoraussetzungen für eine Rente wegen Erwerbsminderung (→ Rn. 2 ff.). Gelegentlich bedarf es der Einholung eines Sachverständigengutachtens aber auch im Zusammenhang mit Leistungen zur Teilhabe (→ Rn. 193 ff.) und zur Klärung des Anspruchs auf eine Hinterbliebenenrente (→ Rn. 214 ff.).

I. Renten wegen Erwerbsminderung

1. Grundlegendes

a) Die verschiedenen Erwerbsminderungsrenten

2 Die Renten wegen Erwerbsminderung sind zum 1.1.2001 durch das Gesetz zur Reform der Renten wegen verminderter Erwerbsfähigkeit (EM-Renten-Reformgesetz) vom 20.12.2000[6] grundlegend reformiert und umgestaltet worden.

3 Bis zum 31.12.2000 kannte das Gesetz die Rente wegen Erwerbsunfähigkeit (EU) und die Rente wegen Berufsunfähigkeit (BU). Diese Renten werden nur noch von Bestandsrentnern bezogen, bei denen die Rentenbewilligung vor dem 1.1.2001 erfolgt ist.[7]

4 An die Stelle der Rente wegen Erwerbsunfähigkeit ist nach neuem Recht die Rente wegen (voller oder teilweiser) Erwerbsminderung nach § 43 SGB VI getreten. Die Rente wegen Berufsunfähigkeit ist vom Grundsatz her abgeschafft worden; es besteht nur noch übergangsweise gemäß § 240 SGB VI ein Anspruch auf Rente wegen teilweiser Erwerbsminderung bei Berufsunfähigkeit für Versicherte, die vor dem 2.1.1961 geboren und berufsunfähig sind.

1 Leistungen zur medizinischen Rehabilitation und Leistungen zur Teilhabe am Arbeitsleben, vgl. §§ 9 ff. SGB VI iVm §§ 1 ff. Sozialgesetzbuch Neuntes Buch – Rehabilitation und Teilhabe behinderter Menschen – (SGB IX).
2 Vgl. §§ 35 ff. und §§ 236 ff. SGB VI.
3 Vgl. §§ 43 ff. und §§ 240 ff. SGB VI.
4 Vgl. §§ 46 ff. und § 242 a ff. SGB VI.
5 Dass es diesbezüglich in seltenen Fällen zB der Einholung eines versicherungsmathematischen, eines geschichtswissenschaftlichen oder Gutachtens zu ausländischem Recht bedarf, soll nicht verschwiegen, andererseits hier aber auch nicht vertieft werden.
6 BGBl. I 2000, 1827.
7 Vgl. insoweit die Übergangsregelung in § 302 b SGB VI.

Die zum alten Recht in der Rechtsprechung entwickelten Grundsätze können von wenigen Ausnahmen abgesehen auch zur Auslegung des neuen Erwerbsminderungsrentenrechts herangezogen werden. 5

b) Unterhaltsersatzfunktion

Die Renten wegen verminderter Erwerbsfähigkeit haben Unterhaltsersatzfunktion, dh sie sind ihrer Zielsetzung nach dazu bestimmt, ein Erwerbseinkommen zu ersetzen, das wegen einer bestehenden Erwerbsminderung nicht erzielt werden kann. Ein Hinzuverdienst zur Erwerbsminderungsrente ist dementsprechend nur in engen Grenzen zulässig.[8] 6

c) Rentenhöhe

Je nach Rentenart ergibt sich aufgrund des im Rahmen der Rentenberechnung zu berücksichtigenden Rentenartfaktors gemäß § 67 SGB VI eine unterschiedliche Rentenhöhe: 7

Bei der Rente wegen Rente wegen voller Erwerbsminderung iSv § 43 Abs. 2 SGB VI beträgt gemäß § 67 Nr. 3 SGB VI der Rentenartfaktor 1,0 und ist damit gleich hoch wie bei den Renten wegen Alters.[9] 8

Bei der Rente wegen teilweiser Erwerbsminderung iSv § 43 Abs. 1 SGB VI beträgt gemäß § 67 Nr. 2 SGB VI der Rentenartfaktor 0,5 und ist damit nur halb so hoch wie bei der Rente wegen voller Erwerbsminderung. Gleiches gilt für die Rente wegen teilweiser Erwerbsminderung bei Berufsunfähigkeit iSv § 240 SGB VI.[10] 9

Die Rentenhöhe ist aufgrund des im Rahmen der Rentenberechnung zu berücksichtigenden Zugangsfaktors gemäß § 77 SGB VI ferner abhängig von dem Alter der Versicherten bei Rentenbeginn. Bei Renten wegen Alters, die mit Ablauf des Kalendermonats des Erreichens der Regelaltersgrenze beginnen, beträgt gemäß § 77 Abs. 2 Satz 1 Nr. 1 SGB VI der Zugangsfaktor 1,0. Wird bereits zu einem früheren Zeitpunkt eine Rente wegen Erwerbsminderung bzw. wegen Alters in Anspruch genommen, so ergeben sich aufgrund der in §§ 77 und 264 c SGB VI enthaltenen Regelung aufgrund des dann verminderten Zugangsfaktors mehr oder weniger große Rentenabschläge. 10

d) Bezugsdauer

Renten wegen verminderter Erwerbsfähigkeit können längstens bezogen werden bis zum Erreichen der Regelaltersgrenze. Zu diesem Zeitpunkt erfolgt gemäß § 115 Abs. 3 Satz 1 SGB VI von Amts wegen die Feststellung einer Regelaltersrente.[11] 11

Gemäß § 102 Abs. 2 Satz 1 SGB VI sind Renten wegen verminderter Erwerbsfähigkeit im Regelfall auf Zeit zu leisten.[12] Die Befristung erfolgt für längstens drei Jahre 12

---

8 Zu den Einzelheiten vgl. § 96 a und § 313 SGB VI.

9 Vgl. § 67 Nr. 1 SGB VI.

10 Bei der Rente wegen Berufsunfähigkeit nach dem bis zum 31.12.2000 geltenden alten Recht betrug der Rentenartfaktor demgegenüber noch 0,6667. Die Rente wegen teilweiser Erwerbsminderung bei Berufsunfähigkeit ist damit auch hinsichtlich ihrer wirtschaftlichen Attraktivität deutlich „abgewertet“ worden.

11 Für sog. Altfälle findet sich eine Sonderregelung in § 302 b SGB VI.

12 Nach altem Recht war das Regel-Ausnahme-Verhältnis genau umgekehrt: Die Gewährung einer Dauerrente war der Regelfall, wohingegen Zeitrenten nur ausnahmsweise in Betracht kamen. Die gesetzliche Änderung hat Auswirkungen auf die Verteilung der Beweislast. Es muss nicht mehr der Rentenversicherungsträger be-

nach Rentenbeginn (§ 102 Abs. 2 Satz 2 SGB VI); eine Verlängerung ist möglich. Wie sich aus § 102 Abs. 2 Satz 4 SGB VI ergibt, kommt die Gewährung einer Dauerrente ausnahmsweise nur in Betracht, „wenn unwahrscheinlich ist, dass die Minderung der Erwerbsfähigkeit behoben werden kann".[13] Renten, die von der jeweiligen Arbeitsmarktlage abhängig sind, sind nach dieser Vorschrift stets auf Zeit zu leisten (zu den Einzelheiten der sog. Arbeitsmarktrente → Rn. 150 ff.).

2. Die Anspruchsvoraussetzungen im Überblick

13 Für den Anspruch auf Erwerbsminderungsrente müssen kumulativ die nachstehend genannten drei Voraussetzungen erfüllt sein.

a) Leistungsfall

14 Als persönliche Voraussetzung muss der sog. Leistungsfall eingetreten sein, dh die Versicherten müssen voll erwerbsgemindert (§ 43 Abs. 2 Satz 2 und 3 SGB VI) oder teilweise erwerbsgemindert (§ 43 Abs. 1 Satz 1 SGB VI) bzw. berufsunfähig (§ 240 Abs. 2 SGB VI) sein.

15 Es handelt sich insoweit um komplexe Rechtsbegriffe, so dass die abschließende Feststellung, ob ein Fall der vollen bzw. teilweisen Erwerbsminderung oder der Berufsunfähigkeit gegeben ist, nicht in den Aufgabenbereich des medizinischen Sachverständigen fällt.[14] Wenn in einem medizinischen Sachverständigengutachten geäußert wird, dass „volle bzw. teilweise Erwerbsminderung" oder „Berufsunfähigkeit" gegeben sei, dann handelt es sich – ebenso wie bei einer entsprechenden Bescheinigung der behandelnden Ärzte – nicht um eine von der besonderen (medizinischen) Sachkunde getragene Feststellung, sondern um die unverbindliche und deshalb überflüssige Kundgabe der Rechtsmeinung eines juristischen Laien. Der Beitrag des Sachverständigen besteht im Wesentlichen allein darin, die für diese Entscheidung benötigten (medizinischen) Tatsachen festzustellen und zu bewerten.[15]

b) Vorversicherungszeit

16 Die Versicherten müssen als sog. Vorversicherungszeit in den letzten fünf Jahren vor Eintritt der Erwerbsminderung mindestens drei Jahre Pflichtbeiträge für eine versicherte Beschäftigung oder Tätigkeit entrichtet haben.

17 Da die Berechnung der Vorversicherungszeit an den Eintritt des Leistungsfalls („Eintritt der Erwerbsminderung") anknüpft, kann das Vorliegen dieser Voraussetzung erst dann zuverlässig beurteilt werden, wenn feststeht, dass eine rentenberechtigende Erwerbsminderung tatsächlich eingetreten ist und wann genau dies geschehen ist. Es

---

weisen, dass eine Besserungsaussicht besteht, sondern die Versicherten müssen beweisen, dass ein Beheben der Erwerbsminderung unwahrscheinlich ist. Vgl. weiterführend → Rn. 178.

13 Dies erklärt, weshalb in Beweisfragen vom medizinischen Sachverständigen nicht mehr – wie früher – eine Prognose erbeten wird, ob die begründete Aussicht besteht, dass sich der Gesundheitszustand der Gutachtenprobanden mit Auswirkung auf deren Leistungsvermögen bessert, sondern stattdessen nunmehr gefragt wird, ob es unwahrscheinlich ist, dass die Minderung der Erwerbsfähigkeit behoben werden kann.

14 Zur Abgrenzung der Aufgabenbereiche von Juristen einerseits und Medizinern andererseits vgl. *Steiner* WzS 2016, 271.

15 Vgl. BGH 18.3.1993 – IX ZR 198/92, juris = NJW 1993, 1796; weiterführend zur Aufgabenstellung des Sachverständigen auch *Steiner* in Bieresborn, Einführung in die medizinische Sachverständigentätigkeit vor Sozialgerichten, S. 23, 24.

reicht nicht aus, dass die Vorversicherungszeit zum Zeitpunkt der Rentenantragstellung erfüllt gewesen ist.

c) Wartezeit

Es muss vor Eintritt der Erwerbsminderung die allgemeine Wartezeit von fünf Jahren 18
(§ 50 Abs. 1 Satz 1 Nr. 2 SGB VI) erfüllt sein.

3. Der Begriff der Erwerbsfähigkeit

a) Allgemeiner Begriffsinhalt

Das Sozialrecht knüpft in vielen Begriffsverbindungen[16] an die Erwerbsfähigkeit an, 19
es gibt diesbezüglich jedoch keine umfassend gültige gesetzliche Definition. Der Begriff wird vielmehr je nach Rechtsgebiet unterschiedlich verwendet, und zwar sowohl bzgl. der Ausgangslage der Beurteilung als auch hinsichtlich der Bewertung von Erwerbseinschränkungen. Deshalb verbietet es sich, die in dem einen Rechtgebiet getroffenen Feststellungen zur Erwerbsfähigkeit ungeprüft auf ein anderes Rechtsgebiet zu übertragen.

Mit Geltung für alle Bereiche des Sozialrechts kann gesagt werden, dass unter Er- 20
werbsfähigkeit die (körperliche und geistige) Fähigkeit verstanden wird, sich unter Ausnutzung aller Arbeitsgelegenheiten, die sich nach dem körperlichen und geistigen Leistungsvermögen im gesamten Bereich des wirtschaftlichen Lebens bieten, einen (erlaubten) Erwerb zu verschaffen und Erwerbseinkommen zu erzielen.[17]

b) Erwerbsfähigkeit im Sinne der gesetzlichen Rentenversicherung

Im Bereich der Rentenversicherung wird die Frage der Erwerbsfähigkeit unter zwei 21
Aspekten betrachtet.

Zunächst wird mit Blick auf die individuelle Leistungsfähigkeit der Rentenbewerber 22
unter medizinischen Gesichtspunkten ein negatives bzw. ein positives Leistungsbild[18] erstellt. Hierbei ist in den meisten Fällen die besondere Sachkunde von medizinischen Sachverständigen gefragt.

Nachdem das konkrete (Rest-)Leistungsvermögen der Rentenbewerber ermittelt wor- 23
den ist, wird weitergehend geprüft, ob dieses Restleistungsvermögen unter den konkurrierenden Bedingungen des allgemeinen Arbeitsmarktes noch zur Erzielung eines (nennenswerten) Erwerbseinkommens verwertbar ist oder ob der Arbeitsmarkt für den Rentenbewerber verschlossen ist. Gefragt ist insoweit weniger der medizinische Sachverstand, als vielmehr die Erfahrung in der Beurteilung von berufs- und wirtschaftskundlichen Fragestellungen, wie sie zB die Arbeitsagenturen oder die Tarifvertragsparteien haben.

c) Erwerbsfähigkeit im Sinne der Grundsicherung für Arbeitsuchende

Die für den Bereich der Grundsicherung für Arbeitsuchende in § 8 Abs. 1 Sozialge- 24
setzbuch Zweites Buch (SGB II) enthaltene Definition, wonach erwerbsfähig ist, wer

16 „Erwerbsminderung“, „Minderung der Erwerbsfähigkeit (MdE)“.
17 Vgl. *Erlenkämper/Fichte* Sozialrecht I 1.4.
18 Vgl. BSG 8.10.1992 – 13/5 RJ 24/90 = SozR 3-2200 § 1246 Nr. 29.

nicht wegen Krankheit oder Behinderung auf absehbare Zeit[19] außerstande ist, unter den üblichen Bedingungen des allgemeinen Arbeitsmarktes mindestens drei Stunden täglich erwerbstätig zu sein, knüpft in sprachlicher Hinsicht zwar eng an die Definition der vollen Erwerbsminderung in § 43 Abs. 2 Satz 2 SGB VI an. Anders als in der gesetzlichen Rentenversicherung ist die (oben als zweiter Aspekt genannte) Verschlossenheit des Arbeitsmarktes für die Beurteilung der Erwerbsfähigkeit jedoch in der Grundsicherung für Arbeitsuchende ohne Bedeutung.[20] Dies wird aus der auf die verstärkte Integration Langzeitarbeitsloser in Arbeit ausgerichteten Zielsetzung der Grundsicherung für Arbeitsuchende abgeleitet, deren Kernanliegen es ist, leistungsfähige Hilfebedürftige bei der Aufnahme oder Beibehaltung einer Erwerbstätigkeit zu unterstützen. Mit diesem Vorrang der Eingliederung in Arbeit wäre es nicht zu vereinbaren, diesen Personenkreis – nur weil er sein Leistungsvermögen aus arbeitsmarktbezogenen Gründen aktuell nicht mehr einsetzen kann – als nicht erwerbsfähig anzusehen und damit von den Leistungen zur Eingliederung in Arbeit auszuschließen.[21]

d) Erwerbsfähigkeit im Sinne der gesetzlichen Unfallversicherung

25 Im Bereich der gesetzlichen Unfallversicherung (ausführlich hierzu → § 4 Rn. 43) schließlich werden die Erwerbsfähigkeit und ihre Minderung immer nur mit Blick auf ein bestimmtes (versichertes) Unfallereignis betrachtet. Zur Ermittlung der unfallbedingten Minderung der Erwerbsfähigkeit (MdE) wird insoweit der Zustand vor dem schädigenden Ereignis – auch bei vorbestehender Erwerbsminderung – stets mit 100 v.H. zugrunde gelegt. Die auf diese Weise – und zudem auch noch nach den Grundsätzen der sog. abstrakten Schadensbetrachtung – für die Zeit nach dem schädigenden Ereignis als Unfallfolge festgestellte MdE erlaubt deshalb nur sehr bedingt einen Rückschluss auf eine Erwerbsminderung iSd gesetzlichen Rentenversicherung.

e) Volle Erwerbsminderung

26 Gemäß § 43 Abs. 2 Satz 2 SGB VI sind diejenigen Versicherten voll erwerbsgemindert, die wegen Krankheit oder Behinderung auf nicht absehbare Zeit außerstande sind, unter den üblichen Bedingungen des allgemeinen Arbeitsmarktes mindestens drei Stunden täglich erwerbstätig zu sein. Messlatte in medizinischer Hinsicht ist insoweit vornehmlich das quantitative Leistungsvermögen.

27 Da es für die Beurteilung der Erwerbsfähigkeit in der gesetzlichen Rentenversicherung nicht allein auf das Leistungsvermögen der Rentenbewerber, sondern auch auf dessen Verwertbarkeit zur Erzielung eines (nennenswerten) Erwerbseinkommens ankommt, kann ein Fall der vollen Erwerbsminderung aus Rechtsgründen allerdings – trotz eines in medizinscher Hinsicht noch nicht auf weniger als drei Stunden täglich herabgeminderten Leistungsvermögens – auch dann gegeben sein, wenn keine Tätigkeit unter den konkurrierenden Bedingungen des allgemeinen Arbeitsmarktes mehr

---

19 Gemeint ist „auf nicht absehbare Zeit"; vgl. statt vieler *Rixen* info also 2006, 153 (156).

20 Vgl. BSG 21.12.2009 – B 14 AS 42/08 R = BSGE 105, 201–210 mwN; aA *Hackethal* in jurisPK-SGB II, § 8 Rn. 23; diff. Hauck/Noftz/*Voelzke* SGB II E 010 – Einführung Rn. 220; Münder/*Brühl* LPK-SGB II § 8 Rn. 24.

21 Vgl. Eicher/Spellbrink/*Spellbrink* SGB II § 1 Rn. 4 ff.

ausgeübt werden kann (genauer zur sog. Verschlossenheit des Arbeitsmarktes → Rn. 150 ff.).

Voll erwerbsgemindert sind gemäß § 43 Abs. 2 Satz 3 SGB VI schließlich auch Versicherte nach § 1 Satz 1 Nr. 2 SGB VI[22] (dh behinderte Menschen), die wegen Art oder Schwere der Behinderung nicht auf dem allgemeinen Arbeitsmarkt tätig sein können (§ 43 Abs. 2 Satz 3 Nr. 1 SGB VI), und Versicherte, die bereits vor Erfüllung der allgemeinen Wartezeit voll erwerbsgemindert waren, in der Zeit einer nicht erfolgreichen Eingliederung in den allgemeinen Arbeitsmarkt (§ 43 Abs. 2 Satz 3 Nr. 2 SGB VI). 28

Aus Vorstehendem wird deutlich, dass es sich bei dem Tatbestandsmerkmal der vollen Erwerbsminderung um einen Rechtsbegriff handelt. Es ist mithin fehlergeneigt und greift in vielen Fällen zu kurz, wenn medizinische Sachverständige eine Aussage zum Vorliegen oder zum Fehlen einer vollen Erwerbsminderung treffen und sich dabei ausschließlich an dem von ihnen ermittelten quantitativen Leistungsvermögen orientieren. Die medizinischen Sachverständigen sollten sich darauf beschränken, möglichst exakt das aus ärztlicher Sicht vorhandene Leistungsbild zu beschreiben. 29

Obwohl die gesetzliche Regelung vom Wortsinn her eigentlich unmissverständlich ist, schleichen sich bei der Festlegung des in quantitativer Hinsicht gegebenen Restleistungsvermögens bisweilen sprachliche Unschärfen ein. Die Formulierung, der Rentenbewerber könne „nur noch drei Stunden“ täglich erwerbstätig sein, bedeutet im Ergebnis, dass gerade *keine* Leistungseinschränkung iSd § 43 Abs. 2 Satz 2 gegeben ist. Wer (auch) noch drei Stunden täglich arbeiten kann, ist allenfalls teilweise erwerbsgemindert (dazu sogleich → Rn. 31 ff.). Nur wer tatsächlich pro Arbeitstag „keine drei Stunden mehr“ bzw. nur noch „*weniger* als drei Stunden“ erwerbstätig sein kann, ist voll erwerbsgemindert iSd Gesetzes. 30

f) Teilweise Erwerbsminderung

Gemäß § 43 Abs. 2 Satz 1 SGB VI sind diejenigen Versicherten teilweise erwerbsgemindert, die wegen Krankheit oder Behinderung auf nicht absehbare Zeit außerstande sind, unter den üblichen Bedingungen des allgemeinen Arbeitsmarktes mindestens sechs Stunden täglich erwerbstätig zu sein. 31

Messlatte in medizinischer Hinsicht ist insoweit wiederum vornehmlich das quantitative Leistungsvermögen. Der Korridor, in welchem eine teilweise Erwerbsminderung gegeben ist, reicht dabei von einem Leistungsvermögen von mindestens drei Stunden täglich (bei noch geringerem Leistungsvermögen liegt volle Erwerbsminderung vor, vgl. → Rn. 26 ff.) bis zu einem Leistungsvermögen unterhalb von sechs Stunden täglich (bei einem Leistungsvermögen von sechs und mehr Stunden täglich liegt gemäß § 43 Abs. 3 SGB VI generell keine Erwerbsminderung vor). 32

---

22 Es handelt sich hierbei gemäß § 1 Satz 1 Nr. 2 SGB VI um behinderte Menschen, die
  a) in anerkannten Werkstätten für behinderte Menschen oder in Blindenwerkstätten iSd § 143 SGB IX oder für diese Einrichtungen in Heimarbeit tätig sind;
  b) in Anstalten, Heimen oder gleichartigen Einrichtungen in gewisser Regelmäßigkeit eine Leistung erbringen, die einem Fünftel der Leistung eines voll erwerbsfähigen Beschäftigten in gleichartiger Beschäftigung entspricht; hierzu zählen auch Dienstleistungen für den Träger der Einrichtung.

33 Auch bei der Beschreibung dieses Zeitkorridors schleichen sich bisweilen sprachliche Unschärfen ein. Die Formulierung, der Rentenbewerber könne nur noch „drei bis sechs Stunden“ täglich erwerbstätig sein, bedeutet im Ergebnis, dass gerade *kein* Fall der (teilweisen) Erwerbsminderung gegeben ist. Denn wer (auch) volle sechs Stunden täglich erwerbstätig sein kann, ist nicht erwerbsgemindert (§ 43 Abs. 3 SGB VI). Bloß wer täglich nur noch „drei bis *unter* sechs Stunden“ erwerbstätig sein kann, ist teilweise erwerbsgemindert iSd Gesetzes.

34 Ob die verbliebene Fähigkeit zur Verrichtung von solchen Teilzeittätigkeiten tatsächlich in eine Erwerbstätigkeit und damit in ein entsprechendes Erwerbseinkommen umgesetzt werden kann, ist von der konkreten (Teilzeit-) Arbeitsmarktsituation abhängig. Wenn neben der teilweisen Erwerbsminderung zugleich Arbeitslosigkeit vorliegt, dann besteht aus Rechtsgründen wegen der Verschlossenheit des (Teilzeit-) Arbeitsmarktes (genauer zur sog. Verschlossenheit des Arbeitsmarktes → Rn. 150 ff.) ein Anspruch auf Rente wegen voller Erwerbsminderung. Man spricht in diesen Fällen davon, dass der Anspruch auf Rente wegen teilweiser Erwerbsminderung in einen Anspruch auf Rente wegen voller Erwerbsminderung „umschlägt“. Zu leisten ist für denselben Zeitraum dann nur die höhere Rente wegen voller Erwerbsminderung (§ 89 SGB VI).

g) Berufsunfähigkeit

35 Nach der durch das EM-Renten-Reformgesetz zum 1.1.2001 geschaffenen neuen Rechtslage (dazu bereits → Rn. 4) stellt sich die Frage nach dem Vorliegen von Berufsunfähigkeit nur noch in Bezug auf Versicherte, die vor dem 2.1.1961 geboren sind (vgl. § 240 Abs. 1 Nr. 1 SGB VI). Da es sich hierbei um einen von Jahr zu Jahr kleiner werdenden Personenkreis handelt und die Rente wegen teilweiser Erwerbsminderung bei Berufsunfähigkeit zudem auch wegen des verringerten Rentenartfaktors (dazu bereits → Rn. 9) an Attraktivität verloren hat, wird in der Praxis, anders als in früheren Jahren, nur noch sehr selten über das Vorliegen von Berufsunfähigkeit gestritten.

36 Berufsunfähig sind der in § 240 Abs. 2 Satz 1 SGB VI enthaltenen Legaldefinition zufolge Versicherte, deren Erwerbsfähigkeit wegen Krankheit oder Behinderung im Vergleich zur Erwerbsfähigkeit von körperlich, geistig und seelisch gesunden Versicherten mit ähnlicher Ausbildung und gleichwertigen Kenntnissen und Fähigkeiten auf weniger als sechs Stunden gesunken ist. Nicht berufsunfähig ist demgegenüber, wer eine zumutbare Tätigkeit mindestens sechs Stunden täglich ausüben kann; dabei ist die jeweilige Arbeitsmarktlage nicht zu berücksichtigen (§ 240 Abs. 2 Satz 4 SGB VI).

37 Damit ein Fall der Berufsunfähigkeit bejaht werden kann, bedarf es angesichts dessen eines in quantitativer Hinsicht zumindest ebenso weit (auf weniger als sechs Stunden täglich) herabgeminderten Leistungsvermögens wie im Falle der teilweisen Erwerbsminderung.

38 Der Vergleichsmaßstab zur Ermittlung dieses Restleistungsvermögens ist hier jedoch grundlegend verschieden: Anders als im Falle der teilweisen oder vollen Erwerbsminderung wird nicht abgestellt auf die „üblichen Bedingungen des allgemeinen Arbeitsmarktes“, sondern auf einen „Vergleich zur Erwerbsfähigkeit von körperlich, geistig

und seelisch gesunden Versicherten mit ähnlicher Ausbildung und gleichwertigen Kenntnissen und Fähigkeiten".

Der Kreis der Tätigkeiten, nach denen die Erwerbsfähigkeit von Versicherten zu beurteilen ist, umfasst der Vorschrift des § 240 Abs. 2 Satz 2 SGB VI zufolge „alle Tätigkeiten, die ihren Kräften und Fähigkeiten entsprechen und ihnen unter Berücksichtigung der Dauer und des Umfangs ihrer Ausbildung sowie ihres bisherigen Berufs und der besonderen Anforderungen ihrer bisherigen Berufstätigkeit zugemutet werden können". 39

Anknüpfungspunkt für die Feststellung der Berufsunfähigkeit ist damit der bisherige Beruf (sog. Hauptberuf) der Versicherten.[23] Auch wenn der Wortsinn dies nahelegen mag, kann aus dem Unvermögen, den bisherigen Beruf weiter auszuüben, allerdings noch nicht ohne Weiteres auf das Vorliegen von Berufsunfähigkeit iSv § 240 SGB VI geschlossen werden.[24] Die Feststellung, ob Berufsunfähigkeit vorliegt, erfolgt üblicherweise in drei Prüfungsschritten[25]: 40

- Als erstes wird mit Blick auf die Erwerbsbiographie ermittelt, welches der „bisherige Beruf" bzw. der „Hauptberuf" der Versicherten ist.[26]
- Nach der Bestimmung des Hauptberufs schließt sich in einem zweiten Schritt die sozialmedizinische Ermittlung des (Rest-)Leistungsvermögens der Versicherten an, die sich nicht wesentlich unterscheidet von der für die Prüfung der vollen bzw. teilweisen Erwerbsminderung benötigten Erstellung eines positiven und negativen Leistungsbildes.
- Sofern der (im ersten Prüfungsschritt ermittelte) Hauptberuf aus gesundheitlichen Gründen nicht mehr mindestens sechs Stunden täglich ausgeübt werden kann,[27] ist weitergehend zu prüfen, ob für die Versicherten der Wechsel in einen anderen Beruf zumutbar ist, welcher noch mindestens sechs Stunden täglich ausgeübt werden kann.

---

23 Hinsichtlich der Anknüpfung an die bisherige Tätigkeit besteht zunächst eine gewisse Parallelität zwischen Berufsunfähigkeit und Arbeitsunfähigkeit. Der Kreis der zu berücksichtigenden Alternativ-Tätigkeiten ist jedoch unterschiedlich: Unter Arbeitsunfähigkeit wird die Unfähigkeit verstanden, die bisherige Tätigkeit oder eine „vergleichbare" andere Tätigkeit zu verrichten, wobei „vergleichbar" all diejenigen Tätigkeiten sind, die im Rahmen des dem Arbeitgeber zustehenden sog. Direktionsrechts arbeitsvertraglich seitens des Arbeitnehmers geschuldet werden. Im Falle der Berufsunfähigkeit wird der Kreis der „zumutbaren" Verweisungstätigkeiten demgegenüber nach § 240 Abs. 2 Satz 2 SGB VI und nach dem vom Bundessozialgericht entwickelten Mehr-Stufen-Schema bestimmt. Wer arbeitsunfähig ist, muss demzufolge nicht zwangsläufig auch gleichzeitig berufsunfähig sein.

24 Da es sich insoweit um einen Rechtsbegriff handelt, sollte ein Gutachtenproband bzw. Patient nicht vorschnell als „berufsunfähig" bezeichnet werden, wenn eigentlich nur gemeint ist, dass der Betreffende aus ärztlicher Sicht nicht mehr dazu in der Lage ist, seine letzte Berufstätigkeit fortzusetzen. Vgl. insoweit auch bereits → Rn. 15.

25 Im Hinblick auf die nur noch geringe praktische Bedeutung der Rente wegen teilweiser Erwerbsminderung bei Berufsunfähigkeit wird von einer Darstellung der dabei auftretenden Detailprobleme hier abgesehen.

26 Von der Qualität dieses Hauptberufs ist es im Verlauf der nachfolgenden Prüfung abhängig, welche anderen Tätigkeiten als sozial zumutbare Verweisungstätigkeiten in Betracht kommen können.

27 Können Versicherte aus sozialmedizinisch-berufskundlicher Sicht auch nach Eintritt der angeblich Berufsunfähigkeit bedingenden Umstände ohne wesentliche Einschränkungen weiterhin im bisherigen Berufsbereich vollwertig tätig sein, so schließt allein dies bereits das Vorliegen von Berufsunfähigkeit aus. Für eine Verweisung auf andere Tätigkeiten und für eine Erörterung der sozialen Zumutbarkeit einer solchen Verweisung ist dann kein Raum; vgl. BSG 13.3.1979 – 1/5 RJ 52/77 = BSGE 48, 65 = SozR 2200 § 1246 Nr. 39; BSG 28.6.1979 – 1 RA 63/78.

Zur Ermittlung der sog. Verweisungsbreite wird dabei unter dem Gesichtspunkt der *objektiven* Zumutbarkeit zunächst geklärt, welche anderen Tätigkeiten die Versicherten trotz des eingeschränkten Leistungsvermögens ohne die Gefahr einer unmittelbaren Schädigung der (Rest-)Gesundheit noch vollwertig ausüben könnten.

Danach wird dann unter dem Gesichtspunkt der *subjektiven* Zumutbarkeit anhand des von der Rechtsprechung entwickelten sog. Mehr-Stufen-Schemas[28] erörtert, ob die Ausübung der zuvor ermittelten (objektiv zumutbaren) Verweisungstätigkeit mit einem hinzunehmenden sozialen Abstieg verbunden wäre oder ob diese Tätigkeit subjektiv bzw. sozial unzumutbar ist.

41 Kann nach Durchlaufen dieser Prüfungsschritte keine objektiv und subjektiv zumutbare Verweisungstätigkeit mehr konkret bezeichnet werden, so liegt Berufsunfähigkeit vor.

4. Rechtserhebliche Ursachen für eine Erwerbsminderung

42 In der gesetzlichen Rentenversicherung kommt es – anders als zB in der gesetzlichen Unfallversicherung (→ § 4 Rn. 9 ff.) – nicht darauf an, ob die Erwerbsminderung auf eine bestimmte versicherte Ursache zurückzuführen ist. Kausalitätserwägungen sind nicht anzustellen, weil die Leistungsgewährung in der gesetzlichen Rentenversicherung nach dem sog. Finalitätsprinzip, also mit Blick auf einen in der Zukunft liegenden Erfolg („finis“) – hier: den Ersatz des erwerbsminderungsbedingt ausfallenden Erwerbseinkommens – erfolgt. Ob die bisweilen feste Überzeugung von Rentenbewerbern bzw. Gutachtenprobanden zutrifft, dass ihre Leistungseinschränkungen auf eine bestimmte in der Vergangenheit liegende Ursache („causa“) – zB eine durchgemachte Infektion, ein vorausgegangenes Unfallereignis oder eine langjährige Vergiftung mit (Umwelt-)Schadstoffen – zurückzuführen sind, kann im Bereich der Rentenversicherung angesichts dessen weder Gegenstand der juristischen Anspruchsprüfung noch einer medizinischen Begutachtung sein.[29] Auch wenn kein Kausalzusammenhang mit einer ganz bestimmten (versicherten) Tätigkeit nachgewiesen werden muss, ist der Kreis der für eine rentenberechtigende Erwerbsminderung in Betracht kommenden rechtserheblichen Ursachen allerdings begrenzt.

a) Krankheit

43 Das Gesetz nennt in § 43 Abs. 1 Satz 2 SGB VI und in § 43 Abs. 2 Satz 2 SGB VI an erster Stelle den Fall der Erwerbsminderung infolge einer „Krankheit“, worunter allgemein jeder regelwidrige körperliche oder geistige Zustand verstanden wird (vgl. → § 7 Rn. 1 f.). Erfasst werden insoweit also sowohl physische als auch psychische Erkrankungen; ob deswegen Behandlungsbedürftigkeit oder Arbeitsunfähigkeit besteht, ist unerheblich.[30] Ohne Bedeutung ist auch, auf welche Ursache diese Erkrankung zurückzuführen sein könnte. Nicht ausreichend ist andererseits, dass lediglich der *Verdacht* auf eine Krankheit oder eine Ungewissheit über den tatsächlichen Gesundheits-

---

28 Vgl. zB BSG SozR 2200 § 1246 Nrn. 16, 27, 29, 51, 85, 86, 95, 126 und 132 – ständige Rechtsprechung.

29 In Verfahren, die einen Anspruch auf Erwerbsminderungsrente zum Gegenstand haben, bedarf es angesichts dessen auch keiner sog. Zusammenhangsgutachten.

30 BSG 25.5.1961 – 5 RKn 3/60 = BSGE 14, 207.

zustand besteht.[31] Sog. Verdachtsdiagnosen müssen deshalb in Sachverständigengutachten stets ausdrücklich als solche gekennzeichnet werden.

b) Krankheitswert von psychischen Störungen

Zu der vom Gesetz in § 43 Abs. 1 Satz 2 SGB VI und in § 43 Abs. 2 Satz 2 SGB VI 44
genannten „Krankheit" gehören vom Wortsinn her sowohl die (körperlichen) Erkrankungen des Soma als auch die (seelischen) Erkrankungen der Psyche. Psychiatrischen Diagnosen wird andererseits vielfach mit Skepsis begegnet, und zwar nicht nur aus juristischer Sicht, sondern auch von Seiten der Ärzteschaft.

Vertreter der sog. antipsychiatrischen Bewegung, wie der im Jahre 1986 verstorbene 45
südafrikanische Psychiater *David Cooper*[32] stellten in Frage, ob Krankheiten der Psyche überhaupt als Krankheiten angesehen werden können, weil sie oftmals keine nachweisbaren physischen Ursachen hätten und der Begriff des „Wahnsinns" aus politischen und zwischenmenschlichen Einflüssen resultiere.[33] Dass die Grenzziehung, welches vielleicht auffällige Verhalten noch normal und welches bereits pathologisch ist, auch den Vertretern der Psychiatrie nicht immer leicht fällt, illustriert eindrucksvoll die im Jahre 1983 veröffentlichte Stanford-Studie über „Gesunde Menschen im Psychiatrischen Krankenhaus",[34] in welcher beschrieben wird, wie sich geistig gesunde Studenten mit gespielten Psychosen Eintritt in die Psychiatrie verschafften. Einmal dort aufgenommen, benahmen sich die Pseudopatienten wieder ganz normal, aber das Krankenhauspersonal deutete ihr Verhalten als Anzeichen für eine Psychose.[35] Genau in diesem Sinne finden sich auch in der aktuellen psychiatrischen Literatur kritische Stimmen, die vor einer Hyperinflation psychischer Krankheiten warnen.[36]

Es ist angesichts dessen nicht verwunderlich, dass anfangs auch in der Rechtspre- 46
chung[37] die Auffassung vertreten wurde, Neurosen[38] seien in keinem Falle – weder medizinisch noch rechtlich – eine Krankheit. Es handele sich vielmehr um „psychologisch verständliche Reaktionen, getragen von der Vorstellung, krank und arbeitsunfähig zu sein". Die bloße Krankheitsvorstellung könne aber schon begrifflich keine Krankheit sein, selbst wenn sie sich unbewusst vollziehe und unüberwindlich geworden sei. Eine Berentung widerspreche therapeutischen Gesichtspunkten, fördere oder züchte sozial unerwünschte Erscheinungen und öffne „der Ausbeutung der Sozialver-

31 BSG 27.6.1968 – 4 RJ 377/67 = BSGE 28, 137 = SozR Nr. 16 zu § 1247 RVO; BSG 28.11.1969 – 1 RA 181/68, BSGE 30, 154 = SozR Nr. 18 zu § 1286 RVO; BSG 22.10.1971 – 5 RKn 72/69 = SozR Nr. 20 zu § 1286 RVO.

32 Vgl. die erstmals 1967 erschienene Untersuchung von *David Cooper*: Psychiatrie und Anti-Psychiatrie, passim.

33 IdS auch *Ronald Laing*, Das geteilte Selbst – Eine existentielle Studie über geistige Gesundheit und Wahnsinn, passim.

34 *Rosenhan*, On Being Sane in Insane Places, Science 179 (1973) 4070, S. 250.

35 Interessanterweise ließen sich die wirklich kranken Patienten nicht täuschen.

36 Vgl. insoweit die Untersuchung des amerikanischen Psychiaters *Allen Frances*, Normal – Gegen die Inflation psychiatrischer Diagnosen, 1. Aufl. 2013, passim; vgl. auch *Weber* MedSach 2006, 49.

37 Vgl. LSG Baden-Württemberg 30.5.1961 – zit. nach BSG 1.7.1964 – 11/1 RA 158/61 = BSGE 21, 189, SozR Nr. 39 zu § 1246 RVO, bei juris Rn. 1.

38 So die damalige Bezeichnung für seelische Störungen.

sicherung durch ängstliche, lebensschwache, unlautere, arbeitsscheue und gewinnsüchtige Elemente Tür und Tor".[39]

47 Das Bundessozialgericht[40] hat demgegenüber bereits frühzeitig in seiner Grundsatzentscheidung vom 1.7.1964 klargestellt, dass seelische Störungen (neurotische Hemmungen) jedenfalls dann „echten Krankheitswert" haben, wenn die Versicherten die der Ausübung einer Erwerbstätigkeit entgegenstehenden Hemmungen – auch bei zumutbarer Willensanspannung – aus eigener Kraft nicht überwinden können.[41]

48 Damit ist zunächst klargestellt, dass grds. auch seelische Störungen eine Krankheit[42] darstellen können. Von einem medizinischen Sachverständigengutachten ist insoweit zu fordern, dass anstelle einer wolkigen Beschreibung bestimmter Befindlichkeits-Syndrome eine eindeutige Bezeichnung der im Einzelfall vorliegenden Krankheit unter Verwendung eines der üblichen Diagnosesysteme (ICD-10-GM Version 2017 bzw. DSM-5) erfolgt, denn je genauer und klarer die vorhandenen Gesundheitsstörungen bestimmt sind, umso einfacher sind ihre Ursachen zu erkennen und zu beurteilen.[43]

49 Ob eine seelische Störung rentenrelevant ist oder nicht, entscheidet sich allerdings nicht allein danach, ob die medizinische Wissenschaft dem Beschwerdebild eine bestimmte Diagnose zuzuordnen weiß. Vielmehr ist nach der Rechtsprechung des Bundessozialgerichts in einem zweiten Schritt zu prüfen, ob die Versicherten diese Erkrankung bei „zumutbarer Willensanspannung" entweder aus eigener Kraft unter Einsatz von allen verfügbaren Mitteln ihres Willens[44] oder jedenfalls unter ärztlicher Mithilfe[45] sogleich oder doch innerhalb von sechs Monaten überwinden könnten. Wie der sog. unbestimmte Rechtsbegriff der „zumutbaren Willensanspannung" genau zu definieren ist, hat das Bundessozialgericht allerdings offen gelassen; seine Anwendung verlangt also eine Wertung im jeweiligen Einzelfall, wobei sehr unterschiedliche Gesichtspunkte zu berücksichtigen und gegeneinander abzuwägen sind.[46] Folgende Aspekte können dabei eine Rolle spielen:

- Willensfähigkeit der Betroffenen,[47]
- Bewusstseinsferne oder -nähe des Verhaltens,[48]

39 So die hier weitgehend wörtlich wiedergegebene Begründung des LSG Baden-Württemberg im Urteil vom 30.5.1961, zit. nach BSG 1.7.1964 – 11/1 RA 158/61 = BSGE 21, 189, SozR Nr. 39 zu § 1246 RVO, bei juris Rn. 1.

40 BSG 1.7.1964 – 11/1 RA 158/61 = BSGE 21, 189, SozR Nr. 39 zu § 1246 RVO; zurückverweisende Revisionsentscheidung bzgl. des oben genannten Urteils des LSG Baden-Württemberg vom 30.5.1961.

41 Diese Formel findet sich nahezu wortgleich auch in Entscheidungen des BSG aus jüngster Zeit, vgl. etwa BSG 20.10.2004 – B 5 RJ 48/03 R, juris.

42 IdS auch bereits BSG 23.10.1958 und 16.3.1962, SozR Nr. 11 und 15 zu § 1254 RVO aF und BSG 7.4.1964 – SozR Nr. 38 zu § 1246 RVO.

43 Vgl. auf dem Gebiet der gesetzlichen Unfallversicherung BSGE 96, 196 = BSG 9.5.2006 – B 2 U 1/05 R, juris, insbes. Rn. 22 und 8.

44 BSG, SozR Nr. 76 zu § 1246 Aa 69; zur Bewertung nach dem damals geltenden Schwerbehindertengesetz bei Unfähigkeit des Antragstellers, seelische Abweichungen vom Regelzustand zu überwinden, vgl. BSG 15.3.1979 – 9 RVs 6/77, juris.

45 BSG 12.9.1990 – 5 RJ 88/89, juris.

46 Ausf. zum Problem der zumutbaren Willensanspannung *Meelfs* MedSach 2012, 169.

47 Vgl. Bayerisches LSG 27.10.2010 – L 19 R 417/05, juris, Rn. 29.

48 BSG 21.10.1969 – 11 RA 219/66 = SozR Nr. 76 zu § 1246 RVO, juris, Rn. 13.

- Simulation, Aggravation und Verdeutlichungstendenzen[49] des Betroffenen,[50]
- Nicht-Ausschöpfung oder Nicht-Nutzung von therapeutischen Behandlungsmöglichkeiten[51] und einschneidende biographische Erlebnisse,[52]
- Diskrepanz zwischen objektiver Befundlage und subjektiv geklagten Beschwerden,[53]
- Auswirkungen dauerhafter Schmerzen bei der Arbeitsleistung, Kontakt- und Sozialverhalten, private Aktivitäten, Schwingungsfähigkeit,[54]
- schwere Persönlichkeitsstörung mit Beeinträchtigung wesentlicher Funktionsbereiche, wie Affektivität, Antrieb, Impulskontrolle, Wahrnehmen und Denken sowie Beziehungsverhalten,[55]
- langjährige Arbeitsentwöhnung, verselbstständigtes Rentenbegehren sowie Fibromyalgie,[56]
- Durchführung von Flug- und Urlaubsreisen trotz geklagter Angstsymptomatik.[57]

Bei der Aufgabe, den Willen und die Bereitschaft bzw. Fähigkeit der Versicherten zu 50
einer zumutbaren Willensanspannung zu bestimmen, hilft es vielfach, im Wege einer Gesamtschau eine Konsistenzprüfung vorzunehmen in Bezug auf die geklagten Beschwerden und die daraus abgeleiteten Diagnosen einerseits und die im Einzelfall gegebenen Begleitumstände andererseits.

Die objektive Beweislast in Bezug auf das Vorhandensein einer psychischen Störung 51
von echtem Krankheitswert – also für das tatsächliche Vorliegen einer seelisch bedingten Störung, deren Unüberwindbarkeit trotz zumutbarer Willensanspannung sowie deren Auswirkungen auf die Arbeits- und Erwerbsfähigkeit – trifft den Rentenbewerber.[58] Wegen der „Simulationsnähe" von seelischen Störungen legt das Bundessozialgericht insoweit einen strengen Maßstab zugrunde. Es geht demnach zulasten der Rentenbewerber, wenn trotz sorgfältiger Ermittlungen und bei gebotener kritischer Würdigung der Verfahrensergebnisse eine Vortäuschung, Überwindbarkeit oder Unerheblichkeit der in Rede stehenden Störungen nicht auszuschließen ist.[59] Auch wenn im Einzelfall zuverlässig zu prognostizieren ist, dass eine Ablehnung der Rente die bei den Versicherten diagnostizierten psychischen Beeinträchtigungen ohne Weiteres verschwinden lässt, muss eine Rente nach der Rechtsprechung des Bundessozialgerichts versagt werden, weil es mit dem Sinn und Zweck der Rentengewährung unvereinbar

49 Zur Bewertung dieser Phänomene in gerichtlichen Sachverständigengutachten vgl. *Steiner* MedSach 2010, 245, 248 f.
50 LSG Berlin-Brandenburg 24.6.2010 – L 2 R 18/07, juris, Rn. 39; LSG Sachsen-Anhalt 20.4.2011 – L 3 R 374/08, juris, Rn. 34.
51 Kritisch zur Aussagekraft dieses Gesichtspunkts *Francke* ASR 2014, 2 mwN; zur Verschlossenheit des Versorgungsmarktes vgl. auch *Francke* MedSach 2013, 118.
52 Bayerisches LSG 27.1.2010 – L 19 R 417/05, juris, Rn. 28 ff.
53 Bayerisches LSG 12.5.2011 – L 19 R 558/06, juris, Rn. 48 für den Fall einer sog. somatoformen Schmerzstörung.
54 Bayerisches LSG 23.6.2010 – L 13 R 495/09, juris, Rn. 30 f.
55 Bayerisches LSG 26.3.2009 – L 18 R 435/07, juris, Rn. 32.
56 Bayerisches LSG vom 17.3.2011 – L 6 R 825/09, juris, Rn. 43.
57 LSG Hamburg 1.2.2011 – L 3 R 151/07, juris, Rn. 13.
58 Vgl. BSG 1.7.1964 – 11/1 RA 158/61 = BSGE 21, 189 = SozR Nr. 39 zu § 1246 RVO; insoweit gelten zunächst keine anderen Maßstäbe als beim Vollbeweis bezüglich physischer Krankheiten.
59 BSG 21.10.1969 – 11 RA 219/66; BSG 6.9.2001 – B 5 RJ 42/00 R, juris, Rn. 23, und BSG 20.10.2004 – B 5 RJ 48/03, juris, Rn. 30; jeweils mit Hinweis auf BSG 1.7.1964 – 11/1 RA 158/61 = BSGE 21, 189 = SozR Nr. 39 zu § 1246 RVO und BSG 21.10.1969 – 11 RA 219/66 = SozR Nr. 76 zu § 1246 RVO.

ist, dass gerade die Rentengewährung jenen Zustand aufrechterhält, dessen nachteilige Folgen sie ausgleichen soll[60].

c) Schmerzen/Schmerzerleben

52 Welche Auswirkungen die von vielen Rentenbewerbern geklagten Schmerzen auf deren Erwerbsfähigkeit haben, ist in ähnlicher Weise schwierig zu beurteilen wie die rentenrechtliche Relevanz von seelischen Störungen.[61] Dies liegt zum einen daran, dass das Vorhandensein von Schmerzen letztlich nicht zu objektivieren ist, und zum anderen an dem individuell unterschiedlichen Schmerzerleben. Schmerztherapeutische Sachverständigengutachten, die sich in erster Linie anhand von Schmerzfragebögen und Selbsteinschätzungsskalen ausschließlich an den subjektiven Angaben der Gutachtenprobanden orientieren, sind aus diesem Grunde für eine objektive Beurteilung der erwerbsmindernden Auswirkungen von Schmerzen weitgehend ungeeignet.

53 Für den Beweiswert einer gutachtlichen Leistungsbeurteilung kommt es hier maßgeblich darauf an, ob sich die Beurteilung ausschließlich an den eigenen Angaben des Gutachtenprobanden über dessen individuelles Schmerzerleben orientiert oder ob weitergehend auch – im Sinne einer Konsistenzprüfung – ein Abgleich mit

- der Arbeits- und Sozialanamnese,
- der speziellen Schmerzanamnese,
- der (schmerzbezogenen) Behandlungsanamnese als Indiz für den jeweiligen Leidensdruck,
- den Aktivitäten im täglichen Leben sowie
- der Partizipation in verschiedenen Lebensbereichen

vorgenommen wird,[62] um entsprechend den anerkannten Leitlinien für die Begutachtung von Schmerzen[63] eine objektive Beurteilung der sozialmedizinisch relevanten Funktions- oder Fähigkeitsstörungen vornehmen zu können. In diesem Zusammenhang kommt es neben einer möglichst genauen Schilderung des psychopathologischen Befunds insbesondere auch ganz maßgeblich auf Feststellungen zum eventuellen Vorhandensein einer willentlichen Steuerbarkeit der geklagten Beschwerden sowie auf Hinweise für eine etwaige Diskrepanz zwischen Beschwerdeschilderung und körperlicher und/oder psychischer Beeinträchtigung in der Untersuchungssituation an.[64]

---

60 BSG 1.7.1964 – 11/1 RA 158/61 = BSGE 21, 189 = SozR Nr. 39 zu § 1246; BSG 21.10.1969 – 11 RA 219/66 = SozR Nr. 76 zu § 1246 RVO; BSG 12.9.1990 – 5 RJ 88/89 = SozVers 1991, 81.

61 Sofern die Schmerzen nicht auf physische Beeinträchtigungen zurückzuführen sind, sondern auf einer sog. somatoformen Schmerzstörung beruhen, gilt unmittelbar das zur Rentenrelevanz psychischer Krankheiten Gesagte; vgl. → Rn. 44 ff.

62 Vgl. Hessisches LSG 24.1.2014 – L 5 R 56/13.

63 Vgl. die Leitlinien für die Begutachtung von Schmerzen, Arbeitsgemeinschaft der Wissenschaftlichen Medizinischen Fachgesellschaften – AWMF –, AWMF-Leitlinien-Register Nr. 030/102, Stand März 2007, S. 11; Leitlinie für die Begutachtung von Schmerzen, Psychotherapeut 2007; 52: 334–336; Leitlinie: Begutachtung der Halswirbelsäulendistorsion, Akt Neurol 2008; 35: 131-137; Begutachtung von Kopfschmerzen; Nervenheilkunde 2010; 29: 229–241. Allgemein zur Bedeutung von Begutachtungsleitlinien vgl. *Kopp* et. al. MedSach 2010, 49 ff.

64 Zu den bei der Begutachtung von Patienten mit chronischen Schmerzen im Einzelnen zu berücksichtigenden Aspekten vgl. *Widder/Dertwinkel/Egle/Foerster/Schiltenwolf* MedSach 2007, 132.

d) Behinderung

Neben der Krankheit nennen § 43 Abs. 1 Satz 2 SGB VI und § 43 Abs. 2 Satz 2 SGB VI als mögliche rechtserhebliche Ursache für eine Erwerbsminderung die Behinderung. Gemäß § 2 Abs. 1 Satz 1 SGB IX sind Menschen behindert, wenn ihre körperliche Funktion, geistige Fähigkeit oder seelische Gesundheit mit hoher Wahrscheinlichkeit länger als sechs Monate von dem für das Lebensalter typischen Zustand abweichen und daher ihre Teilhabe am Leben in der Gesellschaft beeinträchtigt ist. Sie sind von Behinderung bedroht, wenn die Beeinträchtigung zu erwarten ist. Im Gegensatz zur (akuten, behandlungsfähigen) Krankheit umfasst die Behinderung auch körperliche, geistige oder seelische Beeinträchtigungen, deren Entwicklung abgeschlossen ist, zB Gehörlosigkeit, Blindheit, Verlust von Gliedmaßen oder Minderbegabung als Folge einer frühkindlichen Hirnschädigung.[65] 54

e) Häufige Arbeitsunfähigkeitszeiten

Dass aufgrund einer (chronischen) Krankheit oder Behinderung mit häufig auftretenden Arbeitsunfähigkeitszeiten zu rechnen ist, führt nur dann zu einer Erwerbsminderung, wenn medizinisch eindeutig feststeht, dass die während eines Arbeitsjahres zu erbringenden Arbeitsleistungen nicht mehr den Mindestanforderungen entsprechen, die ein „vernünftig und billig denkender Arbeitgeber" zu stellen berechtigt ist. Diese Mindestanforderungen könnten nach Auffassung des Bundessozialgerichts dann nicht mehr erfüllt sein, wenn für einen Zeitraum von mehr als 26 Wochen im Jahr die Arbeitsleistung auf weniger als die Hälfte der Arbeitstage eingeschränkt ist.[66] Aufgabe des medizinischen Sachverständigen ist es hierbei zu prognostizieren, aus welchen medizinischen Gründen in welcher Frequenz und mit welcher Dauer solche Arbeitsunfähigkeitszeiten zu erwarten sind. Ob die betreffenden Fehlzeiten von einem „vernünftig und billig denkenden Arbeitgeber" im konkreten Einzelfall (noch) toleriert werden würden, bleibt der berufs- und wirtschaftskundlichen bzw. juristischen Beurteilung vorbehalten. 55

f) Auswirkungen des normalen Alterungsprozesses

Grundsätzlich *nicht* zu den rechtserheblichen Ursachen für den Eintritt einer verminderten Erwerbsfähigkeit gehören das normale Alter bzw. der normale Alterungsprozess, selbst wenn infolge dessen in gewissem Ausmaß eine nachlassende Leistungsfähigkeit zu konstatieren ist.[67] Sofern das fortgeschrittene Alter schon zu einem krankhaften geistigen Abbau geführt hat, der es dem Versicherten unmöglich macht, sich anderweitig einzuarbeiten oder an eine andere Arbeitsumwelt zu gewöhnen, so kann dies unter dem Gesichtspunkt einer fehlenden Umstellungs- und Anpassungsfähigkeit (dazu → Rn. 134 ff.) dazu führen, dass für die betreffenden Versicherten der allgemeine Arbeitsmarkt verschlossen (vgl. dazu auch → Rn. 150 ff.) ist. 56

65 Vgl. BSG 29.5.1979 – 4 RJ 33/78 = SozR 2200 § 1267 Nr. 20 = Breith. 1980, 297.
66 BSG 21.7.1992 – 4 RA 13/91.
67 So bereits BSG 3.10.1979 – 1 RA 31/78 = SozR 2200 § 1246 Nr. 50.

g) Sprachschwierigkeiten, Analphabetismus

57 Auch die – im Vergleich zu deutschen Versicherten – ungenügende Beherrschung der deutschen Sprache[68] sowie die mangelhafte bzw. (im Sinne eines Analphabetismus[69]) gänzlich fehlendende Lese- und/oder Rechtsschreibfähigkeit können grds. keine Erwerbsminderung auslösen, weil es sich insoweit regelmäßig nicht um gesundheitlich bedingte Defizite handelt. Sie können allenfalls im Zusammenhang mit dem im Einzelfall in Betracht kommenden Verweisungsspektrum in Bezug auf eine mögliche Verschlossenheit des Arbeitsmarktes (dazu → Rn. 150 ff.) von Bedeutung sein. Das Fehlen der üblichen Kulturtechniken erweist sich vor allem als Erwerbshindernis, wenn eine auch ohne deren Beherrschung ausführbare (schwere) körperliche Tätigkeit aufgrund von gesundheitlichen Einschränkungen nicht mehr verrichtet werden kann.

h) Erschwerte Vermittelbarkeit auf dem Arbeitsmarkt

58 Die für (speziell ältere) leistungsgeminderte Versicherte nicht selten bestehende Schwierigkeit, einen leidensgerechten Arbeitsplatz zu finden, gehört als solche nicht zu den in der gesetzlichen Rentenversicherung versicherten Risiken. Solange die Versicherten grds. noch mindestens sechs Stunden unter den üblichen Bedingungen des allgemeinen Arbeitsmarktes tätig sein können[70], ist die Vermittelbarkeit am Arbeitsmarkt ein vom Träger der Arbeitslosenversicherung bzw. der Grundsicherung für Arbeitsuchende abzudeckendes Risiko.[71]

i) Strafhaft

59 Auch der nur rein faktische Ausschluss von den sich auf dem allgemeinen Arbeitsmarkt bietenden Arbeitsgelegenheiten infolge einer strafgerichtlich angeordneten Unterbringung gehört grds. nicht zu den rechtserheblichen Ursachen für eine Erwerbsminderung. Maßgeblich ist auch in einem solchen Fall, ob ausschließlich gesundheitliche Gründe den Zugang zum allgemeinen Arbeitsmarkt verschließen.[72]

k) Absichtliches Herbeiführung einer Leistungsminderung

60 Nach § 103 SGB VI ist der Rentenanspruch ausgeschlossen, wenn der Versicherte die für die Rentenleistung erforderliche gesundheitliche Beeinträchtigung *absichtlich* herbeigeführt hat.

61 Zwar ist es nicht unbedingt erforderlich, dass die Herbeiführung der Erwerbsminderung das eigentliche Motiv für das Handeln der Versicherten gewesen ist.[73] Ein „absichtliches Herbeiführen" ist aber nur dann zu bejahen, wenn ein zielgerichtetes vorsätzliches Verhalten der Versicherten – also ein Handeln mit *dolus directus* – ursächlich für die Beeinträchtigung gewesen ist. Dies setzt zunächst bereits voraus, dass für die Versicherten der Eintritt der Erwerbsminderung als Folge der aus ihrem Handeln

68 Vgl. BSG 23.4.1980 – 4 RJ 29/79 = SozR 2200 § 1246 Nr. 61; BSG 18.12.1990 – 8/5 a RKn 5/87 = SozR 3-2200 § 1246 Nr. 9 und BSG 15.5.1991 – 5 RJ 92/89 = SozR 3-2200 § 1246 Nr. 11.
69 Vgl. dazu BSG 4.11.1998 – B 13 RJ 13/98 R = SozR 3-2200 § 1246 Nr. 62; *Kunze* DRV 3-4/2001, S. 189 ff.
70 Vgl. aber demgegenüber den Fall der Verschlossenheit des Arbeitsmarktes, dazu → Rn. 150 ff.
71 Grundlegend hierzu schon zum früheren Recht für vollschichtig einsatzfähige Versicherte BSG (Großer Senat) 19.12.1996 – GS 2/95 = SozR 3-2600 § 44 Nr. 8.
72 Vgl. LSG Bremen 10.4.1997 – L 2 An 7/95 = Breith 1998, 37.
73 Vgl. BSG 25.6.1964 – 4 RJ 425/63 = BSGE 21, 163 = SozR Nr. 1 zu § 1277 RVO.

resultierenden gesundheitlichen Beeinträchtigungen sicher erkennbar gewesen sein muss.

Zu verneinen ist ein „absichtliches Herbeiführen“ mithin, sofern die Erwerbsminderung im Sinne eines sog. *dolus eventualis* lediglich „billigend in Kauf genommen“ wurde. Eine lediglich wenig gesundheitsbewusste Lebensführung, die langfristig einen bleibenden gesundheitlichen Schaden verursacht, führt mithin noch nicht zum Anspruchsverlust nach § 103 SGB VI. 62

Unter die Ausschlussregelung des § 103 SGB VI fallen typischerweise vor allem die Fälle einer in Erwartung der Rentenleistung mit direktem Vorsatz vorgenommenen Selbstbeschädigung. Solche Fälle sind im Bereich der gesetzlichen Rentenversicherung allerdings eher selten, was wohl auch daran liegen mag, dass die zu erwartenden Leistungen – anders als vor allem im Bereich der privaten Berufsunfähigkeits- oder Unfallversicherung mit zum Teil erheblichen Versicherungssummen – eher überschaubar sind. 63

Im Falle eines Selbsttötungsversuchs liegt in aller Regel keine absichtliche Herbeiführung der Erwerbsminderung vor, weil der direkte Handlungsvorsatz hier auf den eigenen Tod gerichtet ist, nicht aber auf die – durch das Misslingen der Selbsttötung verursachte – Erwerbsminderung. 64

Ein passives Verhalten im Sinne eines absichtlichen Unterlassens der möglichen Beseitigung einer nicht absichtlich herbeigeführten Erwerbsminderung (zB die Weigerung, sich ärztlich behandeln zu lassen) kann dem „absichtlichen Herbeiführen“ nicht gleichgestellt werden.[74] Es kann in solchen Fällen allerdings in Betracht kommen, den Rentenanspruch unter dem Gesichtspunkt eines Verstoßes gegen die den Versicherten obliegenden Mitwirkungspflichten nach § 66 Abs. 2 SGB I zu versagen. 65

l) Alkohol- und Drogenmissbrauch

Beruht die Erwerbsminderung auf Alkohol- bzw. Drogenmissbrauch oder auf Übergewicht, so wird es sich in den meisten Fällen um eine Erkrankung (Sucht) handeln[75], im Übrigen wird man nur sehr selten ein absichtliches Handeln bejahen können. Hinzuweisen ist allerdings auf die Vorschrift des § 104 Abs. 1 SGB VI, wonach eine Rente wegen Erwerbsminderung ganz oder teilweise versagt werden kann, wenn die Berechtigten sich die für die Rentenleistung erforderliche gesundheitliche Beeinträchtigung bei einer Handlung zugezogen haben, die ein Verbrechen oder vorsätzliches Vergehen ist, wobei dies gemäß § 104 Abs. 1 Satz 2 SGB VI auch dann gilt, wenn aus einem in der Person der Berechtigten liegenden Grunde ein strafgerichtliches Urteil nicht ergeht. Dies ist in letzter Zeit zB bejaht worden bei einer Gesundheitsbeeinträchtigung, welche zurückzuführen ist auf eine Trunkenheitsfahrt mit 1,39‰ sowie nachfolgender Verurteilung wegen fahrlässiger Trunkenheit im Verkehr in Tateinheit mit vorsätzlichem (!) Fahren ohne Fahrerlaubnis.[76] 66

---

74 BSG 19.6.1979 – 5 RJ 122/77 = SozR 2200 § 1277 Nr. 2.

75 Vgl. BSG 25.6.1964 – 4 RJ 425/63 = BSGE 21, 163; BSG 18.12.1986 – 4a RJ 9/86 = SozR 2200 § 1252 Nr. 6; BSG 22.11.1988 – 5 RJ 15/88.

76 Vgl. SG Gießen 26.2.2014 – S 4 R 158/12, juris; nachgehend Hessisches LSG 20.11.2014 – L 5 R 129/14, juris = rv 2015, 21.

5. Körperliche Schwere der Arbeit

67 Eine erste große Unterteilung erfolgt bei der sozialmedizinischen Beurteilung der Leistungsfähigkeit im Erwerbsleben mit Blick auf die körperliche Arbeitsschwere, dh unter dem Gesichtspunkt der körperlichen Belastung bei der Ausübung einer Tätigkeit. Von wesentlicher Bedeutung sind dabei vor allem der erforderliche Kraftaufwand sowie die Dauer und die Häufigkeit der geforderten Verrichtungen.

68 Die im Rahmen der gesetzlichen Rentenversicherung gängige Einteilung der körperlichen Arbeitsschwere erfolgt in Anlehnung an die REFA[77]-Klassifizierung,[78] welche zwischen leichter, leichter bis mittelschwerer, mittelschwerer und schwerer Arbeit unterscheidet. Sie ist weitgehend abgestimmt mit häufig verwendeten Auslegungen aus der Arbeitsmedizin und der Arbeitsverwaltung und berücksichtigt in besonderem Maße bei der körperlichen Arbeitsschwere die Obergrenzen der Belastbarkeit.[79]

a) Leichte Arbeit

69 Als „leichte Arbeit" werden Tätigkeiten bezeichnet wie Handhaben leichter Werkstücke und Handwerkszeuge, Tragen von weniger als 10 kg, Bedienen leichtgehender Steuerhebel und Kontroller oder ähnlicher mechanisch wirkender Einrichtungen und lang dauerndes Stehen oder ständiges Umhergehen (bei Dauerbelastung).

70 Es können auch bis zu 5% der Arbeitszeit (oder zweimal pro Stunde) mittelschwere Arbeitsanteile enthalten sein.

71 Belastende Körperhaltungen (Zwangshaltungen, Haltearbeit) erhöhen die Arbeitsschwere um eine Stufe.

b) Leichte bis mittelschwere Arbeit

72 Bei „leichter bis mittelschwerer Arbeit" ist der Anteil mittelschwerer Arbeit auf höchstens 50% begrenzt.

c) Mittelschwere Arbeit

73 Als „mittelschwere Arbeit" werden Tätigkeiten bezeichnet wie Handhaben etwa 1–3 kg schwergehender Steuereinrichtungen, unbelastetes Begehen von Treppen und Leitern (bei Dauerbelastung), Heben und Tragen mittelschwerer Lasten in der Ebene von 10–15 kg oder Hantierungen, die den gleichen Kraftaufwand erfordern.

74 Auch leichte Arbeiten mit zusätzlicher Ermüdung durch Haltearbeit mäßigen Grades sowie Arbeiten am Schleifstein, mit Bohrwinden und Handbohrmaschinen werden als mittelschwere Arbeit eingestuft werden.

75 Es können auch bis zu 5% der Arbeitszeit (oder zweimal pro Stunde) schwere Arbeitsanteile enthalten sein.

---

77 REFA ist die Bezeichnung für den früheren Reichsausschuss für Arbeitsstudien, heute Verband für Arbeitsgestaltung, Betriebsorganisation und Unternehmensentwicklung eV.

78 Die REFA-Klassifizierung ist eine Klassifizierung ua zur körperlichen Arbeitsschwere, zur Arbeitshaltung, zur Arbeitsorganisation sowie auch zu Zeit- und Frequenzvorgaben.

79 Vgl. bzgl. der nachfolgend wörtlich wiedergegebenen Umschreibungen: *Deutsche Rentenversicherung Bund*, Sozialmedizinisches Glossar der Deutschen Rentenversicherung, passim.

Belastende Körperhaltungen (Haltearbeit, Zwangshaltungen) erhöhen die Arbeitsschwere um eine Stufe. 76

d) Schwere Arbeit

Als „schwere Arbeit" werden Tätigkeiten bezeichnet wie Tragen von bis zu 40 kg schweren Lasten in der Ebene oder Steigen unter mittleren Lasten und Handhaben von Werkzeugen (über 3 kg Gewicht), auch von Kraftwerkzeugen mit starker Rückstoßwirkung, Schaufeln, Graben und Hacken. 77

Auch mittelschwere Arbeiten in angespannter Körperhaltung, zB in gebückter, kniender oder liegender Stellung können als schwere Arbeit eingestuft werden. 78

Belastende Körperhaltungen (Zwangshaltungen, Haltearbeit) erhöhen die Arbeitsschwere um eine Stufe. 79

6. Qualitative Leistungseinschränkungen

In den meisten Fällen wird die Leistungsfähigkeit der Rentenbewerber aufgrund der bei ihnen vorliegenden Gesundheitsbeeinträchtigungen in *qualitativer* Hinsicht limitiert. So können zB Versicherte mit einer Halswirbelsäulen-Erkrankung häufig keine dauerhaften Über-Kopf-Arbeiten mehr ausführen, Versicherte mit Gleichgewichtsstörungen können oftmals nicht mehr auf Leitern und Gerüsten arbeiten oder Versicherte mit Atemwegserkrankungen sind vielfach nicht mehr geeignet für Tätigkeiten unter Einwirkung von inhalativen Reizstoffen. 80

Inwieweit solche qualitativen Leistungseinschränkungen im Ergebnis dazu führen, dass auf dem allgemeinen Arbeitsmarkt infolge einer rentenrelevant eingeschränkten Verweisbarkeit keinerlei Tätigkeiten mehr unter betriebsüblichen Bedingungen verrichtet werden können (zur Verschlossenheit des Arbeitsmarktes → Rn. 150 ff.), ist eine berufskundlich-juristische Fragestellung. 81

Gegenstand der sozialmedizinischen Leistungsbeurteilung kann es insoweit nur sein, möglichst präzise darzulegen, aus welcher der gestellten Diagnosen sich im konkreten Einzelfall aus welchen Gründen im Einzelnen welche qualitative Leistungseinschränkung ergibt. Nachvollziehbar (und im Rahmen der Beweiswürdigung überprüfbar) ist die Angabe solcher Verwendungseinschränkungen allerdings nur dann, wenn – neben der Nennung der Diagnose einerseits und der bloßen Angabe einer qualitativen Leistungseinschränkung andererseits – in einem Zwischenschritt auch präzise begründet wird, worin genau die leistungseinschränkenden Auswirkungen der jeweiligen Gesundheitsbeeinträchtigung bestehen bzw. welche Gefahren sich für die (Rest-)Gesundheit bei Nichtberücksichtigung der genannten qualitativen Leistungseinschränkung ergeben würden. Die berufskundlich-juristische Frage, welche Tätigkeiten für die Rentenbewerber unter Berücksichtigung ihres in qualitativer Hinsicht eingeschränkten Leistungsvermögens realistischerweise noch in Betracht kommen könnten, kann letztlich nur dann zutreffend beurteilt werden, wenn im medizinischen Sachverständigengutachten nachvollziehbar beschrieben wird, aus welchen Gründen den dort genannten Einsatzbeschränkungen auf welche Weise eine bestimmte Relevanz zukommt. 82

83 Auf die Wiedergabe einer Auflistung von möglicherweise in Betracht kommenden qualitativen Leistungseinschränkungen wird an dieser Stelle ganz bewusst verzichtet. Solche Zusammenstellungen, wie sie bisweilen auch von Auftraggebern in Form spezieller Formulare den medizinischen Sachverständigen an die Hand gegeben werden, verleiten oftmals dazu, eher leichthin und unreflektiert bestimmte Verwendungseinschränkungen anzugeben, ohne deren Notwendigkeit ausgehend von den gestellten Diagnosen im Einzelfall tatsächlich kritisch geprüft zu haben.

84 Da viele qualitative Leistungseinschränkungen (wie zB die maximal zumutbare Tragebelastung) *per definitionem* bereits im Rahmen der Klassifizierung nach Arbeitsschwere enthalten bzw. mitenthalten sind, ist eine gesonderte Nennung solcher Verwendungseinschränkungen in vielen Fällen eigentlich nicht erforderlich.[80]

85 Es sollte zudem von den medizinischen Sachverständigen bei der Nennung qualitativer Leistungseinschränkungen kenntlich gemacht werden, ob die Einhaltung der jeweiligen Leistungseinschränkung (ggf. aus welchen Gründen im Einzelnen) wirklich zwingend geboten ist oder ob derartige Arbeitsbedingungen aus ärztlicher Sicht lediglich (wie zB eine Tätigkeit in wechselnder Körperhaltung) ganz allgemein wünschenswert wären.

7. Quantitative Leistungseinschränkungen

86 Während sich beim Vorliegen von *qualitativen* Leistungseinschränkungen eine Rentenberechtigung allenfalls unter dem Gesichtspunkt einer Verschlossenheit des Arbeitsmarktes (dazu → Rn. 150 ff.) ergeben kann, führen Einschränkungen des Leistungsvermögens in *quantitativer* (dh in zeitlicher) Hinsicht – bei Unterschreiten der im Gesetz genannten Schwellenwerte – unmittelbar zu einem Rentenanspruch. Wer wegen Krankheit oder Behinderung auf nicht absehbare Zeit außerstande ist, unter den üblichen Bedingungen des allgemeinen Arbeitsmarktes mindestens sechs Stunden täglich erwerbstätig zu sein, der ist (ohne Weiteres) teilweise erwerbsgemindert (§ 43 Abs. 1 Satz 2 SGB VI); wer wegen Krankheit oder Behinderung auf nicht absehbare Zeit außerstande ist, unter den üblichen Bedingungen des allgemeinen Arbeitsmarktes mindestens drei Stunden täglich erwerbstätig zu sein, der ist damit stets voll erwerbsgemindert (§ 43 Abs. 2 Satz 2 SGB VI) (vgl. bereits → Rn. 26 ff., 31 ff.).

87 Angaben der medizinischen Sachverständigen zur Frage *quantitativer* Leistungseinschränkungen haben demzufolge ungleich weitreichendere (rechtliche) Auswirkungen in Bezug auf eine Rentenberechtigung der Gutachtenprobanden, als dies bei der Bezeichnung von *qualitativen* Leistungseinschränkungen der Fall ist. So bedeutsam die Bestimmung des quantitativen Leistungsvermögens für den Ausgang eines Rentenverfahrens sein kann, so schwierig ist es andererseits auch, die zeitliche Grenze der arbeitstäglich maximalen Einsetzbarkeit von Versicherten exakt zu bestimmen.

88 In vielen Fällen ist es letztlich (auch) eine Sache der ärztlichen Erfahrung zu erkennen, wann eine in qualitativer Hinsicht bestehende Leistungsminderung „umschlägt" in eine quantitative Leistungsminderung. Das kann der Fall sein wegen der Schwere

80 Die schiere Fülle der genannten Einschränkungen erweckt oftmals den falschen Eindruck, dass eine sog. Summierung von Leistungseinschränkungen vorliege, siehe dazu → Rn. 115 ff.

einer vorliegenden Erkrankung oder auch wegen des Zusammentreffens mehrerer Gesundheitsbeeinträchtigungen. Wichtig ist vor allem, dass seitens der Sachverständigen transparent gemacht wird, aufgrund welcher Erwägungen ein in zeitlicher Hinsicht beeinträchtigtes Leistungsvermögen als gegeben angesehen wird. Es besteht hier eine gesteigerte Begründungspflicht.

Sachverständige, welche die Rentenbewerber in der Untersuchungssituation über einen längeren Zeitraum unmittelbar vor Augen haben, entwickeln oftmals ein gutes Gespür dafür, „was noch geht und was nicht." Dieser Eindruck muss anhand der Ausführungen zur Leistungsbeurteilung aber auch für die späteren Leser des Gutachtens nachvollziehbar und überzeugend sein. 89

Insbesondere bei der Begutachtung von multimorbiden Gutachtenprobanden ist darauf zu achten, dass die Sachverständigen ihre Leistungsbeurteilung auf das von der eigenen Sachkunde erfasste medizinische Fachgebiet beschränken und nicht in den Fehler verfallen, das Leistungsvermögen aufgrund fachfremder Erwägungen als aufgehoben anzusehen, obwohl auf dem eigenen medizinischen Fachgebiet keine ernstlich ins Gewicht fallenden Gesundheitsbeeinträchtigungen von erwerbsminderndem Dauereinfluss diagnostiziert werden konnten. 90

Aus dem Gutachten sollte insbesondere auch klar hervorgehen, ob das Leistungsvermögen der Rentenbewerber nur hinsichtlich deren früher ausgeübter Tätigkeit in zeitlicher Hinsicht eingeschränkt ist, ob die quantitative Leitungseinschränkung möglicherweise nur bei Verrichtung körperlich schwerer Arbeiten zu beachten ist oder die zeitliche Begrenzung auch für leichte bzw. leichteste Tätigkeiten gilt. Eine rentenrelevante quantitative Leistungseinschränkung kann nur dann bejaht werden, wenn die Ressourcen der Rentenbewerber in zeitlicher Hinsicht wirklich bezogen auf jede denkbare Tätigkeit des allgemeinen Arbeitsmarktes im gesetzlichen Ausmaß limitiert sind. 91

Obwohl die gesetzliche Regelung in §§ 43 Abs. 1 Satz 2, 43 Abs. 2 Satz 2 und 43 Abs. 3 SGB VI vom Wortsinn her eigentlich unmissverständlich ist, schleichen sich bei der Abfassung von Gutachten hinsichtlich der Quantifizierung des beim Gutachtenprobanden noch als gegeben anzunehmenden Leistungsvermögens bisweilen sprachliche Unschärfen (vgl. insoweit bereits → Rn. 30, 33) ein. Deshalb werden hier noch einmal die in Betracht kommenden rechtserheblichen Fallkonstellationen dargestellt: 92

- Leistungsvermögen von mindestens sechs Stunden arbeitstäglich (keine rentenrelevante Erwerbsminderung, vgl. § 43 Abs. 3 SGB VI)
- Leistungsvermögen von drei bis unter (!) sechs Stunden arbeitstäglich (teilweise Erwerbsminderung, vgl. § 43 Abs. 1 Satz 2 SGB VI)
- Leistungsvermögen von weniger (!) als drei Stunden arbeitstäglich (volle Erwerbsminderung, vgl. § 43 Abs. 2 Satz 2 SGB VI)

Die Formulierung, der Rentenbewerber könne nur noch „drei bis sechs Stunden" täglich erwerbstätig sein, bedeutet im Ergebnis, dass gerade *kein* Fall der (teilweisen) Erwerbsminderung gegeben ist. Denn wer (auch) volle sechs Stunden täglich erwerbstätig sein kann, ist nicht erwerbsgemindert (§ 43 Abs. 3 SGB VI). Bloß wer täglich nur 93 noch „drei bis unter (!) sechs Stunden“ erwerbstätig sein kann, ist teilweise erwerbsgemindert iSd Gesetzes.

94 Die Formulierung, der Rentenbewerber könne „nur noch drei Stunden“ täglich erwerbstätig sein, bedeutet im Ergebnis, dass gerade *kein* Fall der vollen Erwerbsminderung gegeben ist. Nur wer täglich „keine drei Stunden mehr“ bzw. „nur noch weniger (!) als drei Stunden“ erwerbstätig sein kann, ist voll erwerbsgemindert iSd Gesetzes.

95 In älteren Gutachten wird das quantitative Leistungsvermögen – entsprechend der bis zum 31.12.2000 geltenden Rechtslage – anstelle der hier dargestellten Zeitstufen umschrieben mit „vollschichtig“, „halb- bis unter vollschichtig“, „unter halbschichtig“ und „unter zweistündig“. Diese Bezeichnungen sollten zur Vermeidung von Missverständnissen unter Geltung der aktuellen Rechtslage nicht mehr verwendet werden.

8. Bedeutung der tatsächlich erbrachten Arbeitsleistung

96 Es kommt vor, dass Rentenbewerber auf der Grundlage einer sozialmedizinischen Begutachtung aus ärztlicher Sicht als leistungsgemindert oder sogar als völlig leistungsunfähig zu bezeichnen wären, andererseits aber noch aktiv ihrer bisherigen Berufstätigkeit nachgehen und dabei auch keine nennenswerten Arbeitsunfähigkeitszeiten zurücklegen. In solchen Fällen kommt der von den Versicherten tatsächlich erbrachten Arbeitsleistung nach der Rechtsprechung des Bundessozialgerichts ein besonders hoher Beweiswert zu.[81] Dies kann im Ergebnis bedeuten, dass die Gerichte den Nachweis einer rentenberechtigenden Erwerbsminderung trotz einer dementsprechenden sozialmedizinischen Leistungsbeurteilung nicht als geführt ansehen.

97 Für die medizinischen Sachverständigen bedeutet dies, dass der Aspekt einer – bei Erhebung der Arbeits- und Sozialanamnese festgestellten – tatsächlich erbrachten Arbeitsleistung im Rahmen der gutachtlichen Leistungsbeurteilung anzusprechen und besonders eingehend zu würdigen ist. Nach der Rechtsprechung ist der Beweiswert einer tatsächlich erbrachten Arbeitsleistung in zwei Fällen erschüttert, und zwar entweder wenn die Versicherten „auf Kosten der Gesundheit“ arbeiten oder wenn sie vom Arbeitgeber lediglich „vergönnungsweise“ weiterbeschäftigt werden.[82]

a) Arbeit auf Kosten der Gesundheit

98 Auf Kosten der Gesundheit wird eine Tätigkeit dann ausgeübt, wenn mit dieser Tätigkeit eine unmittelbare und konkrete Gefahr der Verschlechterung des Gesundheitszustandes der Versicherten verbunden ist. In einem solchen Fall kann aus der Tatsache, dass noch gearbeitet wird, gerade *nicht* mehr die Schlussfolgerung gezogen werden, dass die erbrachte Arbeitsleistung zuverlässig das vorhandene Leistungsvermögen widerspiegelt. Es muss im sozialmedizinischen Gutachten ggf. allerdings sehr sorgfältig und nachvollziehbar begründet werden, aus welchen Gründen im Einzelnen und inwiefern bei Fortsetzung der Erwerbstätigkeit das Risiko für eine unmittel-

81 So bereits BSG 28.2.1963 – 12 RJ 24/58 = SozR Nr. 24 zu § 1246 RVO und BSG 26.9.1975 – 12 RJ 208/74 = SozR 2200 § 1247 Nr. 12.

82 Vgl. BSG 27.1.1981 – 5b/5 RJ 58/79 = BSGE 51, 133 = SozR 2200 § 1247 Nr. 31.

bare Schädigung der Restgesundheit besteht.[83] Die abstrakte Möglichkeit, dass aufgrund der Belastungen am Arbeitsplatz irgendwann in ferner Zukunft eine Gesundheitsbeeinträchtigung entstehen könnte, ist insoweit nicht ausreichend.

Die Feststellung, dass auf Kosten der Gesundheit gearbeitet wird, kann andererseits 99
nicht als tragfähige Begründung für die Einschätzung herangezogen werden, dass „deshalb" ein aufgehobenes bzw. erheblich eingeschränktes Restleistungsvermögen vorliegen müsse. Ein solcher Umkehrschluss greift zu kurz und ist schon bereits deshalb denkfehlerhaft, weil die sozialmedizinische Beurteilung nicht an die zuletzt bzw. aktuell verrichtete Tätigkeit als Maßstab anknüpft, sondern eine Aussage über das Leistungsvermögen in Bezug auf schlechthin jede denkbare beliebige Tätigkeit auf dem allgemeinen Arbeitsmarkt erfordert.

b) Vergönnungsweise Beschäftigung

Als vergönnungsweise ist eine Beschäftigung dann anzusehen, wenn der Arbeitgeber 100
den Rentenbewerber zwar nominell zu unveränderten Bedingungen (insbesondere mit gleichgebliebener Stundenzahl und unverminderter Vergütung) weiterbeschäftigt, gleichwohl jedoch aus sozialer Verantwortung eine quantitativ oder qualitativ eingeschränkte Leistungsfähigkeit stillschweigend hinnimmt. Hier besteht in Wirklichkeit gar keine Divergenz zwischen erbrachter Arbeitsleistung und sozialmedizinischer Leistungsbeurteilung (weiterführend → Rn. 159 ff.).

c) Hinzuverdienstgrenzen

Gerechtigkeitserwägungen unter der Fragestellung, ob ein Rentenbewerber, der durch 101
eine fortbestehende Erwerbstätigkeit noch nennenswerte Einkünfte erzielt, unter wirtschaftlichen Gesichtspunkten überhaupt eine Lohnersatzleistung in Gestalt der Erwerbsminderungsrente benötigt, dürfen grds. nicht vermengt werden mit der sozialmedizinischen Beurteilung des objektiv vorhandenen Leistungsvermögens. Wenn in solchen Divergenzfällen eine Rente im Ergebnis zugesprochen wird, dann erfolgt die Abschöpfung des auf Kosten der Gesundheit bzw. vergönnungsweise erzielten Arbeitsentgelts mittels der für Rentenbezieher geltenden Hinzuverdienstgrenzen (vgl. § 96 a SGB VI), welche den Zahlbetrag der Rente begrenzen.

9. Tätigkeit unter den üblichen Bedingungen des allgemeinen Arbeitsmarktes

a) Der allgemeine Arbeitsmarkt

Nach dem Willen des Gesetzgebers[84] soll bei der Beurteilung der Erwerbsfähigkeit je- 102
de nur denkbare Tätigkeit in Betracht kommen, die es auf dem Arbeitsmarkt gibt. Dem Zusatz „allgemein" kommt angesichts dessen nur noch zur Abgrenzung von Sonderbereichen wie den Werkstätten für Behinderte eine Bedeutung zu.[85] Der „allgemeine Arbeitsmarkt" in § 43 SGB VI umfasst alle nur denkbaren Tätigkeiten au-

83 Vgl. auch BSG 24.8.1960 – 10 RV 333/56 = BSGE 13, 20 = SozR Nr. 8 zu § 30 BVG sowie BSG 19.12.1978 – 3 RK 82/76 =SozR 2200 § 165 Nr. 33.

84 Amtliche Begründung zum EM-Renten-Reformgesetz, BT-Drs. 14/4230, S. 25.

85 Ausf. zum Begriff des „allgemeinen Arbeitsmarktes" *Steiner* SGb 2011, 310, 311 ff.

ßerhalb einer beschützenden Einrichtung, für die auf dem Arbeitsmarkt (in einer Vielzahl von Teilarbeitsmärkten) Angebot und Nachfrage bestehen.[86]

b) Welche Arbeitsbedingungen sind üblich?

103 Mit der Bezugnahme auf die „üblichen Bedingungen“ des allgemeinen Arbeitsmarktes verwendet das Gesetz einen weiteren unbestimmten Rechtsbegriff. Angesprochen wird hier in Anlehnung an die in § 138 Abs. 5 Nr. 1 SGB III enthaltene Regelung die Ausgestaltung von Arbeitsverhältnissen zB im Hinblick auf Arbeitsentgelt, Dauer sowie Lage und Verteilung der Arbeitszeit. Als „üblich“ werden dabei diejenigen Bedingungen angesehen, unter denen nicht nur in Einzel- oder Ausnahmefällen, sondern „in nennenswertem Umfang“[87] Arbeitsverhältnisse eingegangen werden. Was auf dem allgemeinen Arbeitsmarkt noch „üblich“ oder aber bereits nicht mehr üblich ist, entzieht sich allerdings einer griffigen und dauerhaft verbindlichen Umschreibung. Was früher üblich war, kann im Laufe der Jahre unüblich geworden sein – und umgekehrt.

c) Das Problem der Arbeitsmarktnähe von Stellenbewerbern

104 Indem bei der Prüfung der Erwerbsfähigkeit darauf abgestellt wird, ob die Rentenbewerber (noch) eine Tätigkeit unter den üblichen Bedingungen des Arbeitsmarktes ausüben können, wird als Beurteilungskriterium neben dem unter medizinischen Gesichtspunkten zu ermittelnden Restleistungsvermögen weitergehend auch auf die jeweilige sog. Arbeitsmarktnähe der leistungsgeminderten Stellenbewerber abgestellt. Es lassen sich insoweit zwei Gruppen unterscheiden:

- *Gruppe 1: Rentenbewerber mit vorhandener Arbeitsmarktnähe*
  Hierzu gehören Personen, die problemlos den Anforderungen des Arbeitsmarktes gerecht werden und eine realistische Chance auf eine relativ schnelle Arbeitsmarktintegration haben.
- *Gruppe 2: Rentenbewerber mit fehlender Arbeitsmarktnähe*
  Hierzu gehören Personen, die zwar physisch erwerbsfähig, also nicht voll erwerbsgemindert sind, aber dennoch in nur sehr eingeschränktem Umfang und erst nach zum Teil langjähriger intensiver Betreuung/Einarbeitung auf einem besonderen Arbeitsmarkt eine – wenn überhaupt – geringe Integrationschance auf dem allgemeinen Arbeitsmarkt hätten.

105 Während die Angehörigen der Gruppe 1 in erster Linie ein Problem mit der Arbeitsvermittlung haben und deshalb in aller Regel zum klassischen Vermittlungs-Klientel der Arbeitsagentur gehören, stellt sich bei den schwer oder gar nicht vermittelbaren Angehörigen der Gruppe 2 stets die Frage, wann der Punkt erreicht ist, an dem die fehlende Arbeitsmarktnähe gewissermaßen umschlägt in eine praktische Verschlossenheit des Arbeitsmarktes.

106 Die Fälle, in denen ein solcher schwer vermittelbarer Versicherter wegen der bei ihm zu beachtenden Leistungseinschränkungen tatsächlich nicht mehr unter den „üblichen Bedingungen“ des allgemeinen Arbeitsmarktes tätig sein kann, sind dabei aller-

86 Hauck/Noftz/*Kamprad* § 43 SGB VI Rn. 36.
87 Vgl. bereits BSG 20.6.1978 – 7 RAr 45/77 = SozR 4100 § 103 Nr. 17.

dings deutlich seltener, als dies – insbesondere in Zeiten großer Arbeitslosigkeit – den Anschein haben mag.

d) Pflicht zur Bezeichnung von Verweisungstätigkeiten

Bei der Feststellung des Anspruchs auf Erwerbsminderungsrente ergibt sich in Abhängigkeit von der Arbeitsmarktnähe des jeweiligen Rentenbewerbers eine unterschiedliche Prüfungsdichte: 107

Bei Versicherten iSd oben genannten Gruppe 1, die noch mindestens sechs Stunden unter den üblichen Bedingungen des allgemeinen Arbeitsmarktes tätig sein können, muss grds. keine Verweisungstätigkeit konkret benannt werden, weil der Arbeitsmarkt als offen gilt (sog. abstrakte Betrachtungsweise). 108

Sofern aufgrund der festgestellten qualitativen Leistungseinschränkungen der Versicherten ernstzunehmende Zweifel bestehen, ob – iSd oben genannten Gruppe 2 – realistischerweise überhaupt noch Einsatzmöglichkeiten unter arbeitsmarktüblichen Bedingungen vorhanden sind, ergibt sich demgegenüber das Erfordernis zur Benennung einer konkreten Verweisungstätigkeit (sog. konkrete Betrachtungsweise). 109

Ob im Einzelfall die Pflicht zur Bezeichnung einer Verweisungstätigkeit besteht, kann je nach Einschätzung der Vermittelbarkeit leistungsgeminderter Rentenbewerber durchaus kontrovers diskutiert werden. Es handelt sich insoweit um eine berufs- und wirtschaftskundliche Fragestellung, für deren Beantwortung es den Medizinern an der erforderlichen Sachkunde fehlt. (Zu den im Rahmen der Sachaufklärung insoweit in Betracht kommenden Ermittlungsmöglichkeiten vgl. → Rn. 139 ff.) Ihre Aufgabe besteht allein darin, ggf. im medizinischen Sachverständigengutachten durch Aufzeigen der im Einzelfall gegebenen Leistungseinschränkungen begründete Zweifel bzgl. einer Integrationschance auf dem allgemeinen Arbeitsmarkt zu nähren.[88] 110

10. Spezielle Fragen zur Arbeitsmarktnähe von Rentenbewerbern

a) Menschen mit Behinderung

Nicht schlechthin jedes Handicap eines Versicherten führt zwangsläufig dazu, dass er bereits nicht (mehr) unter den in den Betrieben üblichen Bedingungen arbeiten kann. Die Gesellschaft hat sich über lange Jahre um eine bessere Integration von Behinderten und um die Herstellung von sog. Barrierefreiheit[89] bemüht. Wenn es darum geht, eine Benachteiligung von Menschen mit Behinderung zu beseitigen bzw. zu verhindern sowie die gleichberechtigte Teilhabe von Menschen mit Behinderung am Leben in der Gesellschaft zu gewährleisten und ihnen eine selbstbestimmte Lebensführung zu ermöglichen,[90] dann dürfen auch im Bereich des Arbeitsmarktes keine unüberwindbaren Barrieren aufgerichtet werden.[91] 111

---

88 Weiterführend *Francke* ASR 2012, 101.

89 Vgl. die Legaldefinition in § 4 des Behindertengleichstellungsgesetzes (BGG) vom 27.4.2002 (BGBl. I S. 1467 (1468)).

90 So die Umschreibung des Gesetzesziels in § 1 BGG.

91 Vgl. in diesem Zusammenhang auch die Bestimmungen der immerhin bereits seit dem 26.3.2009 in der Bundesrepublik Deutschland in Kraft befindlichen, in der Praxis bislang allerdings eher wenig beachteten Konvention über die Rechte von Menschen mit Behinderungen sowie die bisher dazu vorliegenden höchstrichterlichen Entscheidungen: BSG 29.4.2010 – B 9 SB 2/09 R und BSG 12.8.2009 – B 3 KR 11/08 R = SozR 4-2500 § 33 Nr. 25; weiterführend *Dannat/Dillmann* SGb 2015, 193. Vgl. im Übrigen auch die 2017 durch

112 Es ist deshalb grds. davon auszugehen, dass auch Behinderte nicht von vorneherein von einer Tätigkeit auf dem allgemeinen Arbeitsmarkt ausgeschlossen sind. Mit Ausnahme der auf die beschützende Umgebung einer Werkstatt für Behinderte Angewiesenen können vielmehr auch behinderte Versicherte sehr wohl unter den in den Betrieben üblichen Bedingungen eine vollwertige Arbeitsleistung erbringen. Dabei ist nicht nur an den querschnittsgelähmten Arzt zu denken oder an den sehbehinderten Juristen.

113 Aus dem Grundsatz „Teilhabe vor Rente“[92] ergibt sich im Übrigen, dass auch die behinderungsbedingte Notwendigkeit einer besonderen Ausgestaltung des Arbeitsplatzes nicht dazu führt, dass Behinderte sogleich vom allgemeinen Arbeitsmarkt ausgeschlossen sind. Arbeitsbedingungen, die im Rahmen der Gewährung von Leistungen zur Teilhabe am Arbeitsleben nach § 33 SGB IX hergestellt werden können, sind vielmehr grds. noch als „betriebsüblich“ anzusehen. Das beginnt bei dem orthopädischen Stuhl für die von einem Rückenleiden betroffene Schreibkraft und endet erst bei zT richtig aufwändigen technischen Arbeitshilfen.

b) Fehlende Beherrschung von Kulturtechniken

114 Man kann auch nicht ohne Weiteres sagen, dass nur das Beherrschen bestimmter Kulturtechniken (wie Lesen, Schreiben, Rechnen) oder das Beherrschen der deutschen Sprache den Zugang zum allgemeinen Arbeitsmarkt eröffnet. In vielen Fällen sind die Rentenbewerber vor der Antragstellung trotz derartiger Defizite langjährig versicherungspflichtig erwerbstätig gewesen. Entscheidend für die Frage der Vermittelbarkeit ist deshalb, ob das infolge einer medizinisch bedingten Leistungsminderung noch in Betracht kommende Arbeitsfeld durch solche Defizite im konkreten Einzelfall weiter eingeengt wird oder ob es unverändert noch in hinreichendem Umfang (einfache) Tätigkeiten gibt, die zB keine Schreib- und Lesefähigkeit voraussetzen. Auch Analphabeten[93] können zB einfache Montagetätigkeiten, die man durch Vormachen und Nachmachen erlernen kann, unter den in den Betrieben üblichen Bedingungen vollwertig verrichten.[94]

c) Summierung ungewöhnlicher Leistungseinschränkungen bzw. schwere spezifische Leistungsbehinderung

115 Die im Falle der Versicherten (behinderungsbedingt) gebotenen Arbeitsbedingungen sind erst dann nicht mehr „betriebsüblich“, wenn eine Summierung ungewöhnlicher Leistungseinschränkungen oder eine schwere spezifische Leistungsbehinderung vorliegt, aufgrund derer sich keinerlei Bereiche des allgemeinen Arbeitsmarktes mehr beschreiben lassen, in denen es Arbeitsplätze gibt, welche die Versicherten unter den üblichen Bedingungen ausüben können.[95]

---

das Bundesteilhabegesetz (BTHG) in Kraft tretenden Änderungen, insbes. das neue Eingliederungshilferecht in §§ 90 ff. SGB IX; dazu *Düwell* jurisPR-ArbR 20/2016 Anm. 1; *Schumacher* RdLH 2016, 8 und *Fuchs* SozSich 2016, 265.

92 Vgl. § 9 Abs. 1 Satz 2 SGB VI, § 8 Abs. 2 SGB IX.

93 Zur Berücksichtigung des Analphabetismus eines im Ausland aufgewachsenen Versicherten vgl. BSG 4.11.1998 – B 13 RJ 13/98 R = SozR 3-2200 § 1246 Nr. 62.

94 Zu prüfen sein kann im Einzelfall daneben aber auch noch die Frage der Umstellungs- und Anpassungsfähigkeit; vgl. dazu → Rn. 134 ff.

95 Vgl. BSG 24.2.1999 – B 5 RJ 30/98 R = SozR 3-2600 § 44 Nr. 12.

Als eine Summierung ungewöhnlicher Leistungseinschränkungen bzw. schwere spezifische Leistungsbehinderung angesehen worden sind bisher 116

- besondere Schwierigkeiten hinsichtlich der Gewöhnung und Anpassung an einen neuen Arbeitsplatz,[96]
- die Erforderlichkeit, zwei zusätzliche Arbeitspausen von je 15 Minuten einzulegen – in Verbindung mit anderen Einschränkungen –,[97]
- Einschränkungen bei Arm- und Handbewegungen, halbstündiger Wechsel von Sitzen und Gehen,[98]
- regelmäßig einmal in der Woche auftretende Fieberschübe,[99]
- Einarmigkeit oder Einäugigkeit,[100]
- Schwindelneigungen, Ausschluss von Fließband- oder Akkordarbeit – in Verbindung mit körperlich leichten und fachlich einfachen Frauenarbeiten –[101] sowie
- Sehstörungen, Beweglichkeitseinschränkungen der Hände, Arbeit unter Ausschluss bestimmter Umwelteinflüsse wie Kälte, Nässe und Staub.[102]

Verständlicherweise berufen sich viele Rentenbewerber darauf, dass auch in ihrem Falle genau solch eine Summierung ungewöhnlicher Leistungseinschränkungen bzw. schwere spezifische Leistungsbehinderung vorliege. Dies ist freilich nicht schon bereits dann gegeben, wenn vom medizinischen Sachverständigen eine auf den ersten Blick beeindruckende Vielzahl von qualitativen Leistungseinschränkungen festgestellt wird. Wer zB nur noch leichte körperliche Tätigkeiten, überwiegend im Sitzen, ohne Zwangshaltungen, ohne Über-Kopf-Arbeiten, ohne Heben, Tragen oder Bewegen von schweren Lasten, nicht auf Leitern und Gerüsten, nur in geschlossenen Räumen ohne Einwirkung von Kälte, Zugluft oder Nässe sowie nur ohne Schicht- oder Akkordarbeit verrichten kann, der entspricht noch in vollem Umfang dem Anforderungsprofil für die meisten Büro- bzw. Schreibtischtätigkeiten. Aus der Erfahrung kann man sagen, dass allein aus der schieren Menge von aufgelisteten Leistungseinschränkungen nur in relativ seltenen Fällen tatsächlich auch eine Verschlossenheit des Arbeitsmarktes folgt (zu den insoweit gebotenen – jeweils einzelfallbezogen – Feststellungen sogleich unter → Rn. 139 ff.). 117

Die Aufgabe der medizinischen Sachverständigen besteht in diesem Zusammenhang darin, die jeweiligen Leistungseinschränkungen der Versicherten möglichst präzise zu beschreiben. Ob die von den Sachverständigen benannten Leistungseinschränkungen im Einzelfall wirklich in ihrer Summierung ungewöhnlich bzw. schwer und spezifisch sind, ist danach dann im Rahmen der juristischen Beurteilung zu entscheiden. Als Messlatte dienen hierbei zum einen das konkrete Angebot an leidensgerechten Arbeitsgelegenheiten auf dem allgemeinen Arbeitsmarkt und zum anderen die Frage, ob das Restleistungsvermögen noch den Mindestanforderungen entspricht, die ein „ver- 118

96 BSG 1.3.1984 – 4 RJ 43/83 = SozR 2200 § 1246 Nr. 117 mwN.
97 BSG 6.6.1986 – 5 b RJ 42/85 = SozR 2200 § 1246 Nr. 136 mwN; dazu sogleich unter → Rn. 119 ff.
98 BSG 28.8.1991 – 13/5 RJ 47/90 = SozR 3-2200 § 1247 Nr. 8.
99 BSG 31.3.1993 –13 RJ 65/91 = SozR 3-2200 § 1247 Nr. 14.
100 BSG 19.4.1978 – 4 RJ 55/77 = SozR 2200 § 1246 Nr. 30.
101 BSG 19.8.1997 – 13 RJ 1/94 = SozR3-2200 § 1247 Nr. 23.
102 BSG 11.5.1999 – B 13 RJ 71/97 R = SozR 3-2600 § 43 Nr. 21.

nünftig und billig denkender Arbeitgeber" im Rahmen einer Beschäftigung unter betriebsüblichen Bedingungen zu stellen berechtigt ist.[103]

d) Notwendigkeit zum Einlegen von betriebsunüblichen Pausen

119 Sofern sich aus sozialmedizinischen Gründen das Erfordernis zum Einlegen von (zusätzlichen) Ruhepausen ergibt, bedeutet dies nicht zwangsläufig, dass deshalb nicht mehr unter den üblichen Bedingungen des allgemeinen Arbeitsmarktes gearbeitet werden kann. Sofern die Versicherten keinen Arbeitsplatz mit den erforderlichen abweichenden Bedingungen tatsächlich innehaben, muss allerdings iSd sog. konkreten Betrachtungsweise geprüft und durch Benennung einer Verweisungstätigkeit festgestellt werden, dass es auch Arbeitsverhältnisse zu diesen Bedingungen in beachtlicher Zahl gibt.

120 Unter Ruhepausen versteht man Arbeitsunterbrechungen von mindestens 15 Minuten Dauer. Gemäß § 4 Arbeitszeitgesetz betragen die im Voraus festgelegten Ruhepausen bei einer Arbeitszeit von mehr als sechs bis zu neun Stunden mindestens 30 Minuten. Wird insgesamt mehr als neun Stunden gearbeitet, ist die Arbeitszeit für 45 Minuten zu unterbrechen. Die Ruhepausen können in Zeitabschnitte von jeweils 15 Minuten aufgeteilt werden. Versicherte, die teilweise erwerbsgemindert iSd § 43 Abs. 1 SGB VI sind, haben keinen Anspruch auf eine Ruhepause nach § 4 Arbeitszeitgesetz, weil sie nur noch unter sechs Stunden pro Arbeitstag erwerbstätig sein können. Ruhepausen sind keine Arbeitszeit und werden daher nicht bezahlt. In zeitlicher und in finanzieller Hinsicht günstigere Ruhepausenregelungen können zB in Tarifverträgen oder Betriebsvereinbarungen geregelt sein.

121 Sofern aufgrund des Gesundheitszustandes aus sozialmedizinischer Sicht „kurze Pausen" (zB zur Einnahme einer Zwischenmahlzeit bei Diabetikern oder für häufigere Toilettengänge bei Morbus Crohn) für erforderlich gehalten werden, ergibt sich die Frage, ob solche Verrichtungen unter betriebsüblichen Bedingungen im Rahmen der „persönlichen Verteilzeit" der Arbeitnehmer erledigt werden können.

122 Verteilzeiten sind Bestandteil der für die quantitative und qualitative Erledigung einer Arbeitsaufgabe vorgegebenen Soll-Zeiten und werden zB durch eine (REFA-)Verteilzeitstudie ermittelt. Differenziert wird zwischen sachlichen (zB allgemeine Rüstzeiten zum täglichen Einrichten und Aufräumen des Arbeitsplatzes) und persönlichen Verteilzeiten (zB für Rücksprachen in persönlichen Angelegenheiten wie Urlaub bzw. Krankheit oder zur Verrichtung persönlicher Bedürfnisse). Auf die Inanspruchnahme von persönlichen Verteilzeiten besteht kein Rechtsanspruch. Es handelt sich lediglich um eine Rechengröße, die im Sinne einer „stillen Übung" als Zuschlag zur Sollzeit angesetzt wird, um unter Berücksichtigung der sozialen Belange und persönlichen Bedürfnisse der Mitarbeitenden einen störungsfreien Arbeitsablauf zu gewährleisten. Im gewerblichen Bereich sind persönliche Verteilzeiten von 5% der Grundzeit (Tätigkeitszeit + ablaufbedingte Unterbrechungen) üblich; im Bürobereich wird zur Ermitt-

103 Vgl. idS zB für den Fall häufiger Arbeitsunfähigkeitszeiten BSG 5.3.1959 – 4 RJ 27/58 = BSGE 9, 192; BSG 26.9.1975 – 12 RJ 208/74 = SozR 2200 § 1247 Nr. 12; BSG 21.7.1992 – 4 RA 13/91; BSG 31.3.1993 – 13 RJ 65/91 = SozR 3-2200 § 1247 Nr. 14; BSG 31.10.2012 – B 13 R 107/12 B = SozR 4-2600 § 43 Nr. 19.

lung des zahlenmäßigen Kapazitätsbedarfs (Personen) der nötige zeitliche Auftragsbedarf als Ergebnis aus der Summe aller Arbeitszeiten zuzüglich 10–20 % Verteilzeiten (sachlicher + persönlicher Anteil) ermittelt. Die Akzeptanz solcher (bezahlten) Kurzpausen ist unter anderem abhängig von der Größe und vom Wirtschaftsbereich des jeweiligen Unternehmens.

Die Rechtsprechung geht ua davon aus, dass die Einnahme einer Zwischenmahlzeit 123
außerhalb der nach dem Arbeitszeitgesetz zustehenden Ruhepausen im Rahmen der persönlichen Verteilzeit möglich[104] und dass jedem Arbeitgeber die Beschäftigung von Arbeitnehmern zuzumuten ist, die wegen Durchfalls alle zwei Stunden – gelegentlich auch jede Stunde – die Toilette aufsuchen müssen.[105] Als unüblich sind demgegenüber Ruhepausen im zeitlichen Umfang von zusätzlich zweimal 15 Minuten pro Arbeitstag[106] angesehen worden.

Da es in diesem Bereich ganz wesentlich um berufs- und wirtschaftskundliche Frage- 124
stellungen geht, sollten die medizinischen Sachverständigen sich im Rahmen der sozialmedizinischen Leistungsbeurteilung konsequent darauf beschränken, den (medizinischen) Grund für das Einlegen von zusätzlichen Pausen herauszuarbeiten und die im Rahmen solcher Pausen zu erfüllenden Anforderungen zu präzisieren. Wenn solche Pausen nur „allgemein wünschenswert" wären, aber nicht zwingend geboten sind, dann ist dies in geeigneter Weise kenntlich zu machen. Gleiches gilt, wenn das Pausenerfordernis – ohne zwingende medizinische Gründe – nur aufgrund der Angabe des Gutachtenprobanden beruht, dass er sich nach einem gewissen Zeitraum „hinlegen" müsse.

Eine Stellungnahme zu der Frage, ob die im Falle der Gutachtenprobanden benötig- 125
ten (zusätzlichen) Pausen noch „betriebsüblich" oder aber bereits „betriebsunüblich" sind, entzieht sich der medizinischen Sachkunde und sollte deshalb im ärztlichen Gutachten generell unterbleiben.

e) Notwendigkeit häufiger Toilettengänge

Bisweilen machen Rentenbewerber geltend, dass ihnen eine Teilnahme am Erwerbsle- 126
ben nicht mehr möglich sei, weil wegen eines Reizdarmsyndroms bzw. wegen einer Harn- oder Stuhlinkontinenz die vermehrte Notwendigkeit zum Aufsuchen einer Toilette bestehe.

In solchen Fällen muss zunächst sehr kritisch geprüft werden, ob diese Notwendig- 127
keit überhaupt bzw. tatsächlich im angegebenen Ausmaß besteht. Allein auf der Grundlage von Angaben der Rentenbewerber kann eine qualitative Leistungseinschränkung insoweit noch nicht als nachgewiesen angesehen werden. Es bedarf hier oftmals eingehender Untersuchungen auf urologisch-gynäkologischem bzw. coloproktologischem Fachgebiet. Bei Behauptung eines sog. Reizdarmsydroms ist zB an eine Untersuchung hinsichtlich der Beschaffenheit der Darmschleimhaut zu denken, und bei behaupteter Inkontinenz kann unter anderem die Sphincterfunktion durch entsprechende Messungen zu überprüfen sein. Zur Objektivierung der Beeinträchti-

104 Bayerisches LSG 11.2.2004 – L 13 RA 47/03.
105 Hessisches LSG 19.11.2003 – L 12 RA 1372/00.
106 BSG 6.6.1986 – 5 b RJ 42/85 = SozR 2200 § 1246 Nr. 136.

gungen im Alltagsleben ist im Rahmen einer gutachtlichen Untersuchung nicht nur auf Stuhlverunreinigungen im Analbereich oder an den getragenen Vorlagen zu achten, sondern vor allem auch eine sorgfältige Inspektion der perianalen Hautregion mit Blick auf etwaige Hautreizungen oder Entzündungen vorzunehmen.

128 Wenn nachweislich eine Notwendigkeit für häufige Toilettengänge besteht, dann stellt sich zum einen die Frage, ob die Rentenbewerber außerhalb der üblichen Arbeitsunterbrechungen im Hinblick auf eine vermehrte Miktions- bzw. Stuhlfrequenz zusätzliche betriebsunübliche Pausen (hierzu bereits unter → Rn. 119 ff.) benötigen. Aus dem medizinischen Sachverständigengutachten sollte insoweit also hervorgehen, in welcher Frequenz eine Toilette aufgesucht werden muss. Bei einem nachweislich imperativen Harn- oder Stuhldrang ist weitergehend zu fragen, ob auf dem allgemeinen Arbeitsmarkt in ausreichender Anzahl geeignete Arbeitsplätze vorhanden sind, in deren unmittelbarer Nähe eine Toilette zur Verfügung steht und bei denen auch vom Arbeitsablauf her ein rasches Aufsuchen der Toilette möglich ist. Diese Anforderungen werden im Bereich der klassischen Büro- bzw. Innendiensttätigkeiten erfüllt werden können, im Bereich der gewerblichen Wirtschaft hingegen eher selten.[107] Ggf. sind hier, ausgehend von den Anforderungen im Einzelfall, gezielte Ermittlungen auf berufs- und wirtschaftskundlichem Gebiet erforderlich.

f) Einschränkungen der Wegefähigkeit

129 Da nur ein Leistungspotenzial, welches auf dem Arbeitsmarkt auch konkret einsetzbar ist, als Maßstab für die Fähigkeit eines Versicherten, Einkommen zu erzielen, herangezogen werden kann, gehört zur Erwerbsfähigkeit auch das Vermögen, eine Arbeitsstelle aufzusuchen.[108] Eine Tätigkeit zum Zweck des Gelderwerbs ist nämlich idR nur außerhalb der Wohnung möglich, so dass ein Minimum an Mobilität deshalb Teil des versicherten Risikos ist.[109]

130 Zur Erwerbsfähigkeit gehört grundsätzlich auch die Fähigkeit des Versicherten, viermal am Tag Wegstrecken von (mehr als) 500 m Länge mit zumutbaren Zeitaufwand, dh jeweils innerhalb von 20 Minuten, zu Fuß bewältigen und zweimal täglich während der Hauptverkehrszeit mit öffentlichen Verkehrsmitteln fahren zu können.[110] Der Schwellenwert von 500 m beruht dabei auf der empirisch mehr oder weniger abgesicherten Erkenntnis, dass Nutzer von öffentlichen Verkehrsmitteln in aller Regel einen Fußweg von etwa 500 m Länge bis zur nächstgelegenen Haltestelle zurücklegen müssen. Entsprechende Wegstrecken ergeben sich für den Hinweg zur Arbeitsstelle, um von der Wohnung aus das Verkehrsmittel und vom Verkehrsmittel aus die Arbeitsstelle zu erreichen, und für den Heimweg nochmals in umgekehrter Wegrichtung, so dass die Gehfähigkeit viermal am Tag gefordert wird.

131 Die Kriterien zur Ermittlung einer rentenrechtlich bedeutsamen Einschränkung der Wegefähigkeit sind damit grundlegend anders als im Schwerbehindertenrecht, bei

---

107 Vgl. Hessisches LSG 9.3.2012 – L 5 R 264/11.

108 Vgl. BSG 19.11.1997 – 5 RJ 16/97 = SozR 3-2600 § 44 Nr. 10; BSG 17.12.1991 – 13/5 RJ 73/90 = SozR 3-2200 § 1247 Nr. 10; BSG 21.2.1989 – 5 RJ 61/88 = SozR 2200 § 1247 Nr. 56; auch bereits BSG, SozR Nr. 101, 56, 27, 21 zu § 1246 RVO.

109 Vgl. BSG 17.12.1991 – 13/5 RJ 73/90 = SozR 3-2200 § 1247 Nr. 10.

110 Vgl. BSG 17.12.1991 – 13/5 RJ 73/90 = SozR 3-2200 § 1247 Nr. 10.

dem eine erhebliche Gehbehinderung iSd Merkzeichens „G“ bereits denjenigen zuerkannt wird, die außerstande sind, eine Wegstrecke von etwa zwei Kilometern Länge in etwa einer halben Stunde zurückzulegen. Das Merkzeichen „aG“ ist demgegenüber nur Schwerbehinderten zuzuerkennen, deren Fortbewegung wegen außergewöhnlicher Behinderung beim Gehen auf das Schwerste eingeschränkt ist und die sich wegen der Schwere ihres Leidens dauernd nur mit fremder Hilfe oder nur mit großer Anstrengung außerhalb ihres Kraftfahrzeuges bewegen können (ausführlich hierzu → § 6 Rn. 34 ff., 40 ff.).

Für den medizinischen Sachverständigen ergibt sich im Rahmen der Leistungsbeurteilung die Schwierigkeit, eine in Metern bemessene Angabe zur Wegefähigkeit zu machen, die mit der aus juristischer Sicht gebotenen Präzision (Gehstrecke nur noch 499 m Länge oder aber doch 501 m Länge?) nur schwerlich bzw. seriöserweise überhaupt nicht[111] möglich ist. In jedem Falle sollte dem Gutachten möglichst zu entnehmen sein, auf welche Erkenntnisse (zB Laufbanduntersuchung, gemeinsames Zurücklegen einer vorher ausgemessenen Wegstrecke im Klinikgebäude bzw. auf dem Klinikgelände) sich die Angaben zur zumutbaren Gehstrecke stützen. 132

In der Praxis führt selbst eine relevant eingeschränkte Wegefähigkeit der Versicherten letztlich nur eher selten auch zu einem Rentenanspruch. Denn es ist anerkannt, dass bei der Beurteilung der Mobilität von Versicherten alle ihnen tatsächlich zur Verfügung stehenden Hilfsmittel (zB Gehstützen) und Beförderungsmöglichkeiten zu berücksichtigen sind.[112] Dazu gehören auch die zumutbare Benutzung eines vorhandenen, ggf. im Rahmen von Leistungen zur Teilhabe am Arbeitsleben subventionierten Kraftfahrzeugs[113] oder die Inanspruchnahme von sonstigen Leistungen zur Teilhabe am Arbeitsleben,[114] die unter Umständen auch darauf gerichtet sein können, dass der Rentenversicherungsträger die vollen Beförderungskosten zur Anbahnung eines Arbeitsverhältnisses und zur Aufnahme einer Erwerbstätigkeit übernimmt.[115] 133

g) Einschränkungen der Umstellungs- und Anpassungsfähigkeit

In jedem Erwerbsminderungsrenten-Fall geht es letztlich um die Frage, ob für die (leistungsgeminderten) Versicherten noch eine realistische Chance besteht, das vorhandene Restleistungsvermögen unter den Bedingungen des konkurrierenden Arbeitsmarktes in Erwerbseinkommen umzusetzen. Wer – trotz theoretisch noch vorhandenen Leistungsvermögens – auch nach einer Einarbeitungs- und Einweisungszeit von maximal drei Monaten Dauer[116] noch nicht in der Lage ist, unter den konkurrierenden Bedingungen des allgemeinen Arbeitsmarktes eine denkbare Verweisungstätigkeit vollwertig zu verrichten, dem ist der Zugang zum Arbeitsmarkt in gleicher Weise verschlossen wie demjenigen, für den es von vorneherein erst gar keine Verweisungstätigkeit gibt. Er benötigt entweder zunächst für einen längeren Zeitraum bestimmte 134

111 IdS *Legner* MedSach 2012, 142.
112 Vgl. BSG 19.11.1997 – 5 RJ 16/97 = SozR 3-2600 § 44 Nr. 10.
113 Vgl. BSG 30.11.1965 – 4 RJ 101/62 = BSGE 24, 142 = SozR Nr. 56 zu § 1246 RVO.
114 Vgl. BSG 14.3.2002 – B 13 RJ 25/01 R.
115 BSG 12.12.2011 – B 13 R 21/10 R und BSG 12.12.2011 – B 13 R 79/11 = BSGE 110, 1 = SozR 4-2600 § 43 Nr. 17.
116 Vgl. BSG 19.8.1997 – 13 RJ 73/93; BSG vom 19.8.1997 – 13 RJ 21/95.

Leistungen zur Teilhabe am Arbeitsleben (zB um in einer früheren Ausbildung erworbene Kenntnisse aufzufrischen und dem aktuellen Praxisstandard anzupassen) oder er ist möglicherweise auch auf Dauer nicht mehr in eine andere als die zuletzt verrichtete Tätigkeit einzugliedern.

135 In diesem Sinne geht es bei der Frage nach der Umstellungs- und Anpassungsfähigkeit um einen Abgleich zwischen der für eine Eingliederung in den allgemeinen Arbeitsmarkt benötigten Flexibilität und dem insoweit (noch) einsetzbaren Potenzial der Rentenbewerber. Dieser Abgleich kann oftmals erst in einem zusätzlichen Prüfungsschritt vorgenommen werden, nachdem im Einzelfall sowohl das (aus sozialmedizinischer Sicht) zugrunde zu legende Restleistungsvermögen als auch der Kreis der (aus berufs- und wirtschaftskundlicher Sicht) in Betracht kommenden Verweisungstätigkeiten ermittelt worden sind.[117]

136 Einschränkungen der Umstellungs- und Anpassungsfähigkeit können sich aufgrund einer Krankheit (insbesondere auf psychiatrischem Fachgebiet) ergeben. Bei solchen Fallkonstellationen sind die medizinischen Sachverständigen aufgerufen, bereits im Zusammenhang mit der Frage nach (besonderen) qualitativen Leistungseinschränkungen auch zu diesem Aspekt eine Beurteilung abzugeben. Zu differenzieren ist hier ggf. zwischen einer nur leicht bzw. nur partiell eingeschränkten und einer vollständig aufgehobenen Umstellungs- und Anpassungsfähigkeit. Bei der Beschreibung der im Einzelfall gegebenen Defizite gilt es überdies zu bedenken, dass Rentenbewerber, die in Ansehung ihrer intellektuellen Fähigkeiten von vorneherein nur für geistig einfache Arbeiten in Betracht kommen, zur Aufnahme solcher Tätigkeiten unter Umständen eine geringere Flexibilität benötigen, als dies im Falle einer Verweisung auf schwierige bzw. komplexe Arbeitsvorgänge erforderlich wäre.

137 Auch wenn aus ärztlicher Sicht kein krankhafter Befund zu erheben ist, kann allerdings als rentenrechtlich bedeutsame Behinderung eine Einschränkung der Umstellungs- und Anpassungsfähigkeit gegeben sein.[118] Nicht jeder, der – möglicherweise noch dazu in höherem Lebensalter – den beständig zunehmenden Flexibilitätsanforderungen auf dem Arbeitsmarkt nicht mehr einschränkungslos entspricht, ist deshalb „krank" (zur Frage, was noch normal und was demgegenüber krank ist, bereits → Rn. 44 ff.). Er hat allerdings möglicherweise dennoch keine realistische Aussicht mehr, unter den Bedingungen des konkurrierenden Arbeitsmarktes ein Erwerbseinkommen zu erzielen, und kann deshalb unter Umständen erwerbsgemindert sein.[119] Die Beurteilung der Anpassungs- und Umstellungsfähigkeit kann angesichts dessen auch eine Frage sein, für deren Beantwortung nicht medizinischer Sachverstand, sondern die besondere Sachkunde der Psychologie gefragt ist.

138 Psychologie ist die empirische Wissenschaft zur Beschreibung, Erklärung und Vorhersage des Erlebens und Verhaltens des Menschen, deren Entwicklung in der Lebens-

117 Vgl. BSG 8.10.1992 – 13/5 RJ 24/90 = SozR 3-2200 § 1246 Nr. 29.

118 BSG 30.11.1965 – 4 RJ 247/65; BSG 28.6.1979 – 4 RJ 70/78 = SozR 2200 § 1246 Nr. 45; BSG 9.9.1982 – 5 b RJ 76/81; BSG 6.2.1991 – 13/5/4 a RJ 47/87; BSG 6.3.1991 – 13/5 RJ 5/89; BSG 15.12.1992 – 8 RKn 8/92.

119 Vgl. insoweit auch Hessisches LSG 26.11.2010 – L 5 R 363/08 KN.

spanne sowie deren inneren und äußeren Ursachen und Bedingungen.[120] Um genau diese „Vorhersage des Erlebens und Verhaltens des Menschen" geht es, wenn man die Frage nach der Umstellungs- und Anpassungsfähigkeit eines Rentenbewerbers stellt. Speziell die Arbeitspsychologie[121] befasst sich mit einer Analyse der Arbeit (im weitesten Sinn), mit Fragen der Ergonomie und vor allem – und das ist es, was in diesem Zusammenhang besonders interessiert – auch mit der speziellen Eignungsdiagnostik, mit Personalauswahl, mit Leistungsbeurteilung sowie mit Fragen der Personalentwicklung. Solche Vertreter der Arbeitspsychologie findet man zB im psychologischen Dienst der Bundesagentur für Arbeit, die im Übrigen auch selbst eine ganze Reihe von Testverfahren zur Beurteilung von Fragen der beruflichen Eignung entwickelt hat. Diese arbeitspsychologischen Testverfahren der Bundesagentur für Arbeit wurden zum Großteil entwickelt im Zusammenhang mit Eignungsuntersuchungen von Arbeitsmigranten. Sie sind sprachunabhängig und fragen nicht in erster Linie hier gebräuchliche Kulturtechniken ab, sondern orientieren sich ausschließlich an den Anforderungen der Arbeitswelt.

11. Ermittlungsansätze zur Sachaufklärung bezüglich berufs- und wirtschaftskundlicher Fragen

In allen Fällen, in denen sich Zweifel an der Fähigkeit der Rentenbewerber ergeben, 139 noch unter betriebsüblichen Bedingungen auf dem allgemeinen Arbeitsmarkt tätig zu sein, besteht ein vermehrter Ermittlungsbedarf. Der medizinische Sachverständige kann unter Hinweis auf die aus ärztlicher Sicht gebotenen Leistungseinschränkungen nur aufzeigen, in welcher Hinsicht und in welchem Ausmaß die Einsatzbreite der Versicherten verringert ist. Ob unter Berücksichtigung der von ihm festgestellten Verwendungseinschränkungen realistischerweise noch eine Integration in den allgemeinen Arbeitsmarkt möglich wäre, entzieht sich demgegenüber seiner besonderen (medizinischen) Sachkunde. Zur Klärung dieser berufs- und wirtschaftskundlichen Frage bedarf es einer weitergehenden Sachaufklärung.

a) Berufs- und wirtschaftskundliche Auskünfte der Bundesagentur für Arbeit

Erste Adresse für weitergehende Ermittlungen auf berufs- und wirtschaftskundlichem 140 Gebiet ist die Bundesagentur für Arbeit. Nach § 280 Nr. 2 und § 282 SGB III zählt zu den gesetzlichen Aufgaben der Bundesagentur für Arbeit ua die Arbeitsmarkt- und Berufsforschung durch das Institut für Arbeitsmarkt- und Berufsforschung (IAB). Weil sie zur Erfüllung dieses Auftrages über entsprechende personelle und sachliche Einrichtungen verfügt, ist nach der Rechtsprechung des Bundessozialgerichts davon auszugehen, dass Aussagen der Bundesagentur für Arbeit und ihrer Behörden zu Fragen des Arbeitsmarktes von einer besonderen Sachkunde gestützt werden.[122]

Der hohe Beweiswert von berufs- und wirtschaftskundlichen Auskünften der Arbeits- 141 agenturen kann sich andererseits immer nur auf die Integrationsmöglichkeit in den

120 Zitiert nach Wikipedia, Stichwort „Psychologie" (http://de.wikipedia.org/wiki/Psychologie).
121 Oft werden auch die Bezeichnungen „Betriebspsychologie", „Organisationspsychologie" oder „Wirtschaftspsychologie" verwendet.
122 Vgl. BSG 5.6.1984 – 4 a RJ 19/85.

allgemeinen Arbeitsmarkt für einen ganz konkreten Rentenbewerber mit einem ganz genau umschriebenen Restleistungsvermögen beziehen.

142 Von daher ist zunächst bereits darauf zu achten, dass es nicht der Arbeitsagentur überlassen werden darf, das der Auskunft zugrunde zu legende Restleistungsvermögen in eigener Verantwortung aus dem Akteninhalt herauszufiltern. Es ist vielmehr Aufgabe des Gerichts, bereits in der Anfrage an die Arbeitsagentur genau zu definieren, auf der Grundlage welches festgestellten Leistungsvermögens die Arbeitsmarktchancen des Rentenbewerbers in der erbetenen Auskunft beurteilt werden sollen. Aus anwaltlicher Sicht bedeutet dies, dass bereits bei Einholung einer berufs- und wirtschaftskundlichen Auskunft das in der Anfrage des Gerichts vorgegebene Restleistungsvermögen detailliert überprüft und ggf. beanstandet werden muss, dass die Vorgaben in der Anfrage nicht dem tatsächlichen bzw. dem nach dem Ergebnis der bisherigen Beweisaufnahme anzunehmenden Leistungsvermögen des Rentenbewerbers entsprechen. Wenn sich hier Divergenzen ergeben, kann dies unter Umständen dazu führen, dass die vorgelegte Auskunft im konkreten Fall gar nicht oder zumindest in Teilen nicht aussagekräftig ist.

143 Im weiteren gilt es zu überprüfen, ob das der vorgelegten berufs- und wirtschaftskundlichen Auskunft der Arbeitsagentur zugrunde liegende Restleistungsvermögen auch exakt mit demjenigen übereinstimmt, welches das Gericht in seiner späteren Entscheidung nach dem Ergebnis der medizinischen Sachaufklärung als gegeben ansieht. Ein Urteil, das sich auf eine Auskunft der Arbeitsagentur stützt, in welcher ein anderes als das vom Gericht als nachgewiesen bezeichnete Leistungsvermögen des Rentenbewerbers zugrunde gelegt wurde, steht insoweit ggf. auf tönernen Füßen.

b) Berufs- und wirtschaftskundliche Auskünfte von Tarifvertragsparteien

144 Wenn sich bei Ermittlungen auf berufs- und wirtschaftskundlichem Gebiet begründete Zweifel an der Richtigkeit von Auskünften der Arbeitsverwaltung ergeben, dann bietet sich der Rechtsprechung des Bundessozialgerichts zufolge als weitere Erkenntnisquelle die Einholung von Auskünften der Tarifvertragsparteien an.[123] Die Tarifvertragsparteien können als unmittelbar am Arbeitsleben Beteiligte nicht nur relativ zuverlässig eine Bewertung von Berufstätigkeiten hinsichtlich ihrer Qualität iSd Mehrstufenschemas vornehmen,[124] sondern sie verfügen idR auch über empirisch gesicherte Erfahrungen betreffend die Belastungen am Arbeitsplatz und die Kenntnisse und Fertigkeiten, welche zum Ausüben einer bestimmten Tätigkeit auf dem allgemeinen Arbeitsmarkt üblicherweise erforderlich sind.

145 Hinsichtlich des Beweiswerts solcher Auskünfte gelten die gleichen Grundsätze wie in Bezug auf Auskünfte der Arbeitsagentur. Auch hier muss also das in der Anfrage vorgegebene bzw. das in der Auskunft zugrunde gelegte Restleistungsvermögen dem

123 Vgl. BSG 14.3.1979 – 1 RJ 84/78 = SozR 2200 § 1246 Nr. 41; BSG 14.5.1991 – 5 RJ 82/89 = SozR 3-2200 § 1246 Nr. 13 = BSGE 68, 277; BSG 12.9.1991 – 5 RJ 34/90 = SozR 3-2200 § 1246 Nr. 17; BSG 3.7.2002 – B 5 RJ 18/01 R.

124 Vgl. BSG 14.5.1991 – 5 RJ 82/89 = SozR 3-2200 § 1246 Nr. 13 = BSGE 68, 277; BSG 28.5.1991 – 13/5 RJ 69/90 = SozR 3-2200 § 1246 Nr. 14; BSG 17.12.1991 – 13/5 RJ 14/90 = SozR 3-2200 § 1246 Nr. 21= BSGE 70, 56, 60; BSG 20.7.2005 – B 13 RJ 19/04 R.

nach dem Ergebnis der Beweisaufnahme festgestellten (tatsächlichen) Leistungsprofil des Rentenbewerbers entsprechen (vgl. → Rn. 142 ff.).

c) Expertise von Ärzten für Arbeitsmedizin

Auf der Suche nach anderen Auskunftsmöglichkeiten in berufs- und wirtschaftskund- 146 lichen Fragen wird häufig auf Anfragen bei Ärzten, insbesondere bei Ärzten für Arbeitsmedizin, zurückgegriffen. Bei jeder Krankschreibung stehen die Ärzte vor der Frage, ob ihr Patient wegen der diagnostizierten Erkrankung arbeitsunfähig, also außerstande ist, seine bisherige Erwerbstätigkeit überhaupt nicht oder nur unter der in absehbar nächster Zeit zu erwartenden Gefahr der Verschlimmerung seines Zustandes weiter auszuüben.[125] Zum Ausstellen einer Arbeitsunfähigkeitsbescheinigung bedarf es angesichts dessen eigentlich in jedem Falle einer präzisen Vorstellung bzgl. der Belastungen am Arbeitsplatz des Patienten. Genau genommen verfügt der Arzt allerdings nur über eine besondere Sachkunde in medizinischen Fragen, nicht hingegen auf berufs- und wirtschaftkundlichem Gebiet. Medizinische Sachverständige sollten sich insoweit deshalb – auch wenn sie seitens der Auftraggeber hierzu befragt werden – nur mit der gebotenen Zurückhaltung äußern und im Übrigen auf die fehlende eigene Sachkunde verweisen.

Auch Ärzte für Arbeitsmedizin erwerben im Rahmen ihrer speziellen Facharztausbil- 147 dung typischerweise gerade *keine* Kenntnisse auf berufs- und wirtschaftskundlichem Gebiet,[126] sondern sie greifen ihrerseits in den meisten Fällen nur auf anderweitig publizierte Fakten zurück. Die Arbeitsmedizin ist nach der aktuellen Definition dieses Fachgebiets „die medizinische, vorwiegend präventiv orientierte Fachdisziplin, die sich mit der Untersuchung, Bewertung, Begutachtung und Beeinflussung der Wechselbeziehungen zwischen Anforderungen, Bedingungen, Organisation der Arbeit einerseits sowie dem Menschen, seiner Gesundheit, seiner Arbeits- und Beschäftigungsfähigkeit und seinen Krankheiten andererseits befasst.“[127] Die eigentliche Beobachtung der Gegebenheiten des Arbeitsmarktes unter berufs- und wirtschaftskundlichen Gesichtspunkten ist demgegenüber nicht Gegenstand der Ausbildung oder beruflichen Praxis von Arbeitsmedizinern.

d) Übertragbarkeit von berufs- und wirtschaftskundlichen Auskünften aus anderen Verfahren

Berufs- und wirtschaftskundliche Auskünfte sind nur dann wirklich vergleichbar, 148 wenn beiden Fällen ein identisches Restleistungsvermögen zugrunde liegt und wenn die betreffenden Rentenbewerber auch hinsichtlich ihrer berufliche Kenntnisse und Fertigkeiten eine vergleichbare Erwerbsbiographie haben. Es erscheint deshalb nicht unproblematisch, bei im konkreten Fall gegebenen Zweifeln hinsichtlich einer Integrierbarkeit des Versicherten in den allgemeinen Arbeitsmarkt auf bereits vorliegende berufs- und wirtschaftskundliche Auskünfte aus früheren Rentenverfahren zurückzugreifen. In prozessualer Hinsicht ist eine Verwertung solch „fremder“ Auskünfte si-

---

125 So bereits BSG 19.6.1963 – 3 RK 37/59 = SozR Nr. 8 zu § 182 RVO = BSGE 19, 179.
126 Weiterführend *Steiner* SGb 2011, 365 (370 f.).
127 Vgl. die entsprechende Aufgabenbeschreibung der *Deutschen Gesellschaft für Arbeitsmedizin und Umweltmedizin* eV *(DGAUM)*, abgedruckt unter http://www.dgaum.de/arbeitsmedizin-amp-betriebsmedizin/.

cherlich möglich[128]; ihr Beweiswert hängt allerdings ganz entscheidend davon ab, ob sie tatsächlich in vollem Umfang auf den konkreten Fall übertragbar sind.

149 Zurückhaltung ist insbesondere geboten in Bezug auf verallgemeinernde Auskünfte in der Art, dass zB Maurer verwiesen werden können auf eine Tätigkeit als Hausmeister.[129] Dies mag in dem seinerzeit entschiedenen Fall richtig gewesen sein; bei einem Maurer mit anderem Restleistungsvermögen wäre es aber unter Umständen grundlegend falsch. Aus diesem Grund sind Aufstellungen[130], in denen mit Beispielen aus der Rechtsprechung für einen bestimmten Hauptberuf eine insoweit in Betracht kommende Verweisungstätigkeit genannt wird, nur von sehr begrenztem Erkenntniswert.[131]

12. Verschlossenheit des Arbeitsmarktes

150 Eine Verschlossenheit des Arbeitsmarktes kann sich unter zwei Aspekten ergeben, nämlich entweder aufgrund eines fehlenden Stellenangebots auf dem Arbeitsmarkt oder aufgrund einer unzureichenden Arbeitsmarktnähe des Versicherten. In vielen Fällen führt erst die Kombination beider Aspekte dazu, dass für den Versicherten keine geeigneten Arbeitsplätze (mehr) benannt werden können.

a) Abstrakte Betrachtungsweise bei Vollzeit-Tätigkeiten

151 Messlatte für die Frage nach der Verschlossenheit des Arbeitsmarktes ist grds. der allgemeine Arbeitsmarkt des gesamten Bundesgebietes.[132] Bei Versicherten, die mindestens noch sechs Stunden arbeitstäglich erwerbstätig sein können, bestimmt § 43 Abs. 3 SGB VI im 2. Hs. nämlich ausdrücklich, dass dabei die jeweilige Arbeitsmarktlage nicht zu berücksichtigen ist. Es kommt also grds. nicht darauf an, ob die Versicherten tatsächlich einen leidensgerechten Arbeitsplatz finden; ausreichend ist vielmehr, dass es solche Arbeitsplätze – egal ob die Stellen frei sind oder besetzt – überhaupt auf dem Arbeitsmarkt der Bundesrepublik in nennenswertem Umfang gibt (sog. abstrakte Betrachtungsweise).[133] Wer keinen geeigneten Arbeitsplatz findet, ist deshalb – auch bei Vorliegen qualitativer Leistungseinschränkungen – zunächst einmal lediglich arbeitslos, nicht aber auch sogleich in rentenberechtigendem Ausmaß erwerbsgemindert.

152 Die Rechtsprechung des Bundessozialgerichts hat sich bisher nicht auf einen Wert festgelegt, bei dessen Unterschreiten die Zahl der vorhandenen allgemein zugänglichen („arbeitsmarktgängigen") Arbeitsplätze im Sinne einer Verschlossenheit des Arbeitsmarktes nur „ganz gering" bzw. „nicht ins Gewicht fallend" oder „unbedeutend" ist. Andererseits geht das Bundessozialgericht allerdings davon aus, dass jeden-

128 In Betracht kommt hier eine Verwertung im Wege des Urkundenbeweises.
129 So entschieden durch LSG Baden-Württemberg 29.1.1990 – L 11 J 1348/88.
130 Vgl. etwa die Aufstellung im Schwerpunkt-Heft „BU/EU"" der Zeitschrift DRV 1993, Heft 8–9, 608 ff.
131 Aus gutem Grund wurde die entsprechende Aufstellung im 2002 erschienenen Schwerpunkt-Heft „Erwerbsminderungsrente" (vgl. DRV 2002, Heft 2–3, 81 ff.) weggelassen; vgl. andererseits aber rvLiteratur § 240 SGB VI, Stichwort „Berufsgruppenkatalog" (online verfügbar unter http://rvliteratur.drv-bund.de/bfa/xtention_index.htm).
132 So bereits BSG 13.7.1988 – 5/4 a RJ 57/87 = SozR 2200 § 1247 Nr. 53.
133 Vgl. zB BSG 14.5.1996 – 4 RA 60/94 = SozR 3-2600 § 43 Nr. 13 = BSGE 78, 207; BSG 25.7.2001 – B 8 KN 14/00 R = SozR 3-2600 § 43 Nr. 26.

falls eine Anzahl von (bundesweit) mehr als 300 Arbeitsplätzen in einer bestimmten Verweisungstätigkeit von vornherein nicht ganz gering (dh also: „nennenswert") sein könne.[134] Erst wenn diese Grenze unterschritten wird, kann daher bei Versicherten mit noch sechsstündigem Leistungsvermögen (bei Vorliegen von qualitativen Leistungseinschränkungen) unter dem Gesichtspunkt einer Verschlossenheit des Arbeitsmarktes eine rentenberechtigende Erwerbsminderung bestehen.

b) Die sog. Katalogfälle

Das Bundessozialgericht geht von einer Verschlossenheit des Arbeitsmarktes aus bei den sog. Katalogfällen:[135] 153

- Katalogfall 1
  Versicherte können zwar an sich noch eine Vollzeittätigkeit ausüben, sie können aber aus gesundheitlichen Gründen nicht unter den in den Betrieben üblichen Bedingungen arbeiten.[136]
- Katalogfall 2
  Versicherte können zwar an sich noch eine Vollzeittätigkeit ausüben, wegen Einschränkungen in der Wegefähigkeit können sie entsprechende Arbeitsplätze aber aus gesundheitlichen Gründen nicht aufsuchen.[137]
- Katalogfall 3
  Die Zahl der in Betracht kommenden Arbeitsplätze ist deshalb nicht unerheblich reduziert, weil die Versicherten nur in Teilbereichen eines Tätigkeitsfeldes eingesetzt werden können.[138]
- Katalogfall 4
  Für die Versicherten kommen nur Tätigkeiten in Betracht kommen, die auf Arbeitsplätzen ausgeübt werden, welche gewöhnlich nicht an Berufsfremde vergeben werden.[139]
- Katalogfall 5
  Für die Versicherten kommen nur Tätigkeiten auf Schonarbeitsplätzen oder Aufstiegspositionen in Betracht, welche nicht an Betriebsfremde vergeben werden.[140]

---

134 So unter Auswertung der bisherigen Rechtsprechung: BSG 14.5.1996 – 4 RA 560/94 = SozR 3-2600 § 43 Nr. 13 = BSGE 78, 207; dem folgend BSG 4.11.1998 – B 13 RJ 145/98 B und BSG 29.3.2006 – B 13 RJ 41/05 R = SozR 4-2600 § 43 Nr. 7.

135 Die in diesem sog. Verschlossenheitskatalog (beispielhaft) genannten Fallkonstellationen sind allerdings nicht abschließend.

136 Vgl. BSG 27.5.1977 – 5 RJ 28/76 = BSGE 44, 39, 40 = SozR 2200 § 1246 Nr. 19; BSG 21.9.1977 – 4 RJ 131/76 = SozR 2200 § 1246 Nr. 22.

137 BSG 17.5.1972 – 12 RJ 74/71 = SozR Nr. 101 zu § 1246 RVO; BSG 6.6.1986 – 5 b RJ 52/85 = SozR 2200 § 1247 Nr. 47; BSG 26.5.1987 – 4 a RJ 21/86 = SozR 2200 § 1247 Nr. 50; BSG 13.7.1988 – 5/4 a RJ 57/87 = SozR 2200 § 1247 Nr. 53; BSG 21.2.1989 – 5 RJ 61/88 = SozR 2200 § 1247 Nr. 56.

138 BSG 8.9.1982 – 5 b RJ 16/81 = SozR 2200 § 1246 Nr. 101; BSG 30.11.1983 – 5 a RKn 28/82 = BSGE 56, 64, 68 = BSG SozR 2200 § 1246 Nr. 110.

139 BSG 8.9.1982 – 5 b RJ 16/81 = SozR 2200 § 1246 Nr. 101; BSG 30.11.1983 – 5 a RKn 28/82 = BSGE 56, 64, 69 = BSG SozR 2200 § 1246 Nr. 110.

140 BSG 28.2.1974 – 5 RKn 38/72 = SozR 2600 § 46 Nr. 1; BSG 8.9.1982 – 5 b RJ 16/81 = SozR 2200 § 1246 Nr. 101.

- Katalogfall 6
  Für die Versicherten kommen lediglich Arbeitsplätze in Betracht, welche nur in ganz geringer Zahl vorkommen.[141]

c) Konkrete Betrachtungsweise bei Teilzeit-Tätigkeiten

154 Für einen (teilweise erwerbsgeminderten) Versicherten, der nur noch Teilzeitarbeit verrichten (also iSv § 43 Abs. 1 Satz 2 SGB VI nur noch *weniger als sechs Stunden arbeitstäglich* tätig sein) kann, ist der Arbeitsmarkt nach den vom Großen Senat des Bundessozialgerichts entwickelten Grundsätzen dagegen nur dann offen, wenn ihm vom Rentenversicherungsträger innerhalb eines Jahres seit Rentenantragstellung tatsächlich ein geeigneter Arbeitsplatz angeboten werden kann (sog. konkrete Betrachtungsweise), wobei es keine Rolle spielt, ob der Versicherte das Angebot annimmt, sofern er keinen wichtigen Grund für die Ablehnung hat.[142] Zu berücksichtigen sind dabei nur Arbeitsplätze auf dem *regionalen* Arbeitsmarkt, die der Versicherte durch tägliches Pendeln von seiner Wohnung aus erreichen kann.[143]

155 Kann einem Versicherten innerhalb eines Jahres – von der Antragstellung oder der vorher liegenden Arbeitslosmeldung an gerechnet – ein leistungsgerechter Teilzeitarbeitsplatz im Tagespendelbereich nicht angeboten werden, ist grds. davon auszugehen, dass der Teilzeitarbeitsmarkt verschlossen ist.[144]

156 In diesem Fall spricht man davon, dass die ursprünglich nur teilweise Erwerbsminderung wegen der Verschlossenheit des Arbeitsmarktes „umschlägt" in eine volle Erwerbsminderung. Neben den bereits anfänglich gegebenen Anspruch auf eine unbefristete Rente wegen *teilweiser* Erwerbsminderung tritt dann ein Anspruch auf eine als sog. Arbeitsmarktrente befristete Zeitrente wegen *voller* Erwerbsminderung, wobei aufgrund der Konkurrenzregel in § 89 Abs. 1 Satz 2 Nr. 7 und Nr. 11 SGB VI nur die höhere Rente wegen voller Erwerbsminderung zu leisten ist.

d) Tatsächliches Innehaben eines Arbeitsplatzes

157 Für Versicherte, die einen ihrer quantitativen Leistungsminderung entsprechenden (leidensgerechten) Teilzeitarbeitsplatz innehaben, ist der Arbeitsmarkt nicht verschlossen.[145] Das gleiche gilt, wenn Versicherte es ohne triftigen Grund ablehnen, einen ihnen angebotenen oder bekannt gewordenen Arbeitsplatz anzunehmen, welcher ihrer körperlichen und geistigen Leistungsfähigkeit entspricht[146] oder wenn teilweise erwerbsgeminderte Versicherte ihren leidensgerechten Teilzeitarbeitsplatz aufgeben.[147]

---

141 BSG (Großer Senat) 19.12.1996 – GS 1/95 und GS 2/95 = BSGE 80, 24 = SozR 3-2600 § 44 Nr. 8; BSG 26.11.1981 – 4 RJ 79/80 = SozR 2200 § 1241 d Nr. 5; BSG 15.10.1981 – 5b/5 RJ 116/80 = SozR 2200 § 1246 Nr. 82.

142 BSG 10.12.1976 – GS 2/75, GS 3/75, GS 4/75, GS 3/76 = SozR 2200 § 1246 Nr. 13 = BSGE 43, 75.

143 BSG 20.6.1978 – 7 Rar 45/77 = SozR 4100 § 103 Nr. 17 = BSGE 46, 257; BSG 11.9.1979 – 5 RJ 86/78; BSG 6.6.1986 – 5 b RJ 52/85 = SozR 2200 § 1247 Nr. 47.

144 Vgl. BSG 22.6.1978 – 11 RA 76/77.

145 BSG 10.12.1976 – GS 2/75, GS 3/75, GS 4/75, GS 3/76 = SozR 2200 § 1246 Nr. 13 = BSGE 43, 75.

146 BSG 30.9.1970 – 12 RJ 180/ 66.

147 BSG 22.8.1973 – 12 RJ 106/72 = Breith 1974, 318.

Teilweise erwerbsgeminderte Versicherte haben darüber hinausgehend auch dann keinen Anspruch auf eine Rente wegen voller Erwerbsminderung wegen der Verschlossenheit des Teilzeitarbeitsmarktes, wenn sie einen – eigentlich ja nicht ihrem Restleistungsvermögen entsprechenden – Vollzeitarbeitsplatz innehaben.[148] Der Hinweis darauf, dass die Vollzeittätigkeit doch „auf Kosten der Gesundheit" ausgeübt werde, geht dabei ins Leere. Die Überlegung, dass eine auf Kosten der Gesundheit verrichtete Tätigkeit unberücksichtigt bleiben muss, ist dogmatisch verortet bei den Überlegungen zum Beweiswert einer tatsächlich erbrachten Arbeitsleistung (dazu → Rn. 96 ff.). Wer tatsächlich ganztags arbeitet, der erweckt damit zumindest den Anschein, dass er auch noch über ein entsprechendes Leistungsvermögen verfügt.[149] Dieser Anschein lässt sich zwar widerlegen, wenn die Arbeitsleistung nur auf Kosten der Gesundheit erbracht wird.[150] Im Zusammenhang mit der hier in Rede stehenden Verschlossenheit des Arbeitsmarktes geht es freilich nicht um die Frage nach dem Restleistungsvermögen der Rentenbewerber, sondern ausschließlich darum, ob die Versicherten einen Arbeitsplatz haben oder ob ihnen der Zugang zum Arbeitsmarkt verschlossen ist. 158

Die Regel, dass Inhaber eines Teilzeitarbeitsplatzes als nicht praktisch vom Arbeitsmarkt ausgeschlossen gelten, ist nach der Rechtsprechung des Bundessozialgerichts nur dann ausnahmsweise nicht anzuwenden, wenn die Versicherten den Arbeitsplatz nur „vergönnungsweise" – aus verwandtschaftlichen oder sonstigen Rücksichten – innehaben, ihn in Wirklichkeit aber nicht ausfüllen; hier bleibt zu prüfen, ob es tatsächlich Teilzeitarbeitsplätze für diese Versicherten gibt. 159

Eine vergönnungsweise ausgeübte Beschäftigung kann allerdings nicht schon deshalb angenommen werden, weil Arbeitgeber und Arbeitnehmer sie als solche bezeichnen; vielmehr sind die näheren Umstände und die Gründe für die Beschäftigung im Einzelfall zu ermitteln.[151] Stellt ein Arbeitgeber einen Arbeitnehmer trotz seiner erheblichen Leistungsminderung ein, weil er keinen anderen Arbeitnehmer für die von diesem ausgeübte Tätigkeit bekommen kann, handelt es sich nicht um eine vergönnungsweise Beschäftigung. Dies gilt auch, wenn ein Arbeitnehmer die von ihm ausgeübte Tätigkeit im Wesentlichen vollwertig ausführt.[152] Ebenso wenig liegt eine vergönnungsweise Beschäftigung vor, wenn ein Versicherter auf einem ihm angepassten Arbeitsplatz aufgrund eines den betriebsüblichen Arbeitsbedingungen entsprechenden Beschäftigungsverhältnisses eine Arbeit leistet, mit der er ein mehr als geringfügiges Arbeitsentgelt erzielt.[153] Entscheidungserheblich ist nach der Rechtsprechung des Bundessozialgerichts, ob es sich aus der Sicht eines „vernünftig und billig denkenden Arbeitgebers"[154] um kein „gewöhnliches" Arbeitsverhältnis, sondern zB um eine bloße Beschäftigungstherapie handeln könnte. 160

148 Vgl. BSG 14.9.1978 – 11 RA 86/77 = BSGE 47, 57 sowie BSG 18.3.1982 – 11 RA 26/81 = SozR 2200 § 1246 Nr. 89.
149 Vgl. BSG 27.4.1979 – 4 RJ 19/78 = SozR 2200 § 1247 Nr. 24 mit eingehenden weiteren Nachweisen.
150 Dazu BSG 27.1.1981 – 5b/5 RJ 58/79 = SozR 2200 § 1247 Nr. 31 = BSGE 51, 133.
151 BSG 20.11.1959 – 1 RA 161/58 = SozR Nr. 6 zu § 163 SGG sowie BSG 10.12.1970 – 5 RJ 72/68 = SozR Nr. 93 zu § 1246 RVO).
152 BSG 10.12.1970 – 5/12 RJ 72/68 = SozR Nr. 93 zu § 1246 RVO.
153 BSG 29.9.1980 – 4 RJ 121/79 = SozR 2200 § 1247 Nr. 30.
154 Vgl. dazu BSG 5.3.1959 – 4 RJ 27/58 = BSGE 9, 192, 194 f. sowie BSG 21.7.1992 – 4 RA 13/91.

161 Bei teilweise erwerbsgeminderten Versicherten, die zwar keinen ihrem Leistungsvermögen entsprechenden Arbeitsplatz haben, aber noch in einem Vollzeit-Beschäftigungsverhältnis stehen, ist im Übrigen – auch bei bestehender Arbeitsunfähigkeit – stets zu prüfen, ob innerhalb des vorhandenen Beschäftigungsverhältnisses eine der teilweisen Erwerbsminderung entsprechende Reduzierung der Arbeitszeit möglich ist. Nach dem am 1.1.2001 in Kraft getreten Gesetz über Teilzeitarbeit und befristete Arbeitsverträge (Teilzeit- und Befristungsgesetz (TzBfG)) haben zB Arbeitnehmer, deren Arbeitsverhältnis (bei einem privaten oder öffentlichen Arbeitgeber) länger als sechs Monate bestanden hat, einen Rechtsanspruch auf Verringerung der vertraglich vereinbarten Arbeitszeit, sofern der Arbeitgeber idR mehr als 15 Arbeitnehmer beschäftigt und nicht nachweist, dass betriebliche Gründe bzw. unverhältnismäßig hohe Kosten[155] dem entgegen stehen (§ 8 TzBfG). Für Versicherte, die als Schwerbehinderte anerkannt sind, ergibt sich ein solcher Anspruch auf Teilzeitbeschäftigung zudem aus § 81 Abs. 5 SGB IX.

13. Zeitrente und Dauerrente

162 Gemäß § 102 Abs. 2 Satz 1 SGB VI werden Renten wegen verminderter Erwerbsfähigkeit im Regelfall nur noch auf Zeit geleistet. Die Befristung erfolgt der Vorschrift des § 102 Abs. 2 Satz 2 SGB VI zufolge für längstens drei Jahre nach Rentenbeginn. Sie kann gemäß § 102 Abs. 2 Satz 3 und 4 SGB VI für längstens drei Jahre nach Ablauf der vorherigen Frist verlängert werden.

163 Renten, auf die ein Anspruch unabhängig von der jeweiligen Arbeitsmarktlage besteht, werden ausnahmsweise gemäß § 102 Abs. 2 Satz 4 SGB VI unbefristet geleistet, wenn unwahrscheinlich ist, dass die Minderung der Erwerbsfähigkeit behoben werden kann. Dass eine solche Besserung unwahrscheinlich ist, muss im Sachverständigengutachten ggf. eingehend begründet werden (zur Besserungsaussicht sogleich unter → Rn. 178 ff.). Nach einer Gesamtdauer der Befristung von neun Jahren ist von Gesetzes wegen (vgl. § 102 Abs. 2 Satz 4 2. Halbsatz SGB VI) davon auszugehen, dass eine dementsprechende Unwahrscheinlichkeit vorliegt.

164 Ungeachtet einer etwaigen Besserungswahrscheinlichkeit werden Erwerbsminderungsrenten allerdings stets auf Zeit geleistet, wenn – bei einem Leistungsvermögen von drei bis unter sechs Stunden täglich – der Anspruch auch von der Arbeitsmarktlage abhängig ist.

165 Eine Zeitrente endet Kraft Gesetzes mit Ablauf des im Rentenbescheid genannten Zeitraumes.[156] Für den Versicherungsträger besteht keine Verpflichtung, bei Wegfall der Zeitrente von Amts wegen zu prüfen, ob weiterhin eine rentenberechtigende Erwerbsminderung vorliegt. Der Versicherte wird jedoch im Rentenbescheid darauf hingewiesen, dass er vor Wegfall der Rente einen Antrag auf Weiterzahlung stellen kann.

166 Im Falle eines Weiterzahlungsantrags ist die Rentenberechtigung von Grund auf neu zu prüfen. Die frühere Entscheidung über die Bewilligung der abgelaufenen Zeitrente

155 Vgl. BT-Drs. 14/4374, S. 17.
156 Vgl. § 102 Abs. 1 Satz 1 SGB VI.

entfaltet insoweit keinerlei Bindungswirkung. Es kommt insbesondere nicht darauf an, ob eine gegenüber dem Zeitpunkt der erstmaligen Rentenbewilligung maßgebliche wesentliche Änderung der tatsächlichen oder rechtlichen Verhältnisses eingetreten ist, welche unter den in § 48 SGB X genannten weitergehenden Voraussetzungen zur Entziehung einer Dauerrente wegen Erwerbsminderung berechtigen würde.

14. Rentenbeginn

Zeitrenten werden gemäß § 101 Abs. 1 SGB VI nicht vor Beginn des 7. Kalendermonats nach dem Eintritt der Erwerbsminderung geleistet.[157] Bei Eintritt des Leistungsfalls im Laufe des Januars und rechtzeitiger Antragstellung[158] beginnt eine Zeitrente wegen Erwerbsminderung mithin erst am 1. August des laufenden Jahres. Die Zeitrente endet gemäß § 102 Abs. 1 Satz 1 SGB VI mit Ablauf der Frist, ohne dass es eines Rentenentziehungsbescheides bedarf. Ist nach Ablauf der Befristung eine erneute Zeitrente weiterzuzahlen, so wird diese nahtlos im Anschluss an die vorhergehende Zeitrente gewährt. Ein nochmaliger Ausschluss der Rentenleistung für die ersten sechs Kalendermonate findet im Fall der Weiterzahlung nicht statt. 167

Dauerrenten wegen Erwerbsminderung werden gemäß § 99 Abs. 1 Satz 1 SGB VI von dem Kalendermonat an geleistet, zu dessen Beginn die Anspruchsvoraussetzungen für die Rente erfüllt sind, wenn die Rente bis zum Ende des 3. Kalendermonats nach Ablauf des Monats beantragt wird, in dem die Anspruchsvoraussetzungen erfüllt sind. Bei späterer Antragstellung wird gemäß § 99 Abs. 1 Satz 2 SGB VI eine Rente aus eigener Versicherung von dem Kalendermonat an geleistet, in dem die Rente beantragt wird. Dauerrenten wegen Erwerbsminderung werden gezahlt bis zum Erreichen der Regelaltersgrenze,[159] anschließend ist von Amts wegen (also ohne dass es insoweit einer entsprechenden Antragstellung bedarf) eine Regelaltersrente zu leisten (§ 115 Abs. 3 SGB VI). 168

15. Rückschauende Leistungsbeurteilung

Im Bereich der gesetzlichen Rentenversicherung kommt es zwar nicht darauf an, ob eine sozialmedizinisch bedeutsame Leistungseinschränkung auf eine bestimmte in der Vergangenheit liegende Ursache zurückzuführen ist (→ Rn. 42).[160] Es sind von den medizinischen Sachverständigen deshalb keine sog. Zusammenhangsgutachten mit Ausführungen zu oftmals schwierigen Kausalitätsfragen zu erstellen, sondern in aller Regel lediglich sog. Zustandsgutachten. 169

Für die rechtliche Beurteilung kommt es andererseits aber nicht unbedingt auf den (sozialmedizinischen) Zustand an, den die Sachverständigen zum Zeitpunkt der gutachtlichen Untersuchung bei den Rentenbewerbern vorfinden, sondern oftmals auf die Verhältnisse anlässlich eines in der Vergangenheit (also vor der gutachterlichen Untersuchung) liegenden Zeitpunkts. Wie weit dieser Zeitpunkt in der Vergangenheit 170

157 Der Gesetzgeber geht davon aus, dass für die hier ausgeklammerten ersten sechs Monate noch ein Anspruch auf Krankengeld besteht.
158 Vgl. zur Antragstellung § 99 Abs. 1 Satz 1 SGB VI.
159 Vgl. hierzu § 35 SGB VI und die Übergangsregelung in § 235 SGB VI.
160 Vgl. zum Begriff der Erwerbsfähigkeit → Rn. 19, 21 ff.

liegt, hängt ua davon ab, in welchem Stadium des Verfahrens (sogleich nach der Rentenantragsstellung oder möglicherweise erst im mehrere Jahre später anhängigen Berufungsverfahren) der entsprechende Untersuchungstermin stattfinden kann. Auf welchen Zeitpunkt es aus Rechtsgründen maßgeblich ankommt, sollte sich aus den im Gutachtensauftrag formulierten Beweisfragen ergeben. Sofern dies nicht der Fall ist, muss der medizinische Sachverständige insoweit beim Auftraggeber nachfragen, um eine punktgenaue Einschätzung vornehmen zu können.

171 Die gutachtliche Einschätzung, ab welchem Zeitpunkt eine rentenrechtlich bedeutsame Leistungsminderung vorgelegen hat, ist zum einen von ganz entscheidender Bedeutung für den Rentenbeginn. Denn gemäß § 99 Abs. 1 Satz 1 SGB VI ist eine Rente frühestens von dem Kalendermonat an zu leisten ist, zu dessen Beginn die gesetzlichen Voraussetzungen für den entsprechenden Rentenanspruch erfüllt sind.

172 Da der Rentenanspruch gemäß § 43 Abs. 1 Satz 1 Nr. 2 und § 43 Abs. 2 Satz 1 Nr. 2 SGB VI davon abhängig ist, dass „in den letzten fünf Jahren vor Eintritt der Erwerbsminderung" mindestens drei Jahre Pflichtbeiträge für eine versicherte Beschäftigung oder Tätigkeit entrichtet worden sind, wird mit der zeitlichen Festlegung des Leistungsfalls außerdem auch der Fünf-Jahres-Zeitraum definiert, in welchem die für den Rentenanspruch erforderliche Beitragsdichte gegeben sein muss. Gerade bei lückenhaften Versicherungsverläufen kann dies bedeuten, dass die gesetzliche Vorversicherungszeit je nach zeitlicher Festlegung des Leistungsfalls gerade *noch* oder aber auch bereits gerade *nicht mehr* erfüllt ist. Hier geht es dann nicht bloß darum, ob die Versicherten ihre Rente früher oder später erhalten, sondern im Sinne eines „Alles-oder-Nichts" um die Frage, ob überhaupt (noch) ein Rentenanspruch realisiert werden kann.[161]

173 Für die rechtliche Bewertung einer rückschauenden Leistungsbeurteilung kommt es maßgeblich darauf an, mit welcher Verlässlichkeit seitens der Sachverständigen eine Aussage für Zeiten vor der gutachtlichen Untersuchung gemacht werden kann (zur Beweiswürdigung vgl. → § 2 Rn. 12). Eine gutachtliche Beurteilung wird nicht dadurch stichhaltiger, dass seitens der Sachverständigen die Formulierung verwendet wird, es sei „mit an Sicherheit grenzender Wahrscheinlichkeit" so und nicht anders gewesen. Denn damit bekräftigen die Sachverständigen eigentlich nur, dass sie selbst – wie es der Regelfall sein sollte – von der Stichhaltigkeit ihrer eigenen Beurteilung ausgehen. Letztlich kommt es freilich nicht darauf an, was aus der Sicht der Sachverständigen als bewiesen angesehen werden kann, sondern darauf, was aus juristischer Sicht (seitens des Gerichts bzw. des Auftraggebers) im Rahmen der Beweiswürdigung als hinreichend bewiesen angesehen wird.

174 Der Beweiswert einer rückschauenden Leistungsbeurteilung ist umso größer, je genauer seitens der Sachverständigen differenziert wird zwischen den anlässlich der (eigenen) gutachtlichen Untersuchung getroffenen aktuellen Feststellungen und der daraus bezogen auf diesen Zeitpunkt abgeleiteten Beurteilung einerseits und der hiervon

161 Bevor ein medizinischer Sachverständiger dazu befragt wird, welches Leistungsvermögen zu einem ganz bestimmten Zeitpunkt vorgelegen hat, empfiehlt es sich deshalb, anhand eines aktuellen Versicherungsverlaufs die Vorfrage zu klären, wann letztmalig die Vorversicherungszeit für einen Anspruch auf Erwerbsminderungsrente erfüllt werden könnte.

ausgehend – unter Zuhilfenahme von geeigneten Anknüpfungspunkten im medizinischen Berichtswesen – entwickelten Einschätzung hinsichtlich der Vergangenheit andererseits. Je lückenloser die Kette der sog. Brückensymptome in die Vergangenheit zurückreicht und je eingehender die Aussagekraft von Untersuchungsberichten aus früherer Zeit im Gutachten erläutert wird, umso nachvollziehbarer, einleuchtender und schließlich auch überzeugender kann eine rückschauende Leistungsbeurteilung sein.

Die für eine Leistungsbeurteilung bezogen auf einen in der Vergangenheit liegenden Zeitpunkt von den Sachverständigen einzunehmende Perspektive ist eine rückschauende[162] (sog. Beurteilung *ex post*[163]). Dies bedeutet, dass bei der Auswertung des aktenkundigen medizinischen Berichtswesens – insbesondere bei Angaben zum Heilungsverlauf und zum sozialmedizinischen Leistungsvermögen – zu differenzieren ist zwischen der Sichtweise des seinerzeit behandelnden Arztes einerseits und der gutachtlichen Beurteilung aus der Perspektive der medizinischen Sachverständigen andererseits. Eine anfänglich möglicherweise eher banale und von den damaligen Behandlern auch genau so beschriebene Erkrankung kann sich im weiteren Verlauf der Dinge als weitaus schwerwiegender erwiesen haben. Während zu Behandlungsbeginn möglicherweise unter Zugrundelegung des regulär zu erwartenden Heilungsverlaufs die begründete Hoffnung auf eine baldige vollständige Genesung begründet gewesen sein mag, kann sich dies für die medizinischen Sachverständigen zum Zeitpunkt der Begutachtung aus rückschauender, den gesamten Krankheitsverlauf – einschließlich der möglicherweise unerwartet eingetretenen Komplikationen – überblickender Sicht gänzlich anders darstellen. 175

Wenn Angaben zur Krankheitsschwere, zum Krankheitsverlauf und zum Leistungsvermögen aus dem medizinischen Berichtswesen übernommen werden, besteht die Aufgabe der Sachverständigen mithin darin, diese zeitnah, aber in der Vergangenheit gemachten Angaben rückschauend vom Zeitpunkt der Begutachtung aus kritisch zu würdigen und darzulegen, ob die Angaben im medizinischen Berichtswesen auch aus aktueller Sicht so aufrechterhalten werden können oder ob (aus welchen Gründen) ggf. welche Korrekturen geboten sind. Dies kann zB bedeuten, dass ein anfänglich als harmlos erachteter Befund sich im Nachhinein als Vorbote einer ernsthaften Erkrankung darstellt oder dass eine anfänglich attestierte (vorübergehende) Arbeitsunfähigkeit, die im Weiteren ohne zwischenzeitliche wesentliche (dh leistungsrelevante) Besserung über einen Zeitraum von sechs Monaten weitgehend unverändert fortbestanden hat, sich zum Zeitpunkt der Begutachtung bei retrospektiver Betrachtung als dauerhafte (auf nicht absehbare Zeit bestehende) Erwerbsminderung darstellt. In solchen Fällen, in denen eine anfänglich vorübergehende Arbeitsunfähigkeit „nahtlos" in eine dauerhafte Erwerbsminderung übergeht, kann die rückschauende Leistungsbeurteilung zu dem Ergebnis führen, dass der Leistungsfall der Erwerbsminderung bereits ab dem Beginn der erstmaligen Leistungsminderung bzw. Leistungsunfähig- 176

162 Vgl. BSG 23.3.1977 – 4 RJ 49/76 = SozR 2200 § 1247 Nr. 16.
163 Für die Beurteilung einer etwaigen Besserungswahrscheinlichkeit ist demgegenüber als Perspektive für die Prognoseentscheidung eine sog. Beurteilung ex ante geboten, dazu sogleich unter → Rn. 178 ff.

keit eingetreten ist, auch wenn seinerzeit zunächst noch eine (alsbaldige) Besserung prognostiziert worden sein mag.[164]

177 In Anbetracht der Bedeutung, welche der Zeitpunkt des Leistungsfalls aus Rechtsgründen für den Anspruch auf Erwerbsminderungsrente haben kann, wird den Sachverständigen im Rahmen von Gutachtensaufträgen bisweilen abverlangt, Angaben zum Leistungsvermögen der Gutachtenprobanden bezogen auf einen Zeitraum zu machen, der mehrere Monate, zum Teil sogar viele Jahre vor dem eigentlichen Untersuchungstermin liegt. Rentenbewerber und Auftraggeber erwarten von den Sachverständigen in solchen Fällen vielfach mehr, als diese auf der Grundlage des medizinischen Wissen seriöserweise leisten können. Hier kann es Aufgabe der medizinischen Sachverständigen sein, einer solchen Erwartungshaltung ganz bewusst entgegen zu treten und deutlich zu machen, dass eine rückschauende Leistungsbeurteilung – zB wegen eines zu unergiebigen medizinischen Berichtswesens – mit der erforderlichen Zuverlässigkeit nicht möglich ist (zu den prozessualen Folgen eines solchen sog. *non liquet* vgl. → § 2 Rn. 12). Dies dient dem Fortgang des Verfahrens wesentlich mehr, als wenn seitens der Sachverständigen „gut gemeinte“ aber letztlich nicht verwertbare Mutmaßungen angestellt werden.

16. Besserungsaussicht

178 Von dem Bestehen oder Nichtbestehen einer Besserungsaussicht ist es abhängig, ob – abweichend vom Regelfall – nicht nur eine Zeitrente wegen Erwerbsminderung zu leisten ist, sondern ausnahmsweise eine Dauerrente. Wie sich aus § 102 Abs. 2 Satz 4 SGB VI ergibt, kommt dieser Ausnahmefall (Gewährung einer Dauerrente) nur dann in Betracht, „wenn unwahrscheinlich ist, dass die Minderung der Erwerbsfähigkeit behoben werden kann“ (dazu bereits → Rn. 12; vgl. auch → Rn. 162 ff.).

179 Eine rentenrelevante Besserung ist unwahrscheinlich, wenn aus ärztlicher Sicht bei Betrachtung des bisherigen Krankheitsverlaufs – auch unter Berücksichtigung der eventuell noch vorhandenen Therapiemöglichkeiten – eine rentenrelevante Steigerung der qualitativen und/oder quantitativen Leistungsfähigkeit praktisch ausgeschlossen werden kann. Dies kann zB bei progredienten Verläufen von chronisch-entzündlichen Erkrankungen des Stütz- und Bewegungsapparates anzunehmen sein. Zumindest denkbare operative Interventionen – wie rekonstruktive Eingriffe an Gefäßen oder Gelenken – lassen eine Besserung demgegenüber nicht von vorneherein als unwahrscheinlich erscheinen. Gleiches kann bei psychischen Erkrankungen gelten, vor allem, wenn das klinische Bild reaktiv bedingt ist oder die Möglichkeiten einer intensiven Therapie bisher nicht ausgeschöpft wurden.

180 Die Prognoseentscheidung, ob eine Besserung bereits zum Zeitpunkt des Leistungsfalls unwahrscheinlich war, ist – anders als die Frage nach dem Eintritt des Leistungsfalls (dazu bereits ausführlich → Rn. 169 ff.) – nicht unter Zugrundelegung einer rückschauenden Betrachtungsweise zu beantworten, sondern prognostisch auf der Grundlage der tatsächlich zum Zeitpunkt des Leistungsfalls vorliegenden Erkenntnis-

164 Vgl. Hessisches LSG 25.3.2011 – L 5 R 203/09 und 26.10.2012 – L 5 R 394/11, jeweils mwN.

se zu beurteilen (sog. Beurteilung *ex ante*).[165] Ob der Versicherungsträger zum Zeitpunkt der Rentenbewilligung zu Recht eine Besserung als nicht unwahrscheinlich angesehen und demzufolge „nur" eine Zeitrente wegen Erwerbsminderung bewilligt hat, kann nämlich allein auf der Grundlage bei Bescheiderteilung zu erwartenden (absehbaren) weiteren Entwicklung beurteilt werden.

17. Rentenentziehung

Fälle der Rentenentziehung haben an Bedeutung verloren, seitdem die Renten wegen 181
verminderter Erwerbsfähigkeit im Regelfall nur noch als Zeitrente gewährt werden. Zeitrenten fallen nämlich gemäß § 102 Abs. 1 Satz 1 SGB VI mit Ablauf des Befristungszeitraums weg, ohne dass es eines gesonderten Rentenentziehungsbescheides bedürfte.

Unter welchen gesetzlichen Voraussetzungen ein nach Maßgabe von § 77 SGG in der 182
Sache bindend gewordener Verwaltungsakt aufgehoben werden kann, ist in §§ 44 ff. SGB X geregelt.

a) Rücknahme des Bewilligungsbescheides gemäß § 45 SGB X

Ein bereits anfänglich rechtswidriger begünstigender Verwaltungsakt darf unter den 183
Voraussetzungen des § 45 Abs. 1 SGB X zurückgenommen werden.

Anfänglich rechtswidrig iSd § 45 SGB X ist ein Bescheid, wenn bei seinem Erlass ent- 184
weder das Recht unrichtig angewandt oder aber von einem Sachverhalt ausgegangen worden ist, der sich als unrichtig erweist. Für die Frage, ob der Bescheid bereits bei seinem Erlass rechtswidrig war, kommt es darauf an, ob im Zeitpunkt seiner Erteilung eine andere Entscheidung als die getroffene hätte ergehen müssen.

Maßgeblicher Zeitpunkt für die Beurteilung der „anfänglichen Rechtswidrigkeit" iSd 185
§ 45 SGB X ist dabei der Zeitpunkt der Überprüfung. Das bedeutet, dass bei der Frage nach einer anfänglichen oder aber später eingetretenen Rechtswidrigkeit nicht auf die tatsächlichen und rechtlichen Gegebenheiten zur Zeit des Erlasses des ursprünglichen Bescheides abzustellen ist, sondern auf die zur Zeit der Überprüfung dieses Bescheides gegebenen Sachverhalte und bestehenden Rechtsauffassungen, so dass auch neue Erkenntnisse zu berücksichtigen sind.[166]

Soweit es um medizinische Fehleinschätzungen geht, kann im Zusammenhang mit 186
einer auf § 45 SGB X gestützten Bescheidrücknahme die Einholung eines Sachverständigengutachtens geboten sein. Aufgabe des Sachverständigen ist es insoweit, aus der Perspektive zum Zeitpunkt der Gutachtenerstellung im Rahmen eines sog. Zustandsgutachtens eine Beurteilung bezogen auf den Zeitpunkt der Erteilung des ursprünglichen (rechtswidrigen?) Bescheides abzugeben. Eine von früheren Gutachten abweichende Beurteilung bedarf dabei einer besonders eingehenden Auseinandersetzung mit den Vorgutachten und einer detaillierten Begründung.

---

165 Vgl. BSG 29.3.2006 – B 13 RJ 31/05 R = SozR 4-2600 § 102 Nr. 2 = BSGE 96, 147; zum Zeitpunkt der Beurteilung bei Überprüfung einer Rechtmäßigkeit einer Prognoseentscheidung bei befristeten Renten wegen Berufs- bzw. Erwerbsunfähigkeit vgl. ferner eingehend: BSG 17.2.1982 – 1 RJ 102/80 = SozR 2200 § 1276 Nr. 6 = BSGE 53, 100, 102; BSG 7.4.1992 – 8 RKn 1/91 sowie Hessisches LSG 18.1.2013 – L 5 R 137/11 = SozR 3-2200 § 1276 Nr. 3 und BSG 7.4.1992 – 8 RKn 6/91.

166 Vgl. KassKomm/*Steinwedel* § 45 SGB X Rn. 24.

b) Aufhebung des Bewilligungsbescheides gemäß § 48 SGB X

187 Nach § 48 Abs. 1 SGB X ist ein (anfänglich rechtmäßiger oder rechtswidriger) Verwaltungsakt mit Dauerwirkung ferner aufzuheben, soweit in den tatsächlichen oder rechtlichen Verhältnissen, die bei seinem Erlass vorgelegen haben, nachträglich eine wesentliche Änderung eintritt.

188 Sofern der ursprüngliche Verwaltungsakt rechtmäßig war, ist eine Änderung iSd § 48 SGB X regelmäßig dann „wesentlich", wenn durch sie dem ursprünglich erlassenen Verwaltungsakt nachträglich die Rechtsgrundlage entzogen wird. Entscheidend ist in diesem Fall, ob die Behörde den Verwaltungsakt auch unter den geänderten Verhältnissen noch mit unverändertem Inhalt erlassen dürfte oder nicht. Ist das nicht der Fall, so ist die Änderung der Verhältnisse „wesentlich" iSd § 48 Abs. 1 SGB X. Dementsprechend heißt es bereits in der Begründung zum Entwurf eines Sozialgesetzbuchs – Verwaltungsverfahren –, ob eine Änderung wesentlich sei, bestimme sich nach dem materiellen Recht.[167]

189 Wie in der Gesetzesbegründung[168] zutreffend ausgeführt wird, können sich die Verhältnisse freilich nicht nur beim rechtmäßigen, sondern ebenso auch beim rechtswidrigen Verwaltungsakt ändern, nachdem er erlassen worden ist. Wesentlich iSd § 48 Abs. 1 SGB X ist eine Änderung in diesem Fall allerdings nur, sofern dem ursprünglichen Verwaltungsakt ungeachtet seiner Rechtswidrigkeit durch objektiv geänderte Verhältnisse im Nachhinein die Grundlage selbst dann entzogen wird, wenn man die seinerzeit aufgrund unzutreffender Voraussetzungen erfolgte falsche Subsumtion als richtig unterstellt.[169] Allein die nachträgliche Erkenntnis des Versicherungsträgers, dass er bei Erlass des (rechtswidrigen) Verwaltungsakts von falschen rechtlichen oder tatsächlichen Verhältnissen ausgegangen ist und seinerzeit das Vorliegen eines in Wirklichkeit nicht eingetretenen Leistungsfalls zu Unrecht bejaht hat, stellt demgegenüber für sich genommen noch keine gemäß § 48 Abs. 1 SGB X zur Aufhebung des ursprünglichen Verwaltungsaktes berechtigende wesentliche Änderung dar.

190 Ob eine „wesentliche Änderung" iSd § 48 SGB X vorliegt, kann demnach nur auf der Grundlage einer eingehenden Überprüfung des ursprünglichen erlassenen Bescheides sowohl unter tatsächlichen als auch unter rechtlichen Gesichtspunkten beurteilt werden.

191 Der medizinische Sachverständige kann in aller Regel nur beurteilen, ob (überhaupt) eine bedeutsame Änderung in Bezug auf die tatsächlichen Verhältnisse eingetreten ist. Ein besonderes Augenmerk verdient hierbei die Frage, ob tatsächlich eine Veränderung bzgl. der objektiv vorliegenden Befunde feststellbar ist oder ob – bei gleich gebliebener Befundlage – lediglich bei der gutachtlichen Beurteilung ein anderer Maßstab zugrunde gelegt worden ist. Wenn das dem ursprünglichen Bescheid zugrunde liegende Gutachten einerseits und das dem Aufhebungsbescheid zugrunde liegende Gutachten andererseits – wie in den meisten Fällen – nicht von ein und demselben medizinischen Sachverständigen erstattet worden ist, besteht bei abweichenden gut-

167 BT-Drs. 8/2034, 35 zu § 46.
168 BT-Drs. 8/2034, 35 zu § 46.
169 Vgl. BSG 7.2.1985 – 9 a RVs 2/84 = SozR 1300 § 48 Nr. 13; BSG 9.9.1986 – 5 b RJ 66/85.

achtlichen Beurteilungen tendenziell die Gefahr, dass sich in Wirklichkeit nicht – wie von § 48 SGB X verlangt – die tatsächlichen Verhältnisse geändert haben, sondern lediglich die im Rahmen einer gutachtlichen Beurteilung (durch zwei unterschiedliche Sachverständige mit voneinander abweichenden Beurteilungsmaßstäben) gezogenen Schlussfolgerungen. Die Aufgabe des nach dem Vorliegen einer „Änderung" befragten medizinischen Sachverständigen besteht deshalb vor allem darin, auf der Grundlage eines Abgleichs der vor und nach Erteilung des ursprünglichen Bescheides erhobenen Befunde im Detail herauszuarbeiten, was genau sich geändert hat und welche Auswirkungen dies auf die gutachtliche Beurteilung hat. Diese im Vergleich zum üblichen Zustandsgutachten gänzlich andere Fragestellung muss sich auch in den an den medizinischen Sachverständigen gerichteten Beweisfragen abbilden (vgl. die Beweisfragen → Rn. 247).

Bedenklich muss es erscheinen, wenn dem medizinischen Sachverständigen in den 192
Fällen des § 48 SGB X kurzerhand die Frage vorgelegt wird, ob eine „wesentliche Änderung" vorliege. Ob eine feststellbare Änderung auch „wesentlich" iSd § 48 SGB X ist, hängt nämlich maßgeblich davon ab, ob der ursprüngliche Rentenbewilligungsbescheid bei Erlass rechtmäßig oder rechtswidrig war. Für die Beantwortung dieser Rechtsfrage fehlt es dem medizinischen Sachverständigen freilich in aller Regel an der erforderlichen Sachkunde.

II. Leistungen zur Teilhabe

1. Grundlegendes

Unter dem Oberbegriff „Leistungen zur Teilhabe" gewährt die gesetzliche Rentenver- 193
sicherung Leistungen zur medizinischen Rehabilitation (§ 15 SGB VI) und Leistungen zur Teilhabe am Arbeitsleben (§ 16 SGB VI). In der Praxis wird um diese Leistungen bedeutend seltener gestritten als um die Gewährung von Erwerbsminderungsrenten. Dabei gilt gemäß § 9 Abs. 2 SGB VI der Grundsatz „Rehabilitation vor Rente", wonach Leistungen zur Teilhabe von Gesetzes wegen Vorrang vor Rentenleistungen haben, die bei erfolgreichen Leistungen zur Teilhabe nicht oder voraussichtlich erst zu einem späteren Zeitpunkt zu erbringen sind.[170]

Ihrer in § 9 Abs. 1 SGB VI umschriebenen Zielsetzung zufolge werden vom Renten- 194
versicherungsträger die Leistungen zur medizinischen Rehabilitation, die Leistungen zur Teilhabe am Arbeitsleben sowie die ergänzenden Leistungen gewährt, um

1. den Auswirkungen einer Krankheit oder einer körperlichen, geistigen oder seelischen Behinderung auf die Erwerbsfähigkeit der Versicherten entgegenzuwirken oder sie zu überwinden und
2. dadurch Beeinträchtigungen der Erwerbsfähigkeit der Versicherten oder ihr vorzeitiges Ausscheiden aus dem Erwerbsleben zu verhindern oder sie möglichst dauerhaft in das Erwerbsleben wiedereinzugliedern.

170 Vgl. im Übrigen auch den in § 8 Abs. 1 und 2 SGB IX normierten allgemeinen Grundsatz des Vorrangs der Leistungen zur Teilhabe.

195 Dies ist Ausdruck des Prinzips der Risikozuordnung, wonach derjenige Träger die Leistungen zu erbringen hat, welcher auch das finanzielle Risiko ihres Scheiterns (hier: der Gewährung einer Rente wegen Erwerbsminderung) trägt.

196 Gesetzlich geregelt sind die Leistungen zur Teilhabe zum einen – speziell für die Rentenversicherungsträger – in §§ 9–32 SGB VI sowie zum inzwischen weit überwiegenden Teil – übergreifend für sämtliche Sozialleistungsträger[171] – in dem am 1.7.2001 in Kraft getretenen SGB IX.

2. Die Anspruchsvoraussetzungen im Überblick

197 **Ob** dem Versicherten überhaupt Leistungen zur Teilhabe zu gewähren sind, ist davon abhängig, ob die sog. Eingangsvoraussetzungen erfüllt sind. Wenn dies der Fall ist, besteht für den Rentenversicherungsträger die Verpflichtung, nach pflichtgemäßem Ermessen in den Grenzen seiner Aufgaben als Rehabilitationsträger über das **Wie** der Gewährung von Teilhabeleistungen zu entscheiden.

a) Eingangsprüfung

198 Als Eingangsvoraussetzungen für einen Anspruch auf Teilhabeleistungen müssen die versicherungsrechtlichen und vor allem auch die persönlichen Voraussetzungen erfüllt sein. Außerdem dürfen keine der Leistungsgewährung entgegenstehenden Ausschlussgründe vorliegen.

199 Die *versicherungsrechtlichen* Voraussetzungen für Leistungen zur Teilhabe haben gemäß § 11 Abs. 1 SGB VI Versicherte erfüllt, die bei Antragstellung

1. die Wartezeit von 15 Jahren erfüllt haben oder
2. eine Rente wegen verminderter Erwerbsfähigkeit beziehen.

200 Für die Leistungen zur *medizinischen Rehabilitation* haben gemäß § 11 Abs. 2 SGB VI Versicherte die versicherungsrechtlichen Voraussetzungen auch erfüllt, die

1. in den letzten zwei Jahren vor der Antragstellung sechs Kalendermonate mit Pflichtbeiträgen für eine versicherte Beschäftigung oder Tätigkeit haben,
2. innerhalb von zwei Jahren nach Beendigung einer Ausbildung eine versicherte Beschäftigung oder selbstständige Tätigkeit aufgenommen und bis zum Antrag ausgeübt haben oder nach einer solchen Beschäftigung oder Tätigkeit bis zum Antrag arbeitsunfähig oder arbeitslos gewesen sind oder
3. vermindert erwerbsfähig sind oder bei denen dies in absehbarer Zeit zu erwarten ist, wenn sie die allgemeine Wartezeit erfüllt haben.

201 Leistungen zur *Teilhabe am Arbeitsleben* werden gemäß § 11 Abs. 2 a SGB VI an Versicherte auch erbracht,

1. wenn ohne diese Leistungen Rente wegen verminderter Erwerbsfähigkeit zu leisten wäre oder
2. wenn sie für eine voraussichtlich erfolgreiche Rehabilitation unmittelbar im Anschluss an Leistungen zur medizinischen Rehabilitation der Träger der Rentenversicherung erforderlich sind.

171 Wegen der in Betracht kommenden Träger von Leistungen zur Teilhabe vgl. § 6 Abs. 1 SGB IX.

Die *persönlichen* Voraussetzungen für Leistungen zur Teilhabe haben nach § 10 Abs. 1 SGB VI Versicherte erfüllt, 202

1. deren Erwerbsfähigkeit wegen Krankheit oder körperlicher, geistiger oder seelischer Behinderung erheblich gefährdet oder gemindert ist und
2. bei denen voraussichtlich
   a) bei erheblicher Gefährdung der Erwerbsfähigkeit eine Minderung der Erwerbsfähigkeit durch Leistungen zur medizinischen Rehabilitation oder zur Teilhabe am Arbeitsleben abgewendet werden kann,
   b) bei geminderter Erwerbsfähigkeit diese durch Leistungen zur medizinischen Rehabilitation oder zur Teilhabe am Arbeitsleben wesentlich gebessert oder wiederhergestellt oder hierdurch deren wesentliche Verschlechterung abgewendet werden kann,
   c) bei teilweiser Erwerbsminderung ohne Aussicht auf eine wesentliche Besserung der Erwerbsfähigkeit der Arbeitsplatz durch Leistungen zur Teilhabe am Arbeitsleben erhalten werden kann.

Die Frage, ob eine Minderung oder Gefährdung der Erwerbsfähigkeit vorliegt, weist 203 im Wesentlichen dieselben Berührungspunkte zu medizinischen Fragestellungen auf, wie bei der Prüfung des Anspruchs auf Rente wegen Erwerbsminderung (dazu bereits → Rn. 19 ff.).

Zur Erfüllung der Tatbestandsvoraussetzungen des § 10 SGB VI genügt nicht 204 schlechthin jede Gefährdung oder Minderung der Erwerbsfähigkeit, sondern nur eine solche von einem gewissen Gewicht und einer voraussichtlich gewissen Dauer.[172] Andererseits darf jedoch keine so hochgradige Einschränkung der Erwerbsfähigkeit gefordert werden, dass bereits Berufsunfähigkeit vorliegt oder unmittelbar bevorsteht.[173] Ist allerdings schon bei der Entscheidung über einen Antrag auf Gewährung von Leistungen zur Teilhabe begründet vorauszusehen, dass der Versicherte den vor dem Antrag ausgeübten Beruf ohne wesentliche Einschränkungen (wieder) ausüben können wird, sind die tatbestandlichen Voraussetzungen für die Gewährung von Teilhabeleistungen nicht erfüllt.[174]

Aufgabe des medizinischen Sachverständigen ist es insoweit, unter Bezugnahme auf 205 handfeste objektive Befunde aufzuzeigen, dass sich ganz konkret eine Gefährdung der Erwerbsfähigkeit von einem gewissen Gewicht und einer voraussichtlich gewissen Dauer ergibt. Nicht ausreichend ist dabei die Feststellung, dass sich der Versicherte im Rahmen seiner aktuell ausgeübten Erwerbstätigkeit teilweise an seiner Leistungsgrenze bewege und dass es höchst vorsorglich geboten bzw. sinnvoll sei, Teilhabeleistungen zu gewähren. Denn wenn die Leistungsgewährung lediglich prophylaktischem Charakter hat, dann besteht eben gerade noch kein akuter und dringender Rehabilitationsbedarf.[175]

172 Vgl. BSG 29.2.1968 – 4 RJ 423/66 = BSGE 28, 18, 20 = SozR Nr. 4 zu § 1236 RVO; KomGRV/*Bergner* § 10 SGB VI Rn. 10.
173 Vgl. BSG 29.2.1968 – 4 RJ 423/66 = BSGE 28, 18, 20 = SozR Nr. 4 zu § 1236 RVO.
174 Vgl. BSG 18.2.1981 – 1 RA 93/79 = SozR 2200 § 1236 Nr. 31; Gemeinschaftskommentar Sozialgesetzbuch § 10 SGB VI Rn. 19.
175 Vgl. Hessisches LSG 21.3.2014 – L 5 R 477/12.

206 Sofern die Eingangsvoraussetzungen nicht nachgewiesen werden können, sind die prozessualen Folgen, die sich aus einer verbleibenden Ungewissheit ergeben, nach dem im sozialgerichtlichen Verfahren geltenden Grundsatz der sog. objektiven Beweislast (dazu bereits → § 2 Rn. 12) von den insoweit beweispflichtigen Anspruchstellern zu tragen.

b) Ermessensentscheidung

207 Wenn die Eingangsvoraussetzungen vorliegen, bestimmt der Träger der Rentenversicherung im Einzelfall unter Beachtung der Grundsätze der Wirtschaftlichkeit und Sparsamkeit Art, Dauer, Umfang, Beginn und Durchführung dieser Leistungen sowie die Rehabilitationseinrichtung nach pflichtgemäßem Ermessen (§ 13 Abs. 1 Satz 1 SGB VI). Gegenstand der Ermessensentscheidung ist nicht nur, welche von mehreren denkbaren Teilhabeleistungen nach den Umständen des Einzelfalles angezeigt ist, sondern weitergehend auch, an welchem Ort und durch welchen Maßnahmeträger die betreffende Leistung erbracht wird.

208 Der Gesetzgeber räumt den Rentenversicherungsträgern insoweit ein Ermessen ein, damit sie innerhalb des gesetzlichen Rahmens mit der gebotenen Handlungsflexibilität auf unterschiedliche Sachverhalte eingehen und eigenverantwortlich Entscheidungen für den jeweiligen Einzelfall treffen können. Auf diese Weise soll ein Ausgleich zwischen der abstrakten gesetzlichen Zielvorstellung und den konkret vorliegenden Umständen ermöglicht werden. Insbesondere soll es ermöglicht werden, unter Wahrung von Einzelfallgerechtigkeit und Rationalität des Mitteleinsatzes eine Entscheidung nach Zweckmäßigkeit und Billigkeit zu treffen.

209 Zwar bestimmt § 9 Abs. 1 Satz 1 SGB IX, dass bei der Entscheidung über die Leistungen und bei der Ausführung der Leistungen zur Teilhabe den berechtigten Wünschen der Leistungsberechtigten entsprochen werden soll. Das erweiterte Wunsch- und Wahlrecht der Leistungsberechtigten gilt indes nur in den Grenzen des für den Träger geltenden Leistungsrechts und sonstiger Vorgaben. Es kann nicht dazu führen, die nach gesetzlichen Bestimmungen entgegenstehenden Leistungsausschlüsse zu umgehen oder das nach § 13 SGB VI im Rahmen des Auswahlermessens gegebene Bestimmungsrecht der Rentenversicherung über Art, Dauer, Umfang, Beginn und Durchführung der Leistungen sowie der Rehabilitationseinrichtung unter Berücksichtigung der Grundsätze der Wirtschaftlichkeit und Sparsamkeit einzuschränken.[176]

210 Bei der Ermessensausübung kommt den Richtlinien der Rentenversicherungsträger über die Gewährung von Teilhabeleistungen nur eine verwaltungsinterne Bedeutung ohne normative Wirkung und Verbindlichkeit für die Auslegung des Gesetzes zu. Die Richtlinien bewirken aber die Selbstbindung der Rentenversicherungsträger und geben dem Versicherten einen Anspruch auf Gleichbehandlung mit anderen Versicherten.[177] Die Richtlinien entbinden den Rentenversicherungsträger nicht von der Ver-

176 Hessisches LSG 5.11.2010 – L 5 R 399/09.
177 Vgl. BSG 8.9.1982 – 5 b RJ 18/81 = BSGE 54, 91, 92 = SozR 2200 § 1236 Nr. 37 unter Hinweis auf BSG 27.2.1980 – 1 RJ 4/79 = BSGE 50, 33, 37 = SozR 2200 § 1237a Nr. 11; KassKomm/*Kater* § 13 SGB VI Rn. 10.

pflichtung, im Einzelfall sämtliche für die Ermessensbildung bedeutsamen Umstände zu prüfen.[178]

c) Eingeschränkte gerichtliche Überprüfbarkeit

Die Eingangsprüfung bezüglich des **Ob** der Gewährung von Teilhabeleistungen unterliegt der uneingeschränkten Überprüfbarkeit durch die Gerichte der Sozialgerichtsbarkeit.[179] Dementsprechend kann es in Streitverfahren über Leistungen zur Teilhabe erforderlich sein, in Bezug auf das Vorliegen der Eingangsvoraussetzungen ein medizinisches Sachverständigengutachten einzuholen. 211

In den meisten Fällen wird vor Gericht allerdings nicht über das **Ob** der Gewährung von Teilhabeleistungen gestritten, sondern über das **Wie** der Leistungsgewährung. Die vom Rentenversicherungsträger vorzunehmende Ermessensentscheidung bzgl. des **Wie** (dh bzgl. Art, Dauer, Umfang usw.) der Teilhabeleistung unterliegt jedoch in den Grenzen der §§ 39 Abs. 1 SGB I, 54 Abs. 2 Satz 2 SGG nur einer eingeschränkten gerichtlichen Überprüfung. Die Versicherten haben hier keinen Anspruch auf die Wahl einer bestimmten Teilhabemaßnahme, sondern lediglich einen Anspruch auf ermessensfehlerfreie Entscheidung. Eine gerichtliche Kontrolle findet regelmäßig nur unter dem Gesichtspunkt statt, ob von dem Ermessen in einer Art und Weise Gebrauch gemacht wurde, die nicht dem Zweck der Ermächtigung entspricht, oder ob die gesetzlichen Grenzen des Ermessens überschritten wurden. Nicht überprüfen dürfen die Sozialgerichte demgegenüber, ob eine andere Ausübung des Ermessens möglich, sinnvoller oder zweckmäßiger gewesen wäre. Eine solche Zweckmäßigkeitsprüfung kann nur in dem der sozialgerichtlichen Klage vorgeschalteten Widerspruchsverfahren (§ 78 Abs. 1 Satz 1 SGG) erfolgen. Prozessual bedeutet dies, dass Versicherte, die durch eine ermessensfehlerhafte Entscheidung in ihren Rechten verletzt sind, vor dem Sozialgericht nur ein sog. Bescheidungsurteil auf Verpflichtung des Rentenversicherungsträgers zu einer neuen ermessensfehlerfreien Verbescheidung erstreiten können, nicht aber ein bestimmtes Ziel hinsichtlich des Ausgangs des Verfahrens. Eine abschließende Regelung über das **Wie** der Leistungsgewährung kann hier allenfalls im Rahmen eines gerichtlichen Vergleichs erfolgen. 212

Die Verurteilung des Rentenversicherungsträgers zur Erbringung einer ganz bestimmten Teilhabeleistung und zusätzlich auch durch einen ganz bestimmten Maßnahmeträger kann nur ausnahmsweise in Betracht kommen, nämlich soweit ein Fall der sog. Reduzierung des Ermessens auf Null vorliegt.[180] Die Annahme einer solchen Ermessensreduzierung auf Null setzt voraus, dass nach dem festgestellten Sachverhalt schlechthin keinerlei Umstände vorliegen, die eine anderweitige Entscheidungsfindung rechtsfehlerfrei zuließen.[181] Dies ist idR nicht der Fall.[182] In der Rechtsprechung besteht Einigkeit, dass die Voraussetzungen einer Ermessensreduzierung auf 213

178 Vgl. BSG 27.2.1980 – 1 RJ 4/79 = BSGE 50, 33, 39 = SozR 2200 § 1237a Nr. 11; Hessisches LSG 9.11.2001 – L 13 RA 307/97.

179 Vgl. BSG 14.12.1994 – 4 RA 42/94 = SozR 3-1200 § 39 Nr. 1; BSG 14.3.1979 – 1 RA 43/78 BSGE 48, 74 = SozR 2200 § 1237a Nr. 6; BSG 24.6.1980 – 1 RA 51/79 BSGE 50, 156 = SozR 2200 § 1237 Nr. 15.

180 Vgl. KassKomm/*Kater* § 13 SGB VI Rn. 13.

181 BSG 4.2.1988 – 11 RAr 26/87.

182 Von Wulffen/*Wiesner* SGB X § 45 Rn. 5 mwN; *Di Fabio* VerwArch 1995 (86), 214 (230).

Null einen seltenen Ausnahmefall darstellen.[183] Zu bedenken gilt insoweit insbesondere, dass selbst Fällen, in denen nur die Gewährung einer ganz bestimmten Art der Teilhabeleistung ermessenfehlerfrei wäre, in aller Regel noch ein Ermessensspielraum des Rentenversicherungsträgers in Bezug auf deren Durchführung bei einem bestimmten Maßnahmeträger gegeben sein dürfte.

III. Renten wegen Todes

1. Grundlegendes

a) Die verschiedenen Hinterbliebenenrenten

214 Nach dem Tode der Versicherten (Versicherungsfall) erbringt die gesetzliche Rentenversicherung als Renten wegen Todes aus der Versicherung von Verstorbenen die (kleine oder große) Witwer- und Witwenrente (§ 46 SGB VI), die Halb- oder Vollwaisenrente (§ 48 SGB VI) sowie – wenn die Ehe vor dem 1.7.1977 (also ohne den seitdem durchzuführenden Versorgungsausgleich) geschieden wurde – die (kleine oder große) sog. Geschiedenen-Hinterbliebenenrente (§ 243 SGB VI). Hinzu tritt als Rente aus der eigenen Versicherung der überlebenden Person die Erziehungsrente (§ 47 SGB VI).

215 Eingetragene Lebenspartner sind in der Hinterbliebenenversorgung den Ehepartnern gleichgestellt. Das ergibt sich aus § 46 Abs. 4 SGB VI, wonach für einen Anspruch auf Witwenrente oder Witwerrente als Heirat auch die Begründung einer Lebenspartnerschaft, als Ehe auch eine Lebenspartnerschaft, als Witwe und Witwer auch ein überlebender Lebenspartner und als Ehegatte auch ein Lebenspartner gelten.[184]

b) Unterhaltsersatzfunktion

216 Nach der Konzeption des Gesetzgebers treten die Hinterbliebenenrenten an die Stelle des vom verstorbenen Ehegatten zu Lebzeiten geleisteten Unterhalts und haben damit Unterhaltsersatzfunktion.

217 In den sog. Altfällen[185] – wenn der Ehegatte vor dem 1.1.2002 verstorben ist oder wenn die Ehe vor diesem Tag geschlossen wurde und mindestens ein Ehegatte vor dem 2.1.1962 geboren ist – wird die Witwer- und Witwenrente ohne zeitliche Begrenzung gezahlt. Die kleine Witwer- und Witwenrente entspricht dabei 25%[186] der Rente, die dem verstorbenen Ehegatten zustand oder zugestanden hätte. Die große Witwer- und Witwenrente beträgt in den sog. Altfällen 60%[187] der Rente des verstorbenen Ehegatten.

218 Sofern kein sog. Altfall vorliegt, wird die kleine Witwer- und Witwenrente in Höhe von 25% der Rente, die dem verstorbenen Ehegatten zustand oder zugestanden hätte, und nur noch befristet für die Dauer von 24 Monaten gezahlt. Die große Witwer-

---

183 BSG 11.4.2002 – B 3 P 8/01 R, unter Bezugnahme auf BSG 18.8.1983 – 11 RZLw 1/82; BSG 24.8.1988 – 7 RAr 53/86; BSG 9.9.1986 – 11 a RA 2/85.

184 Aus Gründen der sprachlichen Übersichtlichkeit ist im Nachfolgenden nur von Heirat, Ehe, Witwe, Witwer und Ehegatte die Rede.

185 Vgl. die Übergangsregelung in § 242 a SGB VI.

186 Vgl. den Rentenartfaktor gemäß § 67 Nr. 5 SGB VI.

187 Vgl. den Rentenartfaktor gemäß § 255 Abs. 1 SGB VI.

und Witwenrente wird ohne zeitliche Begrenzung gezahlt; sie beträgt allerdings nur noch 55%[188] der Rente des verstorbenen Ehegatten.

Als Konsequenz aus der Unterhaltsfunktion folgt, dass eigene Einkünfte des überlebenden Ehegatten, soweit sie einen bestimmten Freibetrag übersteigen, auf die Hinterbliebenenrente angerechnet werden.[189] 219

c) Rentenausschluss im Fall der sog. Versorgungsehe

Um beurteilen zu können, ob die Voraussetzungen für einen Anspruch auf Hinterbliebenenrente erfüllt sind, bedarf es in aller Regel nicht der Einholung eines (medizinischen) Sachverständigengutachtens. Ausnahmsweise kann dies erforderlich sein, wenn darüber gestritten wird, ob ein Fall der sog. Versorgungsehe vorliegt.[190] 220

Nach § 46 Abs. 2 a SGB VI haben Witwen oder Witwer, deren Ehe nicht vor dem 1.1.2002 geschlossen worden ist[191] keinen Anspruch auf Hinterbliebenenrente nach § 46 Abs. 1 oder 2 SGB VI, „wenn die Ehe nicht mindestens ein Jahr gedauert hat, es sei denn, dass nach den *besonderen Umständen* des Falles die Annahme nicht gerechtfertigt ist, dass es der alleinige oder überwiegende Zweck der Heirat war, einen Anspruch auf Hinterbliebenenversorgung zu begründen.“[192] 221

Diese zum 1.1.2002[193] eingefügte Regelung geht von der Annahme aus, der überlebende Ehegatte habe bei einer Ehedauer von weniger als einem Jahr in den meisten Fällen von seinen eigenen wirtschaftlichen Verhältnissen vor der Eheschließung noch keinen so großen Abstand genommen, dass er diese nicht nach dem Tod des anderen Ehegatten fortsetzen bzw. wieder aufnehmen oder sich eine selbstständige Lebensführung neu erarbeiten könnte. Es wird deshalb die (widerlegbare) gesetzliche Vermutung aufgestellt, dass die Heirat bei kurzer (weniger als einjähriger) Ehedauer in erster Linie der Versorgung des überlebenden Ehegatten diente und dass somit eine sog. Versorgungsehe[194] vorliegt. 222

2. Widerlegen des vermuteten Versorgungszwecks

Ihrer Ausgestaltung nach handelt es sich bei der Regelung in § 46 Abs. 2 a SGB VI um die widerlegbare gesetzliche Vermutung für das Vorliegen eines anspruchsvernichtenden Tatbestands. Bereits in der Regelungstechnik ist dabei ein gewisses Konfliktpotenzial angelegt, denn wer diese Vermutung widerlegen will, muss nicht nur den generell schwierigen Nachweis für das Fehlen des Tatbestandsmerkmals führen, son- 223

188 Vgl. den Rentenartfaktor gemäß § 67 Nr. 6 SGB VI.
189 Zu den Einzelheiten vgl. § 97 SGB VI.
190 Ausführlich zu dieser Fallkonstellation *Steiner*, Die sog. Versorgungsehe in der gesetzlichen Unfall- und Rentenversicherung, in: 20 Jahre Hochschule der Gesetzlichen Unfallversicherung 2014, S. 239 ff. sowie *Steiner* SGb 2015, 589.
191 Vgl. § 242 a Abs. 3 SGB VI.
192 So der auf den ersten Blick nicht sogleich in allen Einzelheiten zwanglos nachvollziehbare Gesetzeswortlaut des § 46 Abs. 2 a SGB VI.
193 Vgl. das Gesetz zur Ergänzung des Gesetzes zur Reform der gesetzlichen Rentenversicherung und zur Förderung eines kapitalgedeckten Altersvorsorgevermögens (Altersvermögensergänzungsgesetz (AVmEG)) vom 21.3.2001 (BGBl. I 2001, 403).
194 Es handelt sich insoweit um eine Begriffsschöpfung der Rechtsprechung; das Gesetz selbst verwendet diesen Begriff nicht.

dern bei dem Gegenstand dieser Beweisführung (dem „Zweck der Heirat") handelt es sich – was erschwerend hinzukommt – auch noch um eine sog. innere Ursache.

a) Der schwierige Beweis des Nichts

224 Dass die Beweisführung bei negativen Tatsachen mit besonderen Schwierigkeiten verbunden sein kann, ist keine grundlegend neue Erkenntnis. Der Bundesgerichtshof[195] hat bezogen auf das Zivilrecht[196] bereits im Jahre 1955 ausgeführt, dass das Gesetz es idR schon mit Rücksicht auf die Schwierigkeit der Beweisführung bei negativen Tatsachen vermeide, mit ihnen Rechtswirkungen zu verbinden.[197]

225 Im Zivilrecht versucht man den Schwierigkeiten des Negativbeweises seit jeher[198] zu begegnen durch die sog. Grundsätze der sekundären Darlegungslast, wonach vom Prozessgegner das substantiierte Bestreiten der negativen Tatsache unter Darlegung der für das Positive sprechenden Tatsachen und Umstände verlangt werden kann.[199] Der Prozessgegner darf sich also in Fällen, in denen das Nichtvorliegen von Tatsachen nach materiellem Recht zu den Anspruchsvoraussetzungen gehört, nicht mit dem bloßem Bestreiten begnügen, sondern er muss seinerseits im Rahmen des Zumutbaren[200] darlegen, welche tatsächlichen Umstände für das Vorliegen des Positiven sprechen. Der beweispflichtige Anspruchsteller genügt dann der ihm obliegenden Beweispflicht, wenn er die gegnerische Tatsachenbehauptung widerlegt oder ernsthaft infrage stellt.[201]

226 Solche Beweiserleichterungen stehen den Anspruchstellern im sozialgerichtlichen Verfahren nicht zur Seite. Hier tragen die Hinterbliebenen – wie auch im Übrigen – die sog. objektive Beweislast. Um die Rechtsvermutung für das Vorliegen einer Versorgungsehe zu widerlegen, muss der entsprechende Gegenbeweis nach der Rechtsprechung des Bundessozialgerichts mit einem der Gewissheit nahe kommenden Grad von Wahrscheinlichkeit erbracht werden; die nur denkbare Möglichkeit, dass andere Heiratszwecke im Vordergrund gestanden haben könnten, reicht insoweit nicht aus.[202] Nach den Grundsätzen der sog. objektiven Beweislast[203] muss der überlebende Ehegatte die Ablehnung des Hinterbliebenenantrags in Kauf nehmen, sofern die vermutete Versorgungsabsicht von ihm nicht wiederlegt werden kann.

195 BGH 15.2.1955 – I ZR 108/53 = BGHZ 16, 307, 310.

196 Im seinerzeit entschiedenen Fall ging es um den im Schadenersatzprozess gegen den Verkäufer nach § 442 BGB vom Käufer zu führenden Beweis der negativen Tatsache, dass der sich auf sich auf die Eigentumsvermutung des § 1006 Abs. 1 Satz 2 BGB oder den Besitzanspruch aus § 1007 BGB berufende Dritte sein zum Besitz berechtigendes Recht nicht verloren habe.

197 Ähnlich zuvor bereits auch *Rosenberg* Zivilprozessrecht, 6. Aufl. 1954, S. 329 ff.

198 Grundlegend bereits RG WarnRspr. 1918, 102; RG JW 1918, 814.

199 Vgl. BGH 19.4.2005 – X ZR 15/04 = NJW 2005, 2766 (2768).

200 Abgeleitet wird dies aus dem auch im Prozessrecht gültigen Grundsatz von Treu und Glauben (§ 242 BGB).

201 Vgl. BGH 8.10.1992 – I ZR 220/90 = NJW-RR 1993, 746 (747).

202 So ausdrücklich bereits BSG 3.9.1986 – 9 a RV 8/84 = SozR 3100 § 38 Nr. 5 = BSGE 60, 204, vgl. ferner BSG 2.2.2001 – B 2 U 379/00 = Breith 2000, 379; BSG 5.5.2009 –B 13 R 55/08 R, Rn. 28, 29 = BSGE 103, 91 = SozR 4-2600 § 46 Nr. 5 = SozR 4-1100 Art. 6 Nr. 13; LSG Schleswig-Holstein 7.12.2006 – L 1 R 99/06 = NZS 2007, 321 = Breith 2007, 313.

203 Vgl. dazu BSG 30.1.1970 – 2 RU 175/67 = BSGE 30, 278 = SozR Nr. 84 zu § 128 SGG; BSG 3.9.1986 – 9 a RV 8/84 = SozR 3100 § 38 Nr. 5 = BSGE 60, 204.

b) Anknüpfung an den „Zweck" der Heirat

Eine weitere Besonderheit besteht darin, dass sich die gesetzliche Vermutung des § 46 Abs. 2a SGB VI auf eine sog. innere Ursache, nämlich auf den „Zweck" der Eheschließung bezieht. Wenn seitens der Eheleute – wie wohl in den meisten Fällen – zur Motivlage anlässlich der Eheschließung nichts verlautbart wird, dann muss das Verborgene auf irgendeine Weise sichtbar gemacht werden. Neben den Angaben des überlebenden Ehegatten, die vor dem Hintergrund des Hinterbliebenenrentenantrags allerdings kritisch zu hinterfragen sind, wird man vornehmlich auf Indizien zurückgreifen müssen, die als sog. Hilfstatsachen dann ihrerseits Rückschlüsse auf den Zweck der Eheschließung zulassen. Bereits die Frage, welche Indizien denn überhaupt nach den Regeln der Denkgesetze zum Nachweis der beweisbedürftigen Haupttatsache geeignet sind, ist allerdings nicht immer einfach zu beantworten.[204] 227

Nach der Rechtsprechung des Bundessozialgerichts soll der Zweck der Heirat mit Blick auf „alle äußeren und inneren Umstände des Einzelfalls"[205] ermittelt werden, die auf einen von der Versorgungsabsicht verschiedenen Beweggrund für die Heirat schließen lassen.[206] Dieser zunächst sehr weite und offene Ansatz wird andererseits dann jedoch dahin gehend eingeschränkt, dass die Sachaufklärung „vorrangig anhand aller vorhandenen objektiven Ermittlungsmöglichkeiten",[207] also anhand der in irgendeiner Form durch objektive Tatsachen nach außen getretenen Eheschließungsmotive zu erfolgen habe. 228

Die Bezeichnung „objektiv" darf freilich nicht darüber hinweg täuschen, dass es nach wie vor um Motivforschung (also um das Aufspüren der subjektiven Beweggründe) geht. Eine Beschränkung auf das Objektive findet hier nur insofern statt, als die Ermittlungen sich auf Hilfstatsachen konzentrieren dürfen, die objektiv beweis- und nachvollziehbar sind. Es ist zumindest missverständlich, wenn das Bundessozialgericht feststellt, dass „Ermittlungen im Bereich der privaten Lebenssphäre der Ehegatten und zu deren (höchst-) persönlichen, inneren Motiven für die Heirat ... grundsätzlich nicht anzustellen"[208] seien. Denn genau um diese „inneren Motive" geht es ja. 229

Eine ganz andere Frage ist es hingegen, welche Ermittlungsansätze als naheliegend anzusehen und deshalb im Rahmen der gemäß § 103 SGG gebotenen Erforschung des Sachverhalts ungefragt zu verfolgen sind bzw. welche Nachforschungen in der vom Recht auf informationelle Selbstbestimmung[209] geschützten „privaten Lebenssphäre" der Eheleute nur geboten sind, wenn der hinterbliebene Ehegatte die entsprechenden Anhaltspunkte aufzeigt und zur Auskunft bereit ist. Dies kann nur anhand des Sachvortrags im jeweiligen Einzelfall beurteilt werden; die Erwartung, dass der Gesetzgeber hier pauschal einen „Rahmen zum Schutz der Intimsphäre der Hinter- 230

204 Zu den verschiedenen in Betracht kommenden Gesichtspunkten vgl. *Steiner* SGb 2015, 589.
205 BSG 5.5.2009 – B 13 R 55/08 R, Rn. 20 = SozR 4-2600 § 46 Nr. 6 = BSGE 103, 99.
206 So bereits BSG 28.3.1973 – 5 RKnU 11/71 = BSGE 35, 272, 274 =SozR Nr. 2 zu § 594 RVO.
207 BSG 5.5.2009 – B 13 R 55/08 R, Rn. 29 = SozR 4-2600 § 46 Nr. 6 = BSGE 103, 99.
208 BSG 5.5.2009 – B 13 R 55/08 R, Rn. 29 = SozR 4-2600 § 46 Nr. 6 = BSGE 103, 99; ähnlich bereits BSG 3.9.1986 – 9a RV 8/84 = BSGE 60, 204, 206 = SozR 3100 § 38 Nr. 5 und BVerwG 30.10.1969 – II C 46.68 = BVerwGE 34, 149, 153.
209 Dazu grundlegend BVerfG 15.12.1983 – 1 BvR 209/83 ua „Volkszählung" = BVerfGE 65, 1.

bliebenen“ vorgibt,[210] erscheint insoweit eher unrealistisch. Wirklich unangetastet bleibt die Privatsphäre der Hinterbliebenen letztlich nur dann, wenn sie die Rechtsvermutung der Versorgungsabsicht unwidersprochen hinnehmen.

3. Sachverständigenbeweis über den Versorgungszweck

231 Um die gesetzliche Vermutung für das Bestehen eine Versorgungsehe zu widerlegen, ist es ausreichend, wenn im Rahmen einer Gesamtbetrachtung und Abwägung der Beweggründe beider Ehegatten insgesamt gesehen die von der Versorgungsabsicht verschiedenen Beweggründe überwiegen.[211] Das ist bereits dann der Fall, wenn nachweislich zumindest für einen der beiden Ehegatten der Versorgungsgedanke anlässlich der Eheschließung keine Rolle gespielt hat.[212] Wie die Prüfung der „besonderen Umstände“ erfolgen soll, aufgrund derer die Annahme einer Versorgungsehe nicht gerechtfertigt ist, kann nicht pauschal beantwortet werden, sondern hängt stets von den Gegebenheiten des Einzelfalls ab.[213] Im Rahmen des Sachverständigenbeweises geht es dabei vor allem um die nachfolgenden Fragestellungen.

a) Vorhersehbarkeit des Todes bei lebensbedrohlicher Erkrankung

232 Deutlich für das Vorliegen einer Versorgungsehe zu sprechen scheint auf den ersten Blick eine unmittelbare zeitliche Nähe zwischen der Eheschließung einerseits und dem nachfolgenden Tod eines der Eheleute andererseits. Aus der bloßen Korrelation (also der Wechselbeziehung) von Eheschließung und nachfolgendem Tod darf freilich nicht ohne Weiteres sogleich auf das Vorliegen einer auch kausalen Beziehung zwischen beidem geschlossen werden.[214] Der augenfällige zeitliche Zusammenhang kann allerdings Anlass sein, die Begleitumstände der Eheschließung und der Erkrankung mit dem Blick auf eine mögliche Kausalbeziehung näher zu untersuchen.

233 Wenn die Erkrankung des Versicherten plötzlich aufgetreten ist und – wie zB im Falle einer Infektionskrankheit oder eines Herzinfarkts bei unbekannter Herzerkrankung – schnell zum Tode geführt hat,[215] oder wenn bei zum Zeitpunkt der Eheschließung bereits bestehender Erkrankung jedenfalls die tödlichen Folgen noch nicht absehbar waren,[216] dann spricht vieles dafür, dass der Tod zum Zeitpunkt der Heirat überhaupt noch „kein Thema“ gewesen sein dürfte

234 Leidet der Versicherte hingegen zum Zeitpunkt der Eheschließung nach objektiven Maßstäben bereits offenkundig an einer lebensbedrohlichen Krankheit mit ungünstiger Verlaufsprognose und ist dieser Umstand auch für beide Eheleute klar erkennbar, so kann eine solche Kausalbeziehung insbesondere dann anzunehmen sein, wenn vor dem Bekanntwerden dieser Erkrankung schon lange Zeit eine nichteheliche Lebensgemeinschaft bestanden hat, ohne dass irgendwelche Heiratsabsichten verlautbart worden sind. Hier spricht in der Tat zunächst sehr viel für die Annahme, dass die

210 So *Dankelmann* jurisPR-SozR 5/2010 Anm. 2.
211 BSG 5.5.2009 – B 13 R 55/08 R, Rn. 21 = SozR 4-2600 § 46 Nr. 6 = BSGE 103, 99.
212 So bereits BSG vom 28.3.1973 – 5 RKnU 11/71 = BSGE 35, 272, 276 = SozR Nr. 2 zu § 594 RVO und BSG 3.9.1986 – 9 a RV 8/84 = BSGE 60, 204, 208 = SozR 3100 § 38 Nr. 5.
213 So ausdrücklich BSG 5.5.2009 – B 13 R 55/08 R = BSGE 103, 91= SozR 4-2600 § 46 Nr. 5.
214 „Cum hoc ergo propter hoc“ – es handelt sich hier um einen „klassischen“ Fehlschluss.
215 Vgl. BSG 5.5.2009 – B 13 R 55/08 R, Rn. 22 = SozR 4-2600 § 46 Nr. 6 = BSGE 103, 99.
216 Vgl. BSG 3.9.1986 – 9 a RV 8/84 = BSGE 60, 204 = SozR 3100 § 38 Nr. 5.

Krankheitsnachricht den Anstoß zur nachfolgenden Eheschließung gegeben haben könnte.

Aufgabe des Sachverständigen kann es in einem solchen Fall sein, nach dem Tode des versicherten Ehegatten im Rahmen eines Gutachtens nach Aktenlage das medizinische Berichtswesen zu ordnen und zu sichten, um auf dessen Grundlage im Nachhinein zunächst ein objektives Bild von dem zur Zeit der Eheschließung gegebenen Gesundheitszustand zu zeichnen. Die Einschätzung durch den Sachverständigen ist dabei ausgehend vom Kenntnisstand zum Zeitpunkt der gutachtlichen Beurteilung (also *ex post*) vorzunehmen. Die entscheidende Frage ist dabei, ob zum Zeitpunkt der Eheschließung objektiv (noch) eine „Ein-Jahres-Überlebenswahrscheinlichkeit“[217] bestanden hat oder ob – ggf. mit welchem Grad der Offenkundigkeit – mit einem alsbaldigen Versterben des versicherten Ehegatten zu rechnen war. 235

Es darf andererseits aber nicht übersehen werden, dass die gesetzliche Regelung in § 46 Abs. 2 a SGB VI auf den „Zweck“ der Eheschließung abstellt und damit nicht an die objektiven Begleitumstände anknüpft, sondern an die subjektiven Motive für die Eheschließung. Auch wenn es nach außen den Anschein hat, muss der Versorgungsgedanke nicht unbedingt auch aus Sicht der Eheleute der für den Heiratsentschluss ausschlaggebende Beweggrund gewesen sein. Selbst wenn einer der Eheleute zum Zeitpunkt der Eheschließung nach objektiven Maßstäben an einer schweren Erkrankung mit ungünstiger Verlaufsprognose gelitten hat, ist angesichts dessen der Nachweis nicht ausgeschlossen, dass aus anderen als aus Versorgungsgründen geheiratet wurde. 236

Zur Beurteilung der für den Heiratsentschluss ausschlaggebenden Beweggründe kommt es insoweit auch darauf an, wie die Überlebenschancen des erkrankten Ehegatten realistischerweise zum Zeitpunkt der Eheschließung (also *ex ante*) zu beurteilen waren und ob die Eheleute aus ihrer subjektiven Sicht seinerzeit zu einer dementsprechend zutreffenden Prognose überhaupt in der Lage gewesen sind. 237

Von der aus ärztlicher Sicht zutreffenden Krankheitsprognose kann dabei nicht ohne Weiteres auf das Vorliegen einer gleichgelagerten Einschätzung der Überlebenschancen in der Laiensphäre geschlossen werden. Viele Ärzte berichten darüber, dass Patienten und Angehörige oftmals trotz schonungsloser ärztlicher Aufklärung nicht in der Lage sind, die Lebensbedrohlichkeit einer Erkrankung richtig zu erfassen, oder dass ihnen die Bereitschaft fehlt, eine infauste Krankheitsprognose als gegebene Tatsache hinzunehmen. 238

Aus diesem Grund kommt es zur Beurteilung der für den Heiratsentschluss auschlaggebenden Motivlage nicht nur auf die zum Krankheitsverlauf im medizinischen Berichtswesen dokumentierten objektiven Feststellungen an, sondern insbesondere auch darauf, in welcher Deutlichkeit und mit welchem Erfolg diese ärztliche Einschätzung den Eheleuten seinerzeit vermittelt worden ist. Es gibt Patienten und Angehörige, die den Arzt ausdrücklich um eine wahrheitsgemäße Unterrichtung bitten, aber auch solche, die es ganz bewusst „gar nicht so genau“ wissen wollen. 239

217 Vgl. LSG Baden-Württemberg 15.12.2006 – L 4 R 3372/05.

240 Die gegen eine Versorgungsehe sprechenden Umstände müssen in einem solchen Fall allerdings umso gewichtiger sein, je offenkundiger und je lebensbedrohlicher die Krankheit bei Eheschließung war. Mit dem Grad der Lebensbedrohlichkeit einer Krankheit und dem Grad der Offenkundigkeit steigt der Grad des Zweifels an den zu beweisenden „besonderen Umständen".[218]

b) Betreuungs- und Pflegeehe

241 Dass es sich selbst bei einer aus kühler Berechnung geschlossenen Ehe nicht zwingend um eine Versorgungsehe iSv § 46 Abs. 2 a SGB VI handeln muss, belegt die Rechtsprechung des Bundessozialgerichts zur sog. Pflegeehe:

242 Wenn die Heirat zur Sicherung der zu Lebzeiten erforderlichen Betreuung bzw. Pflege des ständig auf Pflege angewiesenen Versicherten erfolgt, dann handelt es sich dem Bundessozialgericht zufolge um eine sog. Pflegeehe, die jedenfalls dann nicht ohne Weiteres mit einer Versorgungsehe gleichgesetzt werden kann, wenn zum Zeitpunkt der Eheschließung mit dem Ableben des Pflegebedürftigen auf absehbare Zeit nicht zu rechnen war.[219] Das Bundessozialgericht begründet dies mit dem vorrangigen Wunsch eines Pflegebedürftigen, mit der Heirat seine persönliche Situation zu verbessern. Der zu Pflegende erlange mit der Eheschließung und der Begründung einer ehelichen Lebensgemeinschaft iSd § 1353 BGB unschätzbare Vorteile, da Ehegatten einander zu Beistand in allen Lebenslagen – so auch zu gegenseitiger Pflege – verpflichtet sind.[220] Im Vergleich mit einer zur Verfügung stehenden fremden Pflegekraft unterliege die Pflege durch den Ehepartner keiner bestimmten zeitlichen Beschränkung, sei auch in Notfällen rund um die Uhr sichergestellt und unterliege auch hinsichtlich der Aufgabenzuweisung keinen Begrenzungen. Bereits diese legitime Intention des Pflegebedürftigen genüge um zu widerlegen, dass alleiniger bzw. überwiegender Zweck der Eheschließung die Hinterbliebenenversorgung war. Der Beweggrund des anderen (gesunden) Ehepartners ist in diesem Fall dann unbeachtlich.

243 In der Praxis wird das Bestehen einer solchen Pflegeehe eher selten behauptet, was schon bereits daran liegen könnte, dass es nicht mehr uneingeschränkt als zeitgemäß empfunden wird, eine Ehe aus solch profanen Beweggründen einzugehen. Die geringe praktische Bedeutung der sog. Pflegeehe mag im Übrigen auch darauf zurückzuführen sein, dass der Versicherte, für den die Pflegeleistung des Ehegatten das für die Eheschließung bestimmende Motiv gewesen sein könnte, nicht mehr am Leben ist und dass dessen Motive – sofern er sie nicht vor dem Tode gegenüber möglichen Zeugen ausdrücklich verlautbart hat – im Nachhinein nur schwer zu ermitteln sein dürften. Der überlebende Ehegatte tut sich im Regelfall wesentlich leichter damit, seine eigenen Motive für die Eheschließung darzulegen. Das Eingeständnis, vom anderen nur geheiratet worden zu sein, weil man als Ehegatte eine „billige und stets verfügbare Pflegekraft" ist, fällt demgegenüber eher schwer.

244 Unabdingbare Voraussetzung für die Annahme einer – unter Hinweis auf die vor dem Tode verbesserten Lebensumstände des Versicherten begründbaren – sog. Pflegeehe

218 Vgl. BSG 5.5.2009 – B 13 R 55/08 R, Rn. 27 = SozR 4-2600 § 46 Nr. 6 = BSGE 103, 99.
219 BSG 3.9.1986 – 9 a RV 8/84 = BSGE 60, 204 = SozR 3100 § 38 Nr. 5.
220 Vgl. Palandt/*Diederichsen* BGB § 1353 Anm. 2 b dd; MüKo-BGB/*Wacke* Bd. 5 § 1353 Rn. 3 und 26.

ist es außerdem, dass die Zeitspanne der ehebedingt geschuldeten Pflege nicht von vorneherein gänzlich unbedeutend erscheinen darf. Im Zeitpunkt der Eheschließung dürfen deshalb die tödlichen Folgen einer Krankheit nicht bereits vorhersehbar gewesen sein.[221] In diesem Zusammenhang wird zum Teil gefordert, dass deutliche Anhaltspunkte vorhanden sein müssen, die für eine überwiegende „Ein-Jahres-Überlebensrate" sprechen.[222] Ob dies der Fall war, kann wiederum Gegenstand eines medizinischen Sachverständigengutachtens sein.

B. Beweisfragen

I. Beweisfragen bei Rente wegen Erwerbsminderung

1. Medizinisches Zustandsgutachten

(1) Welche Krankheiten oder Behinderungen liegen bei dem Kläger/der Klägerin auf welchem medizinischen Fachgebiet vor? 245

(2) Welchen Einfluss haben die genannten Krankheiten bzw. Behinderungen im Einzelnen auf die Erwerbsfähigkeit des Klägers/der Klägerin? Handelt es sich insoweit um einen erwerbsmindernden Dauereinfluss?

(3) Kann der Kläger/die Klägerin in quantitativer (zeitlicher) Hinsicht noch regelmäßig
   a. mindestens sechs Stunden oder mehr
   b. mindestens drei Stunden bis unter sechs Stunden
   c. nur noch unter drei Stunden

   arbeitstäglich unter den üblichen Bedingungen des Arbeitsmarktes erwerbstätig sein?

(4) Kann der Kläger/die Klägerin während der festgestellten Zeitdauer in qualitativer Hinsicht noch
   a. schwere Arbeiten
   b. mittelschwere Arbeiten
   c. leichte Arbeiten

   ausführen?

(5) Ist das Leistungsvermögen des Klägers/der Klägerin in qualitativer Hinsicht durch funktionelle Leistungseinschränkungen beeinträchtigt? Aus welchen Diagnosen ergeben sich ggf. welche zusätzlich zu beachtenden Funktionseinschränkungen?

(6) Können die dem (Rest-)Leistungsvermögen entsprechenden Tätigkeiten aus ärztlicher Sicht[223] noch unter den idR in den Betrieben üblichen Arbeitsbedingungen verrichtet werden oder ergeben sich weitere sog. betriebsunübliche Einsatzbeschränkungen, ggf. welche?

(7) Kann der Kläger/die Klägerin aus ärztlicher Sicht[224] noch ohne die Gefahr einer Schädigung der Gesundheit regelmäßig ganztags Arbeiten auf dem allgemeinen Arbeitsmarkt als[225]

   ☐ ____________________
   ☐ ____________________
   ☐ ____________________
   ☐ ____________________

---

221 Vgl. BSG 3.9.1986 – 9 a RV 8/84 = BSGE 60, 204 = SozR 3100 § 38 Nr. 5.

222 So LSG Baden-Württemberg 15.12.2006 – L 4 R 3372/05.

223 Streng genommen handelt es sich hier um eine Rechtsfrage mit berufs- und wirtschaftskundlichen Aspekten, für deren abschließende Beantwortung es dem medizinischen Sachverständigen an der erforderlichen Sachkunde fehlt. Es kann angesichts dessen von ihm nur eine annäherungsweise Einschätzung „aus ärztlicher Sicht" erwartet werden.

224 Streng genommen geht es hier um berufs- und wirtschaftskundliche Aspekte, für deren abschließende Beurteilung es dem medizinischen Sachverständigen an der erforderlichen Sachkunde fehlt. Es kann angesichts dessen von ihm nur eine annäherungsweise Einschätzung „aus ärztlicher Sicht" erwartet werden.

225 Nachfolgend können die im jeweiligen Fall aufgrund der Erwerbsbiographie der Versicherten in Betracht kommenden Verweisungstätigkeiten abgefragt werden; einige der sog. klassischen Verweisungstätigkeiten sind bereits aufgelistet.

- ☐ Warensortierer(in)
- ☐ Warenaufmacher(in)/Versandfertigmacher(in)
- ☐ Pförtner(in)
- ☐ Telefonist(in)
- ☐ Mitarbeiter(in) in der Poststelle eines Betriebes/einer Behörde
- ☐ Büro- oder Verwaltungshilfskraft
- ☐ Montierer(in) in der Metall- und Elektroindustrie

verrichten?
Falls nein: Welche medizinischen Erwägungen stehen dem entgegen?

(8) Besteht hinsichtlich des Weges zur Arbeitsstätte bei dem Kläger/der Klägerin eine uneingeschränkte Wegefähigkeit oder ergeben sich Einschränkungen, ggf. welche?

(9) Hinsichtlich einer möglichen Besserungsaussicht: Ist es bei bestehender quantitativ eingeschränkter Erwerbsfähigkeit unwahrscheinlich, dass die Minderung der Erwerbsfähigkeit behoben werden kann?

(10) Ab welchem Zeitpunkt gilt die gutachtliche Beurteilung?
Variante 1
Gilt sie insbesondere bereits seit
(......................................)[226]?
Variante 2
Aus Rechtsgründen kommt es auf die Diagnosen und das Leistungsvermögen
a) in der Zeit bis .....
b) in der Zeit ab ......entscheidend an.
Rechtlicher Hinweis für den Sachverständigen:
Bei der Beurteilung, ob anlässlich der og Zeitpunkte eine Leistungsminderung auf nicht absehbare Zeit vorlag, ist eine rückschauende, dh retrospektive Betrachtungsweise aus der Sicht zum Zeitpunkt der gutachtlichen Untersuchung geboten; es kommt nicht darauf an ob anlässlich der genannten Zeitpunkte seinerzeit die Annahme gerechtfertigt gewesen ist, dass Aussicht auf Behebung der Leistungsminderung besteht.

(11) Aufgrund welcher Anknüpfungstatsachen im medizinischen Berichtswesen ergibt sich ggf. eine rückwirkende Leistungsbeurteilung?

(12) Wird die Begutachtung des Klägers/der Klägerin auf einem anderen medizinischen Fachgebiet für erforderlich gehalten? Falls ja: Auf welchem Fachgebiet soll aus welchen Gründen ein weiteres Gutachten eingeholt werden?

(13) Haben sich anlässlich der Begutachtung Zweifel an der Fähigkeit des Klägers/der Klägerin ergeben, sich an die Erfordernisse im Erwerbsleben anzupassen bzw. sich umzustellen?

(14) In welchen Punkten weicht das nunmehr erstattete Gutachten hinsichtlich der objektiv bei dem Kläger/der Klägerin erhobenen Befunde und/oder hinsichtlich der daraus für das (Rest-)Leistungsvermögen abgeleiteten Beurteilung von den zuvor abgegebenen ärztlichen Beurteilungen ab?
Welche Gründe sind für die evtl. Abweichungen ausschlaggebend?

2. Psychologisches Gutachten zur Umstellungs- und Anpassungsfähigkeit

246 (1) Verfügt der Kläger/die Klägerin noch über die erforderliche Umstellungs- und Anpassungsfähigkeit, sich auf die Verrichtung einer anderen als der zuletzt ausgeübten Tätigkeit umzustellen?[227]

(2) Wäre eine Einweisung des Klägers/der Klägerin
a) in eine andere als die zuletzt ausgeübte Tätigkeit
b) in eine Tätigkeit als ...[228]

226 Einzufügen ist hier das Datum der Rentenantragstellung bzw. das Datum, zu welchem letztmals die versicherungsrechtlichen Voraussetzungen erfüllt gewesen sind; vgl. → Rn. 16/17 und 172.

227 Da Psychologen keine Ärzte sind, verbietet es sich, ihnen Fragen nach dem Vorliegen einer bestimmten Erkrankung der Rentenbewerber bzw. nach etwaigen Diagnosen zu stellen. Insoweit fehlt es Ihnen als „Nichtärzten" an der erforderlichen Sachkunde.

228 Hier können die unter Berücksichtigung des ermittelten Restleistungsvermögens aus berufs- und wirtschaftskundlicher Sicht noch in Betracht kommenden Verweisungstätigkeiten genannt werden.

mit einer unzumutbaren psychischen Belastung verbunden?
(3) Welche zusätzlichen Einschränkungen sind bei der Vermittlung des Klägers/der Klägerin in eine Erwerbstätigkeit ggf. zu berücksichtigen?
(4) Ab welchem Zeitpunkt gilt die gutachtliche Beurteilung?
Gilt sie insbesondere bereits seit
(..)[229]?
(5) Aufgrund welcher Anknüpfungstatsachen ergibt sich gegebenenfalls eine rückwirkende Leistungsbeurteilung?
(6) Ist es bei im Falle einer eingeschränkter bzw. aufgehobenen Umstellungs- und Anpassungsfähigkeit des Klägers/der Klägerin unwahrscheinlich, dass die Beeinträchtigung behoben werden kann?
(7) In welchen Punkten weicht das nunmehr erstattete Gutachten von den zuvor abgegebenen Beurteilungen ab?
Welche Gründe sind für die evtl. Abweichungen ausschlaggebend?

3. Medizinisches Gutachten bei Rentenentziehung wegen wesentlicher Änderung

(A) Fragen bezogen auf den Zeitpunkt der gutachtlichen Untersuchung[230] 247
(1) Welche Krankheiten oder Behinderungen liegen aktuell bei dem Kläger/der Klägerin auf welchem medizinischen Fachgebiet vor?
(2) Welchen Einfluss haben die genannten Krankheiten bzw. Behinderungen im Einzelnen auf die aktuelle Erwerbsfähigkeit des Klägers/der Klägerin? Handelt es sich insoweit um einen erwerbsmindernden Dauereinfluss?
(3) Kann der Kläger/die Klägerin in quantitativer (zeitlicher) Hinsicht noch regelmäßig
a. mindestens sechs Stunden oder mehr
b. mindestens drei Stunden bis unter sechs Stunden
c. nur noch unter drei Stunden
unter den üblichen Bedingungen des Arbeitsmarktes erwerbstätig sein?
(4) Kann der Kläger/die Klägerin während der festgestellten Zeitdauer in qualitativer Hinsicht noch
- schwere Arbeiten
- mittelschwere Arbeiten
- leichte Arbeiten
ausführen?
(5) Ist das Leistungsvermögen des Klägers/der Klägerin in qualitativer Hinsicht durch funktionelle Leistungseinschränkungen beeinträchtigt? Aus welchen Diagnosen ergeben sich ggf. welche zusätzlich zu beachtenden Funktionseinschränkungen?
(6) Können die dem (Rest-)Leistungsvermögen entsprechenden Tätigkeiten aus ärztlicher Sicht[231] noch unter den idR in den Betrieben üblichen Arbeitsbedingungen verrichtet werden oder ergeben sich weitere sog. betriebsunübliche Einsatzbeschränkungen, ggf. welche?

---

229 Einzufügen ist hier das Datum der Rentenantragstellung bzw. das Datum, zu welchem letztmals die versicherungsrechtlichen Voraussetzungen erfüllt gewesen sind; vgl. → Rn. 16/17 und 172.
230 Dieser Teil der Beweisfragen entspricht weitgehend den üblichen Beweisfragen für ein sog. Zustandsgutachten.
231 Streng genommen handelt es sich hier um eine Rechtsfrage mit berufs- und wirtschaftskundlichen Aspekten, für deren abschließende Beantwortung es dem medizinischen Sachverständigen an der erforderlichen Sachkunde fehlt. Es kann angesichts dessen von ihm nur eine annäherungsweise Einschätzung „aus ärztlicher Sicht" erwartet werden.

(7) Kann der Klägers/die Klägerin aus ärztlicher Sicht[232] noch ohne die Gefahr einer Schädigung der Gesundheit regelmäßig mindestens sechs Stunden pro Arbeitstag Arbeiten auf dem allgemeinen Arbeitsmarkt als[233]

- ☐ ______________________
- ☐ ______________________
- ☐ ______________________
- ☐ ______________________
- ☐ Warensortierer(in)
- ☐ Warenaufmacher(in)/Versandfertigmacher(in)
- ☐ Pförtner(in)
- ☐ Telefonist(in)
- ☐ Mitarbeiter(in) in der Poststelle eines Betriebes/einer Behörde
- ☐ Büro- oder Verwaltungshilfskraft
- ☐ Montierer(in) in der Metall- und Elektroindustrie

verrichten?
Falls nein: Welche medizinischen Erwägungen stehen dem entgegen?

(8) Besteht hinsichtlich des Weges zur Arbeitsstätte bei dem Kläger/der Klägerin eine uneingeschränkte Wegefähigkeit oder ergeben sich Einschränkungen, ggf. welche?

(9) Hinsichtlich einer möglichen Besserungsaussicht:
Ist es bei bestehender quantitativ eingeschränkter Erwerbsfähigkeit unwahrscheinlich, dass die Minderung der Erwerbsfähigkeit behoben werden kann?

(B) Fragen bezogen auf den zurückliegenden Zeitpunkt am ....[234]

(1) Welche Krankheiten oder Behinderungen lagen bei dem Kläger/der Klägerin auf welchem medizinischen Fachgebiet vor? Auf welchen Erkenntnissen beruhen diese bezogen auf die Vergangenheit gestellten Diagnosen?

(2) Welchen Einfluss hatten die genannten Krankheiten bzw. Behinderungen im Einzelnen auf die Erwerbsfähigkeit des Klägers/der Klägerin? Handelte es sich insoweit um einen erwerbsmindernden Dauereinfluss?

(3) Konnte der Kläger/die Klägerin in quantitativer (zeitlicher) Hinsicht noch regelmäßig

a. mindestens sechs Stunden oder mehr
b. mindestens drei Stunden bis unter sechs Stunden
c. nur noch unter drei Stunden

unter den üblichen Bedingungen des Arbeitsmarktes erwerbstätig sein?

(4) Konnte der Kläger/die Klägerin während der festgestellten Zeitdauer in qualitativer Hinsicht noch

- schwere Arbeiten
- mittelschwere Arbeiten
- leichte Arbeiten

ausführen?

(5) War das Leistungsvermögen des Klägers/der Klägerin in qualitativer Hinsicht durch funktionelle Leistungseinschränkungen beeinträchtigt? Aus welchen Diagnosen ergaben sich ggf. welche zusätzlich zu beachtenden Funktionseinschränkungen?

(6) Konnten die dem (Rest-)Leistungsvermögen entsprechenden Tätigkeiten aus ärztlicher Sicht[235] noch unter den idR in den Betrieben üblichen Arbeitsbedingungen ver-

---

232 Streng genommen geht es hier um berufs- und wirtschaftskundliche Aspekte, für deren abschließende Beurteilung es dem medizinischen Sachverständigen an der erforderlichen Sachkunde fehlt. Es kann angesichts dessen von ihm nur eine annäherungsweise Einschätzung „aus ärztlicher Sicht" erwartet werden.

233 Nachfolgend können die im jeweiligen Fall aufgrund der Erwerbsbiographie der Versicherten in Betracht kommenden Verweisungstätigkeiten abgefragt werden; einige der sog. klassischen Verweisungstätigkeiten sind bereits aufgelistet.

234 Dieser Teil der Beweisfragen bezieht sich auf denjenigen Zeitpunkt, gegenüber welchem nachträglich eine wesentliche Änderung eingetreten sein könnte.

235 Streng genommen handelt es sich hier um eine Rechtsfrage mit berufs- und wirtschaftskundlichen Aspekten, für deren abschließende Beantwortung es dem medizinischen Sachverständigen an der erforderlichen Sachkunde fehlt. Es kann angesichts dessen von ihm nur eine annäherungsweise Einschätzung „aus ärztlicher Sicht" erwartet werden.

richtet werden oder ergaben sich weitere sog. betriebsunübliche Einsatzbeschränkungen, ggf. welche?

(7) Konnte der Kläger/die Klägerin aus ärztlicher Sicht[236] noch ohne die Gefahr einer Schädigung der Gesundheit regelmäßig mindestens sechs Stunden pro Arbeitstag Arbeiten auf dem allgemeinen Arbeitsmarkt als[237]

- ☐ ____________________
- ☐ ____________________
- ☐ ____________________
- ☐ ____________________
- ☐ Warensortierer(in)
- ☐ Warenaufmacher(in)/Versandfertigmacher(in)
- ☐ Pförtner(in)
- ☐ Telefonist(in)
- ☐ Mitarbeiter(in) in der Poststelle eines Betriebes/einer Behörde
- ☐ Büro- oder Verwaltungshilfskraft
- ☐ Montierer(in) in der Metall- und Elektroindustrie

verrichten?
Falls nein: Welche medizinischen Erwägungen standen dem entgegen?

(8) Bestand hinsichtlich des Weges zur Arbeitsstätte bei dem Kläger/der Klägerin eine uneingeschränkte Wegefähigkeit oder ergaben sich Einschränkungen, ggf. welche?

(9) Hinsichtlich einer möglichen Besserungsaussicht:
War es bei bestehender quantitativ eingeschränkter Erwerbsfähigkeit unwahrscheinlich, dass die Minderung der Erwerbsfähigkeit behoben werden konnte?

(10) Aufgrund welcher Anknüpfungstatsachen im medizinischen Berichtswesen ergibt sich die rückwirkende Leistungsbeurteilung?

(C) Wird die Begutachtung des Klägers/der Klägerin auf einem anderen medizinischen Fachgebiet für erforderlich gehalten? Falls ja: Auf welchem Fachgebiet soll aus welchen Gründen ein weiteres Gutachten eingeholt werden?

(D) In welchen Punkten weicht das nunmehr erstattete Gutachten hinsichtlich der objektiv bei dem Kläger/der Klägerin erhobenen Befunde und/oder hinsichtlich der daraus für das (Rest-)Leistungsvermögen abgeleiteten Beurteilung von den zuvor abgegebenen ärztlichen Beurteilungen ab?
Welche Gründe sind für die evtl. Abweichungen ausschlaggebend?

II. Beweisfragen bei Leistungen zur Teilhabe

1. Medizinische Rehabilitation

(1) Welche Krankheiten oder Gebrechen oder Schwächen der körperlichen oder geistigen Kräfte liegen bei dem Kläger/der Klägerin vor? 248

(2) Welche Einschränkungen ergeben sich hieraus für die Leistungsfähigkeit des Klägers/der Klägerin im Erwerbsleben vom ärztlichen Standpunkt[238] aus?

(3) Ist die Leistungsfähigkeit des Klägers/der Klägerin insbesondere:
  a) erheblich gefährdet
  dh, ist aufgrund der nach dem Gesundheitszustand zu erwartenden Entwicklung damit zu rechnen, dass ohne Durchführung einer Maßnahme zur medizinischen Rehabili-

236 Streng genommen geht es hier um berufs- und wirtschaftskundliche Aspekte, für deren abschließende Beurteilung es dem medizinischen Sachverständigen an der erforderlichen Sachkunde fehlt. Es kann angesichts dessen von ihm nur eine annäherungsweise Einschätzung „aus ärztlicher Sicht" erwartet werden.

237 Nachfolgend können die im jeweiligen Fall aufgrund der Erwerbsbiographie der Versicherten in Betracht kommenden Verweisungstätigkeiten abgefragt werden; einige der sog. klassischen Verweisungstätigkeiten sind bereits aufgelistet.

238 Streng genommen geht es hier zumindest auch um berufs- und wirtschaftskundliche Aspekte, für deren abschließende Beurteilung es dem medizinischen Sachverständigen an der erforderlichen Sachkunde fehlt. Es kann angesichts dessen von ihm nur eine annäherungsweise Einschätzung „aus ärztlicher Sicht" erwartet werden.

tation eine nicht unwesentliche Minderung der Leistungsfähigkeit hinsichtlich der letzten beruflichen Tätigkeit in den nächsten drei Jahren eintritt?
b) bereits gemindert
dh, ist der Kläger/die Klägerin nicht in der Lage, die bisherige berufliche Tätigkeit in normalem Umfang auszuüben, wobei eine lediglich unwesentliche oder kurzzeitige Minderung außer Betracht zu bleiben hat?

(4) Ist der Kläger/die Klägerin unter Berücksichtigung der unter (1) und (2) getroffenen Feststellungen noch in der Lage, regelmäßig
a) mindestens sechs Stunden arbeitstäglich
b) mindestens drei bis unter sechs Stunden arbeitstäglich
c) weniger als drei Stunden arbeitstäglich
Arbeiten zu verrichten?

(5) Übt der Kläger/die Klägerin die derzeit verrichtete Tätigkeit
als ...
„auf Kosten der Gesundheit" aus
dh, ist mit dieser Tätigkeit eine unmittelbare Gefahr für die Gesundheit verbunden?
Falls ja: Aus welchen Gründen im Einzelnen?

(6) Seit welchem Zeitpunkt besteht das festgestellte Leistungsvermögen?

(7) Hinsichtlich einer möglichen Besserungsaussicht:
Ist es unwahrscheinlich, dass die bestehende Gefährdung bzw. Minderung des Leistungsvermögens behoben werden kann?
Falls ja: Aus welchen Gründen im Einzelnen?

(8) Ist bei bestehender Besserungsaussicht insbesondere eine
a) stationäre Krankenhausbehandlung,
b) stationäre Rehabilitationsmaßnahme im Sinne einer Kur,
c) ambulante Rehabilitationsmaßnahme,
d) ambulante Behandlung
erforderlich bzw. ausreichend?
Aus welchen Gründen im Einzelnen?

(9) Kann durch die unter (8) als erforderlich bzw. ausreichend bezeichnete Behandlung/Rehabilitationsmaßnahme
a) bei gegebener erheblicher Gefährdung der Erwerbsfähigkeit eine Erwerbsminderung abgewendet bzw.
b) bei bereits gegebener Minderung der Erwerbsfähigkeit diese wesentlich gebessert oder wiederhergestellt oder eine wesentlich Verschlechterung abgewendet
werden?

(10) Wird die Begutachtung des Klägers/der Klägerin auf einem anderen medizinischen Fachgebiet für erforderlich gehalten? Falls ja: Auf welchem Fachgebiet sollte aus welchen Gründen ein weiteres Gutachten eingeholt werden?

(11) In welchen Punkten weicht das nunmehr erstattete Gutachten hinsichtlich der objektiv bei dem Kläger/der Klägerin erhobenen Befunde und/oder hinsichtlich der daraus abgeleiteten Beurteilung von den zuvor abgegebenen ärztlichen Beurteilungen ab?
Welche Gründe sind für die evtl. Abweichungen ausschlaggebend?

2. Teilhabe am Arbeitsleben

249 (1) Welche Krankheiten oder Gebrechen oder Schwächen der körperlichen oder geistigen Kräfte liegen bei dem Kläger/der Klägerin vor?

(2) Welche Einschränkungen ergeben sich hieraus für die Leistungsfähigkeit des Klägers/der Klägerin im Erwerbsleben vom ärztlichen Standpunkt[239] aus?

---

239 Streng genommen geht es hier zumindest auch um berufs- und wirtschaftskundliche Aspekte, für deren abschließende Beurteilung es dem medizinischen Sachverständigen an der erforderlichen Sachkunde fehlt. Es kann angesichts dessen von ihm nur eine annäherungsweise Einschätzung „aus ärztlicher Sicht" erwartet werden.

(3) Ist die Leistungsfähigkeit des Klägers/der Klägerin insbesondere:
   a) erheblich gefährdet
      dh, ist aufgrund der nach dem Gesundheitszustand zu erwartenden Entwicklung damit zu rechnen, dass ohne Durchführung einer Maßnahme zur Teilhabe am Arbeitsleben eine nicht unwesentliche Minderung der Leistungsfähigkeit hinsichtlich der letzten beruflichen Tätigkeit in den nächsten drei Jahren eintritt?
   b) bereits gemindert
      dh, ist der Kläger/die Klägerin nicht in der Lage, die bisherige berufliche Tätigkeit in normalem Umfang auszuüben, wobei eine lediglich unwesentliche oder kurzzeitige Minderung außer Betracht zu bleiben hat?

(4) Ist der Kläger/die Klägerin unter Berücksichtigung der unter (1) und (2) getroffenen Feststellungen noch in der Lage, regelmäßig
   a) mindestens sechs Stunden arbeitstäglich
   b) mindestens drei bis unter sechs Stunden arbeitstäglich
   c) weniger als drei Stunden arbeitstäglich
   Arbeiten zu verrichten?

(5) Übt der Kläger/die Klägerin die derzeit verrichtete Tätigkeit
   als ...
   „auf Kosten der Gesundheit" aus
   dh, ist mit dieser Tätigkeit eine unmittelbare Gefahr für die Gesundheit verbunden?
   Falls ja: Aus welchen Gründen im Einzelnen?

(6) Seit welchem Zeitpunkt besteht das festgestellte Leistungsvermögen?

(7) Hinsichtlich einer möglichen Besserungsaussicht:
   Ist es unwahrscheinlich, dass die bestehende Gefährdung bzw. Minderung des Leistungsvermögens behoben werden kann?
   Falls ja: Aus welchen Gründen im Einzelnen?

(8) Sind bei bestehender Besserungsaussicht insbesondere Leistungen zur Teilhabe am Arbeitsleben in Gestalt einer
   ....
   erforderlich bzw. ausreichend?
   Aus welchen Gründen im Einzelnen?

(9) Kann durch die unter (8) als erforderlich bzw. ausreichend bezeichneten Leistungen
   a) bei gegebener erheblicher Gefährdung der Erwerbsfähigkeit eine Erwerbsminderung abgewendet bzw.
   b) bei bereits gegebener Minderung der Erwerbsfähigkeit diese wesentlich gebessert oder wiederhergestellt oder eine wesentlich Verschlechterung abgewendet bzw.
   c) der Arbeitsplatz erhalten[240]
   werden?

(10) Wird die Begutachtung des Klägers/der Klägerin auf einem anderen medizinischen Fachgebiet für erforderlich gehalten? Falls ja: Auf welchem Fachgebiet sollte aus welchen Gründen ein weiteres Gutachten eingeholt werden?

(11) In welchen Punkten weicht das nunmehr erstattete Gutachten hinsichtlich der objektiv bei dem Kläger/der Klägerin erhobenen Befunde und/oder hinsichtlich der daraus abgeleiteten Beurteilung von den zuvor abgegebenen ärztlichen Beurteilungen ab?
   Welche Gründe sind für die evtl. Abweichungen ausschlaggebend?

240 Streng genommen geht es hier zumindest auch um berufs- und wirtschaftskundliche Aspekte, für deren abschließende Beurteilung es dem medizinischen Sachverständigen an der erforderlichen Sachkunde fehlt. Es kann angesichts dessen von ihm nur eine annäherungsweise Einschätzung „aus ärztlicher Sicht" erwartet werden.

III. Beweisfragen bei Versorgungsehe[241]

250 (1) Welche Erkrankungen lagen bei dem/der verstorbenen Versicherten zum Zeitpunkt der Eheschließung am ... vor?

(2) Welchen Einfluss haben die unter (1) genannten Erkrankungen bei üblichem Krankheitsverlauf auf die Lebenserwartung?

(3) Bei welcher der unter (1) genannten Erkrankungen ist zu welchem Zeitpunkt eine Änderung im Krankheitsverlauf mit signifikantem Einfluss auf die Lebenserwartung eingetreten, ggf. welche?

(4) Welche Erkrankungen und welche medizinisch bedeutsamen Entwicklungen im Krankheitsverlauf haben zum Tode des/der Versicherten am ... geführt?

(5) Bestand bei dem/der Versicherten zum Zeitpunkt der Eheschließung am ... unter Berücksichtigung des bis dahin dokumentierten Krankheitsverlaufs eine Ein-Jahres-Überlebenswahrscheinlichkeit?
Falls ja: Aus welchen Gründen im Einzelnen?
Falls nein: Welche Entwicklungen im Krankheitsverlauf im Einzelnen sprechen gegen eine solche Annahme?

(6) War für den medizinischen Laien und insbesondere für den überlebenden Ehegatten/die überlebende Ehegattin zum Zeitpunkt der Eheschließung am ... erkennbar, dass bezüglich des/der Versicherten keine Ein-Jahres-Überlebenswahrscheinlichkeit mehr bestand?
Falls ja: Aufgrund welcher für den medizinischen Laien offenkundigen Krankheitssymptome bzw. aufgrund welcher zu welchem genauen Zeitpunkt von den behandelnden Ärzten gegeben Hinweise?
Falls nein: Aus welchen Gründen im Einzelnen war dies nicht erkennbar?

C. Weiterführende Literatur- und Internethinweise

Becher/Ludolph (Herausgeber), Grundlagen der ärztlichen Begutachtung, 2011; *Deutsche Rentenversicherung Bund (Herausgeber)*, Sozialmedizinische Begutachtung für die gesetzliche Rentenversicherung, 7. Aufl. 2011; *Deutsche Rentenversicherung Bund (Herausgeber)*, Sozialmedizinisches Glossar der Deutschen Rentenversicherung, DRV Schriften Band 81 – Juli 2013; *Egle/Kappis/Schairer/Stadtland (Herausgeber)*, Begutachtung chronischer Schmerzen; *Frances*, Normal: Gegen die Inflation psychiatrischer Diagnosen, 2013; *Fritze/Mehrhoff (Herausgeber)*, Die Ärztliche Begutachtung: Rechtsfragen, Funktionsprüfungen, Beurteilungen, 8. Aufl. 2012; *Hoffmann-Richter/Jeger/Schmidt*, Das Handwerk ärztlicher Begutachtung, 2012; *Schneider/Dohrenbusch/Henningsen/Freyberger/Irle/Köllner/Widder (Herausgeber)*, Begutachtung bei psychischen und psychosomatischen Erkrankungen: Autorisierte Leitlinien und Kommentare, 2. Aufl. 2015; *Steiner*, Schnittstellenprobleme bei der Einholung und Verwertung von medizinischen Sachverständigengutachten, in: MedSach 2010, S. 245-254; *ders.*, Berufs- und wirtschaftskundliche Aspekte bei Erwerbsminderungsrenten, Teil I, in: SGb 2011, S. 310-315 und Teil II, in: SGb 2011, S. 365-371; *ders.*, Die Versorgungsehe in der gesetzlichen Rentenversicherung, in: SGb 2015, S. 589-598; *Widder/Gaidzik (Herausgeber)*, Begutachtung in der Neurologie, 2. Aufl. 2011.

https://www.behindertenrechtskonvention.info/

http://www.awmf.org/awmf-online-das-portal-der-wissenschaftlichen-medizin/awmf-aktuell.html

241 Es kommt hier regelmäßig nur die Einholung eines medizinischen Sachverständigengutachtens nach Aktenlage in Betracht.

§ 4 Begutachtung in der gesetzlichen Unfallversicherung

A. Begutachtungsrelevante Streitfragen in der gesetzlichen Unfallversicherung

I. Aufgaben der gesetzlichen Unfallversicherung und Streitgegenstände vor Gericht

Die **Aufgaben der gesetzlichen Unfallversicherung** (gUV) bestehen gemäß § 1 SGB VII 1
neben der Verhütung von Arbeitsunfällen, Berufskrankheiten und arbeitsbedingten Gesundheitsgefahren in der Wiederherstellung der Gesundheit und Leistungsfähigkeit der Versicherten sowie ihrer Entschädigung als auch die ihrer Angehörigen und Hinterbliebenen.[1] Sie ist zum einen eine **echte Unfallversicherung** zum Schutz der Beschäftigten, die von den Unternehmern auf eigene Rechnung durchgeführt wird, zugleich stellt sie eine Art **Haftpflichtversicherung** der Unternehmer dar, durch welche deren zivilrechtliche Haftpflicht gegenüber den Beschäftigten außer bei Vorsatz abgelöst wird und diese dadurch freigestellt werden.[2] Es handelt sich um eine **Versicherung kraft Gesetzes**, weshalb zur Begründung des Versicherungsschutzes die Aufnahme der Tätigkeit und die Herstellung der Verfügungsgewalt des Unternehmers über die Arbeitskraft des Beschäftigten genügt.[3] Des Weiteren wurde die systematisch im Bereich der sozialen Entschädigung eingeordnete sogenannte **unechte Unfallversicherung**[4] entwickelt für solche Personen, die zwar nicht im Rahmen eines Arbeitsverhältnisses tätig werden, aber ähnlich schutzbedürftig sind wie z.B. Schülerinnen, Schüler und Studierende während des Schul- und Hochschulbesuchs.[5] Der Kreis der versicherten Personen wird erweitert durch § 3 SGB VII, der den Berufsgenossenschaften ermöglicht, durch Satzung bestimmte Personen, insbesondere **Unternehmer**, in die Pflichtversicherung aufzunehmen.[6] Besteht weder eine Versicherung kraft Gesetzes noch kraft Satzung, gibt es für Unternehmer und unternehmerähnliche Personen gemäß § 6 Abs. 1 Nr. 1, 2 SGB VII die Möglichkeit des **freiwilligen Beitritts.**

Für die erfolgreiche Geltendmachung von Ansprüchen kommt es weder auf den 2
Nachweis eines Verschuldens des Arbeitgebers noch auf ein etwaiges **Mitverschulden** des Versicherten an, zumal verbotswidriges Handeln einen Versicherungsfall gem. § 7 Abs. 2 SGB VII nicht ausschließt.[7]

---

1 Vgl. zur Entstehungsgeschichte *Niemeyer/Freund* NZS 1996, 497; *Graeff* SGb 1996, 297.

2 *Gitter*, Schadensausgleich im Arbeitsunfallrecht, S. 38 ff., 211 ff.

3 Vgl. § 121 Abs. 1 SGB VII. Das System eines Zwangsversicherungssystems in der gUV stellt keinen Verstoß gegen das europäische Wettbewerbsrecht bzw. die Dienstleistungsfreiheit dar; EuGH 5.3.2009 – C-350/07 – Kattner Stahlbau GmbH – ZESAR 2009, 343 ff.; EuGH 28.4.1998 – C-158/96 – Kohll – EuGHE I 1998, 1931, Rn 41; EuGH 12.7.2001 – C-157/99 – Smits und Peerbooms – EuGHE I 2001, 5473; EuGH 19.4.2007 – C-444/05 – Stamatelaki – EuGHE I 2007, 3185, Rn. 30; s. zum Vorstehenden Bieresborn, jurisPR-SozR 14/2009 Anm. 1.

4 S. BVerfG 20.5.1987 – 1 BvR 762/85, BVerfGE 75, 348 sowie BVerfG 23.1.1990 – 1 BvL 44/86, 1 BvL 48/87 – BVerfGE 81, 156; s. kritisch zur Terminologie *P. Becker*, GUV: Versicherte Personen und Tätigkeiten, BG 2011, 224, 228.

5 S. § 2 Abs. 1 Nr. 8 a, Nr. 10–13 und Nr. 16 SGB VII.

6 *Ricke,* Satzungsversicherung für Unternehmensbesucher: Fremdkörper in der gesetzlichen Unfallversicherung?, NZS 1998, 420 ff.

7 Vgl. BVerfG 7.11.1972 – 1 BvL 4/71, 1 BvL 17/71, 1 BvL 10/72, 1 BvR 355/71 – BVerfGE 34, 118, 136; BSG 12.4.2005 – B 2 U 11/04 R – BSGE 94, 262 = SozR 4-2700 § 8 Nr. 14 jeweils Rn. 5; BSG 12.4.2005 – B 2 U 27/04 R – BSGE 94, 269 = SozR 4-2700 § 8 Nr. 15 jeweils Rn. 5; Gitter, Schadensausgleich im Arbeitsunfallrecht, S. 246; B. Schmidt, BB 2002, 1859, 1860.

3 Rechtsstreite in der gUV haben meistens die **Anerkennung eines Versicherungsfalls** oder die **Höhe der Entschädigung** eines anerkannten Versicherungsfalls als Streitgegenstand, wobei beide Gesichtspunkte die Einholung von medizinischen Gutachten erfordern können. **Versicherungs- und Leistungsfall** fallen häufig auseinander, weil nicht jedes Arbeitsunfallereignis bzw. jede anerkennungsfähige Berufskrankheit zwingend entschädigungspflichtig ist.[8] Steht die Anerkennung eines Versicherungsfalls im Streit, ist die Expertise des SV einmal zur Feststellung eines Gesundheitsschadens, häufiger aber zur Kausalität zwischen Unfallereignis bzw. Einwirkung und Gesundheitsschaden gefragt. Bei streitigen Leistungen geht es dann häufig um die verbliebenen Funktionsbeeinträchtigungen (**Verletztenrente**) oder das Bestehen unfallbedingter Arbeitsunfähigkeit (**Verletztengeld**).

II. Der Versicherungsfall

1. Allgemeines

4 Gem. § 7 SGB VII sind Versicherungsfälle der gUV Arbeitsunfälle sowie Berufskrankheiten. Nach § 8 SGB VII ist **Arbeitsunfall** ein Unfall, den ein Versicherter bei einer der den Versicherungsschutz nach §§ 2, 3 oder 6 SGB VII begründenden Tätigkeiten erleidet. **Berufskrankheiten** sind nach § 9 Abs. 1 S. 1 SGB VII[9] Krankheiten, die die Bundesregierung durch Rechtsverordnung mit Zustimmung des Bundesrates als Berufskrankheiten bezeichnet und die Versicherte infolge einer den Versicherungsschutz begründenden Tätigkeit erleiden.[10]

5 Maßgebliches Abgrenzungskriterium zwischen **Arbeitsunfall** und **Berufskrankheit** ist der **zeitliche Umfang**: Unfälle sind zeitlich begrenzte, von außen auf den Körper einwirkende Ereignisse, die zu einem Gesundheitsschaden oder zum Tode führen, wobei der der Begriff der zeitlichen Begrenzung einen Zeitraum bis zu einer **Arbeitsschicht** erfasst, während Berufskrankheiten Einwirkungen voraussetzen, die über diese Zeitspanne hinausgehen.[11]

6 Versichert sind auch die mit der versicherten Tätigkeit **zusammenhängenden Wege**, und zwar gem. § 8 Abs. 2 SGB VII das Zurücklegen nach und von dem Ort der Tätigkeit. Unterbricht der Versicherte den ursprünglich angetretenen Weg und nimmt er nach der Beendigung der eigenwirtschaftlichen Verrichtung diesen wieder auf, handelt es sich nur dann erneut um einen versicherten Weg iSd § 8 Abs. 2 SGB VII, wenn nach Dauer und Art der **Unterbrechung** keine endgültige Lösung von dem Zurücklegen des Weges als der versicherten Tätigkeit vorliegt.[12]

---

8 Vgl. BSG 4.7.1995 – 2 RU 42/94, NZS 1996, 30 sowie *Wagner*, in: jurisPK SGB VII, § 7 Rn 7; s. zum Leistungsfall Rn 35.

9 I.d.F. vom 7.8.1996, BGBl. I, 1254.

10 Darüber hinaus werden nach § 9 Abs 2 SGB VII Wie-Berufskrankheiten entschädigt, s. näher Rn 26.

11 S. BSG 26.9.1961 – 2 RU 191/59 – BSGE 15, 112, 113; BSG 28.1.1996 – 2 RU 151/63 – BSGE 24, 216, 219.

12 Zuletzt BSG vom 5.7.2016 – B 2 U 16/14 R – zur Veröffentlichung in SozR vorgesehen; BSG vom 4.7.2013 – B 2 U 12/12 R – juris RdNr. 18 f. – UV-Recht Aktuell 2013, 1095-1101. Der Aufenthalt während der (privaten) Unterbrechung ist nicht versichert (Ausnahme: Geringfügigkeit, z.B. Einwurf in Briefkasten), BSG, Urt. vom 10.10.2006 – B 2 U 20/05 R, SozR 4-2700 § 8 Nr. 19 Rn. 16; BSG vom 27.10.2009 – B 2 U 23/08 R, juris; BSG vom 2.7.1996 -2 RU 16/95 – SozR 3-2200 § 550 Nr 14; BSG vom 28.2.1964 – 2 RU 185/61 – SozR Nr 49 zu § 543 RVO.; BSG vom 20.5.1976 – 8 RU 134/75 – SozR 2200 § 539 Nr. 21.

Beweisrechtlich ist zu beachten, dass das Unfallereignis selbst bzw die Einwirkungen sowie die versicherte Tätigkeit als auch die Erkrankung mit dem sog. **Vollbeweis** nachgewiesen sein müssen. Eine Tatsache ist danach bewiesen, wenn sie in so hohem Maße wahrscheinlich ist, dass alle Umstände des Falles nach vernünftiger Abwägung des Gesamtergebnisses des Verfahrens nach allgemeiner Lebenserfahrung geeignet sind, die volle richterliche Überzeugung zu begründen.[13] Für die nach der Theorie der wesentlichen Bedingung zu beurteilenden **Ursachenzusammenhänge**, die als ebenfalls anspruchsbegründende Voraussetzung positiv festgestellt werden müssen,[14] genügt indes die **hinreichende Wahrscheinlichkeit**, nicht allerdings die bloße Möglichkeit.[15] 7

2. Der Arbeitsunfall

a) Prüfungspunkte

8

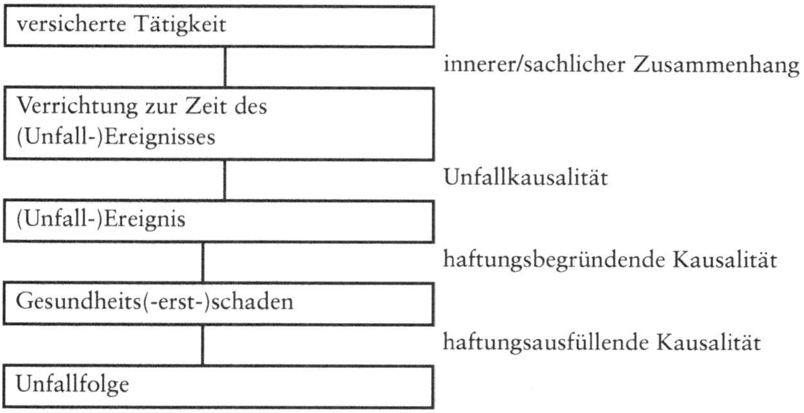

b) Zurechnungszusammenhang mit versicherter Tätigkeit

Voraussetzung für die Anerkennung eines Unfalles als Arbeitsunfall ist, dass das konkrete unfallbringende Verhalten im **Zurechnungszusammenhang** mit einer im Sinne des § 2 ff. SGB VII **versicherten Tätigkeit** steht.[16] Dieser innere bzw. sachliche Zusammenhang beinhaltet eine durch das Gericht vorzunehmende **juristische Wertung**, die sich am Entscheidungsmaßstab der normativen Reichweite des Versicherungsschutzes vollzieht, nicht hingegen eine **philosophisch naturwissenschaftliche Kausalitätsfrage**, 9

13 BSG vom 2.4.2009 – B 2 U 29/07 R, juris; BSG vom 29.3.1963 – 2 RU 75/61, BSGE 19, 52 = SozR Nr. 62 zu § 542 a.F. RVO; BSG vom 16.2.1971 – 1 RA 113/70, BSGE 32, 203, 209 = SozR Nr. 15 zu § 1263 a.F. RVO; BSGE 45, 285, 287 = SozR 2200 § 548 Nr. 38; BSGE 58, 80, 83 = SozR 2200 § 555 a Nr. 1; BSG, Urt. vom 2.6.1959 – 2 RU 158/56, SozR Nr. 20 zu § 542 RVO; BSG, SozR Nr. 41 zu § 128 SGG; BSG, SozR 3-1300 § 48 Nr. 67; Schönberger/Mehrtens/Valentin, Kap 1.8.2, S. 119 f.; *Meyer-Ladewig/ Keller/Leitherer*, SGG, § 128 Rn. 3 c.

14 BSG 9.5.2006 – B 2 U 1/05 R – BSGE 96, 196 = SozR 4-2700 § 8 Nr. 17 Rn 20.

15 BSG 2.4.2009 – B 2 U 30/07 R – BSGE 103, 45 = SozR 4-5671 Anl. 1 Nr. 3101 Nr. 4 Rn 16 m.w.N.; BSG 2.4.2009 – B 2 U 9/08 R – BSGE 103, 59 = SozR 4-2700 § 9 Nr. 14, Rn. 9 m.w.N.; BSG 4.7.2013 – B 2 U 11/12 R – BSGE 114, 90 = SozR 4-5671 Anl. 1 Nr. 2109 Nr. 1 Rn. 12; BSG 15.9.2011 – B 2 U 22/10 R – NZS 2012, 151 = juris Rn. 14; BSG 15.9.2011 – B 2 U 25/10 R – SozR 4-5671 Anl. 1 Nr. 4111 Nr. 3 Rn. 14.

16 Bei über § 3 SGB VII versicherter unternehmerischer Tätigkeit ist der innere Zusammenhang nur zu bejahen für Tätigkeiten, die für das Unternehmen unmittelbare konkrete Bedeutung haben; *Ricke* in: Kasseler Kommentar, SGB VII, § 8 Rn. 132; LSG Hessen 23.3.2010 – L 3 U 168/05 – juris.

die tatsächlicher Natur und daher dem Beweis zugänglich ist.[17] § 2 SGB VII bestimmt für den Bereich der gUV den Kreis der **kraft Gesetzes versicherungspflichtigen Personen.** Dies bedeutet, dass bei Vorliegen der tatbestandlichen Voraussetzungen automatisch ohne weitere Zwischenschritte die betreffenden Personen zum versicherten Personenkreis zählen. Die **Abgabe von Willenserklärungen** ist im Unterschied zur **freiwilligen Versicherung** gem. § 6 SGB VII nicht erforderlich. Eine nach § 2 Abs. 1 Nr. 1 SGB VII versicherte Tätigkeit als Beschäftigter wird verrichtet, wenn der Verletzte zur Erfüllung eines von ihm begründeten Rechts- und damit Beschäftigungsverhältnisses, insbesondere eines Arbeitsverhältnisses, eine eigene Tätigkeit in Eingliederung in das Unternehmen eines anderen (vgl. § 7 Abs. 1 SGB IV) zu dem Zweck verrichtet, dass die Ergebnisse seiner Verrichtung diesem und nicht ihm selbst unmittelbar zum Vorteil oder Nachteil gereichen (vgl. § 136 Abs. 3 Nr. 1 SGB VII).[18] Entscheidend ist die **Handlungstendenz.**[19] Die Aufzählung in § 2 Abs. 1 SGB VII ist abschließend. Liegen die Voraussetzungen des Absatzes 1 nicht vor, ist zu prüfen, ob zumindest eine „Wie-Beschäftigung" nach Absatz 2 vorliegt.[20]

10 **Bei gemischten Tätigkeiten** liegen (zumindest) zwei gleichzeitig ausgeübte objektiv wahrnehmbare, untrennbare Verrichtungen vor, von denen (wenigstens) eine den Tatbestand einer versicherten Tätigkeit erfüllt.[21] Gemäß dem in der gUV geltenden „Alles oder Nichts-Prinzip" muss entschieden werden, ob das konkrete unfallbringende Verhalten der versicherten Tätigkeit oder dem eigenwirtschaftlichen nicht versicherten Bereich angehört.[22]

11 Von der gemischten Tätigkeit ist ein **Handeln mit gemischter Motivationslage** oder **gespaltenen Handlungstendenz** abzugrenzen, bei dem nur eine einzige objektiv wahrnehmbare Verrichtung ausgeübt wird, die aber gleichzeitig sowohl einen privatwirtschaftlichen als auch betrieblichen, auf die Erfüllung eines Versicherungstatbestandes gerichteten Zweck verfolgt.[23] Eine solche Verrichtung erfüllt dann den Tatbestand der versicherten Tätigkeit, wenn das konkrete Geschehen hypothetisch auch ohne die private Motivation des Handelns vorgenommen worden wäre.[24]

c) Unfallereignis

12 Der Unfall muss ein **von außen auf den Körper einwirkendes Ereignis** sein. Das Erfordernis der Einwirkung von außen dient der Abgrenzung von unfallbedingten Gesundheitsschäden zu Gesundheitsbeeinträchtigungen aus inneren Ursachen sowie zu

17 Vgl. Krasney, VSSR 1993, 81, 113; s. auch Schulin, in: Handbuch des Sozialversicherungsrechts, § 29 Rn. 8 und § 32 Rn. 12.
18 BSG.11.2013 – B 2 U 15/12 R.
19 Zuletzt zum Home-Office BSG 5.7.2016 – B 2 U 5/15 R – BSGE vorgesehen.
20 Bieresborn, juris-PK, § 2 Rn 379.
21 Vgl. BSG 26.6.2014 – B 2 U 4/13 R; vgl. auch grundlegend BSG 9.11.2010 – B 2 U 14/10 R – juris Rn 22 – SozR 4-2700 § 8 Nr. 39 sowie BSG 15.5.2012 – B 2 U 8/11 R – juris Rn. 75 – BSGE 111, 37 = SozR 4-2700 § 2 Nr. 20; hierzu *Spellbrink* WzS 2011, 351.
22 S. BSG 9.11.2010 – B 2 U 14/10 R – juris; BSG 5.5.1994 – 2 RU 26/93 – SozR 3-2200, § 548 Nr. 19; BSG 12.4. 2005 – B 2 U 11/04 R – SozR 4-2700, § 8 Nr. 14; BSG 1.7.1997 – 2 RU 36/96 – SozR 3-2200, § 548 Nr. 32.
23 Vgl. BSG 9.11.2010 – B 2 U 14/10 R – juris Rn. 23 – SozR 4-2700 § 8 Nr. 39 und BSG 18.6.2013 – B 2 U 7/12 R – juris Rn. 14 mwN. – SozR 4-2700 § 8 Nr. 48.
24 Vgl. BSG 26.6.2014 – B 2 U 4/13 R – SozR 4-2700 § 8 Nr. 52; vgl. auch BSG 9.11.2010 – B 2 U 14/10 R – juris Rn. 24 m.w.N. – SozR 4-2700 § 8 Nr. 39.

Selbstschädigungen.[25] Nicht geschützt sollen Unfälle sein, die auf aus dem Menschen selbst kommenden Ereignissen beruhen.[26]

d) Gesundheitsschaden

Als Gesundheitsschaden genügt jeder **regelwidrige körperliche, geistige oder seelische Zustand** unabhängig von Umfang und Dauer.[27] Im Unterschied zur Krankenversicherung muss keine Behandlungsbedürftigkeit oder Arbeitsunfähigkeit damit verbunden sein. Das Entstehen von länger andauernden Folgen aufgrund des **Gesundheitserstschadens** (Primärschadens) ist keine Voraussetzung für die Anerkennung eines Versicherungsfalls, sondern für die Gewährung einer Verletztenrente (§ 56 SGB VII, Leistungsfall).[28] 13

e) Verschlimmerung

Auch die Verschlimmerung eines vorbestehenden Gesundheitsschaden durch ein versichertes Unfallereignis/versicherte Einwirkungen begründet den Versicherungsfall. Die Grunderkrankung muss **zumindest quantitativ ein größeres Ausmaß** erfahren haben.[29] Voraussetzung ist, dass der bestehende Schaden in eine geänderte Erscheinungsform gebracht wird, wobei der gesamte Gesundheitsschaden rechtlich zerlegt wird in einen vor der Einwirkung bereits bestehenden einerseits und den danach gegebenen und durch ihn wesentlich bedingten verschlimmerten Teil andererseits. Da nur der letztere Anteil unfallversicherungsrechtlich relevant ist, muss er entsprechend abgrenzbar sein.[30] 14

f) Kausalitätsbegriff in der gUV

aa) Allgemeines

Der gUV liegt aufgrund ihrer Funktion der Haftungsersetzung das so genannte **Kausalprinzip** zugrunde, d.h., dass eine Entschädigungspflicht nur bei bestimmten sich aus der versicherten Tätigkeit verwirklichenden Risiken besteht, während in der Kranken- und der Rentenversicherung allgemeine Lebensrisiken geschützt werden.[31] Nach der jüngeren Rechtsprechung des BSG unterscheidet man die **„Unfallkausalität“** als kausale Verknüpfung zwischen der der versicherten Tätigkeit zuzurechnenden Verrichtung zur Zeit des Unfallereignisses und dem Unfallereignis, sodann die Verknüpfung zwischen dem Unfallereignis und dem Gesundheitserstschaden (Primär- 15

---

25 BSG 29.11.2011 – B 2 U 10/11 R – SozR 4-2700 § 8 Nr. 42, Rn 16; zuletzt BSG 17.12.2015 – B 2 U 8/14 R – SozR 4-2700 § 8 Nr. 55, Rn. 12; vgl BSG 12.4.2005 – B 2 U 27/04 R – BSGE 94, 269 = SozR 4-2700 § 8 Nr. 15, Rn 7.

26 Zuletzt BSG 17.12.2015 – B 2 U 8/14 R – SozR 4-2700 § 8 Nr. 55 Rn 22. Vgl BSG 29.2.1984 – 2 RU 24/83 – juris Rn 15; BSG 18.3.1997 – 2 RU 8/96 – juris Rn 22, jeweils mwN; s. auch Schwerdtfeger in: Lauterbach, Unfallversicherung, § 2 SGB VII. Rn 542, 543.

27 BSG 18.12.1986 – 4 a RJ 9/86 – BSGE 61, 113, 116; vgl. BSG 9.5.2006 – B 2 U 1/05 R – BSGE 96, 196 = SozR 4-2700 § 8 Nr. 17 Rn. 10 ff.; Ricke in: KassKomm, Stand: 9/2015, § 8 SGB VII, Rn. 20; ausf. *Grüner* in: Bieresborn, Einführung in die medizinische Sachverständigentätigkeit vor Sozialgerichten, S. 139 ff.

28 Vgl. BSG 12.4.2005 – B 2 U 11/04 R – BSGE 94, 262 = SozR 4-2700 § 8 Nr. 14 und BSG 12.4.2005 – B 2 U 27/04 R – BSGE 94, 269 = SozR 4-2700 § 8 Nr. 15, jeweils Rn. 5. Zur Anerkennung einer psychischen Störung als Unfallfolge ist eine exakte Diagnose der Krankheit nach einem der international anerkannten Diagnosesysteme ICD-10; DSM IV erforderlich, BSG 9.5.2006 – B 2 U 1/05 R – BSGE 96, 196 ff.

29 *Becker* MedSach 2016, 6, 7 f.

30 *Krasney* in Becker/Burchardt/Krasney/Kruschinsky/Heinz/Bieresborn, GUV. Stand: 1/2016, § 8 Rn. 383; *Becker* MedSach 2016, 6, 8; Hessisches LSG 1.2.2013 – L 9 U 41/10.

31 *Igl/Welti*, Sozialrecht, Rn. 404.

schaden) als **„haftungsbegründende Kausalität“** und schließlich die **„haftungsausfüllende Kausalität“** hinsichtlich weiterer daraus resultierender Sekundärschäden.[32] Darüber hinaus sind **mittelbare Unfallfolgen** im weiteren Sinn in Form von Gesundheitsschäden, die nicht wesentlich durch den Gesundheitserstschaden des Versicherungsfalls verursacht wurden, aber diesem oder einem (behaupteten) Unfallereignis aufgrund einer besonderen gesetzlichen Zurechnungsnorm zuzurechnen sind, zu berücksichtigen und gegebenenfalls zu entschädigen (§ 11 SGB VII).[33]

16 Im Sozialrecht werden im Unterschied zum Zivilrecht[34] als kausal und rechtserheblich nur solche Ursachen angesehen, die wegen ihrer besonderen Beziehung zum Erfolg zu dessen Eintritt wesentlich mitgewirkt haben.[35] Die Theorie von der wesentlichen Bedingung beruht auf der **naturwissenschaftlich-philosophischen Bedingungstheorie** als Ausgangsbasis. Daher hat **der erste Prüfungsschritt** hinsichtlich des Kausalzusammenhangs (*1. Stufe*) immer der Feststellung der rein naturwissenschaftlichen Verursachung zu gelten, die gewöhnlich am Maßstab der „Bedingung, ohne die es nicht geht“ (*conditio sine qua non*) gemessen wird *(= Wirkursache)* (s. dazu Rn 18). Aufgrund der Unbegrenztheit der naturwissenschaftlich-philosophischen Ursache für einen Erfolg ist für die praktische Rechtsanwendung in einem **zweiten Prüfungsschritt** (*2. Stufe*) die Unterscheidung zwischen solchen Ursachen notwendig, die rechtlich für den Erfolg verantwortlich gemacht werden bzw. denen der Erfolg zugerechnet wird, und den anderen für den Erfolg rechtlich unerheblichen Ursachen *(= Rechtsfrage)*[36] (s. dazu Rn 22). Der SV kann naturgemäß nur den ersten Prüfungsschritt aufgrund seiner Fachkunde beurteilen, die dem 2. Schritt zugrunde liegende Wertung hat das Gericht vorzunehmen. Allerdings obliegt es auch hier dem SV, den quantitativen und qualitativen Verursachungsanteil als Wertungsgrundlage wenn möglich zu beurteilen.

17 Bei **typischen Geschehensabläufen** ist es möglich, von der Ursache auf die Wirkung oder von der eingetretenen Wirkung auf die Ursache zu schließen.[37] Deshalb ist es grundsätzlich denkbar, dass ein **klar erkennbarer Ursache-Wirkungs-Zusammenhang** zwischen Unfallereignis bzw. Einwirkungen und Erkrankung, wenn keine Anhaltspunkte für eine alternative (innere oder äußere) Ursache für die Erkrankung bestehen, alleine zur Bejahung der Kausalität genügt.[38]

---

32 BSG 26.6.2014 – B 2 U 4/13 R – SozR 4-2700 § 8 Nr. 52, Rn 11; s. auch BSG 12.4.2005 – B 2 U 11/04 R – SozR 4-2700 § 8 Nr. 14; BSG 9.5.2006 – B 2 U 1/05 R – SozR 4-2700 § 8 Nr. 17; BSG 30.1.2007 – B 2 U 23/05 R – SozR 4-2700 § 8 Nr. 22; *Becker* MedSach 2010, 145-1; s. zur vorherigen Terminologie auch Wagner, in: jurisPK-SGB VII, § 7 Rn. 25. Für die Kausalzusammenhänge genügt der Beweismaßstab der hinreichenden Wahrscheinlichkeit.

33 BSG 5.7.2011 – B 2 U 17/10 R – juris.

34 Dort gilt vielmehr die Adäquanztheorie, s. BSG 28.6.1988 – 2/9 b RU 28/87 – BSGE 63, 277-281 – SozR 2200 § 548 Nr. 91 Rn. 17; *Heinrichs* in: Palandt, BGB, Vorb § 249 Rn 58 ff.

35 BSG 12.4.2005 – B 2 U 27/04 R – BSGE 94, 269: s. bereits BSG 10.6.1955 – 10 RV 390/54 – BSGE 1, 72, 76 sowie BSG 14.7.1955 – 8 RV 177/54 – BSGE 1, 150, 156.

36 Vgl. BSG 26.6.2014 – B 2 U 4/13 R – SozR 4-2700 § 8 Nr. 52 Rn 26 sowie BSG 13.11.2012 – B 2 U 19/11 R – BSGE 112, 177 = SozR 4-2700 § 8 Nr. 46 Rn 35 ff. BSG 9.5. 2006 – B 2 U 1/05 R – BSGE 96, 196–209.

37 Vgl. zuletzt BSG 31.1.2012 – B 2 U 2/11R – SozR 4-2700 § 8 Nr. 43 Rn. 30 zum Arbeitsunfall; s. auch bereits BSG 21.11. 1958 – 5 RKn 33/57 – BSGE 8, 245, 247; *Keller* in: Meyer-Ladewig/Keller/Leitherer, SGG, § 128 Rn 9 ff.

38 Vgl. zum Arbeitsunfall BSG 31.1.2012 – B 2 U 2/11 R – SozR 4-2700 § 8 Nr. 43 Rn. 30; s. zum BK-Recht *Bieresborn* SGb 2016, 379, 383.

bb) Wirkursache (1. Stufe)

Wirkursachen sind nur solche Bedingungen, die erfahrungsgemäß die infrage stehende Wirkung ihrer Art nach **notwendig oder hinreichend objektiv** herbeigeführt haben können.[39] Sie müssen den Erfolg tatsächlich **mitbewirkt** haben und dürfen nicht nur bloß im Einzelfall nicht wegdenkbare zufällige Randbedingungen gewesen sein.[40] Wirken z.B. eine krankhafte Veranlagung und ein Unfallereignis bei der Entstehung einer Körperschädigung zusammen, so sind beide Umstände Bedingungen im naturwissenschaftlichen Sinne für das Unfallgeschehen. Hierbei handelt es sich um eine rein tatsächliche Frage, die aus der nachträglichen Sicht (*ex post*) nach dem jeweils neuesten anerkannten Stand des Fach- und Erfahrungswissens über Kausalbeziehungen und ggf. unter Einholung von Sachverständigengutachten beantwortet werden muss.[41] 18

Der Begriff der Wirkursache ist insofern missverständlich,[42] als er nicht nur eine tautologische Umschreibung dieses naturwissenschaftlichen Zusammenhangs beinhaltet, sondern auch die Anwendung **singularistischer Kausalitätstheorien**, die Ursachenzusammenhänge im Einzelfall mittels Energieflüssen zu erklären versuchen,[43] nahelegt. Das BSG ist aber trotz der Verwendung dieses Begriffs seit 2012[44] wie stets zuvor von der **Regularitätsthese**[45] ausgegangen, so dass **naturwissenschaftlich anerkannte Gesetzmäßigkeiten als Erfahrungssätze**[46] über Ursache und Wirkung zwischen den beiden Kausalgliedern Einwirkung und Erkrankung vorliegen müssen,[47] die im Verfahren umfassend zu würdigen sind. (dazu Rn 31).[48] 19

Die Einführung des Begriffs der Wirkursache sollte trotz des Ausschlusses „wegdenkbarer zufälliger Randbedingungen" nicht dazu dienen, die naturwissenschaftliche Verursachungslehre einzuschränken.[49] Insbesondere zeitlich unmittelbar einer Kör- 20

39 BSG 13.11.2012 – B 2 U 19/11 R – BSGE 112, 177 = SozR 4-2700 § 8 Nr. 46, Rn 31 ff; hierzu auch Ricke, WzS 2013, 241.

40 Zuletzt zum Arbeitsunfall BSG 17.12.2015 – B 2 U 8/14 R – SozR 4-2700 § 8 Nr. 55 (vorgesehen).

41 Grundlegend BSG 24.7.2012 – B 2 U 9/11 R – SozR 4-2700 § 8 Nr. 44 Rn 55 ff.; BSG 13.11.2012 – B 2 U 19/11 R – BSGE 112, 177 = SozR 4-2700 § 8 Nr. 46 Rn. 31 ff.; zuletzt BSG 26.6.2014 – B 2 U 4/13 R – SozR 4-2700 § 8 Nr. 52 Rn. 25 zum Arbeitsunfall; s. zum aktuellen wissenschaftlichen Erkenntnisstand Rn 31 .

42 Kritisch auch *Spellbrink* SGb 2017, 1 ff.

43 *J. L. Mackie*, The Cement of Universe, London, Oxford University Press 1974, S. 76 ff; zur Kritik an der Wirkursache: *Puppe* RW, 2011, 400, 415 ff.

44 BSG 24.7.2012 – B 2 U 9/11 R – SozR 4-2700 § 8 Nr. 44, Rn. 31.

45 Dazu *Puppe* RW 2011. 400, 418.

46 BSG 27.6.2006 – B 2 U 20/04 R – BSGE 96, 291= SozR 4-2700 § 9 Nr. 7 Rn. 23; BSG 10.12.1987 – 9 a RV 36/85 – SozR 1500 § 128 Nr. 31; *Krasney/Udsching*, Handbuch des sozialgerichtlichen Verfahrens, 6. Aufl. 2011, III Rn. 47. Unterschieden werden absolute Erfahrungssätze, deren Durchbrechung nach menschlichem Ermessen nicht möglich ist, qualifizierte Erfahrungssätze, denen ein hohes Maß an vermuteter Richtigkeit zukommt und einfache Erfahrungssätze, die eine gewisse schwache Wahrscheinlichkeit aufweisen; s. dazu *Keller* SGb 2003, 254, 258. S. zur revisionsrechtlichen Überprüfbarkeit BSG 23.4.2015 – B 2 U 6/13 – R SozR 4-5671 Anl. 1 Nr. 2108 Nr. 7, und Rn 58 und 66.

47 *Spellbrink* SR 2015, 15, 17; s. auch BSG 18.6.2013 – B 2 U 6/12 R – SozR 4-2700 § 9 Nr. 22, Rn 19 ff zum Zusammenhang zwischen beruflicher Belastung und morphologischer Veränderung der Wirbelsäule durch die mit der „Schulter-Kinn-Zange" einhergehende Fehlhaltung bei Geigespielerinnen.

48 *Keller* in: Meyer-Ladewig/Keller/Leitherer, SGG, § 128 Rn. 10. *Krasney/Udsching*, Handbuch des sozialgerichtlichen Verfahrens, 6. Aufl. 2011, III Rn. 162. Für das Verwaltungsverfahren s. *Mutschler* in KassKomm, SGB X, Stand: 9/2015, § 20 Rn. 10; *Siefert* in: von Wulffen/Schütze, SGB X, 8. Aufl. 2014, § 20 Rn. 8; s.a. LSG Niedersachsen 24.4.1991 – L 2 J 208/90; Breithaupt, 1992, 125.

49 Vgl auch *Spellbrink* SGb 2017, 1 ff.; *ders.* MedSach 2017, Hefts 2; a.A. anscheinend *Bultmann* SGb 2016, 143, 146 ff; *ders.*, ASR 2016, 140 ff.

perschädigung vorausgehenden auf das betroffene Organ einwirkenden Ereignissen kann nicht alleine mit der Begründung die Eigenschaft als Wirkursache abgesprochen werden, sie seien nicht geeignet, ein gesundes Organ zu schädigen, weil damit die versicherungsrelevante Möglichkeit der Verschlimmerung eines vorbestehenden Schadens von vornherein ausgeschlossen würde.[50] Eine solche muss freilich abgrenzbar sein, woran es häufig z.B. bei Verletzungen einer vorgeschädigten Achillessehne mangelt, weshalb nach dem geltenden **Alles-oder-nichts-Prinzip** auf der Ebene der 2. Stufe zu werten ist, ob das Unfallereignis als zumindest auch wesentliche Ursache anzuerkennen ist.[51] Eine strenge Anwendung der *Conditio-sine-qua-non*-Formel führt allerdings dazu, dass u.U. Fälle der **Mehrfach- oder Ersatzkausalität** nicht angemessen berücksichtigt werden könnten,[52] weshalb richtigerweise die Eigenschaft der in Frage kommenden Ursache als **Minimalbedingung** innerhalb einer nicht wegzudenkenden **Kausalkette** zu prüfen ist.[53]

21 Die Kausalitätsbeurteilung auf der 1. Stufe hat danach **zusammenfassend** auf der Basis des aktuellen wissenschaftlichen Erkenntnisstandes über die Möglichkeit von Ursachenzusammenhängen zwischen bestimmten Ereignissen und der Entstehung bestimmter Krankheiten zu erfolgen, was die Prüfung einschließt, ob ein Ereignis nach wissenschaftlichen Maßstäben überhaupt geeignet ist, eine bestimmte körperliche oder seelische Störung hervorzurufen.[54] Ursächlich ist also eine Bedingung, die notwendiger Bestandteil einer kausalen Erklärung (meistens in Form einer Kausalkette) nach empirischen Gesetzen ist, die ihrerseits eine hinreichende Bedingung für das Ergebnis ist.[55]

---

50 S. zur Verschlimmerung Rn 14; vgl. aber *Bultmann* SGb 2016, 143, 146, dessen Aussage, die durch einen Sprint verursachte Zugbelastung auf die Achillessehne sei mangels Geeignetheit, eine gesunde Sehne zum Zerreißen zu bringen, keine naturwissenschaftliche Ursache für deren Zerreißen, zu kurz greift. Richtigerweise muss ebenso berücksichtigt werden, dass weder eine gesunde noch eine vorgeschädigte Sehne ohne jede Zugbelastung (z.B.im Liegen oder Stehen) zu reißen pflegen. Daher wird man aufgrund eines Anscheinsbeweises der zuletzt unmittelbar auf die Sehne eingewirkten Zugbelastung nicht die naturwissenschaftliche Ursächlichkeit absprechen können.

51 Daher ist im soeben genannten Beispiel des Achillessehnenrisses (Fn 50) erst auf der 2. (Wertungs-)Stufe zu berücksichtigen, dass die Sehne derart vorgeschädigt gewesen sein muss (wiederum Anscheinsbeweis), dass eine durch einen natürlichen Bewegungsablauf – der nach dem aktuellen wissenschaftlichen Erkenntnisstand nicht geeignet ist eine gesunde Sehne zum Zerreißen zu bringen – ausgelöste Zugbelastung sie ausnahmsweise zum Zerreißen brachte. Sofern kein Verschlimmerungsanteil abgrenzbar ist, was regelmäßig bei Achillessehnenrupturen der Fall ist, ist die gänzliche Ablehnung der Anerkennung eines Arbeitsunfalls eine vertretbare Lösung. Gleiches gilt im Übrigen für die geforderten Mindestbelastungsdosen (Grenzwerte) bei der Prüfung von bandscheibenbedingten Schäden der LWS (BK 2108): Das BSG hat bei Nichterreichen lediglich die arbeitstechnischen Voraussetzungen und damit in diesen Fällen die Kausalität insgesamt abgelehnt, nicht aber damit zwangsläufig einer Einwirkungsbelastung unterhalb dieser Mindestwerte die Eigenschaft als teilweisen naturwissenschaftlichen Verursachungsbeitrag (1. Stufe der Kausalität) abgesprochen; vgl. BSG 23.4.2015 – B 2 U 20/14 R – Rn. 26 f., sowie zur BK 2110 BSG 27.6.2006 – B 2 U 20/04 R – BSGE 96, 291 = SozR 4-2700 § 9 Nr. 7, Rn. 17.

52 *Puppe* RW 2011, 400, 430.

53 *Puppe* RW 2011, 400, 430 mwN; kein Fall der Mehrfach- oder Doppelkausalität ist der der alternativen Kausalität: Kann nicht festgestellt werden, welche von zwei jeweils alleine hinreichenden Ursachen diejenige ist, die den Erfolg (Krankheit oder Tod) verursacht hat, ist die Feststellung eines Versicherungsfalls ebenfalls auf der ersten Stufe abzulehnen. S. zum BK-Recht: Hessisches LSG 23.8.2013 – L 9 U 30/12 ZVW – juris Rn 49.

54 BSG 9. 5.2006 – B 2 U 1/05 R – BSGE 96, 196–209 – SozR 4-2700 § 8 Nr. 17, Rn. 17.

55 Vgl. *Puppe* RW 2011, 400, 405 ff. vgl. *Wright* Causation in Tort Law, California Law Review 73 (1985), 1745, 1788, *ders.* in: The NESS Account of Natural Causation: A response to criticism, in: R. Goldberg (Hrsg.), Perspectives on Causation, Oxford 2011, S 285, 288: Ness = necessery element of a sufficient set.

cc) Wesentliche Ursache

Steht die versicherte Tätigkeit als eine der Wirkursachen fest, muss sich auf der **zweiten Stufe** die Einwirkung rechtlich unter Würdigung auch aller weiteren auf der ersten Stufe festgestellten mitwirkenden unversicherten Ursachen als Realisierung einer in den Schutzbereich des jeweils erfüllten Versicherungstatbestandes fallenden Gefahr darstellen.[56] Bei Verneinung scheidet die Wirkursache als Ursache im Sinne des Sozialrechts aus.[57] Diese **reine Rechtsfrage** ist alleine vom Gericht, nicht vom Sachverständigen zu beantworten; dessen Aufgabe besteht vielmehr darin, die quantitative bzw qualitative Höhe der jeweiligen Verursachungsbeiträge aufgrund seiner Sachkunde mitzuteilen.[58] 22

Ist die kausale Bedeutung äußerer Einwirkungen mit derjenigen einer bereits vorhandenen krankhaften Anlage zu vergleichen oder abzuwägen, ist zu prüfen, ob die Krankheitsanlage so stark oder so leicht ansprechbar war, dass die „Auslösung" akuter Erscheinungen aus ihr nicht **besonderer, in ihrer Art unersetzlich äußerer Einwirkungen** bedurfte, sondern dass jedes andere alltäglich vorkommende Ereignis zu derselben Zeit hierfür genügt hätte.[59] Für die Beurteilung der besonderen Beziehung einer versicherten Ursache zum Erfolg sind Art und Ausmaß der Einwirkungen sowie der konkurrierenden Ursache, der zeitliche Ablauf des Geschehens, ferner Rückschlüsse aus dem Verhalten des Erkrankten sowie die gesamte Krankengeschichte entscheidend zugrunde zu legen.[60] Ergänzend kann der **Schutzzweck der Norm** heranzuziehen sein.[61] Sind zwei oder mehr Ereignisse im gleichen Maße „wesentlich" für den Erfolg, dann sind alle diese Ursachen „wesentliche Bedingungen". Der Begriff „wesentlich" ist nicht identisch mit „überwiegend" oder annähernd gleichwertig. Wesentlich ist also auch die (Teil-)Ursache, die rechnerisch (prozentual) eine verhältnismäßig niedriger zu bewertende Bedingung für den Erfolg darstellt.[62] Letztlich fließen damit in diese Wesentlichkeitsprüfung diejenigen Kriterien ein, die bei sog **Singularitätstheorien** auch als entscheidend angesehen werden: Es wird letztlich gefragt „was wirklich gewirkt hat".[63] 23

3. Zusammenfassung Prüfung Arbeitsunfall:

a) **Versicherungstatbestand** 24

- Erfüllt Verrichtung unmittelbar vor Unfallereignis den **Versicherungstatbestand?** (Früher: *sachlicher Zusammenhang mit Versicherung, Zurechnungszusammenhang*). Abzustellen ist auf **objektiv wahrnehmbare Tätigkeiten** sowie

56 BSG 13.11.2012 – B 2 U 19/11 R – BSGE 112, 177 = SozR 4-2700 § 8 Nr. 46, Rn 37.
57 BSG 27.10.1987 – 2 RU 35/87 – BSGE 62, 220, 222 f.; BSG 12.4.2005 – B 2 U 27/04 R – BSGE 94, 269 = SozR 4-2700 § 8 Nr. 15 Rn. 16.
58 Vgl. *Grüner* in Bieresborn, Einführung in die medizinische Sachverständigentätigkeit vor Sozialgerichten, S. 259.
59 Die äußere Einwirkung wird dann nur als „Gelegenheitsursache" oder „Auslöser" bezeichnet und ist nicht kausal iSd gUV: BSG 27.10.1987 – 2 RU 35/87 – BSGE 62, 220, 222 f.; BSG 12.4.2005 – B 2 U 27/04 R – BSGE 94, 269.; BSG 19.9.1974 – 8 RU 236/73 – BSGE 38, 127, 129; BSG 9.5. 2006 – B 2 U 1/05 R – juris Rn. 16.
60 Vgl. BSG 9.5.2006 – B 2 U 1/05 R – BSGE 96, 196 = SozR 4-2700 § 8 Nr. 17 Rn. 16; vgl. *Krasney* in: Krasney/Becker/Burchardt/Kruschinsky/Heinz, GUV, Stand 1/2016, Bd. 1, § 8 Rn. 314.
61 S. zuletzt BSG 30.3.2017 – B2V 6/15 R – z.Zt. der Drucklegung nur Presseberich veröffentlicht.
62 BSG 12.2.1970 – SozR § 589 RVO Nr. 6.
63 Vgl. *Spellbrink* SGb 2017, 1 ff.

Handlungstendenz. Inzident zu prüfen, ob überhaupt Versicherung nach §§ 2, 3, 6 SGB VII vorliegt.

- Problembereiche:
  aa) **gemischte Tätigkeiten:** Es sind zwei verschiedene Verrichtungen objektiv feststellbar (*Bsp: Tankwart: Rauchen und Auto betanken*). Es genügt, wenn eine davon versichert ist, diese muss dann rechtlich wesentlich das Unfallereignis verursacht haben.
  bb) **gespaltene Handlungstendenz/gemischte Motivationslage:** Nur eine objektiv feststellbare Verrichtung, die sowohl aus privaten wie beruflichen Zielen erfolgt, ist objektiv feststellbar: Abzustellen ist dann darauf, ob sie auch ohne private Zielrichtung erfolgt wäre.

b) **Unfallkausalität: = Unfall infolge der versicherten Verrichtung**
   aa) **Zeitlich begrenzte** (höchstens eine Arbeitsschicht, sonst BK)
   bb) Einwirkung auf Körper **von außen** (Abgrenzung zur inneren Ursache!)
   cc) durch eine versicherte Verrichtung
      (1) als **Wirkursache** (objektive oder naturwissenschaftliche Ursache, conditio sine qua non)
      (2) als **rechtlich wesentliche Ursache**
      Immer, wenn Alleinursache! Häufig aber mehrere Ursachen vorhanden: Dann auf normative Kriterien wie Schutzzweck der Norm abzustellen

c) **Gesundheitsschaden (Begriff wie Krankheit in KV) als Primärschaden**

d) **Haftungsbegründende Kausalität**
   Der Gesundheitsschaden muss **durch** Unfallereignis bei versicherter Verrichtung **verursacht** worden sein
   aa) als Wirkursache (s. Rn 18)
   bb) sowie rechtlich wesentlich (s. Rn 22)

e) **Haftungsausfüllende Kausalität**
   Weitere Gesundheitsschäden (Sekundärschäden), die
   aa) als Wirkursache
   bb) sowie rechtlich wesentlich durch Primärschaden verursacht werden (z.B. psychische Folgeschäden wie Anpassungsstörung nach aufgrund Primärschaden erforderlicher Amputation).

4. Besonderheiten bei Berufskrankheiten

25 Welche Krankheiten als Berufskrankheiten in der gUV anerkannt sind, ergibt sich aus § 9 SGB VII iVm Anl. 1 zur BKV vom 11.6.2009.[64] Dort sind solche Krankheiten als Berufskrankheiten aufgeführt, die nach den **Erkenntnissen der medizinischen Wissenschaft durch besondere Einwirkungen** verursacht sind, denen bestimmte Personengruppen durch ihre nach §§ 2, 3 oder 6 SGB VII versicherte Tätigkeit in erheblich höherem Grade als die übrige Bevölkerung ausgesetzt sind.[65]

---

64 BGBl. I 1273 zuletzt geändert durch Art. 1 V v. 22.12.2014 (BGBl I 2397).

65 S. zum generellen Ursachenzusammenhang *Becker* SGb 2006, 449 ff.; s. zur Feststellung der Einwirkungen *Bieresborn* NZS 2008, 354 ff.

Berufliche Erkrankungen, die nicht in diesem Katalog genannt sind, können im Einzelfall gem. § 9 Abs. 2 SGB VII als sog. **Wie-Berufskrankheit** anerkannt werden, wenn sie nach neueren medizinischen Erkenntnissen auf eine berufliche Tätigkeit zurückzuführen sind.[66] Es muss sich um **Erkenntnisse** handeln, die in der letzten Änderung der BKV noch nicht berücksichtigt wurden, was der Fall ist, wenn sie überhaupt erst nach dem Erlass der letzten Berufskrankheitenverordnung (BKV) gewonnen worden sind oder zu diesem Zeitpunkt zu einem Ansatz vorhanden waren, aber trotz Nachprüfung als nicht ausreichend bewertet wurden und sich erst danach zur sogenannten BK-Reife verdichtet haben.[67] 26

Auch bei Berufskrankheiten hat sich der **erste Prüfungsschritt** auf die Feststellung einer versicherten Tätigkeit und den Zusammenhang der Einwirkungen mit dieser zu beziehen. Dieser so genannte **Versicherungs- oder Zurechnungszusammenhang** entspricht dem inneren oder sachlichen Zusammenhang beim Arbeitsunfall.[68] Bei der Frage, ob eine Einwirkungen im Zusammenhang mit einer medizinischen Behandlung einen Versicherungsfall iS einer BK ausgelöst hat, muss daher zunächst festgestellt werden, dass die erkrankte Person dieser im Rahmen einer nach § 2 ff. SGB VII versicherten Tätigkeit unterlag. Voraussetzung für die Anerkennung sämtlicher Listen-BK'n ist, dass die Verrichtung einer versicherten Tätigkeit (*Versicherungstatbestand*) zu Einwirkungen von Belastungen, Schadstoffen oder ähnlichem auf den Körper geführt hat (*Einwirkungskausalität*)[69] und diese Einwirkungen eine Krankheit verursacht haben (*haftungsbegründende Kausalität*).[70] Hinzu kommt bei verschiedenen BK-Tatbeständen, dass die Versicherten deshalb ihre Tätigkeit aufgeben mussten sowie alle gefährdenden Tätigkeiten unterlassen, z.B. BK Nr. 2108, BK Nr. 5101. Fehlt eine der o.g. Voraussetzungen oder kann diese nicht mit dem erforderlichen Vollbeweis bzw. hinreichenden Wahrscheinlichkeit festgestellt werden, kann der Anspruch ohne Prüfung der übrigen Elemente verneint werden,[71] weil in einem Urteil oder Verwaltungsakt grundsätzlich alles offen bleiben kann, was für die Entscheidungsgründe nicht tragend ist.[72] Auch hier gilt, dass die anspruchsbegründenden Tatsachen mit 27

66 Vgl. dazu § 551 Abs. 2 RVO, der nach dem Urteil des BVerfG v. 22.10.1981 – 1 BvR 1369/79 – BB 1982, 1238 gegen Art. 3 Abs. 1 GG verstieß.

67 BSG 29.9.1964 – 2 RU 30/64 – BSGE 21, 296, 298; BSG 21.1.1997 – 2 RU 7/96 – juris; s. auch BSG 23.6.1977 – 2 RU 53/76 – BSGE 44, 90, 94.

68 *Becker* in: Krasney/Becker/Burchhardt/Kruschinsky/Heinz/Bieresborn, SGB VII, Bd. 1, § 9 Rn. 133; *Bieresborn* NZS 208, 354 ff.; *ders.* SGb 2016, 310 ff. und 315 ff.

69 Diese alleine ist noch nicht haftungsbegründend, weil Arbeit – auch körperliche Arbeit – und die damit verbundenen Einwirkungen nicht grundsätzlich krank macht: BSG 2.4.2009 – B 2 U 9/08 R – BSGE 103, 59.

70 Hingegen ist es nicht erforderlich, dass auch Behandlungsbedürftigkeit oder Arbeitsunfähigkeit aufgrund der BK oder gar eine rentenberechtigende Minderung der Erwerbsfähigkeit MdE vorliegt haftungsausfüllende Kausalität, weil für den Versicherungsfall konkrete Leistungsansprüche keine Voraussetzung sind, wenn auch ohne Versicherungsfall keine Leistungspflicht besteht; zuletzt BSG 4.7.2013 – B 2 U 11/12 R – BSGE 114, 90-96 – SozR 4-5671 Anl. 1 Nr. 2109 Nr. 1; BSG 22.8.2000 – B 2 U 24/99 R – SozR 3-1300 § 111 Nr. 9; BSG 27.7.1989 – 2 RU 54/88 – SozR 2200 § 551 Nr. 35; BSG 5.5.1998 – B 2 U 9/97 R – SozR 3-2200 § 551 Nr. 11; s. a. *Ricke* in: KassKomm, SGB VII, § 9 Rn 5; *Hadré/Ricke*, BG 1995, 437; *Mehrtens/Bereiter-Hahn*, SGB VII, § 9 Rn 5; *Lauterbach/Koch* SGB VII, § 9 Rn 51 ff; *Nehls* in: Hauck/Noftz, SGB VII, § 9 Rn 19. Zur RVO wurde noch die gegenteilige Auffassung vertreten, s. *Benz* WzS 1995, 105, 109. BSG 14.5.1975 – 1 RA 11/74 – BSGE 40, 16 = ZfS 1977, 28 ff.; BSG 17.6.1993 – 13 RJ 1/92 – NZS 1993, 504; *Erlenkämper/Fichte* Sozialrecht, II. 1.1.

71 BSG 30.10.2007 – B 2 U 4/06 R –, BSGE 99, 162–170; BSG 4.7.2013 – B 2 U 11/12 R – BSGE 114, 90–96.

72 Sirp, Bericht, Gutachten, Urteil, 30. Aufl., S. 262; *Anders/Gehle*, Die Assessorklausur, 3. Aufl., Rn. 215, vgl. *Leitherer* in: Meyer-Ladewig, § 103 Rn 8. Dies gilt genauso für die Begründung eines Verwaltungsaktes, vgl. *Engelmann* in: von Wulffen/Schütze, SGB X, § 35 Rn 5.

dem Maßstab des Vollbeweises nachgewiesen sein müssen, während für die Bejahung der Kausalzusammenhänge jeweils die **hinreichende Wahrscheinlichkeit** genügt.

28 Angesichts der **multifaktoriellen Entstehung** vieler Berufskrankheiten gibt es aber dort keinen Automatismus zur Bejahung des Ursachenzusammenhangs allein aufgrund des Vorliegens entsprechender Einwirkungen und einer bestimmten Erkrankung.[73] Es existiert daher auch keine Beweisregel, dass bei fehlender Alternativursache die versicherte naturwissenschaftliche Ursache automatisch auch eine wesentliche Ursache ist, weil dies bei komplexem Krankheitsgeschehen zu einer Beweislastumkehr führen würde.[74]

29 Eine **gesetzlich kodifizierte Vermutung** des ursächlichen Zusammenhangs – die allerdings widerlegbar ist – findet sich in § 63 SGB VII und § 9 Abs. 3 SGB VII. Beide Normen setzen für ihre Anwendbarkeit jedoch unter anderem voraus, dass die Einwirkungen nachgewiesen sind.[75] Kumulative Voraussetzungen für die Anwendung ist, dass der Versicherte unter besonderen Bedingungen seine versicherte Tätigkeit verrichtet hat und in erhöhtem Maße der Gefahr einer Erkrankung an einer der Listen-BK ausgesetzt war, der Versicherte an einer Listen-BK erkrankt ist, sowie Anhaltspunkte für eine andere Verursachung nicht festgestellt werden können.[76]

30 Allgemein wird davon ausgegangen, dass bei **§ 9 Abs. 3 SGB VII** das Erkrankungsrisiko höher sein muss als im Rahmen des § 9 Abs. 1 SGB VII, was zu einem praktischen Leerlaufen der Norm führt,[77] zumal der Nachweis einer solch noch höheren Einwirkungsgröße bei § 9 Abs. 3 SGB VII kaum erbracht werden kann.[78] Insgesamt dient die Norm allenfalls der Beschleunigung von Verwaltungsverfahren bei eklatant hohen Einwirkungswerten oder bei BKn mit klaren Grenzwerten wie der BK Nr. 4104.[79] Das BSG hat indes neulich angedeutet, dass die Anwendung des § 9 Abs. 3 SGB VII auch dann in Betracht gezogen werden kann, wenn zwei verschiedene i.S. einer BK gefährdende Tätigkeiten verrichtet wurden.[80] Plädiert wird mit beachtlichen Argumenten für die Einführung einer Generalklausel, die bei Einwirkung mehrerer kanzerogener Substanzen auf dasselbe Zielorgan eine Vermutungswirkung der additiven Wirkung regelt.[81]

5. Der aktuelle wissenschaftliche Erkenntnisstand

31 Die Frage, welche Gesundheitsschäden/Erkrankungen durch Einwirkungen welchen Umfangs verursacht werden, ist stets unter Zuhilfenahme medizinischer, naturwissen-

73 BSG 27.6.2006 – B 2 U 20/04 R – BSGE 92, 291 = SozR 4-2700 § 9 Nr. 7 Rn. 19, sowie BSG 30.1.2007 – B 2 U 15/05 R = SozR 4-5671 Anl. 1 Nr. 4104 Nr. 2 Rn. 23.

74 BSG 9.5.2006 – B 2 U 1/05 R – BSGE 96, 196 = SozR 4-2700 § 8 Nr. 17 Rn. 20; BSG 7.9.2004 – B 2 U 34/03 R – juris Rn. 22.

75 *Ricke* in: KassKomm, SGB VII, § 9 Rn. 28, § 63 Rn. 7.

76 *Spellbrink* SR 2015, 15, 21; *Becker* in: Becker/Burchardt/Krasney/Kruschinsky/Heinz/Bieresborn, GUV, Stand: 1/2016, § 9 Rn. 219 ff.

77 Zusammenfassend *Becker* in: Becker/Burchardt/Krasney/Kruschinsky/Bieresborn, SGB VII, Stand: 1/2016, § 9 Rn. 227 ff.

78 Vgl. *Spellbrink* SR 2015, 15, 22.

79 *Römer* in: Hauck/Noftz, SGB VII, Stand: 3/2016, § 9 Rn. 32 b.

80 BSG 17.12.2015 – B 2 U 11/14 R zu Druckeinwirkung iSd BK 2106 durch Tragen einer Obstschürze einerseits und Überkopfarbeiten mit vorgestrecktem Arm andererseits.

81 *Becker* ZblArbmed 2015, 301, 302.

schaftlicher und technischer Sachkunde nach dem im Entscheidungszeitpunkt aktuellen wissenschaftlichen Erkenntnisstand zu beantworten.[82] Diesem entsprechen solche **Erfahrungssätze, die von der großen Mehrheit der auf dem betreffenden Gebiet tätigen Fachwissenschaftler anerkannt werden**, über die also, von vereinzelten, nicht ins Gewicht fallenden Gegenstimmen abgesehen, wissenschaftlich fundierter Konsens besteht.[83] Es ist weder erforderlich, dass diese Erkenntnisse die einhellige Meinung aller Mediziner widerspiegeln,[84] noch dass zu jedem Ursachenzusammenhang epidemiologische Forschungen existieren.[85] Andererseits reichen **vereinzelte Meinungen** einiger Sachverständiger grundsätzlich nicht aus.[86] In den verschiedenen Wissenschaften bestehen unterschiedliche Begriffe von empirischer Wahrscheinlichkeit bis hin zu probabilistischen Erfahrungssätzen, die nach entsprechenden Untersuchungen gelegentlich mathematisch formuliert, häufig aber allein durch tradierte Erfahrung im jeweiligen Fachkreis mit geringer Überprüfungsdichte gelehrt und/oder bloß unausgesprochen in der Praxis vorausgesetzt werden (*begründete Vermutungen*).[87]

Ausgangsbasis für die **Ermittlung des allgemeinen wissenschaftlichen Erkenntnisstandes** sind z.B. Fachbücher und Standardwerke insbesondere zur Begutachtung im jeweiligen Bereich, Leitlinien der Arbeitsgemeinschaft der wissenschaftlichen medizinischen Fachgesellschaft, aktuelle Veröffentlichungen in entsprechenden Fachzeitschriften, die im Hinblick auf den jeweiligen Autor und dessen etwaige Nähe zum Versicherungsträger kritisch zu würdigen sind, evt. Merkblätter des zuständigen Bundesministeriums sowie eventuell vorliegende Konsensempfehlungen der mit der Fragestellung befassten Fachmediziner, wenn diese zeitnah erstellt oder aktualisiert worden sind und sich auf dem neuesten Stand befinden.[88] Diese sind zwar weder für den Rechtsanwender verbindliche Konkretisierungen der Tatbestandsvoraussetzungen noch antizipierte Sachverständigengutachten oder eine Dokumentation des Standes der einschlägigen Erkenntnisse der medizinischen Wissenschaft,[89] jedoch als Interpretationshilfe und zur Ermittlung des aktuellen medizinisch-wissenschaftlichen Erkenntnisstands heranzuziehen.[90] Diese Veröffentlichungen ersetzen aber nicht die ei- 32

82 BSG 9.5.2006 – B 2 U 1/05 R – BSGE 96, 196 = SozR 4-2700 § 8 Nr. 17 Rn. 17; BSG 27.6.2006 – B 2 U 20/04 R – BSGE 96, 291 = SozR 4-2700 § 9 Nr. 7 Rn. 20; s. auch *Krasney/Udsching*, Handbuch des sozialgerichtlichen Verfahrens, Kap. III Rn. 47, 57; *Schönberger/Mehrtens/Valentin*, Arbeitsunfall und Berufskrankheit, 8. Aufl. 2010, Kap. 2.3.4.3, S. 146.

83 BSG 27.6.2006 – B 2 U 13/05 R – SozR 4-2700 § 9 Nr. 9 Rn. 16; vgl. *Jung*, Anforderungen an die richterliche Beweiswürdigung im BK-Recht, in Deutscher Sozialgerichtstag (Hg.), Sozialrecht als Menschenrecht, 287, 299 f.

84 BSG 23.4.2015 – B 2 U 10/14 R – BSGE 118, 255, Rn. 28.

85 BSG 9.5.2006 – B 2 U 1/05 R – BSGE 96, 196 = SozR 4-2700 § 8 Nr. 17 Rn. 18; a.A. *Stevens/Foerster* MedSach 2003, 104, 107.

86 BSG 4.6.2002 – B 2 U 20/01 R – juris Rn. 22; bereits BSG 23.3.1999 – B 2 U 12/98 R – BSGE 84, 30, 35 mwN. = SozR 3-2200 § 551 Nr. 12.

87 BSG 24.7.2012 – B 2 U 23/11 R – juris Rn. 62.

88 BSG 27.6.2006 – B 2 U 20/04 R – BSGE 96, 291 = SozR 4-2700 § 9 Nr. 7 Rn. 20 f.; der Erfahrungsstand muss so rechtzeitig mit seiner Erkenntnisquelle in das Gerichtsverfahren eingeführt werden, dass die Beteiligten sich darüber fachkundig machen und ggf. konkrete Beweiserhebungen beantragen können, BSG 24.7.2012 – B 2 U 23/11 R – juris Rn 58.

89 BSG 11.8.1998 – B 2 U 261/97 B – HVBG-Info 1999, 1373.

90 Zuletzt BSG 17.12.2015 – B 2 U 11/14 R; BSG 23.4.2015 – B 2 U 20/14 R – SozR 4-5671 Anl. 1 Nr. 2108 Nr. 8 Rn. 15; BSG 12.4.2005 – B 2 U 6/04 R – SozR 4-2700 § 9 Nr. 5 Rn. 15; BSG 18.8.2004 – B 8 KN 1/03 U R – BSGE 93, 149 = SozR 4-5670 Anl. 1 Nr. 2402 Nr. 1 Rn. 17 mwN; BSG 2.5.2001 – B 2 U 16/00 R – SozR 3-2200 § 551 Nr. 16 = NZS 2001, 605-607; s. auch BSG 22.8.2000 – B 2 U 34/99 R – SozR 3-5670 Anl. 1 Nr. 2108 Nr. 2.

genständige verantwortliche Beurteilung des konkreten Einzelfalls durch einen Sachverständigen. Das Gericht muss insbesondere bei der Anwendung von antizipierten Sachverständigengutachten und Konsensempfehlungen überprüfen, ob diese (noch) dem aktuellen wissenschaftlichen Erkenntnisstand entsprechen.[91] Sollte letzterer zwischen den gehörten Sachverständigen umstritten sein, ist ggf. über diesen Erkenntnisstand ebenfalls ein Gutachten einzuholen.[92]

33 Ein **existierender wissenschaftlicher Erkenntnisstand** kann sich fortlaufend verändern.[93] Er kann nicht nur durch einen aktuelleren wissenschaftlichen Erkenntnisstand mit positiven Erfahrungssätzen abgelöst werden, sondern auch dadurch erschüttert werden, dass grundlegende und fundierte Zweifel seitens der großen Mehrheit der auf dem betreffenden Gebiet tätigen Fachwissenschaftler diesem den Boden entziehen, ohne dass sich diese in ihrer Mehrheit auf einen neuen Konsens geeinigt hätten. Einzelne Gegenstimmen, die sich im Wesentlichen aus einer Studie nähren, gegen die ihrerseits wiederum methodischen und wissenschaftlichen Bedenken geäußert werden, genügen hierfür nicht, wenn sich der bisherige Erkenntnisstand in veröffentlichten Konsensempfehlungen manifestiert, solange nicht die daran beteiligten Autoren in ihrer Mehrheit diesen Konsens in wesentlichen Punkten aufkündigen oder eine personell (zumindest teilweise) anders zusammengesetzte große Mehrheit von mit dieser Materie befassten Fachwissenschaftler diesem Konsens entgegentritt.[94] Diese Grundsätze gelten auch hinsichtlich des in wissenschaftlichen Begründungen und Merkblatt des BMAS manifestierten wissenschaftlichen Erkenntnisstands.[95]

34 Lässt sich eine „herrschende wissenschaftliche Meinung" nicht feststellen – wozu der Sachverständige zu befragen ist[96] –, darf der Richter nach neuerer Rechtsprechung nicht als Schiedsrichter im Streit einer Wissenschaft fungieren und selbst eine (von ihm anerkannte) Ansicht zur maßgeblichen des jeweiligen für ihn fachfremden Wissenschaftsgebietes erklären. Vielmehr kommt dann nur eine Entscheidung nach **Beweislastgrundsätzen** in Betracht,[97] während nach älterer Rechtsprechung einer nicht nur vereinzelt vertretenen Auffassung gefolgt werden konnte.[98] Die Änderung der Rechtsprechung ist der Erkenntnis geschuldet, dass generelle Tatsachen besonderer Sachkunde bedürfen und auch der Grundsatz der freien Beweiswürdigung nicht unbegrenzt ist.[99] Andererseits wird dies nur dann gelten, wenn **kein vertretbarer Erfahrungssatz** existiert, weil Tatsachengerichte revisionsfest solchen folgen können, die zumindest nicht offensichtlich falsch sind.[100]

91 S. dazu *Siefert* ASR 2011, 45–50.
92 Vgl. BSG 27.6.2006 – B 2 U 20/04 R – BSGE 96, 291–297; zuletzt BSG 17.12.2015 – B 2 U 11/14 R – BSGE (vorgesehen) = SozR 4-2700 § 9 Nr 26, Rn 29.
93 BSG 23.4.2015 – B 2 U 10/14 R – SozR 4-5671 Anl. 1 Nr. 2108 Nr. 6 Rn 28; vgl. *Hase*, Sozialrecht und die Integration gesellschaftlichen Wissens, in Masuch u.a. (Hg.), Grundlagen und Herausforderungen des Sozialstaats (2014), S. 423, 429 ff.
94 BSG 23.4.2015 – B 2 U 6/13 R – SozR 4-5671 Anl. 1 Nr. 2108 Nr. 7 Rn. 22.
95 BSG 17.12.2015 – B 2 U 11/14 R.
96 BSG 27.6.2006 – B 2 U 20/04 R – BSGE 96, 291 = SozR 4-2700 § 9 Nr. 7, Rn 21.
97 BSG 24.7.2012 – B 2 U 23/11 R.
98 BSG 9.5.2006 – B 2 U 1/05 R – BSGE 96, 196 = SozR 4-2700 § 8 Nr. 17 Rn. 18.
99 Diese unterliegen nicht der in § 163 SGG angeordneten Bindung der Revisionsinstanz an tatrichterliche Feststellungen, ausf. BSG 23.4.2015 – B 2 U 6/13 R; *Heinz* in: Roos/Wahrendorf, SGG, 1. Aufl. 2014, § 163 Rn. 21.
100 BSG 23.4.2015 – B 2 U 10/14 R – BSGE 118, 255–267 = SozR 4-5671 Anl. 1 Nr. 2108 Nr. 6 Rn. 29.

III. Leistungen

1. Überblick

Vom Versicherungsfall zu unterscheiden ist der **Leistungsfall**, für den weitere tatbestandliche Voraussetzungen hinzutreten müssen, damit auch ein Leistungsanspruch des Versicherten entsteht.[101] Als Leistungsansprüche kennt das SGB VII die Heilbehandlung sowie Leistungen zur medizinischen Rehabilitation (§§ 27 ff. SGB VII; § 26 SGB IX), Leistungen zur beruflichen Rehabilitation bzw. zur Teilhabe am Arbeitsleben (§ 35 SGB VII, §§ 33 ff. SGB IX), Leistungen zur sozialen Rehabilitation bzw. zur Teilhabe am Leben in der Gemeinschaft sowie ergänzende Leistungen (§§ 39 ff. SGB VII, § 53 SGB IX), Leistungen bei Pflegebedürftigkeit (§ 44 SGB VII), Verletzten- bzw. Übergangsgeld (§§ 45 ff. SGB VII) sowie Renten, Beihilfen, Abfindungen an die Versicherten oder ihre Hinterbliebenen (§§ 56 ff. SGB VII) sowie schließlich besondere Leistungen gem. § 3 BKV. Nicht geleistet wird Ersatz für **Sachschäden** mit Ausnahme der gem. § 2 Abs. 1 Nr. 11 a und Nr. 13 a und c Versicherten sowie bei Beschädigung oder Verlust eines Hilfsmittels wie z.B. der Brille (§ 8 Abs. 3 SGB VII). Des Weiteren kennt die gUV nicht das **Schmerzensgeld**, wie es das Zivilrecht in § 253 Abs. 2 BGB normiert.[102] 35

2. Heilbehandlung

Die **Heilbehandlung** nach § 27 Abs. 1 SGB VII umfasst regelmäßig nach Art und Umfang zumindest die Leistungen, welche auch die **gesetzliche Krankenversicherung** gewährt.[103] Dazu gehören nach § 28 SGB VII die **Erstversorgung, ärztliche und zahnärztliche Behandlung** einschließlich **Zahnersatz** sowie die **häusliche Krankenpflege** nach § 32 SGB VII und die **Behandlung in Krankenhäusern** und **Rehabilitationseinrichtungen** nach § 33 SGB VII sowie **Leistungen zur medizinischen Rehabilitation.** Des Weiteren zählen dazu die **Versorgung mit Arznei- und Verbandmitteln** nach § 29 SGB VII, mit **Heilmitteln** gemäß § 30 SGB VII und mit **Hilfsmitteln** nach § 31 SGB VII. Dieser Leistungskatalog ist nicht abschließend.[104] 36

3. Leistungen zur Eingliederung

§ 35 Abs. 1 SGB VII verweist im Wesentlichen auf die Leistungen nach dem Neunten Buch und bezieht dadurch die dort geregelten Leistungen an Versicherte zur **Berufsvorbereitung, Aus- und Weiterbildung, Umschulung, Eingliederungshilfen, Praktika** usw. nach § 33 SGB IX, die **Leistungen an Arbeitgeber** nach § 34 SGB IX, die **Vorschriften zu den Leistungserbringern** (§ 35 SGB IX), der **Rechtsstellung der Teilnehmenden an Leistungen zur Teilhabe am Arbeitsleben** (§ 36 SGB IX), zur **Dauer der Leistungen** (§ 37 SGB IX), zur **Beteiligung der Bundesagentur für Arbeit** nach § 38 SGB IX sowie die **Leistungen im Eingangs- und Berufsbildungsbereich** (§ 40 SGB IX) 37

101 BSG 30.6.1965 – 2 RU 175/63 – SozR Nr. 1 zu § 555 RVO = BSGE 23, 139, 141 f.; vgl. auch BSG 4.7.1995 – 2 RU 42/94, NZS 1996, 30.
102 Vgl. BVerfG Beschl. 16.3.2011 – 1 BvR 593/08 – juris.
103 S. dazu *Gillner* § 7 Rn 9.
104 *Stähler* in: jurisPK-SGB VII Rn. 11; *Krasney* in: Becker/Burchhardt/Krasney/Kruschinsky, SGB VII, § 28 Rn. 6.

und im **Arbeitsbereich** (§ 41 SGB IX) **in Werkstätten für behinderte Menschen** in die gUV ein.[105]

4. Verletztengeld

38 Das **Verletztengeld** gem. § 45 SGB VII dient dem Ersatz des möglicherweise infolge der **unfallbedingten Arbeitsunfähigkeit** ausfallenden Entgeltes und ist in seinen Voraussetzungen und in seiner Berechnung weitgehend dem **Krankengeld** angeglichen.[106] Es beginnt erst mit dem Ablauf der Entgeltfortzahlung nach dem Entgeltfortzahlungsgesetz bzw. entsprechender tarifvertraglicher Regelung und wird nur solange gezahlt, wie der Versicherte aufgrund der Folgen des Versicherungsfalls arbeitsunfähig ist. Die Gewährung von Verletztengeld setzt voraus, dass unmittelbar vor Beginn der Arbeitsunfähigkeit ein Anspruch – nicht zwingend die tatsächliche Auszahlung[107] – auf Arbeitsentgelt oder Entgeltersatzleistungen in Form von Krankengeld, Verletztengeld, Versorgungskrankengeld, Übergangsgeld, Unterhaltsgeld, Kurzarbeitergeld oder Arbeitslosengeld II bestand.[108] Soweit ein unmittelbarer zeitlicher Zusammenhang gewahrt ist und der Versicherte seinen Lebensunterhalt vor der Arbeitsunfähigkeit aus den Bezügen bestritten hatte, wird auch bei einer zeitlichen „Lücke" die Unmittelbarkeit bejaht.[109]

39 Nach § 46 Abs. 3 SGB Vll wird das Verletztengeld in der Regel bis zum **Ende der Arbeitsunfähigkeit,** maximal jedoch für **78 Wochen** gezahlt. Es endet außerdem, wenn der Versicherte **Anspruch auf Übergangsgeld** hat, also z. B. an einer beruflichen Rehabilitation teilnimmt oder mit dem Wiedereintritt der Arbeitsfähigkeit nicht mehr zu rechnen ist und der Versicherte eine Rente wegen voller Erwerbsminderung, eine Altersrente oder vergleichbare Leistungen erhält.[110] Die Auszahlung kann durch die Krankenkasse im Auftrag des Unfallversicherungsträgers gem. § 189 SGB VII erfolgen.[111]

5. Leistungen bei Pflegebedürftigkeit

40 Im Unterschied zur gesetzlichen Krankenversicherung ist die **Pflege bei Hilflosigkeit** durch einen Arbeitsunfall oder eine Berufskrankheit gem. § 44 SGB Vll eine eigene, nicht auf die **Pflegeversicherung** übertragene Leistung der gUV.[112] Die **Voraussetzungen der Pflegebedürftigkeit** sind unter entsprechender Anwendung des § 14 SGB XI zu bestimmen.[113] Die **Höhe des Pflegegeldes** ist unter Berücksichtigung der Art oder

105 *Padé,* in: jurisPK-SGB VII, § 35 SGB VII Rn. 20.
106 Ausf. *Grüner* in: Bieresborn, Einführung in die medizinische Sachverständigentätigkeit vor Sozialgerichten, S 178 ff.
107 *Nehls* in: Hauck/Noftz, SGB VII, § 45 Rn. 8.
108 *Ricke* in: Kasseler Kommentar, SGB VII, § 45 Rn. 5; *Fischer* in: jurisPK-SGB VII § 45 Rn. 23.
109 Vgl. LSG Nordrhein-Westfalen 28.8.2009 – L 4 U 65/08 – juris; grundlegend zum zeitlichen Aspekt BSG 26.6.2007 – B 2 U 23/06 – SozR 4-2700 § 45 Nr. 1.
110 Bei versicherten Selbstständigen gelten Besonderheiten: BSG 4.12.1991 – 2 RU 76/90 – SozR 3-2200 § 560 Nr. 1.
111 S. dazu *Woltjen* in: jurisPK-SGB VII, § 189 sowie **Heinz in SGb 2016, 25 ff; s. zur Frage, ob Verletztengeld eine „laufende Leistung" iSd § 86 a Abs. 2 Nr. 3 SGG ist und der** Widerspruch gegen die Zahlungseinstellung aufschiebenden Wirkung hat: LSG Baden-Württemberg Beschl. 6.5.2015 – L 8 U 1502/15 – juris.
112 *Becker* GUV, S. 162.
113 BSG 26.6.2001 – B 2 U 28/00 R – SozR 3-2700 § 44 Nr. 1; ausf. *Udsching*, SGB XI, § 14 Rn. 18 ff.

Schwere des Gesundheitsschadens sowie des Umfangs der erforderlichen Hilfe vom Unfallversicherungsträger festzusetzen.

6. Verletztenrente

41 Versicherte haben gem. § 56 Abs. 1 S. 1 SGB Vll **Anspruch auf eine Rente**, wenn ihre Erwerbsfähigkeit infolge eines Versicherungsfalls über die 26. Woche nach dem Versicherungsfall hinaus um wenigstens 20 v. H. gemindert ist. Bei der Verletztenrente handelt es sich um eine in Geld gewährte, periodisch, nämlich monatlich wiederkehrende Entschädigungsleistung.[114] Ein großer Teil der sozialmedizinischen Fragestellungen aus der Unfallversicherung beschäftigt sich mit der Frage, ob die durch den Unfall (oder die Berufskrankheit) hervorgerufene **Minderung der Erwerbsfähigkeit** (MdE) von den Sachverständigen der Berufsgenossenschaften richtig eingeschätzt wurde.

42 Für die **MDE** werden nur solche Gesundheitsschäden miteinbezogen, die rechtlich wesentlich durch den Versicherungsfall verursacht wurden. Die MDE richtet sich gem. § 56 Abs. 2 S. 1 SGB VII nach dem Umfang, der sich aus der Beeinträchtigung des körperlichen und geistigen Leistungsvermögens ergebenden **verminderten Arbeitsmöglichkeiten auf dem gesamten Gebiet des Erwerbslebens** ergibt.

43 Ausgangspunkt für die Bemessung der MDE ist die **individuelle Erwerbsfähigkeit.**[115] Die Erwerbsfähigkeit des konkret betroffenen Versicherten vor dem Unfall wird mit 100 v. H. angesetzt, und zwar auch dann, wenn sie durch andere Unfälle oder Krankheiten bereits vor dem zu entschädigenden Unfall gemindert war. Nur wenn der Verletzte vor dem Arbeitsunfall dauernd völlig erwerbsunfähig war, kann seine Erwerbsfähigkeit nicht mehr gemindert werden. Voll bzw. völlig erwerbsunfähig in diesem Sinne ist der Versicherte, der dauernd die Fähigkeit verloren hat, einen nennenswerten Verdienst zu erlangen, d. h. wenn er unfähig ist, sich unter Ausnutzung von Arbeitsgelegenheiten, die sich ihm nach seinen gesamten Kenntnissen und Fähigkeiten im ganzen Bereich des wirtschaftlichen Lebens bieten, einen Erwerb zu verschaffen.[116]

44 Die Bemessung des Grades der MdE erfolgt als **Tatsachenfeststellung des Gerichts,** die dieses gemäß § 128 Abs. 1 Satz 1 SGG nach seiner freien, aus dem Gesamtergebnis des Verfahrens gewonnenen Überzeugung trifft.[117] Sie erfolgt in Anlehnung an § 287 Zivilprozessordnung (ZPO) im Wege einer **annäherungsweisen Schätzung.** Ärztliche Sachverständigengutachten sind bei Beantwortung dieser Frage meist unverzichtbar. Da die Bewertung der Minderung der Erwerbsfähigkeit in jedem Einzelfall unter Einbeziehung medizinischer, juristischer, sozialer und wirtschaftlicher Gesichtspunkte sehr aufwändig wäre, existieren mittlerweile zur Vereinfachung von der

114 *Scholz* in: jurisPK-SozR-SGB VII, § 56 Rn. 14.

115 Zu jugendlichen Verletzten s. § 56 Abs. 2 Satz 2 SGB Vll.

116 Bei Bezug einer Rente wegen Erwerbsunfähigkeit ist diese Voraussetzung noch nicht erfüllt; vgl. BSG 29.6.1962 – 2 RU 159/61 – BSGE 17, 160, 161; BSG 24.2.1977 – 8 RU 58/76 – BSGE 43, 208, 209 f.; BSG 17.3.1992 – 2 RU 20/91 – BSGE 70, 177 ff.

117 BSG 18.1.2011 – B 2 U 5/10 R – SozR 4-2700 § 200 Nr. 3, Rn. 16; BSG 5.9.2006 – B 2 U 25/05 R – SozR 4-2700 § 56 Nr. 2; s. bereits BSG 21.3.1974 – 8/2 RU 55/72 – BSGE 37, 177, 179; 41, 99, 100; s. auch LSG Hessen 15.11.2000 – L 3 U 104/99 und 28.9.2005 – L 3 U 165/04; *Kutschera* in: *Bieresborn*, Einführung in die medizinische Sachverständigentätigkeit vor Sozialgerichten, S 178 ff.

Rechtsprechung sowie dem versicherungsrechtlichen und versicherungsmedizinischen Schrifttum herausgearbeitete allgemeine Erfahrungswerte für bestimmte Gesundheitsschäden. Diese in der einschlägigen Literatur veröffentlichten Tabellenwerte[118] sind bei der Bemessung der MDE zu beachten; sie sind für die Entscheidung im Einzelfall zwar nicht verbindlich, aber als Maßstab für eine gleiche und gerechte Bewertung der MdE in den zahlreichen Parallelfällen der täglichen Praxis heranzuziehen.[119] Allerdings kann keines der aktuell verwandten Werke, Empfehlungen usw. zu Recht beanspruchen, als **antizipiertes Sachverständigengutachten** angesehen zu werden und damit eine erhöhte Verbindlichkeit zu besitzen.[120] Denn es mangelt vor allem an der gesicherten Objektivität, Neutralität, Unabhängigkeit, der Beteiligung aller maßgebenden Fachkreise und der Offenheit des Verfahrens, was dazu führen würde, dass eine Abweichung eines erhöhten Begründungsaufwands bedarf.[121] Das BSG hat jüngst klargestellt, dass eine Bestimmung neuer MdE-Tabellenwerte, die rein verwaltungspraktische "Hilfsmittel" mit unklarem juristischen Stellenwert darstellten, revisionsrechtlich nur dann möglich wäre, wenn sich aus der wissenschaftlichen Diskussion ausschließlich die Schlussfolgerung ziehen ließe, dass der vom LSG zugrunde gelegte MdE-Tabellenwert "falsch", d.h. wissenschaftlich unhaltbar wäre.[122] Die Anhaltspunkte für ärztliche Gutachtertätigkeit im sozialen Entschädigungsrecht und nach dem Schwerbehindertengesetz sind in der gUV nicht anwendbar.[123] Dies gilt auch für die GdS- Tabelle der am 1. Januar 2009 in Kraft getretenen Versorgungsmedizin-Verordnung.

45 Bleiben beim Versicherten nach einem Versicherungsfall **mehrere Verletzungen** zurück, die alle seine Erwerbsfähigkeit mindern, so ist nicht etwa für jede einzelne Verletzung ein Grad der Minderung der Erwerbsfähigkeit festzustellen und danach rechnerisch eine Gesamtsumme zu ermitteln, sondern es ist vielmehr durch integrierende Betrachtung eine sog. Gesamt-Minderung der Erwerbsfähigkeit zu bilden: Hierbei sind die Einzel-MdE-Werte in der Regel nicht zu addieren, sondern die **Gesamt-MdE** ist vielmehr integrativ zu ermitteln, wobei von der gravierendsten Unfallfolge auszugehen und sodann zu prüfen ist, inwieweit die daneben aufgetretenen weiteren Unfallfolgen die höchste Einzel-MdE erhöhen.[124]

46 Ist die Erwerbsfähigkeit des Verletzten infolge **mehrerer Versicherungsfälle** oder ihnen in § 56 Abs. 1 S. 4 SGB VII gleichgestellter Unfälle und Entschädigungsfälle – sog. **Stütztatbestände** – gemindert und erreichen die Vomhundertsätze der dadurch verursachten Minderung der Erwerbsfähigkeit zusammen wenigstens 20 v.H., so ist für je-

118 Vgl. z.B. *Kranig* in: Hauck/Noftz, SGB VII, § 56 Rn. 53 ff.; *Schönberger/Mehrtens/Valentin*, Arbeitsunfall und Berufskrankheit, 7. Aufl. 2003, Kap. 5 ff.; *Ricke* in: Kasseler Kommentar, SGB VII, § 56 Rn. 40 ff.; *Mehrhoff/Muhr*, Unfallbegutachtung, 13. Aufl. 2012, S. 127 ff.

119 BSG 3.9.1986 – 9 a RV 8/84, BSGE 60, 207, 209 ff.

120 BSG 23.6.1993 – 9/9 a RVs 1/91 – BSGE 72, 285 zu den Anhaltspunkten für die gutachterliche Praxis in Schwerbehindertenverfahren.

121 Vgl. BVerwG 17.2.1978 – I C 102.76 – BVerwGE 55, 250 = NJW 1978, 1450; *Wiester*, Über die Aufgabe der Unfallversicherungsträger, die Richtwerte zur Bemessung der MdE überprüfen zu lassen, NZS 2001, 630 ff.

122 BSG 20.12.2016 – B 2 U 7/15 R - zur Zeit der Drucklegung noch nicht veröffentlicht.

123 BSG 22.6.2004 – B 2 U 14/03 R – SozR 4-2700 § 56 Nr. 1.

124 Zum Verfahren vgl. *Schönberger/Mehrtens/Valentin*, Arbeitsunfall und Berufskrankheit, 8. Aufl. 2010, S. 103.

den, auch einen früheren Arbeitsunfall, Verletztenrente zu gewähren.[125] Jedoch sind die Folgen eines Arbeitsunfalles nur zu berücksichtigen, wenn sie die Erwerbsfähigkeit um wenigstens 10 v.H. mindern.[126]

Auch hier gilt, dass der Sachverständige seine sozialmedizinische Beurteilung **begründen** sollte, die von ihm herangezogenen Tabellenwerke im Anhang seines Gutachtens aufführt und eine **etwaige Abweichung** von den tabellarisch vorgegebenen Richtgrößen detailliert begründet. 47

B. Beweisfragen

Folgende Beweisfragen bieten sich an: 48

I. Feststellung/Entschädigung Arbeitsunfall

Rechtsstreit 49

Az.:

Beweisfragen:

1. Welche Gesundheitsbeeinträchtigungen liegen bzw. lagen bei d. Kl. auf Ihrem Fachgebiet vor?
2. Welche dieser Gesundheitsbeeinträchtigungen sind durch das Unfallereignisses aus medizinischer Sicht verursacht worden?
   a) Ist das Unfallereignis mit hinreichender Wahrscheinlichkeit als **alleinige** Ursache für die von Ihnen festgestellten Gesundheitsbeeinträchtigungen anzusehen?
   Falls ja: Weshalb?
   b) Hat das Unfallereignis im **Zusammenwirken mit anderen Ursachen** die von Ihnen festgestellten Gesundheitsbeeinträchtigungen hervorgerufen?
   Falls ja: Welche anderen Ursachen haben bei der Entstehung mitgewirkt? In welchem Verhältnis stehen die jeweiligen Verursachungsbeiträge?
   c) Hat das Unfallereignis bereits vor dem Unfall vorhanden gewesene, unfallunabhängige Gesundheitsbeeinträchtigungen verschlimmert?
   Falls ja: In welcher Weise und mit welchem Ergebnis?
   d) Wären die von Ihnen festgestellten Gesundheitsbeeinträchtigungen nach menschlichem Ermessen auch ohne den Unfall als besonderen Anlass bei jeder anderen nicht zu vermeidenden Gelegenheit zum Ausbruch gekommen?
3. Welche der von Ihnen festgestellten Gesundheitsbeeinträchtigungen d. Kl. sind mit an Sicherheit grenzender oder aber jedenfalls überwiegender Wahrscheinlichkeit unfallunabhängiger Natur?
4. Wie hoch schätzen Sie den Grad der durch die Unfallfolgen verursachten Minderung der Erwerbsfähigkeit auf dem Gesamtgebiet des Erwerbslebens für die Zeit ab dem Wiedereintritt der Arbeitsfähigkeit gegebenenfalls nach Zeiträumen gestaffelt, auf Ihrem Fachgebiet ein?
5. Handelt es Sicht bei den unfallbedingten Gesundheitsbeeinträchtigungen um einen Dauerzustand oder wird eine Nachuntersuchung empfohlen, gegebenenfalls nach welchem Zeitraum?

125 § 56 Abs. 1 Satz 2 SGB VII.

126 § 56 Abs. 1 Satz 3 SGB VII. vgl. z.B. *Rompe/Erlenkämper*, Begutachtung der Haltungs- und Bewegungsorgane; *Izbicki/Neumann/Spohr*, Unfallbegutachtung; Mehrhoff-Muhr, Unfallbegutachtung; *Schönberger-Mehrtens-Valentin*, Arbeitsunfall- und Berufskrankheit; *Behreiter-Hahn/Mertens*, GUV: Eine anschauliche listenförmige Übersicht findet sich bei Dr. med. Gerd-Josef Schillings, Kommentar auf CD „anhaltspunkte.de“, Kapitel Unfallversicherung.

6. Aufgrund welcher Erwägungen weicht das Ergebnis Ihres Gutachtens ggf. von den zuvor seitens der Beklagten sowie seitens des Sozialgerichts eingeholten früheren Gutachten und ärztlichen Stellungnahmen ab?
7. Wird die Begutachtung auf einem anderen ärztlichen Fachgebiet für erforderlich gehalten: Falls ja: Auf welchem Fachgebiet und aus welchen Gründen?

50 **Hinweis:** Sofern nur der Versicherungsfall geltend gemacht wird, können die Fragen 4. und 5. entfallen. Zu beachten ist, dass der Sachverständige nicht zur Frage der Wesentlichkeit des Verursachungsbeitrags gefragt werden darf, weil es sich hierbei um eine rechtliche Wertung handelt.[127]

II. Psychische Unfallfolgen

51 Rechtsstreit

Az.:

Das Berufungsgericht bittet Sie, den Kläger zu untersuchen und sodann folgende **Beweisfragen** zu beantworten:

1. Welche Gesundheitsstörungen auf neurologisch-psychiatrischem Gebiet haben Sie beim Kläger festgestellt und welche Diagnosen stellen Sie nach den üblichen Diagnosesystemen (ICD-10 oder DSM – IV)?
   Handelt es sich um bewusstseinsferne, vom Willen nicht beherrschbare Störungen oder willentlich gesteuerte, bewusstseinsnahe Störungen/psychische Reaktionen?
2. Sind die unter 1. festgestellten Gesundheitsstörungen auf neurologisch-psychiatrischem Gebiet mit Wahrscheinlichkeit – d.h. mit überwiegenden medizinischen Gründen – durch den Arbeitsunfall vom ....und/oder seine organischen Folgen wesentlich (mit)verursacht
   - im Sinne der Entstehung
   - bzw. im Sinne der Verschlimmerung soweit ein Leiden vorbestanden hat?

   Dazu folgende detaillierte Fragestellung:
   a) Bestand bei dem Kläger schon vor dem Unfall eine „Anlage" zu psychischen Reaktionen? War diese „Anlage" latent oder hatte sie sich bereits in bestimmten Symptomen manifestiert?
   b) War die „Anlage" so ausgeprägt bzw. so leicht ansprechbar, dass es nach menschlichem Ermessen auch bei jedem anderen alltäglich vorkommenden unvermeidbaren äußeren Anlass/Erlebnis oder sogar ohne jeden äußeren Anlass zu etwa derselben Zeit zu denselben psychischen Erscheinungen und Reaktionen hätte kommen können? Oder waren das Unfallgeschehen und/oder seine organischen Folgen für die psychische Reaktion des Klägers ihrer Eigenart und Stärke nach unersetzlich, d.h. nicht mir anderen alltäglich vorkommenden Ereignissen austauschbar?
3. Falls Sie annehmen, dass im Anschluss an den Arbeitsunfall vom psychische Störungen aufgetreten sind und der Unfall diese mit Wahrscheinlichkeit (mit)verursacht hat:
   Haben die Einwirkungen des Unfalls und/oder seiner körperlichen Folgen auf die Psyche des Klägers nur einen vorübergehenden Einfluss gehabt, oder waren sie ursächlich auch für den gesamten weiteren Verlauf oder haben diesen unterhalten? Oder hat der Kläger zu einem bestimmten Zeitpunkt der Zustand wieder erreicht, wie er schon vor dem Unfall bestand? Ggf. ab wann ist davon auszugehen?
4. In welchem Grad ist die Erwerbsfähigkeit des Klägers auf dem allgemeinen Arbeitsmarkt seit dem durch die unter 2./3. festgestellten Unfallfolgen bzw. den unfallbedingten Verschlimmerungsanteil gemindert?
   Der MdE-Vorschlag soll unter vergleichender Heranziehung allgemeiner unfallmedizinischer Erfahrungswerte näher begründet werden. Auf die anliegende Tabelle MdE-Werte in Kopie wird hingewiesen (z.B. Schönberger u.a., Arbeitsunfall und Berufskrankheit, 9. Auflage 2016).

127 S. Rn 16.

5. Welche weiteren Folgen des Arbeitsunfalls vom .....bestehen beim Kläger auf anderen Fachgebieten?
6. Mit welcher MdE auf dem allgemeinen Arbeitsmarkt sind diese Unfallfolgen ab demzu bewerten?
   Schließen Sie sich insoweit der Bewertung der Fachkollegen an?
7. Mit welcher MdE bewerten Sie alle Unfallfolgen (Gesamt-MdE)?
8. Für welchen Zeitraum im Anschluss an den Arbeitsunfall vom 3.5.1995 war der Kläger in seinem Beruf als .....wegen der Unfallfolgen insgesamt arbeitsunfähig?

III. Feststellung/Entschädigung Berufskrankheit (nach Tod des Versicherten am Beispiel der BK 1103, 4109 Anl zur BKV)

Rechtsstreit 52

Az.:

Beweisfragen[128]

1) Welche Gesundheitsstörungen lagen beim verstorbenen Ehemann der Klägerin vor?
2) Welche der zu 1) festgestellten Erkrankungen ist mit Wahrscheinlichkeit durch die Einwirkung von Berufsstoffen während der Tätigkeit des Klägers als ....durch die Einwirkung von Chrom und/oder Nickel verursacht worden?
3) Gibt es nach dem aktuellen wissenschaftlichen Erkenntnisstand Erkenntnisse darüber, welche Mindestdosis des Noxen Chrom erforderlich ist, um im Sinne der naturwissenschaftlichen Kausalität bei einem Menschen eine Lungenkrebserkrankung zu erzeugen? Kann der Stoff Chrom nicht hinweggedacht werden, ohne dass die Lungenkrebserkrankung des verstorbenen Ehemanns der Klägerin entfiele?
4) Gibt es nach dem aktuellen wissenschaftlichen Erkenntnisstand Erkenntnisse darüber, welche Mindestdosis von dem Noxen Nickel erforderlich ist, um im Sinne der naturwissenschaftlichen Kausalität bei einem Menschen eine Lungenkrebserkrankung zu erzeugen. Kann der Stoff Nickel nicht hinweggedacht werden, ohne dass die Lungenkrebserkrankung des verstorbenen Ehemanns der Klägerin entfiele?
5) Können Sie unter Zugrundelegung des aktuell wissenschaftlichen Erkenntnisstandes vorliegend beurteilen, ob einer der oben benannten Noxene isoliert betrachtet beim verstorbenen Ehemann der Klägerin im Sinne einer naturwissenschaftlichen Kausalität den Lungenkrebs verursacht hat?
6) *Bejahendenfalls*: Ist es möglich, den konkreten Verursachungsanteil an der Erkrankung des verstorbenen Ehemanns der Klägerin mitzuteilen?
7) Gibt es nach den aktuellen Erkenntnisstand Erkenntnisse darüber, ob die Einwirkungen in Form von Chromat und Nickel gemeinsam durch gegenseitiges Verstärken oder aufgrund der Zusammenwirkung den Lungenkrebs des verstorbenen Ehemanns der Klägerin in naturwissenschaftlich philosophischen Sinne verursacht haben?
8) *Bejahendenfalls:* Wie hoch ist der Verursachungsanteil der genannten Einwirkungen aufgrund dieses Zusammenwirkens für den Eintritt der Lungenerkrankung zu?
9) *Im Falle einer sich gegenseitig verstärkenden Wirkung*: Kann dann der jeweils durch das Zusammenwirken mit einem der anderen Stoffe als Ursache in Betracht kommende Stoff nicht hinweggedacht werden, ohne dass der Erfolg entfiele?
10) Welche konkurrierenden Faktoren für die Lungenerkrankungen können sie den Akten entnehmen? War insbesondere der Zigarettenkonsum ausreichend, um beim verstorbenen Ehemann der Klägerin die Erkrankung zu verursachen?
11) Bejahendenfalls: Welches Maß an Teilursächlichkeit kommt dem Zigarettenkonsum hierbei zu. War er eine oder sogar die alleine wesentliche Teilursache?
12) Welcher Grad der MdE wurde ab wann bis zu seinem Tod durch die ggf. anzunehmenden Folgen einer BK bedingt?
13) Was ist kritisch zu den bisher im Verwaltungs- bzw. Gerichtsverfahren eingeholten Gutachten zu sagen?

128 Am Beispiel der BK'n 1103, 4109 Anl. zur BKV.

C. Weiterführende Literatur

Anders/Gehle, Die Assessorklausur, 3. Aufl. 1991; *Becker*, MedSach 2016, 6; *Becker*, 2b/Arbeitsmed 2016, 113; *Bieresborn*, Berufskrankheiten: Kausalität, Dosismodelle und Konsensempfehlungen, SGb 2016, 310 sowie 379; *Erlenkämper/Fichte*, Sozialrecht, 4. Aufl. 2003; *Gitter*, Schadensausgleich im Arbeitsunfallrecht, 1969; *Grüner*, GUV: Gesundheitsschaden, in: Bieresborn, Einführung in die medizinische Sachverständigentätigkeit vor Sozialgerichten, 2015, S. 139; *Hase*, Sozialrecht und die Integration gesellschaftlichen Wissens, in Masuch u.a. (Hg.), Grundlagen und Herausforderungen des Sozialstaats, 2014; *Hauck/Noftz*, SGB VII, Stand 9/2016; *Heinrichs* in: Palandt, BGB, Vorb § 249 Rn 58; *Igl/Welti*, Sozialrecht, 8. Aufl. 2007; *J. L. Mackie*, The Cement of Universe, Oxford University Press 1974, S. 76; Kasseler Kommentar, SGB VII, Stand 9/2016; *Krasney/Becker/Burchardt/Kruschinsky/Heinz/Bieresborn* – Gesetzliche Unfallversicherung (SGB VII), Stand 9/2016, Bd. 1, § 8 Rn. 314; *Krasney/Udsching*, Handbuch des sozialgerichtlichen Verfahrens, 6. Aufl. 2011; *Lauterbach/Koch*, Unfallversicherung - SGB VII, Stans 2/2016; *Mehrhoff/Ekkenkamp/Wich*, Unfallbegutachtung, 13. Aufl. 2012; *Mehrtens/Bereiter-Hahn*, Gesetzliche Unfallversicherung, Stand 10/2016; *Meyer-Ladewig/Keller/Leitherer*, 11. Aufl. 2014; *Rompe/Erlenkämper*, Begutachtung der Haltungs- und Bewegungsorgane, 2004; *Schönberger/Mehrtens/Valentin*, 8. Aufl. 2010; *Schulin*, Handbuch des Sozialversicherungsrechts, Band 2, 1999; *Sirp*, Bericht, Gutachten, Urteil, 32. Aufl. 1994; *Spellbrink*, Gibt es eine BSG-Rechtsprechung zur Kausalitätsprüfung in der Gesetzlichen Unfallversicherung?, SGb 2017, 1; *ders.*, MedSach 2017, 51; *ders.*, Die Aufgabenverteilung zwischen (medizinischem) Sachverständigen und Richter bei der Kausalitätsprüfung im Recht der gesetzlichen Unfallversicherung, MedSach 2017, S. 51; *Udsching*, SGB XI, 4. Aufl. 2014; *von Wulffen/Schütze*, SGB X, 8. Aufl. 2014, § 20 Rn. 8.

§ 5 Begutachtung in der gesetzlichen Pflegeversicherung

A. Begutachtungsrelevante Streitfragen in der Pflegeversicherung

I. Einführung und Entwicklung der Pflegeversicherung

Zum 1.1.1995 hat der Gesetzgeber durch das Pflege-Versicherungsgesetz (PflegeVG vom 26.5.1994)[1] mit dem Sozialgesetzbuch, Elftes Buch (SGB XI) die Soziale Pflegeversicherung neben der Renten-, Kranken-, Unfall- und Arbeitslosenversicherung als fünfte Säule der Sozialversicherung eingeführt. 1

Der **medizinische Sachverständige** (→ Rn. 122) hat mit der Einführung der Pflegeversicherung für die **Beurteilung der Pflegebedürftigkeit** andere Vorgaben und Grundlagen zu beachten, als in der Renten-, Kranken-, Unfall- und Arbeitslosenversicherung. Er muss für die Beurteilung der Pflegebedürftigkeit über eine hohe Fachkompetenz verfügen.[2] Die Anforderungen an den Sachverständigen haben durch die Entwicklung der Pflegeversicherung in den letzten 20 Jahren, aber auch durch die sozialgerichtliche Rechtsprechung ständig zugenommen. In der Pflegeversicherung hat der Sachverständige zu prüfen, ob die Voraussetzungen der Pflegebedürftigkeit gegeben sind, die Pflege gesichert ist und welcher Pflegegrad vorliegt. Der Sachverständige hat aber auch zu beurteilen, ob eine eingeschränkte Alltagskompetenz vorliegt, inwieweit die mentalen Funktionen eingeschränkt sind, ob psychische Problemlagen bestehen. Er hat zu prüfen, ob der zu begutachtende Mensch individuell und bewusst seinen Tagesablauf gestalten kann und in der Lage ist, mit Menschen in seinem Lebensbereich Kontakt aufzunehmen. Er hat die Versorgung mit Pflegehilfsmitteln, die Erforderlichkeit der Durchführung von wohnumfeldverbessernden Maßnahmen zu beurteilen, Präventions- und Rehabilitationsempfehlungen zu geben und auch versorgungsrelevante Informationen im Hinblick auf die Beratung und der Pflege- und Hilfeplanung festzustellen. Ab dem 1.1.2017 muss der Sachverständige völlig umdenken, wenn er den Pflegebedarf eines den Pflegegrad beantragenden Menschen einzuschätzen hat. 2

Nahezu alle Einwohner der Bundesrepublik unterliegen der Versicherungspflicht zur Absicherung des Risikos der Pflegebedürftigkeit. Bei der Pflegeversicherung handelt es sich, was immer wieder verkannt wird, nicht um eine Vollversicherung, sondern um ein **Teilleistungssystem.**[3] Weitgehend wird zum Verständnis auch von einer **Teilkaskoversicherung** gesprochen. Der Gesetzgeber setzt eine beachtliche Eigenbeteiligung des Pflegebedürftigen und auch der Familie voraus. Er unterstellt eine gewisse Eigeninitiative der Familienmitglieder und Verwandten, deren Betreuungsaufwand, weil sie es besonders gut meinen, regelmäßig höher ist, als der objektiv erforderliche Hilfebedarf. Es geht bei der Zahlung von Pflegegeld auch nicht um eine Vergütung für erbrachte Hilfeleistungen, sondern um die Anerkennung einer Pflichterfüllung, die in erster Linie auf familienrechtlichen Unterstützungspflichten oder sozialer Ver- 3

1 Art. 1 des Gesetzes zur sozialen Absicherung des Risikos der Pflegebedürftigkeit – PflegeVG – vom 26.5.1994, BGBl. 1014 (1015).

2 In der gesetzlichen und privaten Pflegeversicherung sind derzeit mehr als 3.500 Gutachter tätig. Vgl. Das erfolgreiche Sozialversicherungsmandat, Stand Dezember 2016, Klatt/*Gröne*, Teil 11/2.5.2, S. 9.

3 BVerfG 26.3.2014 – 1 BvR 1133/12, juris Rn. 21, 23 = NZS 2014, 414–416.

antwortung beruhen.[4] Insoweit hat das Pflegegeld lediglich einen **Entlastungs- und Ergänzungscharakter.**

4 In der sozialen Pflegeversicherung erfolgt die Versicherung kraft Gesetzes. Sie wird von den Pflegekassen durchgeführt (§ 46 SGB XI). In der privaten Pflegeversicherung ist der Abschluss eines Vertrages erforderlich. Es besteht eine „Pflicht zur Versicherung" bei einem privaten Versicherungsunternehmen.

5 Die soziale Pflegeversicherung und die private Pflegeversicherung sind im Wesentlichen deckungsgleich ausgestaltet. Für die private Pflegeversicherung sind die Regelungen des SGB XI in den Musterbedingungen für die staatlich geförderte ergänzende Pflegeversicherung (bisher zuletzt MB/PPV 2013; ab 1.1.2017 MB/PPV 2017)[5] festgeschrieben.

6 Versicherte der gesetzlichen bzw. der privaten Pflegeversicherung erhalten Leistungen aus der Pflegeversicherung nur, wenn bei Ihnen der **Versicherungsfall der Pflegebedürftigkeit** vorliegt und dies auch **gutachterlich** festgestellt worden ist.

7 Der bis zum 31.12.2016 maßgebliche Begriff der Pflegebedürftigkeit und das hierauf ausgerichtete Begutachtungsinstrument waren seit Einführung der Pflegeversicherung, also über ein Vierteljahrhundert, fortlaufend massiver Kritik ausgesetzt.[6] So wurden unterstützungsbedürftige Personen mit somatischen, kognitiven und psychischen Beeinträchtigungen vom Begriff der Pflegebedürftigkeit nicht und auch im Laufe der verschiedenen Reformen von der Pflegeversicherung nur unzureichend erfasst. Auch in den §§ 45 a, 45 b, 124, 125 SGB XI in der bis zum 31.12.2016 geltenden Fassung (a.F.) wird dieser Personenkreis nur mit Einschränkungen berücksichtigt. Im Jahr 2011 hat der Vater der Pflegeversicherung, **Norbert Blüm**, in der Presse hierzu gemeint: „Auf das weite Feld der nichtkörperlichen Defizite haben wir uns nicht vorgewagt."[7] Das hat sich seit dem Jahr 2008 zunehmend geändert. Auch die Begutachtung von Kindern war bisher pflegefachlich nicht hinreichend fundiert. Auch wurde die besondere Belastung von Eltern geistig behinderter Kinder, die zuhause versorgt wurden, nicht erfasst. Auch für die Kinder, die dementielle Eltern versorgt und gepflegt haben, stand weder die Pflegeversicherung noch ein anderes Sicherungssystem bereit.[8]

8 Der Gesetzgeber hatte mit dem **Pflegeweiterentwicklungsgesetz** vom 28.5.2008[9] erstmals leistungsrechtliche Verbesserungen beschlossen und auch das Versorgungsangebot erweitert. Mit dem **Pflege-Neuausrichtungs-Gesetz (PNG)** vom 23.10.2012[10] sind u.a. die Leistungen für Menschen mit eingeschränkter Alltagskompetenz und mit Demenz erweitert und der Pflege-TÜV eingeführt worden. Im Hinblick auf die bevorste-

4 *Udsching* jurisPR-SozR 24/2013, Das Teilkaskosystem der Pflegeversicherung und die Erwartungen der Bevölkerung, Anm. 2.
5 Im Internet abrufbar unter www.pkv.de oder auf der Homepage der jeweiligen privaten Versicherungsunternehmen.
6 Ronald Richter, Die neue soziale Pflegeversicherung – PSG II, Vorwort; Plantholz in ZMGR 2016 S. 346 ff.; Klie/Kramer/Plantholz, LPK-SGB XI, 4. Auflage, Rn. 7.
7 Der Tagesspiegel, 11.9.2011, www.tagesspiegel.de.
8 Plantholz in ZMGR 6/2016 S. 347.
9 BGBl. I 2008, 874.
10 BGBl. I 2012, 2246.

hende Pflegereform sind Vorschläge des Expertenbeirats zur Ausgestaltung des neuen Pflegebedürftigkeitsbegriffs und der Fachkreise bereits im Jahr 2013 umgesetzt worden. Die Praktikabilitätsstudien begannen dann im Jahr 2014.

Zur Vorbereitung und Umsetzung der großen Pflegereform hat der Gesetzgeber mit 9
dem ersten **Pflegestärkungsgesetz I (PSG I)** vom 17.12.2014[11] und dem **Gesetz zur besseren Vereinbarung von Familie, Pflege und Beruf** vom 23.12.2014[12] zum 1.1.2015 die Leistungen für pflegebedürftige Personen und insbesondere auch die für demenziell erkrankte Pflegebedürftige und Personen mit eingeschränkter Alltagskompetenz ohne Pflegestufe (sogenannte Pflegestufe 0) deutlich flexibilisiert und erhöht.

Mit dem **Zweiten Pflegestärkungsgesetz (PSG II)** vom 21.12.2015[13] hat der Gesetzgeber die sehnlich erwartete Pflegereform zum 1.1.2016 eingeleitet (Vorbereitungsjahr). Zum 1.1.2017 hat er den bisherigen, überwiegend auf körperliche Beeinträchtigungen fokussierten **Pflegebedürftigkeitsbegriff** aufgegeben. 10

Es hat hier, vornehmlich im Leistungsbereich, ein Paradigmenwechsel und damit ein grundsätzlicher Umbruch stattgefunden. Das Herzstück des PSG II ist die **Neufassung des Pflegebedürftigkeitsbegriffs.** Dieser erhält eine ganz neue Definition und macht damit auch eine Neustrukturierung des Begutachtungsverfahrens erforderlich. Dies hat der Gesetzgeber zum 1.1.2017 eingeführt und die bisherigen **drei Pflegestufen** durch künftig **fünf Pflegegrade** ersetzt. 11

Die Umstellung auf das neue System mit der Neufassung des Pflegebedürftigkeitsbegriffs und dem neuen Begutachtungsverfahren ist allerdings erst zum 1.1.2017 wirksam geworden. Der Gesetzgeber hat das Jahr 2016 als Vorbereitungsjahr für die im Jahr 2017 modifizierten Leistungsansprüche vorgeschaltet. 12

Es sind umfangreiche Vorarbeiten geleistet worden. So sind am 15.4.2016 aufgrund der Ermächtigung gemäß §§ 17, 17a SGB XI unter Beteiligung des Medizinischen Dienstes des Spitzenverbandes Bund der Krankenkassen (MDS)[14] die für die Begutachtung maßgeblichen neuen **Richtlinien des GKV-Spitzenverbandes[15] zur Feststellung der Pflegebedürftigkeit** (im Folgenden: **Begutachtungs-Richtlinien 2016**) geändert und erlassen worden.[16] Am 26.4.2016 sind auch das von den Spitzenverbänden der Pflegekassen und dem GKV-Spitzenverband neu aufgelegte **Gemeinsame Rundschreiben zu den leistungsrechtlichen Vorschriften** (im Folgenden: **gemeinsames Rundschreiben 2016**) veröffentlicht worden.[17] 13

11 BGBl. I 2014, 2222.
12 BGBl. I 2014, 2462.
13 BGBl. I 2015, 2424.
14 Der MDS (www.mds-ev.de) ist eine medizinische und pflegefachliche Expertenorganisation, die den GKV-Spitzenverband berät und die fachliche Arbeit des Medizinischen Dienstes der Krankenkassen (MDK) koordiniert.
15 Der GKV-Spitzenverband ist der Spitzenverband Bund der Pflegekassen gemäß § 53 SGB XI.
16 Richtlinien zum Verfahren der Feststellung der Pflegebedürftigkeit sowie zur pflegefachlichen Konkretisierung der Inhalte des Begutachtungsinstruments nach dem Elften Buch des Sozialgesetzbuches (Begutachtung-Richtlinien – BRi –) vom 15.4.2016, gültig ab 1.1.2017, zu erhalten als Download unter www.mds-ev.de oder als Broschüre über den MDS kostenlos bestellbar.
17 www.gkv-spitzenverband.de, Pflegeversicherung, Richtlinien: Gemeinsames Rundschreiben zu den leistungsrechtlichen Vorschriften vom 26.04.2016.

14 Für den Pflegebedürftigen gab es schon im Jahr 2016 Verbesserungen. So haben die Pflegebedürftigen und die Pflegepersonen[18] einen eigenen Beratungsanspruch. Die Pflegeberatungs-Richtlinien sind allerdings erst zum 31.7.2018 zu erlassen.[19] Die Pflegeheime sind verpflichtet, mit Ärzten Kooperationsvereinbarungen zu schließen, damit die ärztliche Versorgung von Bewohnern in Pflegeheimen gesichert ist. Personen, die weniger als sechs Monate pflegebedürftig sind, erhalten nach einer stationären Behandlung nunmehr Übergangsgeld für häusliche Krankenhilfe, für eine Haushaltshilfe oder für eine Kurzzeitpflege.[20]

15 Die zum Stichtag 1.1.2017 durch Art. 2 PSG II wirksam gewordenen Änderungen setzen den neuen Pflegebedürftigkeitsbegriff und **das Neue-Begutachtungs-Assessment (NBA)** um. Es gibt jetzt nur noch ein fachlich gesichertes individuelles Feststellungsverfahren für die Beurteilung der Pflegebedürftigkeit. Es werden nach jetzt mehr als 20 Jahren Pflegeversicherung die pflegerischen Bedarfe von Menschen, die gesundheitlich bedingte Belastungen oder Anforderungen nicht selbstständig kompensieren oder bewältigen können, durch die Einführung eines **teilhabeorientierten Pflegebedürftigkeitsbegriffs** besser als bisher berücksichtigt.

16 Da für die Leistungsgewährung immer das zum **Zeitpunkt der Antragstellung** geltende Recht maßgeblich ist, beurteilt sich seit Januar 2017 die Pflegebedürftigkeit und entsprechend die Einstufung in die Pflegegrade 1–5 nach Maßgabe des neuen Begutachtungsverfahrens.

17 Für die im Jahr 2016 gestellten Anträge oder die 2016 noch durchgeführten Wiederholungsbegutachtungen richtete sich die Pflegebedürftigkeit und entsprechend das Begutachtungsverfahren allerdings noch **nach altem Recht**. Dies wirkt sich auf die anschließenden Klageverfahren aus, in dem für die Beurteilung das alte Recht und die hierzu ergangenen damaligen Begutachtungs-Richtlinien[21] maßgeblich sind.

18 Prüfgrundlage für die Beurteilung der Voraussetzungen der Pflegebedürftigkeit und Feststellung der Pflegestufen/Pflegrade bilden nach bisherigem Recht wie auch nach neuem Recht die Begutachtungsrichtlinien in der jeweiligen aktuellen Fassung. Sie dienen einer einheitlichen Rechtsanwendung und der Sicherstellung bundesweit einheitlicher Maßstäbe. Sie wirken als **antizipierte Beweiswürdigungsregelungen** und sind für den Medizinischen Dienst der Krankenversicherung (MDK) als quasi Verwaltungsbinnenrecht verbindlich (§ 17 a Abs. 6 SGB XI). Im Einzelfall sind sie widerlegbar und für die Gerichte der Sozialgerichtsbarkeit zwar auch Prüfmaßstab, aber nicht verbindlich.[22]

---

18 Pflegepersonen sind Personen, die nicht erwerbsmäßig (regelmäßig nicht mehr als 30 Stunden *(→ Rn. 108)*) einen Pflegebedürftigen i.S.d. § 14 SGB XI in seiner häuslichen Umgebung pflegen. Demgegenüber sind Pflegekräfte Personen, die erwerbsmäßig pflegen.

19 Gemeinsames Rundschreiben 2016, § 17 SGB XI, S. 51.

20 Das Gesetz enthält eine Regelungslücke für Personen mit dem Pflegegrad 1. Für den Erhalt von Leistungen der Kurzzeitpflege müssen nach § 42 Abs. 1 SGB XI mindestens die Voraussetzungen des Pflegegrades 2 vorliegen; vgl. Klatt/*Gröne*, Teil 11/6, S. 19 „wichtiger Hinweis", sowie 11/6.3.3. S. 35(2) „wichtiger Hinweis".

21 Begutachtungs-Richtlinien vom 8.6.2009 in der Fassung vom 16.4.2013.

22 LSG Bayern 25.6.2014 – L 2 P 81/12, juris Rn. 46 = NZS 2014, 785 (786).

II. Pflegebedürftigkeitsbegriff bis 31.12.2016

1. Bestands-/Vertrauensschutz

Das PSG II sieht vor, dass kein Leistungsberechtigter nach dem ab Januar 2017 geltenden Recht niedrigere Ansprüche haben wird. Die hierzu ergangenen **Übergangsregelungen** der §§ 140, 141, 142, 143 SGB XI sind von dem Grundsatz geprägt, dass der Empfänger von Pflegeleistungen im Jahr 2016 durch die zum Januar 2017 wirksam gewordene Pflegereform nicht schlechter gestellt wird als nach bisherigem Recht. Durch das standardisierte Verfahren hat der Gesetzgeber Rechtssicherheit und Verlässlichkeit geschaffen. 19

Das gilt für eine **Übergangszeit von zwei Jahren** für die bisherigen Leistungsberechtigten der sogenannten Pflegestufe 0 (Personen mit eingeschränkter Alltagskompetenz, Demenz) und die der Pflegestufen I–III (und Härtefall), die am 31.12.2016 regelmäßig wiederkehrende Leistungen der Pflegeversicherung beziehen. Bei einmaligen Leistungen, wie zum Beispiel bei wohnumfeldverbessernden Maßnahmen, besteht kein Bestands- und Vertrauensschutz. Dieser wird auch nicht benötigt, weil sich die Anspruchsvoraussetzungen nicht geändert haben und zudem weitgehend höhere Leistungen vorgesehen sind. 20

Im Hinblick auf die **Bestands- und Vertrauensschutzregelungen**, die in der sozialen wie in der privaten Pflegeversicherung gelten, ist für diesen Personenkreis das bisherige Recht ggf. noch bedeutsam. So greift die Schutzregelung bei dem Anspruch auf den erhöhten Betrag nach § 45 b SGB XI a.F., wenn sich bspw. der Pflegesachleistungsanspruch ab 2017 nicht um mindestens 83 EUR gegenüber dem bisherigen Anspruch erhöht oder bei der vollstationären Pflege, wenn der einrichtungseinheitliche Eigenanteil höher ist als der bisherige individuelle Eigenanteil. 21

Für das Begutachtungsverfahren enthält § 142 Abs. 1 SGB XI eine besondere Übergangsregelung. So wird die nach § 18 Abs. 2 Satz 5 SGB XI vorgesehene Wiederholungsbegutachtung für zwei Jahre, mithin bis zum 31.12. 2019 ausgeschlossen. Dies hat zur Folge, dass die Zuordnung zu einem Pflegegrad, in den der Pflegebedürftige ab 1.1.2017 übergeleitet worden ist, erhalten bleibt.[23] Eine Neubegutachtung der bisherigen Leistungsempfänger zum Umstellungsstichtag 1.1.2017 wäre im Übrigen auch nicht realisierbar gewesen.[24] Der Pflegebedürftige hat seinerseits immer das Recht, bei einer pflegegradrelevanten Änderung des Hilfebedarfs eine neue Begutachtung zu verlangen.[25] 22

2. Der Begriff der Pflegebedürftigkeit nach § 14 Abs. 1 SGB XI a.F.

Im Hinblick auf die Bestands- und Vertrauensschutzregelungen zunächst eine kurze Darstellung des bisherigen Pflegebedürftigkeitsbegriffs: 23

23 Vgl. zur Überleitung in die Pflegegrade Klatt/*Gröne*, Teil 11/5.7.4, S. 57.

24 Zur Umstellung des Leistungserbringungsrechts in der stationären Versorgung, vgl. *Plantholz* GuP 2016, 207–211.

25 Auch der Leistungserbringer kann gegebenenfalls eine Wiederholungsbegutachtung verlangen, wenn die Pflegebedürftigkeit schlechthin in Frage steht;* vgl. Klatt/*Gröne*, Teil 11/5.7.5, S. 58; zu den Überleitungsregelungen siehe auch Plantholz in ZMRG 2016 S. 352.

24 Nach § 14 Abs. 1 SGB XI a.F. (bis 31.12.2016) waren pflegebedürftig die Personen, die wegen einer körperlichen, geistigen oder seelischen Krankheit oder Behinderung für die gewöhnlichen und regelmäßig wiederkehrenden Verrichtungen im Ablauf des täglichen Lebens auf Dauer, voraussichtlich für mindestens sechs Monate, in erheblichem oder höherem Maß (§ 15 SGB XI a.F.) der Hilfe bedürfen. Die bisher definierten Kriterien der Hilfeleistung zielten auf den Umfang des in Minuten gemessen Zeitaufwands im Sinne einer Kompensation, der Anlagen, der Beaufsichtigung, quasi des sogenannten „Handanlegens“ bei den typischen Alltagsverrichtungen im Bereich der Grundpflege, der Mobilität und der hauswirtschaftlichen Versorgung ab. Der Hilfebedarf wurde **verrichtungsbezogen** festgestellt. Der mit der Begutachtung beauftragte Sachverständige (→ Rn. 122) prüfte:

„Was kann der Pflegebedürftige nicht mehr?“

25 Er leitete daraus den konkreten Unterstützungsbedarf für die Einordnung in einer der drei Pflegestufen ab. Die Zuordnung zu einer der Pflegestufen erfolgte nach Maßgabe der Voraussetzungen des § 15 SGB XI a.F., wobei zwischen erheblicher Pflegebedürftigkeit (**Pflegestufe I**), schwerer Pflegebedürftigkeit (**Pflegestufe II**) und Schwerstpflegebedürftigkeit (**Pflegestufe III**) unterschieden wurde.

26 Orientierungskriterium für die Bestimmung des Pflegeaufwandes war jeweils ausschließlich der **in Minuten gefasste Hilfebedarf.**[26]

3. Der Verrichtungskatalog des § 14 Abs. 4 SGB XI a.F.

27 Die Leistungsbeurteilung durch den Pflegesachverständigen erfolgte entsprechend dem nachfolgenden (abschließenden) **Verrichtungskatalog:**

Tabelle: Verrichtungen nach § 14 Abs. 4 SGB XI

Gutachten		**MDK, MEDIC-PROOF, externer SV**	**MDK, MEDIC-PROOF externer SV**	**SG**	**LSG**
Körperpflege		Min.	Min.	Min.	Min.
GK 20–25					
OK 8–10					
UK 12–15	Waschen				
H/G 1–2					
15–20	Duschen				
20–25	Baden				
5	Zahnpflege				

26 Zu dem Bedürftigkeitsbegriff und dem Begutachtungsverfahren nach bisherigem Recht, vgl. Klatt/*Gröne*, Teil 11/5.6.1., S. 27 ff.

Gutachten		MDK, MEDIC-PROOF, externer SV	MDK, MEDIC-PROOF externer SV	SG	LSG
Körperpflege		Min.	Min.	Min.	Min.
1–3	Kämmen				
5–10	Rasieren				
WL 2–3	Darm-/Blasenentleerung				
StG 3–6					
RB 0–2					
WWW 4–6					
WstG 7–10					
WkV 1–2					
UB 2–3					
SB 3–4					
	Summe I.				
II. Ernährung		Min.	Min.	Min.	Min.
2–3	mundgerechte Zubereitung, Bereitstellen eines Getränks				
15–20	Nahrungsaufnahme (z.B. Füttern, Getränk reichen)				
	Summe II.				
III. Mobilität		Min.	Min.	Min.	Min.
1–2	Aufstehen/ Zubettgehen				
2–3	Umlagern				
GK = 8–10	An-/Auskleiden				
TK = 5–6					
GE = 4–6					
TE = 2–3					

Gutachten		MDK, MEDIC-PROOF, externer SV	MDK, MEDIC-PROOF externer SV	SG	LSG
Körperpflege		Min.	Min.	Min.	Min.
	Stehen (z.B. beim Duschen)				
	Gehen (z.B. zur Toilette, zum Essen, zum Baden)				
	Treppensteigen				
	Verlassen/ Wiederaufsuchen der Wohnung				
	Summe III.				
Nächtlicher Hilfebedarf					
Gesamtsumme					

Legende: WL = Wasserlassen; StG = Stuhlgang; RB = Richten der Bekleidung; WWW = Wechseln der Windeln nach Wasserlassen; WWStG = nach Stuhlgang; WkV = Wechseln kleiner Vorlagen; UB = Urinbeutel; SB = Stomabeutel.

III. Pflegebedürftigkeit ab 1.1.2017

28 Der seit Januar 2017 eingeführte neue Pflegebedürftigkeitsbegriff und entsprechend das neue Begutachtungsverfahren (NBA) gehen von einem Verständnis von Pflegebedürftigkeit aus, das gegenüber dem früheren Pflegebedürftigkeitsbegriff wesentlich umfassender ausgelegt ist und mehr Aspekte der Hilfeleistung erfasst. Dem neuen Pflegebedürftigkeitsbegriff liegt eine ganz andere Begutachtungsphilosophie zugrunde. Hatte der bisherige Pflegebedürftigkeitsbegriff den Blick auf den Zeitaufwand der Pflege, also auf die Pflegeperson, liegt der Blick jetzt unmittelbar auf dem Pflegebedürftigen.

29 Wurden nach dem bisherigen Pflegebedürftigkeitsbegriff vor allem die körperlichen Einschränkungen berücksichtigt, die gerontopsychiatrischen und psychischen Beeinträchtigungen nur eingeschränkt beurteilt, werden nach dem neuen Pflegebedürftigkeitsbegriff die körperlichen, kognitiven und psychischen Beeinträchtigungen in gleicher Weise und in vollem Umfang bewertet. Damit werden die Bedürfnisse von Menschen mit Demenz und Menschen mit geistigen und psychischen Einschränkungen ebenso berücksichtigt wie die Bedürfnisse von Menschen mit körperlichen Einschränkungen. Die Erforderlichkeit allgemeiner Beaufsichtigung und Betreuung bei der Ge-

staltung des Tages und der Haushaltsführung und außerhäuslichen Aktivitäten, aber auch bei den sozialen Kontakten sind im Begutachtungsverfahren festzustellen. Soweit bei der Begutachtung Beeinträchtigungen der Selbstständigkeit bei außerhäuslichen Aktivitäten und Haushaltsführung festgestellt werden, sind diese zwar nicht innerhalb der Pflegegrade zu berücksichtigen; diese Informationen ermöglichen jedoch eine umfassende Beratung, eine individuelle Pflege- und Hilfeplanung sowie eine sachgerechte Erbringung von Hilfen bei der Haushaltsführung.

Der Sachverständige hat jetzt nicht mehr nach Maßgabe des somatisch geprägten bis- 30
herigen Pflegebedürftigkeitsbegriffs festzustellen, welche in Minuten gefasste Hilfe der zu Begutachtende bei den jeweiligen Verrichtungen benötigt. Im Mittelpunkt des zu begutachtenden Menschen stehen jetzt seine Ressourcen und Fähigkeiten bei Alltagsaktivitäten. Der Sachverständige prüft, wie der zu begutachtende seine Selbstständigkeit erhält und wie sie gestärkt werden kann und ob und in welchem Umfang er Hilfe und Unterstützung benötigt.

Der Sachverständige fragt: 31

Was kann der Pflegebedürftige noch selbst?
Wo ist Unterstützungsbedarf erforderlich?

Die Selbstständigkeit wird Maßstab für die Pflegebedürftigkeit. Unter Selbstständig- 32
keit wird die Fähigkeit eines Menschen verstanden, eine Aktivität alleine – also ohne Unterstützung eines anderen – ausführen zu können. Derjenige, der eine Verrichtung/Handlung mit einem Hilfsmittel ohne Unterstützung umsetzen kann, ist selbstständig.

Das neue Instrument erfasst nicht nur (wie bisher) die klassischen Bereiche der Kör- 33
perpflege, Ernährung und Mobilität sowie die hauswirtschaftliche Versorgung. § 14 Abs. 2 SGB XI definiert umfassend die Bereiche des Lebens, aus denen diese Beeinträchtigungen der Selbstständigkeit oder der Fähigkeiten stammen. Neu ist, dass die kognitiven und kommunikativen Fähigkeiten, die Verhaltensweisen und psychischen Problemlagen sowie die Gestaltung von Alltagsleben und sozialen Kontakten betrachtet werden. In umfassender Weise werden die konkreten individuellen Problemlagen eines Menschen erfasst. In einigen der zu begutachtenden Bereiche wird der Sachverständige die konkrete Ausprägung der Selbstständigkeit/Unselbstständigkeit hinterfragen. In anderen Bereichen prüft er das Ausmaß noch vorhandener Fähigkeiten, wie häufig Verhaltensweisen auftreten oder wie oft Maßnahmen erforderlich werden.

Voraussetzung ist immer, dass die Maßnahmen **auf Dauer** voraussichtlich für mindes- 34
tens **sechs Monate** vorkommen.

1. Die Bewertungssystematik.

Der Gesetzgeber hat in den Anlagen 1 und 2 zu § 15 SGB mit dem NBA konkrete 35
Berechnungsregeln vorgegeben, die nach pflegefachlichen Gesichtspunkten von Pflegewissenschaftlern erarbeitet worden sind. Danach erfolgt die Zuordnung zu einem Pflegegrad mithilfe eines **Punktesystems.**

36 Die Berechnungsregeln im Überblick:

- In den pflegerelevanten Lebens-/Bedarfsbereichen Mobilität (Modul 1), kognitive und kommunikative Fähigkeiten (Modul 2), Verhaltensweisen und psychische Auffälligkeiten (Modul 3), Selbstversorgung (Modul 4), Bewältigung von und selbstständiger Umgang mit krankheits- oder therapiebedingten Anforderungen und Belastungen (Modul 5), Gestaltung des Alltagslebens und sozialer Kontakte (Modul 6) sind in § 14 Abs. 2 SGB XI eine Gruppe artverwandter Kriterien innerhalb eines Lebensbereichs abschließend aufgeführt.[27] Insgesamt wird die Pflegebedürftigkeit nach den in der Anlage 1 zu § 15 SGB XI vorgegebenen Kriterien beurteilt. Einstufungsrelevant sind jetzt 77 Elemente. Früher waren 21 Elemente maßgeblich zu beurteilen gewesen.
- Diese Kriterien innerhalb der jeweiligen Module 1–6 haben eine eigene interne Bewertungssystematik und werden prozentual unterschiedlich gewichtet (Anlage 1 zu § 15 SGB XI). So wird ein Einschätzungsergebnis und der Summenwert für die Pflegebedürftigkeit in dem jeweiligen Lebens-/Bedarfsbereich ermittelt.
- Die Einzelpunkte und die Summe der danach je nach Modul unterschiedlich, d.h. entsprechend ihrer Bedeutung für das Alltagsleben, gewichteten Punkte werden in einen sogenannten gewichteten Punktwert umgerechnet und ergeben den Punktbereich des § 15 Abs. 2 Satz 6 SGB XI (Anlage 2 zu § 15 SGB XI). Es werden damit die Schwellenwerte für die Zuordnung zu einem Pflegegrad ermittelt.
- Die Festlegung abweichenden Beurteilungsgrundsätze der Pflegebedürftigkeit bei Kindern aller Altersgruppen.
- Die Berücksichtigung besonderer Bedarfskonstellationen.

2. Die Lebens- und Bedarfsbereiche und die Punktezuordnung[28]

a) Modul 1 – Mobilität

37 Das Modul 1 betrifft nur die Mobilität in der bewohnten häuslichen Umgebung oder in einem Pflegeheim, nicht die Mobilität im außerhäuslichen Bereich (siehe hierzu sogenanntes Modul 7, außerhäusliche Aktivitäten). Deshalb erfolgt die Beurteilung der Pflegebedürftigkeit regelmäßig bei einem Hausbesuch durch die Befunderhebung im Wohnbereich der antragstellenden Person.

38 Der Sachverständige beurteilt, wie selbstständig, d. h. ohne personelle Unterstützung, die zu beobachtende Person in der Lage ist, eine Körperhaltung einzunehmen, diese zu wechseln und sich fortzubewegen. Dabei sind maßgeblich die Aspekte wie Körperkraft, Balance, Bewegungskoordination.

39 Beeinträchtigungen bei der zielgerichteten Fortbewegung wie Planung, Steuerung und Durchführung sind hier nicht relevant. Sie sind möglicherweise Folgen einer kognitiven Beeinträchtigung. Der Pflegebedürftige kann bspw. noch allein gehen. Er muss

27 Udsching, jurisPR-SozR 2/2017 Anm. 1: Beeinträchtigungen der Selbstständigkeit oder der Fähigkeiten werden nur berücksichtigt, soweit sie in einem der Kataloge aufgeführt sind. Die Pflegewissenschaftler sind davon ausgegangen, dass der Katalog die für die allgemeine Lebensführung maßgebenden Fähigkeiten und Fertigkeiten sowie mögliche Beeinträchtigungen umfassend widerspiegelt.

28 Vgl. Klatt/*Gröne*, Teil 11/5.6.6, S. 35 f.; Begutachtungs-Richtlinien, Kapitel 4, Abschnitt 4.9 S. 39 ff. und Abschnitt 4.10. 64 ff

aber ständig begleitet werden, weil er den Weg nicht findet. Das Gehen wird mit selbstständig bewertet. Die eingeschränkte oder fehlende Orientierungsfähigkeit ist im Modul 2 „Kognitive und kommunikative Fähigkeiten“ zu berücksichtigen.

Bei der Beurteilung der Pflegebedürftigkeit innerhalb der Mobilität ist nicht zu hinterfragen, ob das jeweilige Kriterium – früher wurde von Verrichtung gesprochen – bewältigt werden kann und ob die Pflegeperson zeitlich und örtlich gebunden ist. Maßgeblich sind die rein körperlichen Fähigkeiten. Es ist auch nicht darauf abzustellen, wie konkret die örtlichen Verhältnisse ausgestaltet sind und ob es besondere Erschwernisfaktoren im Wohnumfeld gibt. Hierin unterscheidet sich der neue Pflegebedürftigkeitsbegriff gegenüber dem früheren, bei dem der Gradmesser der Pflegebedürftigkeit der zeitliche Aufwand in Minuten war. So beurteilt der Sachverständige bspw., ob der zu Begutachtende selbstständig, überwiegend selbstständig, überwiegend unselbstständig oder ganz unselbstständig in der Lage ist, eine Treppe auf- und abzusteigen. Dies hinterfragt und beurteilt er auch dann, wenn sich im Wohnbereich überhaupt keine Treppe befindet oder der Aufzug benutzt wird. 40

Für die Bewertung ist maßgeblich, ob die Hilfe einer Pflegeperson benötigt wird. Kann sich bspw. der Pflegebedürftige in einem elektrisch verstellbaren Bett selbst aufrichten, mithilfe eines Rollators fortbewegen und benötigt er hierzu nicht zusätzlich auch die Hilfe einer Pflegeperson, so beurteilt der Sachverständige dieses Kriterium mit „selbstständig oder überwiegend selbstständig“ und bewertet es mit „0 bzw. 1 Punkten“. 41

Besteht eine **besondere Bedarfskonstellation** wegen der Gebrauchsunfähigkeit beider Arme und beider Beine, wird die zu begutachtende Person wegen des spezifischen außergewöhnlich hohen Hilfebedarfs dem Pflegegrad 5 zugeordnet. Dies selbst dann, wenn die Begutachtung einen niedrigeren Punktwert als „90“ (→ Rn. 96) ergeben hat. 42

Der Lebens- und Bedarfsbereich im Modul 1 umfasst 5 Kriterien: 43

Modul 1	In § 14 Abs. 2 Nr. 1 SGB XI und der Anlage 1 zu § 15 SGB XI sind die 5 zu beurteilenden Kriterien vorgegeben:
Ziffer 1.1	Positionswechsel im Bett
Ziffer 1.2	Halten einer stabilen Sitzposition
Ziffer 1.3	Umsetzen
Ziffer 1.4	Fortbewegen innerhalb des Wohnbereichs
Ziffer 1.5	Treppensteigen

Bei diesen Kriterien wird die Ausprägung in vier Stufen beurteilt und bewertet: 44

Selbstständigkeit	mit 0 Punkten,
die überwiegende Selbstständigkeit	mit 1 Punkt,
die überwiegende Unselbstständigkeit	mit 2 Punkten,
die Unselbstständigkeit	mit 3 Punkten.

45 Die für die Kriterien 1.1 bis 1.5 ermittelten Punkte werden zu einem Gesamtwert addiert. Dieser Summenwert wird nach den Vorgaben in der Anlage 2 zu § 15 SGB XI in einen gewichteten Punktwert entsprechend folgender Zuordnung überführt:

0 bis 1 Punkte erhalten einen gewichteten Punktwert	= 0
2 bis 3 Punkte erhalten einen gewichteten Punktwert	= 2,5
4 bis 5 Punkte erhalten einen gewichteten Punktwert	= 5
6 bis 9 Punkte erhalten einen gewichteten Punktwert	= 7,5
10 bis 15 Punkte erhalten einen gewichteten Punktwert	= 10

46 Der gewichtete Punktwert des **Moduls 1** entspricht gemäß § 15 Abs. 2 S. 7 SGB XI einer Gewichtung von **10%** für die Berechnung des Gesamtpunktwerts (→ Rn. 36 und Rn. 94), der dann den Schwellenwert für die Zuordnung des Pflegegrades bildet (→ Rn. 96).

b) Modul 2 – Kognitive und kommunikative Fähigkeiten

47 Das **Modul 2** betrifft im Gegensatz zu der motorischen Umsetzung (vgl. Modul 1) die kognitiven Funktionen und Aktivitäten, insbesondere wie der zu Begutachtende sich im Alltag örtlich und zeitlich zurechtfindet und sich am Alltagsleben beteiligen kann, insbesondere, ob er Entscheidungen erkennen, treffen und steuern kann. Es geht um die mentalen Funktionen. Anders als im **Modul 1 – Mobilität –** steht im Vordergrund nicht die Beurteilung der Selbstständigkeit. Maßgeblich ist, in welchem Ausmaß die geistige Fähigkeit noch vorhanden ist.

48 Der Sachverständige hat in diesem Zusammenhang auch Einschränkungen von Hör-, Sprech- und Sprachstörungen zu berücksichtigen, wobei das Tragen eines Hörgerätes die entsprechenden Fähigkeiten nicht einschränken.

49 Der Lebens- und Bedarfsbereich im **Modul** 2 umfasst 11 Kriterien:

Modul 2	In § 14 Abs. 2 Nr. 1 SGB XI und der Anlage 1 zu § 15 SGB XI sind die **11** zu beurteilenden Kriterien vorgegeben:
Ziffer 2.1	Erkennen von Personen aus dem näheren Umfeld
Ziffer 2.2	Örtliche Orientierung
Ziffer 2.3	Zeitliche Orientierung
Ziffer 2.4	Erinnern an wesentliche Ereignisse oder Beobachtungen
Ziffer 2.5	Steuern von mehrschrittigen Alltagshandlungen
Ziffer 2.6	Treffen von Entscheidungen im Alltag
Ziffer 2.7	Verstehen von Sachverhalten und Informationen
Ziffer 2.8	Erkennen von Risiken und Gefahren
Ziffer 2.9	Mitteilen von elementaren Bedürfnissen
Ziffer 2.10	Verstehen von Aufforderungen
Ziffer 2.11	Beteiligen an einem Gespräch

Bei den Kriterien im **Modul 2** wird das Vorhandensein mentaler Funktionen ebenso wie im **Modul 1** nach einer vierstufiger Scala beurteilt und bewertet: 50

ist die Fähigkeit vorhanden/unbeeinträchtigt	mit 0 Punkten,
ist die Fähigkeit größtenteils vorhanden	mit 1 Punkt,
ist die Fähigkeit in geringem Maße vorhanden	mit 2 Punkten,
ist die Fähigkeit nicht vorhanden	mit 3 Punkten.

Die für die Kriterien 2.1 bis 2.11 ermittelten Punkte werden zu einem Gesamtwert addiert. Dieser Summenwert wird nach den Vorgaben in der Anlage 2 zu § 15 SGB XI in einen gewichteten Punktwert entsprechend folgender Zuordnung überführt: 51

0 bis 1 Punkte/gewichteter Punktwert	= 0
2 bis 5 Punkte/gewichteter Punktwert	= 3,75
6 bis 10 Punkte/gewichteter Punktwert	= 7,5
11 bis 16 Punkte/gewichteter Punktwert	= 11,25
17 bis 33 Punkte/gewichteter Punktwert	= 15

Der gewichtete Punktwert des **Moduls 2** entspricht gemäß § 15 Abs. 2 S. 7 SGB XI einer Gewichtung von **15%** für die Berechnung des Gesamtpunktwerts (→ Rn. 36 und Rn. 94), der dann den Schwellenwert für die Zuordnung des Pflegegrades bildet (→ Rn. 96). Für die Berechnung des Pflegegrades wird allerdings nur entweder der Punktwert des **Moduls 2** oder der des **Moduls 3** berücksichtigt. Ist der Punktwert im **Modul 3** höher, so hat der Punktwert des **Moduls 2** keine Auswirkung auf den Pflegegrad. Maßgeblich ist das Modul mit dem höchsten modulintern gewichteten Punktwert. 52

c) Modul 3 – Verhaltensweisen und psychische Problemlagen

Das Modul 3 betrifft die Frage, inwieweit und wie oft bei der zu begutachtende Person als Folge von Gesundheitsproblemen pathologische Verhaltensweisen und psychische Problemlagen auftreten und in welchen Maß sie ihr Verhalten ohne personelle Unterstützung noch selbst steuern kann. 53

Der Lebens- und Bedarfsbereich im **Modul 3** umfasst 13 Kriterien: 54

Modul 3	In § 14 Abs. 2 Nr. 1 SGB XI und der Anlage 1 zu § 15 SGB XI sind die **13 zu** beurteilenden Kriterien vorgegeben:
Ziffer 3.1	Motorisch geprägte Verhaltensauffälligkeiten
Ziffer 3.2	Nächtliche Unruhe
Ziffer 3.3	Selbstschädigendes und autoaggressives Verhalten
Ziffer 3.4	Beschädigung von Gegenständen
Ziffer 3.5	Physisch aggressives Verhalten gegenüber anderen Personen
Ziffer 3.6	Verbale Aggression

Modul 3	In § 14 Abs. 2 Nr. 1 SGB XI und der Anlage 1 zu § 15 SGB XI sind die **13 zu** beurteilenden Kriterien vorgegeben:
Ziffer 3.7	Andere pflegerelevante vokale Auffälligkeiten
Ziffer 3.8	Abwehr pflegerischer oder anderer unterstützender Maßnahmen
Ziffer 3.9	Wahnvorstellungen
Ziffer 3.10	Ängste
Ziffer 3.11	Antriebslosigkeit bei depressiver Stimmungslage
Ziffer 3.12	Sozial inadäquate Verhaltensweisen
Ziffer 3.13	Sonstige pflegerelevante inadäquate Handlungen

55 Bei den Kriterien im **Modul 3** werden insbesondere motorisch geprägte und soziale Auffälligkeiten, verbales und physisch aggressives Verhalten, Ängste und Depressionen, Antriebslosigkeit und sozial inadäquate Verhaltensweisen und deren Häufigkeit beurteilt und bewertet:

besteht Unterstützungsbedarf nie oder selten	mit 0 Punkten,
besteht Unterstützungsbedarf selten (ein- bis dreimal innerhalb von zwei Wochen)	mit 1 Punkt,
besteht Unterstützungsbedarf häufig (zwei- bis mehrmals wöchentlich, aber nicht täglich)	mit 3 Punkten,
besteht Unterstützungsbedarf täglich	mit 5 Punkten.

56 Die für die Kriterien 3.1–3.13 ermittelten Punkte werden zu einem Gesamtwert addiert. Dieser Summenwert wird nach den Vorgaben in der Anlage 2 zu § 15 SGB XI in einen gewichteten Punktwert entsprechend folgender Zuordnung überführt:

keine Punkte/gewichteter Punktwert	= 0,
2 bis 2 Punkte/gewichteter Punktwert	= 3,75,
3 bis 4 Punkte/gewichteter Punktwert	= 7,5,
5 bis 6 Punkte/gewichteter Punktwert	= 11,25,
7 bis 65 Punkte/gewichteter Punktwert	= 15.

57 Der gewichtete Punktwert des **Moduls 3** entspricht gemäß § 15 Abs. 2 S. 7 SGB XI einer Gewichtung von **15 %** für die Berechnung des Gesamtpunktwerts (→ Rn. 36 und Rn. 94), der dann den Schwellenwert für die Zuordnung des Pflegegrades bildet (→ Rn. 96). Für die Berechnung des Pflegegrades wird allerdings nur ein Punktwert der **Module 2 bzw. 3** berücksichtigt. Ist der Punktwert im **Modul 2** höher, so hat der Punktwert des Moduls 3 keine Auswirkung auf den Pflegegrad. Maßgeblich ist das Modul mit dem modulintern gewichteten höchsten Punktwert.

d) Modul 4 – Selbstversorgung

58 Das **Modul 4** betrifft die Beurteilung, inwieweit sich die zu begutachtende Person im Alltag insbesondere in den Lebensbereichen der Körperpflege, beim Essen und Trinken und bei den Toilettengängen aktiv selbst versorgen kann. Hier sind die Bedarfs-

aspekte der parenteralen Ernährung, die Ernährung über eine Sonde, die künstliche Harn- und Stuhlableitung und auch die Störungen der Blasen- und Darmkontrolle zu beachten. Es ist auch zu prüfen, ob die Selbständigkeit bei der Selbstversorgung aufgrund von Einschränkungen somatischer oder mentaler Funktionen beeinträchtigt ist

Der Lebens- und Bedarfsbereich im **Modul 4** umfasst 13 Kriterien: 59

Modul 4	**In § 14 Abs. 2 Nr. 1 SGB XI und der Anlage 1 zu § 15 SGB XI sind die 13 zu beurteilenden Kriterien vorgegeben:**
Ziffer 4.1	Waschen des vorderen Oberkörpers
Ziffer 4.2	Körperpflege im Bereich des Kopfes (Kämmen, Zahnpflege/Prothesenreinigung, Rasieren)
Ziffer 4.3	Waschen des Intimbereichs
Ziffer 4.4	Duschen und Baden einschließlich Waschen der Haare
Ziffer 4.5	An- und Auskleiden des Oberkörpers
Ziffer 4.6	An- und Auskleiden des Unterkörpers
Ziffer 4.7	Mundgerechtes Zubereiten der Nahrung und Eingießen von Getränken
Ziffer 4.8	Essen
Ziffer 4.9	Trinken
Ziffer 4.10	Benutzen einer Toilette oder eines Toilettenstuhls
Ziffer 4.11	Bewältigen der Folgen einer Harninkontinenz und Umgang mit Dauerkatheter und Urostoma
Ziffer 4.12	Bewältigen der Folgen einer Stuhlinkontinenz im Umgang mit Stoma
Ziffer 4.13	Ernährung parenteral oder über Sonde

Bei den 13 Kriterien des **Moduls 4** wird die Selbständigkeit in vier Stufen beurteilt 60
und bewertet, allerdings werden die Kriterium jeweils nach Bedeutung für die pflegerische Versorgung modulintern unterschiedlich gewichtet:

Selbstständigkeit	mit 0 Punkten,
die überwiegende Selbstständigkeit	mit 1 Punkt,
die überwiegende Selbstständigkeit	mit 2 Punkten,
die Unselbstständigkeit	mit 3 Punkten.

In der Punktbewertung wird das Kriterium „Essen" (Ziffer 4.8) je nach Ausprägung 61
mit 0, 3, 6 bzw. 9 Punkten gewichtet.

Für die Kriterien „Trinken" (Ziffer 4.9) und „Benutzen einer Toilette oder eines Toi- 62
lettenstuhls" (Ziffer 4.10) werden je nach Ausprägung die Punktwerte 0, 2, 4 bzw. 6 vergeben.

63 Erfolgt die Ernährung über einen parenteralen Zugang oder über eine Sonde in Magen oder Dünndarm (Ziffer 4.13) ist allerdings die Häufigkeit der Hilfe maßgeblich. Es wird beurteilt und bewertet:

besteht der Hilfedarf nie oder sehr selten	mit 0 Punkten
besteht der Hilfedarf selten (ein bis dreimal innerhalb von zwei Wochen)	mit 1 Punkt,
besteht der Hilfedarf häufig (zwei bis mehrfach wöchentlich, aber nicht täglich)	mit 3 Punkten,
besteht der Hilfedarf täglich	mit 5 Punkten.

64 Die für die Kriterien 4.1–4.13 ermittelten Punkte ergeben den Summenwert. Er wird ermittelt aus der Addition der Zwischenergebnisse der modulintern verschieden gewichteten Kriterien 4.1–4.7, 4.10 und 4.11 sowie 4.8, 4.9 und 4.12. Dieser Summenwert wird nach den Vorgaben in der Anlage 2 zu § 15 SGB XI in einen gewichteten Punktwert überführt:

0 bis 1 Punkte/gewichteter Punktwert	= 0,
3 bis 7 Punkte/gewichteter Punktwert	= 10,
8 bis 18 Punkte / gewichteter Punktwert	= 20,
19 bis 36 Punkte / gewichteter Punktwert	= 30,
37 bis 54 Punkte / gewichteter Punktwert	= 40.

65 Der gewichtete Punktwert des Moduls 4 entspricht gemäß § 15 Abs. 2 S. 7 SGB XI einer Gewichtung von **40%** für die Berechnung des Gesamtpunktwerts (→ Rn. 36 und Rn. 94), der dann den Schwellenwert für die Zuordnung des Pflegegrades bildet (→ Rn. 96).

e) Modul 5 – Bewältigung von und selbstständiger Umgang mit krankheits- oder therapiebedingten Anforderungen und Belastungen

66 Das **Modul 5** betrifft, anders als beim bisherigen Pflegebedürftigkeitsbegriff, den erforderlichen Hilfebedarf beim Umgang mit der Krankheit und den diesbezüglichen Behandlungen. Der Sachverständige hinterfragt, wie selbstständig die zu begutachtende Person ihre Gesundheitsprobleme bewältigt. Er hat zu beurteilen, wie aufwendig und belastend der Umgang mit Krankheit und Therapie, etwa durch Medikation, Injektionen, Messungen von Körperzustände, Umgang mit künstlichem Darmausgang oder künstlicher Harnableitung oder technikintensiven Maßnahmen (z.B. der Beatmung), ist.

67 Es geht darum, inwieweit der zu begutachtende Mensch die 5.16 Kriterien (+5. Kind) des **Moduls 5** eigenständig durchführen kann, soweit er über die nötigen Ressourcen verfügt. Es ist auch zu prüfen, ob die Selbstständigkeit bei der Selbstversorgung aufgrund von Einschränkungen somatischer oder mentaler Funktionen beeinträchtigt ist.

Der Lebens- und Bedarfsbereich im **Modul 5** umfasst 16 Kriterien: 68

Modul 5	In § 14 Abs. 2 Nr. 1 SGB XI und der Anlage 1 zu § 15 SGB XI sind die **16** zu beurteilenden – *modulintern verschieden gewichteten* – Kriterien vorgegeben
Ziffer 5.1	Medikation
Ziffer 5.2	Injektionen (subcutan oder intramuskulär)
Ziffer 5.3	Versorgung intravenöse Zugänge (Port)
Ziffer 5.4	Absaugen und Sauerstoffgabe
Ziffer 5.5	Einreibungen oder Kälte- und Wärmeanwendungen
Ziffer 5.6	Messung und Deutung von Körperzuständen
Ziffer 5.7	Körpernahe Hilfsmittel
Ziffer 5.8	Verbandwechsel und Wundversorgung
Ziffer 5.9	Versorgung mit Stoma
Ziffer 5.10	Regelmäßige Einmalkatheterisierung und Nutzung von Abführmethoden
Ziffer 5.11	Therapiemaßnahmen in häuslicher Umgebung
Ziffer 5.12	Zeit- und technikintensive Maßnahmen in häuslicher Umgebung
Ziffer 5.13	Arztbesuche
Ziffer 5.14	Besuch anderer medizinischer oder therapeutischer Einrichtungen (bis zu drei Stunden)
Ziffer 5.15	Zeitlich ausgedehnte Besuche anderer medizinischer oder therapeutischer Einrichtungen (länger als drei Stunden)
Ziffer 5.16	Einhalten einer Diät und anderer krankheits- oder therapiebedingter Verhaltensvorschriften
Ziffer 5.K	Besuche von Einrichtungen zur Frühförderung bei Kindern

Die Kriterien des **Moduls 5** werden in verschiedenen Ausprägungen je nach Komplexität und Aufwand beurteilt und unterschiedlich gewichtet. Die Kriterien 5.1–5.7, 5.8–5.11, 5.12 sowie 5.13–5.15 u. 5 K werden nach der Häufigkeit beurteilt und bewertet, das Kriterium 5.16 nach der Selbstständigkeit. 69

Die Kriterien 5.1–5.7 stellen im Ergebnis auf die täglich durchgeführten Maßnahmen ab. Es werden die durchschnittlich täglichen, wöchentlichen und monatlichen Maßnahmen im Monatsschnitt zusammengezählt und in einen Durchschnittswert pro Tag (Monatsergebnis geteilt durch 30, Wochenergebnis geteilt durch 7) umgerechnet. Es wird bewertet: 70

keine Maßnahme oder seltener als einmal täglich	mit 0 Punkten,
Maßnahmen mindestens ein- bis maximal dreimal täglich	mit 1 Punkt,
Maßnahmen mehr als drei- bis maximal achtmal täglich	mit 2 Punkten,
Maßnahmen mehr als achtmal täglich	mit 3 Punkten.

71 Die Kriterien 5.8 bis 5.11 stellen im Ergebnis ebenfalls auf die täglich durchgeführten Maßnahmen, ausgehend von den durchschnittlich täglichen, wöchentlichen und monatlichen vorkommenden Maßnahmen ab, die (wie bei den vorstehenden Kriterien) zusammengezählt und auf den Durchschnittswert pro Tag umgerechnet werden: Es wird bewertet:

keine Maßnahme oder seltener als einmal wöchentlich	mit 0 Punkte,
Maßnahmen mindestens einmal bis mehrmals wöchentlich	mit 1 Punkt,
Maßnahmen ein-bis zweimal täglich	mit 2 Punkte,
Maßnahmen mindestens dreimal täglich	mit 3 Punkte.

72 Den Kriterien 5.12–5.15 und 5K liegt eine gesonderte Punktsystematik zugrunde:

73 Das Kriterium 5.12 stellt auf die wöchentliche und monatliche Häufigkeit der Maßnahmen ab. Es wird bewertet:

keine Maßnahme pro Tag oder Selbstständigkeit	mit 0 Punkten,
Maßnahmen regelmäßig täglich	mit 60 Punkten,
Anzahl der wöchentlichen Maßnahmen multipliziert mit 8,6	mit xx Punkten,
Anzahl der monatlichen Maßnahmen multipliziert mit 2	mit xx Punkten.

74 Die Kriterien 5.13–5.15 u. 5K stellen auf die Anzahl der regelmäßig und mit durchschnittlicher Häufigkeit wöchentlich/monatlich auf Dauer durchgeführten Besuche ab. Jeder Besuch wird mit einem Punkt gewertet. Jeder wöchentliche Besuch wird mit 4.3 Punkten gewertet. Zeitlich ausgedehnte Arztbesuche oder Besuche von anderen medizinischen und therapeutischen Einrichtungen werden doppelt gewertet.

75 Die Kriterien 5.12–5.15 u. 5K werden in der Folge addiert und nach folgendem Schema mit Einzelpunkten gewertet:

Summe der Punkte:	0 bis unter 4,3	mit 0 Punkten,
Summe der Punkte:	4,3 bis unter 8,8	mit 1 Punkt,
Summe der Punkte:	8,6 bis unter 12,9	mit 2 Punkten,
Summe der Punkte:	12,9 bis unter 60	mit 3 Punkten,
Summe der Punkte:	60 und mehr	mit 6 Punkten.

76 Das Kriterium 5.16 stellt auf die Selbstständigkeit ab und wird bewertet:

Entfällt oder Selbstständigkeit	mit 0 Punkten,
die überwiegende Selbstständigkeit	mit 1 Punkt,
die überwiegende Unselbstständigkeit	mit 2 Punkten,
die Unselbstständigkeit	mit 3 Punkten.

Die für die Kriterien 5.1–5.16 u. 5.K ermittelten Punkte ergeben den Summenwert. Er wird ermittelt aus der Addition der Zwischenergebnisse der modulintern verschieden gewichteten Kriterien 5.1–5.11, sowie 5.12–5.15, 5.K, 5.16. Dieser Summenwert wird nach den Vorgaben in der Anlage 2 zu § 15 SGB XI in einen gewichteten Punktwert überführt: 77

keine Punkte/gewichteter Punktwert	= 0
1 Punkt/gewichteter Punktwert	= 5
2 bis 3 Punkte/gewichteter Punktwert	= 10
4 bis 5 Punkte/gewichteter Punktwert	= 15
6 bis 15 Punkte/gewichteter Punktwert	= 20

Der gewichtete Punktwert des Moduls 5 entspricht gemäß § 15 Abs. 2 S. 7 SGB XI einer Gewichtung von **20%** für die Berechnung des Gesamtpunktwerts (→ Rn. 36 und Rn. 94), der dann den Schwellenwert für die Zuordnung des Pflegegrades bildet (→ Rn. 96). 78

f) Modul 6 – Gestaltung des Alltagslebens und sozialer Kontakte

Das **Modul 6** betrifft die Gestaltung des Alltags durch den Pflegebedürftigen. Insoweit hat der Sachverständige zu beurteilen, wie der zu Begutachtende des Tagesablaufs gestaltet, wie er sich beschäftigt, wie er seine Aktivitäten plant und er bestehende Kontakte zu Freunden, Bekannten und Nachbarn pflegt. Dazu gehört auch die Beurteilung der Fähigkeiten, mit technischen Kommunikationsmitteln wie Telefon, Handy, Tablets umzugehen und mit Brief und Mail zu korrespondieren. 79

Der Lebens- und Bedarfsbereich im **Modul 6** umfasst sechs Kriterien. In § 14 Abs. 2 Nr. 1 SGB XI und der Anlage 1 zu § 15 SGB XI sind die zu beurteilenden Kriterien vorgegeben: 80

Modul 6	In § 14 Abs. 2 Nr. 1 SGB XI und der Anlage 1 zu § 15 SGB XI sind die **6** zu beurteilenden Kriterien vorgegeben:
Ziffer 6.1	Gestaltung des Tagesablaufs und Anpassung an Veränderungen
Ziffer 6.2	Ruhen und Schlafen
Ziffer 6.3	Sich beschäftigen
Ziffer 6.4	Vornehmen von in die Zukunft gerichteten Planungen
Ziffer 6.5	Interaktion mit Personen im direkten Kontakt
Ziffer 6.6	Kontaktpflege zu Personen außerhalb des direkten Umfelds

Bei diesen Kriterien wird die Ausprägung der Selbständigkeit in vier Stufen beurteilt und bewertet: 81

Selbstständigkeit	mit 0 Punkten,
die überwiegende Selbstständigkeit	mit 1 Punkt,
die überwiegende Unselbstständigkeit	mit 2 Punkten,
die Unselbstständigkeit	mit 3 Punkten.

82 Die für die Kriterien 6.1–6.6 ermittelten Punkte werden zu einem Gesamtwert addiert. Dieser Summenwert wird nach den Vorgaben in der Anlage 2 zu § 15 SGB XI in einen gewichteten Punktwert entsprechend folgender Zuordnung überführt:

keine Punkte erhalten einen gewichteten Punktwert	= 0,
1 bis 3 Punkte erhalten einen gewichteten Punktwert	= 3,75,
4 bis 6 Punkte erhalten einen gewichteten Punktwert	= 7,5,
7 bis 11 Punkte erhalten einen gewichteten Punktwert	= 11,25,
10 bis 15 Punkte erhalten einen gewichteten Punktwert	= 15.

83 Der gewichtete Punktwert des **Moduls 6** entspricht gemäß § 15 Abs. 2 S. 7 SGB XI einer Gewichtung von **15%** für die Berechnung des Gesamtpunktwerts (→ Rn. 36 und Rn. 94), der dann den Schwellenwert für die Zuordnung des Pflegegrades bildet (→ Rn. 96).

g) Besondere Bedarfskonstellation

84 Nach § 15 Abs. 4 SGB XI können Pflegebedürftige mit besonderen Bedarfskonstellationen, die einen spezifischen, außergewöhnlich hohen Hilfebedarf mit besonderen Anforderungen an die pflegerische Versorgung aufweisen, aus pflegefachlichen Gründen dem Pflegerad 5 zugeordnet werden, auch wenn ihre Gesamtpunkte unter 90 liegen. Das Vorliegen einer besonderen Bedarfskonstellation wird in den Begutachtungsrichtlinien festgelegt. Das Gesetz spricht (in der Mehrzahl) von Bedarfskonstellationen. In den Begutachtungsrichtlinien wird als besondere Bedarfskonstellation (ausschließlich) nur die **Gebrauchsunfähigkeit beider Arme und beider Beine** festgelegt. Möglicherweise werden bei Weiterführung der Pflegereform in den Begutachtungsrichtlinien weitere „besondere Bedarfskonstellationen" festgelegt werden. Angedacht war bei der Vorbereitung der Begutachtungsrichtlinien zunächst, etwa „Verhaltensauffälligkeiten mit Selbst- und Fremdgefährdung" als besondere Bedarfskonstellation festzulegen.

85 Die besonderen Bedarfskonstellationen sind nicht vergleichbar mit den bisher im Beurteilungsermessen des Sachverständigen liegenden, den Hilfebedarf im Einzelfall in zeitlicher Hinsicht erhöhenden **Erschwernisfaktoren.**[29]

86 Hintergrund für die Feststellung dieser besonderen Bedarfskonstellation ist, dass die jeweiligen gesundheitlichen Probleme sich einer pflegefachlichen Systematisierung im neuen Begutachtungsinstrument entziehen. Trotz vollständiger Abhängigkeit von personeller Hilfe ist es möglich, dass bei diesem Personenkreis im Bereich der Module 2 und 3 keine und im Bereich des Moduls 6 Beeinträchtigungen nur im geringen Maß vorliegen, so dass die Gesamtpunkte unter 90 lägen.

87 Nach den Begutachtungsrichtlinien[30] Kapitel 4.9 F 4.1.6 umfasst das Kriterium der Gebrauchsunfähigkeit beider Arme und beider Beine nicht zwingend die Bewegungsunfähigkeit der Arme und Beine, die durch Lähmungen aller Extremitäten hervorgerufen werden kann. Ein vollständiger Verlust der Greif-, Steh- und Gehfunktion ist

---

29 Zu den Erschwernisfaktoren nach altem Recht vgl. die Übersicht bei Klatt/*Gröne*, Teil 11, 5.3.6, S. 20.
30 Begutachtungs-Richtlinien, Kapitel 4, Abschnitt 4.9, F 4.1.6, S. 42.

unabhängig von der Ursache zu bewerten. Dies kann zB auch bei Menschen im Wachkoma vorkommen oder durch hochgradige Kontrakturen, Versteifungen, hochgradigen Tremor und Rigor (Muskelstarre oder Muskelsteife) oder Athetose (Bewegungsstörung) bedingt sein. Eine Gebrauchsunfähigkeit beider Arme und beider Beine liegt auch vor, wenn eine minimale Restbeweglichkeit der Arme noch vorhanden ist, zB wenn die Person mit dem Ellenbogen noch den Joystick eines Rollstuhls bedienen kann oder nur noch unkontrollierbare Greifreflexe bestehen. Bei Kindern kann eine infantile Cerebralparese eine besondere Bedarfskonstellation begründen.

h) Kinder

Die Begutachtung von Kindern erfolgt nach den gleichen Grundsätzen wie bei den 88
Erwachsenen. Die für die Erwachsenen relevanten Kriterien treffen mit nur wenigen Anpassungen auch auf Kinder und Jugendliche zu. Maßgeblich ist das neue Begutachtungsinstrument. Der Sachverständige hat nicht mehr den Hilfebedarf in Minuten festzustellen, sondern den Grad der Selbstständigkeit des Kindes in den vorstehend aufgeführten Lebens- und Bedarfsbereichen der Module 1–6. Insoweit wird auf die vorstehenden Ausführungen Bezug genommen.

Wie nach bisherigem Recht erfolgt bei pflegebedürftigen Kindern ein Vergleich mit 89
altersentsprechend entwickelnden Kindern. Für die Ermittlung der Punkte ist als Vergleichsmaßstab die Selbstständigkeit von Kindern im vergleichbaren Alter ohne Beeinträchtigung im Begutachtungsverfahren hinterlegt. Der Sachverständige beurteilt den tatsächlich vorhandenen Grad der Abhängigkeit des Kindes. Er beurteilt aber nicht, ob die Abhängigkeit noch altersgemäß ist. Es wird also nicht der Grad der Selbstständigkeit, sondern dessen Abweichung von der Selbstständigkeit gesunder, altersentsprechend entwickelter Kinder beurteilt. Festzustellen ist wie bisher der sogenannte **Mehrbedarf**.

Das Gesetz sieht Sonderregelungen bei pflegebedürftigen Kindern im Alter bis zum 90
18. Lebensmonat vor. Wegen der noch natürlichen Selbstständigkeit werden nur die altersunabhängigen Module 3 und 5 bewertet. Bei Modul 4 – Selbstversorgung – wird nur bewertet, ob gravierende Probleme bei der Nahrungsaufnahme bestehen, die einen außergewöhnlich pflegeintensiven Hilfebedarf im Bereich der Ernährung auslösen. Die besondere Bedarfskonstellation „Gebrauchsunfähigkeit beider Arme und beider Beine“ wird altersunabhängig immer bewertet.[31]

Kinder in dieser Altersgruppe werden gemäß § 15 Abs. 7 SGB XI pauschal einen Pfle- 91
gegrad höher eingestuft als Kinder ab dem 19. Lebensmonat oder als Erwachsene mit dem gleichen Punktwert. Eine neue Begutachtung erfolgt in dieser Zeit nur, wenn relevante Änderungen eingetreten sind. So können Kinder dieser Altersgruppe ohne weitere Begutachtung bis zum 18. Lebensmonat in dem aktuell festgestellten Pflegegrad ohne weitere Begutachtung verbleiben. Natürlich besteht jederzeit die Möglichkeit einen Höherstufungsantrag zu stellen.[32]

31 Zu der Feststellung der Pflegebedürftigkeit bei Kindern und Jugendlichen bis 18 Jahre und die entsprechend angepassten Tabellen der Module 1, 2, 4 und 6 siehe Begutachtungs-Richtlinien Kapitel 5, S. 108 ff.

32 Gemeinsames Rundschreiben, § 15 SGB XI, Allgemeines, 4. Besonderheiten bei Kindern, S. 50.

92 Die Begutachtungsrichtlinien sehen im Kapitel 6 „Formulargutachten“ unter Punkt 6.3 für die Begutachtung von Kindern ein eigenes Formulargutachten vor, welches den Besonderheiten von Kindern gerecht wird.

3. Ermittlung der Schwellenwertung für die Zuordnung zu einem Pflegegrad

93 Die jeweiligen Punktwerte der Module 1–6 fließen mit einer entsprechend der Bedeutung für den Alltag unterschiedlichen Gewichtung in die Ermittlung des Gesamtpunktwertes ein, der letztlich den **Schwellenwert** für die Zuordnung zu einem **Pflegegrad** darstellt.

94 Das höchste Gewicht bei der Ermittlung des Schwellenwertes erhält mit **40%** das **Modul 4** mit dem Lebens- und Bedarfsbereich **der Selbstversorgung.** Das **Modul 5** mit dem Lebens- und Bedarfsbereich **Krankheit und Therapie** wird mit **20%** berücksichtigt. Das **Modul 2** mit dem Lebens- und Bedarfsbereich **Kognitive und kommunikative Fähigkeiten** und das **Modul 3** mit dem Lebens- und Bedarfsbereich **Verhaltensweisen und psychische Problemlagen** werden mit jeweils **15%** gewichtet, wobei in die Ermittlung des Gesamtpunktwertes nur eines der beiden Module 2 und 3, nämlich das Modul mit dem höchsten Summenwert, einfließt. Der Lebens- und Bedarfsbereich **Gestaltung des Alltagslebens und sozialer Kontakte** im **Modul 6** wird ebenfalls mit **15%** berücksichtigt. Schließlich wird der Lebens- und Bedarfsbereich **Mobilität** mit **10%** gewichtet.

95 Der Gesetzgeber hat in der Anlage 2 zu § 15 SGB XI eine tabellarische Bewertungssystematik der innerhalb der jeweiligen Module 1–6 unterschiedlich gewichteten Punkte/Summenwerte und der dann noch einmal entsprechend der Bedeutung für den Alltag des jeweiligen Moduls vorgegeben. Dies dürfte auch die Grundlage für eine softwaremäßig erfasste Bewertungssystematik sein, die dem Sachverständigen eine Berechnung des Gesamtpunktwertes erspart.

96 **Danach liegt Pflegebedürftigkeit vor:**

- wenn der Gesamtpunktwert mindestens **12,5 Punkte** beträgt.
- Der Schwellenwert für den **Pflegegrad 1**, der eine geringe Beeinträchtigung der Selbstständigkeit oder der Fähigkeiten voraussetzt, liegt bei **12,5 bis unter 27 Punkten.**
- Der Schwellenwert für den **Pflegegrad** 2, der eine erhebliche Beeinträchtigung der Selbstständigkeit oder der Fähigkeiten voraussetzt, liegt bei **27 bis unter 47,5 Punkten.**
- Der Schwellenwert für den **Pflegegrad 3**, der eine schwere Beeinträchtigung der Selbstständigkeit oder der Fähigkeiten voraussetzt, liegt bei **47,5 bis unter 70 Punkten.**
- Der Schwellenwert für den **Pflegegrad 4**, der eine schwerste Beeinträchtigung der Selbstständigkeit oder der Fähigkeiten voraussetzt, liegt bei **70 bis unter 90 Punkten.**
- Der Schwellenwert für den **Pflegegrad 5**, der eine schwerste Beeinträchtigung der Selbstständigkeit oder der Fähigkeiten mit besonderen Anforderungen an die pflegerische Versorgung voraussetzt, liegt bei **90 bis 100 Punkten.**

Kinder bis zum 18. Lebensmonat werden gemäß § 15 Abs. 7 SGB XI pauschal einen Pflegegrad höher eingestuft als Kinder ab dem 19. Lebensmonat oder als Erwachsene mit dem gleichen Punktwert. Bei Kindern liegt der Schwellenwert für den **Pflegegrad 2** bei **27 bis unter 47,5 Punkten,** für den **Pflegegrad 3** bei **47,5 bis unter 70 Punkten,** für den **Pflegegrad 4** bei **70 bis unter 90 Punkten** und für den **Pflegegrad 5** bei **90 bis 100 Punkten.** 97

4. Erhebung versorgungsrelevanter Informationen und Empfehlungen

Über die Feststellung des Pflegegrades hinaus hat der Pflegesachverständige bei der Begutachtung umfangreiche Informationspflichten. 98

a) Module 6 und 7 – außerhäusliche Aktivitäten/Haushaltsführung

Die sog. **Module 6 und 7** betreffen die Bereiche der **außerhäuslichen Aktivitäten** und der **Haushaltsführung.** Diese Bereiche sind in § 18 Abs. 5 a SGB XI geregelt. Die Beeinträchtigungen der Selbstständigkeit oder der Fähigkeiten sind in diesen Bereichen gesondert festzustellen. Sie werden nach 14 Abs. 3 SGB XI jedoch **nicht zur Ermittlung des Pflegegrads** herangezogen. Der Gesetzgeber hat insoweit eine Modulbewertung in diesen Lebens- und Bedarfsbereichen für entbehrlich gehalten, da die Darstellung der qualitativen Ausprägungen bei den einzelnen Kriterien ausreichend ist, um Anhaltspunkte für eine Versorgungs- und Pflegeplanung ableiten zu können.[33] 99

Soweit in diesen Bereichen die Selbstständigkeit und Fähigkeit beeinträchtigt sind, hat der Sachverständige die Einschränkungen als weitere versorgungsrelevante Information festzustellen. Die Informationen aus diesen Bereichen dienen dazu, eine umfassende Beratung, eine individuelle Pflege- und Hilfeplanung sowie eine sachgerechte Erbringung von Hilfen bei der Haushaltsführung zu ermöglichen. 100

Es ist zu bewerten, ob der zu Begutachtende die jeweiligen Aktivitäten praktisch durchführen kann.[34] Dabei ist unerheblich, ob die Beeinträchtigung der Selbstständigkeit auf Schädigungen somatischer oder mentaler Funktionen beruht. 101

Bei der Beurteilung der Beeinträchtigungen im Rahmen der **außerhäuslichen Aktivitäten** prüft der Sachverständige folgende Aktivitäten: 102

- die Fähigkeit, sich im außerhäuslichen Bereich fortzubewegen,
- die Fähigkeit, den konkreten individuellen Wohnbereich verlassen zu können, also von den Wohnräumen bis vor das Haus gelangen zu können,
- die Fähigkeit, sich in einen Bewegungsradius von ca. 500 m sicher und zielgerichtet zu bewegen,
- die Fähigkeit, in einen Bus oder eine Straßenbahn einzusteigen und an der richtigen Haltestelle wieder auszusteigen,
- die Fähigkeit, in einen PKW ein- und auszusteigen und die Selbstständigkeit während der Fahrt,
- die Fähigkeit, an Aktivitäten teilzunehmen (Beurteilung ohne Berücksichtigung von Wegstrecken),

---

33 Vgl. Anlage 2 zu § 15 SGB XI, tabellarische Darstellung Module 7 und 8, keine Modulbewertung.

34 Vgl. zu den verschiedenen Ausprägungen Begutachtungs-Richtlinien Kapitel 4, Abschnitt 4.11. F6, S. 82. ff., Erhebung weiterer versorgungsrelevanter Informationen.

- Besuch des Arbeitsplatzes, einer Werkstatt für behinderte Menschen oder einer Einrichtung der Tages-und Nachtpflege oder eines Tagungsbetreuungsangebotes,
- die Fähigkeit der Teilnahme an sonstigen Aktivitäten mit anderen Menschen.

103 Bei der Beurteilung der Beeinträchtigungen im Rahmen der **Haushaltsführung** prüft der Sachverständige folgende Aktivitäten:

- die Fähigkeit, Einkäufe für den täglichen Bedarf, z.B. Lebensmittel, Hygieneartikel, Zeitungen noch zu tätigen,
- die Fähigkeit, vorbereitete Speisen zu erwerben, je nach individuellen Gegebenheiten auf dem Herd, im Backofen oder in der Mikrowelle, oder einfache Mahlzeiten zubereiten,
- die Fähigkeit, einfache und körperlich leichte Haushaltstätigkeiten auszuführen,
- die Fähigkeit, pflegerische oder haushaltsnahe Dienstleistungen zu organisieren und zu steuern,
- die Fähigkeit, alltägliche finanzielle Angelegenheit zu erledigen,
- die Fähigkeit, mit staatlichen und kommunalen Behörden sowie Sozialversicherungsträgern umzugehen.

104 Ob der Begutachtende die Haushaltsführung nicht mehr ohne Hilfe bewältigen kann, ist für die Beurteilung der Pflegebedürftigkeit durchaus bedeutsam. Diese Bereiche werden bereits in den sechs Modulen mitberücksichtigt. So wird der Pflegebedürftige, der sich nicht mehr selbstständig innerhalb des Wohnbereich bewegen kann (Modul 1, Kriterium 1.4) nicht ohne fremde Hilfe einkaufen gehen können. Er hat insoweit bereits Punkte im Modul 1 erhalten. Dies bestimmt § 14 Abs. 3 SGB XI.

b) Sicherstellung der Pflege

105 Der Sachverständige hat in dem Gutachten anzuführen, wenn er gravierende Probleme in der Versorgungssituation feststellt. Dies ist in dem Gutachten zu dokumentieren. Die Feststellung einer nicht sichergestellten Pflege greift sicherlich tief in die familiären Strukturen ein. Der Vorrang der häuslichen Pflege hat dort seine Grenzen, wenn eine angemessene Versorgungsbetreuung im häuslichen Bereich nicht sichergestellt ist. So kann statt der Laienpflege eine professionelle häusliche Pflege, ggf. als Kombinationsleistung, angeregt werden.

106 Soweit eine Pflegeperson fehlt oder dieser die Pflegebereitschaft fehlt, die Pflegeperson überfordert ist, Versorgungsdefizite bestehen, beim pflegebedürftigen Selbst- oder Fremdgefährdungstendenzen bestehen oder auch die räumlichen Gegebenheiten die häusliche Pflege gefährden, kann der Sachverständige teil- oder vollstationäre Pflege oder betreutes Wohnen ansprechen.

c) Soziale Absicherung der Pflegeperson

107 Mit dem PSG II ist die soziale Absicherung der Pflegepersonen verbessert worden.

108 Bisher wurden Beiträge zur **Rentenversicherung** entrichtet, wenn die Pflegeperson einen oder mehrere pflegebedürftige Menschen mindestens 14 Stunden wöchentlich gepflegt hat. Ab 2017 zahlt die Pflegekasse bzw. der private Versicherungsträger die Beiträge zur Rentenversicherung für Pflegepersonen, Angehörige bzw. pflegebedürftige im Pflegegrad 2–5, die wenigstens 10 Stunden wöchentlich, verteilt auf regelmäßig

zwei Tage in der Woche, zu Hause pflegen (§ 44 Abs. 1 SGB XI).[35] Es ist dabei wie bisher unerheblich, ob die Pflege sich auf eine oder mehrere Personen bezieht. Allerdings tritt die Rentenversicherungspflicht nicht ein, wenn die Pflegeperson regelmäßig mehr als 30 Stunden wöchentlich erwerbstätig ist. Die Höhe der Beiträge, die die Pflegekasse zahlt, hängt vom Pflegegrad ab und von der Art der Leistungen, die in Anspruch genommen werden. Die Absicherung in der Rentenversicherung greift nicht für Pflegepersonen, die Pflegebedürftige mit Pflegegrad 1 pflegen. Wird ein Pflegebedürftiger mit dem Pflegegrad 5 gepflegt, wird für die Bemessung der Rentenbeträge von bis zu 100 % der Bezugsgröße ausgegangen.

Die Pflegepersonen genießen im Weiteren den Schutz der **gesetzlichen Unfallversicherung (§ 44 Abs. 2 a SGB XI)**. Umfasst sind alle Bereiche, die auch bei der Beurteilung der Pflegebedürftigkeit berücksichtigt werden. Auch die Hilfen bei der Haushaltsführung sind in dem Unfallversicherungsschutz einbezogen. 109

Muss die Pflegeperson ihre Beschäftigung wegen der Pflegetätigkeit unterbrechen oder möglicherweise sogar ganz aufgeben, ist die Pflegekasse verpflichtet, auch die Beiträge zur **Arbeitslosenversicherung** zu zahlen (**§ 44 Abs. 2 b SGB XI**). Dies allerdings nur dann, wenn sie unmittelbar vorher arbeitslosenversicherungspflichtig war bzw. eine Leistung der Arbeitslosenversicherung bezogen haben. 110

Um die Absicherung der Pflegeperson zu gewährleisten, ist in dem Gutachten der Pflegeaufwand nach Möglichkeit zu dokumentieren. Darauf sollte der Bevollmächtigte des Pflegebedürftigen/der Pflegeperson achten. 111

d) Maßnahmen zur Rehabilitation

Mit dem ab Januar 2017 wirksamen PSG II wird auch der Grundsatz **„Rehabilitation vor Pflege"** gestärkt. Es sollen alle rehabilitativen Möglichkeiten genutzt werden, denn die Versicherten haben gegenüber anderen Leistungsträgern möglicherweise einen Anspruch auf Leistungen zur medizinischen Rehabilitation (§§ 31, 32 SGB XI). Mit dem jetzt maßgeblichen neuen Begutachtungsverfahren werden die Beeinträchtigungen pflegebedürftiger Menschen, aber auch die Möglichkeiten, deren Selbstständigkeit zu erhalten oder wieder zu gewinnen, besser erfasst. Über die derzeitige Versorgungssituation hinaus hat der Sachverständige Empfehlungen zur Förderung oder zum Erhalt der Selbstständigkeit oder der Fähigkeiten, zur Prävention und Rehabilitation zu geben. Er hat in dem Gutachten zu dokumentieren, wo und wie Prävention- und Rehabilitationsmaßnahmen anzusetzen sind. Er sollte dazu Stellung nehmen, ob eine medizinische Rehabilitation indiziert ist, ob Rehabilitationsbedürftigkeit und Rehabilitationsfähigkeit besteht und im Weiteren, ob eine positive Reputationsprognose anzunehmen ist. 112

Die Empfehlung im Pflegegutachten für eine Rehabilitationsmaßnahme führt unmittelbar zu einem **Rehabilitationsantrag**, sofern die pflegebedürftige Person zustimmt. 113

35 Es ist noch nicht geklärt, wie man den zeitlichen Pflegeaufwand beurteilt, insbesondere, wenn die Angaben der Pflegeperson zum zeitlichen Hilfeeinsatz unwahrscheinlich und nicht glaubhaft sind. Man denkt daran, den Pflegeaufwand je Pflegegrad pauschal zu bemessen. Eine Umrechnungshilfe/Umrechnungsformel wird diskutiert; diese ist aber noch nicht abschließend fixiert.

e) Empfehlung zur Versorgung mit Hilfs- und Pflegehilfsmitteln

114 Das PSG II erleichtert die Versorgung mit **Hilfs-und Pflegehilfsmitteln**. Der Sachverständige hat bei seiner Begutachtung zu prüfen und entsprechend zu empfehlen, ob und welche Hilfsmittel für die Selbstständigkeit des zu Begutachtenden besonders wichtig sind oder die Pflege erleichtern. Wird die Notwendigkeit festgestellt, muss der Pflegebedürftige zukünftig keinen gesonderten Antrag stellen. Es ist ausreichend, wenn im Pflegegutachten diese Hilfsmittel empfohlen werden und der Pflegebedürftige dem zustimmt. Die Empfehlung im Gutachten ist ausreichend. Der Pflegebedürftige braucht sich nicht um eine ärztliche Verordnung kümmern. Dies ist nicht erforderlich.

f) Wohnumfeldverbessernde Maßnahmen

115 Der Sachverständige sollte die Örtlichkeit dokumentieren und Empfehlungen geben, inwieweit die räumliche Umgebung durch wohnumfeldverbessernde Maßnahmen verändert und dadurch die Selbstständigkeit gefördert und die Pflege erleichtert werden kann.

g) Maßnahmen zur Prävention

116 Der Sachverständige sollte auch in seinem Gutachten zur Sprache bringen, inwieweit präventive Maßnahmen wie Training, Physiotherapie, Medikamentenüberprüfung bei Multimedikation, Hygienehinweise und edukative Maßnahmen, wie Diabetes-Schulungen und Ernährungsberatung, die Selbstständigkeit erhalten und sich auf die Pflegesituation auswirken.

IV. Das Pflegestärkungsgesetz III

117 Der Bundesrat hat am 16.12.2016 dem Dritten Gesetz zur Stärkung der pflegerischen Versorgung und zur Änderung weiterer Vorschriften (Drittes Pflegestärkungsgesetz – PSG III) zugestimmt.[36] Das Gesetz ist am 1.1.2017 in Kraft getreten. Die Regelungen mit Bezug auf das Bundesteilhabegesetz (BTHG) für Pflegebedürftige mit einer Behinderung, die in Einrichtungen der Eingliederungshilfe leben, treten erst zum 1.1.2020 in Kraft. Der mit dem PSG II eingeführte neue Pflegebedürftigkeitsbegriff kann damit ab dem 1.1.2017 nicht nur in der Pflegeversicherung, sondern auch in der Hilfe zur Pflege (§§ 61 bis 66 SGB XII) in Kraft treten.[37]

118 Der Bundesrat hat in einer Entschließung zum PSG III Kritik an diesem Gesetz geübt und seine Bedenken zum Ausdruck gebracht. Er hat seine Bedenken zugunsten einer Verabschiedung der leistungs- und vertragsrechtlichen Vorschriften des PSG III zurückgestellt und die Bundesregierung zu Nachbesserungen aufgefordert.[38]

---

36 BR-Drs.720/16.
37 Udsching, jurisPR-SozR 2/2017 Anm. 1 mit Erläuterungen zu den Details des NBA.
38 Entschließung zum PSG III, BR-Drs. 720/16.

Die Schwerpunkte des Gesetzes sind:[39] 119

- die Sicherstellung der Versorgungssituation durch die Beteiligung der Kommunen,
- die Beteiligung der Kommunen zur Schaffung von Angeboten zur Unterstützung im Alltag,
- die Schaffung eines finanziellen Ausgleichs zwischen den Bundesländern,
- die Verbesserung der Beratung der Pflegebedürftigen,
- die Einführung des neuen Pflegebedürftigkeitsbegriffs im Recht der Hilfe zur Pflege (SGB II) und im Bundesversorgungsgesetz (BVG),
- die Regelungen zur Abgrenzung zwischen den Leistungen der Eingliederungshilfe und den Leistungen der Pflegeversicherung bzw. der Hilfe zur Pflege,
- die Verhinderung des Abrechnungsbetruges in der Pflege.

V. Das Prüfverfahren zur Feststellung der Pflegebedürftigkeit

Das Verfahren zur Feststellung der Pflegebedürftigkeit regelt § 18 SGB XI.[40] 120

1. Grundsätzliches

Nach der Antragstellung sind die Pflegekassen und die privaten Versicherungsunternehmen verpflichtet, der antragstellenden Person gemäß § 18 Abs. 3 SGB XI nach spätestens 25 Arbeitstagen (Werktage von Montag bis Freitag) die Entscheidung schriftlich mitzuteilen. 121

Dies bedeutet, dass nach der Antragstellung kurzfristig eine qualifizierte Begutachtung zu veranlassen ist. Die Begutachtung erfolgt durch Pflegefachkräfte, Ärztinnen oder Ärzte, die in der sozialen Pflegeversicherung der **MDK**, in der privaten Pflegeversicherung die **MEDICPROOF**[41] vorhält. Es können auch externe unabhängige Pflegesachverständige beauftragt werden (§ 18 Abs. 1 SGB XI). Hierfür tragen die Pflegekassen bzw. die privaten Versicherungsunternehmen die Verantwortung. Interessenskonflikte sind zu vermeiden.[42] Ausnahmsweise kann allerdings eine Begutachtung unterbleiben, wenn die Anspruchsvoraussetzungen auch ohne eine Begutachtung von vornherein verneint werden können. 122

Die Sachverständigen, egal ob sie dem **MDK** oder der **MEDICPROOF** angehören oder es sich um externe **unabhängige Sachverständige** handelt, sind verpflichtet, zur Feststellung der Pflegebedürftigkeit dieselben Maßstäbe anzusetzen. Dies bestimmt für die private Pflegeversicherung ausdrücklich § 23 Abs. 6 SGB XI. 123

2. Die Begutachtung

Ab Januar 2017 gilt mit dem **NBA** nur noch ein fachlich gesichertes individuelles Feststellungsverfahren für die Beurteilung der Pflegebedürftigkeit. Insoweit sind dem 124

39 Klatt/*Gröne,* Teil 11/2.6.2, S. 30 ff.
40 Gemeinsames Rundschreiben, § 18 SGB XI, Allgemeines, S. 55 ff.
41 Die privaten Versicherungsunternehmen ermitteln den Pflegebedarf durch ihr Tochterunternehmen, die MEDICPROOF GmbH, siehe www.medicproff.de.
42 Vgl. Richtlinien zur Dienstleistungsorientierung im Begutachtungsverfahren (Die-RiLi) und Unabhängige Gutachterrichtlinien (UGu-RiLi) nach § 53 b SGB XI.

Sachverständigen durch die Lebens- und Bedarfsbereiche der Module 1–6 mit den jeweiligen Ausprägungen klare Vorgaben gegeben.

125 Die Gutachten, die regelmäßig in der häuslichen Umgebung des Pflegebedürftigen durchzuführen sind, sind in erster Linie auf die Feststellung der Pflegebedürftigkeit und darauf, welcher Pflegegrad vorliegt, ausgerichtet. Die Gutachten sollen auch über die Feststellung des Pflegegrades hinaus pflegerelevante Informationen dokumentieren (→ Rn. 98 ff.). Zu den Vorgaben zum Prüfverfahren finden sich konkrete Hinweise und Anhaltspunkte in dem gemeinsamen Rundschreiben der Spitzenverbände der Pflegekassen.[43]

126 Dem Sachverständigen sollten für die gutachterliche Prüfung Unterlagen und Informationen über Vorerkrankungen, über Klinikaufenthalte, über Leistungen zur medizinischen Rehabilitation, zur Heilmittelversorgung, zur Versorgung mit Hilfsmitteln- und Pflegehilfsmittel, zu den behandelnden Ärzten sowie zu den Leistungen der häuslichen Krankenpflege und, soweit vorhanden, das von den Pflegebedürftigen bzw. der Pflegeperson erstellte **Pflegetagebuch** zur Verfügung gestellt werden.

127 Für die Erstellung eines pflegefachlichen Sachverständigengutachtens sollte der Sachverständige die dem Antragsteller bzw. Pflegebedürftigen von den Pflegekassen bzw. den privaten Pflegeversicherern zur Verfügung gestellten Pflegetagebücher (auch im Internet abrufbar) einsehen können. Für den Bevollmächtigten des Antragstellers ist es wichtig, dass er auf die Erstellung sorgfältig erstellter Pflegetagebücher hinwirkt, um effektiv die **Beweiswürdigung** zugunsten seines Mandanten zu beeinflussen. Gerade bei älteren Pflegebedürftigen ist es vielfach so, dass sie sich bei der Begutachtung besonders anstrengen, weil sie dem Sachverständigen zeigen wollen, dass sie trotz ihres Alters bei den jeweils zu prüfenden Kriterien noch selbstständig sind. Die Pflegetagebücher dokumentieren dann den regelmäßig notwendigen Hilfebedarf.

128 Grundlage für die Begutachtung sind das SGB XI und die Begutachtungsrichtlinien, deren Maßstäbe nach § 23 SGB XI für die private Pflegeversicherung maßgeblich sind.

129 In den Begutachtungsrichtlinien werden im Kapitel 6 Formulargutachten für die Begutachtung Erwachsener und Kinder mit den Berechnungs- und Bewertungsregeln zur Ermittlung der Pflegegrade vorgehalten (→ Rn. 155 bis Rn. 158, Abschnitt „B“ Beweisfragen).

130 Zu jedem der unter § 5 III. 3. a) – h) beschriebenen Kriterien und in dem Gutachten anzukreuzenden Ausprägungen enthalten die Begutachtungsrichtlinien Erläuterungen und Beispiele, um hier das jeweilige Ausmaß der Ausprägung einordnen zu können. Sie bieten dem Sachverständigen eine Orientierungshilfe für seine gutachterliche Bewertung.

131 Den Sachverständigen des MDK steht für die Begutachtung eine vorgefertigte Software zur Verfügung, die widersprüchliche Angaben und unzutreffendes Ankreuzen innerhalb der Kriterien und ihrer Ausprägung verhindert und auch Plausibilitätsprüfungen durchführt. Es handelt sich um eine quasi „(idioten)sichere“ Anwendung.

43 Vgl. Gemeinsames Rundschreiben, § 18, Allgemeines, 5., S. 65 f.

Auch die MEDICPROOF hat eine neue Begutachtungssoftware eingeführt. Wie die Gerichte der Sozialgerichtsbarkeit ihre Beweisbeschlüsse im Hinblick auf die geänderte Rechtslage fassen und ob auch Ihnen eine Begutachtungssoftware zur Verfügung gestellt wird, bleibt abzuwarten. Im Internet werden unter dem Suchwort **Pflegegradrechner 2017** auf Excel-Basis erstellte Pflegegradrechner mit vollwertigem Pflegegutachten je nach Anbieter kostenpflichtig, aber auch kostenlos zur Verfügung gestellt.[44]

3. Entscheidung über den Antrag

Die Pflegekassen und die privaten Versicherungsunternehmen legen bei ihrer Entscheidung über das Vorliegen von Pflegebedürftigkeit und der Zuordnung zu einem Pflegegrad regelmäßig die Ergebnisse und Empfehlungen der Sachverständigen zugrunde. 132

Die Pflegekassen entscheiden über den Antrag des Versicherten durch **Verwaltungsakt.** Hiergegen kann der Versicherte innerhalb eines Monats Widerspruch einlegen. Es entspricht ständiger Verwaltungspraxis, dass bei bestehenden Meinungsverschiedenheiten ein weiteres Gutachten eingeholt wird. Soweit die Pflegekasse dem Widerspruch nicht abhilft, kann der Versicherte innerhalb eines Monats bei dem für ihn zuständigen Sozialgericht Klage erheben. Richtige Klageart ist die **Anfechtung- und Verpflichtungsklage.** 133

Anders sieht der Verlauf in der privaten Pflegeversicherung aus. Das Rechtsverhältnis des Versicherten zu den privaten Versicherungsunternehmen richtet sich nach zivilrechtlichen Grundsätzen, maßgeblich nach dem **Versicherungsvertragsgesetz** (**VVG**). Der Versicherer kann keine Verwaltungsakte erlassen, sondern er teilt dem Versicherten die Entscheidung schriftlich mit. Lehnt er den Antrag ab, so ist der Versicherer verpflichtet, den Antragsteller auf mögliche **Fristen und Rechtsfolgen** hinzuweisen. Dieser kann vor dem Sozialgericht **Leistungsklage** erheben. Der Pflegebedürftige hat die allgemeinen Verjährungsvorschriften zu beachten. 134

Er kann sich aber zunächst noch einmal an den Versicherer wenden und seine Einwände gegen die gutachterlichen Feststellungen darlegen. Regelmäßig wird dann auch in der privaten Pflegeversicherung ein weiteres Gutachten eingeholt. Hält der Versicherer an seiner ablehnenden Haltung fest, so wird der Antragsteller, soweit er die Entscheidung des Versicherers nicht akzeptiert, nunmehr Leistungsklage bei dem für ihn zuständigen Sozialgericht erheben müssen. Für die Zeit der weiteren Überprüfung durch den Versicherer ist die Verjährung gehemmt. 135

Die Gutachten des **MDK**, der **MEDICPROOF** wie auch die der **externen unabhängigen Gutachter** sind entsprechend ihrer Überzeugungskraft vom **Sozialgericht/Landessozialgericht** uneingeschränkt überprüfbar. Das gilt nach der neueren Rechtsprechung des **Bundessozialgerichts** auch für die Gutachten der privaten Pflegeversicherung.[45] Diese quasi-Schiedsgutachten sind, anders als im VVG geregelt, für die Sozialgerichte 136

44 Vgl. Carmen P.Baake, NBA-Tool Berechnungsprogramm zur Ermittlung der Pflegegrade; Erwachsene-Kinder-Jugendliche, www.walhalla.de.
45 BSG 22.4.2015 – B 3 P 8/13 R, juris Rn 19 ff.; BSGE 118, 239 – 255 = SGb 2016, 469 – 476.

nicht bindend. Die Regelungen des privaten Versicherungsrechts werden für die private Pflegeversicherung durch die Vorschriften des SGB XI verdrängt.

137 Wie auch in der sozialen Pflegeversicherung entscheiden in Angelegenheiten der privaten Pflegeversicherung die Gerichte der Sozialgerichtsbarkeit (vgl. § 51 Abs. 1 Nr. 2 SGG, § 17 MB/PPV 2017). Das Gleiche gilt für die private Zusatzversicherung Beihilfeberechtigter.

138 Grds. sind die Pflegekassen berechtigt, die Leistungsbescheide bei wesentlicher Änderung der Verhältnisse, die zum Zeitpunkt der letzten maßgeblichen gutachterlichen Feststellung vorlagen, nach den §§ 48 ff SGB X aufzuheben. Für die Wiederholungsbegutachtungen gelten die vorstehenden Erwägungen.

139 Die Regelungen des SGB X gelten in der privaten Pflegeversicherung nicht. Allerdings kann sich auch der Versicherer nicht ohne Weiteres von einer Leistungszusage lösen. Die Leistungszusagen sind **als deklaratorische Schuldanerkenntnisse** zu werten.[46] Haben sich die maßgeblichen Verhältnisse im Hinblick auf die Verringerung des Hilfebedarfs geändert, so besteht auch in der privaten Pflegeversicherung die Möglichkeit, den Pflegegrad herabzustufen oder die Leistung zu entziehen. Wichtig ist es für den Leistungsberechtigten zu wissen, dass die Leistungszusage zu einer Umkehrung der Beweislast führt.[47]

VI. Leistungen der Pflegeversicherung

1. Leistungen für Pflegebedürftige mit Pflegegrad 2, 3, 4 oder 5

140 Das SGB XI unterscheidet zwischen Dienst-, Sach-, und Geldleistungen für den Bedarf an körperbezogenen Pflegemaßnahmen, pflegerischen Betreuungsmaßnahmen und Hilfen bei der Haushaltsführung sowie Kostenerstattung, soweit sie im SGB XI vorgesehen ist (§ 4 SGB XI). Hinzu kommen bei teilstationärer Pflege, Kurzzeitpflege und vollstationärer Pflege die Leistungen der medizinischen Behandlungspflege.

141 Im Rahmen der gesetzlich vorgegebenen Höchstgrenzen erhalten die Pflegebedürftigen mit Pflegegrad 2, 3, 4 oder 5 und deren Pflegepersonen folgende Leistungen (§ 28 SGB XI):

1. Pflegesachleistung (§ 36 SGB XI),
2. Pflegegeld für selbst beschaffte Pflegehilfen (§ 37 SGB XI),
3. Kombination von Geld- und Sachleistung (§ 38 SGB XI),
4. häusliche Pflege bei Verhinderung der Pflegeperson (§ 39 SGB XI),
5. Pflegehilfsmittel und wohnumfeldverbessernde Maßnahmen (§ 40 SGB XI),
6. Tages- und Nachtpflege (§ 41 SGB XI),
7. Kurzzeitpflege (§ 42 SGB XI),
8. Vollstationäre Pflege (§ 43 SGB XI),
9. Pflege in vollstationären Einrichtungen der Hilfe für behinderte Menschen (§ 43 a SGB XI),

46 BSG 22.8.2001 – B 3 P 21/00 R, juris Rn. 17; BSGE 88, 262 – 268 = SGb 2012, 205 – 210.
47 LSG Bayern 25.6.2014 – L 2 P 81/12, juris Rn. 46 = NZS 2014, 785–786.

9a. zusätzliche Betreuung und Aktivierung in stationären Pflegeeinrichtungen (§ 43 b SGB XI),
10. Leistungen zur sozialen Sicherung der Pflegepersonen (§ 44 SGB XI),
11. zusätzliche Leistungen bei Pflegezeit und kurzzeitiger Arbeitsverhinderung (§ 44 a SGB XI),
12. Pflegekurse für Angehörige und ehrenamtliche Pflegepersonen (§ 45 SGB XI),
12a. Umwandlungsanspruch (§ 45 a SGB XI),
13. Entlastungsbetrag (§ 45 b SGB XI),
14. Leistungen des Persönlichen Budgets nach § 17 Abs. 2 bis 4 SGB IX (§ 35 a SGB XI),
15. Zusätzliche Leistungen für Pflegebedürftige in ambulant betreuten Wohngruppen (§ 38 a SGB XI),
16. Pflegeberatung (§ 7 a SGB XI),
17. Anschubfinanzierung zur Gründung von ambulanten Wohngruppen (§ 45 e SGB XI).

2. Leistungen für Pflegebedürftige mit Pflegegrad 1

Der Leistungsumfang bei Pflegebedürftigen mit dem **Pflegegrad 1** (eingeschränkte Alltagskompetenz/Demenz) ist in § 28 a Abs. 1, 1 a SGB XI abweichend und nicht so umfassend geregelt: 142

1. Pflegeberatung (§§ 7 a und b SGB XI),
2. Beratung in der eigenen Häuslichkeit (§ 37 Abs. 3 SGB XI),
3. Zusätzliche Leistungen für Pflegebedürftige in ambulant betreuten Wohngruppen (§ 38 a SGB XI),
4. Versorgung mit Pflegehilfsmitteln (§ 40 Abs. 1–3 und Abs. 5 SGB XI),
5. finanzielle Zuschüsse für Maßnahmen zur Verbesserung des individuellen oder gemeinsamen Wohnumfeldes (§ 40 Abs. 4 SGB XI),
6. zusätzliche Betreuung und Aktivierung in stationären Pflegeeinrichtungen (§ 43 b SGB XI),
7. Pflegekurse für Angehörige und ehrenamtliche Pflegepersonen (§ 45 SGB XI),
8. Entlastungsbetrag (§ 45 b SGB XI),
9. Zuschuss bei vollstationärer Pflege (§ 43 Abs. 3 SGB XI).

3. Leistungsbeträge der Pflegeversicherung

Pflegesachleistungen nach § 36 Abs. 3 SGB XI 143

Einstufung	Leistung ab 1.1.2017
Pflegegrad 1 (bisher Pflegestufe 0*)	125 EUR
Pflegegrad 2 (bisher Pflegestufe I)	689 EUR
Pflegegrad 3 (bisher Pflegestufe I *)	1.298 EUR
Pflegegrad 3 (bisher Pflegestufe II)	1.298 EUR
Pflegegrad 4 (bisher Pflegestufe II *)	1.612 EUR
Pflegegrad 4 (bisher Pflegestufe III)	1.612 EUR

Einstufung	Leistung ab 1.1.2017
Pflegegrad 5 (bisher Härtefall)	1.995 EUR

* Nach § 45 a SGB XI berechtigte Personen, die bis zum 31.12.2016 zusätzliche Betreuungs- und Entlastungsleistungen erhielten.

144 **Pflegegeld nach § 37 Abs. 1 SGB XI**

Einstufung	Leistung ab 1.1.2017
Pflegegrad 1 (bisher Pflegestufe 0*)	125 EUR
Pflegegrad 2 (bisher Pflegestufe I)	316 EUR
Pflegegrad 3 (bisher Pflegestufe I*)	545 EUR
Pflegegrad 3 (bisher Pflegestufe II)	545 EUR
Pflegegrad 4 (bisher Pflegestufe II *)	728 EUR
Pflegegrad 4 (bisher Pflegestufe III)	728 EUR
Pflegegrad 5 (bisher Härtefall)	901 EUR

* Nach § 45 a SGB XI berechtigte Personen, die bis zum 31.12.2016 zusätzliche Betreuungs- und Entlastungsleistungen erhielten.

145 **Häusliche Pflege bei Verhinderung der Pflegeperson durch Personen, die keine nahen Angehörigen sind, nach § 39 Abs. 1 und 2 SGB XI**

Leistungen für bis zu sechs Wochen jährlich für Pflegebedürftige, die mit mindestens Pflegegrad 2 eingestuft sind, wobei die Hälfte des Pflegegeldes während der Verhinderungspflege für bis zu sechs Wochen fortgezahlt wird. Der erste und letzte Tag wird Pflegegeld in vollem Umfang bezahlt.	jährlich bis zu 1.612 EUR
Bei Übertragung aus Mitteln der Kurzzeitpflege zusätzlich bis zu 806 EUR.[48]	jährlich bis zu 2.418 EUR

146 **Pflegehilfsmittel nach § 40 SGB XI**

Für Pflegehilfsmittel werden ab 2017 monatlich bis zu 40 EUR gezahlt.

147 **Wohnumfeldverbessernde Maßnahmen nach § SGB XI**

Für Maßnahmen des Anspruchsberechtigten	einmalig bis zu 2.500 EUR
Für Maßnahmen von mehreren zusammenwohnende Anspruchsberechtigten	begrenzt auf 16.000 EUR

48 Zur Kombination Verhinderungspflege und Kurzzeitpflege vgl. Klatt/*Gröne*, Teil 11/6.2.6, S. 19, dort „Wichtiger Hinweis“.

Tages- und Nachtpflege nach § 42 SGB XI 148

Einstufung	Leistung ab 1.1.2017
Pflegegrad 1 (bisher Pflegestufe 0*)	125 EUR
Pflegegrad 2 (bisher Pflegestufe I)	689 EUR
Pflegegrad 3 (bisher Pflegestufe I*)	1.298 EUR
Pflegegrad 3 (bisher Pflegestufe II)	1.298 EUR
Pflegegrad 4 (bisher Pflegestufe II*)	1.612 EUR
Pflegegrad 4 (bisher Pflegestufe III)	1.612 EUR
Pflegegrad 5 (bisher Härtefall)	1.995 EUR

* Nach § 45 a SGB XI berechtigte Personen, die bis zum 31.12.2016 zusätzliche Betreuungs- und Entlastungsleistungen erhielten.

Kurzzeitpflege nach § 42 SGB XI 149

Leistungen für bis zu 8 Wochen. Der erste und letzte Tag wird Pflegegeld in vollem Umfang bezahlt.	jährlich bis zu 1.612 EUR
Bei Übertragung aus Mitteln der Verhinderungspflege bei Versicherten, die mit mindestens Pflegegrad 2 eingestuft sind, zusätzlich bis zu 1.612 EUR.[49]	jährlich bis zu 2.418 EUR

Vollstationäre Pflege nach § 43 Abs. 2 SGB XI 150

Einstufung	Leistung ab 1.1.2017
Pflegegrad 1 (bisher Pflegestufe 0*)	125 EUR
Pflegegrad 2 (bisher Pflegestufe I)	689 EUR
Pflegegrad 3 (bisher Pflegestufe I*)	1.298 EUR
Pflegegrad 3 (bisher Pflegestufe II)	1.298 EUR
Pflegegrad 4 (bisher Pflegestufe II*)	1.612 EUR
Pflegegrad 4 (bisher Pflegestufe III)	1.612 EUR
Pflegegrad 5 (bisher Härtefall)	1.995 EUR

* Nach § 45 a SGB XI berechtigte Personen, die bis zum 31.12.2016 zusätzliche Betreuungs- und Entlastungsleistungen erhielten.

Ab 2017 ist ein einrichtungseinheitlicher Eigenanteil zu zahlen.

49 Zur Kombination Verhinderungspflege und Kurzzeitpflege vgl. Klatt/*Gröne*, Teil 11/6.3.3, S. 23, dort „Praxistipp".

151 **Pflege in vollstationären Einrichtungen der Hilfe für behinderte Menschen nach § 43 a SGB XI.**

Leistungen für Versicherte in allen Pflegegraden	monatlich 266 EUR
An Tagen, an denen die Pflege zu Hause erbracht wird, wird anteiliges Pflegegeld gewährt. Die Tage der An-und Abreise gelten als volle Tage der häuslichen Pflege.	

152 **Leistungen für Pflegebedürftige in ambulant betreuten Wohngruppen nach § 38 a SGB XI, sog. Wohngruppenzuschlag.**

Leistungen für Versicherte in allen Pflegegrade	monatlich 214 EUR

153 **Anschubfinanzierung zur Gründung von ambulant betreuten Wohngruppen**

Bei Gründung einer neuen Wohngruppe	einmalig bis zu 2.500 EUR
Bei mehreren Anspruchsberechtigten	bis zu 10.000 EUR
Zusätzlich können Zuschüsse für wohnumfeldverbessernde Maßnahmen geltend gemacht werden.	

154 **Anerkennungsbetrag bei Herabsetzung des Pflegegrads nach § 87 a Abs. 4 SGB XI**

Bonuszahlungen bei Rückstufung des Pflegegrades[50]	2.952 EUR

B. Beweisfragen[51]

I. Beweisanordnung für Zuerkennung eines (gegebenenfalls höheren) Pflegegrades

155 1. Welche körperlichen, geistigen oder seelischen Krankheiten oder Behinderungen liegen bei dem Kläger/der Klägerin (d. Kl.) seit dem Monat der Antragstellung bzw. seit welchem späteren Zeitpunkt vor?
2. Stellen Sie in der Anamnese dar, welche Beschwerden und Behinderung d. Kl. in der Gestaltung seines Lebens anführt. Beschreiben Sie die Versorgungs- und Wohnsituation d.Kl, das häusliche Wohnumfeld und die bisherige Pflegediagnose. Welche Hilfsmittel/Pflegehilfsmittel sind vorhanden und wie werden diese genutzt?
3. In welchem Umfang besteht Pflegebedürftigkeit?
(Maßgeblich für Ihre Beurteilung sind die Anlagen 1 und 2 zu § 15 SGB XI sowie die Begutachtungs-Richtlinien: Richtlinien zum Verfahren der Feststellung der Pflegebedürftigkeit sowie zur pflegefachlichen Konkretisierung der Inhalte des Begutachtungsinstruments nach dem Elften Buch des Sozialgesetzbuches vom 15.4.2016, gültig ab 1.1.2017. Hier insbesondere die Kapitel 4.8 und 4.9 zur Feststellung der Pflegebedürftigkeit und Beurteilung der Selbständigkeit in seinen

50 Vgl. BSG 30.9.2015 – B 3 P 1/14 R, juris, Leitsätze.
51 Es ist davon auszugehen, dass die Sachverständigen über den Text der Anlagen 1 und 2 zu § 15 SGB XI, über die Begutachtungs-Richtlinien und über einen Pflegegradrechner verfügen.

jeweiligen Ausprägungen und die Kapitel 6.4.1 bis 6.4.6 zum Formulargutachten.)

a) Bestimmen Sie den Schweregrad der Beeinträchtigungen der Selbständigkeit oder der Fähigkeiten in den Modulen:
   1. Mobilität,
   2. kognitive und kommunikative Fähigkeiten,
   3. Verhaltensweisen und psychische Problemlagen,
   4. Selbstversorgung,
   5. Bewältigung von und selbständiger Umgang mit krankheits- oder therapiebedingten, Anforderungen und Belastungen,
   6. Gestaltung des Alltagslebens und sozialer Kontakte.

b) In welchem Umfang wird d.Kl aufgrund Ihrer Pflegediagnose in der Selbständigkeit oder in den Fähigkeiten auf Dauer, voraussichtlich für mindestens sechs Monate beeinträchtigt? Insbesondere: Kann d.Kl. die körperlichen, kognitiven oder psychischen Beeinträchtigungen oder gesundheitlich bedingten Belastungen oder Anforderungen noch selbständig oder in welchem Umfang nicht mehr selbständig kompensieren und bewältigen und bedarf deshalb der Hilfe anderer?

c) In welchem Umfang besteht tagsüber Präsenz der Pflegeperson in Rufnähe?

d) In welchem Umfang ist nächtliche Unterstützung erforderlich?

e) Inwieweit kann d.Kl. mit den ihm aktuell zur Verfügung stehenden Hilfsmitteln die unter Ziffer 3 genannten Beeinträchtigungen, Belastungen oder Anforderungen ausgleichen und kompensieren?
   Beispiel: Kann sich der Pflegebedürftige in einem elektrisch verstellbaren Bett selbst aufrichten, mit Hilfe eines Rollators fortbewegen und benötigt er hierzu nicht auch zusätzlich die Hilfe einer Pflegeperson, so ist dieses Kriterium mit „selbständig oder überwiegend selbständig" zu beurteilen und mit „0 bzw. 1 Punkten" zu bewerten.

f) Stellen Sie die Fähigkeiten/Ressorcen und die Einschränkungen der Selbständigkeit dar und erläutern Sie die jeweilige von Ihnen vorgenommenen Ausprägung/Ausgestaltung.

g) Wie hoch ist der zeitlichen Pflegeaufwand der Hilfeperson? Anhaltspunkte für die Beurteilung ergeben sich gegebenenfalls aus Pflegegutachten, die nach Maßgabe des zum 31.12.2016 geltenden Pflegebedürftigkeitsbegriffs erstellt worden sind.

4. Ermitteln Sie in jedem der sechs Module
   a) die Summe der Einzelpunkte und der gewichteten Punkte nach den in § 14 Abs. 2 SGB XI und den beigefügten Anlagen 1 zu § 15 SGB XI vorgegebenen Kriterien und Ausprägungen und
   b) den Schwellenwert für die Zuordnung zu einem der Pflegegrade 1 bis 5 nach Maßgabe der Bewertungssystematik der Anlage 2 zu § 15 SGB XI.
   c) Nach welchem Pflegegrad besteht danach bei d. Kl. Pflegebedürftigkeit?
   d) Geben Sie an, ob Sie zur Umsetzung der Bewertungssystematik der Anlage 2 zu § 15 SGB XI einen Pflegegradrechner und wenn ja, welchen Pflegegradrechner sie eingesetzt haben.

5. Ist die Pflege in geeigneter Weise sichergestellt?
6. Seit wann besteht der festgestellte Hilfebedarf. Besteht er seit Antragstellung oder bestand er schon vorher? Falls sich der Hilfebedarf geändert hat, führen Sie den Hilfebedarf bitte zeitlich gestaffelt auf.
7. Bestehen Anhaltspunkte dafür, dass der Pflegebedarf in nächster Zeit voraussichtlich zunehmen oder sich ggf. verringern wird (Rehabilitation, Operation, Nutzung geeigneter Hilfsmittel). Ist der Pflegegrad zu befristen?
8. Stimmen Sie den im Verwaltungsverfahren durch den MDK bzw. im Vorverfahren der privaten Pflegeversicherung durch die MEDICPROOF oder durch den Sachverständigen Dr. NN erstellten Gutachten zu? Falls nicht, erläutern Sie bitte Ihre Auffassung und teilen Sie insbesondere mit, ob die Unterschiede auf einer Änderung des Gesundheitszustandes d.Kl. oder auf sonstigen Gründen (ggf. welcher/welchen) beruhen.

II. Beweisanordnung bei Herabstufung des Pflegegrades wegen Änderung der Verhältnisse

156 1. Die Frage der Herabstufung in einen niedrigeren Pflegegrad stellt sich für die Pflegebedürftigen, die zum 1.1.2017 von einer Pflegestufe in einen Pflegegrad übergeleitet worden sind, nicht. Soweit sich durch eine Neubegutachtung keine Anhebung des Pflegegrads oder die Feststellung ergibt, dass überhaupt keine Pflegebedürftigkeit mehr vorliegt, verbleibt der Pflegebedürftige in dem Pflegegrad, der sich aus der Überleitung ergeben hat.[52] Im Hinblick auf die Übergangsregelung des § 140 Abs. 3 SGB XI, nach denen eine Herabstufung des Pflegegrades nur in den Fällen in Betracht kommt, in denen Pflegebedürftigkeit nach den §§ 14 und 15 SGB XI nicht mehr besteht, wird in dieser Auflage von einer entsprechenden Beweisanordnung abgesehen.

157 2. Soweit die Feststellung streitig werden sollte, dass nach Maßgabe des § 140 Abs. 3 SGB XI keine Pflegebedürftigkeit i. S. d. § 14 und 15 SGB XI mehr besteht, bietet sich die vorstehende, auf die konkrete Situation angepasste Beweisanordnung zu I. an.

158 3. **Beweisanordnung bei Herabstufung des Pflegegrads** bei den Pflegebedürftigen, bei denen die Pflegebedürftigkeit nach dem 1.1.2017 festgestellt worden ist und die Feststellung streitig werden sollte, dass sich die Pflegebedürftigkeit pflegegradrelevant iSe Verringerung des Hilfebedarfs verändert haben sollte:
   1. Welche körperlichen, geistigen oder seelischen Krankheiten oder Behinderungen lagen bei dem Kläger/der Klägerin (d. Kl.) im MM.JJJJ vor?
   Hinweis: *Maßgeblich zu beurteilen ist der Gesundheitszustand und der Pflegebedarf im MM.JJJJ, dem Zeitpunkt des Leistungsentzuges. Bitte beantworten Sie die Fragen zu Ziffer 1 bis 8 nur bezogen auf den o.g. Zeitpunkt!*
   2. Stellen Sie in der Anamnese dar, welche Beschwerden und Behinderung d. Kl. in der Gestaltung seines Lebens anführt. Beschreiben Sie die Versorgungs- und

52 Plantholz in ZMGR 6/2016, S. 352: Der Schutz der Überleitung gilt gleichsam ad infinitum, und zwar auch bei einem Versicherungswechsel.

Wohnsituation d.Kl, das häusliche Wohnumfeld und die bisherige Pflegediagnose. Welche Hilfsmittel/Pflegehilfsmittel sind vorhanden und wie werden diese genutzt?

3. In welchem Umfang besteht Pflegebedürftigkeit?
   (Maßgeblich für Ihre Beurteilung sind die Anlagen 1 und 2 zu § 15 SGB XI sowie die Begutachtungs-Richtlinien: Richtlinien zum Verfahren der Feststellung der Pflegebedürftigkeit sowie zur pflegefachlichen Konkretisierung der Inhalte des Begutachtungsinstruments nach dem Elften Buch des Sozialgesetzbuches vom 15.4.2016, gültig ab 1.1.2017. Hier insbesondere die Kapitel 4.8 und 4.9 zur Feststellung der Pflegebedürftigkeit und Beurteilung der Selbständigkeit in seinen jeweiligen Ausprägungen und die Kapitel 6.4.1 bis 6.4.6 zum Formulargutachten.)
   a) Bestimmen Sie den Schweregrad der Beeinträchtigungen der Selbständigkeit oder der Fähigkeiten in den Modulen:
      1. Mobilität,
      2. kognitive und kommunikative Fähigkeiten,
      3. Verhaltensweisen und psychische Problemlagen,
      4. Selbstversorgung,
      5. Bewältigung von und selbständiger Umgang mit krankheits- oder therapiebedingten, Anforderungen und Belastungen,
      6. Gestaltung des Alltagslebens und sozialer Kontakte.
   b) In welchem Umfang wird d.Kl aufgrund Ihrer Pflegediagnose in der Selbständigkeit oder in den Fähigkeiten auf Dauer, voraussichtlich für mindestens sechs Monate beeinträchtigt? Insbesondere: Kann d.Kl. die körperlichen, kognitiven oder psychischen Beeinträchtigungen oder gesundheitlich bedingten Belastungen oder Anforderungen noch selbständig oder in welchem Umfang nicht mehr selbständig kompensieren und bewältigen und bedarf deshalb der Hilfe anderer?
   c) In welchem Umfang besteht tagsüber Präsenz der Pflegeperson in Rufnähe?
   d) In welchem Umfang ist nächtliche Unterstützung erforderlich?
   e) Inwieweit kann d.Kl. mit den ihm aktuell zur Verfügung stehenden Hilfsmitteln die unter Ziffer 3 genannten Beeinträchtigungen, Belastungen oder Anforderungen ausgleichen und kompensieren?
      Beispiel: Kann sich der Pflegebedürftige in einem elektrisch verstellbaren Bett selbst aufrichten, mit Hilfe eines Rollators fortbewegen und benötigt er hierzu nicht auch zusätzlich die Hilfe einer Pflegeperson, so ist dieses Kriterium mit „selbständig oder überwiegend selbständig“ zu beurteilen und mit „0 bzw. 1 Punkten“ zu bewerten.
   f) Stellen Sie die Fähigkeiten/Ressorcen und die Einschränkungen der Selbständigkeit dar und erläutern Sie die jeweilige von Ihnen vorgenommenen Ausprägung/Ausgestaltung.
   g) Wie hoch ist der zeitlichen Pflegeaufwand der Hilfeperson? Anhaltspunkte für die Beurteilung ergeben sich gegebenenfalls aus Pflegegutachten, die

nach Maßgabe des zum 31.12.2016 geltenden Pflegebedürftigkeitsbegriff erstellt worden sind.

4. Ermitteln Sie in jedem der sechs Module
   a) die Summe der Einzelpunkte und der gewichteten Punkte nach den in § 14 Abs. 2 SGB XI und den beigefügten Anlagen 1 zu § 15 SGB XI vorgegebenen Kriterien und Ausprägungen und
   b) den Schwellenwert für die Zuordnung zu einem der Pflegegrade 1 bis 5 nach Maßgabe der Bewertungssystematik der Anlage 2 zu § 15 SGB XI.
   c) Nach welchem Pflegegrad besteht danach bei d. Kl. Pflegebedürftigkeit?) Geben Sie an, ob Sie zur Umsetzung der Bewertungssystematik der Anlage 2 zu § 15 SGB XI einen Pflegegradrechner und wenn ja, welchen Pflegegradrechner sie eingesetzt haben.
5. Ist die Pflege in geeigneter Weise sichergestellt?
6. Haben sich die von Ihnen unter 1. genannten Krankheiten/Behinderungen und die damit einhergehende Beeinträchtigung in der Selbständigkeit oder in den Fähigkeiten zwischen MM/JJJJ *(letzte bindende Pflegegradfeststellung)* und MM.JJJJ. (Leistungsentzug) im Sinne einer Verringerung des Hilfebedarfs auf Dauer wesentlich, d.h. pflegegradrelevant geändert?
7. Hat sich der Hilfebedarf nach dem MM.JJJJ (Leistungsentzug) bis heute wieder oder weiterhin verschlechtert?
8. Bestehen Anhaltspunkte dafür, dass der Pflegebedarf in nächster Zeit voraussichtlich zunehmen oder sich ggf. verringern wird (Rehabilitation, Operation, Nutzung geeigneter Hilfsmittel)?
9. Stimmen Sie den im Verwaltungsverfahren durch den MDK bzw. im Vorverfahren der privaten Pflegeversicherung durch die MEDICPROOF oder durch den Sachverständigen Dr. NN erstellten Gutachten zu? Falls nicht, erläutern Sie bitte Ihre Auffassung und teilen Sie insbesondere mit, ob die Unterschiede auf einer Änderung des Gesundheitszustandes d.Kl. oder auf sonstigen Gründen beruhen.

C. Literaturverzeichnis und Internethinweise

Klatt, Das erfolgreiche Sozialversicherungsmandat, Praxisleitfaden für Rechtsanwälte und Steuerberater, Stand Nov. 2016, *Deubner*, Recht und Praxis; *Klie/Kramer/Plantholz*, LPK-SGB XI, Nomos, 4. Aufl. 2013; *Richter*, Die neue Pflegeversicherung – PSG II, Pflegebegriff, Vergütungen, Potenziale, Nomos, 1. Aufl. 2016; *Plantholz*, in GuP, Rechtszeitschrift für das gesamte Gesundheitswesen 6/2016/206-211, Die Umsetzung des neuen Pflegebedürftigkeitsbegriffs im Leistungsrecht, www.gup.nomos.de; *Plantholz*, in ZMGR 2016 -352, Ante Portas, der neue Pflegbedürftigkeitsbegriff; *Udsching* in jurisPR-SozR 24/2013, Das Teilkaskosystem der Pflegeversicherung und die Erwartungen der Bevölkerung, Anm. 2; *Udsching* in jurisPR-SozR 2/2017,

www.walhalla.de – *Baake*, NBA-Tool Berechnungsprogramm zur Ermittlung der Pflegegrade; Erwachsene-Kinder-Jugendliche (auf CD- ROM);

www.mds-ev.de – Neues Begutachtungsinstrument zur Feststellung der Pflegebedürftigkeit; Begutachtungs-Richtlinien, Richtlinien zum Verfahren der Feststellung der Pflegebedürftigkeit sowie zur pflegefachlichen Konkretisierung der Inhalte des Begutachtungsinstruments nach dem Elften Buch des Sozialgesetzbuches (Begutachtung-Richtlinien – BRi –) vom 15.4.2016, gültig ab 1.1.2017;

www.gkv-spitzenverband.de – Gemeinsames Rundschreiben zu den leistungsrechtlichen Vorschriften vom 26.04.2016;

www.medicproof.de.

§ 6 Begutachtung im Schwerbehindertenrecht

A. Begutachtungsrelevante Streitfragen im Schwerbehindertenrecht

I. Behinderung, Grad der Behinderung, Schwerbehinderung, Vergünstigungen, Merkzeichen

1 Bei Rechtsstreitigkeiten im Schwerbehindertenrecht geht es fast immer um die Frage, ob und in welcher Höhe ein Grad der Behinderung (GdB) festzustellen ist und ob bereits eine Schwerbehinderung (GdB von mindestens 50) vorliegt. Häufig wird auch darum gestritten, ob die Voraussetzungen für die Feststellung eines oder mehrerer Merkzeichen vorliegen.

1. Behinderung und Grad der Behinderung (GdB)

2 Nach § 2 Abs. 1 SGB IX sind Menschen **behindert**, wenn ihre körperliche Funktion, geistige Fähigkeit oder seelische Gesundheit mit hoher Wahrscheinlichkeit **länger als sechs Monate** von dem **für das Lebensalter typischen Zustand abweichen** und daher ihre **Teilhabe am Leben in der Gesellschaft beeinträchtigt** ist.[1] Die Auswirkungen auf die Teilhabe am Leben in der Gemeinschaft sind als **Grad der Behinderung** (**„GdB“**) nach Zehnergraden abgestuft festzustellen (§ 69 Abs. 1 Satz 4 SGB IX).[2] Die Feststellung eines GdB erfolgt erst ab einem GdB von mindestens 20 (§ 69 Abs. 1 Satz 6 SGB IX).[3]

2. Schwerbehinderung

3 Als **schwerbehindert** gelten nach § 2 Abs. 2 SGB IX Menschen, deren **Grad der Behinderung (GdB) mindestens 50** beträgt und die außerdem in Deutschland wohnen, sich hier gewöhnlich aufhalten oder zumindest hier beschäftigt sind.[4]

3. Mit der Schwerbehinderung einhergehende Vergünstigungen

4 Mit der Feststellung der Schwerbehinderung sind zahlreiche **Vergünstigungen** (**Nachteilsausgleiche**) in ganz verschiedenen Lebensbereichen verbunden. Deren wichtigste sind etwa im Bereich des **Arbeitsrechts** der verstärkte arbeitsrechtliche Kündigungsschutz nach §§ 85 ff. SGB IX[5] (Einschaltung und Zustimmung des Integrationsamtes), der Zusatzurlaub von einer (Arbeits-)Woche gemäß § 125 SGB IX[6] und die besonderen Hilfen bei der Erlangung oder Bewahrung eines Arbeitsplatzes durch Arbeitsagenturen und Integrationsämter (§§ 33 ff., §§ 71 ff. SGB IX, §§ 19, 97 ff. SGB III). Im Bereich der **Rentenversicherung** besteht die Möglichkeit des vorzeitigen

1 Nach § 2 Abs. 1 SGB IX in der ab dem 1.1.2018 geltenden Fassung des Gesetzes vom16.12.2016 (Bundesteilhabegesetz – BTHG, BGBl. I 3234) sind Menschen mit Behinderungen Menschen, die körperliche, geistige oder Sinnesbeeinträchtigungen haben, die sie in Wechselwirkung mit einstellungs- oder umweltbedingten Barrieren an der gleichberechtigten Teilhabe an der Gesellschaft mit hoher Wahrscheinlichkeit länger als sechs Monate hindern können.

2 Ab 1.1.2018: § 152 Abs. 1 Satz 5 SGB IX.

3 Ab 1.1.2018: § 152 Abs. 1 Satz 6 SGB IX.

4 In Deutschland sind etwa 7,6 Mio. Personen als Schwerbehinderte anerkannt, hinzu kommen noch ca. 1,5 Mio. behinderte Menschen mit einem GdB von 20–40 (Stand 31.12.2015, Quelle Statistisches Bundesamt).

5 Ab 1.1.2018: § 168 ff. SGB IX.

6 Ab 1.1.2018: § 208 SGB IX.

Rentenbezuges (§ 37 Satz 1 Nr. 1 SGB VI: ab dem 65. Lebensjahr – vgl. auch die Übergangsregel § 236a SGB VI: Rentenbezug schon vor dem 65. Lebensjahr für Schwerbehinderte, die vor 1964 geboren sind; dabei schrittweises Anheben der Altersgrenze von 63 für Versicherte, die nach 1951 geboren sind; ein vorzeitiger Rentenbezug mit Abschlägen ist mit Vollendung des 62. Lebensjahres möglich (§ 37 Satz 2 SGB VI, für vor 1964 geborene wird die bisherige Altersgrenze von 60 Jahren schrittweise angehoben)). Bei Beamten kommt eine vorzeitige Pensionierung in Betracht. Im **Krankenversicherungsrecht** besteht zB die Möglichkeit der teilweisen Befreiung der vorgeschriebenen Zuzahlungen bei einem Grad der Behinderung (GdB) von 60.[7] Von großer praktischer Bedeutung sind auch die Vorteile im **Steuerrecht,** die jeweils abhängig von der Höhe des GdB geltend gemacht werden können (zB „Pauschbetrag" iHv 570 EUR bei einem GdB von 50; 1.420 EUR für einen GdB von 100).[8] Darüber hinaus gibt es auch im privaten und öffentlichen Rechtsverkehr zahlreiche weitere Vorteile, die an das Vorliegen der Schwerbehinderteneigenschaft anknüpfen (zB ermäßigte Eintrittspreise in Museen, Kinos usw.).

4. Merkzeichen

Außer den Vergünstigungen, die nur das Vorliegen einer Schwerbehinderung zur Voraussetzung haben, gibt es weitere Nachteilsausgleiche, für deren Gewährung weitere gesundheitliche Voraussetzungen vorliegen müssen und die nur in Anspruch genommen werden können, wenn bei der schwerbehinderten Person zusätzlich ein oder mehrere **Merkzeichen** nach der Schwerbehindertenausweisverordnung[9] festgestellt sind. Dies sind die Merkzeichen **„G"** (erhebliche Beeinträchtigung der Bewegungsfähigkeit im Straßenverkehr), **„B"** (Notwendigkeit ständiger Begleitung), **„aG"** (außergewöhnliche Gehbehinderung), **„RF"** (Befreiung von der Rundfunkgebührenpflicht), **„H"** (Hilflosigkeit), **„Gl"** (Gehörlos), **„Bl"** (Blind) und **„TBl"** (Taubblind). Dabei handelt es sich ua um die Möglichkeit weiterer Steuervorteile (zB Kfz-Steuerbefreiung), einer Kostenbefreiung im öffentlichen Personenverkehr, des Parkens auf Behindertenparkplätzen oder einer Ermäßigung der Rundfunkgebührenpflicht (zu den Voraussetzungen für die Feststellung der einzelnen Merkzeichen und den jeweils damit verbundenen Nachteilsausgleichen → Rn. 32 ff.). 5

II. Schwerbehinderten gleichgestellte Menschen

Behinderte Menschen mit einem GdB von weniger als 50 sind nur eingeschränkt dem Schutz des SGB IX unterstellt. Jedoch sollen sie, sofern der GdB wenigstens 30 beträgt, Schwerbehinderten gleichgestellt werden, wenn sie infolge ihrer Behinderung ohne eine Gleichstellung einen geeigneten Arbeits- oder Ausbildungsplatz (§ 73 Abs. 1 SGB IX)[10] nicht erlangen oder nicht behalten können (so § 2 Abs. 3 SGB IX). Nach Feststellung der Gleichstellung genießt ein Behinderter – mit Ausnahme des Zu- 6

7 Vgl. § 62 Abs. 1 Satz 2, 2. Hs. SGB V iVm den Richtlinien des Gemeinsamen Bundesausschusses nach § 92 SGB V v. 22.1.2004 – veröffentlicht in BAnz. Nr. 18 v. 28.1.2004, S. 1343.
8 § 33 b Einkommenssteuergesetz (EStG).
9 Schwerbehindertenausweisverordnung (SchwbAV) vom 25.7.1991 (BGBl. I 1739), zuletzt geändert durch Art. 18 d. Gesetzes v. 16.12.2016 (BGBl. I 3234).
10 Ab 1.1.2018: § 156 SGB IX.

satzurlaubes – **am Arbeitsplatz** denselben Schutz wie ein Schwerbehinderter. Er hat aber keinen Anspruch auf die sonstigen Vergünstigungen für schwerbehinderte Menschen. Über die Gleichstellung entscheidet die Bundesagentur für Arbeit, da sich eine Gleichstellung allein auf das Arbeitsleben bezieht und Gesichtspunkte des Arbeitsmarktes eine entscheidende Rolle spielen.

III. Feststellung der Behinderung – Versorgungsmedizinische Grundsätze

1. Zuständige Behörde

7 Zuständig für die gesundheitlichen Feststellungen im Bereich des Schwerbehindertenrechts (GdB und Merkzeichen) und für die Erteilung von Schwerbehindertenausweisen sind nach § 69 Abs. 1 Satz 1 SGB IX grds. die für die Durchführung des sozialen Entschädigungsrechts zuständigen Behörden. Allerdings kann diese Zuständigkeit durch Landesrecht anders geregelt werden (§ 69 Abs. 1 Satz 7 SGB IX).[11]

2. Versorgungsmedizinische Grundsätze (VMG)

8 Wie bei der GdB-Bewertung zu verfahren ist, bestimmt zunächst **§ 69 SGB IX.**[12] Danach wird der Grad der Behinderung nach den Auswirkungen der Beeinträchtigung in ihrer Gesamtheit unter Berücksichtigung ihrer wechselseitigen Beziehungen gebildet (Abs. 3), wobei die Auswirkungen einer Beeinträchtigung auf die Teilhabe am Leben in der Gesellschaft als GdB (in einer nach Zehnergraden abgestuften Zahl von 20 bis 100) festgestellt wird (Abs. 1). Die Vorschrift enthält damit nur grobe Vorgaben, die für die Rechtsanwendung weiterer Konkretisierung bedürfen.

9 Diese Konkretisierung wird seit dem 1.1.2009 von den **Versorgungsmedizinischen Grundsätzen (VMG)**[13] vorgenommen, welche die wichtigste Entscheidungshilfe für Verwaltung und Gerichte darstellen, um den aufgrund der festgestellten Funktionsbeeinträchtigungen zu bildenden GdB zu ermitteln.[14] Die VMG sind als Rechtsverordnung verbindlich für Verwaltung und Gerichte. Sie ist von letzteren aber wie jede untergesetzliche Rechtsnorm auf inhaltliche Verstöße gegen höherrangiges Recht (in erster Linie § 69 SGB IX) zu überprüfen.[15] Die VMG werden, wie zuvor die AHP, als antizipierte Sachverständigengutachten angesehen.[16] Um der Entwicklung der (sozial-)medizinischen Wissenschaft Rechnung zu tragen, werden die VMG fortlaufend ergänzt. Hierzu ist beim BMAS ein unabhängiger „Ärztlicher Sachverständigenbeirat

11 Z. B sind in NRW sind seit 2008 die Kreise und kreisfreien Städte für die Feststellungen zuständig.

12 Ab 1.1.2018: § 152 SGB IX.

13 Anlage 2 zu § 2 der Verordnung zur Durchführung des § 1 Abs. 1 und 3, des § 30 Abs. 1 und des § 35 Abs. 1 des Bundesversorgungsgesetzes (Versorgungsmedizin-Verordnung) vom 10.12.2008 (Anlageband zum BGBl. I Nr. 57 vom 15.12.2008) idF v. 11.2.2012.

14 Die VMG haben im Jahr 2009 inhaltsgleich die s. g. „Anhaltspunkte für die ärztliche Gutachtertätigkeit im sozialen Entschädigungsrecht und nach dem Schwerbehindertengesetz" (AHP) ersetzt, die unter Heranziehung von erfahrenen, auf dem Gebiet des Versorgungs- und Behindertenrechts besonders kundigen Ärzten zuletzt vom Bundesministerium für Arbeit und Soziales – BMAS – herausgegeben wurden.

15 Einen derartigen Verstoß hat das BSG in Bezug auf die Bewertung des Diabetes mellitus festgestellt, weil in den VMG ein die Teilhabe beeinträchtigender Therapieaufwand nicht berücksichtigt werde (BSG 23.4.2009 – B 9 SB 3/08 R –); die VMG sind daraufhin entsprechend geändert worden (2. Änderungsverordnung v. 14.7.2010, BGBl. I 928.).

16 St. Rspr., BSG 11.8.2015 – B 9 SB 2/14 R.

Versorgungsmedizin“ (Beirat) eingerichtet (vgl. § 3 der Versorgungsmedizin-Verordnung), der aus versorgungsmedizinisch besonders qualifizierten Ärzten besteht.

Die VMG bestehen aus vier Teilen (A–D). **Teil A** enthält allgemeine Grundsätze vor allem auch zur Bildung des Gesamt-Grades der Behinderung sowie Vorgaben für einige Merkzeichen (Merkzeichen „H“ und „Bl“). **Teil B** enthält eine ausführliche Tabelle, die für zahlreiche Gesundheitsstörungen feste GdB-Werte vorgibt. Zum Teil sind diese Vorgaben für den Sachverständigen eindeutig und lassen für eigene Erwägungen im Einzelfall kaum Raum. Dies betrifft etwa den orthopädischen Bereich, wo bestimmten, relativ einfach zu bestimmenden Funktionsstörungen, feste GdB-Werte zugeordnet werden. Andere Gesundheitsstörungen machen hingegen bereits auf der Ebene der Einzel-GdB-Feststellung komplexe Überlegungen erforderlich, etwa wenn bei psychischen Störungen deren Auswirkungen auf die Teilhabe am Leben in der Gemeinschaft zu beurteilen sind. 10

Die in der Tabelle dargestellten GdB-Werte stellen altersunabhängige Mittelwerte dar (VMG Teil B Nr. 2 d), die „übliche“ Schmerzen, seelische Begleiterscheinungen und sonstige Auswirkungen dabei jeweils bereits mitberücksichtigen (VMG Teil B Nr. 2 i, j). Nur nach besonderer Lage des Einzelfalls kann von den Tabellenwerten mit einer die besonderen Gegebenheiten darstellenden Begründung abgewichen werden, insbesondere dann, wenn etwa Schmerzen oder seelische Begleiterscheinungen (vgl. VMG Teil B Nr. 2 i) über das zu erwartende Maß hinausgehen. **Teil D** enthält die Voraussetzungen für weitere Merkzeichen („G“, „B“, „aG“, „Gl“). **Teil C** ist ausschließlich für das soziale Entschädigungsrecht relevant. 11

IV. Bildung des Gesamt-GdB

Sofern bei einem Kläger nur eine Gesundheitsstörung vorliegt, entspricht der Gesamt-GdB dem für diese Gesundheitsstörung festgesetzten GdB. In fast allen Schwerbehindertenverfahren wird jedoch das Vorliegen mehrerer Gesundheitsstörungen bzw. hieraus resultierende Funktions- bzw. Teilhabebeeinträchtigungen geltend gemacht und um die Höhe bzw. um die Bildung des Gesamt-GdB gestritten. 12

In Ergänzung zu den insoweit nur wenig konkreten gesetzlichen Vorgaben geben die VMG in Teil A Nr. 2 und Nr. 3 eine detaillierte Anweisung, wie bei der Bildung des Gesamt-GdB zu verfahren ist. Die Bildung des Gesamt-GdB erfolgt danach in einem **dreischrittigen Verfahren.** Im ersten Schritt werden die einzelnen nicht nur vorübergehenden Gesundheitsstörungen iSv regelwidrigen (von der Norm abweichenden) Zuständen (§ 2 Abs. 1 SGB IX) und die sich daraus ableitenden, für eine Teilhabebeeinträchtigung bedeutsamen Umstände festgestellt. Danach sind sie in einem zweiten Schritt den in den VMG genannten Funktionssystemen zuzuordnen und mit einem Einzel-GdB zu bewerten. Im dritten Schritt wird dann in einer Gesamtschau unter Berücksichtigung der wechselseitigen Beziehungen der einzelnen Beeinträchtigungen der Gesamt-GdB gebildet.[17] 13

17 St. Rspr., BSG 2.12.2010 – B 9 SB 4/10 R; BSG 30.9.2009 – B 9 SB 4/08 R.

1. Einzel-GdB

14 Im **ersten Schritt** ist für jede einzelne gesundheitliche Normabweichung, soweit diese zu einer Teilhabebeeinträchtigung führt, ein **Einzel-GdB** festzusetzen.

15 **Beispiel:**

1. Einseitige Kniegelenksarthrose mit Bewegungseinschränkung stärkeren Grades (0-30-90), GdB 30 (Teil B 18.14 VMG)
2. Arterielle Verschlusskrankheit Stadium 2 mit Gehstrecke 400 m, GdB 30 (Teil B 9.2.2 VMG)
3. Somatoforme Schmerzstörung, GdB 20 (Teil B 3.7 VMG)
4. Sehminderung (Sehschärfe linkes Auge 0,4, rechtes Auge 0,8, GdB 10 (Teil B 4.3 VMG)

16 Zu beachten ist, dass – auch wenn für jede Beeinträchtigung nach den VMG ein Einzel-GdB festzustellen ist – die Einzel-GdB keine einzelnen Behinderungen bezeichnen, sondern lediglich **„Rechengrößen"** für die Bewertung des Ausmaßes des Gesamt-GdB darstellen. Auch im Feststellungsbescheid erscheint nur der Gesamt-GdB als Bezeichnung des Ausmaß der (einen) Behinderung iSv § 69 Abs. 1 Satz 1 SGB IX und der für die einzelnen Funktionsstörungen angenommene Einzel-GdB ist nur durch eine Akteneinsicht in die internen versorgungsärztlichen Stellungnahmen zu erfahren. Es erwächst auch nur der Gesamt-GdB in Bestandskraft, was für spätere Neufeststellungsverfahren wichtig ist.

2. Zusammenfassung zu Funktionssystemen

17 In einem **zweiten Schritt** soll danach jede Gesundheitsstörung bzw. Teilhabebeeinträchtigung einem der **vierzehn** in den VMG genannten **Funktionssysteme** zugeordnet werden. Es handelt sich dabei um folgende Funktionssysteme (vgl. Teil A Nr. 2 e)):

18 1. Gehirn einschließlich Psyche, 2. Augen, 3. Ohren, 4. Atmung, 5. Herz- Kreislauf, 6. Verdauung, 7. Harnorgane, 8. Geschlechtsapparat, 9. Haut, 10. Blut einschließlich blutbildendes Gewebe und Immunsystem, 11. Innere Sekretion und Stoffwechsel,12. Arme, 13. Beine, 14. Rumpf. Für jedes Funktionssystem ist der GdB gesondert anzugeben. Liegen in einem Funktionssystem mehrere Gesundheitsstörungen vor, sind diese grds. **zu einem GdB für das jeweilige Funktionssystem** zusammenzufassen (es findet hierfür die in Teil A Nr. 3 VMG für die Bildung des Gesamt-GdB beschriebene Vorgehensweise sinngemäß Anwendung, vgl. dazu sogleich unter → Rn. 19 ff.). Dabei sollen die einzelnen Funktionssysteme in der Reihenfolge ihres Schweregrades aufgeführt werden (Im Beispielsfall bei → Rn. 15 gehören alle Gesundheitsstörungen unterschiedlichen Funktionssystemen (Beine, Herz-Kreislauf, Gehirn einschließlich Psyche, Augen) an).

3. Gesamt-GdB

19 Liegen Gesundheitsstörungen in verschiedenen Funktionssystemen vor, ist aus den für die verschiedenen Funktionssysteme gebildeten Einzel-GdB im dritten Schritt der Gesamt-GdB zu bilden. Diese Vorgehensweise ist in Teil A Nr. 3 der VMG beschrieben. Dort finden sich auch Kriterien für die Bewertung der Beziehungen der einzelnen Funktionsbeeinträchtigungen untereinander.

a) Keine Rechenmethoden

Als Grundsatz gilt dabei zunächst, dass bei der Bildung des Gesamt-GdB, die festgesetzten Einzel-GdB in aller Regel nicht einfach addiert werden dürfen und auch andere Rechenmethoden für die Bildung des Gesamt-GdB ungeeignet sind (Teil A Nr. 3 c VMG).[18] Weiterhin ist zu beachten, dass zusätzliche leichte Gesundheitsstörungen, die nur einen GdB-Grad von 10 grds. nicht zu einer Erhöhung des Gesamt-GdB führen, auch nicht, wenn mehrere derartige leichte Gesundheitsstörungen nebeneinander bestehen. Aber auch bei leichten Funktionsbeeinträchtigungen mit einem GdB-Grad von 20 ist es vielfach nicht gerechtfertigt, auf eine wesentliche Zunahme des Ausmaßes der Behinderung – und damit eine Gesamt-GdB Erhöhung – zu schließen (A 3 d ee) VMG). 20

Bei der Bildung des Gesamt-GdB ist gemäß Teil A Nr. 3 c) VMG jeweils von der Gesundheitsstörung mit dem höchsten Behinderungsgrad auszugehen und dann im Hinblick auf alle weiteren Funktionsbeeinträchtigungen zu prüfen, ob und inwieweit hierdurch das Ausmaß der Behinderung größer wird und ob entsprechend der GdB erhöht werden muss, um der Behinderung insgesamt gerecht zu werden. 21

b) Bewertung der Auswirkungen mehrerer Funktionsbeeinträchtigungen

Teil A Nr. 3 d der VMG enthält auch noch Vorgaben darüber, welche Kriterien beim eigentlichen Abwägungsvorgang zu berücksichtigen sind, vor allem auch dahin gehend, wie aus mehreren Funktionsbeeinträchtigungen auf das Gesamtausmaß der Behinderung geschlossen werden kann. Die Regelung stellt auf die Berücksichtigung der wechselseitigen Beziehungen der verschiedenen Funktionsbeeinträchtigen ab und unterscheidet dabei im Wesentlichen **drei verschiedene Konstellationen:** 22

- Die Auswirkungen der einzelnen Funktionsbereiche sind **voneinander unabhängig** und betreffen ganz verschiedene Bereiche des täglichen Lebens (Teil A Nr. 3 d aa);[19]
- eine Funktionsbeeinträchtigung wirkt sich auf eine andere **besonders nachteilig** aus (Teil A Nr. 3 d bb);[20]
- die Auswirkungen von Funktionsbeeinträchtigungen **überschneiden sich** (Teil A Nr. 3 d cc).[21]

Der letzten Fallgruppe (Überschneidung im Sinne einer Nichtverstärkung) ist auch die vierte in den Teil A Nr. 3 dd) VMG genannte Konstellation zuzurechnen, bei der sich eine hinzutretende Funktionsstörung gar nicht mehr auswirkt, etwa wenn eine umschriebene Lähmung im Bereich des Fußes auf eine Versteifung des Fußes trifft und sich deswegen überhaupt nicht mehr bemerkbar machen kann. Die Übergänge einer solchen Aufhebung zur bloßen Überschneidung sind in einigen Konstellationen fließend. 23

18 So bereits BSG 15.3.1979 – 9 Rvs 16/78.

19 Bsp.: Zusammentreffen einer insulinpflichtigen Zuckerkrankheit mit einer Hörbehinderung und einer Gehbehinderung.

20 Bsp. (aus den VMG): Funktionsbeeinträchtigungen an paarigen Gliedmaßen (Armen/Beinen) oder Organen (Augen/Ohren/Nieren).

21 Bsp.: Zu einem Herzschaden mit schwerer Leistungsbeeinträchtigung treten noch ein leichterer Lungenschaden und ein leichterer Fußschaden hinzu. Diese wirken sich bei gleichzeitigem Auftreten mit dem Herzschaden nur noch wenig aus, weil bereits diese Erkrankung die Leistungsfähigkeit erheblich limitiert.

24 Hinsichtlich der Bewertung der einzelnen Konstellationen gilt im Grundsatz folgendes:

- Sofern sich eine Funktionsbeeinträchtigung auf eine andere ganz besonders negativ auswirkt, ist regelmäßig ein Fall der GdB Erhöhung gegeben.
- Wenn sich eine hinzutretende Funktionsbeeinträchtigung nur noch wenig oder gar nicht mehr auswirkt, scheidet eine Erhöhung aus.
- Schwieriger sind die Fälle zu beurteilen, in denen die Funktionsbeeinträchtigungen voneinander unabhängig sind oder zumindest nur geringfügige Überschneidungen vorliegen. Hier kann es, muss es aber nicht zu einer Erhöhung des Ausmaßes der Behinderung und damit des Gesamt-GdB kommen.

25 Besonders in dieser letzten Konstellation ist die Beurteilung in besonderem Maße vom Einzelfall abhängig. Es gibt auch hier keine „Rechenmethoden", die stets zu gleichen Ergebnissen führen. Bspw. wird man weder sagen können, dass Einzel-GdB Werte von zB 30, 20, und 20 stets zu einem GdB von 50 führen.[22] Genauso wenig wird man sagen können, dass dies nie der Fall sein kann. Entsprechendes gilt auch dann, wenn Gesundheitsstörungen mit einem Einzel-GdB von 40 und 20 zusammentreffen. In diesen Konstellationen – und in allen übrigen auch – kommt es vielmehr stets auf die Umstände des Einzelfalles an.[23] Bei der Bewertung ist zB auch zu beachten, ob es sich um das Zusammentreffen von Funktionsstörungen mit mehreren niedrigen Einzel-GdB handelt oder um das Zusammentreffen einer Funktionsstörung mit einem hohen Einzel-GdB mit einer oder mehreren Funktionsstörung mit niedrigeren Einzel-GdB. In letzterem Fall, zB dem Zusammentreffen eines Einzel-GdB von 40 mit einem Einzel-GdB von 20, wird – besonders auch unter Berücksichtigung von Teil A Nr. 3 d) ee) Satz 2 der VMG – stets zu hinterfragen sein, ob das Hinzutreten einer vergleichsweise leichten Gesundheitsstörung zu einer erheblich schwerer wiegenden mit einem GdB von 40 tatsächlich den „Gesamtleidenszustand" im Einzelfall so verschlechtert, dass von einer Schwerbehinderung auszugehen ist, oder ob nicht vielmehr das schwerere Leiden mit seinen Auswirkungen für den Gesamtzustand prägend ist. Auch ist zB zu beachten, ob es um eine Erhöhung eines niedrigeren GdB, zB um eine Erhöhung von 20 auf 30 geht oder aber das Vorliegen einer Schwerbehinderung oder sogar ein noch darüber hinausgehender GdB im Raume steht. Beim Hinzutreten einer Funktionsstörung mit einem Einzel-GdB von 20 zu einer bereits bestehenden Funktionsstörung mit einem Einzel-GdB von 20 lässt sich idR wohl eher bejahen, dass es zu einer messbaren Auswirkung auf den Gesamtleidenszustand kommt, als dies beim Hinzutreten zu einer bereits bestehenden Funktionsstörung mit einem GdB von 40 oder 50 der Fall ist. Es verbieten sich in jedem Fall schematische Lösungen.

---

22 So anschaulich etwa LSG NRW 29.8.2012 – L 10 SB 89/12.

23 Vgl. zu Fällen der Unabhängigkeit von Störungen etwa LSG NRW 28.6.2007 – L 7 SB 152/04; 31.3.2009 – L 6 SB 110/08 und von Überschneidungen etwa 17.8.2006 – L 7 SB 32/06; 29.6.2012 – L 13 SB 127/11; 29.8.2012 – L 10 SB 89/12 (alle Entscheidungen abrufbar unter www.sozialgerichtsbarkeit.de).

c) Starke bzw. schwache Einzel-GdB-Werte

Es hat sich zum Teil eingebürgert, im Zusammenhang mit der Zuordnung von Einzel-GdB zu den jeweiligen Gesundheitsstörungen von „schwachen" oder umgekehrt auch von „starken" Einzel-GdB zu sprechen, auch wenn die VMG eine derartige Differenzierung nicht vorsehen. Auch in Urteilen findet sich gelegentlich ein solcher Zusatz.[24] Mit der Bezeichnung „schwacher" Einzel-GdB ist, in erster Linie bei Gesundheitsstörungen, bei denen der Sachverständige einen gewissen Beurteilungsspielraum hat, gemeint, dass die Gesundheitsstörung eine Bewertung mit dem vergebenen GdB nur gerade rechtfertigt und sie im Vergleich mit anderen Gesundheitsstörungen, die ebenfalls mit dem vergebenen GdB bewertet werden, eher großzügig bewertet sind. Auf der anderen Seite bezeichnet die Bezeichnung „starker" Einzel-GdB Funktionsbeeinträchtigungen, die hinsichtlich ihrer Schwere am oberen Bereich der mit dem jeweiligen Einzel-GdB bewerteten Gesundheitsstörungen liegen und schon fast einen höheren GdB begründen. Die Bezeichnung „schwacher" bzw. „starker" Einzel-GdB präjudiziert damit oft die Frage, ob die entsprechende Gesundheitsstörung bei der Bildung des Gesamt-GdB erhöhend berücksichtigt wird oder nicht. So führen „schwache" Einzel-GdB von 20 nur ausnahmsweise zu einer Erhöhung, wohingegen „starke 20´" sich häufig erhöhend auswirken werden. Ein schwacher GdB von 40 und ein GdB von 20 erreichen einen GdB von 50 nicht, wohingegen ein „normaler" GdB von 40 und ein GdB von 20 durchaus einen GdB von 50 erreichen können. 26

d) Vergleich mit in den VMG geregelten Gesundheitsstörungen

In einem abschließende Schritt des Beurteilungsvorgangs und gewissermaßen als Kontrollüberlegung ist schließlich bei der Würdigung, welche Gesamtauswirkung die verschiedenen Funktionsbeeinträchtigungen haben, „unter Berücksichtigung aller sozialmedizinischen Erfahrungen" stets auch noch ein **Vergleich** mit solchen Gesundheitsstörungen anzustellen, für die in den VMG **feste Werte** enthalten sind (A 3 b) VMG). Bevor also das Vorliegen einer Schwerbehinderung festgestellt werden kann, muss untersucht werden, ob das Gesamtausmaß der vorliegenden Funktionsbeeinträchtigungen vergleichbar ist, mit den Auswirkungen einer Gesundheitsstörung für die die Anhaltspunkte einen GdB von 50 festlegen. Solche Erkrankungen sind etwa: 27

- schwere Herzleistungsstörungen (GdB ab 50, Teil B 9.1.1 VMG) oder schwere Lungenfunktionsstörungen (GdB ab 50, Teil B 8.3 VMG), jeweils mit Leistungsbeeinträchtigung bereits bei leichter Belastung;
- der Verlust einer Hand (GdB 50, Teil B 18.13 VMG);
- der Verlust eines Beines im Unterschenkel (GdB 50, Teil B 18.14 VMG);
- massive Wirbelsäulenveränderungen (Versteifung mehrerer Wirbelsäulenabschnitte (GdB ab 50, Teil B 18.9 VMG);
- Hirnschäden mit mittelschwerer Leistungsbeeinträchtigung (GdB ab 50, Teil B 3.1.1 VMG).

24 Vgl. zB LSG NRW 18.6.2002 – L 6 SB 142/00; gegen die Verwendung einer solchen Begrifflichkeit hingegen in neuerer Zeit LSG NRW 29.8.2012 – L 10 SB 89/12; das BSG hält – soweit ersichtlich – eine entsprechende Gewichtung der ermittelten Einzel-GdB-Werte bei der Gesamtschau für zulässig (BSG 20.11.2012 – B 9 SB 36/12 B, j).

28 Gerade auch der Vergleich mit einem solchen Zustand erleichtert Klägern nicht selten die Einsicht, dass das Vorliegen mehrerer leichterer Funktionsstörungen noch nicht die Zuerkennung der Schwerbehinderung rechtfertigt.

29 **Beispiel (Weiterführung des Beispiels bei 1.):** Auszugehen ist von der Gesundheitsstörung im Bereich der Beine. Das Leiden im Bereich des Funktionssystems Herz-Kreislauf wirkt sich hierauf sicherlich ungünstig aus, da es zu zusätzlichen Beschwerden beim Gehen kommt. Eine Erhöhung auf 40 ist damit gerechtfertigt. Das seelische Leiden führt hingegen nicht zu einer weiteren Erhöhung. Es ist zu beachten, dass durch diese Störung die Schmerzen, die durch die tatsächlich vorhandenen organischen Störungen verursacht werden, übererlebt werden, wodurch es zu einer teilweisen Überschneidung kommt.[25] Die Sehminderung führt nur zu einem GdB von 10 und kann damit grds. nicht zu einer Erhöhung führen. Schließlich ist auch die Gesamtbeeinträchtigung, die sich in erster Linie auf die Gehfähigkeit auswirkt, zB nicht mit Verlust eines Unterschenkels zu vergleichen ist, für den ein GdB von 50 anzusetzen wäre, wobei eine mögliche prothetische Versorgung hier außer Betracht bliebe.

30 Die abschließende Bewertung der Behinderung und die Feststellung des GdB ist grundsätzlich tatrichterliche, dh juristische Aufgabe, wobei die rechtlichen Vorgaben vor allem der VMG zu beachten sind. Insbesondere die Feststellung der nicht nur vorübergehenden Gesundheitsstörungen hat aber selbstverständlich unter Heranziehung ärztlichen Fachwissens zu erfolgen.[26]

31 Die Rechtsprechung ist in den letzten Jahren gerade beim Zusammentreffen von mehreren leichteren Behinderungen mit der Feststellung der Schwerbehinderung deutlich zurückhaltender geworden. Während es bis vor einigen Jahren durchaus üblich war, beim Zusammentreffen von mehreren leichteren Behinderungen, etwa mit GdB-Werten von 30, 20 und 20 oder auch mit 40 und 20, eine Schwerbehinderung festzustellen (jedenfalls in den Fällen, in denen die GdB-Werte voll erreicht wurden und sich nicht überschnitten), wird dies in Entscheidungen aus neuerer Zeit eher kritisch gesehen.[27] Dabei wird dabei insbesondere verstärkt auf eine Vergleichbarkeit mit den in den versorgungsmedizinischen Grundsätzen genannten Krankheitsbildern abgestellt, für die jeweils ein Grad der Behinderung von 50 vorgesehen ist.[28]

V. Merkzeichen

32 Neben den Vergünstigungen, die grds. von jedem Schwerbehinderten in Anspruch genommen werden können, gibt es auch solche Nachteilsausgleiche, die neben dem Vorliegen der Schwerbehinderung an das Vorliegen weiterer gesundheitlicher Voraussetzungen anknüpfen. Diese können nur dann in Anspruch genommen werden, wenn die zuständige Behörde das Vorliegen der besonderen gesundheitlichen Voraussetzungen für diese Nachteilsausgleiche in Form entsprechender sogenannter **Merkzeichen** festgestellt hat. Es handelt sich dabei um folgende Merkzeichen:[29]

25 Vgl. hierzu etwa LSG NRW 17.8.2006 – L 7 SB 32/06.
26 BSG 25.10.2012 – B 9 SB 2/12 R.
27 Vgl. zB LSG NRW 29.8.2012 –L 10 SB 89/12; LSG NRW 29.6.2012 – L 13 SB 127/11.
28 LSG NRW 29.6.2012 aaO.
29 Die gesundheitlichen Voraussetzungen (und auch die maßgeblichen Rechtsgrundlagen) für die wichtigsten Nachteilsausgleiche sind Teil D und Teil A Nr. 4 und 5 der VMG zu entnehmen. Weitere Einzelheiten sind in der „Schwerbehindertenausweisverordnung" vom 25.7.1991 geregelt (BGBl. I 1739, zuletzt geändert durch Art. 18 d. Gesetzes v. 16.12.2016, BGBl. I 3234).

- **„G“** (Erhebliche Beeinträchtigung der Bewegungsfähigkeit im Straßenverkehr)
- **„B“** (Notwendigkeit ständiger Begleitung)
- **„aG“** (Außergewöhnliche Gehbehinderung)
- **„RF“** (Befreiung von der Rundfunkgebührenpflicht)
- **„H“** (Hilflosigkeit)
- **„Gl“** (Gehörlos)
- **„Bl“** (Blind)
- **„TBl“** (Taubblind)

Mit jedem dieser Merkzeichen sind jeweils mehrere Nachteilsausgleiche verbunden. 33 Am häufigsten geht es in gerichtlichen Verfahren um das Merkzeichen „G“, gefolgt von „aG“ und seltener um „H“, „RF“ und „B“. Diese werden im Folgenden abgehandelt. Nur ausnahmsweise haben Verfahren „Bl“ und „Gl“ zum Gegenstand. Das Merkzeichen „1.Kl.“ (1. Klasse), das ausschließlich für Schwerkriegsbeschädigte und NS-Verfolgte vorgesehen ist, hat keine praktische Bedeutung mehr.

1. Merkzeichen „G“ – Erhebliche Beeinträchtigung der Bewegungsfähigkeit im Straßenverkehr

Schwerbehinderte mit dem Merkzeichen „G“ haben Anspruch auf unentgeltliche Be- 34 förderung (mit Wertmarke) im öffentlichen Personennahverkehr (§ 145 Abs. 1 S. 1 SGB IX),[30] alternativ können sie auch ein Ermäßigung der Kfz-Steuer um 50 v. H. in Anspruch nehmen. Außerdem erhalten Schwerbehinderte mit „G“ im Bereich des SGB II und des SGB XII einen Mehrbedarf in Höhe von 17 v. H. des für Sie maßgeblichen Regelsatzes.

Erheblich in seiner Bewegungsfähigkeit beeinträchtigt ist (§ 146 Abs. 1 Satz 1 35 SGB IX[31] bzw. Teil D Nr. 1 der VMG), wer infolge einer Einschränkung des Gehvermögens – auch durch innere Leiden oder infolge von Anfällen oder von Störungen der Orientierungsfähigkeit – nicht ohne erhebliche Schwierigkeiten oder nicht ohne Gefahren für sich oder andere Wegstrecken zurückzulegen vermag, die üblicherweise noch zu Fuß zurückgelegt werden.

a) Ortsübliche Wegstrecke

Als ortsübliche Wegstrecke ist dabei eine Gehstrecke bis zu zwei Kilometern (nur im 36 Ortsverkehr und den dortigen normalen Bedingungen) bei einer Gehdauer von etwa einer halben Stunde anzusehen (Teil D Nr. 1 VMG).

Voraussetzung für die Zuerkennung von „G“ ist aber, dass die Wegstrecke aus behin- 37 derungsbedingten Gründen eingeschränkt ist und nicht etwa aus anderen Gründen (wie zB Trainingszustand oder Motivation). In den VMG sind Gesundheitsstörungen beschrieben, bei denen nach dem allgemeinen Stand der medizinischen Erkenntnisse, die Voraussetzungen für die Annahme einer erheblichen Beeinträchtigung der Bewegungsfähigkeit im Straßenverkehr infolge einer behinderungsbedingten Einschränkung des Gehvermögens grds. als erfüllt anzusehen sind. Sie „filtern“ somit gewissermaßen aus der Vielzahl der für eine vermeintliche oder tatsächlich vorhandene Geh-

30 Ab 1.1.2018: § 228 Abs. 1 SGB IX.
31 Ab 1.1.2018: § 229 Abs. 1 Satz 1 SGB IX.

störung in Betracht kommenden Ursachen diejenigen heraus, denen keine Bedeutung für die Zuerkennung von „G" zukommen soll, weil es sich nicht um behinderungsbedingte Ursachen handelt.[32]

b) Regelfälle

38 Die VMG (Teil D Nr. 1 d)–f.)) unterscheiden dabei als typische Regelfälle vier Krankheitstypen. Dabei handelt es sich zunächst um Störungen am Bewegungsapparat, iSv Funktionsstörungen der unteren Gliedmaßen und/oder der Wirbelsäule mit einem GdB von allein wenigstens 50, wenn sich diese Störungen auf die Gehfähigkeit auswirken. Außerdem sind innere Leiden aufgeführt, die zu einer erheblichen Beeinträchtigung der Gehfähigkeit führen, etwa Herz- und Lungenschäden mit Beeinträchtigung bereits bei alltäglich leichter Belastung (Teil B Nr. 9.1.1, Nr. 8.3 VMG), die alleine bereits einen GdB von mindestens 50 bedingen. Hinzu kommen hirnorganische Anfälle in bestimmter Ausprägung und Störungen der Orientierungsfähigkeit v. a. bei hochgradigen geistigen Behinderungen.

c) Vergleichbare Fälle – Nicht in den VMG genannte Krankheitsbilder

39 Probleme bei der Feststellung von „G" ergeben sich in der Praxis vor allem in den Fällen, in denen eine Gesundheitsstörung vorliegt, die sich keinem der in den Anhaltspunkten genannten Regelfällen zuordnen lässt, wobei es sich hier häufig auch noch um Gesundheitsstörungen aus verschiedenen Funktionssystemen handelt („Kombinationsleiden"). Auch für diese Fälle sind die soeben genannten Regelfälle als Vergleichsmaßstab heranzuziehen, und es müssen ähnlich schwere Krankheitsbilder vorliegen wie bei den genannten Regelbeispielen. Hilfreich ist es insoweit, aus allen Einzel-GdB-Werten, die sich auf die Gehfähigkeit auswirken, einen (Teil-)Gesamt-GdB zu bilden. Sofern dieser bei 50 liegt, spricht dies für die Zuerkennung von „G".

2. Merkzeichen „aG" – Außergewöhnliche Gehbehinderung

40 Die Eintragung des Merkzeichens „aG" befreit den schwerbehinderten Menschen von zahlreichen Beschränkungen des Haltens und Parkens im Straßenverkehr und erlaubt außerdem das Parken auf **Parkplätzen mit dem Rollstuhlfahrersymbol**. Außerdem bringt „aG" die völlige Befreiung von der Kfz-Steuer mit sich (§ 3 a Abs. 1 KfzStG), bei gleichzeitiger Möglichkeit der unentgeltlichen Beförderung im öffentlichen Personennahverkehr mit Wertmarke (§ 145 Abs. 1 SGB IX).[33]

41 Die Voraussetzungen für die Zuerkennung des Merkzeichens „aG" sind seit dem 30.12.2016 in dem durch das Bundesteilhabegesetz (BTHG) neu eingeführten § 146 Abs. 3 SGB IX geregelt.[34] Nach § 146 Abs. 3 SGB IX[35] sind schwerbehinderte Menschen mit außergewöhnlicher Gehbehinderung Personen mit einer erheblichen mobilitätsbezogenen Teilhabebeeinträchtigung, die einem Grad der Behinderung von mindestens 80 entspricht (Satz 1). Eine erhebliche mobilitätsbezogene Teilhabebeeinträchtigung liegt vor, wenn sich die schwerbehinderten Menschen wegen der Schwere

32 BSG 27.8.1998 – B 9 SB 13/97 R.
33 Ab 1.1.2018: § 228 Abs. 1 SGB IX.
34 BGBl. 2016 I 3234.
35 Ab 1.1.2018: § 229 Abs. 3 SGB IX.

ihrer Beeinträchtigung dauernd nur mit fremder Hilfe oder nur mit großer Anstrengung außerhalb ihres Kraftfahrzeugs bewegen können (Satz 2). Hierzu zählen insbesondere schwerbehinderte Menschen, die aufgrund der Beeinträchtigung der Gehfähigkeit und Fortbewegung – dauerhaft auch für sehr kurze Entfernungen – aus medizinischer Notwendigkeit auf die Verwendung eines Rollstuhls angewiesen sind (Satz 3). Verschiedenste Gesundheitsstörungen (insbesondere Störungen bewegungsbezogener, neuromuskulärer oder mentaler Funktionen, Störungen des kardiovaskulären oder Atmungssystems) können die Gehfähigkeit erheblich beeinträchtigen (Satz 4). Eine weitere Konkretisierung soll im Rahmen einer beabsichtigten Gesamtüberarbeitung der Versorgungsmedizin-Verordnung erfolgen.[36]

Bis zur Einführung von § 146 Abs. 3 SGB IX ergaben sich die Voraussetzungen für „aG" aus dem Straßenverkehrsrecht iVm den VMG. Danach waren „als schwerbehinderte Menschen mit einer außergewöhnlichen Gehbehinderung" ebenfalls solche Personen anzusehen, die sich wegen der Schwere ihres Leidens dauernd nur mit fremder Hilfe oder nur mit großer Anstrengung außerhalb ihres Kraftfahrzeugs bewegen können. Allerdings waren beispielhaft ausschließlich Gesundheitsstörungen aus dem orthopädischen Fachgebiet aufgezählt, nämlich neben Querschnittsgelähmten insbesondere doppelober- und unterschenkelamputierte Menschen, Hüftexartikulierte und einseitig Oberschenkelamputierte.[37] 42

Eine grundsätzliche Änderung der bisherigen Rechtslage ist mit der Neuregelung allerdings nicht verbunden, denn auch nach „altem" Recht war anerkannt, dass auch nicht orthopädische Erkrankungen zur Zuerkennung von „aG" führen konnten.[38] Eine Änderung ergibt sich aber etwa für Personen mit prothetischer Versorgung. Die in der Verwaltungsvorschrift zu § 46 Abs. 1 Nr. 11 StVO beispielhaft aufgezählten Personen erhielten bislang – mit Ausnahme der einseitig Oberschenkelamputierten – unabhängig von der individuellen prothetischen Versorgung das Merkzeichen. Die Neuregelung soll damit der verbesserten prothetischen Versorgung bestimmter Gruppen dieses Personenkreises, wie etwa der doppelunterschenkelamputierten Personen, Rechnung tragen.[39] 43

---

36 In der Gesetzesbegründung (BT-Drs.18/9522, 318) sind zahlreiche Gesundheitsstörungen genannt, bei denen die Voraussetzungen bspw. erfüllt sein können. Dort sind aufgeführt:
- zentralnervöse, peripher-neurologische oder neuromuskulär bedingte Gangstörungen mit der Unfähigkeit, ohne Unterstützung zu gehen, oder wenn eine dauerhafte Rollstuhlbenutzung erforderlich ist (insbesondere bei Querschnittlähmung, Multipler Sklerose, Amyotropher Lateralsklerose (ALS), Parkinsonerkrankung, Para- oder Tetraspastik in schwerer Ausprägung);
- Funktionsverlust beider Beine ab Oberschenkelhöhe oder Funktionsverlust eines Beines ab Oberschenkelhöhe ohne Möglichkeit der prothetischen oder orthetischen Versorgung (insbesondere bei Doppeloberschenkelamputierten und Hüftexartikulierten);
- schwerste Einschränkung der Herzleistungsfähigkeit (insbesondere bei Linksherzschwäche Stadium NYHA IV);
- schwerste Gefäßerkrankungen (insbesondere bei arterieller Verschlusskrankheit Stadium IV);
- Krankheiten der Atmungsorgane mit nicht ausgleichbarer Einschränkung der Lungenfunktion schweren Grades;
- schwerste Beeinträchtigung bei metastasierendem Tumorleiden (mit starker Auszehrung und fort- schreitendem Kräfteverfall).

37 Verwaltungsvorschrift zu § 46 Abs. 1 Nr. 11 StVO, Rn. 129 und 130; Teil D Nr. 3 VMG.

38 BSG 10.12.2002 – B 9 SB 7/01 R; 29.3.2007 – B 9 a SB 5/05 R, und 29.3.2007 – B 9 a SB 1/06 R; vgl. auch Teil D Nr. 3 c) VMG, wonach auch bestimmte innere Erkrankungen mit schwersten Leistungseinschränkungen, die allein einen GdB von 80 verursachen, eine Zuerkennung von „aG" rechtfertigen können.

39 BT-Drs.18/9522, 318.

44 Das Merkzeichen „aG“ kann nach der Rechtsprechung nur unter engen Voraussetzungen eingeräumt werden, ua deshalb, weil nur eine beschränkte Anzahl von Behindertenparkplätzen verfügbar ist und diese Parkplätze auch nicht beliebig zu vermehren sind.[40] Hieran soll sich durch die Neuregelung ebenfalls nichts ändern.[41] Für die Frage, ob eine außergewöhnliche Gehbehinderung vorliegt, ist beim Restgehvermögen des Betroffenen anzusetzen.[42] Allerdings ist es nach Auffassung des BSG nicht möglich, ein anspruchsausschließendes Restgehvermögen „griffig“ zu quantifizieren oder zu qualifizieren. Das BSG hat sich mehrfach ausdrücklich dagegen ausgesprochen, einen allgemein verbindlichen Grenzwert bzgl. der Gehstrecke oder der Gehzeit festzulegen.[43] Entscheidend kommt es nach der Rechtsprechung des BSG vor allem auch auf Art und Ausmaß der jeweils erforderlichen Pausen an. Muss ein Kläger nach 30 Metern eine Pause machen, so liegt eine Einschränkung der Gehfähigkeit in ungewöhnlich hohem Maße vor. Ist die Limitierung der Wegstrecke darauf zurückzuführen, dass der Kläger bereits nach dieser Wegstrecke erschöpft ist und neue Kräfte sammeln muss, so ist auch die geforderte große körperliche Anstrengung gegeben.[44]

45 Keine Rolle spielt im Übrigen, ob die Sonder-Parkerlaubnis auch aus anderen Gründen sinnvoll wäre, etwa weil der Behinderte nur auf Parkplätzen mit Rollstuhlsymbol genügend Platz zum Ein- und Aussteigen hätte. Schwierigkeiten beim Verlassen des Kraftfahrzeugs sind insoweit unerheblich.[45]

3. Merkzeichen „H“ – Hilflosigkeit

46 Der Nachteilsausgleich „Hilflosigkeit“ berechtigt vor allem zur Inanspruchnahme erhöhter Pauschbeträge (Behinderten-Pauschbetrag, derzeit 3.700 EUR jährlich, § 33 b Abs. 1, Abs. 3, Abs. 5 EStG; Pflege-Pauschbetrag derzeit 924 EUR (§ 33 b Abs. 6 Satz 1 EStG), zur unentgeltlichen Beförderung im öffentlichen Nahverkehr (§ 145 Abs. 1 Satz 1 SGB IX) [46] ohne Eigenbeteiligung (§ 145 Abs. 1 Satz 5 Nr. 1 SGB IX) und zur völligen Kfz-Steuerbefreiung (§ 3 a Abs. 1 KfzStG).

47 **Hilflos** ist ein Behinderter, wenn er für eine Reihe von häufig und regelmäßig wiederkehrenden Verrichtungen zur Sicherung seiner persönlichen Existenz im Ablauf eines jeden Tages fremder Hilfe dauernd bedarf (Teil A Nr. 4 e VMG).

48 Diese Voraussetzungen sind auch erfüllt, wenn die Hilfe in Form einer Überwachung oder Anleitung zu den genannten Verrichtungen erforderlich oder wenn dauernde Bereitschaft zur Hilfeleistung nötig ist (§ 33 b Abs. 6 Satz 3 EStG, § 35 Abs. 1 S. 3 BVG).[47]

---

40 St. Rspr. BSG, vgl. BSG 11.8.2015 – B 9 SB 2/14 R; 29.3.2007 – Az. B 9 a SB 1/06 R.
41 BT-Drs.18/9522, 319.
42 BSG 11.8.2015 – B 9 SB 2/14 R.
43 BSG 11.8.2015 – B 9 SB 2/14 R; 29.3.2007 – B 9 a SB 5/05 R; 10.12.2002 – Az. B 9 SB 7/01 R.
44 BSG 11.8.2015 – B 9 SB 2/14 R; 29.3.2007 – B 9 a SB 1/06 R; 10.12.2002 – Az. B 9 SB 7/01 R.
45 BSG 5.8.2007 – B 9/9 a SB 5/06 R.
46 Ab 1.1.2018: § 228 Abs. 1 Satz 1 SGB IX.
47 BSG 12.2.2003 – B 9 SB 1/02 R.

a) Regelfälle

Bei Blinden/hochgradig Sehbehinderten, Querschnittsgelähmten/sonstigen, ständig auf einen Rollstuhl angewiesenen Personen, Hirnbeschädigten/Anfallskranken/geistig Behinderten mit einem Einzel-GdB von 100 allein für diese Leiden, den meisten Mehrfachamputierten und dauerndem Krankenlager infolge der Behinderung ist Hilflosigkeit stets **ohne nähere Prüfung** anzunehmen (Teil A Nr. 4 e–g VMG). 49

b) Sonstige Fälle

In den sonstigen Fällen wird man zur Ausfüllung des Begriffs der Hilflosigkeit zum Teil auch auf die Grundsätze der Feststellung der Pflegeversicherung im Bereich der gesetzlichen Pflegeversicherung (SGB XI) zurückgreifen können. Anders als im Bereich der Pflegeversicherung spielen aber bei der Frage der Hilflosigkeit hauswirtschaftliche Pflegeleistungen (Zubereitung von Mahlzeiten, Spülen, Putzen, Waschen, Wechsel der (Bett-, Hygiene- und Tisch-) Wäsche, Einkaufen, Heizen) keine Rolle. Auf der anderen Seite werden bei der Hilflosigkeit aber dafür Verrichtungen berücksichtigt, die im Bereich der Pflegeversicherung nicht berücksichtigt werden. So werden hier auch der Bereich der geistigen Anregung und Kommunikation mit Tätigkeiten wie Vorlesen, Bewegung außerhalb des Hauses sowie Behandlung und Verbinden von Wunden, Medikamentengabe sowie sonstige einfache Behandlungspflege (und Zeiten der Anleitung, Überwachung und Bereitschaft (§ 33 b Abs. 6 Satz 3 EStG, § 35 Abs. 1 Satz 3 BVG)[48] berücksichtigt. Entscheidend sind aber nur Hilfeleistungen, die den höchstpersönlichen Lebensbereich des Beschädigten betreffen, also Essen und Trinken (Füttern, auch Portionieren, Anreichen, Motivieren), An- und Ausziehen, Zubettgehen, Aufstehen, Notdurft, Waschen und Hygiene, einfache Behandlungspflege, notwendige Bewegung innerhalb und außerhalb der Wohnung (kürzere Spaziergänge oder Spazierfahrten, etwa mit dem Rollstuhl), geistige Anregung und Kommunikation (auch: Vorlesen von Büchern oder Zeitungen). 50

Erreicht der regelmäßige höchstpersönliche Pflegebedarf zwei Stunden = 120 Minuten, ist stets Hilflosigkeit anzunehmen.[49] Da die Zuerkennung der bisherigen Pflegestufe II im Pflegeversicherungsrecht einen Pflegebedarf von mindestens 120 Minuten am Tag im Bereich der sog Grundpflege (Körperpflege, Ernährung und Mobilität) voraussetzt, sind bei Vorliegen der bisherigen Pflegestufe II die Voraussetzungen für „H" regelmäßig gegeben. Ausnahmsweise können die Voraussetzungen für „H" auch dann Vorliegen, wenn der Hilfebedarf weniger als 120 Minuten aber mindestens 60 Minuten beträgt. Dann muss der wirtschaftliche Wert der erforderlichen Pflege aber besonders hoch sein, zB wegen besonderer Erschwernisse, ekelerregender Umstände oder ungünstiger zeitlicher Verteilung.[50] 51

Bei Kindern und Jugendlichen gelten bei der Feststellung von „H" besondere Kriterien, die in Teil A Nr. 5 der VMG beschrieben sind. 52

48 BSG 12.2.2003 – B 9 SB 1/02 R; BSG 24.4.1963 – 11 RV 800/62.
49 BSG 12.2.2003 – B 9 SB 1/02 R; 2.7.1997 – 9 RV 19/95.
50 BSG 24.11.2005 – B 9a SB 1/05 R; 12.2.2003 – B 9 SB 1/02 R.

4. Merkzeichen „RF" – Befreiung von der Rundfunkgebührenpflicht

53 Die Feststellung von „RF", führt – anders als früher – nicht mehr zu einer Befreiung, sondern nur noch zu einer Ermäßigung des Rundfunkbeitrages auf ein Drittel.[51]

54 Eine Ermäßigung des Rundfunkbeitrages erhalten – neben blinden oder nicht nur vorübergehend wesentlich sehbehinderten Menschen mit einem GdB von wenigstens 60 vom Hundert allein wegen der Sehbehinderung und hörgeschädigte Menschen, die gehörlos sind oder denen eine ausreichende Verständigung über das Gehör auch mit Hörhilfen nicht möglich ist – behinderte Menschen, deren GdB nicht nur vorübergehend wenigstens 80 v. H. beträgt und die wegen ihres Leidens an öffentlichen Veranstaltungen ständig nicht teilnehmen können.

55 **Öffentliche Veranstaltungen** sind allgemein zugängliche Ereignisse in geschlossenen Räumen und im Freien. Dazu zählen Kino, Theater, Konzert, Kirche, Sport, Feste, Wahlveranstaltungen uä. Der Anspruch auf „RF" ist ausgeschlossen, wenn der Behinderte jedenfalls noch an einem nennenswerten Teil öffentlicher Veranstaltungen (Dauer idR 90–120 Minuten), wenn auch unter gewissen Schwierigkeiten, teilnehmen kann. Auch die Notwendigkeit einer Begleitperson ist kein entscheidendes Kriterium für die Feststellung des Nachteilsausgleichs,[52] auch nicht der Zwang, einen Rollstuhl benutzen zu müssen. Der Anspruch ist auch dann ausgeschlossen, wenn nur noch eine bestimmte Art von Veranstaltungen in Betracht kommt. Die Rechtsprechung legt bei der Prüfung von „RF" seit jeher einen sehr strengen Maßstab an. Das Merkzeichen wird nur zugesprochen, wenn der Behinderte praktisch ans Haus gebunden ist.[53] Bei der Prüfung von „RF" ist auch zu beachten, dass der Öffentlichkeit ist ein hohes Maß an behinderungsbedingten Auffälligkeiten zuzumuten ist und das Merkzeichens Behinderten auch nicht deshalb zusteht, nur weil sie die Öffentlichkeit meiden, um nicht andere mit ihrer Behinderung (vermeintlich) zu belästigen.[54] Zudem wird dem Behinderten im Interesse seiner Eingliederung auch eine zumutbare Mitwirkung abverlangt, was etwa bedeuten kann, dass er seine Lebensgewohnheiten zumutbar ändern muss (zB durch das Tragen von Windeln), bevor er den Nachteilsausgleich „RF" in Anspruch nehmen kann.[55]

5. Merkzeichen „B" – Ständige Begleitung im Personenverkehr

56 Das Merkzeichen „B" berechtigt zur unentgeltlichen Beförderung einer Begleitperson im öffentlichen Nah- und Fernverkehr (vgl. § 145 Abs. 2 SGB XI).[56] Es ermöglicht Schwerbehinderten, die erheblich gehbehindert sind und bei denen bei denen die Merkzeichen „G", „aG", „Gl" oder „H" festgestellt sind, die Mitnahme einer Begleitperson, wenn sie bei der Benutzung öffentlicher Verkehrsmittel zur Vermeidung von Gefahren für sich oder andere regelmäßig auf fremde Hilfe angewiesen sind.

---

51 Rechtsgrundlage für die „Gebührenbefreiung" ist § 69 Abs. 4 SGB X iVm § 3 Abs. 1 Nr. 5 SchwbAwV iVm den landesrechtlichen Vorschriften für die Befreiung von der Rundfunkgebührenpflicht (in NRW § 4 Abs. 2 Rundfunkbeitragsstaatsvertrag (RdFunkBeitrStVtr) NW idF v. 13.12.2011 in den anderen Bundesländern existieren gleichlautende Vorschriften).

52 BSG 3.6.1987 – 9 a RVs 27/85.

53 BSG 28.6.2000 – B 9 SB 2/00 R; so auch schon BSG 17.3.1982 – 9a/9 RVs 6/81.

54 BSG 10.8.1993 – 9/9 a Rvs 7/91.

55 BSG 12.2.1997 – 9 Rvs 2/96.

56 Ab 1.1.2018: § 229 Abs. 2 SGB IX.

6. Merkzeichen „Gl" – Gehörlos

Mit dem Merkzeichen „Gl" sind die gleichen Beförderungserleichterungen verbunden wie mit dem Merkzeichen „G" (→ Rn. 34). Wahlweise kann auch mit „Gl" die Kraftfahrzeugsteuerermäßigung in Anspruch genommen werden. 57

Gehörlos sind nicht nur Hörbehinderte, bei denen Taubheit beiderseits vorliegt, sondern auch Hörbehinderte mit einer an Taubheit grenzenden Schwerhörigkeit beiderseits, wenn daneben schwere Sprachstörungen (schwer verständliche Lautsprache, geringer Sprachschatz) vorliegen. Dies sind idR Hörbehinderte, bei denen die an Taubheit grenzende Schwerhörigkeit angeboren oder in der Kindheit erworben worden ist (D Nr. 4 VMG). 58

7. Merkzeichen „Bl" – Blind

Personen mit dem Merkzeichen „Bl" stehen umfangreiche Nachteilsausgleiche zu: Sie erhalten, neben den schon für „H" geltenden Nachteilsausgleichen (s. → Rn. 46), Parkerleichterungen wie bei „aG", eine Ermäßigung der Rundfunkgebühren wie bei RF, die Beförderung einer Begleitperson wie bei „B" und noch weitere Vergünstigungen (zB kostenlose Beförderung eines Blindenhundes, Umsatzsteuerbefreiungen); darüber hinaus erhalten sie meist auch Blindengeld nach den Landes-Blindengesetzen (zB nach § 72 des GHBG-NRW) und ggf. auch Blindenhilfe nach dem SGB XII. 59

Als **blind** gelten neben den Personen, denen das Augenlicht völlig fehlt, auch diejenigen, deren Sehschärfe so gering ist, dass sie sich in unvertrauter Umgebung ohne fremde Hilfe nicht zurechtfinden. Letzteres ist der Fall, wenn die Sehschärfe nicht mehr als 1/50 beträgt oder ähnlich schwere Störungen – etwa massive Einengungen des Gesichtsfeldes – vorliegen (im Einzelnen VMG Teil A Nr. 6). 60

Nachdem das BSG seine Rechtsprechung aufgegeben hat,[57] dass vom Merkzeichen „Bl" nur solche Erblindungen erfasst werden, die auf eine Störung beim „Erkennen" (Schädigung des Sehapparates) zurückzuführen sind, nicht aber solche, die auf einer Störung beim „Benennen" (Schädigung in der Verarbeitung wahrgenommener optischer Reize) beruhen, dürfte die Bedeutung von „Bl." für die Praxis noch weiter abnehmen. 61

8. Merkzeichen „TBl" – Taubblind

Seit Ende 2016 gibt es als weiteres Merkzeichen das Merkzeichen „TBl" (Taubblind).[58] Dieses erhalten schwerbehinderte Menschen, bei denen wegen einer Störung der Hörfunktion mindestens ein GdB von 70 und wegen einer Störung des Sehvermögens ein GdB von 100 festgestellt ist. Das Merkzeichen ist mit keinem konkreten bundesrechtlichen Nachteilsausgleich verbunden. Es kommt als Nachweis für die Rundfunkbeitragsbefreiung nach dem Rundfunkbeitragsstaatsvertrag in Betracht, sofern die für das Rundfunkwesen ausschließlich zuständigen Länder dies festlegen. Das Merkzeichen umfasst nicht automatisch die dargestellten Nachteilsausgleiche für blinde und gehörlose Menschen wie zum Beispiel Landesblindengeld, Landesgehörlo-

57 BSG 11.8.2015 – B 9 BL 1/14 R.
58 Eingeführt durch Art. 18 des Bundesteilhabegesetzes (BTHG) vom 16.12.2016, BGBl. 2016 I 3234.

sengeld oder steuerliche Nachteilsausgleiche (→ Rn. 59). Deshalb werden die Merkzeichen „Bl“ (blind) und „GL“ (gehörlos) bei Vorliegen der jeweiligen Voraussetzungen zusätzlich zum Merkzeichen "TBl" in den Schwerbehindertenausweis eingetragen.

B. Muster für Beweisanordnungen

Feststellung des GdB und Feststellung von Merkzeichen

In dem Rechtsstreit ... soll nach § 106 (bzw. § 109) SGG Beweis erhoben werden durch Einholung eines schriftlichen Gutachtens über die unten aufgeführten Beweisfragen (§§ 153, 106 SGG bzw. §§ 153, 109 SGG).

Das Gutachten soll aufgrund ambulanter Untersuchung unter Verwertung des Inhalts der anliegenden Gerichts- und Beiakten erstattet werden. D. Sachverständige wird gebeten, sonst benötigte medizinische Befundunterlagen beizuziehen oder unter Angabe ihres derzeitigen Aufbewahrungsortes durch das Gericht beiziehen zu lassen. Falls ein Zusatzgutachten für erforderlich gehalten wird, wird um Mitteilung gebeten. Zum/zur Sachverständigen wird ernannt: ...

Der Klägerin / dem Kläger (d. Kl.) wird aufgegeben, die Untersuchungstermine bei d. Sachverständigen einzuhalten und die in seinem/ihrem Besitz befindlichen medizinischen Unterlagen d. Sachverständigen vor der Untersuchung unaufgefordert vorzulegen.

C. Beweisfragen

I. Grad der Behinderung (GdB)

1. Welche dauerhaften Gesundheitsstörungen, dh solche, die seit mehr als 6 Monaten vorliegen oder deren Dauer voraussichtlich 6 Monate überschreiten werden, liegen bei d. Kl. seit ... (bei Erstantrag/Verschlimmerungsantrag: idR Datum der Antragstellung bei der Behörde; bei Überprüfung von Amts wegen: Datum des Widerspruchsbescheides) vor?
   Hinweis: Es wird gebeten die einzelnen Diagnosen soweit möglich unter Verwendung des ICD 10 zu erstellen.
2. Inwieweit weicht der durch diese Gesundheitsstörungen bedingte Gesundheitszustand von dem für das Lebensalter d. Kl. typischen Zustand ab?
3. Welche Beeinträchtigungen der Teilhabe am Leben in der Gesellschaft werden durch diese Gesundheitsstörungen bedingt (zB Einschränkungen des Gehens, Bückens, Verrichtung bestimmter Tätigkeiten, der Erlebnis- und Gestaltungsfähigkeit etc).
4. Wie hoch wird der Grad der Behinderung (GdB) nach den Vorgaben der VMG für die einzelnen Gesundheitsstörungen eingeschätzt, ggf. zeitlich gestaffelt?
   Hinweise:
   1. Sofern die VMG einen Bewertungsspielraum vorsehen, ist die Einordnung abgrenzend zu begründen.
   2. Bitte geben Sie an, ob der vorgeschlagene Einzel-GdB soeben oder voll erreicht wird.
   3. Sofern nach Antragstellung wesentliche Änderungen eingetreten sind, ist eine entsprechende **zeitlich gegliederte** Darstellung erforderlich.
   4. Schmerzen sind nur nach Maßgabe VMG Teil A 2. j) erhöhend zu berücksichtigen.
5. Wie hoch wird der Grad der Behinderung (GdB) nach den Vorgaben der VMG für die einzelnen Funktionssysteme (vgl. Teil A Nr. 2 e VMG) seit dem ... eingeschätzt, ggf. zeitlich gestaffelt?
   Hinweis: Der Einzel-GdB für die einzelnen Funktionssysteme ist entsprechend den Vorgaben für die Bildung des Gesamt- GdB – s. u. 6. – zu bilden).
6. Wie hoch ist nach den Vorgaben der VMG der Grad der Behinderung d. Kl. für die Gesamtheit aller Gesundheitsstörungen (Gesamt-GdB) seit dem ... einzuschätzen, ggf. zeitlich gestaffelt? Welche Gründe sind dafür maßgebend?

Hinweise:
Bei der Bildung des Gesamt-GdB sind die Auswirkungen der einzelnen Funktionsbeeinträchtigungen in ihrer Gesamtheit unter Berücksichtigung ihrer wechselseitigen Beziehungen zueinander zu bewerten. Dabei ist Folgendes zu beachten:

a) Wirkt sich eine Funktionsbeeinträchtigung (welche?) auf eine andere (welche?) besonders nachteilig (verstärkend) aus?
b) Sind die Auswirkungen einzelner Funktionsbeeinträchtigungen (welche?) voneinander unabhängig und betreffen sie ganz verschiedene Bereiche im Ablauf des täglichen Lebens?
c) Überschneiden (neutralisieren, kompensieren, ineinander aufgehen) sich die Auswirkungen der Funktionsbeeinträchtigungen (welche, inwieweit)?
d) Für den Fall, dass eine Bewertung des Gesamt-GdB mit 50 oder mehr vorgeschlagen wird: Inwiefern ist d. Kl. vergleichbar mit einem schwerbehinderten Menschen, bei dem allein wegen eines einzelnen Funktionsschadens ein Einzel-GdB von 50 oder mehr anzusetzen ist, hier bspw. einer schweren psychischen Störung nach Teil B Nr. 3.7 VMG oder einer mittelgradigen Nierenfunktionseinschränkung nach Teil B Nr. 12.1.3 VMG?

7. Falls Ihre Einschätzungen wesentlich von den Feststellungen der Beklagten im Bescheid vom ... (Datum des letzten rechtskräftigen Feststellungsbescheides vor Antragstellung bzw. Einleitung des Überprüfungsverfahrens) abweichen (dh eine Änderung des GdB wenigstens 10 vorliegt, vgl. Teil A Nr. 7 VMG), werden Sie gebeten, folgende Fragen zu beantworten:
   a) Ist eine Besserung oder Verschlimmerung gegenüber dem Bescheid vom ... (s. o) eingetreten?
   b) Oder war der Bescheid vom ... (s. o.) Ihrer Auffassung nach falsch? Ggf.: Wie hätten die Beeinträchtigungen d. Kl. zum damaligen Zeitpunkt bezeichnet werden müssen und welche Einzel-GdB und welcher Gesamt-GdB haben Ihrer Meinung nach damals vorgelegen?

II. Merkzeichen „G“

1. Welche dauerhaften Gesundheitsstörungen, dh solche, die seit mehr als 6 Monaten vorliegen oder deren Dauer voraussichtlich 6 Monate überschreiten werden, die sich auf die Bewegungs- oder Orientierungsfähigkeit auswirken, liegen bei d. Kl. seit ... (bei Erstantrag/Verschlimmerungsantrag: idR Datum der Antragstellung bei der Behörde; bei Überprüfung von Amts wegen: Datum des Widerspruchsbescheides) vor?
2. Ist d. Kl. allein wegen der festgestellten Behinderungen nicht mehr in der Lage, ohne erhebliche Schwierigkeiten oder ohne Gefahr für sich und andere ortsübliche Wegstrecken (bis zu 2 km) zu Fuß in etwa 30 Minuten zurückzulegen? Gegebenenfalls: Aus welchen Gründen ist das nicht mehr möglich?
3. Liegen bei d. Kl. Funktionsstörungen vor, bei denen nach Teil D Nr. 1 d) bis f.) der VMG eine erhebliche Beeinträchtigung der Gehfähigkeit anzunehmen ist, gegebenenfalls welche?
4. Falls 3. zu verneinen ist: Liegen bei d. Kl. Funktionsstörungen vor, die im Hinblick auf die Bewegungsfähigkeit im Straßenverkehr eine vergleichbare Beeinträchtigung hervorrufen wie die in Teil D Nr. 1 der Anlage zu § 2 Versorgungsmedizin-Verordnung ausdrücklich genannten Funktionsstörungen, gegebenenfalls welche?

   Hinweis: Bitte beachten Sie die Vorgaben in Teil D Nr. 1 VMG

III. Merkzeichen „aG“

1. Liegen bei d. Kl. seit ... (bei Erstantrag/Verschlimmerungsantrag: idR Datum der Antragstellung bei der Behörde; bei Überprüfung von Amts wegen: Datum des Widerspruchsbescheides) Gesundheitsstörungen vor, die sich außergewöhnlich nachteilig auf die Gehfähigkeit auswirken? Wenn ja, welche?
2. Kann d. Kl. sich wegen der Schwere der Gesundheitsstörungen dauernd nur mit fremder Hilfe außerhalb eines Kraftfahrzeuges fortbewegen? Gegebenenfalls aus welchen Gründen im Einzelnen?

3. Kann sich d. Kl. wegen der Schwere der Gesundheitsstörungen dauernd bereits von den ersten Schritten an nur mit großer körperlicher Anstrengung außerhalb eines Kraftfahrzeuges fortbewegen? Gegebenenfalls aus welchen Gründen im Einzelnen?

   Hinweis: Zu diesem Personenkreis gehören Querschnittsgelähmte, Doppeloberschenkelamputierte, Doppelunterschenkelamputierte, Hüftexartikulierte und einseitig Oberschenkelamputierte, die dauernd außerstande sind, ein Kunstbein zu tragen, oder nur eine Beckenkorbprothese tragen können oder zugleich unterschenkel- oder armamputiert sind, und andere schwerbehinderte Menschen, die aufgrund anderer Gesundheitsstörungen **in vergleichbarem Ausmaß in ihrer Bewegungsfähigkeit eingeschränkt** sind, vgl. Teil D Nr. 3 b) VMG, vgl. auch § 146 Abs. 3 SGB IX).
4. Welchen der ausdrücklich genannten Personen ist d. Kl. gegebenenfalls gleichzustellen und weshalb? Inwieweit muss d. Kl. sich beim Gehen ungefähr in gleicher Weise besonders körperlich anstrengen wie die genannten Personen? Bitte erläutern Sie möglichst genau, worin sich die besondere Anstrengung zeigt (zB erhebliche Schmerzen von den ersten Schritten an, hochgradige Atemnot, völlige Erschöpfung, deutlicher Blutdruckanstieg, auffälliges Schwitzen/Zittern, massive Erhöhung der Pulsfrequenz, Kreislaufdekompensation, Verlust der Steh- und Gehfähigkeit nach kurzer Gehstrecke usw.).
5. Welche Fußwegstrecke kann d. Kl. ohne fremde Hilfe und **ohne Pause** noch zurücklegen? Welche Zeit benötigt d. Kl. dafür? Wie stellen sich dabei das Gangbild, die Schrittgeschwindigkeit und die körperliche Anstrengung dar?
6. Welche Fußwegstrecke kann d. Kl. nach einer Pause (Stehen? Sitzen? Dauer?) bis zu einer weiteren Pause zurücklegen? Welche Zeit benötigt d. Kl. ungefähr? Inwieweit ergeben sich Änderungen im Gangbild, der Schrittgeschwindigkeit oder im Ausmaß der körperlichen Anstrengung?
7. Ist d. Kl. ständig auf die Benutzung eines Rollstuhles angewiesen?
8. Ist es zur Vermeidung einer in absehbarer Zeit drohenden Verschlechterung der Leiden medizinisch geboten, dass d. Kl. bereits jetzt einen Rollstuhl benutzt,obwohl er noch nicht ständig darauf angewiesen ist? Wenn ja, warum genau?

   Hinweis: Bitte beachten Sie die Vorgaben in Teil D Nr. 3 VMG

IV. Merkzeichen „RF“

1. Kann d. Kl. seit ... (bei Erstantrag/Verschlimmerungsantrag: idR Datum der Antragstellung bei der Behörde; bei Überprüfung von Amts wegen Datum des Widerspruchsbescheides) wegen der Gesundheitsstörungen an öffentlichen Veranstaltungen (zB Kino-, Theater-, Konzert- und Vortragsveranstaltungen, Festen, Versammlungen, Sportveranstaltungen im Freien oder in öffentlichen geschlossenen Räumen) ständig nicht mehr teilnehmen, gegebenenfalls aus **welchen** Gründen im Einzelnen?

   Hinweis: Als öffentliche Veranstaltungen gelten zB Zusammenkünfte politischer, künstlerischer, wissenschaftlicher, kirchlicher, sportlicher, unterhaltender und wirtschaftlicher Art, die länger als 30 Minuten dauern, also nicht nur Ereignisse kultureller Art, sondern auch Sportveranstaltungen, Volksfeste, Messen, Märkte und Gottesdienste. Die Unmöglichkeit der Teilnahme an solchen Veranstaltungen kann nur dann bejaht werden, wenn der Schwerbehinderte in einem derartigen Maße eingeschränkt ist, dass er praktisch von der Teilnahme am öffentlichen Gemeinschaftsleben ausgeschlossen und an das Haus gebunden ist. Ausschlaggebend ist hingegen nicht, ob krankheitsbedingt wenig Interesse am Besuch irgendwelcher Veranstaltungen besteht, sondern, ob ein Besuch nicht vorgenommen werden kann.
2. Kann d. Kl. an den Veranstaltungen bei Begleitung einer Hilfsperson oder bei Benutzung von technischen Hilfsmitteln (zB eines Rollstuhls) teilnehmen?
3. Kann d. Kl. an den Veranstaltungen teilnehmen, wenn ein Wechsel zwischen Sitzen und Stehen ermöglicht wird?
4. Kann d. Kl. an den Veranstaltungen teilnehmen, wenn An- und Rückweg ermöglicht werden?
5. Bis zu welcher Zeitdauer ist d. Kl. eine Teilnahme möglich?
6. Ist d. Kl. quasi an seine/ihre Wohnung gebunden?

V. Merkzeichen „H“

1. Bei welchen gewöhnlichen und regelmäßig wiederkehrenden Verrichtungen im Ablauf des täglichen Lebens bedarf d. Kl. seit ... (bei Erstantrag/Verschlimmerungsantrag: idR Datum der Antragstellung bei der Behörde; bei Überprüfung von Amts wegen Datum des Widerspruchsbescheides) auf Dauer, bzw. voraussichtlich für mindestens 6 Monate, in erheblichem oder höherem Maße der Hilfe?
2. Bedarf d. Kl. insbesondere der Hilfe und Unterstützung bei folgenden Verrichtungen? Bitte bestimmen Sie jeweils den durchschnittlichen täglichen Zeitaufwand und geben an, wie oft, zu welchen Tageszeiten und aus welchen Gründen d. Kl. Hilfe bei den jeweiligen genannten Verrichtungen bedarf.
   a. im Bereich der Körperpflege
      1. beim Waschen
      2. beim Duschen
      3. beim Baden
      4. bei der Zahnpflege
      5. beim Kämmen
      6. beim Rasieren
      7. bei der Darm- und Blasenentleerung
   b. im Bereich der Ernährung
      1. beim mundgerechten Zubereiten der Nahrung
      2. bei der Aufnahme der Nahrung
   c. im Bereich der Mobilität
      1. beim selbstständigen Aufstehen und Zu-Bett-Gehen
      2. beim An- und Auskleiden
      3. beim Gehen
      4. beim Stehen
      5. beim Treppensteigen
      6. beim Verlassen oder Wiederaufsuchen der Wohnung
      7. im Bereich von Maßnahmen zur psychischen Erholung, geistigen Anregung und Kommunikation (Sehen, Hören, Sprechen und Fähigkeit zu Interaktionen).

         Hinweis: Diese Voraussetzungen sind auch erfüllt, wenn die Hilfe in Form einer Überwachung oder einer Anleitung zu den genannten Verrichtungen erforderlich ist oder wenn die Hilfe zwar nicht dauernd geleistet werden muss, jedoch eine ständige Bereitschaft zur Hilfeleistung erforderlich ist. Die ständige Bereitschaft ist zB anzunehmen, wenn Hilfe häufig und plötzlich wegen akuter Lebensgefahr notwendig ist.
3. Sofern Sie zu einem durchschnittlichen täglichen Zeitaufwand von insgesamt (also sowohl grundpflegerischer Bedarf als auch Bewegung, geistige Anregung etc) zwischen einer und zwei Stunden kommen sollten: Ist der wirtschaftliche Wert dieser Hilfeleistung (etwa wegen einer sehr ungünstigen Verteilung des Hilfebedarfes über den Tag) besonders hoch?

   Hinweis: Bitte beachten Sie die Vorgaben in Teil A Nr. 4 VMG. Bitte gehen Sie bei Minderjährigen auch auf Teil A Nr. 5 VMG ein.

D. Weiterführende Literatur- und Internethinweise

Castendiek/Hoffmann, Das Recht der behinderten Menschen, 3. Aufl. 2009; *Dau/Düwell/Joussen*, Rehabilitation und Teilhabe behinderter Menschen, Lehr- und Praxiskommentar (LPK-SGB IX), 4. Aufl. 2014; *Ebsen*, Schwerbehindertenrecht, in: von Maydell-Ruland, Sozialrechtshandbuch (SRH), 5. Aufl., 2012, Abschnitt 26; *Feldes/Fraunhoffer/Rehwald/Westermann/Witt*, Schwerbehindertenrecht, Basiskommentar zum SGB IX, 12. Aufl. 2015; *Hauck/Noftz/Masuch*, SGB IX, Loseblatt-Kommentar, Stand Dez. 2012; *Jahn*, SGB IX, Rehabilitation und Teilhabe behinderter Menschen, Loseblattkommentar, Stand: 2014; *Lachwitz/Schellhorn/Welti*, Handkommentar zum

Sozialgesetzbuch IX, HK-SGB IX, 4. Aufl. 2015; *Müller-Wenner/Schorn*, SGB IX, Teil 2, Schwerbehindertenrecht, 2. Aufl. 2011; *Plagemann/Mittelmann*, Behinderung und Grad der Behinderung in: Plagemann, Münchner Anwaltshandbuch, Sozialrecht, 4. Aufl. 2013, § 32; *Thomann/Jung/Letzel*, Schwerbehindertenrecht – Begutachtung und Praxis, 2006; *Wagner/Kaiser*, Einführung in das Behindertenrecht, 2004; *Wiegand*, Kommentar zum SGB IX, Loseblatt, Stand: Februar 2015.

www.lvr.de – Bundesverband der Integrationsämter (BIH), Behinderung und Ausweis, 1. Ausg. 2015;

www.anhaltspunkte.de/Zeitung/ – Sozialrecht-Online, Überblick über aktuelle Entscheidungen aus allen Bereich des Sozialrechts;

www.sozialgerichtsbarkeit.de – Sozialgerichtsbarkeit Bundesrepublik Deutschland, Bundesweite Entscheidungsdatenbank mit weiteren Links.

§ 7 Begutachtung im Krankenversicherungsrecht

A. Begutachtungsrelevante Streitfragen in der gesetzlichen Krankenversicherung

I. Aufgaben der gesetzlichen Krankenversicherung

Nach der Legaldefinition des § 1 Satz 1 SGB V hat die Krankenversicherung als Solidargemeinschaft die Aufgabe, die Gesundheit der Versicherten zu erhalten, wiederherzustellen oder ihren Gesundheitszustand zu bessern. Die Leistungspflicht der Krankenversicherung tritt dann ein, wenn eine **Krankheit** im Sinne des SGB V vorliegt, mithin nach der ständigen Rechtsprechung des Bundessozialgerichts „**ein regelwidriger, vom Leitbild des gesunden Menschen abweichender Körper- oder Geisteszustand, der ärztlicher Behandlung bedarf und/oder den Betroffenen arbeitsunfähig macht**“.[1] 1

Dieser normative Begriff der Krankheit ist zentraler Begriff im Rahmen des SGB V und Tatbestandsvoraussetzung in einer Vielzahl von Normen des SGB V, insbesondere im Bereich der Leistungen der Krankenbehandlung nach den §§ 27 ff. SGB V. Hierum ranken sich im Rahmen des sozialrechtlichen Klageverfahrens vielfache Streitfragen, die ärztliche Begutachtungen erforderlich machen. 2

II. Streitgegenstände vor Gericht

1. Fragestellungen ohne ärztliche Begutachtungen

Sozialrechtliche Klageverfahren im Bereich der gesetzlichen Krankenversicherung sind äußerst vielfältig. Ein Teil der Verfahren betrifft lediglich rechtliche Fragestellungen, etwa wenn um Fragen der Versicherungspflicht bzw. Versicherungsfreiheit nach §§ 5 ff. SGB V oder auch um das Vorliegen der Voraussetzungen der Familienversicherung nach § 10 SGB V gestritten wird. Auch Beitragsstreitigkeiten bzgl. der Krankenversicherungsbeiträge der Versicherten, Fragen bzgl. Rabattgewährung durch pharmazeutische Unternehmer oder Apotheken, Überprüfung von Schiedssprüchen zur Vergütungsfestsetzung für Leistungen der häuslichen Krankenpflege und vieles mehr sind mögliche Streitgegenstände, um exemplarisch nur einige zu nennen. Da hierbei jeweils ärztlicher Sachverständigenbeweis nicht erforderlich ist, sollen diese nicht weiter vertieft werden. 3

2. Fragestellungen mit ärztlicher Begutachtung

Hier relevant für die Frage des Sachverständigenbeweises und der ärztlichen Begutachtung sind vorrangig die Verfahren, in denen um Ansprüche auf Gewährung von (Sach-)Leistungen der Krankenkasse nach den §§ 27 ff. SGB V, auf Krankengeld nach § 44 SGB V sowie ggfs. um Kostenerstattung nach § 13 Abs. 3 SGB V bei selbstbeschafften Leistungen gestritten wird. 4

Das Recht der gesetzlichen Krankenversicherung ist geprägt vom sogenannten **Sachleistungsprinzip**. Nach § 2 Abs. 2 SGB V erhalten die Versicherten die Leistungen als 5

1 BSG 19.10.2004 – B 1 KR 3/03 R, juris Rn. 12 – BSGE 93, 252-258; BSG 28.9.2010 – B 1 KR 5/10 R, juris Rn. 10 – SozR 4-2500 § 27 Nr. 10 mwN.

Sach- oder Dienstleistungen, soweit das SGB V oder das SGB IX nichts Abweichendes vorsehen. Das Sachleistungsprinzip dient zum Einen zum Schutz des Versicherten, im Krankheitsfall keine Behandlungskosten vorstrecken zu müssen, zum anderen dient es aber auch als Instrument der Kostensteuerung der gesetzlichen Krankenkassen.

6 Ein Versicherter ist daher gehalten, sich mit seinem Leistungsbegehren an seine zuständige Krankenkasse zu wenden; eine Kostenerstattung bei sog selbstbeschafften Leistungen kommt nur in Ausnahmefällen bei **Einhaltung des Beschaffungsweges** und Vorliegen der in § 13 SGB V normierten Voraussetzungen in Betracht.

7 Der Leistungsanspruch auf Krankenbehandlung besteht nach § 27 Abs. 1 Satz 1 SGB V dann, wenn diese notwendig ist, um eine Krankheit zu erkennen, zu heilen, ihre Verschlimmerung zu verhüten oder Krankheitsbeschwerden zu lindern. Häufig ist insbesondere die Frage der **Notwendigkeit** der gewünschten Krankenbehandlung zwischen den Beteiligten streitig.

8 Der Begriff der Notwendigkeit resultiert dabei aus dem in § 12 Abs. 1 Satz 1 SGB V verankerten **Wirtschaftlichkeitsgebot** und beschreibt quasi als Übermaßverbot die Grenzen des Behandlungsanspruchs. Dies bedeutet, dass die Krankenkasse nur in dem Umfang Leistungen gewähren darf, wie es der Behandlungszweck erfordert.

9 Die zu gewährenden Leistungen der Krankenbehandlung müssen demnach **ausreichend, zweckmäßig** und **wirtschaftlich** sein und dürfen das **Maß des Notwendigen nicht übersteigen. Ausreichend** ist eine Leistung, wenn sie nach Umfang und Qualität hinreichende Chancen für einen Heilerfolg bietet, dh medizinisch notwendig ist. **Zweckmäßig** ist eine Behandlung, wenn sie **geeignet** ist, im konkreten Fall das Behandlungsziel zu erreichen.

10 Zur Krankenbehandlung nach § 27 Abs. 1 Satz 2 Nr. 1–6 SGB V im Einzelnen:

a) Ärztliche (und zahnärztliche) Behandlungen sowie Psychotherapie

11 Nach § 28 SGB V umfasst die ärztliche Behandlung alle Tätigkeiten eines Arztes, die nach den Regeln der ärztlichen Kunst zur Verhütung, Früherkennung und Behandlung von Krankheiten ausreichend und zweckmäßig ist. Begehrt ein Versicherter eine ärztliche (oder zahnärztliche) Behandlung oder Psychotherapie, so ist bei hergebrachten Untersuchungs- und Behandlungsmethoden deren Zweckmäßigkeit regelmäßig zu unterstellen. Dies gilt jedenfalls, solange der Gemeinsame Bundesausschuss diese nicht gemäß § 135 Abs. 1 Satz 2 SGB V einer Überprüfung ihres diagnostischen und therapeutischen Nutzens sowie ihrer medizinischen Notwendigkeit und Wirtschaftlichkeit (iSd § 135 Abs. 1 Satz 1 Nr. 1 SGB V) unterzogen hat und zu dem Ergebnis kam, dass diese Kriterien nicht erfüllt werden; dann dürfen diese Leistungen gemäß § 135 Abs. 1 Satz 3 SGB V nicht mehr zulasten der Krankenkassen erbracht werden.[2]

12 Häufiger Streitpunkt und daher für das sozialgerichtliche Verfahren besonders relevant sind die Fälle, in denen Versicherte eine **neue Untersuchungs- und Behandlungsmethode**[3] begehren. „Neu“ ist eine Methode, wenn sie zum Zeitpunkt der Leistungs-

2 *Engelhard* in jurisPK-SGB V, 3. Aufl. 2016, § 12 SGB V Rn. 57.
3 Vgl. hierzu umfassend *Hauck* NZS 2007, 461–468.

erbringung nicht als abrechnungsfähige ärztliche Leistung im Einheitlichen Bewertungsmaßstab für ärztliche Leistungen (EBM-Ä) enthalten ist.[4]

Es ist zunächst zu differenzieren, ob die neue Untersuchungs- und Behandlungsme- 13
thode im ambulanten oder stationären Bereich erfolgen soll. In der **ambulanten vertrags(zahn)ärztlichen Krankenbehandlung** gilt ein sogenanntes **Verbot mit Erlaubnisvorbehalt.** Dies bedeutet, dass Leistungen zulasten der gesetzlichen Krankenkasse nur erbracht werden dürfen, wenn der Gemeinsame Bundesausschuss auf Antrag der Kassenärztlichen Bundesvereinigung, einer Kassenärztlichen Vereinigung oder eines Spitzenverbandes der Krankenkassen in Richtlinien nach § 92 Abs. 1 Satz 2 Nr. 5 SGB V eine Empfehlung ua über die Anerkennung des diagnostischen Nutzens der neuen Methode sowie deren medizinische Notwendigkeit und Wirtschaftlichkeit und nach dem jeweiligen Stand der Erkenntnisse in der jeweiligen Therapierichtung abgegeben hat (vgl. § 135 Abs. 1 Satz 1 Nr. 1 SGB V).

Für die Geltendmachung eines Anspruchs und insbesondere für etwaige Kostenerstat- 14
tungsfragen ist zu beachten, dass die Anerkennung durch den Bundesausschuss zum Zeitpunkt der tatsächlichen Leistungserbringung vorliegen muss, so dass eine evtl. spätere Anerkennung nicht zu einem Kostenerstattungsanspruch für eine schon in Anspruch genommene Leistung führt.[5]

Im **stationären Bereich** hingegen gilt umgekehrt eine grundsätzliche **Erlaubnis mit** 15
Verbotsvorbehalt, dh, dass die Prüfung der eingesetzten Methoden im zugelassenen Krankenhaus grundsätzlich präventiv durch das Krankenhaus selbst und retrospektiv lediglich im Einzelfall anlässlich von Beanstandungen ex post erfolgt und nicht bereits vor Einführung neuer Behandlungsmethoden im Krankenhaus in einem generalisierten, zentralisierten formellen Prüfverfahren deren Eignung, Erforderlichkeit und Wirtschaftlichkeit formalisiert überprüft werden (vgl. hierzu § 137c SGB V).[6] Allerdings wird auch im stationären Bereich die Leistungspflicht der Krankenkasse durch das geltende Qualitäts- und Wirtschaftlichkeitsgebot nach § 2 Abs. 1 Satz 3 SGB V begrenzt.[7] Ob dies auch nach Einführung des § 137c Abs. 3 SGB V durch das GKV-Versorgungsstärkungsgesetz (GKV-VSG) in der Fassung vom 16.7.2015[8] uneingeschränkt gilt oder ob mit dem Begriff „Potenzial“ die Anforderungen an die geforderte Evidenz im Rahmen des Qualitätsgebots nach § 2 Abs. 1 Satz 3 SGB V herabgesetzt werden, ist in der Rechtsprechung umstritten.[9] Eine Entscheidung des Bundessozialgerichts hierzu steht noch aus.[10]

---

4 BSG, 27.9.2005 – B 1 KR 28/03 R, juris.

5 BSG, 8.2.2000 – B 1 KR 18/99 B, NJW 2001, 2822, Bayerisches LSG 8.4.2015 – L 5 KR 81/14, juris Rn. 21.

6 *Ihle* in jurisPK-SGB V, 3 Aufl. 2016, § 137c SGB V Rn. 14 mwN.

7 So zuletzt BSG 15.7.2015 – B 1 KR 23/15 B, juris; vgl. auch BSG 21.3.2013 – B 3 KR 2/12 R, juris; sa BVerfG, Nichtannahmebeschluss v. 29.12.2012 – 1 BvR 1849/12 ua., Rn. 11 f., juris; *Felix,* NZS 2012, 1–9.

8 BGBl. I Nr. 30 1211.

9 Eine herabgesetzte Evidenz bejahend LSG Niedersachsen-Bremen 22.3.2016 – L 4 KR 438/13, juris (stationäre Liposuktion); LSG Baden-Württemberg 17.11.2015 – L 11 KR 1116/12, juris; andere Auffassung LSG Niedersachsen-Bremen 30.8.2016 – L 16/1 KR 303/15, juris (stationäre Liposuktion).

10 Im Revisionsverfahren B 1 KR 1/16 R (zur Entscheidung des LSG Baden-Württemberg v. 17.11.2015 (Fn. 9) verneinte das BSG mit Urteil vom 13.12.2016 im streitigen Fall einer ambulanten Therapie mit Immunglobulinen (IVIG) (im Gegensatz zur Vorinstanz) das Vorliegen einer neuen Behandlungsmethode und lehnte zugleich auch einen Anspruch auf zulassungsfremde Arzneimittelversorgung im stationären Bereich ab. Eine Auseinandersetzung mit § 137c Abs. 3 SGB V war damit entbehrlich. Eine weitere Klärung dürfte jedoch im

16 Begehrt ein Versicherter eine neue Untersuchungs- und Behandlungsmethode im ambulanten Bereich, welche nicht in die og Richtlinie des Gemeinsamen Bundesausschusses nach § 92 Abs. 1 Satz 2 Nr. 5 SGB V (Richtlinie Methoden vertragsärztliche Versorgung) aufgenommen ist, kann dennoch unter Umständen eine Leistungspflicht der Krankenkasse in Betracht kommen.

17 Zum einen betrifft dies Fälle **besonders schwerwiegender Erkrankungen**. Nach § 2 Abs. 1 a Satz 1 SGB V[11] kann im Falle einer lebensbedrohlichen oder regelmäßig tödlichen Erkrankung oder einer zumindest wertungsmäßig vergleichbaren Erkrankung, für die eine dem medizinischen Standard entsprechende Leistung nicht zur Verfügung steht, ein Anspruch auf eine von § 2 Abs. 1 Satz 3 SGB V abweichende Leistung bestehen, wenn durch die begehrte Behandlung eine nicht ganz entfernt liegende Aussicht auf Heilung oder eine spürbare positive Einwirkung auf den Krankheitsverlauf besteht.

18 Die Einführung der Vorschrift geht zurück auf den sogenannten **Nikolausbeschluss** des Bundesverfassungsgerichts.[12] Das BVerfG hatte es in dieser Entscheidung für nicht vereinbar gehalten, einen gesetzlich Krankenversicherten, für dessen lebensbedrohliche oder regelmäßig tödliche Erkrankung keine allgemein anerkannte, medizinischem Standard entsprechende Behandlung zur Verfügung steht, von der Leistung einer von ihm gewählten, ärztlich angewandten Behandlungsmethode auszuschließen, wenn eine nicht ganz entfernt liegende Aussicht auf Heilung oder auf eine spürbar positive Einwirkung auf den Krankheitsverlauf besteht.[13] Das BSG verlangt vor diesem Hintergrund eine „notstandsähnliche Situation", dh einen „Zeitdruck", wie er „typisch für akuten Behandlungsbedarf zur Lebenserhaltung" ist. Es muss eine große Wahrscheinlichkeit des drohenden tödlichen Krankheitsverlaufs innerhalb eines kürzeren überschaubaren Zeitraums vorliegen, so dass dann in der Folge auch Leistungen der Krankenkasse für einen Heilversuch mit nicht ausreichend erprobten und in ihrer Wirksamkeit nicht gesicherten Behandlungsmethoden in Betracht kommen.[14]

19 Zur Überprüfung der in § 2 Abs. 1 a SGB V genannten Voraussetzungen zur Schwere der Erkrankung, zur fehlenden Verfügbarkeit einer dem medizinischen Standard entsprechenden Behandlungsmethode und zu den Auswirkungen der gewünschten Behandlung auf den Krankheitsverlauf ist sachverständige Hilfe unerlässlich. Das Gericht muss daher die genannten Voraussetzungen im Rahmen des Beweisbeschlusses abfragen und der Sachverständige muss sich mit den Einzelheiten der gewünschten Therapiemaßnahme auseinandersetzen.

---

derzeit noch anhängigen Revisionsverfahren B 1 KR 13/16 R zu erwarten sein. Dort ist ausweislich der Verfahrensübersicht unter www.bsg.bund.de darüber zu befinden, ob das Qualitätsgebot des § 2 Abs. 1 Satz 3 SGB V bei der Anwendung neuer Untersuchungs- und Behandlungsmethoden im stationären Bereich auch nach der Änderung des § 137 c SGB V in der Fassung vom 16.7.2015 gilt.

11 Eingef. durch Art. 1 Nr. 1 G v. 22.12.2011 (GKV-Versorgungsstrukturgesetz – GKV-VStG), BGBl. I 2983 mWv 1.1.2012.

12 BVerfG 6.12.2005 – 1 BvR 347/98, SozR 4-2500 § 27 Nr. 5.

13 *Ihle* in jurisPK-SGB V, 3 Aufl. 2016, § 135 SGB V Rn. 32.

14 *Plagemann* in jurisPK-SGB V, 3. Aufl. 2016, § 2 SGB V Rn. 57 mwN; siehe hierzu auch *Padé*, NZS 2007, 352–358; zu den Voraussetzungen zuletzt BSG 2.9.2014 – B 1 KR 4/13 R, NZS 2015, 24–6; wie vor *Gillner* in Bieresborn, Einführung in die medizinische Sachverständigentätigkeit vor Sozialgerichten, Frankfurt 2015, S 136.

In der Regel wird in diesen Fällen aus dem Verwaltungsverfahren bereits ein Gutachten oder eine Stellungnahme des MDK zu Ungunsten des Versicherten vorliegen und Grundlage der ablehnenden Entscheidung der Krankenkasse sein. Der Sachverständige ist daher auch gehhalten, sich mit dem oder den entsprechenden Vorgutachten auseinanderzusetzen. 20

Des Weiteren kann eine Leistungsverpflichtung der Kasse im Falle eines sogenannten **Systemversagens** bestehen. Zu einem Systemversagen kann es kommen, wenn das Verfahren vor dem GBA trotz Erfüllung der für eine Überprüfung notwendigen formalen und inhaltlichen Voraussetzung von den antragsberechtigten Stellen oder dem GBA selbst überhaupt nicht, nicht zeitgerecht oder nicht ordnungsgemäß betrieben wird und dies auf eine willkürliche oder sachfremde Untätigkeit oder Verfahrensverzögerung zurückzuführen ist. Die Durchbrechung der grundsätzlich erforderlichen Anerkennung durch Aufnahme in die Richtlinien nach § 92 Abs. 1 Satz 2 Nr. 5 SGB beruht darauf, dass in solchen Fällen die in § 135 Abs. 1 SGB V vorausgesetzte Aktualisierung der Richtlinien rechtswidrig unterblieben ist und deshalb die Möglichkeit bestehen muss, das Anwendungsverbot erforderlichenfalls auf andere Weise zu überwinden.[15] 21

Schließlich kann in einem sogenannten **„Seltenheitsfall“**, ausnahmsweise eine erweiterte Leistungspflicht der Krankenkassen in Betracht kommen. Nach der Rechtsprechung des Bundessozialgerichts hat der GBA bei extrem selten auftretenden Erkrankungen, die weltweit weder systematisch erforscht noch systematisch behandelt werden, keine Befugnis generalisierend zur Qualität der Behandlung Stellung zu nehmen, so dass die fehlende Aufnahme in die Richtlinie nach § 92 Abs. 1 Satz 2 Nr. 5 SGB V auch kein Leistungshindernis darstellen kann.[16] 22

b) Versorgung mit Arznei-, Verbands-, Heil- und Hilfsmitteln

Versicherte haben gemäß § 31 SGB V Anspruch auf Versorgung mit **apothekenpflichtigen Arzneimitteln** und gemäß § 32 SGB V mit Heilmitteln (wie zB Krankengymnastik, Massagen, Sprachtherapie usw.), soweit diese nicht nach § 34 SGB V oder durch Richtlinien nach § 92 Abs. 1 Satz 2 Nr. 6 SGB V ausgeschlossen sind. Die in § 33 SGB V normierten Hilfsmittel wie Hörhilfen, Körperersatzstücke, orthopädische und andere Hilfsmittel sind zu gewähren, wenn sie erforderlich sind, um den Erfolg der Krankenbehandlung zu sichern, einer drohenden Behinderung vorzubeugen oder eine Behinderung auszugleichen. Hilfsmittel, die gleichzeitig auch Gebrauchsgegenstände des täglichen Lebens darstellen, sind von der Versorgung ebenso ausgeschlossen, wie Hilfsmittel von geringem oder umstrittenem therapeutischen Nutzen oder geringem Abgabepreis, deren Ausschluss durch Rechtsverordnung gemäß § 34 Abs. 4 SGB V bestimmt werden kann. 23

In sozialrechtlichen Klageverfahren, in denen der Versicherte die Versorgung mit Arznei-, Verband, Heil- oder Hilfsmitteln begehrt, ist häufig die Streitfrage zu klären, ob die gewünschte Versorgung medizinisch notwendig ist. Die oben dargestellten Grund- 24

15 BSG 7.5.2013 – B 1 KR 44/12 R, BSGE 113, 241–250 Rn. 17, 18.
16 BSG 19.10.2004 – B 1 KR 27/02 R, BSGE 93, 236–252 Rn. 29, NZS 2005, 589–596.

sätze des Wirtschaftlichkeitsgebots des § 12 Abs. 1 Satz 1 SGB V sind auch hier zu beachten, so dass hierauf verwiesen werden kann.

25 Ein Sachverständiger muss daher dazu Stellung nehmen, ob beispielsweise das begehrte Hilfsmittel (zB ein bestimmtes Hörgerät) auf der einen Seite zum Behinderungsausgleich geeignet und erforderlich ist, auf der anderen Seite aber auch das Maß des Notwendigen nicht übersteigt. Denn eine nicht notwendige „Deluxe-Ausstattung“ ist vom Leistungsumfang der Krankenkasse nicht mehr umfasst und der Selbstverantwortung des Versicherten überlassen.

26 Bei Arzneimitteln ist zu beachten, dass nicht verschreibungspflichtige Medikamente ebenso wie Bagatellarzneimittel und sogenannte Lifestyle-Präparate von der Versorgung ausgeschlossen sind (vgl. § 34 Abs. 1 SGB V).

27 Für einen Versorgungsanspruch auf ein bestimmtes verschreibungspflichtiges Arzneimittel ist zunächst Voraussetzung, dass dieses nach den arzneimittelrechtlichen Vorschriften zugelassen ist.[17]

28 Es ist weiter zu beachten, dass Arzneimittel grundsätzlich nur **anwendungsbezogen** nach ihrer **konkreten Zweckbestimmung** eingesetzt werden dürfen.

29 Die Fälle, die zum Streit zwischen Krankenkasse und Versichertem führen und den Gegenstand sozialgerichtlicher Verfahren bilden, sind meist diejenigen, in denen ein Arzneimittel jenseits der anwendungsbezogenen arzneimittelrechtlichen Zulassung eingesetzt werden soll, da ein derartiger **Off-Label-Use** zulasten der gesetzlichen Krankenversicherung grundsätzlich ausgeschlossen ist.

30 Hier kann ein Versorgungsanspruch ausnahmsweise dann bestehen, wenn das off-label einzusetzende Arzneimittel **arzneimittelrechtlich verkehrsfähig** ist, es um die Behandlung einer **schwerwiegenden Erkrankung** geht, **keine andere Therapie** verfügbar ist und aufgrund der Datenlage die **begründete Aussicht** besteht, dass mit dem betreffenden Präparat ein **Behandlungserfolg** erzielt werden kann.[18]

31 Das Bundessozialgericht hat dies dahin gehend konkretisiert, dass zumindest wissenschaftliche Erkenntnisse über Nutzen und Risiken des Mittels aufgrund von Phase III-Studien vorliegen müssen.[19]

32 Aufgabe des Sachverständigen wird daher sein, sich im konkreten Einzelfall sowohl mit der vorliegenden Erkrankung und bestehenden (konservativen) Therapiemöglichkeiten, als auch mit der Daten- und Studienlage zum begehrten Off-Label-Use zu befassen. Ein gerichtlicher Beweisbeschluss sollte daher die vorgenannten Voraussetzungen bei dem Sachverständigen im Einzelnen abfragen und diesen insbesondere auch auffordern, die seiner Einschätzung zugrunde liegenden Daten und Studien zu benennen, um die Angaben verifizieren zu können (siehe hierzu die Muster-Beweisfragen zum Off-Label-Use in § 7 B I).

---

17 BSG 18.5.2004 – B 1 KR 21/02 R, NZS 2005, 308–313; BSG 4.4.2006 – B 1 KR 12/04 R, SozR 4-2500 § 27 Nr. 7 Rn. 22 – D-Ribose; BSG 8.9.2009 – B 1 KR 1/09 R, BSGE 104, 160–170, Rn. 19 mwN.

18 S. hierzu ausführlich *Beck* in jurisPK-SGB V, 3. Aufl. 3016 § 31 Rn. 45 ff.; BSG 27.3.2007 – B 1 KR 17/06 R, juris; BSG 8.11.2011 – B 1 KR 19/10 R, BSGE 109, 211–218 Rn. 16.

19 BSG 8.11.2011 – B 1 KR 19/10 R, BSGE 109, 211–218.

c) Häusliche Krankenpflege und Haushaltshilfe

Weiterer Streitgegenstand im Bereich der Leistungen zur Krankenbehandlung bzw. deren Nebenleistung stellt die Gewährung von **häuslicher Krankenpflege** und/oder **Haushaltshilfe** nach den §§ 37 und 38 SGB V dar. Die häusliche Krankenpflege nach § 37 SGB V ist von der Haushaltshilfe dadurch abzugrenzen, dass sie einem **kurativen Zweck** dient. Mit ihr soll die notwendige Heilbehandlung im häuslichen Umfeld und an anderen geeigneten Orten zur Verfügung gestellt und dadurch eine stationäre Behandlung ersetzt, vermieden oder verkürzt werden (**Krankenhausersatzpflege**, § 37 Abs. 1 SGB V) oder die Erreichung des Ziels ambulanter ärztlicher Behandlung gesichert werden soll (**Behandlungssicherungspflege**, § 37 Abs. 2 SGB V). Demgegenüber ist die Haushaltshilfe nicht im eigentlichen Sinne Krankenbehandlung, sondern sie ist wegen einer Krankenhausbehandlung bzw. einer anderen in § 38 Abs. 1 SGB V genannten Leistung der GKV eine die Krankenbehandlung begleitende Hilfe zur Weiterführung des Haushalts[20]. 33

Beiden gemeinsam ist, dass ein Anspruch nur besteht, wenn keine andere im Haushalt lebende Person die notwendigen Leistungen erbringen kann, also entweder den Kranken in dem erforderlichen Umfang pflegen und versorgen kann (§ 37 Abs. 3 SGB V) bzw. den Haushalt weiterführen kann (§ 38 Abs. 3 SGB V). 34

Die häusliche Krankenpflege ist weiter abzugrenzen von Leistungen zur Pflegeversicherung nach den Vorschriften des SGB XI[21]. 35

Während mit der häuslichen Krankenpflege die Krankheit von Versicherten (mit-)behandelt wird, sind die Maßnahmen der Sozialen Pflegeversicherung nach dem SGB XI dazu bestimmt, den pflegebedürftigen Versicherten Hilfe zu leisten und ihnen zu helfen, ein möglichst selbstständiges und selbstbestimmtes Leben zu führen (§§ 1 Abs. 4, 2 Abs. 1 Satz 1 SGB XI).[22] Leistungen der Pflegeversicherung lassen dabei grundsätzlich die Leistungen nach dem SGB V einschließlich der häuslichen Krankenpflege nach § 37 SGB V unberührt, was auch für krankheitsspezifische Pflegemaßnahmen gilt, soweit diese im Rahmen der häuslichen Krankenpflege nach § 37 SGB V zu leisten sind (§ 13 Abs. 2 SGB XI). Dementsprechend ruhen die Leistungen der Pflegeversicherung, soweit diese Leistungen im Rahmen des § 37 beansprucht werden können (§ 34 Abs. 2 Satz 1 SGB XI). Allerdings schließt § 37 Abs. 2 Satz 6 SGB V die Gewährung von Leistungen der Krankenversicherung aus, wenn Pflegebedürftigkeit nach dem SGB XI mit mindestens Pflegegrad 2 eingetreten ist. Im Verhältnis zwischen § 37 Abs. 2 SGB V und dem SGB XI verbleibt die Leistungspflicht für Leistungen der Pflegeversicherung dann bei der Pflegeversicherung, die Krankenkasse darf nur Behandlungspflege gewähren.[23] 36

Auf weitere Ausführungen zur häuslichen Krankenpflege wird an dieser Stelle verzichtet, da Streitigkeiten mit dem Gegenstand „Häusliche Krankenpflege" im sozialgerichtlichen Verfahren zwar eine durchaus beachtenswerte Rolle spielen, in den al- 37

20 *Luthe* in Hauck/Noftz SGB V 09/16 § 38 SGB V Rn. 7.
21 Im Folgenden jeweils in der Fassung vom 21.12.2015, gültig ab 1.1.2017.
22 Zu den Einzelheiten der gesetzlichen Pflegeversicherung siehe Gröne, § 5.
23 Vgl. KassKomm/*Nolte* SGB V (Stand 9/2016), § 37 Rn. 2 a–2 b mwN (zur vorhergehenden Fassung des § 37 SGB V bis 31.12.2016).

lermeisten Fällen jedoch medizinische Begutachtungen nicht erforderlich sind. Praxisrelevant sind eher Fragen der Vergütungsansprüche zwischen Leistungserbringern und Krankenkassen[24] oder in welchen Bereichen (häufig in Abgrenzung zu anderen Trägern) Leistungen der häuslichen Krankenpflege zu erbringen sind[25].

38 Die Gewährung von Leistungen der Haushaltshilfe kommt nach § 38 Abs. 1 Satz 1 SGB V für Versicherte dann in Betracht, wenn ihnen wegen Krankenhausbehandlung oder wegen einer Leistung nach § 23 Abs. 2 oder 4, §§ 24, 37, 40 oder § 41 die Weiterführung des Haushalts nicht möglich ist. Voraussetzung ist ferner, dass im Haushalt ein Kind lebt, das bei Beginn der Haushaltshilfe das 12. Lebensjahr noch nicht vollendet hat oder das behindert und auf Hilfe angewiesen ist. Darüber hinaus erhalten Versicherte auch dann Haushaltshilfe, wenn ihnen die Weiterführung des Haushalts wegen schwerer Krankheit oder wegen akuter Verschlimmerung einer Krankheit, insbesondere nach einem Krankenhausaufenthalt, nach einer ambulanten Operation oder nach einer ambulanten Krankenhausbehandlung, nicht möglich ist, längstens jedoch für die Dauer von vier Wochen. Wenn im Haushalt ein Kind lebt, das bei Beginn der Haushaltshilfe das 12. Lebensjahr noch nicht vollendet hat oder das behindert und auf Hilfe angewiesen ist, verlängert sich der Anspruch nach Satz 3 auf längstens 26 Wochen.

39 Im Rahmen der Anspruchsprüfung kann die Zuhilfenahme eines medizinischen Sachverständigen erforderlich werden, nämlich insbesondere dann, wenn zu klären ist, inwieweit die Fähigkeit zur Führung des Haushalts aus gesundheitlichen Gründen eingeschränkt ist.[26]

d) Krankenhausbehandlung

40 Der Anspruch auf Krankenhausbehandlung als spezielle Form der Krankenbehandlung richtet sich nach §§ 27 Abs. 1 Satz 2 Nr. 5, 39 SGB V. Von ihrem Umfang her stellt die Krankenhausbehandlung nach § 39 Abs. 1 Satz 3 SGB V eine **komplexe Dienst- und Sachleistung** bestehend aus ärztlicher Behandlung, pflegerischen Leistungen, Versorgung mit Arznei-, Heil- und Hilfsmitteln sowie Unterkunft und Verpflegung dar.[27] Sie umfasst alle Leistungen, die im Einzelfall nach Art und Schwere der Krankheit für die medizinische Versorgung der Versicherten im Krankenhaus notwendig sind.

41 Krankenhausbehandlung kann **vollstationär, teilstationär, vor- und nachstationär** (§ 115 a SGB V) sowie **ambulant** (§ 115 b SGB V) erbracht werden.

42 Das bereits mehrfach erwähnte Wirtschaftlichkeitsgebot des § 12 SGB V gilt auch hier, was zur Folge hat, dass eine vollstationäre Krankenhausbehandlung nur dann in Betracht kommt, wenn die Aufnahme nach Prüfung durch das Krankenhaus erforder-

---

24 Vgl. zuletzt BSG 20.4.2016 – B 3 KR 17/15 und 18/15 R, juris.

25 Z.B. LSG Thüringen 15.12.2015 – L 6 KR 1290/11 zu Insulininjektionen in einer Werkstatt für behinderte Menschen; LSG Berlin-Brandenburg 11.5.2016 – L 9 KR 144716 ER zum Herrichten und Verabreichen von Medikamenten in betreuter Wohnform; BSG 25.2.2015 – B 3 KR 11/14 R zu Maßnahmen der Behandlungspflege in einer Einrichtung der Eingliederungshilfe.

26 Zur medizinischen Notwendigkeit einer Haushaltshilfe bei Eppstein-Barr-Virus-Infektion zB Hessisches Landessozialgericht 21.4.2005 – L 1 KR 33/04, juris.

27 *Wahl* in jurisPK-SGB V 3. Aufl. 2016 § 39 SGB V Rn. 19.

lich ist, weil das Behandlungsziel nicht durch teilstationäre, vor- und nachstationäre oder ambulante Behandlung einschließlich häuslicher Krankenpflege erreicht werden kann (§ 39 Abs. 1 Satz 2 SGB V).

Für eine Leistungspflicht der Krankenkasse ist weiter erforderlich, dass die ge- 43
wünschte Behandlung in einem **zugelassenen Krankenhaus** erfolgt (§ 108 SGB V). Etwas anderes gilt allenfalls dann, wenn ein Notfall vorliegt und die erforderliche Behandlung allein in einem nicht zugelassenen Krankenhaus rechtzeitig und in ausreichendem Maße erbracht werden kann.[28]

Streitigkeiten im Bezug auf Krankenhausbehandlung betreffen in sozialgerichtlichen 44
Verfahren in der überwiegenden Zahl der Fälle Streitigkeiten zwischen Krankenhäusern und Krankenkassen zu Fragen der Vergütung und weniger Streitfragen zwischen Versichertem und Krankenkasse.[29]

Auch im Rahmen der Vergütungsstreitigkeiten zwischen Krankenhaus und Kranken- 45
kasse ist häufig sachverständige Hilfe erforderlich. So kann zB die Frage zu klären sein, ob überhaupt eine vollstationäre Krankenhausbehandlung notwendig war oder ob ggfs. teilstationäre oder ambulante Behandlungen ausreichend gewesen wären. Auch die notwendige Verweildauer im Krankenhaus, welche sich auf die Vergütung des Krankenhauses niederschlägt, muss ggfs. überprüft werden.

Schließlich kann streitig sein, ob das Krankenhaus der Abrechnung die korrekte 46
DRG[30] zu Grunde gelegt hat, so dass ggfs. seitens des Sachverständigen, der sich idealerweise auch mit der speziellen Frage der DRG-Kodierung auskennen sollte, zu prüfen ist, welche Haupt- und kodierungsrelevanten Nebendiagnosen im konkreten Behandlungsfall angebracht waren.

e) Leistungen zur medizinischen Rehabilitation

Für Versicherte besteht ein Anspruch auf Leistungen zur medizinischen Rehabilitati- 47
on sowie auf unterhaltssichernde und andere ergänzende Leistungen, die notwendig sind, um eine Behinderung oder Pflegebedürftigkeit abzuwenden, zu beseitigen, zu mindern, auszugleichen, ihre Verschlimmerung zu verhüten oder ihre Folgen zu mildern (§ 11 Abs. 2 Satz 1 SGB V).

Das Gesetz regelt auch im Rahmen der medizinischen Rehabilitation als Ausfluss des 48
Wirtschaftlichkeitsgebotes in § 40 SGB V ein **Stufensystem.** Reicht bei Versicherten eine ambulante Krankenbehandlung nicht aus, um die in § 11 Abs. 2 SGB V beschriebenen Ziele zu erreichen, erbringt die Krankenkasse aus medizinischen Gründen erforderliche ambulante Rehabilitationsleistungen in Rehabilitationseinrichtungen, für die ein Versorgungsvertrag nach § 111 c SGB V besteht (§ 40 Abs. 1 Satz 1 SGB V). Reichen ambulante Rehabilitationsleistungen nicht aus, erbringt die Krankenkasse stationäre Rehabilitation mit Unterkunft und Verpflegung in einer nach § 20 Abs. 2 a des Neunten Buches Sozialgesetzbuch (SGB IX) zertifizierten Rehabilitationseinrich-

---

28 Vgl. *Wahl* in jurisPK-SGB V 3. Aufl. 2016 § 39 SGB V Rn. 48.
29 Zur etwaigen Inanspruchnahme neuer Untersuchungs- und Behandlungsmethoden im stationären Bereich durch den Versicherten s. Rn. 15.
30 Diagnosis Related Groups (= diagnosebezogene Fallgruppen).

tung, mit der ein Vertrag nach § 111 SGB V besteht (§ 40 Abs. 2 Satz 1 Halbsatz 1 SGB V).

49 Der Begriff der **Erforderlichkeit** regelt damit den **Vor- bzw. Nachrang der einzelnen Leistungen.** Ambulante Krankenbehandlung ist vorrangig gegenüber einer ambulanten Rehabilitation, diese wiederum ist vorrangig gegenüber der stationären Rehabilitation.

50 Erforderlich sind Leistungen zur medizinischen Rehabilitation, wenn der Versicherte **rehabilitationsbedürftig** und **rehabilitationsfähig** ist und aufgrund einer **positiven Rehabilitationsprognose** eine medizinisch begründete Wahrscheinlichkeit für den Erfolg der Leistung spricht.[31]

51 Zu den vorgenannten Voraussetzungen finden sich in den §§ 8–10 der Rehabilitations-Richtlinie[32] nähere Ausführungen.

52 Begehrt ein Versicherter im Rahmen eines sozialrechtlichen Klageverfahrens die Gewährung einer vollstationären Rehabilitationsmaßnahme, so wird häufig ein Sachverständigengutachten erforderlich sein, inwieweit im konkreten Einzelfall eine Indikation für stationäre Leistungen vorliegt oder ob ggfs. ambulante Maßnahmen ausreichend sind.

53 Die Notwendigkeit stationärer Leistungen kann sich aus der Art oder dem Ausmaß der Schädigungen oder Beeinträchtigungen der Aktivitäten ergeben oder aufgrund einer stark ausgeprägten Multimorbidität, die unterschiedliche Indikationen betrifft. Auch eine mangelnde psychische Belastbarkeit, die Notwendigkeit pflegerischer Betreuung und ständiger ärztlicher Überwachung, die Notwendigkeit einer zeitweisen Entlastung und Distanzierung vom sozialen Umfeld sowie darüber hinaus ggf. indikationsspezifische Ausschlusskriterien können dazu führen, dass eine ambulante Rehabilitation nicht ausreicht.[33] Ein Anwalt sollte daher zugunsten seines Mandanten zu den vorgenannten Faktoren entsprechend vortragen bzw. diese belegen.

54 Schließlich ist auch zu berücksichtigen, dass **medizinische Rehabilitationsleistungen** (ambulant und stationär) gemäß § 40 Abs. 3 Satz 4 SGB V grundsätzlich **nicht vor Ablauf von 4 Jahren** nach Durchführung solcher oder ähnlicher Leistungen erbracht werden, deren Kosten aufgrund öffentlich-rechtlicher Vorschriften getragen oder bezuschusst worden sind.

55 Ausnahmsweise können Rehabilitationsleistungen jedoch auch **vorzeitig** in Anspruch genommen werden, wenn dies **aus medizinischen Gründen dringend erforderlich** ist. In der Regel zu bejahen ist dies im Zusammenhang mit schweren Erkrankungen, deren Nachwirkungen behandlungsbedürftig sind, etwa bei Anschlussrehabilitationsmaßnahmen.

56 In anderen Fällen, in denen Versicherte die Bewilligung einer vorzeitigen medizinischen Reha-Maßnahme begehren, ist unter Zuhilfenahme des Sachverständigen zu

---

31 *Waßer* in jurisPK-SGB V 3. Aufl. 2016 § 40 SGB V Rn. 33.

32 Richtlinie des gemeinsamen Bundesausschusses über Leistungen zur medizinischen Rehabilitation v. 16.3.2004, BAnz. Nr. 63 v. 31.3.2004, 6769, aktuelle Fassung v. 15.10.2015, BAnz AT 2.3.2016, in Kraft getreten am 1.4.2014 – abrufbar unter www.g-ba.de.

33 *Waßer* in jurisPK-SGB V 3. Aufl. 2016 § 40 SGB V Rn. 47.

klären, ob dem Versicherten ein Zuwarten auf den Fristablauf unter Berücksichtigung der Umstände des Einzelfalles zumutbar ist. In Anbetracht der Gesetzessystematik, wonach im Regelfall die Vierjahresfrist gilt, von der nur in dringenden Ausnahmefällen abzuweichen ist, ist zu fordern, dass bei Durchführung der Maßnahme erst nach Ablauf der gesetzlichen Wartezeit erhebliche gesundheitliche Schäden oder Nachteile zu befürchten wären.[34]

Liegen die Voraussetzungen für eine medizinische Rehabilitationsmaßnahme vor, besitzt der Versicherte einen **Rechtsanspruch** auf deren Bewilligung. Die Krankenkasse entscheidet sodann nach § 40 Abs. 3 Satz 1 SGB V **nach pflichtgemäßem Ermessen über das „Wie"** der Leistungserbringung, wobei das **Wunsch- und Wahlrecht** des Leistungsberechtigten nach § 9 SGB IX zu berücksichtigen ist.[35] 57

f) Krankengeldgewährung

In einer Vielzahl sozialgerichtlicher Verfahren ist über die Gewährung von Krankengeld zu entscheiden. Nach § 44 Abs. 1 Satz 1 SGB V besteht ein Anspruch auf Krankengeld für Versicherte, wenn die Krankheit sie **arbeitsunfähig** macht oder sie auf Kosten der Krankenkasse stationär in einem Krankenhaus, einer Vorsorge- oder Rehabilitationseinrichtung (§ 23 Abs. 4, §§ 24, 40 Abs. 2, 41 SGB V) behandelt werden. 58

Erforderlich ist daher zunächst, dass im Zeitpunkt der ärztlichen Feststellung der Arbeitsunfähigkeit eine **Versicherung mit Krankengeldanspruch** besteht, da Leistungsansprüche regelmäßig nur „Versicherten" zustehen.[36] Aus einem Umkehrschluss aus § 44 Abs. 2 SGB V, der den vom Krankengeld ausgeschlossenen Personenkreis normiert, ist daher zunächst die grundsätzliche Anspruchsberechtigung als Versicherter festzustellen. 59

Darüber hinaus muss Arbeitsunfähigkeit vorliegen, ein **unbestimmter Rechtsbegriff**, der im Gesetz nicht näher definiert ist. Nach der ständigen Rechtsprechung des Bundessozialgerichts ist ein Versicherter arbeitsunfähig, wenn er durch einen regelwidrigen Körper- oder Geisteszustand seine zuletzt ausgeübte Erwerbstätigkeit oder gleichgeartete Tätigkeit nicht mehr oder nur auf die Gefahr hin, dass sich sein Gesundheitszustand verschlimmert, verrichten kann.[37] Ihren Niederschlag findet diese Begriffsbestimmung in § 2 Abs. 1 der Arbeitsunfähigkeitsrichtlinie des Gemeinsamen Bundesausschusses nach § 92 Abs. 1 Satz 2 Nr. 7 SGB V.[38] 60

Aus der Natur als Rechtsbegriff folgt, dass die Voraussetzungen des Bestehens von Arbeitsunfähigkeit allein von den Krankenkassen (anhand ärztlich erhobener Befunde) und im Streitfall von den Gerichten – ggfs. unter Zuhilfenahme von Sachverstän- 61

34 Vgl. KassKom/*Brandts* SGB V § 40 Rn. 23.

35 Ausdrücklich eingefügt durch das Gesetz zur Stärkung der Versorgung in der gesetzlichen Krankenversicherung (GKV-Versorgungsstärkungsgesetz – GKV-VSG) v. 16.7.2015, BGBl. 2015 I 1214.

36 *Gerlach* in Hauck/Noftz SGB V 2/16 § 44 Rn. 36; BSG 13.7.2004 – B 1 KR 39/02 R, SozR 4-2500 § 44 Nr. 2.

37 U.a. BSG 7.12.2004 – B 1 KR 5/03 R, BSGE 94, 19, 21 Rn. 8; BSG 8.11.2005 – B 1 KR 18/04 R, SozR 4-2500 § 44 Nr. 7.

38 Richtlinie über die Beurteilung der Arbeitsunfähigkeit und die Maßnahmen zur stufenweisen Wiedereingliederung vom 14.11.2013, BAnz AT 27.1.2014 B4, zuletzt geändert 17.12.2015, BAnzAT 16.3.2016 B2, in Kraft getreten am 17.3.2016.

digengutachten – festzustellen ist.[39] Ärztliche **Arbeitsunfähigkeitsbescheinigungen** dienen zwar als zusätzliche leistungsrechtliche Voraussetzung zur Begründung des Anspruchs auf Krankengeld, da nach § 46 Satz 1 Nr. 2 SGB V der Krankengeldanspruch erst von dem Tag der ärztlichen Feststellung der Arbeitsunfähigkeit an besteht.[40] Eine Bindungswirkung im Bezug auf das tatsächliche Vorliegen von Arbeitsunfähigkeit kommt der Arbeitsunfähigkeitsbescheinigung hingegen weder gegenüber der Krankenkasse noch gegenüber dem Gericht zu. Ihr kommt lediglich die Bedeutung einer gutachtlichen Stellungnahme zu, die die Grundlage für den über den Krankengeldbezug zu erteilenden Verwaltungsakt der Krankenkasse bildet.[41]

62 Im sozialgerichtlichen Verfahren ist die Arbeitsunfähigkeitsbescheinigung **ein Beweismittel unter anderen**, wobei deren Inhalt sowohl durch andere Beweismittel als auch insbesondere durch die ex-post-Beurteilung eines ärztlichen Gutachtens widerlegt werden kann.[42]

63 Soweit das Gericht einen ärztlichen Sachverständigen zur Beurteilung der Arbeitsunfähigkeit eines Versicherten heranzieht, ist zunächst darauf zu achten, dass dem Sachverständigen durch das Gericht die notwendigen Beurteilungsgrundlagen mitgeteilt werden, die ggf. zuvor im Verfahren zu ermitteln sind.

64 Da dem Krankengeld nach Sinn und Zweck eine Lohnersatzfunktion zukommt, ergibt sich hieraus auch, dass für die Feststellung der Arbeitsunfähigkeit auf die bisherige berufliche Tätigkeit bzw. damit korrespondierend auf das jeweils konkret bestehende Versicherungsverhältnis zum Zeitpunkt der Entstehung des Krankengeldanspruchs abzustellen ist. Dieses Versicherungsverhältnis bildet auch den Maßstab für die Prüfung der Arbeitsunfähigkeit und der konkreten Pflichten des Versicherten bei Arbeitsfähigkeit.[43]

65 Es sind demnach verschiedene Fallgruppen denkbar, die jeweils unterschiedliche Beurteilungsmaßstäbe nach sich ziehen. Tritt Arbeitsunfähigkeit bei einem fortbestehenden Beschäftigungsverhältnis ein und kann der zuletzt innegehaltene Arbeitsplatz wieder eingenommen werden, so ist zur Beurteilung der Arbeitsunfähigkeit auf die Tätigkeit abzustellen, die der Versicherte zuletzt **konkret** verrichtet hat. Arbeitnehmer sind demnach arbeitsunfähig, wenn die Krankheit sie daran hindert, ihre arbeitsvertraglich geschuldete und zuletzt ausgeübte Arbeit zu verrichten.[44] Dem Sachverständigen müssen daher in einem solchen Fall die konkreten Umstände und Anforderungen der letzten Beschäftigung mitgeteilt werden, damit dieser eine Einschätzung abgeben kann, inwieweit der Versicherte aufgrund der bei ihm bestehenden Erkrankung in der Lage ist, diesen Anforderungen gerecht zu werden.

---

39 Krauskopf/*Knittel* SozKV § 44 Rn. 9; *Schmidt* in Peters Handb KV II SGB V § 44 Rn. 53 mwN.

40 Zur vielfach kritisierten Rechtsprechung des Bundessozialgerichts zur abschnittsweisen Bewilligung von Krankengeld bei zeitlich befristeter Arbeitsunfähigkeitsfeststellung und der damit verbundenen Notwendigkeit die Voraussetzungen des Krankengeldanspruchs für jeden Bewilligungsabschnitt erneut zu prüfen s. die ausführliche Darstellung zum derzeitigen Meinungsstand in *Sonnhof* in jurisPK-SGB V 3. Aufl. 2016 § 44 Rn. 29 ff. mwN.

41 BSG 10.5.2012 – B 1 KR 20/11 R, juris Rn. 14 mwN; BSG 8.11.2005 – B 1 KR 18/04 R, juris Rn. 20 mit kritischer Anmerkung von *Göbel* NZS 2007, 286.

42 *Schmidt* in Peters Handb KV II SGB V § 44 Rn. 136.

43 KassKomm/*Brandts* SGB V § 44 Rn. 30; BSG 22.3.2005 – B 1 KR 22/04 R, SozR 4-2500 § 44 Nr. 6.

44 BSG 8.11.2005 – B 1 KR 18/04 R, SozR 4-2500 § 44 Nr. 7 mwN.

Auch bei Beendigung des Beschäftigungsverhältnissens nach Eintritt der Arbeitsunfähigkeit bleibt die zuletzt ausgeübte Beschäftigung für die Beurteilung der Arbeitsunfähigkeit maßgeblich, wenn der Versicherte bei Ausscheiden aus dem Beschäftigungsverhältnis im Krankengeldbezug stand (Folge des § 192 Abs. 1 Nr. 2 SGB V). Der Beurteilungsmaßstab wandelt sich lediglich dahin gehend, dass nun nicht mehr auf die konkreten Verhältnisse des letzten Arbeitsplatzes abzustellen ist, sondern vielmehr „abstrakt“ auf die Art der zuletzt ausgeübten Beschäftigung, wobei der Kreis möglicher Verweisungstätigkeiten entsprechend der Funktion des Krankengeldes eng zu ziehen ist.[45] 66

Für eine während des Bezuges von Arbeitslosengeld nach dem SGB III eintretende Arbeitsunfähigkeit gilt hingegen ein anderer Beurteilungsmaßstab. Ein nach § 5 Abs. 1 Nr. 2 SGB V in der Krankenversicherung der Arbeitslosen Versicherter ist arbeitsunfähig, wenn er aufgrund gesundheitlicher Einschränkungen nicht mehr in der Lage ist, die Arbeiten zu verrichten, für die er sich der Arbeitsverwaltung zwecks Vermittlung zur Verfügung gestellt hat. Dem Arbeitslosen sind daher sowohl diejenigen Arbeiten zumutbar, die seiner früheren Beschäftigung entsprechen, als auch alle weiteren Arbeiten, die ihn in gesundheitlicher Hinsicht weniger belasten als die zuletzt ausgeübte Beschäftigung. 67

Eine weitere Fragestellung für den medizinischen Sachverständigen im Zusammenhang mit der Krankengeldgewährung kann die Frage sein, inwieweit bei einer zur Arbeitsunfähigkeit führenden Erkrankung **„dieselbe Krankheit“** iSd § 48 SGB V vorliegt, da dies ggf. die Dauer des Krankengeldanspruchs begrenzt. 68

Theoretisch ist die Dauer der Krankengeldgewährung zeitlich unbegrenzt. Allerdings regelt § 48 Abs. 1 Satz 1 SGB V für den Fall einer Arbeitsunfähigkeit wegen derselben Krankheit, dass Krankengeld **längstens für 78 Wochen innerhalb von drei Jahren** gezahlt wird (sog **Blockfrist**). 69

Im nächsten Dreijahreszeitraum ist trotz derselben Krankheit die Gewährung von Krankengeld wieder möglich, sofern die weiteren Voraussetzungen des § 48 Abs. 2 SGB V erfüllt sind. Es kann daher streitig sein, ob bei bereits ausgeschöpftem Krankengeldanspruch für die Dauer von 78 Wochen und späterer weiterer Arbeitsunfähigkeit innerhalb des Drei-Jahres-Zeitraums diese auf derselben Krankheit beruht oder ein neues Krankheitsgeschehen darstellt. 70

Dieselbe Krankheit liegt vor, wenn es sich um ein **im ursächlichen Sinne einheitliches Krankheitsgeschehen** handelt. Das ist der Fall, solange die Krankheit nicht ausgeheilt ist und immer wieder zu behandlungsbedürftigen und/oder Arbeitsunfähigkeit bedingenden Krankheitserscheinungen bzw. Krankheitsbeschwerden führt. Es kommt dagegen nicht darauf an, ob die Krankheitserscheinungen stets in gleicher Weise und ohne zeitliche Unterbrechung fortbestehen.[46] Der Sachverständige wird daher insbesondere zu beurteilen haben, ob die erneute Erkrankung eine **identische Krankheitsursache** hat. 71

---

45 BSG 14.2.2001 – B 1 KR 30/00 R, SozR 3-2500 § 44 Nr. 9; Bayerisches Landessozialgericht 22.8.2016 – L 5 KR 274/16 B ER, juris.

46 *Sonnhoff* in jurisPK-SGB V, 3. Aufl. 2016, § 48 Rn. 15; BSG 7.12.2004 – B 1 KR 10/03 R, juris.

72 Im Gegensatz dazu liegt eine „hinzugetretene Krankheit" iSd § 48 Abs. 1 Satz 2 SGB V dann vor, wenn während einer bereits bestehenden Arbeitsunfähigkeit eine weitere Erkrankung hinzutritt und für das Krankheitsgeschehen eine **andere medizinische Ursache** feststellbar ist.[47] Die Leistungsdauer des Krankengeldes wird durch eine hinzutretende Krankheit und daraus resultierender Arbeitsunfähigkeit nicht verlängert (§ 48 Abs. 1 Satz 2 SGB V).

B. Beweisfragen

I. Off-Label-Use

Rechtsstreit

Az.:

Beweisfragen:

1) Handelt es sich bei der bei dem Kläger bestehenden Erkrankung „XY" um eine schwerwiegende Erkrankung?
   a) Wie ist die Schwere der Krankheit gekennzeichnet?
   b) Ist die Erkrankung lebensbedrohlich?
   oder:
   c) Beeinträchtigt die Krankheit die Lebensqualität d. Kl. auf Dauer nachhaltig? Wenn ja, wodurch?
2) Besteht die begründete Aussicht, dass mit der ABC-Therapie ein Behandlungserfolg (kurativ oder palliativ) erzielt werden kann?
3) Liegen Forschungsergebnisse vor, die erwarten lassen, dass das Arzneimittel für die Indikation „XY" zugelassen werden kann?
   a) Welche sind dies?
   b) Wo sind die gewonnenen Erkenntnisse veröffentlicht?
   c) Lassen die veröffentlichten Forschungsergebnisse Aussagen über die Qualität und Wirksamkeit des Arzneimittels in dem neuen Anwendungsgebiet zu?
   d) Handelt es sich dabei um zuverlässige, wissenschaftlich nachprüfbare Aussagen?
   e) Besteht aufgrund dieser Forschungsergebnisse in den einschlägigen Fachkreisen Konsens über eine voraussichtliche, klinisch relevante Wirksamkeit respektive einen voraussichtlichen, klinisch relevanten Nutzen bei vertretbaren Risiken?
4) Sind andere Therapien verfügbar?
   Falls ja:
   a) Welche Therapien sind dies?
   b) Handelt es sich hierbei um zugelassene Therapieformen bzw. um Therapien mit zugelassenen Medikamenten?
   c) Sind die Behandlungsalternativen gegenüber der ABC-Therapie gleichermaßen wirksam? Falls ja, inwieweit?
   d) Handelt es sich dabei um wirtschaftliche Therapiemaßnahmen?
5) Was ist kritisch zu bisher im Verwaltungs- und/oder Gerichtsverfahren eingeholten Gutachten zu sagen?

II. Hilfsmittelgewährung am Beispiel der Hörgeräteversorgung

73 Gerade im Bereich der Hörgeräteversorgung ist zu berücksichtigen, dass diese nicht nur in den Zuständigkeitsbereich der Krankenkasse (als Hilfsmittelversorgung nach § 33 SGB V) fällt, sondern darüber hinaus bei beruflichem Bezug auch als Leistung

47 *Sonnhoff* in jurisPK-SGB V 3. Aufl. 2016 § 48 Rn. 20.

zur Teilhabe am Arbeitsleben vom zuständigen Rentenversicherungsträger geleistet werden kann.

Die Abgrenzung der Zuständigkeit zwischen Krankenkasse und Rentenversicherungsträger richtet sich im Außenverhältnis zum Kläger nach der Vorschrift des § 14 SGB IX, also danach, wer erstangegangener Träger war und/oder ob eine entsprechend fristgerechte und wirksame Weiterleitung des Antrages auf Hörgeräteversorgung erfolgt ist. 74

In Streitfällen zur Hörgeräteversorgung gegen die Krankenkasse wird es daher oftmals angezeigt sein, auch den Rentenversicherungsträger entsprechend beizuladen (ebenso wie umgekehrt in Streitfällen gegen den Rentenversicherungsträger eine Beiladung der Krankenkasse erfolgen sollte). Die nachfolgenden Beweisfragen beinhalten daher auch Fragen zu etwaigen beruflichen Gebrauchsvorteilen der begehrten Hörgeräteversorgung. Diese können bei fehlender Berufstätigkeit des jeweiligen Klägers denknotwendig entfallen (Fragen 8 und 9). 75

Rechtsstreit

Az.:

Beweisfragen:

1. Welche Befunde sind bei der Klägerin zu erheben und welche behandlungsbedürftigen körperlichen, geistigen oder seelischen Erkrankungen liegen vor?
2. Ist aufgrund der Befunde und Diagnosen bzw. nach Art, Dauer und Schwere der Erkrankung die Versorgung mit einem Hörgerät notwendig (dh diese Leistung ist unentbehrlich), um eine Krankheit zu erkennen, zu heilen, ihre Verschlimmerung zu verhüten oder Krankheitsbeschwerden zu lindern?
3. Ist aufgrund der Befunde und Diagnosen bzw. nach Art, Dauer und Schwere der Erkrankung die Versorgung mit einem Hörgerät notwendig (dh diese Leistung ist unentbehrlich), um den Erfolg der Krankenbehandlung zu sichern, einer drohenden Behinderung vorzubeugen oder eine Behinderung auszugleichen?

Falls 2 oder 3 bejaht wird:

4. Welches Hörgerät ist medizinisch erforderlich, um die Hörbehinderung bei der Befriedigung von Grundbedürfnissen des täglichen Lebens (hierzu gehört auch die Fähigkeit, eine berufliche Tätigkeit überhaupt ausüben zu können) auszugleichen?
5. Welches Hörgerät ist medizinisch erforderlich um die Hörbehinderung der Klägerin nach dem Stand der Medizintechnik im Sinne einer bestmöglichen Angleichung an das Hörvermögen Gesunder auszugleichen?
   Ergeben sich aus der Versorgung mit einem solchen Hörgerät für die Klägerin im allgemeinen Alltagsleben erhebliche funktionale (nicht die Bequemlichkeit oder den Nutzungskomfort betreffende) Gebrauchsvorteile gegenüber der Versorgung mit anderen – funktionell ebenfalls geeigneten – Hörgeräten, insbesondere mit Hörgeräten, die zum Festbetrag erhältlich sind?
6. Handelt es sich bei den unter 4 und 5 genannten Hörgeräten jeweils um ein Hörgerät, das zum Festbetrag oder zum Vertragspreis der Beklagten erhältlich ist?
7. Falls Ziffer 6 verneint wird: Konnte auch das zum Festbetrag erhältliche, getestete Gerät der Marke A die Beeinträchtigungen des Gehörs im gesamten Alltagsleben ausgleichen? Falls nein: Warum nicht?
8. Welches Hörgerät ist medizinisch notwendig, um Einschränkungen der Klägerin im Beruf als Verkäuferin im Geschäft XY (siehe Arbeitsplatzbeschreibung Bl..... der Gerichtsakte) auszugleichen bzw. welche konkreten beruflichen Anforderungen konnte die Klägerin ohne Hörgerät ggfs. nicht mehr erfüllen?

9. Falls es sich bei dem unter 8 genannten Hörgerät nicht um ein Hilfsmittel zum Festbetrag handelt:
   Ist die beruflich erforderliche Versorgung der Klägerin auch mit einem Festbetragsgerät, insbesondere mit dem von der Klägerin getesteten Gerät der Marke A, gewährleistet bzw. welche Nachteile wären für die Klägerin bei ihrer Tätigkeit als Verkäuferin mit dem Festbetragsgerät verbunden?
   Alternativ: Ist die beruflich erforderliche Versorgung ggf. auch mit einem Festbetragsgerät und einem zusätzlichen Hilfsmittel (zB zum Telefonieren) möglich? Falls ja, mit welchem Hörgerät und Zusatzgerät?
10. Sie werden gebeten, sich eingehend mit der vorliegenden Stellungnahme des MDK vom .... (Bl.... Verwaltungsakte) auseinanderzusetzen

III. Krankengeldgewährung

Rechtsstreit

Az.:

Die Beteiligten streiten um die Frage, ob der Kläger in der Zeit vom 1.2.2016 bis zum 31.7.2016 arbeitsunfähig erkrankt war und einen Anspruch auf Krankengeld hat. Bis zum 30.4.2016 war der Kläger als Lagerist (Anlerntätigkeit) bei der Firma XY beschäftigt. Zu dieser Tätigkeit im Einzelnen wird auf die Tätigkeitsbeschreibung und Auskunft der Firma XY, Bl.... der Gerichtsakte, verwiesen. Ab dem 1.5.2016 war der Kläger arbeitslos.

Beweisfragen:

1. Welche Erkrankungen lagen bei dem Kläger in der Zeit vom 1.2. bis zum 31.7.2016 vor?
2. Welche Leistungseinschränkungen ergaben sich in dieser Zeit aufgrund der Erkrankungen im Einzelnen?
3. Ist der Kläger aufgrund der beschriebenen Leistungseinschränkungen in der Zeit vom 1.2. bis zum 30.4.2016 arbeitsunfähig für seine Tätigkeit als Lagerist bei der Firma XY gewesen? Bitte begründen Sie Ihre Antwort ausführlich!
4. Ist der Kläger aufgrund der beschriebenen Leistungseinschränkungen in der Zeit ab dem 1.5.2016 bis zum 31.7.2016 arbeitsunfähig für
   a) eine Tätigkeit als Lagerist,
   b) leichte,
   c) mittelschwere,
   d) schwere

   vollschichtige Tätigkeiten gewesen und wenn ja, ggf. mit welchen Einschränkungen?
   Bitte begründen Sie Ihre Antwort ausführlich!
5. Aus welchen Gründen stimmen Sie überein/weichen Sie ab von den Feststellungen im MDK-Gutachten vom... (Bl. 25 Verwaltungsakte) und den Angaben des Hausarztes des Kl. Dr. S.?
6. Wird die Einholung weitere Sachverständigengutachten (ggf. welcher Fachrichtung) für erforderlich gehalten?

IV. Stationäre Rehabilitationsmaßnahme

Rechtsstreit

Az.:

Hinweis an den Gutachter:

Die Klägerin streitet um die Gewährung einer stationären Rehabilitationsmaßnahme nach § 40 SGB V.

Streitig ist zwischen den Beteiligten insbesondere die Geeignetheit einer solchen Maßnahme zu einer relevanten Verbesserung des Gesundheitszustandes der Klägerin wie auch die Frage, ob eine stationäre Reha-Maßnahme notwendig ist, insbesondere, ob die Möglichkeiten der ambulanten Krankenbehandlung ausgeschöpft sind.

Beweisfragen:

1. Welche Befunde sind bei der Klägerin zu erheben und welche behandlungsbedürftigen körperlichen, geistigen oder seelischen Erkrankungen liegen vor?
2. Ist aufgrund der Befunde und Diagnosen bzw. nach Art, Dauer und Schwere der Erkrankung eine medizinische Rehabilitationsbehandlung notwendig (dh diese Leistung ist unentbehrlich), um eine Krankheit zu erkennen, zu heilen, ihre Verschlimmerung zu verhüten oder Krankheitsbeschwerden zu lindern?
3. Ist aufgrund der Befunde und Diagnosen bzw. nach Art, Dauer und Schwere der Erkrankung eine medizinische Rehabilitationsbehandlung notwendig (dh diese Leistung ist unentbehrlich), um
   a) eine Behinderung oder Pflegebedürftigkeit abzuwenden, zu beseitigen, zu mindern oder auszugleichen,
   oder
   b) eine Verschlimmerung einer Behinderung oder Pflegebedürftigkeit zu verhüten oder ihre Folgen zu mildern?
4. Welche weiteren **ambulanten Behandlungsmöglichkeiten** bestehen am Wohnort der Klägerin?
5. Ist eine weitere **ambulante Krankenbehandlung** (einschließlich der Versorgung mit Arznei-, Verband-, Heil- und Hilfsmitteln) ausreichend, um die in Frage 2 oder 3 genannten Ziele zu erreichen?

Wenn Frage 5 verneint wurde:

6. Wären zur Erreichung der in Frage 2 und 3 genannten Ziele **ambulante Rehabilitationsleistungen**
   a. ausreichend (dh genügend und nicht mangelhaft)
   und
   b. zweckmäßig (dh geeignet und nicht überflüssig)
   und
   c. wirtschaftlich (dh in vergleichbarer Zeit nicht durch weniger aufwendige Mittel erreichbar)?

Wenn Fragen 5 und 6 verneint wurden:

7. Ist aufgrund der Befunde und Diagnosen bzw. nach Art, Dauer und Schwere der Erkrankung unter Berücksichtigung des Gesamtzustandes der Klägerin eine **stationäre Rehabilitationsbehandlung geeignet**, um die in Frage 2 und 3 benannten Ziele zu erreichen?
   Insbesondere: Können die in Frage 2 und 3 benannten Ziele über eine stationäre Rehabilitationsmaßnahme im Falle der Klägerin erreicht werden? Und ist die Klägerin gesundheitlich in der Lage, an einer stationären Rehabilitationsmaßnahme in erfolgversprechender Weise teilzunehmen?
8. Wird die Einholung zusätzlicher Gutachten, ggfs. auf welchem medizinischen Fachgebiet, für erforderlich gehalten?

V. Krankenhausbehandlungsbedürftigkeit

Rechtsstreit

Az.:

Beweisfragen:

1. Welche Krankheiten und Behinderungen lagen bei dem Versicherten Max Mustermann, geboren 1.1.1970 in der Zeit vom 2.2.2016 bis 9.2.2016 vor?
2. Welche Behandlung erfolgte tatsächlich in dieser Zeit?
3. Welche ärztliche Behandlung war zur Erkennung, Linderung, Verhütung der Verschlimmerung oder Heilung der Krankheit notwendig?
4. Erforderte die Behandlung den Einsatz der besonderen Mittel eines Krankenhauses?
   Ggf. aus welchen medizinischen Gründen waren

- eine apparative Ausstattung,
- die Betreuung durch das Krankenhauspersonal und /oder
- die Rufbereitschaft des Arztes?

notwendig?
Bitte erläutern Sie Ihre Einschätzung.

5. Wäre eine teilstationäre, vor- und nachstationäre Behandlung ausreichend gewesen?
6. Wäre eine ambulante Behandlung ausreichend gewesen?
   Bitte erläutern Sie Ihre Einschätzung.
7. Wäre eine ambulante Behandlung in Kombination mit pflegerischen, pädagogischen oder beschäftigungstherapeutischen Maßnahmen ausreichend gewesen?
   Bitte erläutern Sie Ihre Einschätzung.
8. Ggf. für welche Dauer bestand Krankenhausbehandlungsbedürftigkeit?
9. Würdigen Sie unter Beachtung der Ergebnisse zu den Fragen 1.–4. die von der Klägerin vorgenommene DRG-Kodierung.

Bitte beantworten Sie die Fragen zu Ziff. 4.-9. ausgehend von dem im Behandlungszeitpunkt verfügbaren Wissens- und Kenntnisstand des verantwortlichen Krankenhausarztes, wie er sich Ihnen aus den Akten darstellt.

Sie werden gebeten, sich mit bereits vorliegenden Gutachten kritisch auseinanderzusetzen.

C. Weiterführende Literaturhinweise:

Felix, Die Krankenhausbehandlung im Spannungsfeld von Therapiefreiheit und Wirtschaftlichkeitsgebot – Wie weit reicht die Prüfungskompetenz des MDK im Rahmen von § 275 Abs. 1 Nr. 1 SGB V?, NZS 2012, 1; *Gillner* in Bieresborn, Einführung in die medizinische Sachverständigentätigkeit vor Sozialgerichten, 2015; *Göbel*, Die Pflichten des Versicherten bei Meinungsverschiedenheiten zwischen Vertragsarzt und Medizinischem Dienst der Krankenkasse, NZS 2007, 286; *Hauck*, Medizinischer Fortschritt im Dreieck IQWiG, GBA und Fachgesellschaften: Wann wird eine innovative Therapie zur notwendigen medizinischen Maßnahme?, NZS 2007, 461; *Hauck/Noftz*, Sozialgesetzbuch SGB V, Kommentar Loseblatt; *Kasseler Kommentar zum Sozialversicherungsrecht*, Loseblatt, Stand 1.9.2016; *Krauskopf*, Soziale Krankenversicherung, Pflegeversicherung, Kommentar Loseblatt, Stand Juni 2016; *Padé*, Anspruch auf Leistungen der gesetzlichen Krankenversicherung bei Lebensgefahr und tödlich verlaufenden Krankheiten – Umsetzung des „Nikolaus"-Beschlusses des Bundesverfassungsgerichts durch die Rechtsprechung des Bundessozialgerichts, NZS 2007, 352; *Peters*, Handbuch der Krankenversicherung Teil II – Sozialgesetzbuch V, Kommentar Loseblatt, 19. Aufl. Stand 1/2016.

§ 8 Überprüfung von Beweisbeschlüssen aus anwaltlicher Sicht

A. Sozialgerichtliche Klageverfahren

I. Einleitung

Nach Eingang der Befundberichte der behandelnden Ärzte wird sich der Richter entscheiden, ob er ein gerichtliches Sachverständigengutachten einholen will oder aber dem Kläger mitteilen, dass die Klage nach Aktenlage keine Aussicht auf Erfolg hat. Gegebenenfalls wird er auf die Möglichkeit eines Gutachtens nach § 109 SGG verweisen. 1

Der Anwalt sollte mit der Klageerhebung regelmäßig die **Verwaltungsakte** der Beklagten anfordern, um seine Akte zu vervollständigen. Wenn er mit der Klage darauf hinweist, dass weiteres Vorbringen erst nach Vorlage der Verwaltungsakte und nach Eingang aller Befundberichte erfolgen wird, vermeidet er unnötige Schiebeverfügungen und Schriftverkehr. Dann sollte man als Anwalt nach Eingang der Befundberichte allerdings auch dazu Stellung nehmen, ob und in welcher Fachrichtung weitere Sachverhaltsaufklärung betrieben werden soll. Insofern hat man die erste Möglichkeit, auf das Gericht dahin gehend Einfluss zu nehmen, dass der „richtige“ Beweisbeschluss erlassen wird. 2

II. Überprüfung der Beweisfragen

Die Frage, wie Beweisbeschlüsse zu formulieren sind und welche Fragestellungen sie enthalten sollten, hängt vom jeweiligen Rechtsgebiet ab. Insofern kann auf die vorangegangenen Kapitel (§§ 3 – 7) und die jeweiligen Formulierungsvorschläge verwiesen werden. Bei undifferenziert formulierten Beweisfragen stellt sich in sozialgerichtlichen Rentenverfahren die nicht zu beantwortende Frage, welche Vorstellungen der medizinische Sachverständige von einer „leichten Tätigkeit des allgemeinen Arbeitsmarktes“ hat und ob Maßstab für seine Beurteilung möglicherweise ein Arbeitsplatz war, der in der Realität des Arbeitsmarktes nicht verfügbar ist. Unmittelbaren Einfluss auf die Formulierung eines Beweisbeschlusses – zum Beispiel durch ein eigenes Rechtsmittel hiergegen – hat der Prozessbevollmächtigte nicht. Ihm bleibt nur die Möglichkeit, ergänzende Fragen des Gerichtes an den Sachverständigen anzuregen. Da die Akte nach Erlass des Beweisbeschlusses meistens schon an den Sachverständigen weitergeleitet wird, dürfte eine Ergänzung des Beweisbeschlusses selten erfolgen. Es bleibt dann nur die Möglichkeit, nach Eingang des schriftlichen Gutachtens ergänzende Fragen zu stellen. Erst im Rahmen der Beweiswürdigung oder einer Rechtsmittelbegründung kann er gegen unrichtige Fragestellungen sinnvoll vorgehen. 3

Das Gericht sollte spätestens bei Eingang des Beweisbeschlusses – besser aber schon mit der Klageschrift – informiert werden, wenn die Verständigung mit dem Mandanten in deutscher Sprache erschwert ist oder vom Mandanten aus kulturellen oder Schamgründen ausdrücklich eine Untersuchung nur durch einen Mann oder eine Frau gewünscht wird. Der Richter wird dann entscheiden, ob die Hinzuziehung eines

Dolmetschers angeordnet oder ein anderer Sachverständiger beauftragt wird, der die Exploration des Probanden in seiner Heimatsprache durchführen kann.[1]

4 Sofern Streitgegenstand eine Rente wegen Berufsunfähigkeit ist, ist der Beweisbeschluss daraufhin zu überprüfen, ob der Sachverständige nach einem zumutbaren Verweisungsberuf gefragt wird und dessen körperliches und psychisches **Anforderungsprofil** für den Mediziner ausreichend klar definiert wird.

III. Auswahl eines „geeigneten" Sachverständigen

1. Gutachter der geeigneten medizinischen Fachrichtung

5 Unabhängig von der richtigen Formulierung der Beweisfragen ist aus anwaltlicher Sicht darauf zu achten, dass alle erforderlichen medizinischen Fachgebiete abgedeckt wurden. Aus richterlicher Sicht wäre der „Universalgutachter", der kurzfristig und kostengünstig alle Fachgebiete abdeckt, wünschenswert. Die **Spezialisierung** innerhalb der einzelnen medizinischen Fachgebiete schreitet jedoch immer weiter fort. Trotz einiger Überschneidungen bei einzelnen medizinischen Fachgebieten ist eine Beurteilung außerhalb des Fachgebietes von zusätzlichen Unsicherheiten geprägt und wird damit angreifbar. Aus diesem Grunde sind insbesondere bei multimorbiden Probanden **mehrere Gutachter** unterschiedlicher Fachrichtungen zu befragen. Die zusammenfassende sozialmedizinische Beurteilung ist dann einem der Gutachter zu übertragen. Auch bei speziellen Erkrankungen, deren Diagnose und Behandlung besondere Fachkenntnisse erfordert, kann es im Einzelfall sinnvoll sein, einen Arzt mit der entsprechenden Subspezialisierung innerhalb seines Fachgebietes zu beauftragen.

6 Hinweise und weitergehende Erläuterungen aus der Sicht der einzelnen medizinischen Fachgebiete finden sich nachstehend in den von Medizinern verfassten Kapiteln §§ 12 bis 15 dieses Buches.

2. Fortbildung zum medizinischen Sachverständigen

6a Ein Gericht kann grundsätzlich jeden Arzt zum medizinischen Sachverständigen ernennen. Um ein verwertbares Gutachten zu erstellen, sind allerdings medizinische Kenntnisse allein nicht ausreichend. Im Rahmen der Facharztausbildung soll der Mediziner zwar auch Gutachten erstellen. In der Praxis wird die Gutachtenerstellung aber häufig als lästiges Übel angesehen. Im Rahmen der ärztlichen Fort- und Weiterbildung werden von den einzelnen Ärztekammern Fortbildungsmaßnahmen angeboten. „Strukturierte curriculare Fortbildung Medizinische Begutachtung" heißt der neue Lehrplan von der Bundesärztekammer für Fachärzte, die lernen wollen, wie man Gutachten richtig formuliert. Das Curriculum umfasst 64 Zeitstunden und wird von verschiedenen Landesärztekammern angeboten.[2] Die Arbeitsgemeinschaft der Wissenschaftlichen Medizinischen Fachgesellschaften eV (AWMF) eV hat die Leitlinie „Allgemeine Grundlagen der medizinischen Begutachtung" herausgegeben,[3] an die der mit der Gutachtenerstellung beauftragte Arzt sich halten sollte.

---

1 Kahlert, Psychiatrische Sachverständigengutachten im Erwerbsminderungsrecht, ASR 3/2016, S. 91.
2 http://www.uni-wh.de/aktuelles/detailansicht/artikel/neuer-lehrplan-fuer-aerzte-die-lernen-wollen-wie-man-gutachten-schreibt/.
3 Download unter http://www.awmf.org/leitlinien/detail/ll/094-001.html.

Daneben bieten verschiedene Sozialversicherungsträger, insbesondere die DRV und die Berufsgenossenschaften, Schulungen für Ihre Beratungsärzte an und führen auch Qualitätssicherungsmaßnahmen durch. Bis vor kurzem bot die private Versicherungswirtschaft Schulungen und Zertifizierungen an. Die Universität zu Köln zertifizierte in Kooperation mit der Gen Re Business School das postgraduierte Weiterbildungsprogramm „Die Qualifizierung zum medizinischen Sachverständigen" als einen qualifizierten Abschluss im medizinischen Begutachtungswesen an. Diese Fortbildung wird neuerdings von der Dresden International University (DIU) durchgeführt (näheres siehe nachstehend § 9 Rn. 52). 6b

Für Verwaltungsgutachten oder beratungsärztliche Gutachten sind derartige Fortbildungsmaßnahmen sicherlich sinnvoll und zu begrüßen. Im vorgerichtlichen Bereich wird es in aller Regel nicht möglich sein, die medizinischen Beweisfragen im Einzelnen auszuformulieren und dem Sachverständigen konkrete Vorgaben über die von ihm zugrunde zu legenden Anknüpfungstatsachen zu geben. Insofern sind für derartige Gutachten Kenntnisse der zu beurteilenden Rechtsmaterie sinnvoll. Allerdings beinhaltet eine derartige Schulung auch das Risiko einer einseitigen Information des medizinischen Sachverständigen. Sollte der gerichtliche Gutachter derartige Schulungsmaßnahmen durchlaufen haben, muss er überprüfen, ob die vermittelten Wissensinhalte dem aktuellen wissenschaftlichen Erkenntnisstand entsprechen. Im Rahmen von Gerichtsverfahren sollten den medizinischen Sachverständigen genaue Vorgaben über die von ihm zugrunde zu legenden Tatsachen (Anknüpfungstatsachen) und die von ihm zu beurteilenden rechtlichen Grundlagen gemacht werden. Nur wenn dies erfüllt ist, lassen sich der Inhalt des Gutachtens und insbesondere auch die sozial oder versicherungsmedizinische Beurteilung inhaltlich nachvollziehen. 6c

3. Ständige Zusammenarbeit zwischen Gutachter und Prozessgegner

Arbeitet ein Gutachter ständig mit einem beklagten Versicherungsträger zusammen, indem er von diesem regelmäßig Gutachtenaufträge erhält, sollte von seiner Bestellung als gerichtlicher Gutachter Abstand genommen werden. Ob die ständige Zusammenarbeit ohne Hinzutreten weiterer Umstände für einen **Befangenheitsantrag** ausreicht, ist fraglich. Die Rechtsprechung setzt hier sehr hohe Maßstäbe an.[4] Dennoch ist der rechtzeitige Hinweis an das Gericht auf die ständige Zusammenarbeit zwischen einem Gutachter und einem bestimmten Versicherungsträger häufig ausreichend, den Richter auch ohne formellen Befangenheitsantrag davon zu überzeugen, dass die Beauftragung eines anderen Sachverständigen in Hinblick auf die Akzeptanz des Gutachtenergebnisses sinnvoller erscheint.[5] 7

4. Nicht (mehr) therapeutisch tätige Ärzte

Bedauerlicherweise wird eine Vielzahl sozialmedizinischer Gutachten nicht mehr von Ärzten, die überwiegend therapeutisch tätig sind und nur gelegentlich Gutachten 8

4 Vgl. LSG Baden-Württemberg 19.10.1998 – L 2 U 4328/97 A – E-LSG B-131 (Leitsatz 1 und Gründe), SGb 1999, 303 (Leitsatz); Plagemann, MAH Sozialrecht, § 41 Rn. 9 ff.
5 Ebenso Kahlert, ASR 3/2016, S. 90.

schreiben, erstellt, sondern von Ärzten, die sich auf Gutachtenerstellung spezialisiert haben. Diese Entwicklung hat Vor-, allerdings auch erhebliche Nachteile:

a) Hauptamtliche Gutachter

9 Die **Erwartungshaltung** des Mandanten als Auftraggeber kann nach forensischer Erfahrung ausschlaggebend für das Ergebnis einer Begutachtung sein (vgl. hierzu auch nachstehend § 9 Rn. 55). Ärzte, die überwiegend oder ausschließlich von Gutachtertätigkeiten leben, werden regelmäßig mit den in den Akten enthaltenen Meinungen der Beratungsärzte der Versicherungsträger bzw. Versorgungsämter konfrontiert. Argumente gegen die sozialmedizinische Beurteilung eines Gutachters können in aller Regel von Versicherungsträgern bei weitem substantiierter dargestellt werden als von anwaltlichen oder Verbands-Vertretern, da die Versicherungsträger/Versorgungsämter über eigene medizinische Beratungsdienste oder zumindest Beratungsärzte verfügen und zudem die einzelnen Sachbearbeiter durch die Vielzahl sehr ähnlicher Fälle viel Erfahrung besitzen. Jeder Sachverständige wird bemüht sein, seine Gutachten so zu schreiben, dass sie einer Überprüfung möglichst Stand halten und der Richter, der ihn ernannt hat, mit seinem Gutachten möglichst wenig Ärger und Arbeit hat. Ein Richter wird einen Gutachter, dessen Beurteilung regelmäßig von einem Versicherungsträger mit Erfolg angegriffen wird, zukünftig nicht mehr beauftragen.

10 Die Qualität der medizinischen Beratung von anwaltlichen Prozessvertretern ist unterschiedlich und hängt überwiegend vom Willen zur Mitarbeit und der fachlichen Qualität der behandelnden Ärzte der Parteien ab. Regelmäßig wird der Kläger eines sozialgerichtlichen Verfahrens nicht in der Lage sein, die Kosten für ein Fachgutachten eines Beratungsarztes seines Anwaltes zu bezahlen. Rechtsschutzversicherungen übernehmen die Kosten für derartige Privatgutachten nicht.

11 Nach anwaltlicher Erfahrung führt die Spezialisierung eines Arztes auf Gutachtertätigkeit und der Umstand, dass er sein Einkommen überwiegend hieraus bestreitet, häufig dazu, dass er mit größer werdender beruflicher Erfahrung immer **verwaltungsfreundlicher** wird.

b) Begutachtungsinstitute

12 Ein besonderes Augenmerk ist dabei auf Ärzte zu legen, die sich als „Institut für ärztliche Begutachtung“ bezeichnen und damit nach außen hin werbend zu erkennen geben, dass sie um Gutachtenaufträge seitens der Gerichte, der Verwaltung oder privater Auftraggeber bemüht sind. Ein gerichtlicher Sachverständiger, der qualifizierte Arbeit leistet, hat eine derartige **Pseudo-Aufwertung** seiner Kompetenz in aller Regel nicht nötig! Durch die selbstgewählte Bezeichnung zeigt er lediglich, dass er vom regelmäßigen Eingang von Gutachtenaufträgen **wirtschaftlich abhängig** ist.

c) Sachverständige im Rentenalter

13 Die Altersgrenze für Kassenzulassungen bei den gesetzlichen Krankenkassen gilt nicht für die ärztliche Approbation. Der Arzt kann seine Tätigkeit in einer Privat- oder Gutachtenpraxis weiter ausüben. Einerseits ist es begrüßenswert, wenn ärztliches Erfahrungswissen auch nach Ende der therapeutischen Tätigkeit zur Verfügung gestellt wird. Anderseits ist zu berücksichtigen, dass die **„Halbwertzeit“ fachärztlichen Wis-**

sens je nach Fachrichtung zwischen drei und fünf Jahren liegt. Unabhängig von der jeweiligen geistigen Flexibilität des Sachverständigen im Rentenalter, die individuell sehr unterschiedlich ausfallen kann, ist daher zu fordern, dass der pensionierte Sachverständige sich durch Fachliteratur und Besuche von Fortbildungsveranstaltungen über die Änderungen auf seinem Fachgebiet und der Qualitätsanforderungen im Begutachtungswesen fortlaufend informiert.

5. Pauschalvereinbarungen mit Gutachtern

Auch die Sozialgerichte stehen unter Kostendruck. Selbst wenn der einzelne Richter 14 noch nicht „budgetiert" ist, wird er doch darauf achten, dass er in der Statistik nicht dadurch auffällt, dass er unnötig hohe Gutachtenkosten produziert. Es besteht daher die Neigung der Richter, Gutachter auszusuchen, die nicht nur gerichtserfahren sind, sondern darüber hinaus auch „preisgünstig" arbeiten. Der hierdurch für den Sachverständigen entstehende Zeitdruck kann sich gerade bei arbeitsintensiven psychiatrischen Gutachten auf die Qualität des Gutachtens auswirken.[6]

Die Sozialgerichtsbarkeit ist dazu übergegangen, Pauschalvereinbarungen mit be- 15 stimmten Gutachtern für die Erstellung von Gutachten ihres jeweiligen Fachgebietes zu treffen. Bei derartigen Pauschalvereinbarungen wird also nicht mehr der individuelle Aufwand für die Erstellung des jeweiligen Gutachtens honoriert.

Der Arbeitsaufwand sowohl für den Anwalt als auch für den Sachverständigen kann 16 in Abhängigkeit von Krankheiten und der Persönlichkeitsstruktur des Klägers jedoch völlig unterschiedlich sein. Pauschalierungsvereinbarungen führen dazu, dass der Arzt Gutachten nicht nur in großer Anzahl erstellt, sondern Aktenstudium und Untersuchung unter hohem **Zeitdruck** durchführt. Dass hierdurch Fehler bei der vollständigen Erfassung des Sachverhaltes und der Befunde seiner Fachkollegen entstehen können, ist nachvollziehbar.

6. Terminsärzte

Von einigen Sozialgerichten, etwa beim Sozialgericht Landshut, werden sogenannte 17 „Terminsärzte" in Verfahren herangezogen, in denen der Kläger im ehemaligen Jugoslawien lebt und zur mündlichen Verhandlung anreist. Eine Untersuchung durch den Terminsarzt erfolgt entweder am Terminstag oder einen Tag zuvor. Das Gutachten wird dann in der Verhandlung mündlich erstattet. Eine derartige Vorgehensweise ist vom BSG nicht für von vornherein als unzulässig angesehen worden. Allerdings ist bei der Würdigung eines solchen Gutachtens zu beachten, dass der Partei in jedem Falle Gelegenheit gegeben werden muss, vor einer Stellungnahme gegebenenfalls **Rücksprache mit einem eigenen Arzt** zu nehmen, so dass ein **Vertagungsantrag** in aller Regel begründet sein dürfte.

7. Sitzungsärzte

Von dem Terminsarzt zu unterscheiden ist die Hinzuziehung eines Sitzungsarztes, wie 18 er heute noch in norddeutschen Gerichten üblich ist. Hierbei handelt es sich um einen

6 Vgl. Kahlert, ASR 3/2016, Seite 91.

Arzt, dem zuvor die Akten zur Durchsicht überlassen wurden und der oft nach ergänzender Anhörung des Klägers dem Gericht sein Gutachten mündlich erstattet. Die Beurteilung des Sitzungsarztes muss seinen Niederschlag im Sitzungsprotokoll finden. Das Recht, danach weitere **Beweisanträge** zu stellen, die insbesondere auf ergänzende oder neue Untersuchungen gerichtet sind, muss den Parteien aber eingeräumt werden. Dies kann einen Anspruch des Klägers auf **Vertagung** des Rechtsstreits begründen.

IV. Befragung der Mandanten über den Gang der Untersuchung

19 Ob sich der Sachverständige aus der Sicht des Mandanten die erforderliche Zeit für die Erstellung des Gutachtens genommen hat und unter welchen sonstigen Kriterien die Begutachtung abgelaufen ist, lässt sich durch eine schriftliche Befragung der Mandanten ohne großen Zeitaufwand für den Anwalt mittels eines **Fragebogens** eruieren. Eine derartige schriftliche Befragung nach der Untersuchung (vgl. nachstehenden Vorschlag im Anhang A. Nr. 6) hat auch den Vorteil, dass etwaige Gründe für die Ablehnung wegen Befangenheit unverzüglich bekannt werden. Befangenheitsanträge sind nach § 60 Abs. 1 SGG iVm §§ 42 Abs. 2, 406 Abs. 2 ZPO innerhalb einer Frist von zwei Wochen zu stellen. Ein Fragebogen über den Gang der Untersuchung, der mit dem Beweisbeschluss an den Mandanten versandt wird und üblicherweise mit großer Akribie beantwortet wird, bietet zudem den Vorteil, dass Erfahrungswerte über die Vorgehensweise des Sachverständigen in einer größeren Fallzahl gesammelt werden können.

20 Wenn einem Gericht anwaltlich versichert werden kann, dass ihm nicht nur der eine, sondern zuvor bereits zehn oder mehrere andere Mandanten berichtet haben, dass die Untersuchung durch einen orthopädischen Sachverständigen maximal zehn Minuten gedauert hat, macht dies auf den Richter bedeutend mehr Eindruck als eine Einzeldarstellung.

21 Ein Verweis auf das so angesammelte Wissen hilft auch, die von fast jedem Mandanten gestellte Frage, ob der vom Gericht benannte Gutachter auch wirklich unparteiisch ist, glaubwürdig zu beantworten.

V. Alternativen zum Befangenheitsantrag

22 Nicht in jedem Falle muss ein formeller Befangenheitsantrag gestellt werden. Sozialrichter versuchen in der Regel, materielle Gerechtigkeit zu schaffen und sind im kollegialen Gespräch an Informationen über die Gründe, die zu fehlender Akzeptanz der von ihnen in Auftrag gegebenen Gutachten führen können, interessiert. Die Neuregelung des § 404 Abs. 2 ZPO ab dem 15.10.2016 eröffnet dem Richter als „Kann- Vorschrift" die Möglichkeit, die Parteien vor Ernennung des Sachverständigen zu dessen Person anzuhören (vgl. vorstehend § 2 Rn. 25). Die wenigsten Richter haben Interesse daran, über einen Befangenheitsantrag entscheiden zu müssen, wenn sich entsprechende Streitpunkte schon im Voraus für zukünftige Fälle klären lassen. Es bleibt abzuwarten, in welchen Fällen die Sozialrichter von dieser Möglichkeit Gebrauch machen werden.

Vielen Richtern ist an einem Einverständnis mit den von ihnen beauftragten Gutachtern auch deshalb gelegen, weil dies der Befriedung der Parteien entweder durch eine vergleichsweise Regelung oder eine Klagerücknahme dient. **Beweisbeschlüsse können** übrigens bis zur Untersuchung des Klägers von Amts wegen **abgeändert werden!** 23

Hinweis: Ein **Ablehnungsantrag** ist spätestens innerhalb einer **Frist von zwei Wochen** nach Verkündung oder Zustellung des Beweisbeschlusses über die Ernennung zu stellen. Später ist die Ablehnung nur zulässig, wenn der Antragsteller glaubhaft macht, dass er ohne sein Verschulden verhindert war, den Ablehnungsgrund früher geltend zu machen, § 406 Abs. 2 ZPO. 24

VI. Weiteres Vorgehen bei positiven Gutachten

Bei entsprechender „Selektion" der Mandanten durch Befragung bei der Mandatsannahme und Ablehnung von Mandaten, die schon nach den eigenen Angaben nicht erfolgreich sein können (und deshalb keine schlüssige Klagebegründung zulassen), erhält der Anwalt ca. in der Hälfte aller Fälle Gutachten, in denen der gerichtliche Sachverständige die Auffassung vertritt, dass den Verwaltungsgutachten nicht gefolgt werden könne. Wenn derartige Gutachten unverzüglich nach Eingang ausgewertet werden und das Ergebnis kurz in einem Schriftsatz zusammengefasst wird, besteht die Möglichkeit, der Gegenseite eine **Regelung durch Anerkenntnis** oder Vergleich vorzuschlagen. Diese Vorgehensweise vermeidet unnötige Verhandlungstermine und beschleunigt die Verfahrenserledigung. 25

Dagegen bringt es nichts, dem Mandanten das oder die Gutachten kommentarlos zuzusenden und auf eine Reaktion der Gegenseite zu warten. Dies provoziert nur unnötige Kopierkosten und Rückfragen des Mandanten. In aller Regel ist der Mandant völlig zufrieden mit dem kurzen anwaltlichen Hinweis, dass und warum das Gutachten positiv ausgefallen ist, dass die Gegenseite seinen berechtigten Anspruch alsbald anerkennen möge und er das Gutachten nach Abschluss des Verfahrens erhalten werde. 26

Wenn der Mandant (und der Anwalt) etwas Glück haben, kommt es alsbald zu einer Einigung im Verfahren, die ein Warten auf einen Verhandlungstermin entbehrlich macht. 27

Hinweis: Dass Gutachten immer umfangreicher werden, ist hinsichtlich der Qualität zu begrüßen, führt aber durch Kopieren und Versenden der Gutachten zu erheblichen Kosten. Wenn die Originalgutachten an den Mandanten versandt werden, ist häufig festzustellen, dass diese trotz entsprechender Aufforderung nicht zurückgegeben werden. Seit der Neuregelung des RVG soll die Anfertigung von Kopien zur Information des Auftraggebers nicht mehr gesondert zu vergüten sein. Die Bitte, Anwälten die Gutachten in doppelter Ausfertigung zu überlassen, ist für die Gerichte zwar nicht bindend, stößt aber zunehmend auf Verständnis bei den Richtern. 28

Es entspricht anwaltlicher Erfahrung, dass der sachlich begründete Vorschlag, das Verfahren durch Anerkenntnis oder Vergleich ohne mündlichen Termin zu beenden, von den Richtern häufig positiv aufgenommen und ihrerseits mit einem entsprechenden bekräftigenden Hinweis an die Beklagte weitergeleitet wird. 29

B. Zivilgerichtliche Verfahren

I. Anforderung von Befundberichten durch den Anwalt

30 Da der Amtsermittlungsgrundsatz in Verfahren vor den Zivilgerichten nicht gilt, werden von den Gerichten keine **Befundberichte** von den behandelnden Ärzten angefordert.

31 Berichte von Krankenhäusern und Fachärzten enthalten zwar auch Diagnosen und ggf. Therapieempfehlungen. In welcher Intensität und Dauer die Therapie durchgeführt wurde und zu welchem Erfolg (oder Misserfolg) sie geführt hat, ist derartigen Berichten aber meist nicht zu entnehmen. Wenn Befundberichte (zB bei erfolgloser Therapie chronischer Erkrankungen) für die Verlaufsbeurteilung im medizinischen Gutachten wichtig werden, müssen sie vom Rechtsanwalt der klagenden Partei beigebracht werden (zur Verlaufsbeurteilung vgl. nachstehend § 9 Rn. 21 ff. und § 11 Rn. 78 f.).

32 Der Anwalt wird diese Befundberichte von den behandelnden Ärzten schriftlich anfordern müssen. Dabei ist auf genaue Fragestellungen zu achten, um die aus der Sicht des medizinischen Sachverständigen wichtigen Informationen über bisher gestellte Diagnosen und durchgeführte Therapien in Erfahrung zu bringen. Der Arzt muss auch schriftlich (zB über die entsprechend erweiterte Vollmacht) oder vom Patienten unmittelbar von seiner ärztlichen Schweigepflicht entbunden werden. Um unliebsame Überraschungen für den Anwalt zu vermeiden, muss auch die Kostenfrage zunächst mit dem Mandanten geklärt und der Arzt dann aufgefordert werden, die Rechnung auf seinen Patienten auszustellen.

33 Zu fragen ist insbesondere nach dem Beginn der Behandlung, den Diagnosen, bisher eingeleiteten Therapiemaßnahmen und deren Ausgang sowie der Prognose in Abhängigkeit von der jeweiligen Beweisfrage, die sich nach dem Streitgegenstand des Verfahrens richtet. Ein Muster eines Anschreibens an einen behandelnden Arzt für ein Verfahren wegen Berufsunfähigkeit findet sich im Anhang A III. Nr. 9 dieses Buches.

II. Formulierung der Beweisfragen durch den Anwalt

34 Anders als in Verfahren, die nach dem Amtsermittlungsgrundsatz betrieben werden, ist der Zivilrichter an **Beweisanträge** gebunden, wenn das Beweisthema entscheidungserheblich ist. Dies gilt auch dann, wenn der Richter vorgerichtlich eingeholte Gutachten für überzeugend hält. Bei den Beweisanträgen muss sich der Anwalt am Streitgegenstand und somit an den jeweils vereinbarten Versicherungsbedingungen orientieren. Die pauschale Frage nach Rechtsbegriffen, wie zB Berufsunfähigkeit, ist unzulässig. Der **Begriff der Berufsunfähigkeit** ist nicht einheitlich durch allgemeingültige Versicherungsbedingungen oder durch Rechtsprechung definiert! Es ist immer zuerst nach den tatbestandlichen Voraussetzungen, die in den Versicherungsbedingungen des jeweils zu beurteilenden Versicherungsvertrages vereinbart sind, zu fragen.

35 Dementsprechend ist auch der Beweisbeschluss dahin gehend zu überprüfen, ob er insbesondere genaue Angaben über das versicherte Risiko oder die versicherte Tätigkeit enthält, da dem Sachverständigen ansonsten die Ermittlung von Anknüpfungs-

tatsachen oder die Beurteilung nicht in sein Fachgebiet fallender Rechtsfragen übertragen wird.

III. Angriffs- und Verteidigungsmittel

Bezüglich der Anforderungen an Gutachten und Angriffsmittel gegen ungünstige Gutachten kann wegen der Verweisung in § 202 SGG auf die ZPO (mit Ausnahme des Kapitels VII. zu § 109 SGG), ansonsten auf die vor- und nachstehenden Ausführungen zum Beweis in anderen Verfahrensordnungen verwiesen werden. 36

C. Verwaltungsgerichtliche Rentenverfahren

Die Verwaltungsgerichte sind zuständig für Klagen in Rentenangelegenheiten aus den **berufsständischen Versorgungswerken** und der **Beamtenversorgung.** In der Verwaltungsgerichtsbarkeit gilt zwar der Amtsermittlungsgrundsatz. Dass Befundberichte eingeholt werden, ist aber zumindest in Nordrhein-Westfalen nicht üblich. Wenn das Verwaltungsgericht entsprechenden Beweisanträgen nicht nachkommt, wird der Anwalt gehalten sein, derartig Befundberichte wie im Zivilverfahren von den behandelnden Ärzten anzufordern. 37

Auch ist die Neigung der Verwaltungsrichter, sozialmedizinische Gutachten einzuholen, eingestandenermaßen gering.[7] Anwaltliche Kritik am Inhalt sozialmedizinischer Gutachten, die von den Versorgungsträgern in Auftrag gegeben worden sind, wird – wenn überhaupt – erst mit erheblicher Verzögerung ernstgenommen und in einen Beweisbeschluss umgesetzt. Ein Antragsrecht, wie etwa nach § 109 SGG, gibt es im verwaltungsgerichtlichen Verfahren nicht. 38

Statt später im Prozess mit **Parteigutachten** zu arbeiten, empfiehlt es sich daher, den Gesundheitszustand und das Leistungsvermögen des Mandanten schon bei Antragstellung durch ein entsprechendes Parteigutachten eines geeigneten Sachverständigen darzustellen. Bei Erteilung des Gutachtenauftrages und der Formulierung der Beweisfragen ist auf die jeweilige Definition des Begriffes der „Berufsunfähigkeit" in der Satzungsbestimmung des jeweiligen Versorgungsträgers abzustellen. Nach den dort üblichen Definitionen muss das Leistungsvermögen bis zum Eintritt der Berufsunfähigkeit weit mehr herabgesunken sein als im Bereich des Privat- oder Sozialversicherungsrechtes. Dies ist bewusst so streng geregelt, um die (Pflicht!-)Beiträge für die Versorgungswerke möglichst gering zu halten. Bei der Kalkulation des Beitragsanteils für Berufsunfähigkeitsrenten ist im Bereich der Privatversicherung versicherungsmathematisch ein ständig wachsender Bedarf festgestellt worden, der zur Anpassung der Versicherungsbedingungen und Neukalkulation der Prämien geführt hat. Dieses Problem wollen die berufsständischen Versorgungsträger durch hohe Anforderungen an die gesundheitlichen Einschränkungen, die zur Berufsunfähigkeit führen, möglichst vermeiden. 39

7 Vgl. Zitate aus dem Schreiben des Präsidenten des OVG NRW an den Justizminister vom 24.2.2003, AnwBl. 2004, 106.

§ 9 Qualitative Anforderungen an medizinische Sachverständigengutachten

A. Aktuelle Forschungs- und Qualitätssicherungsvorhaben

I. Wissenschaftliche Forschung

1 Wissenschaftliche Forschung über Fragen der sozialmedizinischen Begutachtung wurde an den deutschen Hochschulen zunächst für den Bereich der Zusammenhangsbegutachtung in der gesetzlichen Unfallversicherung betrieben.[1] Seit mehreren Jahren beauftragt auch die deutsche Rentenversicherung Universitäten mit Projekten zur Qualitätssicherung in der Begutachtung, die in die Leitlinien zur Begutachtung einfließen.

II. Qualitätssicherungsmaßnahmen einzelner Sozialversicherungsträger

2 Verschiedene Sozialversicherungsträger haben Qualitätssicherungsmaßnahmen durchgeführt und die Arbeitsergebnisse aus dem Bereich der Sozial-, aber auch speziell der Rehabilitationswissenschaft veröffentlicht[2] und in Leitlinien zusammengefasst.[3] Gutachter, die insbesondere für die Deutsche Rentenversicherung tätig sind, können sich auf vielfache Ausarbeitungen aus den letzten vierzehn Jahren beziehen. Hier wurden Begutachtungsstandards[4] entwickelt, die für den Gutachter selbst maßgeblich sind, aber auch für die Überprüfung im sogenannten „Peer-Review-Verfahren"[5] der Deutschen Rentenversicherung[6].

Die Forschungsergebnisse der anderen Sozialversicherungszweige werden überwiegend in Fachzeitschriften wie bspw. „Der medizinische Sachverständige" (Gentner Verlag) und „Das Gesundheitswesen (Thieme Verlag) veröffentlicht.

3 Die von der Deutschen Rentenversicherung veröffentlichten Begutachtungsstandards geben – trotz aller Fortentwicklung – immer noch keine klaren Kriterien für die Bewertung individueller Faktoren des Kranken zur Besserungsprognose und auch keine klaren Entscheidungshilfen für die Bewertung des Leistungsvermögens im Hinblick auf die „üblichen Bedingungen des allgemeinen Arbeitsmarktes" vor. Wenn allerdings ein Gutachten den dort aufgestellten Anforderungen nicht entspricht, sind Zweifel an dessen Verwertbarkeit angebracht.

---

1 Vgl. zB Medizinische Beurteilungskriterien zu bandscheibenbedingten Berufskrankheiten der Lendenwirbelsäule (I) Konsensempfehlungen zur Zusammenhangsbegutachtung der auf Anregung des HVBG eingerichteten interdisziplinären Arbeitsgruppe.

2 Vgl. SOMEKO Abschlussbericht, DRV Schriftenreihe, Bd. 53, recherchierbar unter www.deutsche-rentenversicherung.de, Suchwort „someko".

3 Leitlinien für die sozialmedizinische Begutachtung, DRV, Januar 2007, recherchierbar unter www.deutsche-rentenversicherung.de, Suchwort „Leitlinien".

4 Sozialmedizinische Begutachtung für die gesetzliche Rentenversicherung – DRV Bund, (Hrsg.), 7. Aufl. 2011.

5 Ein Peer-Review ist im Wissenschaftsbetrieb ein Verfahren zur Qualitätssicherung von wissenschaftlichen Publikationen. Dabei werden unabhängige Gutachter aus dem gleichen Fachgebiet wie die Autoren herangezogen, um die Eignung zur Veröffentlichung zu beurteilen.

6 Qualitätssicherung der sozialmedizinischen Begutachtung, Manual zum Peer Review-Verfahren, 28.1.2013, recherchierbar unter **www.deutsche-rentenversicherung.de – Infos für Experten – Sozialmedizin & Forschung – Sozialmedizin – Begutachtung** – Qualitätssicherung der Begutachtung.

Einigkeit besteht darüber, dass die **prognostische Aussagefähigkeit** als Schlüsselkompetenz der sozialmedizinischen Begutachtung der Zukunft angesehen werden muss. Besonders prognostische Aussagen zu erfolgreicher Intervention von therapeutischen und rehabilitativen Prozessen erfordern eine beständige Adaption von wissenschaftlichen Erkenntnissen aus der medizinischen Forschung sowie generell der Gesundheitsforschung. 4

Die Forschungsvorhaben der gesetzlichen Sozialversicherungsträger gehen von **rehabilitativen und präventiven Ansätzen** aus. Nach dem Grundsatz „Rehabilitation vor Rente" sollen die von der Verwaltung eingeholten Gutachten trägerübergreifend die Möglichkeiten der Reintegration in den Arbeitsprozess darstellen. Für die Begutachtung der Leistungsfähigkeit in Rentenverfahren ergeben sich hieraus folgende **Forderungen:** 5

- Die sozialmedizinische Begutachtung sollte im Hinblick auf den Rehabilitationszugang unlösbar verknüpft mit der Frage der **Rehabilitationsprognose** erfolgen.
- Die sozialmedizinische Beurteilung bewertet die **Leistungsfähigkeit im Erwerbsleben in Bezug auf eine bestimmte Tätigkeit.**
- Das **Anforderungsprofil** dieser Tätigkeit muss dem medizinischen Sachverständigen vorgegeben werden.

B. Assessments und ICF als Entscheidungshilfen

Die Diskussion über die Evidenzbasierung der Medizin findet ihren Niederschlag auch in der Sozialmedizin. Das internationale System zur Klassifizierung von Funktionsfähigkeit, Behinderung und Gesundheit (**ICF = International Classification of Functioning Disability and Health), beruhend auf dem bio-,psycho,- sozialen Modell,**[7] soll nach den gemeinsamen Empfehlungen der Bundesarbeitsgemeinschaft für Rehabilitation (BAR) im Bereich der sozialmedizinischen Begutachtung angewandt werden.[8] In der aktuellen Gesetzgebung hat dies in § 2 Bundesteilhabegesetz (BTHG)[9] Niederschlag gefunden. Durch die Einbeziehung der „Wechselwirkungen mit einstellungs- und umweltbedingten Barrieren" in den Behinderungsbegriff des Bundesteilhabegesetzes sind die sog „Kontextfaktoren"[10] bei der Begutachtung zu berücksichtigen. Durch das BTHG soll die UN-Behindertenrechtskonvention[11] in nationales Recht umgesetzt werden[12]. 6

7 Recherchierbar unter www.dimdi.de– Klassifikationen – ICF.

8 Gemeinsame Empfehlungen der Bundesarbeitsgemeinschaft für Rehabilitation, ICF Praxisleitfaden 1, recherchierbar unter www.bar-frankfurt.de, – Publikationen – aktueller Stand 1.12.2016; ebenso Gagel/Schian, Die Dominanz der Rehabilitation bei Bearbeitung und Begutachtung in Rentenverfahren, Sgb 2002, S. 529 ff.; Schian in: Hackhausen (Hrsg.), Personenorientierte Diagnostik und Begutachtung, 1999.

9 Inkrafttreten ab 1.1.2018; vgl. Deutscher Bundestag – 18. Wahlperiode – 23 – BT-Drs. 18/9522.

10 Kontextfaktoren sind iSd ICF alle Gegebenheiten des Lebenshintergrundes einer Person, sie gliedern sich in sogenannte personenbezogene Faktoren und in sogenannte Umweltfaktoren.

11 Siehe https://www.behindertenrechtskonvention.info.

12 Weiterführend: Die Internationale Klassifikation der Funktionsfähigkeit, Behinderung und Gesundheit, Expertise im Auftrag der DGRW eV der Universität Magdeburg-Stendal vom 22.2.2015 (Wenzel/Morfeld), recherchierbar unter http://www.dgrw-online.de/files/icf_expertise_dgrw_homepage.pdf.

7 Eine spezielle Gruppe innerhalb der Rentenversicherung hat sich mit der Beurteilung des Leistungsvermögens bei Vorliegen psychischer Störungen befasst.[13] Insbesondere bei der Begutachtung psychischer Störungen sind nach aktuellen wissenschaftlichen Erkenntnissen die Kontextfaktoren zu berücksichtigen. Die personenbezogenen Kontextfaktoren sind bei sozialmedizinischer Begutachtung immer zu berücksichtigen. Die Kontextfaktoren der ICF sind bislang nicht systematisiert worden. Ob dies zielführend ist, wird wissenschaftlich derzeit kontrovers diskutiert[14].

8 Mit den herkömmlichen Mitteln der Diagnostik ist die Beurteilung der Leistungsfähigkeit nicht immer zweifelsfrei möglich. Daher haben sich zunächst im Ausland genau an diesem Punkt der Beurteilung der Leistungsfähigkeit FCE Systeme oder sog Assessments (= Beurteilungssysteme) zur Messung der „Functional Capacity" etabliert. Insbesondere die gesetzliche Rentenversicherung hat sich mit der Frage der Bewertung des arbeitsbezogenen Leistungsvermögens befasst und eine FCE-Studie durchgeführt.[15] Diese Assessment-Systeme setzen genau an der Stelle der sog „Deduktionslücke", also der Schnittstelle der Diagnose und Leistungsbeurteilung an und sollen dem Rechtsanwender die **Nachvollziehbarkeit** des für ihn entscheidenden Teils des Gutachtens ermöglichen.

9 Sozialmediziner der Rentenversicherung und der gesetzlichen Krankenversicherung untersuchen derzeit, welche der vorhandenen Assessments sinnvollerweise in ihren Bereich einbezogen werden können und welche Erkenntnisse man aus Verfahren gewinnen kann, die in Reha-Kliniken und anderen Gutachterinstitutionen verwendet werden. Diskutiert wird auch eine dritte Möglichkeit, nämlich speziell für sozialmedizinische Begutachtung handhabbare wirtschaftliche und aussagekräftige validierte Instrumente zu schaffen. Die Diskussion, inwieweit man einerseits auf die ICF oder andererseits auf bereits für diese Zwecke ausgewertete Assessment-Verfahren zurückgreifen kann, ist noch nicht abgeschlossen.[16]

10 Derzeit werden von den medizinischen Diensten der Sozialversicherungsträger zwei Bestrebungen für zielführend gehalten:

- die Studien mit FCE-Systemen voran zu treiben und diese auf die Basis der ICF zu stellen;
- die Studien über die Anwendung von Profilvergleichungssystemen voran zu treiben, weil hier die Kernfrage, nämlich die des Vergleichs von Anforderungs- und Fähigkeitsprofil, auf verschiedenste Art und Weise bereits gestellt wird.

11 Bis zur Etablierung eines bestimmten Systems und dessen Anerkennung durch die Rechtsprechung bleibt dem Rechtsanwender zunächst die Möglichkeit, auf einer **Klassifizierung der vom Gutachter festgestellten Erkrankungen nach dem ICD10-Sys-**

---

13 IREPRO Abschlussbericht Projekt 91, 2005, Einführung, S. 6.; Abschlussbericht des NRW-Forschungsverbundes Rehabilitationswissenschaften 2002–2006, http://www.rehaforschung-nrw.de/cms/upload/pdf/Abschlussbericht_2002_2006_Internet.pdf.

14 Vgl. *Cibis*, Klassifikation der Personbezogenen Faktoren der ICF: Die Vertreibung aus dem „Paradies der Unwissenheit und Intransparenz"?, www.reha-recht.de – Fachbeiträge – C: Sozialmedizin und Begutachtung – Beitrag C6-2015.

15 FCE-Systeme zur Beurteilung der arbeitsbezogenen Leistungsfähigkeit, Abschlussbericht Oktober 2003, DRV Schriftenreihe, Bd. 44; siehe auch Fn. 16.

16 Vgl. Assessment-Katalog des IQPR unter www.assessment-info.de.

tem[17] zu bestehen. Dabei sind die Leitlinien zur Diagnose und Behandlung der jeweiligen Fachgesellschaft zu beachten.[18] Dies versetzt den Rechtsanwender in die Lage, die Erkrankungen, die der Gutachter bei seiner Bewertung zugrunde gelegt hat, mit den Erkrankungen, die von den behandelnden Ärzten festgestellt worden sind, zumindest hinsichtlich der Identität der Diagnosen zu vergleichen.

C. Die Beurteilung der Leistungsfähigkeit

I. Fragestellungen an den Gutachter

Der Begriff der „Leistungsfähigkeit" wird in den verschiedenen Büchern des SGB im 12
Vergleich zu der ICF nicht übereinstimmend gebraucht. Die vom Arzt zu beurteilende Leistungsfähigkeit ist abhängig vom jeweiligen Rechtsgebiet. Die entscheidungsrelevante Fragestellung zu formulieren, ist zunächst Aufgabe der Verwaltung bzw. der Juristen. Von der richtigen Fragestellung hängt wesentlich die Qualität des Gutachtens ab. Ist die Fragestellung nicht ausreichend präzisiert, wird der Gutachter – ob er will oder nicht – zu vielen formalen Bewertungen veranlasst, die ganz nah an der juristischen Fragestellung liegen. Bei Unklarheiten oder einseitigen Fragestellungen ist es Aufgabe des Gutachters, Rückfrage beim Auftraggeber zu halten, um unrichtige Ergebnisse zu vermeiden.

Die **Qualität des Gutachtens** bestimmt also maßgeblich der Auftraggeber durch seine 13
möglichst präzisen Fragestellungen über die juristisch entscheidungserheblichen Sachverhalte.

Die Verwaltung kann – anders als die Sozialgerichtsbarkeit – nicht in jedem Einzelfall 14
umfangreich formulierte Fragenkataloge in Form eines Beweisbeschlusses versenden. Dem für die Verwaltung tätigen Gutachter werden Empfehlungen, Leitfäden oder Anhaltspunkte des jeweiligen Trägers an die Hand gegeben. Das bedeutet, dass Verwaltungsjuristen und Gutachter gleichermaßen das jeweils aktuelle Glossar kennen und anwenden müssen, damit der Gutachter einerseits die Fragestellung versteht und andererseits seine ärztlichen Grenzen nicht überschreitet und auftragsgemäß und vollständig antwortet. Wie Bieresborn vorstehend (§ 2 Rn. 33 ff.) ausführt, muss die Fragestellung für den Arzt einerseits verständlich sein, andererseits darf sie ihn nicht dazu „verlocken", seine ärztlichen Kompetenzen zu überschreiten. Sie sollte auch so formuliert sein, dass der Arzt weisungsfrei und unabhängig seine Meinung nach fachlich-wissenschaftlichen Gesichtspunkten äußern kann.

Das SGB IX hat ganze Teile der Konzeption der **ICF** übernommen. In Zukunft wird 15
darauf zu achten sein, inwieweit gutachterlich tätige Ärzte die Konzeption und die Verwendung der ICF ebenfalls „verinnerlicht" und insbesondere im Bereich der Renten- und Krankenversicherung Angebote zur Fortbildung der ICF wahrgenommen haben. Andererseits wird zu beachten sein, ob die Fragegestellung rechtlich bereits auf diese veränderten Nomenklatur, die ja auf Leistung zur Teilhabe zielt, abgestellt

17 Der ICD 10 Katalog ist veröffentlicht auf der Homepage des Deutschen Instituts für Medizinische Dokumentation und Information, www.dimdi.de/Klassifikationen.
18 http://www.awmf.org/leitlinien/aktuelle-leitlinien.html.

wurde und auch ihre Auswirkungen für den Bereich der Beurteilung der Leistungsfähigkeit und der Entscheidung zur Erwerbsfähigkeit weiter entwickelt wurden.

II. Grenzen des Gutachters

16 Wenn der Arzt konkret zur Leistungsfähigkeit in Bezug auf eine konkrete Tätigkeit befragt wird, muss er zunächst ermitteln, inwieweit ihn dieses Anforderungsprofil überhaupt zur Verfügung steht. Er sollte den Auftraggeber veranlassen, diese Vorgaben zu präzisieren bzw. ihm Unterlagen zur Verfügung zu stellen.

17 Wenn dies nicht erfolgt, ist er von seiner eigenen persönlichen Kenntnis der Arbeitsbedingungen und den Angaben des Betroffenen abhängig, was sein Gutachten angreifbar macht.

III. Notwendige Bestandteile von Gutachten

18 Der Aufbau des Gutachtens ist einerseits von der Art der Fragestellung und andererseits von der Fachrichtung des jeweils befragten Arztes abhängig. Insofern ist auf die Darstellungen innerhalb der einzelnen Fachgebiete zu verweisen. Generell gilt aber:

1. Anamnese

19 Grundlage jedes Gutachtens, das eine umfassende Beurteilung des Leistungsvermögens enthalten soll, ist eine **sorgfältige Anamnese**, die sich gliedert in

- Darstellung der vom Patienten geschilderten Beschwerden (gegebenenfalls einschließlich Fremdanamnese)
- die exakte Erfassung des bisherigen Krankheitsverlaufes und der bislang durchgeführten therapeutischen Maßnahmen
- der biographischen Anamnese
- der Berufs-, Arbeits- und Sozialanamnese
- der sogenannten Familienanamnese
- und den Umständen der Antragstellung und den bisherigen Sozialleistungen.

20 Hierdurch wird ein dynamisches **Verlaufsbild** und dadurch eine **Situationsanalyse** ermöglicht, die bis zum Zeitpunkt der Untersuchung reicht und dem Gutachter unverzichtbare Hinweise auf die persönlichen Beweggründe zur Antragstellung gibt.

2. Die Bedeutung der Vorbefunde für die Verlaufsbeurteilung

21 Der Sachverständige muss die Vorgeschichte der Erkrankung in seine Beurteilung einfließen lassen. Die Vorgeschichte umfasst zwei Elemente:

- die Anamnese
- die Vorbefunde und Berichte (Arzt- und Krankenhausberichte, Laborwerte und bildgebende Verfahren)

22 Die Anamnese ist zur Beurteilung nicht ausreichend, weil sie im Wesentlichen aus den häufig ungenauen Angaben des Betroffenen beruht. Unerlässlich ist die genaue **Kenntnis früherer Diagnosen** und bislang durchgeführter **Therapiemaßnahmen** bzw. Therapieerfolge oder der Gründe für ein Scheitern bislang durchgeführter Therapien.

Gutachter, die eine prognostische Aussage treffen sollen, müssen den bisherigen Krankheitsverlauf würdigen. Die Auswirkung einer diagnostizierten Erkrankung können völlig unterschiedlich sein, und zwar nicht nur im Hinblick auf den Krankheitsverlauf, sondern auch auf den Therapieverlauf sowie die Auswirkung auf die Leistung und Leistungsfähigkeit. 23

Sollten für die Beurteilung erforderliche **Vorbefunde unvollständig** sein, hat der Sachverständige seinen Auftraggeber hierauf hinzuweisen und auf der Ergänzung zu bestehen. 24

Für Auftraggeber wie Gutachter sind ärztliche Vorbefunde, insbesondere **Befundberichte behandelnder Ärzte** nicht immer einfach zu interpretieren. Niedergelassene Ärzte sind Therapeuten an der Seite ihrer Patienten. Ihr Tagesgeschäft ist die Stellungnahme zur Arbeitsfähigkeit oder Arbeitsunfähigkeit in Bezug auf die vertraglich geschuldete Arbeitsleistung. Man sollte sie also lediglich nach dem Gesundheitszustand, dem Krankheitsbild, der Therapie und Prognose befragen und danach, wonach ihrer Meinung nach die Beeinflussung der Leistungsfähigkeit durch die Krankheit besteht. Behandelnde Ärzte nach dem Grad der Behinderung, Zeiteinschätzung im Rahmen einer nicht genau definierten Tätigkeit oder nach prozentualer Einschätzung der Minderung der Erwerbsfähigkeit im Bereich der Unfallversicherung zu befragen, ist bedenklich. Die Fragen, die von Privatversicherungsunternehmen häufig an niedergelassene Ärzte gestellt werden, sind oft von hoher Komplexität. Sie erfordern eine gutachterliche Auseinandersetzung mit den Beweisfragen. Unter dem Arbeitsdruck des Tagesgeschäftes können diese Fragen häufig nur vereinfacht von den niedergelassenen Ärzten beantwortet werden. 25

Leider erstellen behandelnde Ärzte Befundberichte häufig erst zögerlich oder sehr unpräzise. Teilweise wird dies verständlich, da der bürokratische Aufwand einer Arztpraxis enorm gewachsen ist und diese häufig quasi gutachterlichen Befundberichte einen Aufwand erfordern, der dem niedergelassenen Arzt häufig nicht mehr verständlich gemacht werden kann. 26

Zu den behandelnden Ärzten gehören auch Ärzte im Krankenhaus. Auskunft über deren Diagnostik und Therapie geben ihre **Entlassungsberichte** an die einweisenden Ärzte oder die Ärzte, die die Weiterbehandlung übernehmen. Da die Liegezeiten in den Kliniken drastisch reduziert worden sind, hat der Klinikarzt häufig keine Informationen über längerfristige Verläufe. Mit Fragen der Arbeitsfähigkeit oder einem Rehabilitationsbedarf beschäftigt er sich in aller Regel nicht, sofern er nicht Rehabilitations- oder Arbeitsmediziner ist. Wenn die Entlassungsberichte einer Klinik detailliert und vollständig sind, wird eine ergänzende Befragung von Klinikärzten nur im Ausnahmefall zu weiteren Erkenntnissen führen. 27

3. Klinische Untersuchung und Diagnosen

Unter Auswertung der klinischen Untersuchungen auf seinem Fachgebiet unter Einbeziehung der technischen Befunde kommt der Sachverständige zu Diagnosen, die – wie dargestellt – nach dem **ICD10**-Schema klassifiziert sein sollten. 28

29 Weichen die Diagnosen des ärztlichen Sachverständigen von den Diagnosen der Vorbehandler ab, hat er dies darzustellen und muss die Gründe für seine **Abweichung** nachvollziehbar erläutern.

4. Epikrise

30 Die **zusammenfassende Darstellung** der Erkrankungen und der klinischen Auswirkungen wird als „Epikrise" bezeichnet.

5. Sozialmedizinische Beurteilung

31 Das Kernstück jedes Gutachtens ist die sozialmedizinische Beurteilung. Von entscheidender Bedeutung ist, ob der Gutachter nicht nur das darstellen kann, was der Betroffene nicht mehr leisten kann, sondern das, was er noch kann und welche Fähigkeiten er noch hat. Ausschließlich die **verbliebenen Fähigkeiten** sind entscheidend für die Beantwortung der Beweisfrage, ob der Betroffene das abgefragte Anforderungsprofil noch erfüllen kann.

32 Bei Gutachten in Rentenverfahren ist dabei zu prüfen, ob

- ein Rehabilitationsbedarf besteht und ein Rehabilitationserfolg zu erwarten ist;
- das individuelle quantitative Leistungsbild eine Tätigkeit über den nach der Beweisfrage vorgegebenen Zeitraum ermöglicht.

33 Das Leistungsbild ergibt sich nicht nur aus der qualitativen und quantitativen Leistungsbeurteilung aus der Sicht des jeweiligen Fachgebietes. Auch die **persönlichen Faktoren** und die **Umweltfaktoren** (sog Kontextfaktoren, vgl. § 9 Rn. 6), die sich auf die Leistungsfähigkeit auswirken können, sind zu berücksichtigen. Findet der Sachverständige aufgrund der organischen Befunde keine Erklärung für das ihm vom Patienten nachvollziehbar dargestellte Leistungsunvermögen, die geforderte Tätigkeit über einen bestimmten Zeitraum mit der erforderlichen Regelmäßigkeit zu erbringen, muss er prüfen, inwieweit psychische Faktoren in Betracht kommen und ggf. eine neurologisch-psychiatrische Zusatzbegutachtung vorschlagen, wenn dies nicht in sein Fachgebiet fällt.

D. Formale Qualifikationen zum Gutachter

I. Facharztausbildung

34 Der angehende Arzt wird während seines Medizinstudiums kaum auf die Rolle als Gutachter vorbereitet. Erst die Weiterbildung und Fortbildung zum Facharzt beinhaltet auch das Erlernen gutachterlicher Fähigkeiten. Allerdings ist die Qualität der Ausbildung abhängig von der Qualität und Spezialisierung der Fachabteilung, in der die Weiter- und Fortbildung absolviert wird. Zur Facharztprüfung hat der Arzt eine in der Weiterbildungsordnung für sein jeweiliges Fachgebiet festgelegte Anzahl von Gutachten zu erstellen und der Ärztekammer vorzulegen. Hier gibt es allerdings keine generelle Richtlinie zur regelmäßigen Überprüfung der **Qualität** der gutachterlichen Tätigkeit. Man verlässt sich weitgehend auf die Qualität und Aussagen des jeweils zur Weiterbildung ermächtigten Arztes bzw. der klinisch arbeitenden Abteilung bzw. Praxis. Allerdings ist es fraglich, ob jeder Facharzt wirklich Kenntnis aller gutachterli-

cher Fragestellungen aus seinem Fachgebiet hat. Es ist durchaus üblich, dass sich Fachabteilungen einer Klinik auf bestimmte gutachterliche Fragestellungen konzentrieren, so dass nicht gewährleistet ist, dass der Facharzt auf das notwendige umfassende sozial-, rehabilitations- und arbeitsmedizinische Wissen zugreifen kann.

Ein weit verbreiteter Irrtum ist zu glauben, dass eine hohe wissenschaftliche Qualifikation einen Arzt als kompetenten Gutachter seines Spezialgebietes für sozialmedizinische Fragestellungen ausweist. Ein fähiger Diagnostiker und Therapeut muss nicht zwangsläufig über sozialmedizinische Erfahrungen und Kompetenzen verfügen. Vielbeschäftigte Spezialisten eines Fachgebietes sind häufig nicht bereit, ihre Patienten wegen einer zeitaufwändigen (und zudem schlecht bezahlten) gutachterlichen Tätigkeit vertrösten zu müssen! 35

II. Qualifikation als Gutachter aufgrund bestimmter Fachrichtungen

Bestimmte medizinische Fachrichtungen erwecken den Anschein besonderer Qualifikationen für die Tätigkeit als Gutachter für sozialmedizinische Beurteilungen. Zu denken ist hier an die Bereiche Arbeitsmedizin, Betriebsmedizin, Sozialmedizin und Rehabilitationsmedizin. Die Einzelheiten zum Erwerb dieser Zusatzqualifikationen ergeben sich aus den Weiterbildungsordnungen der jeweils zuständigen Ärztekammer. 36

Maßgeblich bleibt zuerst die Qualifikation des Facharztes auf seinem jeweiligen Fachgebiet in Verbindung mit seiner Fähigkeit, eine prognostische Beurteilung der Leistungsfähigkeit im Erwerbsleben in Bezug auf eine bestimmte Tätigkeit vorzunehmen. Da einzelne Zusatzbezeichnungen zu Missverständnissen hinsichtlich der Qualifikation als Gutachter für bestimmte Bereiche führen können, wird nachfolgend der Umfang der Zusatzausbildung in diesen Bereichen dargestellt. 37

1. Arbeitsmedizin

Das Gebiet der Arbeitsmedizin umfasst als **präventivmedizinisches Fach** die Wechselbeziehungen zwischen Arbeit und Beruf einerseits sowie Gesundheit und Krankheit andererseits, die Förderung der Gesundheit und Leistungsfähigkeit des arbeitenden Menschen, die Vorbeugung, Erkennung, Behandlung und Begutachtung arbeits- und umweltbedingter Erkrankungen und Berufskrankheiten, die Verhütung arbeitsbedingter Gesundheitsgefährdungen einschließlich individueller und betrieblicher Gesundheitsberatung, die Vermeidung von Erschwernissen sowie die berufsfördernde Rehabilitation. 38

Die Weiterbildungszeit beträgt 60 Monate bei einem Weiterbildungsbefugten an einer Weiterbildungsstätte, davon 24 Monate in den Bereichen Innere Medizin und Allgemeinmedizin, 36 Monate im Bereich Arbeitsmedizin und 360 Stunden Kurs-Weiterbildung. 39

Wenn eine entsprechende gutachterliche Erfahrung nachgewiesen werden kann, so sind hier Ärzte zu finden, die über eine besondere Bandbreite gutachterlichen Wissens verfügen. Sie haben nämlich einerseits einen Einblick in das Arbeitsleben und andererseits gleichsam doppelte fachärztliche Erfahrung (auf dem Gebiet der Arbeitsmedi- 40 zin und ihres möglicherweise originären Fachgebietes, meistens der Allgemeinmedizin oder inneren Medizin) zu bieten.

41 Der Facharzt für Arbeitsmedizin ist vergleichbar mit Fachärzten anderer Gebiete. Er ist aber eher ein **Generalist** und auf Prävention ausgerichtet, hat im Rahmen der Beurteilung gesundheitlicher Störungen (arbeitsbedingt oder nicht) der Belegschaft der von ihm betreuten Unternehmen grds. eine große Bandbreite diagnostischer und therapeutischer Grundkenntnisse zu bieten und muss stets den Bezug zu den Arbeitsbedingungen herstellen. Nach dem Arbeitsschutzgesetz (ArbSchG) und der Unfallverhütungsvorschrift „Grundsätze der Prävention" (DGUV Vorschrift 1) sind alle Arbeitgeber – unabhängig von der Anzahl der Mitarbeiterinnen und Mitarbeiter – dazu verpflichtet, eine Gefährdungsbeurteilung[19] durchzuführen. Bei einem Arbeitsmediziner kann man also voraussetzen, dass er zutreffende Vorstellungen von konkreten Arbeitsanforderungen hat. Bei einer Gefährdungsbeurteilung sind auch psychische Belastungen der Arbeit zu berücksichtigen.[20] Ob man von ihm erwarten kann, dass er auch Kenntnisse von den Anforderungen des „allgemeinen Arbeitsmarktes" besitzt und vor allem von Kontextfaktoren, welche die Leistungsfähigkeit des jeweiligen zu Begutachtenden positiv wie negativ beeinflussen könnten, ist im Einzelfall zu überprüfen.

2. Betriebsmedizin

42 Hierbei handelt es sich um eine Zusatz-Weiterbildung. Die Zusatz-Weiterbildung Betriebsmedizin umfasst in **Ergänzung zu einer Facharztkompetenz** die Wechselbeziehungen zwischen Arbeit und Beruf einerseits sowie Gesundheit und Krankheit andererseits, die Förderung der Gesundheit und Leistungsfähigkeit des arbeitenden Menschen, die Vorbeugung, Erkennung und Begutachtung arbeits- und umweltbedingter Erkrankungen und Berufskrankheiten. Voraussetzung zum Erwerb der Bezeichnung Betriebsmedizin ist die Facharztanerkennung auf einem Gebiet der unmittelbaren Patientenversorgung. Die Weiterbildungszeit beträgt 36 Monate bei einem Weiterbildungsbefugten an einer Weiterbildungsstätte, davon 12 Monate Innere Medizin und Allgemeinmedizin, 24 Monate Betriebsmedizin/Arbeitsmedizin und 360 Stunden Kurs-Weiterbildung, die während der 24 Monate in betriebsmedizinischer/arbeitsmedizinischer Weiterbildung abgeleistet werden sollen.

43 Zum Betriebsarzt (als generelle Bezeichnung) gehört grds. eine gutachterliche Denkweise. Im Rahmen der vorgeschriebenen Untersuchungen hat er ständig den Vergleich zwischen Fähigkeiten und Anforderungen zu ziehen und auf spezielle Einwirkungen der Arbeit auf den Betroffenen zu achten. Standardisierte Erhebungssysteme, wie zB der Work Ability Index (WAI) oder andere Methoden zur Erfassung der Belastung am Arbeitsplatz, sind ihm grds. nicht fremd. Generell sollte er sachkundig sein in der Bemessung der Arbeitsleistung zur Lohnfindung, wie dem Refa-System und/oder dem MTM-System. Es ist auch seine dezidierte gesetzliche Aufgabe (Arbeitsschutzgesetz), bei der Integration bzw. der Wiedereingliederung Behinderter mitzu-

---

19 http://www.baua.de/Themen-von-A-Z – Gefährdungsbeurteilung.

20 Bundesanstalt für Arbeitsschutz und Arbeitsmedizin (Hrsg.), Gefährdungsbeurteilung psychischer Belastung, Erfahrungen und Empfehlungen, 1. Aufl. Berlin 2014.

wirken. Darüber hinaus sind seine Aktivitäten in dem Bereich des „Disability Managements" bzw. dem betrieblichen Eingliederungsmanagement nach § 84 Abs. 2 SGB IX unübersehbar. In größeren Unternehmen arbeitet er eng mit dem Bereich der Arbeitsgestaltung, der Ergonomie, der Arbeitssicherheit etc zusammen, so dass hier zu Arbeitsbelastungen Grundwissen erwartet werden kann. In Grundkursen (Pflicht) und Fortbildungen wird er auch auf gutachterliche Fragestellungen vorbereitet, jedoch vor allem auf Kausalitätsfragen (vor allem zu Berufskrankheiten).

3. Sozialmedizin

Sozialmedizin ist eine Zusatzbezeichnung zur Facharztbezeichnung, die nur unter bestimmten Voraussetzungen auf der Grundlage einer fachärztlichen Qualifikation erworben werden kann. Sie umfasst in **Ergänzung zu einer Facharztkompetenz** die Bewertung von Art und Umfang gesundheitlicher Störungen und deren Auswirkungen auf die Leistungsfähigkeit im beruflichen und sozialen Umfeld, deren Einordnung in die Rahmenbedingungen der sozialen Sicherungssysteme und die Beratung der Sozialleistungsträger in Fragen der medizinischen Versorgung. Die Weiterbildungszeit beträgt 12 Monate bei einem zur Weiterbildung befugten Arzt, 160 Stunden Grundkurs in Sozialmedizin oder Rehabilitationswesen sowie 160 Stunden Aufbaukurs. In den Grundkursen, die als Weiterbildungselement zur Erlangung dieser Zusatzbezeichnung Voraussetzung sind, werden gutachterliche Aspekte und vor allem auch die Internationale Klassifikation (ICF) als Lehrstoff angeboten. 44

Ärzte mit Zusatzbezeichnung der Sozialmedizin findet man häufig in Rehabilitationskliniken, aber auch im ambulanten Bereich. 45

Ärzte mit sozialmedizinischer Zusatzbezeichnung sind naturgemäß vor allem auch in den jeweiligen ärztlichen Diensten der jeweiligen Träger der Rehabilitation zu finden, beispielsweise MDK, Ärztlicher Dienst der Bundesagentur für Arbeit, sozialmedizinische Dienste der Gesetzlichen Rentenversicherung, Versorgungsämter, Gesundheitsbehörden oder anderen Behörden. 46

4. Rehabilitationsmedizin

Vom Sozialmediziner zu unterscheiden ist der **„Facharzt für physikalische und rehabilitative Medizin"** mit einer Fortbildungsdauer von 60 Monaten. Das Gebiet „Physikalische und Rehabilitative Medizin" umfasst die sekundäre Prävention, die interdisziplinäre Diagnostik, Behandlung und Rehabilitation von körperlichen Beeinträchtigungen sowie Struktur- und Funktionsstörungen mit konservativen, physikalischen, manuellen und naturheilkundlichen Therapiemaßnahmen sowie den Verfahren der rehabilitativen Intervention. 47

Zum anderen besteht nach der Weiterbildungsverordnung für Ärzte die Möglichkeit, die **Zusatzbezeichnung "Rehabilitationswesen"** zusätzlich zu einer bestehenden Facharztbezeichnung zu erwerben. Die Zusatz-Weiterbildung Rehabilitationswesen umfasst in Ergänzung zu einer Facharztkompetenz die Einleitung und Koordination von Rehabilitationsmaßnahmen zur beruflichen und sozialen (Wieder-)Eingliederung im Rahmen interdisziplinärer Zusammenarbeit. Die Weiterbildungszeit beträgt 12 Monate bei einem Weiterbildungsbefugten für Rehabilitationswesen oder für Physikali- 48 sche und Rehabilitative Medizin, 160 Stunden Grundkurs in Rehabilitationswesen oder Sozialmedizin und 160 Stunden Aufbaukurs in Rehabilitationswesen. In den Pflichtkursen wird auf gutachterliche Aspekte und insbesondere die Verwendung der ICF Wert gelegt.

III. Sonstige Fortbildungsmöglichkeiten

49 Im Bereich der Fortbildung außerhalb von Facharzt- und Zusatzbezeichnungen wird von der der Bundesärztekammer das Curriculum „Medizinische Begutachtung" angeboten. Voraussetzungen für die Erlangung der führbaren Bezeichnung „Strukturierte curriculare Fortbildung Medizinische Begutachtung" sind eine abgeschlossene Facharztweiterbildung, das Absolvieren aller Module einschl. Nachweis jeweils eines Final- und eines Kausalitätsgutachtens sowie das Bestehen der Lernerfolgskontrolle.[21] Diese modulare curriculare Fortbildung wird in den jeweiligen Landesärztekammern mit unterschiedlichen Verfahren, Methoden und Voraussetzungen angeboten. Unter anderem wird für bestimmte Module die Voraussetzung der Zusatzweiterbildung „Sozialmedizin" gefordert.

50 Eine weitere Besonderheit sind die Angebote verschiedener Leistungsträger, insbesondere der Gesetzlichen Krankenversicherung und der Gesetzlichen Rentenversicherung, die bereits intensiv die Einordnung oder vielmehr die grundsätzliche Konzeption der ICF in der sozialmedizinischen Begutachtung vorantreiben, indem sie einerseits Grundkenntnisse über diese Klassifikation und andererseits ihre Möglichkeiten der Einbringung in die sozialmedizinische Begutachtung vermitteln.

51 Im Zusammenhang mit der Etablierung des ICF sind diese Entwicklungen jedoch noch nicht abgeschlossen. Sie reichen von einfachen Angeboten für niedergelassene Ärzte als Voraussetzung für die Befähigung, Rehabilitationsmaßnahmen zu verschreiben, bis hin zu mehrtägigen Angeboten, um die Konzeption der ICF und das ganze Spektrum ihrer Anwendungen, vor allem auf dem Gebiet der Rehabilitation und der Begutachtung zu verstehen. In diesem Kontext sei auf die Leitfäden und Arbeitshilfen der Bundesarbeitsgemeinschaft für Rehabilitation in Frankfurt,[22] aber auch auf die Empfehlungen, zB zur Begutachtung und zur Qualitätssicherung, der Bundesarbeitsgemeinschaft für Rehabilitation (BAR)[23] hingewiesen.

52 Von verschiedenen **Sozialversicherungsträgern** werden eine ganze Reihe von Schulungsmaßnahmen angeboten, vor allem natürlich für die eigenen sozialmedizinischen Dienste, die sich mit der gutachterlichen Aufgabe in Theorie und Praxis und dem rechtlichen Hintergrund befassen.

Seit dem Jahre 2003 werden **Qualifizierungsmaßnahmen** zum medizinischen Sachverständigen angeboten. Die Dresden International University (DIU) GmbH bietet in Kooperation mit der dem Europäischen Institut für postgraduale Bildung (EIPOS) GmbH ein Seminar an, das speziell auf medizinische Sachverständige zugeschnitten

21 Strukturierte curriculare Fortbildung „Medizinische Begutachtung", Herausgeber: Bundesärztekammer, 3. Aufl. Berlin, März 2014, aktualisierte Fassung v. 16.3.2016, recherchierbar unter deren Homepage.
22 Z.B. ICF-Praxis-Leitfaden, für den Zugang zur Rehabilitation für die trägerübergreifende Begutachtung.
23 www.bar-frankfurt.de.

ist. Voraussetzungen für die Teilnahme an dem Fortbildungsseminar sind ein abgeschlossenes Studium der Humanmedizin, die Approbation als Arzt sowie Erfahrungen in der Gutachtenerstellung. Nach erfolgreicher Teilnahme vergeben die DIU und EIPOS das Abschlusszertifikat „Certified Postgraduate Programme of the University of Dresden (cpu)".[24]

E. Kritische Auseinandersetzung mit der Begutachtungspraxis

1. Pauschalhonorierung der Sachverständigen

Es ist darauf hinzuweisen, dass das in diesem Buch zusammengetragene Wissen nicht 53 unbedingt als Standard aller gutachterlich tätigen Ärzte angesehen werden kann. Die Rahmenbedingungen ärztlicher Begutachtung hinsichtlich technischer, persönlicher und personaler Ressourcen sind sehr unterschiedlich. Dies wirkt sich auf die Qualität aus.

Die Gutachten sollen ökonomisch, kurz, einfach, präzise und dabei noch möglichst 54 preiswert sein. Viele Sachverständige erstellen in erheblichen Umfang Gutachten auf der Basis von **Pauschalhonorarverträgen**. Der Kosten- und Zeitaufwand soll dann bei höchster Aussagefähigkeit gering bleiben. Speziell im Hinblick auf besondere Fragestellungen, in denen die psychische Belastbarkeit mit entscheidend ist, entstehen hierdurch unüberbrückbare Widersprüche. **Preisgünstige Gutachten**, die unter hohem Zeitdruck erstellt werden, können nicht annähernd allen Anforderungen gerecht werden.

2. Erwartungshaltung der Auftraggeber

Von anwaltlicher Seite wird immer wieder kritisiert, dass die Erwartungshaltung der 55 Auftraggeber das Ergebnis der Beurteilung beeinflussen könne. Mediziner sollten unabhängige Sachverständige sein, die den Juristen die Entscheidungsgrundlagen vermitteln sollen. Es ist zu fragen, ob Gutachter von den Auftraggebern im Rahmen von Fragestellung, Fortbildung oder Begleitschreiben unbewusst so „getrimmt" werden, dass sie – möglicherweise zur Vermeidung von Schwierigkeiten – immer wieder fachüberschreitend antworten und den Fall vorentscheiden. Die Erwartungshaltung des jeweiligen Auftraggebers kommt in dessen Fragen ja deutlich zum Ausdruck. Aus Gründen der Zeitökonomie präjudizieren die Fragestellungen der Auftraggeber die gutachterliche Entscheidungsfindung.

Hinzu kommt, dass die Tätigkeit als Gutachter inzwischen für viele Ärzte einen guten 56 Teil ihres Einkommens darstellt. Das Risiko, vergleichbare Aufträge in Zukunft nicht mehr zu erhalten, kann zumindest unbewusst in Zweifelsfällen zu einer Beeinflussung führen. Die Befürchtung einer **Annäherung an die Erwartungshaltung des „regelmäßigen" Auftraggebers** ist daher nicht von der Hand zu weisen.

Aus der Sicht des Gutachters sind die Konsequenzen kritischer Angriffe gegen seine 57 Beurteilung zu vernachlässigen, wenn sie vom Versicherten geführt werden: Zum einen wird der Versicherte nur in wenigen Fällen auf medizinischem Gebiet fundiert

24 http://www.di-uni.de/index.php?id=736.

beraten. Zum anderen wird der Versicherungsträger eine Tendenz des Sachverständigen, zu seinen Gunsten zu entscheiden, so lange nicht beanstanden, wie für ihn hierdurch keine negativen finanziellen Auswirkungen entstehen. Etwas anderes wird indessen gelten, wenn die Prüfärzte des Versicherers die Auffassung vertreten, die Begutachtung eines Sachverständigen sei zu großzügig.

58 Auch die umfangreichen und sicherlich kostenintensiven Anstrengungen der privaten Versicherungswirtschaft, Sachverständige zu schulen, dürften nicht das Ziel haben, die Ausgaben für Versicherungsleistungen zu erhöhen.

59 Es ist zu vermuten, dass einerseits die demographische Entwicklung, und andererseits die zu beobachtende zahlenmäßige Verschiebung der großen Krankheitsursachen Veränderungen hervorgerufen werden, die sich auf die Anzahl der Anträge auf Rehabilitation, Erwerbsminderungsrenten und Anerkennung als Schwerbehinderte auswirken werden. Parallel dazu ist anzunehmen, dass die Verwaltungshandhabung – gestützt durch den Willen des Gesetzgebers die Ausgaben der Sozialversicherungsträger zu begrenzen (Stichwort Rentenreformen) – immer restriktiver wird.

60 Fordern diese Umstände nicht gerade dazu auf, Instrumente der Objektivität durch Assessments für eine systematische und nachvollziehbare Erfassung tätigkeits- bzw. erwerbsbezogene Aktivitäten und deren Beeinträchtigung einzuführen? Sieht man die kritische Auseinandersetzung der SOMEKO und die zusammengestellten Leitlinien, so muss zumindest eine einheitlich, bundesweit gleichartige Qualitätssicherung der Begutachtung gefordert werden.

61 **Fazit:** Es ist angebracht, gemeinsam die weitere Entwicklung sozialmedizinischer, gutachterlicher Fortbildung auf Leitlinienbasis und standardisierten Assessments zu unterstützen, um unnötige Mehrfachbegutachtungen und kostspielige Streitverfahren zu vermeiden.

Der medizinische Sachverständige sollte sich auszeichnen durch:[25]

- Kompetenz auf seinem Fachgebiet,
- Informiertheit im Hinblick auf den aktuellen Wissensstand,
- Sprachliche Fähigkeiten,
- gewisse rechtliche Mindestkenntnisse,
- Rollenverständnis,
- Kommunikations-, Kooperationsbereitschaft mit dem Gericht,
- Unparteilichkeit/Neutralität,
- Souveränität und Sachlichkeit,
- Schnelligkeit,
- Fähigkeit zur Selbstreflexion.

62 **Die Qualität eines Gutachtens ergibt sich aus**

- Verständlichkeit/Klarheit,
- Übersichtlichkeit,
- Plausibilität/Nachvollziehbarkeit/Widerspruchsfreiheit,

25 Quelle: *Deppermann-Wöbbeking*, 9. Kongress für Versicherungsmedizin und Begutachtung, 1.12.2016, Frankfurt.

- Sachlichkeit,
- Genauigkeit,
- eingehender rationaler Begründung,
- Vollständigkeit.

§ 10 Elemente anforderungsorientierter Begutachtung[1]

1 Seit Mai 2008 ist die Bundesagentur für Arbeit damit befasst, bestimmte Verfahren zur Evaluation der Funktionalen Leistungsfähigkeit in die Regelbegutachtung des Ärztlichen Dienstes zu implementieren (i.e. Assessment-Implementierung in der Arbeitsagentur – AIIDAA). Dabei wird sie vom iqpr unterstützt. Eingeführt werden insbesondere die – nachstehend skizzierten – Verfahren ERGOS, EFL sowie das Profilvergleichsverfahren IMBA. Gemeinsam ist ihnen die Möglichkeit, **Anforderungsprofile** einzubeziehen.

2 Zur Einbeziehung von Anforderungsprofilen in die Rentenbegutachtung hat das iqpr eine bundesweite Befragung von Richterinnen und Richtern der Deutschen Sozialgerichtsbarkeit durchgeführt. Die Ergebnisse zur „Richterlichen Akzeptanz von besonderen Anforderungsprofilen für die sozialmedizinische Begutachtung bei der Ermittlung von Berufsunfähigkeit und Erwerbsminderung" werden am Ende des vorliegenden Beitrags skizziert.

A. Was sind Anforderungsprofile?

I. Anforderungsprofil im weiteren Verständnis

3 Im weiteren Verständnis steht der Begriff für eine sachliche Beschreibung von arbeitsbezogenen Anforderungen einer Tätigkeit oder eines Berufes (zB GABI).

II. Anforderungsprofil im engeren Verständnis

4 Im engeren Verständnis bezieht sich der Begriff auf ein „arbeitswissenschaftlich erarbeitetes Anforderungsprofil". Darunter wird vorliegend ein Anforderungsprofil verstanden, das aus definierten Merkmalen (zB Heben) und Ausprägungen (zB sehr stark) besteht, welches wesentliche Anforderungen einer Tätigkeit oder eines Berufes widerspiegelt und das für eine Gegenüberstellung mit einem analog aufgebauten Fähigkeitsprofil geeignet ist (siehe dazu auch die Erläuterung zu Profilvergleich). Darunter fallen insbesondere Anforderungsprofile nach IMBA-Standard (s. Rn. 14) und nach ERGOS-Standard (s. Rn. 21 ff.).

B. Wie können Anforderungsprofile eingesetzt werden?

5 Mit Blick auf die Ermittlung und Nachvollziehbarkeit der Leistungsfähigkeitsbeurteilung gilt: Vergleichsweise hohe Evidenz ergibt sich, wenn arbeitswissenschaftlich erarbeitete Anforderungsprofile mit analog aufgebauten Fähigkeitsprofilen verglichen werden. Dagegen ergibt sich eine vergleichsweise geringere Evidenz, wenn arbeitswissenschaftlich erarbeitete Anforderungsprofile verwendet werden, ohne Fähigkeitsprofile hinzuzuziehen.

1 Teile der Beschreibung stammen aus Glatz, Assessment in der medizinischen Begutachtung – Vorstellung der Verfahren, MedSach 4/2008, 130–134.

I. Anforderungsprofil und Fähigkeitsprofil

Es ist möglich, ein oder mehrere arbeitswissenschaftlich erarbeitete Anforderungsprofile und zugleich ein Fähigkeitsprofil zur Begutachtung hinzuzuziehen. In einem solchen Fall kommt es zu einem sogenannten „expliziten Profilvergleich". Es wird explizit nachvollziehbar, bei welchen Merkmalen Unterforderung, Passung oder Überforderung vorliegt. 6

II. Anforderungsprofil ohne Fähigkeitsprofil

Es ist möglich, ein oder mehrere arbeitswissenschaftlich erarbeitete Anforderungsprofile zur Begutachtung hinzuzuziehen, ohne ein Fähigkeitsprofil zu verwenden. In einem solchen Fall kommt es lediglich zu einem sogenannten „impliziten Profilvergleich". Zwar wird deutlich, auf welche arbeitsbezogenen Anforderungen die Begutachtung Bezug nimmt, jedoch wird nicht im Detail – dh merkmalweise – nachvollziehbar, bei welchen Fähigkeiten Unterforderung, Passung oder Überforderung vorliegt. 7

„Explizite Profilvergleiche" sind „impliziten Profilvergleichen" in Bezug auf Nachvollziehbarkeit überlegen. 8

C. Was ist ein Profilvergleich?

Vorliegend steht der Begriff für den Vergleich von Anforderungsprofilen mit Fähigkeitsprofilen. Im Zuge der Begutachtung interessieren insbesondere Vergleiche von einem oder mehreren arbeitswissenschaftlich erarbeiteten Anforderungsprofilen einerseits mit einem analog aufgebauten Fähigkeitsprofil andererseits. Die Möglichkeit, Anforderungsprofile mit Anforderungsprofilen bzw. Fähigkeitsprofile mit Fähigkeitsprofilen zu vergleichen, spielt vorliegend keine Rolle. 9

D. Profilvergleichssysteme

Nachstehende Profilvergleichssysteme können für die Begutachtung genutzt werden: 10

- IMBA
- ERGOS
- EFL

Zwischen diesen Verfahren bestehen prinzipielle Unterschiede. 11

IMBA ist ein Profilvergleichssystem, da es eine Systematik für den Vergleich von IMBA-Profilen vorgibt. Außerdem ist es ein Profildokumentationssystem, da es eine Systematik für die Dokumentation der zugrunde liegenden IMBA-Anforderungsprofile und IMBA-Fähigkeitsprofile enthält. Es ist jedoch kein Profilermittlungssystem, da es lediglich auf anderweitig erhobene Informationen (Tests, Anamnese etc) zugreift. 12

ERGOS und **EFL** dagegen sind Systeme, mit denen Anforderungs- und Fähigkeitsprofile verglichen werden können (Profilvergleich) und darüber hinaus auch die Ermittlung der zugrunde liegenden Fähigkeiten (Functional Capacity Evaluation) bzw. Fähigkeitsprofile möglich ist. 13

E. IMBA-System

14 Das Initialwort IMBA steht für „Integration von Menschen mit Behinderungen in die Arbeitswelt" (gefördert vom Bundesministerium für Arbeit und Sozialordnung). Mit dem IMBA-System können arbeitsbezogene Anforderungen und Fähigkeiten auf der Grundlage vorliegender Informationen (zB Akte, Anamnese, Untersuchung, Beobachtung, Testung/Messung, FCE) durch einheitliche, definierte Merkmale in Form von Profilen dokumentiert werden. Die IMBA-Merkmale bilden folgende Bereiche ab: Körper, Arbeitssicherheit, Arbeitsumwelt, Arbeitsorganisation, Psyche (siehe Abbildung unten). Ein IMBA-Anforderungsprofil kann nach bestimmten Regeln mit einem IMBA-Fähigkeitsprofil verglichen werden. Das Resultat ist ein **IMBA-Profilvergleichsbogen.** Dem Profilvergleichsbogen kann entnommen werden, bei welchen Merkmalen Unterforderung, Passung oder Überforderung besteht. Die Interpretation der Passung kann – zusammen mit weiteren Informationen – bei einem Zugewinn an Nachvollziehbarkeit in die Begutachtung eingehen – siehe www.imba.info. Profildokumentation und Profilvergleich können softwareunterstützt erfolgen – siehe www.marie2007.de.[2]

2 Vertiefend: Glatz/Schian: IMBA Integration von Menschen mit Behinderungen in die Arbeitswelt, in: Bengel/Wirtz/Zwingmann (Hrsg.), Diagnostische Verfahren in der Rehabilitation – Verfahren zum krankheitsübergreifenden Einsatz ausgewählter Indikationsgebiete, 2008.

IMBA **Anforderungsprofil**
Hauptmerkmale

Tätigkeit/Nr.: **Firma/Betrieb:**

Bearbeiter/in: **Lizenz:** **Datum:** **Ansprechpartner:** **Tel.:**

Körperhaltung	0	1	2	3	4	5	✎	BM
Sitzen								▢
Stehen								▢
Knien/Hocken							○	▢
Liegen								▢
Geneigt/Gebückt							○	▢
Arme in Zwangshaltung							○	▢

Körperfortbewegung	0	1	2	3	4	5	✎	BM
Gehen/Steigen							○	▢
Klettern								▢
Kriechen/Rutschen							○	▢

Körperteilbewegung	0	1	2	3	4	5	✎	BM
Kopf-/Halsbewegungen							○	▢
Rumpfbewegungen							○	▢
Armbewegungen							○	▢
Hand-/Fingerbewegungen							○	▢
Bein-/Fußbewegungen							○	▢

Information	0	1	2	3	4	5	✎	BM
Sehen							○	▢
Hören							○	▢
Lautabgabe/Sprechen								▢
Tasten/Fühlen							○	▢
Beweg.- u. Stellungsempf.							○	▢
Gestik/Mimik							○	▢
Riechen/Schmecken							○	▢
Lesen								▢
Rechnen								▢
Schreiben								▢

Komplexe Merkmale	0	1	2	3	4	5	✎	BM
Heben							○	▢
Tragen							○	▢
Schieben/Ziehen							○	▢
Physische Ausdauer								▢
Gleichgewicht								▢
Feinmotorik							○	▢

Umgebungseinflüsse	N	J	✎	BM
Klima			○	▢
Schall/Lärm			○	▢
Vibrationen/Erschütterung			○	▢
Licht/Beleuchtung			○	▢
Nässe/Schmutz			○	▢
Gase/Dämpfe/Stäube			○	▢
Flüssigkeiten/Feststoffe			○	▢

Arbeitssicherheit	N	J	✎	BM
Unfallgefährdung			○	▢
Tragen von Arbeitsschutzmitteln			○	▢

Arbeitsorganisation	<3	<6	<8	>8	BM
Arbeitszeit pro Tag (in Std.)					▢

	N	J	BM
Schichtarbeit			▢
Nachtschicht			▢
Akkord-/Prämienlohn			▢
Taktgebundener Arbeitsplatz			▢
Isolierter Arbeitsplatz			▢
In räumlicher Gemeinschaft			▢

Schlüsselqualifikationen	1	2	3	4	5	BM
Antrieb						▢
Arbeitsplanung						▢
Auffassung						▢
Aufmerksamkeit						▢
Ausdauer						▢
Durchsetzung						▢
Führungsfähigkeit						▢
Kontaktfähigkeit						▢
Konzentration						▢
Kritikfähigkeit						▢
Kritische Kontrolle						▢
Kritisierbarkeit						▢
Lernen/Merken						▢
Mißerfolgstoleranz						▢
Ordnungsbereitschaft						▢
Problemlösen						▢
Pünktlichkeit						▢
Reaktionsgeschwindigkeit						▢
Selbständigkeit						▢
Sorgfalt						▢
Teamarbeit						▢
Umstellung						▢
Verantwortung						▢
Vorstellung						▢

Bemerkungen:

Profilwerte:
0: keine Anforderung
1: sehr geringe Anforderung
2: geringe Anforderung
3: durchschnittliche Anforderung
4: hohe Anforderung
5: sehr hohe Anforderung

Beurteilungsmodus (BM):
K: keine Beurteilung
A: Auskunft/Aktenlage/Ableitung
B: Beobachtung
T: Test

✎ Detailanalyse durchgeführt **N/J** nein/ja

Abbildung: IMBA-Anforderungsprofil

F. Die Ermittlung der arbeitsbezogenen Leistungsfähigkeit mithilfe von Functional-Capacity-Evaluation (FCE)

15 Eine neuere wissenschaftliche Studie zeigt, dass selbst bei motivierten Personen, die im Zusammenhang mit ihrer Einschätzung keine finanziellen Vor- oder Nachteile zu befürchten haben, die Selbsteinschätzung des Arbeitsvermögens sehr selten zur Überschätzung, jedoch häufig zur Unterschätzung führt.[3]

16 Eine weitere Studie zeigt, dass unzutreffende Ergebnisse konventioneller – dh FCE-freier – Begutachtung selten mit niedriger subjektiver Urteilssicherheit des Gutachters, sondern unerwarteter Weise häufig mit hoher subjektiver Urteilssicherheit einhergehen. Problematisch daran ist, dass eine falsche subjektive Urteilssicherheit die Hinzuziehung von objektivierenden Verfahren, wie etwa des Assessment mit Functional-Capacity-Evaluation, fälschlicher Weise als überflüssig erscheinen lassen.[4]

17 Die Verfahren zur Functional-Capacity-Evaluation dienen der Beurteilung individueller physischer Fähigkeiten. Anhand der Simulation von standardisierten und arbeitstypischen Belastungssituationen soll erfasst werden, inwieweit eine Person in der Lage ist, sicher eine arbeitsbezogene Anforderung ausführen zu können.[5] FCE-Verfahren stammen aus dem angloamerikanischen Raum. Seit Mitte der Neunziger Jahre werden sie vermehrt auch in Deutschland eingesetzt und bieten aufgrund ihrer aktivitätsorientierten Leistungsprovokationen gute Rahmenbedingungen, auch hierzulande für den komplexen sozial- und arbeitsmedizinischen Begutachtungsprozess zentrale Erkenntnisse zu liefern.[6] Die Verfahren werden in Deutschland schwerpunktmäßig in folgenden Feldern eingesetzt:[7]

- Fragen der Arbeitsfähigkeit und Alltagsfähigkeit,
- Arbeitsvermittlung und Einstellungsassessment,
- Arbeitsfindung,
- Bestimmung des Krankheits- oder Behinderungsgrades,
- Therapieassessment (Planung und Evaluation),
- Sozialmedizinische Gutachtenerstellung.

---

3 Glatz/Anneken/Heipertz/Weber/Kraus, Die Ermittlung der Arbeitsbelastungskategorie – standardisierte Selbstauskunft und Messung im Vergleich, Arbeitsmed Sozialmed Umweltmed, (2007), 42, S. 109.

4 Glatz/Anneken/Heipertz/Schian/Weber, Zur ärztlichen Beurteilung arbeitsbezogener körperlicher Leistungsfähigkeit anhand des FCE-Assessments ERGOS Work Simulator, Arbeitsmed Sozialmed Umweltmed (2007), 42, S. 56-63.

5 Pransky/Dempsey, Practical Aspects of Functional Capacity Evaluations, Journal of Occupational Rehabilitation (2004), 14(3), S. 217-229; Lechner in: King (Hrsg.), Sourcebook of Occupational Rehabilitation, 1989, S. 209–227.

6 Körner, ICF und sozialmedizinische Beurteilung der Leistungsfähigkeit im Erwerbsleben: Alles klar? – Ein Diskussionsbeitrag, Die Rehabilitation (2005), 44, S. 229-236; Nellessen, Leistungsdiagnostik und Leistungsprognostik – zentrale Elemente der sozialmedizinischen Begutachtung, 2002; Heipertz/Berg/Ueberschär, Berufliche Rehabilitation im Spannungsfeld von Medizin, Sozialrecht und Verwaltungshandeln, Arbeitsmed Sozialmed Umweltmed (2001), 36(7), S. 332-345.

7 iqpr (Hrsg.) (2004): Prävention und Rehabilitation zur Verhinderung von Erwerbsminderung. Projektbericht. www.iqpr.de/iqpr/seiten/publikationen/publikationen-de.asp.

Die Anwendung von FCE liefert eine systematische und standardisierte Erweiterung der Befundbasis und kann damit die Beurteilung arbeitsbezogener Leistungsfähigkeit unterstützen.[8] FCE-Verfahren fußen auf einem ressourcenorientierten und aufgabenbezogenen Konzept von Leistungsfähigkeit und folgen so der Konzeption der International Classification of Functioning, Disability and Health (ICF).[9] 18

Die FCE-Untersuchung bietet die Möglichkeit, beobachtungsbasierte Informationen zu individuellen Verhaltensweisen und Bewegungsmustern in **hoher Qualität und Quantität** zu gewinnen und in den Begutachtungsprozess zu integrieren. Hierbei zeigen sich bei der Durchführung von Aufgaben zB Kompensationsmechanismen (etwa Beugedefizit im Kniegelenk bei einer Aufgabe zum Arbeiten in hockender Körperhaltung). Ebenso können zB kardiopulmonale Einschränkungen erkannt und in die Ergebnisdokumentation und -interpretation integriert werden. Über die Notwendigkeit der Einbeziehung der Beobachtung besteht mittlerweile ein breiter Konsens unter Anwendern und Experten.[10] 19

In Deutschland haben sich in erster Linie folgende FCE-Komplettsysteme durchgesetzt: 20

- Evaluation der Funktionalen Leistungsfähigkeit nach Isernhagen (EFL nach Isernhagen),
- ERGOS Work Simulator.

G. ERGOS-System

Die Ermittlung der arbeitsbezogenen Leistungsfähigkeit einer Person kann mithilfe einer Apparatur erfolgen. Ein Beispiel dafür ist der ERGOS Work-Simulator. Er wird in Deutschland seit Ende der 90er Jahre verwendet.[11] Dem Verfahren wird aufgrund des computergestützten und **standardisierten Untersuchungsablaufs** eine gute Objektivität und Reliabilität bescheinigt.[12] Es können an verschiedenen Stationen (Panels) bis zu 42 Aufgaben mit maximal 260 arbeitstypischen Tätigkeiten durchgeführt werden. Die Aufgaben sollen mit maximaler Leistung ausgeführt werden (psychophysisches Prinzip). Möglichkeiten der Konsistenzprüfung liegen vor. 21

---

8 Körner, ICF und sozialmedizinische Beurteilung der Leistungsfähigkeit im Erwerbsleben: Alles klar? – Ein Diskussionsbeitrag, Die Rehabilitation (2005), 44, S. 229-236; Erbstößer/Nellessen/Schuntermann, FCE-Studie, FCE-Systeme zur Beurteilung der arbeitsbezogenen Leistungsfähigkeit – Abschlussbericht, DRV-Schriften, Band 44, 2003; Gibson/Strong, A conceptual framework of functional capacity evaluation for occuoational therapy in work rehabilitation, Australian Occupational Therapy Journal (2003), 50(2), S. 64-71.

9 Ibid.

10 Erbstößer/Nellessen/Schuntermann, FCE-Studie, FCE-Systeme zur Beurteilung der arbeitsbezogenen Leistungsfähigkeit – Abschlussbericht, DRV-Schriften, Band 44, 2003; Nellessen, Leistungsdiagnostik und Leistungsprognostik – zentrale Elemente der sozialmedizinischen Begutachtung, 2002; Heipertz/Berg/Ueberschär, Berufliche Rehabilitation im Spannungsfeld von Medizin, Sozialrecht und Verwaltungshandeln, Arbeitsmed Sozialmed Umweltmed (2001), 36(7), S. 332-345.

11 Glatz/Anneken/Heipertz/Weber/Kraus, Die Ermittlung der Arbeitsbelastungskategorie – standardisierte Selbstauskunft und Messung im Vergleich, Arbeitsmed Sozialmed Umweltmed, (2007), 42, S. 109.

12 Verband Deutscher Rentenversicherungsträger (Hrsg.), SOMEKO: Abschlussbericht der Kommission zur Weiterentwicklung der Sozialmedizin in der gesetzlichen Rentenversicherung, DRV-Schriften, Bd. 53 2004, S. 206; Erbstößer/Nellessen/Schuntermann, FCE-Studie, FCE-Systeme zur Beurteilung der arbeitsbezogenen Leistungsfähigkeit – Abschlussbericht, DRV-Schriften, Band 44, 2003, S. 48 f.; Innes/Straker, Validity of work-related assessments, work (1999), 13, S. 125–253.

22 Folgende Bereiche arbeitstypischer Anforderungen können simuliert werden:

- Statisches und dynamisches Heben; statisches Schieben und Ziehen (Panel 1),
- Gesamtkörperbeweglichkeit (Panel 2),
- Tragen ua in Verbindung mit Stufensteigen (Panel 3),
- Stehen und Gehen in Verbindung mit wiederholender Rumpfbeuge (Panel 4),
- Sitzende Aktivitäten zur Kraft und Koordination der oberen Extremitäten (Panel 5).

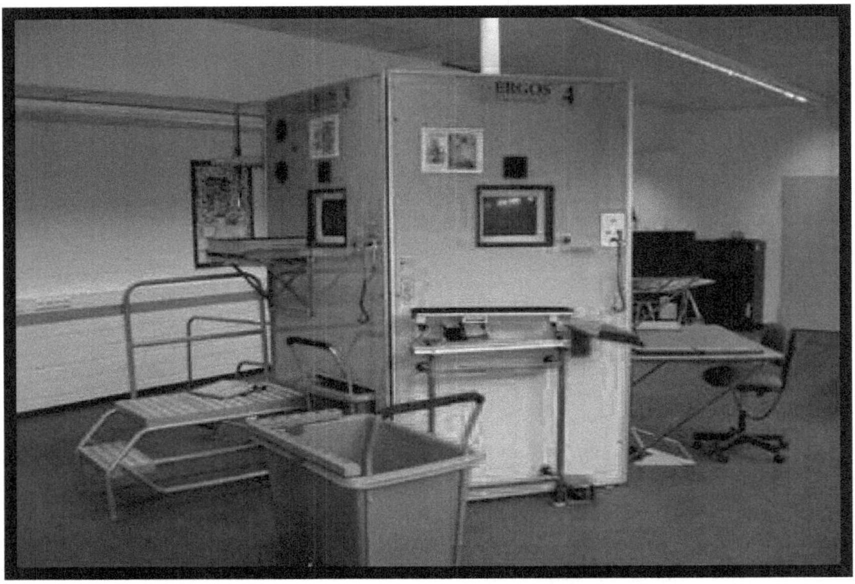

Abbildung: ERGOS-System

23 Die ERGOS-Untersuchung schafft eine – insbesondere von Messergebnissen gestützte – aktivitätsdiagnostische Befundlage, welche der Beurteilung von individuellen Fähigkeiten bezüglich der Arbeitsbelastung und -effektivität dient. Die durchschnittliche Dauer einer ERGOS-Gesamtuntersuchung wird mit vier bis fünf Stunden angegeben.

24 Nach erfolgter Testung erstellt das ERGOS-System eine Dokumentation des individuellen Leistungsprofils. Dieses kann zusammen mit einem von über 14.000 vorgehaltenen Anforderungsprofilen ausgegeben werden. Diese Gegenüberstellung von individuellem Leistungsprofil und beruflichem Anforderungsprofil anhand von definierten Merkmalen und Ausprägungen wird als ERGOS-Profilvergleich bezeichnet. Es handelt sich um nachstehend aufgeführte Merkmale: Statisches Heben auf (1) Mittelhand-, (2) Bank-, (3) Sprunggelenks- und (4) Schulterhöhe; Dynamisches Heben auf (5) Bankhöhe und (6) Ablagehöhe; (7) Tragen; Statisches Drücken auf (8) Wagen- und (9) Schulterhöhe; Statisches Ziehen auf (10) Wagen- und (11) Schulterhöhe; (12) Sitzen; (13) Stehen/Gehen; (14) Bücken; (15) Knien; (16) Hocken; Reichen (17) nach vorn und (18) über Kopf; (19) häufige Rumpfbeuge; (20) Handfertigkeit; (21) Fingerfertigkeit.

ERGOS (Ausschnitt aus Profilvergleich)

Gegenüberstellung der erbrachten Leistungen mit den Arbeitsanforderungen

ART DER ARBEITSBELASTUNG	Manchmal		Häufig		Konstant	
	Kg	Std.	Kg	Std.	Kg	Std.
Heben auf						
Stat. Höhe Mittelhand	13(23)	8+(8)	6(12)	8+(8)	3(5)	8+(8)
Höhe Bank	13(16)	8+(8)	6 (8)	8+(8)	3(4)	8+(8)
Höhe Sprunggel.	11(16)	8+(8)	6 (8)	8+(8)	2(4)	8+(8)
Höhe Schulter	8(16)	8+(8)	4 (8)	8+(8)	2(4)	8+(8)
Dyn. Höhe Bank links	14(23)	8+(8)	7(12)	8+(8)	3(5)	8+(8)
frontal	14(23)	8+(8)	7(12)	8+(8)	3(5)	8+(8)
rechts	14(23)	8+(8)	7(12)	8+(8)	3(5)	8+(8)
Höhe Ablage links	5(12)	8+(8)	2 (6)	8+(8)	1(3)	8+(8)
frontal	5(12)	8+(8)	2 (6)	8+(8)	1(3)	8+(8)
rechts	5(12)	8+(8)	2 (6)	8+(8)	1(3)	8+(8)
Tragen	41(23)	8+(8)	20(12)	8+(8)	8(5)	8+(8)
Stat. Höhe Wagen drücken	14(13)	8+(8)	7(7)	8+(8)	3(3)	8+(8)
ziehen	10(10)	8+(8)	5(5)	8+(8)	2(2)	8+(8)
Höhe Schulter drücken	11(10)	8+(8)	6(5)	8+(8)	2(2)	8+(8)
ziehen	7 (8)	8+(8)	4(4)	8+(8)	1(2)	8+(8)
Sitzen		8+(8)		8+( )		8+( )
Stehen/gehen		8+( )		8+( )		8+(8)
Bücken		7 (8)		5(8)		3( )
Knien		8+(8)		7( )		6( )
Hocken		8+( )		7 8)		6( )
Reichen nach vorn		8+( )		8+(8)		8+(8)
über Kopf		8+( )		8+(8)		8+(8)
Häufige Rumpfbeuge		8+( )		8+(8)		8+(8)
Handfertigkeit		8+( )		8+(8)		8+(8)
Fingerfertigkeit		8+(8)		8+(8)		8+()
...	...		...		...	

Legende:
Leistungen: Zahlen ohne Klammern
Anforderungen: Zahlen in Klammern
Rote Zahl zeigen Defizite
Blaue Zahl zeigen im Grenzbereich liegende, geringe Defizite

Abbildung: ERGOS Anforderungs- und Fähigkeitsprofil (Ausschnitt)

Wenn es erforderlich ist, kann das vorgehaltene berufliche Anforderungsprofil vom ERGOS-Betreuer mit Blick auf die individuellen Anforderungen des in Frage stehenden Berufes/Arbeitsplatzes angepasst werden. Die Interpretation der Passung kann – zusammen mit weiteren Informationen – bei einem Zugewinn an Nachvollziehbarkeit in die Begutachtung eingehen.[13] 25

13 Vertiefend Glatz/Anneken/Heipertz/Schian/Weber: Zur ärztlichen Beurteilung arbeitsbezogener körperlicher Leistungsfähigkeit anhand des FCE-Assessments ERGOS® Work Simulator, Arbeitsmed Sozialmed Umweltmed, Heft 2/07, S. 56–63.

H. Welchen Beitrag liefert ERGOS für die ärztliche Beurteilung?

26 Die Qualitätssicherung in der Begutachtung[14] bringt ua das Erfordernis mit sich, den Nutzgewinn von FCE für die ärztliche Begutachtung zu ermitteln. In einer neueren wissenschaftlichen Studie[15] wurde deutlich, dass die Differenzierungsfähigkeit der ärztlichen Begutachtung durch die Einbeziehung von FCE-Befunden (dh ERGOS-Befunden) anstieg. Bei Einbeziehung der FCE-Informationen konnten Defizite häufiger und Potentiale erheblich häufiger erkannt werden. Bei FCE-Basierung der ärztlichen Begutachtung wurden Defizite und Potentiale etwa gleich häufig offenbar und verschiedene Gutachter kamen bei den gleichen Fällen sehr häufig zu gleichen Beurteilungen.

I. Das EFL-System nach Isernhagen

27 FCE kann auch weitgehend ohne technische Apparaturen erfolgen. Die EFL wird seit Ende der 90er Jahre in Deutschland angewendet. Es können 29 standardisierte funktionelle Leistungstests durchgeführt werden. Die Gesamtdauer der Testdurchführung beträgt etwa sechs Stunden und verteilt sich auf zwei Tage. Die Aufgaben sollen mit maximaler Leistung – jedoch noch ergonomisch – (kinesiophysisches Prinzip) ausgeführt werden.[16] Die arbeitsbezogenen Standardtests beziehen sich auf folgende Aktivitätsbereiche:

- Hantieren von Lasten/(Hand-)Kraft,
- Haltung/Beweglichkeit,
- Statische Haltung,
- Fortbewegung,
- Handkoordination.

28 Bei EFL ermittelt ein speziell geschulter Untersucher die maximale Leistungsfähigkeit anhand von standardisierten funktionellen Beobachtungskriterien, wie zB: rekrutierte Muskulatur, Standbreite, Haltung, Kreislauf/Atmung, Bewegungskoordination/-sicherheit, Bewegungstempo und Testzeit. Lediglich beobachtet und dokumentiert, aber nicht als primäre Kriterien herangezogen, werden dagegen: Schmerzangaben und Schmerzverhalten. Sobald die Ausführung der Testaufgabe unsicher oder dysfunktionell wird, stoppt der Untersucher die Testung.

29 Der **Vergleich der ermittelten Leistung mit arbeitsbezogenen Anforderungen** ist möglich. Im Rahmen der Anamnese wird nach Möglichkeit eine fragebogengestützte Erhebung der individuellen Arbeitsplatzbedingungen vorgenommen. Neben der Selbst-

---

14 Weber, Qualitätssicherung in der Begutachtung – Herausforderung für Leistungsträger und Gutachter – aus allgemein-sozialmedizinischer Sicht, MedSach (2005), 101, S. 42–46; Bahemann, Begutachtung der Leistungsfähigkeit für die berufliche Rehabilitation – Begutachtung für die Bundesanstalt für Arbeit, MedSach (2002), 3.

15 Glatz/Anneken/Heipertz/Schian/Weber: Zur ärztlichen Beurteilung arbeitsbezogener körperlicher Leistungsfähigkeit anhand des FCE-Assessments ERGOS® Work Simulator, Arbeitsmed Sozialmed Umweltmed, Heft 2/07, S. 56–63.

16 Kaiser/Kersting/Schian/Jacobs/Kaprowski, Der Stellenwert des EFL-Verfahrens nach Susan Isernhagen in der medizinischen und beruflichen Rehabilitation, Die Rehabilitation (2000), 39, S. 297–306; Büschel/Greitemann/Schaidhammer-Placke in: Deutsche Rentenversicherung Bund (Hrsg.), 15. Rehabilitationswissenschaftliches Kolloquium. Rehabilitation und Arbeitswelt – Herausforderungen und Strategien – vom 13. bis 15. März 2006 in Bayreuth, DRV Schriften (2006), 64, S. 43.

auskunft kann in Zweifelsfällen ergänzend auf weitere Informationen zurückgegriffen werden. Ziel ist es, die kritischen „Belastungselemente“ zu identifizieren und im Rahmen eines „Jobmatchs“ mit der „Belastbarkeit gemäß Test“ zu vergleichen.[17]

J. Ist die Durchführung von ERGOS und EFL mit geringerem Aufwand möglich?

Für beide Verfahren gilt: Die Durchführung der Vollversion ist nicht bei jeder Fragestellung erforderlich. 30

- EFL: Bisher erfolgte die Durchführung von EFL in der Regel an zwei aufeinander folgenden Tagen. Künftig wird es voraussichtlich bei bestimmten Fragestellungen möglich sein, auf den zweiten Tag zu verzichten. Darüber hinaus kann der Testumfang mit Blick auf die berichteten Einschränkungen reduziert werden. Zur Testauswahl kann anhand des SMART-Bogens (subjektiv, messbar, akzeptabel, realistisch, terminiert) ein EFL-Screening durchgeführt werden.
- ERGOS: Die ERGOS-Testung erfolgt an einem einzigen Tag. Der Testumfang wird künftig mit Blick auf die individuell vorliegenden Diagnosen und Anforderungen in standardisierter Weise reduziert werden können. Für diesen Zweck wurde das Testauswahlinstrument DASET (Diagnose- und anforderungsbezogene Selektion von ERGOS Tests) entwickelt. Über diese Neuentwicklung informiert der Autor an anderer Stelle ausführlich.[18] Auch bei der Testauswahl mit DASET sollten ggf. weitere Tests einbezogen werden, wenn entsprechende Einschränkungen berichtet werden.

K. Der Stellenwert der Eventvideografie

Bisher hatte der Veranlasser bzw. Empfänger der FCE-Befunde kaum Möglichkeiten, die Beanspruchungsreaktionen selbst in Augenschein zu nehmen. Er war in der Regel darauf angewiesen, dass der FCE-Anwender die Beobachtung in schriftlicher Form an ihn weiterleitet. Eine ergänzende Videografierung war sowohl hinsichtlich der Produktion beim FCE-Anwender als auch hinsichtlich der Rezeption beim Empfänger/Gutachter zu aufwendig. 31

Die neu entwickelte Eventvideografierung ändert dies. Mithilfe des Event-Videografierungs-Systems (EVS) ist es möglich, relevante Ereignisse bzw. Beanspruchungsreaktionen gezielt zu videografieren und bereits während des Untersuchungsvorgangs mit Beschreibungsmerkmalen zu versehen. Die bisher erforderliche Nachbearbeitung des Videomaterials (zB Auswahl und Schnitt) bzw. der Texte ist mit EVS sehr stark reduziert und erübrigt sich mitunter ganz. 32

Der Veranlasser bzw. Empfänger der FCE-Befunde erhält einen kurzen und strukturierten Beobachtungsbericht auf DVD. Die textlichen Kurzbeschreibungen relevanter Ereignisse sind mit entsprechendem Videomaterial belegt. Diese **20- oder 30-Sekun-** 33

17 Kaiser/Kersting/Schian/Jacobs/Kaprowski, Der Stellenwert des EFL-Verfahrens nach Susan Isernhagen in der medizinischen und beruflichen Rehabilitation, Die Rehabilitation (2000), 39, S. 297–306.

18 Siehe Glatz/Gerlinger/Weber, Die richterliche Akzeptanz von besonderen Anforderungsprofilen für die Sozialmedizinische Begutachtung von Berufsunfähigkeit und Erwerbsminderung, Gesundheitswesen 70, S. 435 (2008).

den-Videos können aus dem Beschreibungstext heraus gestartet und auf dem PC ad hoc abgespielt werden. Es handelt sich in der Regel um zwei synchronisierte Aufnahmen aus unterschiedlichen Blickwinkeln. Die DVD enthält darüber hinaus auch die Aufnahme der gesamten FCE-Untersuchung. Damit hat der Gutachter in besonderen Zweifelsfällen die Möglichkeit, weitere Untersuchungspassagen zu betrachten. Künftig werden die Videos – neben der visuell direkt zugänglichen Beanspruchungsreaktion – außerdem bewegungssynchron physiologische Parameter (zB die Herzfrequenzen) zeigen.

34 FCE-Anbieter, die diese Technologie nutzen, haben nun die Möglichkeit, sich auf die Bereitstellung aktivitätsdiagnostischer Befunde zu beschränken und die eigentliche Beurteilung weitgehend dem Veranlasser bzw. Empfänger der FCE-Befunde zu überlassen. Der medizinische Gutachter hat mit dieser Technologie die Möglichkeit, seine Beurteilung aktivitätsdiagnostisch zu belegen und damit nachvollziehbarer zu machen. Derzeit finden sich weitere Informationen zur Eventvideografie unter www.eventvideografie.de.

L. Zur richterlichen Akzeptanz von besonderen Anforderungsprofilen

35 Im Zuge der Jahrestagung der Deutschen Gesellschaft für Sozialmedizin und Prävention (DGSMP) wurden die Ergebnisse der eingangs angesprochenen bundesweiten Befragung von Richterinnen und Richtern der Deutschen **Sozialgerichtsbarkeit** vorgestellt. Das Institut für Qualitätssicherung in Prävention und Rehabilitation an der Deutschen Sporthochschule Köln und das Institut für Medizinische Soziologie der Johann Wolfgang Goethe-Universität berichteten über „Die richterliche Akzeptanz von besonderen Anforderungsprofilen für die Sozialmedizinische Begutachtung bei der Ermittlung von Berufsunfähigkeit und Erwerbsminderung“.[19]

36 Die sozialmedizinische Rentenbegutachtung in den Feldern Berufsunfähigkeitsermittlung (BU) und Erwerbsminderungsermittlung (EM) ist derzeit hinsichtlich der Einbeziehung von Anforderungsprofilen unbefriedigend. Vor diesem Hintergrund erstens sowie dem Wandel der Anforderungen des Arbeitsmarktes zweitens und dem Wandel der demographischen Alterung drittens wurden im Rahmen der Befragung Änderungen der Begutachtung vorgeschlagen. Sie zielen darauf, in beiden oben genannten Feldern besondere **Anforderungsprofile**, zum einen in Bezug auf Berufe und zum anderen hinsichtlich leichter Tätigkeiten des allgemeinen Arbeitsmarktes, einzusetzen (dh Anforderungsprofile nach IMBA- oder nach ERGOS-Standard). Die Einbeziehung solcher Sammlungen von besonderen Anforderungsprofilen könnte nach § 106 Sozialgerichtsgesetz richterlicherseits angeordnet werden. Ziel der Untersuchung war die Ermittlung der richterlichen Akzeptanz des Einsatzes von derartigen Anforderungsprofilen.

37 Die quantitative Akzeptanzerhebung ergab für beide Vorschläge – dh hinsichtlich BU in 77,1 % bzw. 72 % und hinsichtlich EM in 67,9 % – mehrheitliche richterliche Zu-

19 Glatz/Gerlinger/Weber: Die richterliche Akzeptanz von besonderen Anforderungsprofilen für die Sozialmedizinische Begutachtung von Berufsunfähigkeit und Erwerbsminderung. Gesundheitswesen 70, S. 435 ff. (2008).

stimmung. Außerdem zeigt die qualitative Delphi-Befragung[20] anhand freitextlicher richterlicher Kommentare verschiedene Akzeptanzbedingungen, offene Fragen, Hinweise auf einen Kostenvorteil und mehrere qualitative Gewinne, insbesondere an Erkenntnis, Nachvollziehbarkeit, Gleichbehandlung und nicht zuletzt an Rechtsfrieden.

Aktuelle Informationen zu Gutachtern und Anforderungsprofilen finden sich unter 38
www.anforderungsorientierte.begutachtung.iqpr.de

20 Die Delphi-Befragung ist ein systematisches, mehrstufiges Befragungsverfahren mit Rückkopplung, die dazu dient, zukünftige Ereignisse, Trends etc möglichst gut einschätzen zu können.

§ 11 Anwaltliche Angriffsmittel gegen ungünstige Gutachten

1 Ist das Gutachten im Sinne des Klageziels negativ ausgefallen, stellt sich in einem Verfahren, in dem die sozialmedizinische Beurteilung entscheidungserheblich ist, die wichtigste Aufgabe für den Prozessbevollmächtigten: Er muss prüfen, ob und welche prozessualen Angriffsmittel zur Entkräftung der sozialmedizinischen Beurteilung des gerichtlichen Sachverständigen geeignet sind und welche Beweismittel zum Nachweis des gewünschten Beweisergebnisses zur Verfügung stehen.

2 Der Vergleich der Diagnosen und der sich daraus ergebenden Konsequenzen für die Beurteilung des Leistungsvermögens nach Aktenlage ist gerade für einen Nichtmediziner schwierig. Dieses Problem wird dadurch verschärft, dass die häufig unzureichende Honorierung des anwaltlichen Prozessbevollmächtigten gerade im Sozialrecht eine stundenlange Beschäftigung mit den einzelnen Erkrankungen und deren Auswirkungen nicht zulässt. Häufig ist es für den Nichtmediziner trotz aller medizinrechtlichen Spezialisierung schwierig, unterschiedliche diagnostische Bezeichnungen für ähnliche oder gleiche Erkrankungen abzugrenzen und zu bewerten.

A. Einbeziehung des Mandanten

3 Hier sollte zunächst der Mandant einbezogen werden, auch wenn er den Inhalt der Gutachten – insbesondere die Darstellung der Untersuchung und ihrer Ergebnisse – wegen der besonderen Terminologie häufig nicht vollständig versteht. Verständlich für den Mandanten/Patienten ist aber die in der Regel auf den letzten Seiten des Gutachtens befindliche Zusammenfassung der Diagnosen und meistens auch die Beantwortung der Beweisfragen.

4 Für das Klageziel ungünstige Gutachten sind regelmäßig an die Mandanten mit dem Hinweis zu versenden, dass aufgrund dieses Gutachtens das Klageziel nicht erreicht werden kann. Der **Mandant** sollte mit einem entsprechenden Anschreiben zunächst gebeten werden, aus seiner Sicht zu überprüfen, ob **alle seine Erkrankungen in dem Gutachten vollständig aufgeführt** worden sind und der Sachverständige die Auswirkungen der einzelnen Erkrankungen aus seiner Sicht richtig gewürdigt hat. Diese Vorgehensweise hat zwei Vorteile: Einerseits kann der Mandant selbst am besten beurteilen, ob alle Beschwerden zum Zeitpunkt der Untersuchung durch den Sachverständigen vollständig und richtig erfasst worden sind. Anderseits kann er dem Anwalt später nicht vorwerfen, er habe nicht dafür gesorgt, dass alle seine Beschwerden ausreichend berücksichtigt wurden.

B. Einbeziehung der behandelnden Ärzte

5 In Rentenverfahren weicht die Beurteilung des Leistungsvermögens durch die Gutachter sehr oft von der Einschätzung der behandelnden Ärzte ab. Hier ist ein erster Angriffspunkt des Anwalts, um möglichst **präzise medizinische Informationen** zu erhalten. Denkbar sind verschiedene Vorgehensweisen, um die erforderlichen Informationen zu erhalten:

I. Aufforderung an den Mandanten, mit seinen behandelnden Ärzten Rücksprache zu nehmen und den Anwalt zu informieren

Der Mandant sollte in jedem Falle unter Übersendung einer Kopie des Gutachtens gebeten werden, den Inhalt negativ ausgefallener Gutachten mit den behandelnden Ärzten zu besprechen und diese um ihre Meinung zu bitten. Ein Vorschlag für ein Anschreiben an den Mandanten bei ungünstigen Gutachten findet sich in den Arbeitsmaterialien als Anhang A. III. Nr. 7. 6

Es kommt häufiger vor, dass behandelnde Ärzte, deren Beurteilung über das Leistungsvermögen von den Sachverständigen nicht bestätigt wird, sowohl im diagnostischen Bereich als auch in der sozialmedizinischen Beurteilung medizinisch fundierte Ausführungen machen und sich mit der Beurteilung des Gutachters kritisch auseinandersetzen. Diese Informationen können in schriftlicher, mündlicher oder telefonischer Form an den Anwalt übermittelt werden. Allerdings haben viele niedergelassene Ärzte ein Problem damit, ihre Erkenntnisse ohne konkrete Fragestellung in entscheidungserheblicher Weise zu Papier zu bringen. 7

II. Telefonische Rückfragen bei behandelnden Ärzten

Auch eine telefonische Rücksprache des Prozessbevollmächtigten mit dem Arzt kann hilfreich sein, sollte aber erst erfolgen, wenn dem behandelnden Arzt das Gutachten ganz oder zumindest auszugsweise vorliegt und er von seiner ärztlichen Schweigepflicht entbunden worden ist. Der Telefonanruf sollte vom Mandanten angekündigt werden und der Termin mit dem Praxispersonal abgestimmt werden. Ein Telefonat hat den Vorteil, dass die Informationserteilung nicht über den Mandanten, sondern unmittelbar erfolgt, was eine präzisere Information des Prozessbevollmächtigten und ggf. sofortige Rückfragen bei Verständnisproblemen ermöglicht. 8

III. Schriftliche Anfragen bei behandelnden Ärzten

Bei anwaltlichen Anfragen bei Ärzten mit der Bitte um schriftliche Stellungnahme sollten die **Kostenhöhe** begrenzt und die Person des Kostenschuldners geklärt werden, um gerade bei bedürftigen Mandanten unliebsame Überraschungen zu vermeiden. Schon die Anforderung von Behandlungsunterlagen, zB bei Universitätskliniken, kann wegen des erheblichen Umfanges der Patientenkartei schnell mehrere hundert Euro Ablichtungskosten verursachen, für die der jeweilige „Besteller" haftet! Dies gilt natürlich erst recht für die unmittelbare Anforderung einer fundierten Stellungnahme zu einem Gutachten durch den Anwalt. 9

IV. Hinweis an die behandelnden Ärzte bei angeblich nicht ordnungsgemäß durchgeführter Therapie

Besonders erfolgreich ist die **Bitte um Mithilfe an den behandelnden Arzt** in den Fällen, in denen der Sachverständige dem behandelnden Arzt unterstellt, er habe die erforderliche Therapie nicht ordnungsgemäß durchgeführt. Gerade die standardmäßigen Formulierungen vieler „gerichtserfahrener Sachverständiger", bei ordnungsgemäßer Therapie wäre die Erkrankung leicht zu behandeln, führt bei entsprechendem 10

Hinweis an die klagende Partei (oder besser unmittelbar an den behandelnden Arzt) häufig zu substantiierten Stellungnahmen, aus welchen Gründen die Argumentation des Sachverständigen unzutreffend ist. Sollte der behandelnde Arzt auf einen derartigen Hinweis nicht adäquat reagieren, wird der Mandant sich fragen müssen, ob er nicht einen anderen Arzt konsultieren sollte.

V. Auf Wunsch der Ärzte vertrauliche Behandlung der Informationsquelle

11 Sofern vom Arzt im Einzelfall gewünscht, sollte die Quelle derartiger Ausführungen vertraulich behandelt werden und nicht dem Gericht bekanntgegeben werden. Viele Ärzte scheuen die direkte fachliche Auseinandersetzung mit Berufskollegen, auch wenn sie meinen, dass deren Beurteilung dem tatsächlichen Leistungsvermögen des Patienten nicht gerecht wird. In derartigen Fällen kann die entsprechende qualifizierte medizinische Argumentation ohne Angabe der Quelle in einen Schriftsatz an das Gericht übernommen werden. Je präziser die inhaltliche Kritik an einem medizinischen Gutachten gefasst wird, umso eher wird schon der erstinstanzliche Richter geneigt sein, das angegriffene Gutachten einer weiteren Überprüfung zu unterziehen, insbesondere deshalb, weil er nach dem meist geltenden Amtsermittlungsgrundsatz zur vollständigen Sachverhaltsaufklärung verpflichtet ist und sich ungern von einer zweiten Instanz vorwerfen lassen möchte, diese Pflicht vernachlässigt zu haben.

C. Parteigutachten

12 Weiterhin besteht die Möglichkeit, ein Parteigutachten – eventuell in Form der Stellungnahme eines **Beratungsarztes** des Anwaltes – zur Vorbereitung der Kritik an dem Sachverständigengutachten einzuholen. Diese Kosten werden aber (anders als die Kosten eines Gutachtens nach § 109 SGG) nicht von Rechtsschutzversicherungen übernommen, so dass dieser Weg in sozialgerichtlichen Verfahren meistens ausscheiden dürfte.

13 Anderes gilt aber in Verfahren vor den Zivil- oder Verwaltungsgerichten, wenn das Gericht zu erkennen gibt, dass es nicht gewillt ist, weitergehenden Beweisanträgen nachzugehen. Insbesondere wenn in der letzten Tatsacheninstanz gestritten wird und kein weitergehendes Beweisantragsrecht (wie zB nach § 109 SGG) mehr besteht, bleibt die Vorlage eines Parteigutachtens oft der letzte Ausweg, ein Gutachten, das nach Angaben des Mandanten oder der behandelnden Ärzte in seiner sozialmedizinischen Beurteilung unrichtig erscheint, mittels eines Gegengutachtens anzugreifen. Ein Parteigutachten ist regelmäßig zwar nicht verfahrensrechtlich als echtes Beweismittel geeignet, sondern wird nur als **qualifizierter Parteivortrag** gewertet. Partei- oder Verwaltungsgutachten können vom Gericht nur im Wege des Urkundsbeweises und nicht wie ein gerichtliches Gutachten unmittelbar berücksichtigt und gewürdigt werden.[1] Dennoch wird das Gutachten eines entsprechend qualifizierten Sachverständigen in aller Regel dazu führen, dass das Gericht sich kritisch mit dem Inhalt des Gerichts-

---

1 *Keller* in Meyer-Ladewig/Keller/Leitherer SGG § 128 Rn. 7f und 7g.

gutachtens auseinander zu setzen hat und Widersprüche aufklären muss.[2] Bei Widersprüchen zwischen Gutachten muss das Gericht erforderlichenfalls klären, von welchen unterschiedlichen tatsächlichen Grundlagen die Gutachter ausgehen, und auf die Auflösung der Widersprüche hinwirken.[3] Das gilt auch bei einem Widerspruch zwischen einem gerichtlichen Gutachten und einem Verwaltungsgutachten[4]

Das Gericht muss ein eigenes oder ggf. weiteres Gutachten einholen, wenn sich dessen Notwendigkeit aufdrängt, zB wenn die Vorgutachten nicht ausreichen, um die relevanten Fragen sachgerecht zu beantworten[5] oder wenn gegen diese erhebliche Einwendungen vorgebracht werden.[6] Dies kann durch den Vortrag eines Beteiligten, aber auch durch Vorlage eines widersprechenden Privatgutachtens oder ärztlichen Attests erfolgen.[7]

Der Verfahrensbevollmächtigte, der ein Partei- oder Verwaltungsgutachten in Auftrag gibt, sollte daher die Beweisfragen sorgfältig formulieren und den Gutachter auffordern, sich mit abweichenden Diagnosen oder Beurteilungen in den zuvor eingeholten Gutachten intensiv auseinanderzusetzen und etwaige Abweichungen – möglichst unter Hinweis auf entsprechende wissenschaftliche Fachliteratur – eingehend zu begründen. Erfolgt dies nicht, sondern kommt der Parteigutachter ohne Diskussion etwaiger anderer Beurteilungen einfach nur zu einem abweichenden Ergebnis, wird der Tatrichter eher geneigt sein, dem aufgrund eines formellen gerichtlichen Beweisbeschlusses erstellten Gutachten zu folgen.

D. Formelle Überprüfung der Gutachten

I. Aufbau eines Gutachtens

Sowohl von der Forschung als auch von den Rentenversicherungsträgern sind Anfor- 14
derungsprofile zu Aufbau und Inhalt ärztlicher Gutachten entwickelt worden. Je nach Fragestellung und Fachrichtung des jeweiligen medizinischen Gutachters sind unterschiedliche Schwerpunkte zu setzen. Dennoch sind folgende **Anforderungen** an Inhalt und Aufbau eines sozialmedizinischen Gutachtens zu stellen:

1. Vorgeschichte nach Aktenlage

Anhand der Vorgeschichte kann kontrolliert werden, ob der Sachverständige den me- 15
dizinisch relevanten Lebenslauf des Patienten, Art und Umfang bisheriger ambulanter und Krankenhausbehandlungen, die therapeutischen Ansätze der behandelnden Ärzte und den Behandlungserfolg richtig erfasst hat.

2 BSG 6.4.1989 – 2 RU 55/88; BGH 28.4.1998 – VI ZR 403-96 = NJW 1998, 2735; BGH 11.11.2014 – VI ZR 76/13 Rn. 15 = NJW 2015, 411; *Ghassemi-Tabar/Nober* NJW 2016, 552.
3 Vgl. BGH 25.2.09 – IV ZR 27/08 = VersR 09, 817.
4 BGH 28.4.1998 – VI ZR 403/96 = NJW 1998, 2735–2736.
5 BGH 22.4.1997 – VI ZR 198/96.
6 BSG 15.10.1986 – 5 b RJ 80/85, SozR 1500 § 103 Nr. 24.
7 Keller in Meyer-Ladewig/Keller/Leitherer SGG § 128 Rn. 7 f; BGH 11.5.1993 – VI ZR 243/92.

2. Darstellung der Vorgeschichte sowie Klagen/Beschwerden des Patienten

16 Anhand der Wiedergabe der Angaben des Patienten ist zu überprüfen, ob der Sachverständige die subjektiven Angaben des Patienten angehört sowie richtig und vollständig erfasst hat.

3. Körperliche Befunde

17 Die Wiedergabe der vom Sachverständigen erhobenen körperlichen Befunde ermöglicht einen Abgleich mit Angaben in den Befundberichten und zeigt mögliche Normabweichungen auf.

4. Technische Befunde

18 Der Sachverständige stellt die Ergebnisse medizintechnischer Untersuchungen, wie Röntgenaufnahmen, anderer bildgebender Verfahren, EKG oder EEG, dar und beschreibt Abweichungen von den Normwerten. Dabei ist von ihm zu kennzeichnen, ob Fremdbefunde ausgewertet oder eigene Befunde anlässlich der gutachterlichen Untersuchung erhoben wurden.

5. Darstellung der Diagnosen auf seinem Fachgebiet

19 Die Darstellung sollte allgemeinverständlich und nach dem ICD 10 geschlüsselt sein (vgl. hierzu § 9 Rn. 11).

6. Begründung etwaiger Abweichungen von Diagnosen der behandelnden Ärzte, konsiliarisch gehörter Ärzte sowie Diagnosen in früher eingeholten Gutachten

7. Notwendigkeit von Zusatzbegutachtungen auf anderen Fachgebieten

20 Wenn der Sachverständige feststellt, dass er bei der Beantwortung der Beweisfragen sein Fachgebiet überschreitet oder nach seinem Eindruck eine Begutachtung auf einem anderen medizinischen Fachgebiet erforderlich ist, hat er seinen Auftraggeber hierauf ungefragt hinzuweisen

8. Sozialmedizinische Beurteilung in Abhängigkeit vom jeweiligen Rechtsgebiet/den jeweiligen Beweisfragen

21 Hierbei ist insbesondere auf eine für den Nichtmediziner **nachvollziehbare Begründung** der sozialmedizinischen Beurteilung zu achten.[8]

9. Beantwortung der konkret gestellten Beweisfragen

22 Bei einzelnen medizinischen Fachgebieten ergeben sich Abweichungen oder Ergänzungen von diesem Grundschema, insbesondere im Bereich der zusätzlichen Untersuchungen. Insofern wird auf die nachstehenden Darstellungen des jeweiligen Fachgebietes Bezug genommen (vgl. nachstehend §§ 12 - 15).

23 Fehlen wesentliche Bestandteile in einem Gutachten, kann das **Ergebnis insgesamt in Frage gestellt werden**, da nicht erkennbar ist, ob der Sachverständige alle ihm zur Verfügung stehenden Erkenntnisquellen berücksichtigt hat. Die sozialmedizinische

8 *Kahlert* ASR 3/2016, S. 96 f.

Beurteilung des Sachverständigen muss aus dem Gutachten heraus nachvollziehbar dargestellt werden.

24 Bei Vorliegen formeller Mängel kann ein Sachverständigengutachten **unverwertbar** sein. Selbst wenn die formellen Beanstandungen nicht zu einem absoluten Verwertungsverbot führen, können sie zusammen mit medizinischen Gegenargumenten das Gericht veranlassen, den Sachverhalt weiter aufzuklären, insbesondere weitergehenden Beweisanträgen nachzugehen.

II. Delegation des Gutachtenauftrages

1. Die Verpflichtung zur persönlichen Gutachtenerstattung

25 Ein von Gericht beauftragter Sachverständiger ist verpflichtet, sein Gutachten persönlich zu erstellen. Nach § 407 a Abs. 2 S. 1 ZPO darf er diesen Auftrag nicht anderen Ärzten übertragen (vgl. vorstehend § 2 Rn. 26ff). Wenn der Chefarzt einer Klinik betraut wird, ist der jeweilige Stelleninhaber beauftragt. Die wahlweise Benennung, zB des Chefarzt oder seines Vertreters, ist nicht zulässig.[9] Sinnvollerweise sollte der Sachverständige namentlich benannt werden. Es ist auch unzulässig, den einer bestimmten natürlichen Person erteilten Gutachtensauftrag bzw. den Auftrag zur Erstellung einer ergänzenden gutachtlichen Stellungnahme klinikintern dessen Nachfolger zuzuleiten.[10] Bei der Beauftragung von **Klinikärzten** – insbesondere von leitenden Ärzten an Universitätskliniken – wird der Gutachtenauftrag **häufig an nachgeordnete Ärzte weitergegeben.** In diesem Zusammenhang ist zu berücksichtigen, dass die Erstellung von Gutachten Teil der Facharztausbildung ist. Häufig wird diese Handhabung von den Gerichten stillschweigend toleriert, da die Wartezeit auf ein Gutachten des Klinikleiters häufig viel länger ist als auf ein Gutachten seiner „entsprechend geschulten und von ihm überwachten Mitarbeiter“.

2. Zulässigkeit ärztlicher Mitarbeit bei der Erstellung von Gutachten

26 Die Mitarbeit eines anderen Arztes, zum Beispiel eine **Hilfstätigkeit**, ist allerdings zulässig und führt nicht zur Unverwertbarkeit des Gutachtens. Soweit er sich der Mitarbeit einer anderen Person bedient, hat der Gutachter diese namentlich zu benennen und den Umfang ihrer Tätigkeit anzugeben, falls es sich nicht um Hilfsdienste von untergeordneter Bedeutung handelt, § 407 a Abs. 2 S. 2 ZPO. Auch diese gesetzliche Vorgabe wird in der Praxis oft nicht eingehalten. Dass ein anderer Arzt als der ernannte Sachverständige die Untersuchungen durchgeführt und das Gutachten verfasst hat, lässt sich häufig nur dem Diktatzeichen und der zweiten Unterschrift („Linksunterzeichner/Rechtsunterzeichner“) unter dem Gutachten entnehmen.

3. Die Grenzen der erlaubten Mitarbeit nach der Rechtsprechung

27 Die Grenze der erlaubten Mitarbeit ist allerdings dann überschritten, wenn aus Art und Umfang der Mitarbeit gefolgert werden kann, dass der Sachverständige seine **das Gutachten prägenden und regelmäßig in einem unverzichtbaren Kern von ihm selbst**

9 Keller in Meyer-Ladewig/Keller/Leitherer SGG § 118 Rn. 11 c.
10 BSG 2.12.2010 – B 9 SB 2/10 B – mit Anm. Francke, jurisPR-MedizinR 4/2011 Anm. 2.

zu erbringenden Zentralaufgaben nicht selbst wahrgenommen, sondern delegiert hat.[11]

28 Das Gericht kann die Erstattung des Gutachtens durch einen anderen Arzt auch nicht nachträglich genehmigen.[12]

29 Allerdings führen praktische Schwierigkeiten aufgrund der Vielzahl gerade von der Sozialgerichtsbarkeit in Auftrag gegebener Gutachten dazu, dass die Rechtsprechung eine Delegation ärztlicher Tätigkeiten zunehmend für zulässig gehalten hat, wenn deren Art und Umfang in dem Gutachten dargelegt werden und dem Rechtsuchenden hierdurch die Möglichkeit gegeben wird, zu überprüfen, ob die Grenzen der erlaubten Mitarbeit eingehalten wurden.[13] Während das Bundessozialgericht in einer Entscheidung aus dem Jahre 2003 noch befunden hat, dass ein vom Gericht mit der Erstattung eines psychiatrischem Gutachtens beauftragter Sachverständiger regelmäßig nicht befugt ist, seinen Mitarbeitern die persönliche Begegnung und das explorierende Gespräch mit dem Probanden vollständig zu übertragen,[14] hat es in einer Entscheidung vom 17.11.2006 ausgeführt, dass ein zur Beurteilung von Unfallfolgen auf neurologischem Gebiet eingeholtes Gutachten nicht deshalb unverwertbar ist, weil der Sachverständige die körperliche Untersuchung des Probanden und die Erhebung von organmedizinischen Befunden einem ärztlichen Mitarbeiter übertragen hat.[15]

30 In der Begründung dieses Beschlusses hat das BSG ausgeführt, dass die Grenze der erlaubten Mitarbeit – mit der Folge der Unverwertbarkeit des Gutachtens – überschritten ist, wenn aus Art und Umfang der Mitarbeit des weiteren Arztes gefolgert werden kann, dass der beauftragte Sachverständige die das Gutachten prägenden und regelmäßig mit einem unverzichtbaren Kern von ihm selbst zu erbringenden Zentralaufgaben nicht selbst wahrgenommen hat. Wenn es um die Beurteilung neurologischer oder anderer organmedizinischer Krankheitsbilder gehe, gehöre weder die Durchführung der körperlichen Untersuchung noch die schriftliche Abfassung des Gutachtens in jedem Fall zu den Tätigkeiten, die der Sachverständige zwingend selbst erledigen muss. Entscheidend sei, ob der ernannte Sachverständige die Schlussfolgerungen seines Mitarbeiters überprüft habe und durch seine Unterschrift die volle Verantwortung für das Gutachten übernimmt.

4. Offene Fragen aufgrund der Rechtsprechung des BSG zur teilweisen Delegation von Gutachtenaufträgen

a) Definition des „unverzichtbaren Kerns“ ärztlicher Aufgaben

31 Diese Entscheidung des BSG lässt jedoch die Frage offen, was zum unverzichtbaren Kern der von einem Sachverständigen selbst zu erbringenden Zentralaufgaben gehört. [16]Zum unverzichtbaren Kern gehören jedenfalls wohl alle Untersuchungen mit

---

11 Vgl. BSG 18.9.2003 – B 9 VU 2/03.

12 Vgl. BVerwG 9.3.1984 – 8 C 97/83, BVerwGE 69, 70ff = NJW 1984, 2645ff; BSG 23.8.1967 – 5 RKn 99/66, NJW 1968, 223.

13 Vgl. BSG 30.1.2006 – B 2 U 358/05 B; *F. Keller*, Anmerkung zu BSG vom 30.1.2006, juris PR-SozR 9/2006 Anmerkung 6 = juris PR Extra 2006 161–162, *Reyels*, jurisPR-SozR 17/2007 Anm. 6 (Anmerkung).

14 Vgl. BSG 18.9.2003 – B 9 VU 2/03 B.

15 BSG 17.11.2006 – B 2 U 58/05 B.

16 *Kahlert* ASR 3/2016, S. 93 f.

bewertendem Charakter, die das Ergebnis eines Gutachtens maßgeblich beeinflussen. Die Beantwortung dieser Frage hängt somit vom Gang der jeweiligen Untersuchung und dem zu beurteilenden Krankheitsbild ab. Wenn die Angaben eines Patienten zur Schmerzhaftigkeit bestimmter Bewegungsabläufe überprüft werden sollen, können somit selbst einfache orthopädische Untersuchungen zum unverzichtbaren Kern der gutachterlichen Zentralaufgaben gehören. Maßgeblich sind dann nämlich nicht nur die biometrischen Maßangaben, sondern auch der Eindruck des Arztes, ob die Schmerzangaben des Patienten glaubhaft oder nur vorgetäuscht sind.

b) Ablehnungsgesuche

Ungelöst lässt die jüngere Entscheidung des Bundessozialgerichtes die Frage, wie mit einem Ablehnungsgrund umzugehen ist, der zwar nicht in der Person des ernannten Sachverständigen besteht, aber in der des Arztes, auf den der Gutachtenauftrag teilweise delegiert wurde. 32

c) Anhörung des Sachverständigen

Das Bundessozialgericht lässt in dieser Entscheidung auch die Frage ungeklärt, wer das Gutachten im Falle eines Antrages nach §§ 402, 397 Abs. 2 ZPO mündlich erläutern soll, wenn Fragen zum Gang und der Auswertung der körperlichen Untersuchung gestellt werden sollen. Eine mündliche Erläuterung kann nach bisheriger Auffassung nur durch den ernannten Sachverständigen selbst erfolgen.[17] 33

Schließlich dürften die Grundsätze dieser Entscheidung nicht für nach § 109 SGG eingeholte Gutachten des Arztes des Vertrauens des Prozessbeteiligten gelten.[18] 34

d) Lösungsvorschlag

Ob eine unzulässige Delegation vorliegt, die zur Unverwertbarkeit des Gutachtens führt, ist die eine Frage. Die andere ist, ob das Gericht vom Sachverständigen ausdrücklich darüber informiert werden muss, dass der Gutachter seine Tätigkeit darauf beschränkt hat, die seines Mitarbeiters zu überwachen und mit seiner Unterschrift die Verantwortung für das Gutachten zu übernehmen. 35

Wenn der ernannte Sachverständige durch zu viele Gutachtenaufträge überlastet ist und über einen Stab qualifizierter Mitarbeiter verfügt, erscheint es mir verfahrensrechtlich als die angemessenere Lösung, wenn der vom Gericht vorgesehene Sachverständige auf diesen Umstand bei Eingang des Beweisbeschlusses hinweist und **der Sachverständige, der später das Gutachten erstellen soll, dem Gericht namentlich benannt wird.** In diesen Fällen ist eine Abänderung des Beweisbeschlusses unschwer möglich. Auf diese Vorgehensweise sollten Gerichte schon im Beweisbeschluss hinweisen. Unverständlich ist, warum von dieser Möglichkeit nicht häufiger Gebrauch gemacht wird. 36

Andererseits ist auch nicht zu verkennen, dass eine derartige Handhabung von liquidationsberechtigten Chefärzten nicht gerne gesehen wird, weil mit der Unterschrift- 37

17 BVerwG 9.3.1984 – 8 C 97/83, BVerwGE 69, 70 ff. = NJW 1984, 2645 ff.; Keller in Meyer-Ladewig/Keller/Leitherer SGG § 118 Rn. 11g.
18 So wohl auch *Meyer-Ladewig*, aaO.

leistung und Übernahme der Verantwortung auch finanzielle Vorteile für ihn verbunden sein können.

5. Verfahrensrechtliche Konsequenzen bei unzulässiger Delegation

38 Prozessbevollmächtigte sollten hier auf die Einhaltung der gesetzlichen Vorgaben achten und eine Verletzung so früh wie möglich schriftlich rügen. Wollen sie später gegebenenfalls eine Revision hierauf stützen, müssen sie nicht nur genau darlegen, dass und warum für die bei dem Kläger bzw. der Klägerin durchgeführten Untersuchung eine spezielle Sachkunde oder Erfahrung notwendig gewesen sein könnte oder aus welchen Gründen diese Untersuchung zwecks Gewährleistung einer fachkundigen Beurteilung zwingend von dem Sachverständigen persönlich hätte vorgenommen werden müssen.[19]

39 Anwälte müssen diese Mängel ausdrücklich **in der mündlichen Verhandlung zu Protokoll rügen**, um eine Heilung dieses Verfahrensmangels zu verhindern. Die zunächst schriftsätzlich erhobene Rüge muss in der nächsten mündlichen Verhandlung wiederholt werden, ansonsten ist der Anwalt mit ihr auch für das Berufungsverfahren präkludiert.[20]

40 Ein unter Verstoß gegen § 407 a Abs. 2 S. 2 ZPO zustande gekommenes Gutachten ist dann unverwertbar, wenn

- ein Beteiligter, der ein berechtigtes Interesse an Informationen über den Umfang der Aufgabendelegierung und Qualifikation des Mitarbeiters des Sachverständigen hat,
- einen Antrag auf Anforderung der entsprechenden Informationen stellt und dieser vom Gericht übergangen wird.

41 Eine Verwertung eines unter Verletzung des § 407 a ZPO zustande gekommenen Gutachtens ist (auch) ein Fehler im Verfahren der Beweisaufnahme (§ 118 Abs. 1 SGG), auf den die **Nichtzulassungsbeschwerde** nach § 160 Abs. 2 Nr. 3 SGG gestützt werden kann[21] (weiterführend siehe vorstehend § 2 Rn. 53 ff.).

III. Beweiserhebung über Anknüpfungstatsachen durch den Sachverständigen

42 Für die Beurteilung des Sachverständigen können ihm neben dem Akteninhalt und seinen eigenen Feststellungen und Untersuchungen auch nicht aktenkundige Umstände erheblich erscheinen. Wenn zum Beispiel eine Kausalitätsbeurteilung vorgenommen werden soll, können bislang nicht erörterte Einzelheiten zum Unfallhergang wichtig sein. Bei einer sozialmedizinischen Beurteilung der Leistungsfähigkeit wiederum kann der Sachverständige Einzelheiten zu bisherigen Therapiemaßnahmen, die den ärztlichen Befundberichten in der Akte nicht zu entnehmen sind, für wesentlich

19 Vgl. *Reyels*, Anmerkung zu BSG vom 17.11.2006, juris PR-SozR 17/07, Anm. 6.

20 Vgl. BSG 26.1.2006 – B 2 U 204/05 B, LSK 2006, 460017; *W. Keller*, Anm. zum 26.1.2006, juris PR-SozR 12/6 Anm. 5; *F. Keller*, Anm. zum BSG Beschluss vom 30.1.2006 – B 2 U 358/05 B, juris PR-SozR 9/06, Anm. 6 = juris PR Extra 2006, 161–162.

21 *Gagel* im Forum C des IQPR, www.iqpr.de, Diskussionsbeitrag 3/2005; *Kummer*, Das sozialgerichtliche Verfahren, 2. Aufl. 2004, XVIII Rn. 23; Leitherer in Meyer-Ladewig/Keller/Leitherer SGG, § 160 a Rn. 16 a.

halten (zur Abgrenzung zwischen Anknüpfungs- und Befundtatsachen vgl. vorstehend § 2 Rn. 35 ff.).

Nach § 404 a Abs. 3 ZPO bestimmt das Gericht, **welche Tatsachen der Sachverständige der Begutachtung zugrunde zu legen hat.** Der Grundsatz der Unmittelbarkeit der Beweisaufnahme aus § 355 ZPO erfordert, dass diese Anknüpfungstatsachen vom Richter geklärt werden müssen. Anknüpfungstatsachen sind alle Umstände, die der Sachverständige seiner sozialmedizinischen Beurteilung zugrunde legen will, zB bisherige Behandlungen und deren Therapieerfolge. 43

Bestehen für den Sachverständigen Zweifel an der Zulässigkeit seines Vorgehens, empfiehlt sich eine telefonische Rückversicherung des Sachverständigen mit dem Gericht.[22] Keinesfalls ist es ihm gestattet, **Anknüpfungstatsachen ohne Rücksprache mit den Parteien unmittelbar** – zB durch Telefonate mit behandelnden Ärzten – **aufzuklären.**[23] Eine derartige unzulässige Beweiserhebung über Anknüpfungstatsachen, die außerhalb der Feststellungskompetenz des Sachverständigen erfolgt, führt in der Regel zur **Unverwertbarkeit** des Gutachtens. 44

Der große Zeitdruck, unter dem Sachverständige häufig stehen – sei es, um ihren therapeutischen Aufgaben gerecht zu werden oder „nur" aus wirtschaftlichen Gründen – führt dazu, dass bestimmte formelle Mängel gehäuft auftreten. Die folgende Prüfschema (§ 11 Rn. 74 ff.) mit nachstehenden Erläuterungen soll ermöglichen, die praktisch häufigsten Mängel zu erkennen und dem Gericht darzustellen. 45

IV. Begleitpersonen bei ärztlichen Untersuchungen

Viele Kläger äußern bei einer medizinischen Begutachtung den Wunsch, dass eine Begleitperson, zum Beispiel eine Person ihres Vertrauens, bei der Untersuchung anwesend ist. Die Anwesenheit Dritter bei Untersuchungen wird von vielen Sachverständigen, insbesondere von Psychiatern, abgelehnt. Ob ein Anspruch des Probanden auf Anwesenheit einer Begleitperson besteht, wird von den Gerichten unterschiedlich beurteilt,[24] da insoweit keine gesetzliche Regelung besteht. Auch in der medizinischen und juristischen Fachliteratur wird diese Frage kontrovers diskutiert (vgl. hierzu auch vorstehend § 2 Rn. 28 ff.). 46

1. Rechtsprechung

Das **LSG Rheinland-Pfalz** hatte Anfang 2006 ausgeführt, dass der generelle Ausschluss eines Rechtsanwaltes von der Untersuchung eines Klägers durch einen vom Gericht bestellten ärztlichen Sachverständigen mit den Grundsätzen der Parteiöffentlichkeit der Beweisaufnahme und eines fairen Verfahrens unvereinbar ist, wenn der Kläger die Anwesenheit seines Anwaltes oder einer anderen Vertrauensperson wünscht.[25] Das Gericht vertrat die Meinung, der Grundsatz des Anspruches 47

22 Vgl. *Musielak/Huber* Kommentar zur ZPO § 404 a Rn. 4.

23 *Plagemann/Hontschik*, Medizinische Begutachtung im Sozialrecht, 3. Aufl., Rn. 103; *Ehlers/Stevens-Bartol*, Medizinisches Gutachten im Prozess, 3. Aufl., Rn. 312.

24 Für den strafrechtlichen Bereich haben die Gerichte ein Anwesenheitsrecht Dritter abgelehnt, BGH 8.8.2002 – 3 StR 239/02.

25 LSG Rheinland-Pfalz 23.2.2006 – L 4 B 33/06 SB.

auf ein faires Verfahren verpflichte den Richter und den Sachverständigen zur Rücksichtnahme gegenüber den Verfahrensbeteiligten in ihrer konkreten Situation. Unter Bezugnahme auf einen Beschluss des BSG aus dem Jahre 2003[26] hat das LSG ausgeführt, angesichts der tief in die Persönlichkeit und Menschenwürde des zu Untersuchenden eingreifenden Beweisaufnahme durch einen ärztlichen Sachverständigen könne eine Begleitung durch eine Vertrauensperson bei der Untersuchung gerechtfertigt sein. Der Sachverständige dürfe die Untersuchung nur ablehnen, wenn er hierfür sachliche Argumente habe. Wenn er sie aber nicht durchführen wolle und zur Begründung pauschal vortrage, in Anwesenheit einer Vertrauensperson des zu Untersuchenden nicht das „notwendige Vertrauensverhältnis" herstellen zu können und eine ordnungsgemäße Begutachtung somit nicht möglich sei, dürfe das Misstrauen des zu Untersuchenden in die Objektivität des Sachverständigen nachvollziehbar und der Sachverständige damit wegen der Besorgnis der Befangenheit ausgeschlossen sein. In einer weiteren Entscheidung hat das LSG Rheinland-Pfalz ausgeführt, dass der Gutachter im Verwaltungsverfahren dem Begehren des Probanden, die Anwesenheit einer Vertrauensperson bei der Untersuchung zu gestatten, nicht ohne Weiteres widersprechen darf. Er sei hierzu nur berechtigt, wenn er vor der Untersuchung einen triftigen Grund vorbringe.[27]

48 Demgegenüber hat das **LSG Baden-Württemberg** im Leitsatz einer Entscheidung aus dem Jahre 2011 ausgeführt, dass ein Rentenbewerber grundsätzlich keinen Anspruch auf die Zulassung von Angehörigen habe.[28] Zur Begründung wurde ausgeführt, die fachliche Durchführung der Untersuchung sei Sache des Sachverständigen. Das Gericht dürfe ihm grundsätzlich keine fachlichen Weisungen erteilen. Es werde in der (medizinischen) Fachliteratur empfohlen, im Regelfall eine Teilnahme von Angehörigen am gutachterlichen Gespräch nicht zuzulassen, wenn ein Sachverständiger es für erforderlich halte, die Untersuchung in Abwesenheit dritter Personen vorzunehmen, weil er eine Verfälschung des Ergebnisses der Exploration befürchte. Der Sachverständige bewege sich bei dieser Entscheidung im Bereich seiner Fachkompetenz. Das LSG Baden-Württemberg hat sich dabei in weiten Zügen einem Beschluss des **LSG Niedersachsen-Bremen**[29] angeschlossen.

49 Vermittelnd hat das **LSG Berlin-Brandenburg** die Meinung vertreten, dass ein Kläger die Anwesenheit eines Dritten bei einer psychiatrischen Exploration dann nicht verlangen kann, wenn die Gefahr besteht, dass durch die Anwesenheit des Dritten Angaben verfälscht werden und somit die Verwertbarkeit des Gutachtens infrage gestellt wird. Der Grundsatz des Anspruches auf ein faires Verfahren und rechtliches Gehör verpflichte den Richter wie den Sachverständigen zur Rücksichtnahme gegenüber den Verfahrensbeteiligten in ihrer konkreten Situation. Deshalb dürfte ein genereller Ausschluss von Vertrauenspersonen des zu Untersuchenden – hier des Ehepartners – weder mit dem Grundsatz der Parteiöffentlichkeit noch mit dem eines fairen Verfah-

26 BSG 9.4.2003 – B 5 RJ 140/02 B.
27 LSG Rheinland-Pfalz 20.7.2006 – L 5 KR 39/05.
28 LSG Baden-Württemberg 24.10.2011 – L 11 R 4243/10.
29 LSG Niedersachsen-Bremen 20.11.2009 – L 2 R 516/09 B.

rens in Einklang zu bringen sein.[30] Eine Ausnahme sei dann zu machen, wenn der Betroffene gerade durch die Anwesenheit eines nahen Angehörigen in eine schwierige Situation gerät und sich möglicherweise genötigt sieht, dem Gutachter gegenüber unwahre Angaben zu machen, um sein Verhältnis zur dritten Person nicht zu belasten.

Die **Verwaltungsgerichte** vertreten in Entscheidungen über amtsärztliche Untersuchungen zur Feststellung der Dienstfähigkeit teilweise die Meinung, dass bei einer amtsärztlichen Untersuchung zur Feststellung der Dienstfähigkeit eine Begleitperson anwesend sein darf.[31] 50

Zuletzt hat das **LSG München** im Zusammenhang mit einem (abgelehnten) Befangenheitsantrag gegen den medizinischen Sachverständigen entschieden, dass der Ausschluss eines Ehegatten von einer psychiatrischen Begutachtung nicht ohne Weiteres als Verstoß gegen ein faires Verfahren oder einen rechtswidrigen Eingriff in die Persönlichkeitsrechte anzusehen ist. Bei der Entscheidung des Sachverständigen, die Anwesenheit eines Ehegatten während der Untersuchung nicht zu gestatten, handele es sich um eine Abwägung des Sachverständigen, die in seinem medizinisch-fachlichen Ermessen stehe.[32] 51

2. Literatur

In der **juristischen Fachliteratur** wurde zuerst von anwaltlicher Seite die Auffassung vertreten, dass das Gericht gehalten ist, im Zweifelsfall einen Gutachter zu beauftragen, der bereit ist, die Anwesenheit einer Begleitperson zu dulden.[33] Entweder habe es den jeweiligen Gutachter vorab anzuweisen, die Anwesenheit einer Begleitperson bei der Untersuchung zu akzeptieren, oder sei zumindest verpflichtet, die Gründe des Sachverständigen zu überprüfen. 52

Auch aus der Sicht der gesetzlichen **Rentenversicherung** wird das Erfordernis gesehen, im Einzelfall zu prüfen, ob die Anwesenheit einer Begleitperson bei einer ärztlichen Begutachtung zweckmäßig oder ob durch die Anwesenheit eine Behinderung des Erkenntnisgewinns des Begutachters zu erwarten ist. In jedem Falle müsse der Gutachter auch im Falle der Zulassung einer Begleitperson die Möglichkeit haben müssen, sich mit dem zu Begutachtenden alleine zu unterhalten, wenn er dies für erforderlich hält.[34] 53

Von dem Sozialrichter *Toparkus* wurde die Auffassung vertreten, dass es im fachlichen Ermessen des Sachverständigen liege, die Anwesenheit von Begleitpersonen zu erlauben.[35] Das Gericht dürfe ihm keine fachlichen Weisungen erteilen, auf welchem Weg er sein Gutachten zu erarbeiten hat. Hierbei wird aber übersehen, dass das Gericht den Sachverständigen nach § 404 a ZPO zu überwachen und anzuleiten hat.[36] 54

---

30 LSG Berlin-Brandenburg 17.2.2010 – 31 R 1292/09 B.
31 VG Münster 16.5.2012 – 4 L 113/12; aA OVG Hamburg 18.6.2006 – 1 Bs 102/06 und OVG Rheinland-Pfalz, 2. Senat, 30.9.1999 – 2 B 11735/99.
32 LSG München 20.11.13 – L 2 SF 155/12 B mit Anm. von *Keller*, jurisPR-SozR 6/14, Anm. 5.
33 *Tamm* ASR 2006, S. 62–67; *Tamm* SGb 2006, 501–502.
34 Vgl. *Deitmaring* MedSach 2009, S. 107–113.
35 *Toparkus* MedSach 6/2006, S. 230, 233.
36 *Kemper* MedSach 2/2014, S. 46 ff., 49.

55 Der Sozialrichter *Reyels* ist der Auffassung, dass der vom LSG Baden-Württemberg postulierte generelle Ausschluss von Begleitpersonen mit den dort ausgeführten Argumenten nicht zu überzeugen vermag.[37] Er geht davon aus, dass im Gegenteil eher ein Anspruch der Betroffenen anzunehmen sei, die ggf. notwendigen Untersuchungen grundsätzlich in Anwesenheit von Vertrauenspersonen durchführen zu lassen. Ein Ausschluss von Begleitpersonen sei nur dann zu fordern, wenn durch deren Anwesenheit eine **Verfälschung des Untersuchungsergebnisses** drohe.[38] Eine nicht nur für das Gericht nachvollziehbare Abwägung zwischen dem Interesse einer ungestörten Durchführung der Begutachtung und dem berechtigten Interesse der Betroffenen an der Anwesenheit einer Vertrauensperson sei erforderlich. Leitmotiv des Handelns müsse insoweit stets Rücksichtnahme und Respekt gegenüber dem Betroffenen sein.

56 Der Richter am Landessozialgericht *Roller* weist darauf hin, dass ein Verstoß gegen die Beteiligtenöffentlichkeit das Gutachten unverwertbar machen kann, wenn die Tatsachenermittlung nicht wiederholt wird oder sich der Beteiligte hierauf nicht rügelos einlässt (§ 295 Abs. 1 ZPO).[39] Für Begutachtungen im psychiatrischen und psychosomatischen Fachbereich vertritt Keller die Auffassung, dass generell ein Ausschluss von Angehörigen unter Hinweis auf die Verfälschungsgefahr des Ergebnisses der Begutachtung möglich sein soll.[40]

3. Medizinische Stellungnahmen

57 a) Der Neurologe und Psychiater *Hausotter* meint, die Anwesenheit einer dritten Person als „Beistand" sei bei einer ärztlichen Untersuchung und ganz besonders bei der psychiatrischen Exploration in jeder Hinsicht kontraproduktiv und lasse schwerwiegende Verfahrensmängel bei der Begutachtung befürchten. Der Aufbau der so dringend erforderlichen vertrauensvollen Beziehung zwischen Gutachter und Proband werde empfindlich gestört. Wenn der Proband auf der Anwesenheit eines Beistandes beharre, für die sich keine ärztliche Notwendigkeit ergebe, sollte die Begutachtung abgelehnt und der Gutachtenauftrag zurückgegeben werden.[41]

58 b) Grundsätzlich entspricht die alleinige Untersuchung durch einen Psychiater dem klinischen Standard im Fach. Wenn Probanden die Anwesenheit einer Vertrauensperson im Rahmen einer gerichtlich angeordneten Untersuchung wünschen, wird in verschiedenen Handbüchern über neurologisch-psychiatrische Begutachtungen eine differenzierte Handhabung vorgeschlagen: Durch ein gemeinsames klärendes Dreiergespräch über den Ablauf der durchzuführenden Untersuchung soll versucht werden, diesen Wunsch abzubauen.[42] Wenn keine Einigung erzielt werden könne, er müsse der Gutachtenauftrag mit einer nachvollziehbaren Begründung gegebenenfalls zurückgegeben werden.

---

37 Vgl. *Reyels* jurisPR-SozR 20/12 Anm. 4.
38 Ebenso *Francke*, jurisPR-MedizinR 9/12 Anm. 3; *Keller*, jurisPR-SozR 6/14 Anm. 5.
39 *Roller* MedSach 1/2007, S. 30, 31.
40 Keller jurisPR-SozR 6/14 Anm. 5.
41 Hausotter MedSach 1/2007, S. 27 ff.
42 Vgl. *Foerster/Winkler* in Venzlaff/Foerster (Hrsg.), Psychiatrische Begutachtung, 4. Aufl. 2004, Kap. 2.1.2., S. 19; Schneider in *Schneider/Frister/Olzen* (Hrsg.), Begutachtung psychischer Störungen, 2. Aufl. 2010, Kap. 1.1.1 S. 5 f.; *Gaidzik* in Widder/Gaidzik (Hrsg.), Begutachtung in der Neurologie, 2. Aufl. 2011, Kap. 2.6.3 S. 27.

4. Eigene Stellungnahme

Aus juristischer und medizinischer Sicht ergeben sich insbesondere bei psychiatrischen Begutachtungen unterschiedliche Prämissen. Der Wunsch des medizinischen Sachverständigen, die Anamnese in einer möglichst ungestörten Situation durchführen zu können, steht in Widerspruch zu dem juristischen Erfordernis eines rechtsstaatlichen und transparenten Verfahrens. 59

Die Qualität einer ärztlichen Begutachtung ergibt sich nicht nur aus der Nachvollziehbarkeit eines Gutachtens für den Richter, sondern auch aus der Akzeptanz für den Rechtsuchenden. Ein Gutachten, das nicht nur für Richter und Anwälte, sondern auch für den Probanden nachvollziehbar ist, weil es in einer für ihn fairen Untersuchungssituation stattgefunden hat und sich für ihn ersichtlich mit seinen persönlichen Vorstellungen und Bedürfnissen beschäftigt, wird von diesem auch bei einem ungünstigen Ergebnis inhaltlich eher angenommen und führt zu einer höheren Überzeugungskraft und Akzeptanz. Derartige Gutachten haben eine höhere Befriedungsfunktion und können eine einvernehmliche Regelung durch Vergleich oder Klagerücknahme ermöglichen. 60

Wenn an einen medizinischen Sachverständigen der Wunsch herangetragen wird, dass die Anamnese in Gegenwart einer Begleitperson erfolgen soll, kommen unterschiedliche Beweggründe des Probanden in Betracht. Der Wunsch, dem ihm unbekannten Sachverständigen nicht alleine entgegentreten zu müssen, kann zB aus einer Unsicherheit des Probanden, einer krankheitsbedingten Fehlvorstellung oder aus „schlechten“ Erfahrungen aus vorangegangenen Untersuchungen resultieren. 61

Die Begegnung von Arzt und Proband im Rahmen der Begutachtung wird nachhaltig geprägt vom Kommunikationsvermögen beider Seiten. Ohne eine vernünftige Kommunikation kann der Sachverständige keinen Erkenntniszugewinn erwarten. Hier ist eine Öffnung des Arztes gegenüber dem Wunsch des Probanden notwendig, um Vertrauen zu gewinnen und hierauf aufbauend entscheidungserhebliche Sachverhalte zu klären. Eine sachbezogene Kommunikationsebene lässt sich mit einem verständigen Probanden relativ leicht aufbauen, während dies mit emotionsgeladenen, einer rationalen Argumentation kaum zugänglichen, also „schwierigen“ Probanden nicht ohne Weiteres möglich ist und ein hohes Maß an Professionalität vom Sachverständigen verlangt.[43] 62

Es ist dann Aufgabe des Sachverständigen, die Gründe für den Wunsch einer Begleitung währender Untersuchung in Erfahrung zu bringen und dem Probanden die Notwendigkeit einer ungestörten Exploration für diesen nachvollziehbar zu erläutern. Möglicherweise gelingt es dem Sachverständigen dadurch, einen Kompromiss mit dem Probanden zu finden, dadurch dass nur ein Teil der Exploration in Anwesenheit eines Dritten durchgeführt wird oder die Möglichkeit einer Fremdanamnese der Begleitpersonen in Einvernehmen mit dem Probanden erörtert wird oder ein Abschlussgespräch zu Dritt nach der Untersuchung vereinbart wird. 63

43 *Schröter* MedSach 2/2014, S. 56 ff.

64 Sollte der Versuch, ein Einvernehmen herzustellen, scheitern, muss der Sachverständige sich entscheiden, ob er die Begutachtung unter den „erschwerten Bedingungen einer Exploration in Anwesenheit Dritter“ durchführen will. Wenn die Anamnese hierdurch erschwert wird und sich dies auf die Qualität der Begutachtung auswirkt, hat der Sachverständige in seinem Gutachten auf diesen Umstand hinzuweisen.

65 Wenn ein medizinischer Sachverständiger der Auffassung ist, dass er die Begutachtung in Gegenwart der vom Probanden gewünschten Begleitperson nicht durchführen kann, hat er die Gründe vorab dem Probanden zu erläutern und – falls keine Einigung über eine möglicherweise partielle Teilnahme der Begleitperson gefunden werden kann – das Gericht zu informieren. Dieses muss die Gründe des Sachverständigen nachvollziehen und ihm entweder im Rahmen des § 404 a ZPO Anweisungen erteilen oder einen anderen Sachverständigen beauftragen.

66 Wenn das Gericht es unter Berücksichtigung der Besonderheiten des Einzelfalles aus nachvollziehbaren medizinischen Gründen für erforderlich hält, dass die Untersuchung ohne Begleitperson stattfinden soll, ist es seine Aufgabe, den Kläger hierüber und über die Folgen einer Weigerung, sich ohne Begleitperson untersuchen zu lassen, zu informieren.

67 Unzulässig ist eine Weigerung des Sachverständigen mit einer pauschalen, nicht auf den Einzelfall abgestimmten medizinischen Begründung, wie zum Beispiel, das mache er immer so, das habe er so gelernt oder er sei nicht bereit, sich kontrollieren zu lassen.

68 Dass durch die hier vorgeschlagene Vorgehensweise ein erhöhter Arbeits- und Begründungsaufwand erforderlich wird, ist in diesem Zusammenhang hinzunehmen, weil diese Klärung im Interesse eines fairen und prozessual fehlerfreien Verfahrens notwendig ist. Außerdem kann sich dieser Mehraufwand insbesondere in den Fällen als prozessökonomisch erweisen, in denen ein Rechtssuchender das für ihn ungünstiges Beweisergebnis hinnimmt und sich das Verfahren schnell und ohne Urteil durch Klagerücknahme oder Vergleich erledigt.

V. Fremdanamnese

69 Neben Befundberichten, Operationsberichten, vorangegangenen Gutachten und der Anamnese des Probanden kann gerade bei psychiatrischen Begutachtungen die Befragung von Angehörigen oder sonstigen Bezugspersonen eine wichtige Erkenntnisquelle darstellen, um dem Sachverständigen die Möglichkeit zu eröffnen, eine etwaige Diskrepanz zwischen Selbst- und Fremdeinschätzung festzustellen und ggf. zur Untermauerung seiner diagnostischen Feststellungen heranzuziehen (vgl. nachstehend § 15 Rn. 7).

70 Eine Fremdanamnese ist nur mit Zustimmung des Probanden zulässig. Diese Zustimmung ist sorgfältig zu dokumentieren, bei „schwierigen Kunden“ gegebenenfalls sogar in schriftlicher Form. In den wenigsten Fällen wird sie vom gerichtlichen Beweisbeschluss gedeckt sein. Eine Überschreitung des Gutachtenauftrages kann in Ausnah-

mefällen zu dessen Unverwertbarkeit führen.[44] Da Beweisaufnahmen grundsätzlich parteiöffentlich sind und eine Beweisaufnahme über sog Anknüpfungstatsachen nur durch den Richter erfolgen darf, sollte der Sachverständige mit dem Gericht Kontakt aufnehmen und mit diesem die Frage der Zulässigkeit der Fremdanamnese im konkreten Fall klären, denn die Feststellung des Sachverhalts, den der gerichtliche Sachverständige seinem Gutachten zugrunde zu legen hat, ist regelmäßig Aufgabe des Richters, wenn es dabei auf die Sachkunde des Gutachters nicht ankommt.[45] Die Ermittlung und Aufklärung von Tatsachen darf dem Sachverständigen nur überlassen werden, wenn schon dafür eine – dem Richter fehlende – besondere Sach- und Fachkunde erforderlich ist.

Somit ist das Gericht darüber zu informieren, welche Fragen gestellt werden sollen, 71 welcher Erkenntnisgewinn aus der Fremdanamnese erwartet wird und ob eine Befragung in Gegenwart des Gerichtes und der Prozessbevollmächtigten aus medizinisch-fachlicher Sicht untunlich ist. Das Gericht muss dann entscheiden, ob die zu klärenden Fragen als zulässiger Bestandteil der ärztlichen Befunderhebung anzusehen sind oder ob eine Befragung des Dritten durch das Gericht – ggf. in Anwesenheit des Sachverständigen zu erfolgen hat, um eine unzulässige verdeckte Zeugenvernehmung durch den Arzt zu vermeiden.[46]

Auch eine Fremdanamnese stellt einen Eingriff in die Persönlichkeitsrechte des Pro- 72 banden dar, zu deren Durchführung in aller Regel medizinisches Fachwissen erforderlich sein wird. Wenn die Fremdanamnese nach Auffassung des Sachverständigen in ungestörter Umgebung ohne Anwesenheit Dritter stattfinden sollte, hat das Gericht darüber zu entscheiden, ob der Grundsatz der Parteiöffentlichkeit hinter den Persönlichkeitsrechten des Probanden zurückstehen muss. Sollte die Fremdanamnese ohne Anordnung durch das Gericht erfolgen, kann das Gutachten prozessual unverwertbar werden.[47] Die Verfahrensbevollmächtigten werden möglicherweise eine Wiederholung der Befragung des Dritten in Gegenwart des Gerichtes oder eine Anhörung des Sachverständigen im Termin beantragen.

In geeigneten Fällen kann die Diskrepanz zwischen dem Wunsch des Probanden nach 73 einer Begleitperson während der Untersuchung und dem Erfordernis einer ungestörten Exploration durch die Vereinbarung einer Fremdanamnese zwischen Sachverständigen und Probanden abgebaut werden. Dann ist es Aufgabe des Arztes, möglichst schnell ein Vertrauensverhältnis aufzubauen, die Gegebenheiten seines Fachgebietes zu erläutern und ggf. die Einzelheiten der Durchführung der Fremdanamnese mit dem Gericht zu klären.

VI. Prüfschema für die formelle Überprüfung sozialmedizinischer Gutachten

(1) Ist der Sachverständige bereits im Verwaltungsverfahren tätig geworden oder 74 steht er in einem regelmäßigen Auftragsverhältnis zum Prozessgegner?

---

44 *Francke* jurisPR-MedizinR 4/2010 Anm. 3.
45 BGH 13.7.1962 – IV ZR 21/62.
46 *Kahlert* ASR 3/2016, S. 98.
47 *Huber* in Musielak ZPO § 404 a Rn. 5; diff. BGH 17.8.2011 – V ZB 128/11.

(2) Hat der Sachverständige die Untersuchung des Patienten persönlich vorgenommen und hat er gegebenenfalls die Delegation auf ärztliche Mitarbeiter im Gutachten gekennzeichnet?

(3) Hat der Sachverständige die Krankengeschichte, die Befunde der Vorbehandler, die bisherigen Behandlungen und deren Erfolg oder Nichterfolg ausreichend dargestellt?

(4) Unterscheiden sich die Diagnosen des Sachverständigen von denen der behandelnden Ärzte? Falls ja: Begründet der Sachverständige diese Abweichung nachvollziehbar?

(5) Kritisiert der Sachverständige die Therapien der behandelnden Ärzte und vertritt er die Auffassung, dass Änderungen der therapeutischen Ansätze zu einer Linderung oder Heilung führen würden?

(6) Hat der Sachverständige ohne vorherige Genehmigung des Gerichtes und Information der Parteien selbstständig Beweis über Anknüpfungstatsachen erhoben?

(7) Wird die sozialmedizinische Beurteilung des Sachverständigen nachvollziehbar begründet oder lediglich als „Dogma“ hingestellt?

(8) Hat der Sachverständige die Grenzen seines Fachgebietes oder Teilgebietes überschritten bzw. über welche Kompetenz zur sozialmedizinischen Begutachtung/Beurteilung verfügt er?

(9) Ist die Anamnese bei fremdsprachigen Patienten ohne Hinzuziehung eines Dolmetschers möglich gewesen und wird dies vom Sachverständigen begründet?

(10) Macht der Sachverständige während der Untersuchung oder in seinem Gutachten Äußerungen, die mit dem Gutachtenauftrag nichts zu tun haben und an der Unparteilichkeit des Gutachters zweifeln lassen? Finden sich im Gutachten nicht nachvollziehbare Passagen, logische Brüche oder nicht erläuterte Fachbegriffe?

Anmerkungen:

75 **zu (1):** Auch wenn die ständige Zusammenarbeit eines gerichtlichen Sachverständigen mit dem beklagten Versicherungsträger meist noch nicht für einen formellen Befangenheitsantrag ausreicht, sollte das Gericht auf diesen Umstand hingewiesen werden. (vgl. vorstehend § 8 Rn. 7) Erfolgversprechend wird dieser Hinweis aber nur dann sein, wenn weitere inhaltliche Kritikpunkte an dem Gutachten hinzutreten. Die Erkenntnis, dass sich die Erwartungshaltung eines Auftraggebers, mit dem ein nicht unerheblicher Teil des Praxisumsatzes eines Gutachters generiert wird, – gegebenenfalls auch unbewusst – auf den Beurteilungsspielraum eines Sachverständigen niederschlagen kann, teilen auch viele Richter. Allerdings wird die Bereitschaft, nur aus diesem Grunde ein weiteres Gutachten einzuholen, geringer sein, wenn die Kosten für das Gutachten durch dessen Erstellung bereits angefallen sind. Deshalb sollte vom Anwalt so früh wie möglich auf diesen Umstand durch einen kurzen Schriftsatz oder gegebenenfalls telefonisch hingewiesen werden. Beweisbeschlüsse können vom Gericht bis zur Aufnahme der Tätigkeit des Sachverständigen problemlos abgeändert werden.

76 **zu (2):** Siehe vorstehend § 2 Rn. 26 ff. und § 11 Rn. 25 ff.)

77 **zu (3):** Maßgeblich für die Beurteilung durch den medizinischen Sachverständigen ist nicht nur die „Momentaufnahme“ zum Zeitpunkt der Untersuchung. Anhand der

Befund- und Krankenhausberichte muss er sich einen Überblick darüber verschaffen, seit wann die Erkrankung besteht und welche Behandlungsmaßnahmen seitdem eingeleitet wurden. Die vollständige Berücksichtigung und Bewertung solcher „Anknüpfungstatsachen“ gehört zum unverzichtbaren Bestandteil der sozialmedizinischen Beurteilung (vgl. § 9 Rn. 21 ff.).

In vielen Gutachten fehlt die sogenannte **„Verlaufsbeurteilung“**. Der Sachverständige 78
muss sich zB in Rentenverfahren auch mit der Frage auseinandersetzen, ob eine Reintegration des Rentenantragstellers in das Berufsleben möglich ist. Dazu gehört auch, dass die bisherige Therapie der behandelnden Ärzte daraufhin überprüft wird, ob die üblicherweise zu erwartenden Therapieerfolge einer *lege artes* durchgeführten Behandlung eingetreten sind. Eine Therapieresistenz bei ordnungsgemäß durchgeführten Behandlungen lässt den Rückschluss zu, dass auch in Zukunft mit einer Besserung des Gesundheitszustandes nicht mehr zu rechnen ist.

Medizinische Sachverständigengutachten müssen in ihrer Darstellung auch für den 79
medizinischen Laien nachvollziehbar sein. Fehlt in dem Gutachten eine „Verlaufsbeurteilung“, ist auch der Richter nicht in der Lage, die Bewertung des Sachverständigen zu hinterfragen und kritisch zu prüfen.

zu (4): Zwar finden sich in vielen Sachverständigengutachten die Diagnosen der be- 80
handelnden Ärzte. In der eigenen Beurteilung des Gutachters finden sich dann aber abweichende Diagnosen. Der Sachverständige ist **verpflichtet**, die **Gründe, aufgrund derer er zu anderen Diagnosen kommt, darzustellen.** Dem Richter muss die Möglichkeit gegeben werden, die Abweichung der Beurteilung der Erkrankungen durch die behandelnden Ärzte nachzuvollziehen (vgl. vorstehend § 9 Rn 8). Der Richter darf sich nicht darauf beschränken, der vermeintlich höheren Sachkunde des gerichtlichen Sachverständigen zu vertrauen.[48]

zu (5): Immer wieder findet man Gutachten „gerichtserfahrener Sachverständiger“, 81
häufig auch bei selbsternannten „Instituten für ärztliche Begutachtung“, den Hinweis, dass eine bestimmte Erkrankung des Untersuchten bei Einleitung einer ordnungsgemäßen Therapie kurzfristig mit Erfolg behandelt werden und der Kläger dann wieder einer Erwerbstätigkeit nachgehen könnte. Im Einzelfall mag dieser Hinweis berechtigt sein; dann sollten der Mandant und gegebenenfalls auch der behandelnde Arzt hierauf hingewiesen werden. Es sollte in diesen Fällen um eine Stellungnahme des behandelnden Arztes gebeten werden. Wenn der therapeutische Ansatz des behandelnden Arztes fehlerhaft ist, wird der Mandant sich überlegen, den Arzt zu wechseln. In einer Vielzahl von Fällen zeigt sich aber, dass der vom Sachverständigen vorgeschlagene Therapieansatz aus individuellen Gründen nicht praktikabel oder eine entsprechende Therapie in der Vergangenheit schon durchgeführt worden ist, aber zu keinem Erfolg geführt hat.

Behandelnde Ärzte reagieren regelmäßig auf unberechtigte Kritik an ihrer bisherigen 82
Therapie. Für den Prozessbevollmächtigten gilt es nun, diese Kritik in eine sachliche Form zu bringen und per Schriftsatz an das Gericht, welches dann wiederum den

48 Keller in Meyer-Ladewig/Keller/Leitherer SGG § 128 Rn. 7, 7 d.

Sachverständigen zur ergänzenden Stellungnahme hierzu auffordern kann, weiterzuleiten.

83 Die einfachste Form ist es, den behandelnden Arzt um ein entsprechendes fachärztliches Attest zu bitten und dieses dann dem eigenen Schriftsatz beizufügen. Diese Vorgehensweise hat den Vorteil, dass die medizinische Kompetenz des Autors der kritisierenden Stellungnahme erkennbar wird. Allerdings birgt sie das Risiko, dass der in seiner Therapie kritisierte behandelnde Arzt in seiner Diktion dem Gutachter gegenüber unsachlich wird. Dies wiederum wird dazu führen, dass der Sachverständige um seine Reputation fürchtet und mit vergleichbarer Wortwahl „zurückschlägt". Überzeugen lassen wird er sich von seinem Kollegen ohnehin höchst selten. Man hat dann nur die Möglichkeit, ein weiteres Gutachten einzuholen, wenn das Gericht die medizinischen Streitfragen nicht aus eigener Sachkunde beurteilen kann, was regelmäßig ausscheidet (denn sonst wäre ja die ergänzende Befragung des Gutachters gar nicht erst erforderlich gewesen).

84 Erfolgversprechender ist daher der Weg, dem Sachverständigen durch Übermittlung spezifischer Informationen über den bisherigen Therapieverlauf die Möglichkeit einzuräumen, von seinem bisherigen Standpunkt abzurücken, ohne sein Gesicht zu verlieren. Wenn der Anwalt auf Inhalt und Diktion der Stellungnahme des behandelnden Arztes nicht in ausreichendem Umfang Einfluss nehmen kann, bleibt dann nur die Möglichkeit, dass der Prozessbevollmächtigte in seinem Schriftsatz seinerseits medizinisch möglichst präzise Kritik an dem Gutachten übt und auf die vom Sachverständigen bislang nicht gesehenen Umstände hinweist. Diese Vorgehensweise hat den Nachteil, dass der Sachverständige dann versucht ist, seine höhere medizinische Qualifikation auszuspielen und dem Juristen medizinisches Halbwissen nachzuweisen.

Hinweis: Wenn medizinische Ausführungen in anwaltliche Schriftsätze übernommen werden, sollten diese daher möglichst präzise sein, damit sowohl Gericht als auch Sachverständiger erkennen, dass der eigentliche Autor nicht der Bevollmächtigte, sondern ein entsprechend qualifizierter Mediziner ist.

85 **zu (6):** Siehe vorstehend § 2 Rn. 35 ff., § 11 Rn. 42 ff.)

86 **zu (7):** Wie in der Anmerkung zu Ziffer 3 des Prüfschemas dargestellt, muss das Gutachten vom Richter nachvollzogen und kritisch gewürdigt werden. In der gerichtlichen und insbesondere in der sozialgerichtlichen Praxis ist es leider häufig anzutreffen, dass Sachverständige ihre Diagnosen treffen und ihre Leistungsbeurteilung dann ohne nähere Begründung in den Raum stellen. Diese Vorgehensweise macht die notwendige richterliche Überprüfung der sozialmedizinischen Beurteilung des Sachverständigen unmöglich. Wenn eine nachvollziehbare medizinische Begründung für die angegriffene Leistungsbeurteilung fehlt, sollte der Sachverständige zunächst zur Ergänzung seines Gutachtens entweder schriftlich oder durch Anhörung im Termin aufgefordert werden. Wenn die sozialmedizinische Beurteilung dann immer noch nicht plausibel erklärt wird, darf sie vom Gericht nicht zur Grundlage der Entscheidung gemacht werden.[49]

49 Keller in Meyer-Ladewig/Keller/Leitherer SGG § 128 Rn. 7, § 103 Rn. 11 a, 11 c.

Ein sozialmedizinisches Gutachten sollte allerdings nicht nur für die beteiligten Fachkreise (Richter und Verfahrensbevollmächtigte), sondern auch für den Kläger, also einen medizinischen Laien, nachvollziehbar und verständlich sein.[50] Ob ein Verfahren ohne streitige Gerichtsentscheidung endet, hängt in erster Linie von der Qualität und Überzeugungskraft des Gutachtens ab. Bei negativem Gutachtenergebnis ist es Aufgabe des Anwaltes, dem Rechtsuchenden die rechtlichen Voraussetzungen zu erläutern und bei überzeugendem Beweisergebnis nahe zu legen, die Klage zurückzunehmen. Der Anwalt ist jedoch an die Weisung seines Mandanten gebunden. Wenn der Mandant die sozialmedizinische Beurteilung des Gutachtens nicht nachvollziehen kann, wird er auf einer Fortführung des Verfahrens bestehen. Ein auch für den medizinischen Laien nachvollziehbares Gutachten mit verständlicher Sprache und Erläuterung von Fachbegriffen ist somit für die rechtsuchende Partei viel überzeugender und dient somit der Erledigung des Rechtsstreits ohne Urteil und damit der Befriedung der Parteien.[51] 87

zu (8): Von vielen Sozialrichtern werden Sachverständige geschätzt, die in einem Gutachten möglichst viele Fachgebiete abdecken. Bei Ärzten, die ihre Praxis überwiegend auf Gutachtenerstellung spezialisiert haben und überwiegend damit finanzieren, ist die Tendenz festzustellen, Gerichten und Behörden einen möglichst umfassenden Service anzubieten. Wenn dies durch Einschaltung von Ärzten verschiedener Fachgebiete geschieht, ist hiergegen nichts einzuwenden. Allerdings werden sich die Kosten der Begutachtung durch die Einschaltung solcher Konsiliarien erhöhen. Es ist daher immer wieder festzustellen, dass Sachverständige Beurteilungen vornehmen, die außerhalb ihres eigenen **Fachgebietes** liegen. Nimmt ein Internist eine gynäkologische Beurteilung vor, ist dies noch leicht zu erkennen. Schwierig wird die Abgrenzung aber bei Subspezialisierungen innerhalb eines Fachgebietes oder zB bei der Bewertung bei Einsatz bildgebender Verfahren. Ob innerhalb des Fachgebietes der inneren Medizin ein Endokrinologe eine kardiologische Beurteilung mit der erforderlichen Sicherheit vornehmen kann, ist fraglich. Ein Internist wird ein Röntgenbild auswerten können, insbesondere dann, wenn er jahrelang über ein eigenes Röntgengerät verfügt und die kassenärztliche Zulassung zum Einsatz gehabt hat. Bei der Auswertung einer von Dritten angefertigten Computertomografie oder eines MRT wird er sich indes schon schwer tun. 88

Insbesondere im Bereich der Neurologie/Psychiatrie ist auch schwierig zu beurteilen, ob der Sachverständige für die Beantwortung der Beweisfrage über die entsprechende Spezialausbildung verfügt. Insofern muss hinsichtlich der einzelnen Fachgebiete auf die nachstehenden Ausführungen zu den jeweiligen Fachgebieten verwiesen werden. 89

zu (9): Wesentlicher Bestandteil der sozialmedizinischen Beurteilung ist die Anamnese. Ein nicht unerheblicher Anteil der Rechtssuchenden ist nicht im deutschen Sprachraum aufgewachsen. 90

50 *Kahlert* ASR 3/2016, Seite 96 f.
51 Vgl. *Bieresborn* (Hrsg.), Einführung in die medizinische Sachverständigentätigkeit vor Sozialgerichten (Francke), S. 47 f.

91 Wenn der Anwalt festgestellt hat, dass der Mandant über **beschränkte umgangssprachliche Deutschkenntnisse** verfügt und seine sprachliche Kompetenz auf sein beruflich erforderliches Vokabular beschränkt ist, wird er überprüfen müssen, ob der Sachverständige die Anamnese ohne Hinzuziehung eines Dolmetschers durchführen konnte. Es ist auch erstaunlich, welche vermeintlich präzisen Angaben sich in manchen Gutachten finden, bei denen die Anamnese ohne Hinzuziehung eines Dolmetschers durchgeführt wurde, obgleich der Anwalt bei der Erstbesprechung bereits erhebliche Schwierigkeiten hatte, von dem Mandanten die für die Klagebegründung erforderlichen Tatsachen zu erfragen.

92 Bei nicht ordnungsgemäßer Anamneseerhebung kann das Gutachten unverwertbar sein. Bei rechtzeitiger Rüge ergibt sich aus richterlicher Sicht möglicherweise die Notwendigkeit einer anderweitigen Begutachtung, gegebenenfalls unter Hinzuziehung eines Dolmetschers.

93 Bei einer psychiatrischen Exploration wird die medizinische Auffassung vertreten, dass diese mit Hinzuziehung eines Dolmetschers nicht vorgenommen werden kann, da unabdingbare Voraussetzung für eine psychiatrische Exploration eine persönliche Kommunikation mit dem Probanden ist, um dessen Stimmungslage ausloten zu können. Auch in diesem Punkt muss hier im Einzelnen auf die medizinischen Ausführungen in den nachfolgenden Kapiteln hingewiesen werden (§ 15 Rn. 80 ff.).

94 **zu (10):** Aus der beruflichen Sicht des Verfassers ist die Qualität der Begutachtungen in den letzten 25 Jahren gestiegen. Pauschale Unterstellungen hinsichtlich bestimmter Bevölkerungsgruppen, verbale Angriffe auf Immigranten oder persönliche Statements, die mit dem eigentlichen Gutachterauftrag nichts zu tun haben, finden sich in heutigen Gutachten kaum noch.

95 Was gelegentlich noch vorgefunden werden kann sind diskriminierende Äußerungen über **aggravatorische Verhaltensweisen** einzelner Kläger, die aufgrund des psychischen Leidensdrucks versuchen, ihre Erkrankungen ausdrucksvoll darzustellen. Hier ist eine objektive Beurteilung aus medizinischer Sicht gefragt. Pauschale Äußerungen ohne inhaltliche Auseinandersetzungen mit den Gründen für die übertriebene Demonstration von Beschwerden sind unzulässig. Die dargestellten Beschwerden müssen sachlich auf mögliche organische Ursachen und eine zusätzliche psychogene Überlagerung untersucht werden. Gegebenenfalls ist der Hinweis auf die Notwendigkeit einer neurologisch-psychiatrischen Zusatzbegutachtung zu geben.

96 Auch für medizinische Gutachten gilt § 184 GVG: Die Gerichtssprache ist deutsch. Medizinische Fachbegriffe sind zu erläutern, da ansonsten die Nachvollziehbarkeit des Gutachtens für Gericht und Parteien nicht gewährleistet ist.

E. Darstellung der Kritik an dem Gutachten

97 Es ist Aufgabe des Anwaltes, die Kritik an der Beurteilung des oder der Sachverständigen in einen Schriftsatz zu kleiden und die sozialmedizinische Beurteilung des gerichtlich ernannten Sachverständigen anzugreifen.

Erscheint ein medizinisches Gutachten in sich schlüssig und überzeugend, muss der Prozessbevollmächtigte hinterfragen, ob die Beurteilung des medizinischen Gutachters zutreffend ist, darlegen, warum sie angreifbar erscheint und das Gerichtsverfahren entweder durch ergänzende Stellungnahmen des Sachverständigen oder weitere Begutachtungen in die aus Sicht seines Mandanten „richtige“ Richtung lenken. 98

Pflicht eines Rechtsanwaltes ist es, alle zugunsten seiner Partei sprechenden tatsächlichen und rechtlichen Gesichtspunkte so umfassend wie möglich darzustellen, damit sie das Gericht bei seiner Entscheidung berücksichtigen kann. Er darf sich nicht ohne Weiteres mit dem begnügen, was seine Auftraggeber ihm an Informationen abliefern, sondern muss um zusätzliche Aufklärung bemüht sein, wenn den Umständen nach für eine zutreffende rechtliche Einordnung die Kenntnis weiterer Tatsachen erforderlich und deren Bedeutung für den Mandanten nicht ohne Weiteres ersichtlich ist.[52] 99

Der Anwalt ist an das Vorbringen seines Mandanten gebunden, soweit es nicht ersichtlich falsch ist. Führt er die Kritik seines Mandanten an dem Gutachten nicht in den Prozess ein, kann er sich schadenersatzpflichtig machen, wobei er anders als Richter und Sachverständige nicht nur subsidiär haftet. Stellt sich im Nachhinein heraus, dass die medizinische Auffassung des Mandanten, die vom gerichtlichen Sachverständigen nicht geteilt wird, doch zutreffend ist, haftet der Anwalt anders als der Richter für sein falsches Urteil oder der Sachverständige für ein im Ergebnis unrichtiges Gutachten. Aus dieser rechtlichen Ausgangsposition ergibt sich für den Anwalt die Notwendigkeit, alles das, was ihn von seinem Mandanten oder von den Hausärzten an medizinischen Fakten und Auffassungen mitgeteilt wird, in den Prozess einzuführen. Er ist verpflichtet, ein gerichtliches Gutachten „anzugreifen“, wenn sein Mandant das Ergebnis der gerichtlich angeordneten Begutachtung nicht hinnehmen will. 100

Von medizinischen Gutachtern wird eine derartige Kritik oft nicht gerne gesehen. Sachverständige missverstehen anwaltliche Einwendungen häufig als Zweifel an ihrer fachlichen Kompetenz und verkennen dabei die Notwendigkeiten, die sich aus der Stellung des Anwaltes als Parteivertreter im Prozess ergeben. Die anwaltliche Kritik sollte allerdings sachlich gehalten werden, was leider nicht immer der Fall ist. 101

Eine derartige Kritik eines Juristen führt jedoch nicht dazu, dass das Gericht der Klage stattgeben wird. Ein stattgebendes Urteil kann immer nur auf ein medizinisches Gutachten gestützt werden, in dem die entscheidungserheblichen medizinischen Fragen zugunsten der klageführenden Partei entschieden werden.[53] 102

Der Richter als Jurist wird praktisch nie alleine aufgrund der Ausführungen eines anderen Juristen – des Anwalts des Klägers – gegen den von ihm selbst beauftragten Mediziner entscheiden. Das heißt, der Anwalt muss nicht nur prüfen, was der Sachverständige, der durch das Gericht beauftragt wurde, falsch gemacht haben könnte, sondern gleichzeitig auch überlegen, wie man entweder ihn oder einen anderen Sach- 103

52 BGH 7.2.2002 – IX ZR 209/00, juris Rn. 11 = NJW 2002, 1413–1414 = VersR 2002, 1103–1105.
53 Vgl. BGH 29.11.1994 – VI ZR 189/93 = NJW 1995, 776; BSG 28.2.1963 – 6 RKa 29/61 – SozR Nr. 64 zu § 128 SGG.

verständigen dazu bewegen kann, eine im Sinne des Klagebegehrens bejahende sozialmedizinische Beurteilung abzugeben.

104 Es ist vorstellbar, dass Gutachter auf fachlich qualifizierte Hinweise, die beispielsweise aus dem Kreis der behandelnden Ärzte stammen, von ihrer früheren sozialmedizinischen Beurteilung abweichen. Häufig wird der Sachverständige zwar bei seiner bisherigen Beurteilung bleiben, weil er bei einer Änderung seiner Auffassung seine Glaubwürdigkeit beeinträchtigt sieht oder befürchtet, zukünftig nicht mehr mit Gutachtenaufträgen bedacht zu werden. Wenn aber die Chance besteht, neue Anknüpfungstatsachen in das Verfahren einzuführen, die es dem Gutachter ermöglichen, ohne ausdrückliche Aufgabe seines bisherigen Standpunktes seine Beurteilung den „geänderten Verhältnissen“ anzupassen, sollte der Prozessbevollmächtigte sich in dieser Situation mit seiner Kritik an der Begutachtung zurückhalten und seine „neuen“ **Argumente in sachlicher Form in das Verfahren einführen.** Bei zu forsch vorgetragener Kritik oder erst recht bei Zweifeln an seiner Qualifikation wird der Sachverständige unnötig gezwungen, sich zu rechtfertigen, und wird seine bisherige Position verteidigen. Hierbei wird er oft mehr persönlichen Einsatz zeigen als bei manchem Gutachten insgesamt. Sein Ergebnis korrigieren wird er praktisch nie.

105 Aus der Sicht des Sachverständigen ist es – auch im Hinblick auf zukünftige Gutachteraufträge durch das Gericht – indessen unschädlich, von seiner bisherigen Beurteilung abzuweichen, wenn ihm nach Erstellung seines Gutachtens Unterlagen vorgelegt oder Tatsachen bekannt werden, aufgrund derer er – wenn er sie vorher gekannt hätte – von vorneherein zu einer anderen Beurteilung gekommen wäre.

F. Prozessuale Vorgehensweisen

106 Nach der sachlich gehaltenen und medizinisch möglichst präzisen Darstellung der Kritik an dem Gutachten und der dort vorgenommenen sozialmedizinischen Beurteilung hat der Prozessbevollmächtigte zu prüfen, welche prozessualen Maßnahmen zu ergreifen sind. Grundsätzlich stehen ihm verschiedene Möglichkeiten zur Verfügung, deren Auswahl von der jeweiligen Prozesssituation und Verfahrensart abhängig ist.

I. Erläuterung des Gutachtens durch den Sachverständigen und mündliche Anhörung des Sachverständigen

107 Wenn eine realistische Chance gesehen wird, den Sachverständigen zur Korrektur seiner Beurteilung zu bewegen, kann ein Antrag auf

a) **Erläuterung** des Gutachtens durch den Sachverständigen nach §§ 118 SGG, 411 Abs. 3 ZPO, meist in schriftlicher Form, oder auf
b) **mündliche Anhörung** des Sachverständigen nach §§ 118 SGG, 402, 397 Abs. 2 ZPO

gestellt werden.

108 In der Praxis ziehen Gerichte gerade in sozial- und verwaltungsgerichtlichen Verfahren bei Unklarheiten oder Kritik am Gutachten die schriftliche Erläuterung vor, da sie wissen, dass Sachverständige den Zeitaufwand eines Gerichtstermins scheuen, häufig

Terminsverlegung beantragen und eine schriftliche Beantwortung präziser Fragen nach unklaren oder strittigen Punkten bevorzugen.[54]

Aus Sicht des Prozessbevollmächtigten wird ein Antrag auf mündliche Anhörung des Sachverständigen nach §§ 118 SGG, 402, 397 Abs. 2 ZPO meistens erst dann sinnvoll sein, wenn mindestens zwei Gutachten mit unterschiedlichen Ergebnissen vorliegen oder wenn das Gericht bei ungünstigem Beweisergebnis zu erkennen gibt, dass es keine weiteren Gutachten einholen will, um gegebenenfalls nach erfolgloser zweiter Instanz die Flucht in die Revision zu ermöglichen. Allerdings zeigt sich oft, dass Sachverständige bei Anhörungen im Termin zumindest in Teilen zu anderen Aussagen gelangen als in ihren schriftlichen Gutachten. Ob das daran liegt, dass die Richter als medizinische Laien die Ausführungen des Sachverständigen zuvor falsch verstanden hatten oder dass er sich nicht hinreichend klar ausgedrückt hatte oder mit der Situation vor Gericht nicht „klarkommt" und sich in Widersprüche verwickelt, ist schwer zu beurteilen. Auffällig ist dieser Umstand jedoch – auch aus richterlicher Sicht.[55] 109

c) Verfahrensfehler durch Übergehen des Antrages auf mündliche Anhörung 110

Sollte das Gericht den Antrag auf mündliche Anhörung übergehen, kann sich dies als Verletzung rechtlichen Gehörs darstellen. Der Anspruch auf rechtliches Gehör umfasst nach ständiger Rechtsprechung sowohl des Bundesverfassungsgerichtes als auch der Obergerichte auch den Anspruch auf Anhörung gerichtlicher Sachverständiger.[56] Ein Antrag auf mündliche Erläuterung des Sachverständigengutachtens kann nicht allein deshalb abgelehnt werden, weil das schriftliche Gutachten dem Gericht überzeugend und nicht weiter erörterungsbedürftig erscheint.[57] Er kann allerdings dann abgelehnt werden, wenn er verspätet oder rechtsmissbräuchlich gestellt wurde.[58]

‚Das Übergehen des in der mündlichen Verhandlung gestellten Antrages auf Anhörung des Sachverständigen kann in der in der Revision zur Aufhebung und Zurückverweisung führen, wenn dargelegt wird, dass das LSG bei der Ablehnung des Antrags auf Anhörung „ermessensfehlerhaft" handelte, soweit es dem Antrag, den Sachverständigen zu laden, nicht gefolgt ist.[59] Die Sachdienlichkeit der (offenen) Fragen indiziert im sozialrechtlichen Verfahren wohl zumeist den Ermessensfehler.[60] 111

Für Verfahren vor den Zivilgerichten hat der BGH klargestellt, dass das Gericht dem von einer Partei rechtzeitig gestellten Antrag auf Ladung des Sachverständigen nach Erstattung des schriftlichen Gutachtens zu dessen mündlicher Erläuterung auch dann stattgeben muss, wenn die schriftliche Begutachtung aus richterlicher Sicht ausreichend und überzeugend ist. Etwas anderes gilt nach seiner Auffassung nur dann, wenn der Antrag auf Anhörung des Sachverständigen verspätet oder rechtsmissbräuchlich gestellt worden ist.[61] 112

54 Ebenso *Kahlert* ASR 3/2016, S. 99.
55 *Kahlert* ASR 3/2016, S. 99.
56 BVerfG 3.2.1998 – 1 BVR 909/94; BGH 17.12.1996 – VI ZR 50/96, juris Rn. 6; BSG 5.2.2009 – B 13 R 561/08 B – Leitsatz Nr. 2.
57 BVerfG 17.1.2012 – 1 BvR 2728/10, juris-PR-MedizinR 5/2012, Anm. 3, *Francke*.
58 BVerfG 3.2.1998 – 1 BVR 909/94, juris Rn. 11 mwN.
59 BSG 12.4.2000 – B 9 SB 2/99.
60 *Plagemann* NJW 1992, S. 400, 404 mwN.
61 BGH 7.10.1997 – VI ZR 252/96, NJW 1998, 162 f.; BGH 9.5.2007 – IV ZR 160/05.

113 Allerdings muss der **Antrag** dann nicht nur schriftlich angekündigt, sondern in der mündlichen Verhandlung und ggf. auch in der mündlichen Verhandlung der Berufungsinstanz **wiederholt** werden.[62] Der Prozessbevollmächtigte sollte darauf drängen, dass dieser Antrag zu Protokoll genommen wird. Nur dann kann er sich in der Revisionsinstanz erfolgreich auf einen Verfahrensfehler berufen, der zur Zurückverweisung führt. Die Protokollierung dieses Antrages wird in der Praxis von manchen Senaten gerne „vergessen".

114 Ein rechtsanwaltlich vertretener Beteiligter kann nur dann mit der Rüge des Übergehens eines Beweisantrags gehört werden, wenn er diesen bis zum Schluss der mündlichen Verhandlung durch entsprechenden Hinweis zu Protokoll aufrecht erhalten hat oder das Gericht den Beweisantrag in seinem Urteil wiedergibt.[63] Denn nur dann hätte nach Sinn und Zweck des § 160 Abs. 2 Nr. 3 letzter Teil SGG ein Beweisantrag die Warnfunktion dahin gehend erfüllt, dass ein Beteiligter die Sachaufklärungspflicht des Gerichts (§ 103 SGG) noch nicht als erfüllt ansieht.[64] Wird ein Rechtsstreit ohne mündliche Verhandlung entschieden, tritt an die Stelle des Schlusses der mündlichen Verhandlung der Zeitpunkt der Zustimmung zu einer Entscheidung ohne mündliche Verhandlung gemäß § 124 Abs. 2 SGG.[65]

115 Der Antrag auf Anhörung kann auch nach dem Antrag auf schriftliche Erläuterung gestellt werden. Das Antragsrecht aus §§ 402, 397 Abs. 2 ZPO wird durch einen vorherigen Antrag nach § 411 Abs. 3 ZPO nicht verbraucht, sofern die weitergehenden Fragen sachdienlich sind.

116 In der Sache kann ein derartiger Antrag erfahrungsgemäß nur dann zum Erfolg führen, wenn zu erwarten ist, dass der Sachverständige in der mündlichen Anhörung – zum Beispiel durch Vorlage wissenschaftlicher Fachliteratur oder Konfrontation mit einem Parteigutachten oder gar mit einem zur mündlichen Verhandlung mitgebrachten Parteisachverständigen – von seiner bisherigen Beurteilung abrückt. Nach forensischer Erfahrung ist jedoch auch eine mündliche Anhörung nur in Ausnahmefällen erfolgversprechend, wenn beispielsweise der Gutachter sich in eine wissenschaftlich zweifelhafte Auffassung verrannt hat oder ein offenkundiger Fehler vorliegt oder er sich mit einem divergierenden Verwaltungs- oder Parteigutachten auseinanderzusetzen hat.

II. Antrag auf eine weitere Aufklärung des medizinischen Sachverhaltes von Amts wegen

117 Weit häufiger wird sich aus anwaltlicher Sicht nach Eingang eines ungünstigen Gutachtens die Frage stellen: Wie bewege ich das Gericht dazu, ein weiteres Gutachten einzuholen, das die entscheidungserhebliche Beweisfrage im Sinne des Klägers positiv beurteilt?

---

62 BSG 26.1.2006 – B 2 U 204/05 B.
63 BSG 5.2.2015 – B 13 R 372/14 B mwN.
64 BSG 27.8.2015 – B 5 R 178/15 B mwN.
65 BSG 25.11.2013 – B 13 R 339/13 B, juris, Rn. 6; BSG 1.9.1999 – B 9 V 42/99 B = SozR 3-1500 § 124 Nr. 3.

Erfahrungsgemäß neigen Sozialgerichte in derartigen Prozesssituationen dazu, den Kläger auf das Gutachten eines Arztes seines Vertrauens nach § 109 SGG zu verweisen. Einen derartigen Antrag vorzeitig zu stellen und dann auch noch den Hausarzt zu benennen, ist als anwaltlicher Kunstfehler anzusehen: 118

Wenn begründete Zweifel an der Richtigkeit des oder der gerichtlichen Gutachten bestehen, insbesondere wenn die Diagnosen und/oder die Beurteilung des Sachverständigen von denen der behandelnden Ärzte abweicht, sollte das Gericht zunächst hierauf in medizinisch möglichst präziser Form hingewiesen und aufgefordert werden, entweder ein Gutachten 119

- eines anderen Arztes der gleichen Fachrichtung (**Zweitgutachten**) oder
- eines Arztes gleicher Fachrichtung, aber mit besonderer Teilgebietsbezeichnung (**Subspezialisierung**) oder
- eines **Zusatzgutachtens** mit erneuter sozialmedizinischer Beurteilung oder
- eines Gutachters einer **anderen Fachrichtung** einzuholen.

1. Begründung des Antrages auf weitere Sachaufklärung

Wichtig ist bei allen Varianten die fundierte Begründung des Antrages auf weitere Sachaufklärung. 120

Das Gericht muss die Überlegungen von Sachverständigen im Rahmen seiner tatsächlichen Würdigung unter Berücksichtigung aller Umstände, der eigenen Sachkunde und der allgemeinen Lebenserfahrung kritisch nachvollziehen.[66] Es muss auf **Aufklärung von Widersprüchen** zwischen mehreren Sachverständigen und innerhalb eines Gutachtens hinwirken.[67] Das gilt auch bei Widersprüchen zwischen Privatgutachten und gerichtlichem Gutachten[68] oder bei Abweichungen von qualifizierten Angaben in Befundberichten. 121

Das Gericht muss im Urteil ausdrücklich begründen, warum es einem Beweisantrag auf Einholung eines weiteren Gutachtens nicht folgt. Bei einander widersprechenden Gutachten muss das Gericht nicht immer ein Zweitgutachten einholen, es muss sich aber mit den medizinischen Befunden oder Privatgutachten, denen es nicht folgen will, eingehend auseinandersetzen.[69] Zunächst muss der Richter aufklären, von welchen unterschiedlichen tatsächlichen Grundlagen oder von welchen unterschiedlichen Wertungen die befragten Ärzte ausgehen. Haben die vom Gericht eingeholten Gutachten Mängel und fehlt es ihnen an Überzeugungskraft, sind sie in sich widersprüchlich, bestehen Zweifel an der Sachkunde des Gutachters oder stehen einem anderen Gutachter wesentlich bessere Untersuchungsmethoden zur Verfügung, kann ein weiteres Gutachten eingeholt werden. Eine verfahrensrechtliche Pflicht zur Einholung weiterer Sachverständigengutachten besteht nur dann, wenn die vorliegenden Gutachten schwere Mängel aufweisen, in sich widersprüchlich sind, von unzutreffenden 122

---

66 BVerwG 13.8.1970 – – VI B 7.70, BayVBl 71, 160 = Buchholz 310 § 132 VwGO Nr. 71; BFH 5.11.1981 – IV R 103/79, NJW 1982, 1608; Leitherer in Meyer-Ladewig/Keller/Leitherer SGG § 103 Rn. 11 a, § 128 Rn. 7.

67 BGH 10.5.1994 – VI ZR 192/93, NJW 94, 2419.

68 BGH 11.11.2014 – VI ZR 76/13 = NJW 2015, 411; BGH 28.4.1998 – VI ZR 403/96, NJW 98, 2735.

69 Vgl. BGH 10.5.1994 – VI ZR 192/93, NJW 1994, 2419; BGH 28.4.1998 – VI ZR 403/96, NJW 1998, 2735, SGb 68, 325; Leitherer in Meyer-Ladewig/Keller/Leitherer SGG § 103 Rn. 11 b und § 128 Rn. 7 e.

Voraussetzungen ausgehen oder Zweifel an der Sachkunde oder Sachlichkeit des Sachverständigen erwecken.[70]

123 Der Weg, dem Gericht darzulegen, dass der zunächst ausgewählte Gutachter nicht aus der richtigen Fachrichtung kommt, hat den Vorteil, dass die von der Rechtsprechung geforderten Voraussetzungen, unter denen ein weiteres Gutachten eingeholt werden muss, leichter dargelegt werden können. Für den Juristen ist es schwieriger, ein medizinisches Gutachten zu widerlegen als zu begründen, dass wegen unterschiedlicher Auffassung zwischen behandelnden Ärzten und gerichtlichem Sachverständigen ein Spezialist befragt werden muss.

124 In Abhängigkeit von den Kritikpunkten an dem Gutachten ist – ggf. nach Rücksprache mit dem behandelnden Arzt oder einem beratenden Arzt – zu entscheiden, welche Fachrichtung aus der Sicht des Klägers für die Beurteilung seiner Erkrankungen am ehesten geeignet erscheint.

125 Die **Spezialisierung innerhalb der Medizin** schreitet immer weiter fort. Dies gilt auch innerhalb einzelner Fachgebiete wie zB der inneren Medizin oder der Nervenheilkunde. In verschiedenen medizinischen Fachgebieten haben sich Subspezialisierungen gebildet. Bezüglich weiterer Einzelheiten ist auf die nachfolgenden Kapitel des jeweiligen medizinischen Fachgebietes zu verweisen.

126 In bestimmten Fällen kann aber auch eine **fachübergreifende Beurteilung** erforderlich sein. Als Beispiel ist in diesem Zusammenhang auf die Notwendigkeit einer neurologischen Zusatzbegutachtung bei bestimmten orthopädischen Erkrankungen oder einer psychosomatischen Zusatzuntersuchung bei psychogener Überlagerung organischer Beschwerden hinzuweisen. Gerade bei erstinstanzlich im Massenbetrieb erstellten Gutachten kommt es immer wieder vor, dass ein „gerichtserfahrener“ Gutachter Erkrankungen außerhalb seines Fachgebietes (mit)beurteilt.

127 Bei Vorliegen verschiedener Erkrankungen ist dann zu entscheiden, ob die Einholung eines **Zusatzgutachtens** beantragt wird, das der bisherige Gutachter in seine erneute sozialmedizinische Gesamtbeurteilung einbeziehen oder aber der Spezialist die abschließende sozialmedizinische Beurteilung eigenständig vornehmen soll. Gerade bei hochqualifizierten Spezialisten zeigt sich aber häufiger, dass diese sich mit der gerichtsfesten Begründung einer sozialmedizinischen Beurteilung schwer tun oder wegen beruflicher Überlastung gar keine Zeit haben, sich intensiv mit der Frage auseinanderzusetzen, wie sich die Erkrankung (trotz der möglicherweise erfolgreichen Therapie) nachteilig auf das Leistungsvermögen des Patienten auswirkt.

128 Auch an dieser Stelle zeigt sich, wie wichtig eine sachliche und fundierte Form der Kritik an dem Gutachten statt pauschaler Angriffe auf den Gutachter ist. Der Anwalt kann nur anregen, in welcher Form die Beweisaufnahme fortzuführen ist; über Art und Weise sowie die Person des Sachverständigen entscheidet aber der Richter. Von der Person des Sachverständigen, seiner durch Spezialisierung geprägten Sichtweise und seiner Kompetenz zur sozialmedizinischen Beurteilung der Folgen der Erkrankungen seines Fachgebietes hängt in Zweifelsfällen das Ergebnis der Beurteilung ab.

70 BSG 14.12.1999 – B 2 U 311/99, SozSich 00, 361; *Brackmann*, S. 244 o II.

Es ist die Kunst des Prozessbevollmächtigten, hier richtungweisend Einfluss zu nehmen, ohne dem Gericht das Gefühl zu vermitteln, dass ein bestimmter Sachverständiger vorgegeben werden soll. Richter reagieren auf namentliche Vorschläge bestimmter Sachverständiger häufig so, dass gerade dieser Sachverständige nicht beauftragt wird, sofern nicht ein Beweisantrag gem. § 109 SGG gestellt wurde. 129

2. Prüfschema: Maßnahmen gegen negative Gutachten

(1) Darstellung der Mängel des Gutachtens und des voraussichtlichen Beweisergebnisses bei zutreffender Beurteilung 130
(2) Aufforderung an das Gericht, von Amts wegen ein weiteres Gutachten einzuholen
  - eines Arztes der gleichen Fachrichtung
  - eines Arztes gleicher Fachrichtung, aber mit besonderer Teilgebietsbezeichnung (Subspezialisierung)
  - einer anderen Fachrichtung
  - in Form eines Zusatzgutachtens mit erneuter sozialmedizinischer Beurteilung
(3) Antrag auf Erläuterung des Sachverständigengutachtens
  - im schriftlichen Verfahren
  - durch Anhörung des Sachverständigen im Termin
(4) Antrag nach § 109 SGG
  - nur in sozialgerichtlichen Verfahren möglich
  - in dieser Instanz?
  - in der nächst höheren Instanz?
(5) Vorlage eines Parteigutachtens

III. Gutachten nach § 109 SGG im Sozialgerichtsprozess

1. Keine vorschnellen Anträge nach § 109 SGG in erster Instanz

Wenn das Klageziel nach dem Ergebnis der Beweisaufnahme in erster Instanz nicht erreicht werden kann und das Gericht keinen weiteren Beweis erheben will, erfolgt in vielen Sozialgerichtsverfahren der Hinweis auf die Möglichkeit eines Gutachtens eines Arztes des Vertrauens des Klägers nach § 109 SGG. Wenn der Sachverhalt nach Auffassung des Klägers bzw. seines Prozessbevollmächtigten nicht ausreichend ermittelt worden ist oder zumindest ausreichend Zweifel an der Richtigkeit der Beurteilung des erstinstanzlich gehörten Sachverständigen dargelegt werden können, ist davon abzuraten, einen derartigen Antrag in der ersten Instanz vorschnell zu stellen. Dies beruht auf folgenden Überlegungen: 131

Wenn ein „gerichtserfahrener Gutachter" ein für die klagende Partei negatives Gutachten erstellt hat und der nach § 109 SGG ernannte Sachverständige zu einem anderen Ergebnis kommt, muss der Richter sich entscheiden, welchem Gutachten er folgen will. Beweisrechtlich hat das Gutachten nach § 109 SGG den gleichen prozessualen Stellenwert wie das von Amts wegen eingeholte Gutachten.[71] Der Richter muss sich in seiner Urteilsbegründung somit entweder auf formelle Gesichtspunkte oder in- 132

71 BSG 30.8.1958 – 11/10 RV 1269/56, SozR Nr. 22 zu § 109 SGG.

haltlich auf medizinische Argumente stützen. Die medizinische Sachkunde zur eigenen Beurteilung der Beweisfragen wird ihm in aller Regel fehlen. Der Sozialversicherungsträger hingegen verfügt über einen medizinischen Dienst oder Beratungsärzte und wird eine fundierte medizinische Stellungnahme vorlegen. Es besteht dann das Risiko, dass das Gericht nicht dem nach § 109 SGG eingeholten Gutachten, sondern dem von ihm ausgewählten Sachverständigen, dessen Meinung durch das medizinische „Parteigutachten" des Sozialversicherungsträgers gestützt wird folgt und die Klage abweist. Das Antragsrecht nach § 109 SGG ist dann auch für die Berufungsinstanz verbraucht, weil nach hM nur in Ausnahmefällen das Recht besteht, einen zweiten Antrag nach § 109 SGG zu stellen.[72] Der Beweisantrag nach § 109 SGG hat dann hohe Kosten verursacht und den erstinstanzlichen Prozess um einige Monate verlängert, seine Wirkung aber letztlich verfehlt.

133 Bei einem substantiiert ausgetragenen Meinungsstreit zwischen zwei qualitativ gleichwertigen Gutachten wird vom erstinstanzlichen Richter häufig ein weiteres Gutachten eingeholt, wenn er die medizinisch unterschiedlichen Standpunkte aus eigener Sachkunde nicht bewerten kann. Gerade bei medizinischen Streitfragen hängt die Beantwortung der Beweisfragen von der Person des Sachverständigen ab. Somit besteht bei vorschnellem Stellen eines Antrages nach § 109 SGG in erster Instanz das erhebliche Risiko, dass vom Gericht ein auf der Linie der zunächst gehörten Sachverständigen liegender Gutachter benannt wird, der das nach § 106 SGG gewonnene Ergebnis bekräftigt. Auch in diesem Falle hat der Anwalt seine Munition vorschnell verschossen und kann im Regelfall keinen weiteren Sachverständigen nach § 109 SGG benennen.

134 Wenn nach Rücksprache mit den behandelnden Ärzten oder eigener Beurteilung des Prozessbevollmächtigten begründete **Zweifel an der Richtigkeit der sozialmedizinischen Beurteilung** des erstinstanzlichen Gutachtens bestehen, sollten diese **dem Gericht dargelegt** und es sollte zugleich ausgeführt werden, warum von Amts wegen weiter zu ermitteln ist und dass „in dieser Instanz kein Antrag nach § 109 SGG gestellt wird".

Hinweis: Keinesfalls darf aber ein prozessualer Verzicht ausgesprochen werden: Dieser Verzicht kann Präklusionswirkung haben und den Antrag nach § 109 SGG für die zweite Instanz ausschließen!

135 Diese „Flucht in die Berufung" hat zunächst den Vorteil, dass das Berufungsgericht bei einer sorgfältig ausgearbeiteten Berufungsbegründung häufig die Beweiserhebung schon von Amts wegen vornimmt, die erstinstanzlich vergeblich gefordert wurde. Auch sind viele erstinstanzliche Richter über diese Vorgehensweise nicht unglücklich, da Anträge nach **§ 109 SGG gelegentlich als „lästig" empfunden werden**, weil sie das Verfahren aus Richtersicht unnötig verzögern und bei der Urteilsbegründung zu erhöhtem Argumentationsaufwand führen.

136 Für die hier vorgeschlagene Vorgehensweise spricht weiterhin, dass sich eine Berufung unter Hinweis auf die Aufklärungsmängel der ersten Instanz einfacher begrün-

72 Keller in: Meyer-Ladewig/Keller/Leitherer SGG § 109 Rn. 10 b, 11 b.

den lässt als eine Berufung, in der das Beweismittel nach § 109 SGG bereits in erster Instanz verbraucht worden ist und das Gutachtenergebnis bereits im abweisenden Urteil berücksichtigt wurde.

Das Gutachten nach § 109 SGG ist somit bei gezieltem Einsatz das **effektivste Angriffsmittel des Prozessbevollmächtigten** gegen ungünstige ärztliche Gutachten. In keiner anderen Verfahrensart hat er nämlich die Möglichkeit, einen namentlich zu benennenden Spezialisten als Gerichtsgutachter in ein Verfahren einzuführen. In zivil- oder verwaltungsgerichtlichen Verfahren bleibt dem Anwalt nur die Möglichkeit, mit Parteigutachten zu arbeiten, die prozessual nicht als Sachverständigengutachten, sondern nur als qualifiziertes Parteivorbringen gewertet werden können. Ein erst „on Top“ gesetztes Gutachten nach § 109 SGG ist viel wirkungsvoller als ein Gutachten, bei dem sowohl die erste Instanz als auch die Verwaltung ausreichend Gelegenheit hatten, Gegengutachten in den Prozess einzuführen. 137

Andere Personen als Ärzte können nicht nach § 109 SGG berufen werden.[73] Arzt ist, wem die Approbation als Arzt nach § 3 Bundesärzteordnung erteilt worden ist. Nicht benannt werden können insbesondere klinisch tätige Wissenschaftler, die keine Ärzte sind, Pflegekräfte oder Heilpraktiker, ebenso Diplom-Psychologen, auch wenn sie als Psychotherapeuten an der vertragsärztlichen Versorgung teilnehmen.[74] 138

Dies schließt allerdings nicht aus, dass Nichtärzte im Auftrag des nach § 109 SGG zum Sachverständigen ernannten Arztes Zusatzuntersuchungen durchführen, zB testpsychologische Zusatzuntersuchungen zu einem psychiatrischen Gutachten.[75] Dieses Zusatzgutachten muss aber im Rahmen des Antrages nach § 109 SGG mit beantragt und vom Gericht genehmigt werden.

Erforderlich ist es, den Arzt namentlich zu benennen. Die Anhörung mehrerer Ärzte verschiedener Fachrichtungen ist möglich, muss aber sorgfältig begründet werden, denn sie ist nur dann anzuordnen, wenn besondere Umstände eine solche Anhörung rechtfertigen. Für die Annahme besonderer Umstände genügt dabei nicht, dass das Beweisthema rechtserheblich für die Entscheidung ist. Die weitere Anhörung muss vielmehr geboten, mindestens aber zweckmäßig sein.[76]

2. Die Präklusion im sozialgerichtlichen Verfahren

Zum 1.4.2008 wurde die Vorschrift des § 106 a SGG eingefügt, nach der der Vorsitzende einem Prozessbeteiligten eine **Frist setzen kann** zur Angabe von Tatsachen und Beweismitteln oder zur Vorlage von Urkunden oder anderen beweglichen Sachen sowie elektronischen Dokumenten, soweit der Beteiligte dazu verpflichtet ist. Nach Absatz 3 dieser Vorschrift kann das Gericht Erklärungen und Beweismittel, die erst nach Fristablauf vorgebracht werden, zurückweisen und ohne weitere Ermittlungen entscheiden, wenn kumulativ ihre Zulassung nach der freien Überzeugung des Gerichts die Erledigung des Rechtsstreits verzögern würde und der Beteiligte die Verspätung 139

73 BSG 17.3.2010 – B 3 P 33/09 B.
74 *Tintner* MedSach 07, 102.
75 Keller in Meyer-Ladewig/Keller/Leitherer SGG § 109 Rn. 5.
76 LSG Saarland 2.7.2015 – L 1 R 72/14, juris, Rn. 27; BSG 29.11.1957 – 2 RU 241/56, SozR Nr. 14 zu § 109 SGG.

nicht genügend entschuldigt und über die Folgen einer Fristversäumung belehrt worden ist. Ein Entschuldigungsgrund ist auf Verlangen des Gerichts glaubhaft zu machen.

140 Nach dem neuen § 157a SGG kann das **Berufungsgericht** neue Erklärungen und Beweismittel, die im ersten Rechtszug entgegen einer hierfür gesetzten Frist nicht vorgebracht worden sind, unter den Voraussetzungen des § 106a Abs. 3 SGG zurückweisen. Erklärungen und Beweismittel, die das Sozialgericht zu Recht zurückgewiesen hat, bleiben auch im Berufungsverfahren ausgeschlossen.[77]

141 Mit der Einführung fakultativer Präklusionsregelungen sollte erreicht werden, dass Beteiligte, die nach eindeutiger Aufforderung des Gerichts nicht das ihnen Mögliche und Zumutbare dazu beitragen, den Prozess zu fördern, die Zurückweisung des angeforderten Vorbringens zu einem späteren Zeitpunkt riskieren.

142 Die Einführung der Präklusionsregelungen lässt sich nur schwer mit dem **Amtsermittlungsgrundsatz** des § 103 SGG vereinbaren und ist im Gesetzgebungsverfahren mehrfach kritisiert worden.[78] Widersprüchlich erscheint dieses Abrücken vom Prinzip materieller Wahrheit auch im Hinblick auf die verwaltungsverfahrensrechtliche Vorschrift des § 44 SGB X, die es in bestimmten Fallgestaltungen ermöglicht, auch ein rechtskräftig abgeschlossenes Verfahren unter Hinweis auf einen sich als unrichtig erweisenden Sachverhalt neu zu überprüfen.

143 Das neue prozessuale Instrumentarium gibt den Sozialgerichten erstmals die Möglichkeit, richterliche Fristsetzungen mit Sanktionsandrohungen zu versehen, die Anwälte von zivilgerichtlichen Verfahren her kennen. Schon hieraus wird sich eine **Beschleunigungswirkung** ergeben, ohne dass die angedrohte Sanktion durchgesetzt werden muss. Allerdings werden die Gerichte hier Maß halten müssen. Eine Fristüberschreitung wird in einem sozialgerichtlichen Verfahren nur bei adäquater vorheriger Androhung des Gerichtes und nur in Ausnahmefällen zur Präklusion des nach Fristablauf eingereichten Vorbringens führen können.[79] Die Zurückweisung verspäteten Vorbringens kommt insbesondere dann nicht in Betracht, wenn eine unzulängliche Verfahrensleitung oder eine Verletzung der gerichtlichen Fürsorgepflicht (§ 106 SGG) die Verzögerung mit verursacht hat.[80] Die Präklusionsvorschriften gelten für alle prozessualen Angriffs- und Verteidigungsmittel und somit auch für das Recht aus § 109 SGG, einen Arzt des Vertrauens als Sachverständigen zu benennen.[81]

144 Aus anwaltlicher (und haftungsrechtlicher) Sicht wesentlich ist daher die Frage, unter welchen Voraussetzungen ein Beweisantrag nach § 109 SGG vom erstinstanzlichen

---

77 a.A. *Leitherer*, wenn er meint, dass der Streit in die höhere Instanz verlagert wird, vgl. *Leitherer* NJW 2008, 1259 unter Hinweis auf *Heise* BT-Ausschussdrs. 16(11)910, S. 28.

78 Vgl. Stellungnahmen des *VdK*, des *Sozialverbands Deutschland* und des *DGB*, der Richter *Heise* und *Schlegel* sowie des LSG-Präsidenten *Brand* in den Materialien zur Anhörung von Sachverständigen am 11.2.2008 des Ausschusses für Arbeit und Soziales, BT-Ausschussdrs. 16(11)910, S. 9, 17, 23, 28, 32, 35; zuletzt *Leitherer* NJW, 1259.

79 Vgl. Gesetzesbegründung zu § 106a in der BT-Drs. 820/07 unter Hinweis auf BVerfGE 69, 126, 136; 69, 145, 149; ebenso *Leitherer* NJW 2008, 1259.

80 *Tabbara* NZS 2008, 8 (9) mwN.

81 Vgl. Gesetzesbegründung zu § 106a in der BT-Drs. 820/07 unter Hinweis auf BVerfGE 55, 72, 94, 52, 131, 156.

Gericht zurückgewiesen werden kann und möglicherweise in einem anschließenden Berufungsverfahren ausgeschlossen ist.

Das Gutachten nach § 109 SGG ist gerade bei medizinischen Meinungsstreitigkeiten 145
das effektivste Angriffsmittel des Klägers gegen für ihn ungünstige Gutachten. In keiner anderen Verfahrensart hat der Prozessbevollmächtigte die Möglichkeit, einen von ihm ausgesuchten Spezialisten als gleichwertigen Gutachter in ein Verfahren einzuführen.

Die Antragsmöglichkeit nach § 109 SGG dient der Herstellung der Waffengleichheit 146
zwischen den Beteiligten[82] und dem Rechtsfrieden[83] und ist trotz eines neuerlichen Vorstoßes einzelner Befürworter seiner Abschaffung[84] aus guten Gründen beibehalten worden.[85]

In zivil- oder verwaltungsgerichtlichen Verfahren bleibt dem Anwalt nur die Mög- 147
lichkeit, mit Parteigutachten oder Anträgen auf Anhörung des Sachverständigen im Termin zu arbeiten. Wer in allen drei Verfahrensarten medizinrechtlich tätig ist, weiß, dass das vollständige „Ausspielen“ dieser Angriffsmittel gegen als unzutreffend empfundene Gutachten auch für das Gericht einen viel höheren Zeit- und Arbeitsaufwand erfordert, als die frühzeitige Klärung einer medizinischen Streitfrage durch einen vom Kläger ausgesuchten Arzt, auf dessen Urteil der Kläger mehr vertraut als auf die Beurteilung durch einen ihm nicht bekannten Sachverständigen. Die spätestens im Berufungsverfahren auf entsprechenden Antrag erforderliche Ladung des Sachverständigen zum Termin führt überdies zu einer Verärgerung qualifizierter Sachverständiger, die aus ihrer ärztlichen Tätigkeit herausgerissen werden und einen halben Tag ihrer Zeit opfern müssen, um die oft als unnütz empfundenen Fragen medizinisch teilgebildeter Juristen zu beantworten.

In Verkennung dieser Umstände scheint Teilen der Richterschaft das Antragsrecht 148
nach § 109 SGG lästig, weil nach ihrer Auffassung die hiernach eingeholten Gutachten „in der überwiegenden Zahl der Fälle nicht zu einem für den Kläger günstigeren Verfahrensausgang führten, aber oft zu weiteren Ermittlungen von Amts wegen zwängen, was nicht unerhebliche weitere Kosten verursache und die Rechtsstreite oft beträchtlich verlängere“.[86]

Wer als Anwalt dem Drängen seines Mandanten nachgibt und unkontrolliert und oh- 149
ne nähere Begründung irgendeinen Arzt, zB den Hausarzt, benennt, gibt den Befürwortern der Abschaffung des § 109 SGG ungewollt Argumentationshilfe.

82 *Stoll* NZA 1988, 272 (273).

83 *Gouder* SGb 1984, 89, 91 ff.

84 Vgl. BR-Drs. 684/06, Begründung zu Nr. 10, ebenso *Haseloff-Grupp* in den Materialien zur Anhörung von Sachverständigen am 11.2.2008 des Ausschusses für Arbeit und Soziales, Ausschussdrs. 16(11)910, S. 26; *Kolmetz* SGb 04, 83, 93; *Hintz* in BeckOK Einführung zu § 109 SGG.

85 Vgl. Materialien zur Anhörung von Sachverständigen am 11.2.2008 im Ausschuss für Arbeit und Soziales, Ausschussdrs. 16(11)910; *Schlegel* S. 33; *Brand* S. 35; *Deutscher Richterbund* S. 46; ebenso *Keller* in Meyer-Ladewig/Keller/Leitherer SGG § 109 Rn. 1.

86 Vgl. Stellungnahme des *Bundes Deutscher Sozialrichter* zu den Kernelementen des vom Bundesrat beim Deutschen Bundestag eingebrachten Entwurfes eines Gesetzes zur Änderung des Sozialgerichtsgesetzes (BT-Drs. 16/3660), http://www.bunddeutschersozialrichter.de/docus/st_bds_SGG_01_07.pdf; *Haseloff-Grupp* aaO.

150 Es ist zu befürchten, dass das Instrumentarium der Präklusion dazu eingesetzt werden könnte, das von Teilen der Richterschaft ungeliebte Antragsrecht nach § 109 SGG, das zu allem Überfluss auch noch die richterliche Erledigungsstatistik ungünstig beeinflusst, durch routinemäßige Fristsetzung zur Stellung eines Antrages nach § 109 SGG mit Hinweis auf die Ausschlussmöglichkeit zu beschneiden.

151 Der Antrag nach § 109 SGG sollte vom verantwortungsbewussten Anwalt nur gezielt in den Fällen gestellt werden, in denen **Zweifel an der Richtigkeit der bisherigen medizinischen Feststellungen vom Kläger nachvollziehbar dargestellt** werden können. Er sollte nicht pauschal und zu früh gestellt werden, weil ansonsten die Einholung eines weiteren Gutachtens im Raum steht. Der Antrag nach § 109 SGG sollte, obwohl gesetzlich nicht vorgeschrieben, inhaltlich begründet werden, schon um dem „Arzt des Vertrauens“, der ein Spezialist des in Betracht kommenden Fachgebietes sein sollte, den Hinweis zu geben, worauf er nach Auffassung des Rechtsuchenden bei seiner Begutachtung besonders achten sollte.

In Ausnahmefällen können auch mehrere Ärzte nach § 109 SGG benannt werden. Ein besonderer Grund für die Anhörung mehrerer Ärzte nach § 109 SGG kann darin liegen, dass es sich um verschiedene **Spezialisten** handelt, wobei jeder für sein Sachgebiet Stellung nehmen muss.[87]

152 Das Antragsrecht nach § 109 SGG ist nicht verbraucht, wenn der Sachverständige die Gutachtenerstellung ablehnt, den Gutachtenauftrag aus sonstigen Gründen zurück gibt, wegen Besorgnis der Befangenheit erfolgreich abgelehnt wird oder das Gutachten aus formellen Gründen nicht verwertbar ist.[88] Auch dann, wenn ein Antrag in erster Instanz wegen Verspätung abgelehnt worden ist, kann er in zweiter Instanz neu gestellt werden[89], sofern keine Frist nach § 106 a SGG gesetzt worden ist (vgl. vorstehend § 11 Rn. 139).

153 Verstößt ein Gericht durch Nichteinholung eines Gutachtens gegen § 109 SGG, ist dies ein wesentlicher Verfahrensmangel, der allerdings wegen § 160 Abs. 2 Nr. 3 2. Hs. SGG nicht zu einer Revisionszulassung führt!

154 Für eine wirksame Zurückweisung eines Beweisantrages nach § 109 SGG ist es erforderlich, dass die betroffene Partei hinreichend Gelegenheit hatte, sich in allen für sie wichtigen Fragen zur Sache zu äußern und die Frist zur Stellung des Antrages nach § 109 SGG **schuldhaft** ungenutzt verstreichen ließ.[90]

155 Eine Zurückweisung wegen Verspätung ist in den Fällen, in denen zwischen dem Gericht und dem Prozessbevollmächtigten begründete **Meinungsverschiedenheiten über die Notwendigkeit weiterer Aufklärung nach § 103 SGG** bestehen nicht möglich.

156 Die Präklusionsvorschriften dürfen wegen der einschneidenden Folgen, die sie für die säumige Partei haben, nur in engen Ausnahmefällen angewandt werden.[91] Die Fachgerichte sind daher bei ihrer Anwendung und Auslegung einer strengeren verfas-

87 Vgl. Keller in: Meyer-Ladewig/Keller/Leitherer SGG § 109 Rn. 10 b.
88 Vgl. BSG 17.4.1974 – 2 RU 33/74; Keller in Meyer-Ladewig/Keller/Leitherer SGG § 109 Rn. 10 b.
89 BSG 14.5.1991 – 5 RJ 32/90, SozR 3-1500 § 109 Nr. 1.
90 Vgl. Gesetzesbegründung zur SGG Novelle in der BT-Drs. 820/07, Anm. 19 zu § 106 a SGG.
91 BVerfGE 69, 126, 136; 69, 145, 149; st. Rspr.

sungsrechtlichen Kontrolle unterworfen als üblicherweise bei der Anwendung einfachen Rechts. Wie das Bundesverfassungsgericht bereits mehrfach entschieden hat, ist eine Präklusion insbesondere dann nicht mit dem Anspruch auf Gewährung rechtlichen Gehörs zu vereinbaren, wenn eine unzulängliche Verfahrensleitung oder eine Verletzung der gerichtlichen Fürsorgepflicht anzunehmen ist.[92]

Hier stellt sich die Frage: Muss die Verfahrensleitung objektiv unzulänglich sein oder reicht es aus, wenn sie aus der Sicht des Klägers oder seines Prozessbevollmächtigten unzureichend ist? Da nach der Gesetzesbegründung ein Verschulden Voraussetzung für die Zurückweisung ist, darf die Zurückweisung nicht erfolgen, wenn aus der Sichtweise des Klägers nachvollziehbar dargestellt wird, aus welchen Gründen er von der Stellung eines Antrages nach § 109 SGG zum vom Gericht gesetzten Zeitpunkt wegen noch nicht ausreichender gerichtlicher Sachverhaltsaufklärung absieht. 157

Wenn der Anwalt den vom Gericht oder der Verwaltung eingeholten Gutachten nicht folgen will und die Gründe hierfür nachvollziehbar darlegen kann, sollte er **zunächst weitere Ermittlungen vom Amts wegen „beantragen"**. Selbst wenn das erstinstanzliche Gericht hierzu eine andere Auffassung vertritt und die Klage ohne weitere Beweisaufnahme abweist, führt dies wegen der verfassungsrechtlich gebotenen restriktiven Auslegung der Präklusionsvorschriften im Sozialrecht nicht dazu, dass das Antragsrecht nach § 109 SGG für die Berufungsinstanz ausgeschlossen ist. 158

Die Gefahr, dass das **Beweismittel in der zweiten Instanz verspätet** ist, besteht bei sorgfältiger Begründung der vom Prozessbevollmächtigten gerügten Aufklärungsmängel nicht: Ein Antrag nach § 109 SGG kann dann auch noch in der zweiten Instanz gestellt werden, zB wenn das Landessozialgericht nach der Berufungsbegründung den Hinweis erteilt, dass es trotz der Rügen der Berufung nicht gewillt sei, weiterhin von Amts wegen nach § 106 SGG aufzuklären. 159

3. Die Auswahl eines geeigneten Gutachters nach § 109 SGG

a) Keine behandelnden Ärzte benennen

Als anwaltlicher Kunstfehler ist es in aller Regel anzusehen, wenn auf entsprechenden Hinweis des Gerichtes ohne weitere Begründung der behandelnde Arzt des Klägers, der oft bereits einen Befundbericht erstellt hat, nach § 109 SGG benannt wird. Behandelnde Ärzte stehen immer unter dem **Rechtfertigungsdruck** hinsichtlich der von ihnen beim Patienten durchgeführten Therapie. Gerade im Fachbereich Neurologie/Psychiatrie scheiden behandelnde Ärzte als Gutachter aus, da die therapeutischen Ansätze häufig eine kritische Auseinandersetzung mit dem Leistungsvermögen des Patienten verbieten. Leider neigen manche Mediziner dazu, „auf Bestellung" Ihrer Patienten das zu schreiben, was von ihnen gewünscht wird, um eine Beeinträchtigung des Arzt-Patienten-Verhältnisses zu vermeiden. 160

92 BVerfGE 81, 264, 273 mwN.

b) Gutachterverzeichnisse

161 Der nach § 109 SGG benannte Gutachter sollte zumindest die gleiche medizinische Qualifikation besitzen wie der Arzt, dessen Gutachten er widerlegen soll, besser noch ausgewiesener Spezialist seines Fachgebietes sein.[93]

162 Die Schwierigkeiten, einen geeigneten Sachverständigen zu finden, sind heute durch Recherchemöglichkeiten im Internet bei weitem geringer als früher: Zum einen ist auf Gutachterverzeichnisse zu verweisen (auch die Gerichte stellen Ihre Gutachterverzeichnisse ins Internet).[94] Zum anderen finden sich bei bestimmten Erkrankungen über die Internetseiten der jeweiligen Patientenorganisationen Hinweise über Spezialisierungen und Erfahrungen mit Gutachtern. Viele Ärzte selbst verfügen über Internetseiten, auf denen sich weitere Hinweise über Spezialisierungen sowie etwaige Gutachtertätigkeiten finden. Dabei ist aber zu berücksichtigen, dass die Aufnahme in derartige Verzeichnisse in aller Regel aufgrund der **Eigenangaben** der Mediziner erfolgt und die Angaben teilweise überholt sein können.

163 Allerdings sollte bei der Auswahl des Gutachters nicht ausschließlich auf fachliche Qualifikation des Arztes in seinem jeweiligen Fachgebiet geachtet werden. Für ein sozial- oder versicherungsmedizinisches Gutachten sind nicht nur Fragen der Diagnose und Therapie bestimmter Erkrankungen ausschlaggebend, sondern auch die Fähigkeiten, eine sozialmedizinische Beurteilung nachvollziehbar und überzeugend schriftlich darzustellen.

c) Klärung, ob der Sachverständige zur Gutachtenerstellung bereit ist

164 Vor Antragsstellung sollte geklärt werden, ob der Sachverständige bereit ist, den Auftrag auszuführen. Manchmal ergibt sich dabei ein Hinweis darauf, dass der entsprechende Arzt nicht in der Lage ist, zeitnah Gutachten zu erstellen, weil er überlastet ist, nicht über das entsprechende Personal oder die entsprechende Erfahrung verfügt, die Ausbildung, in der er gelernt hat, Gutachten zu schreiben, zu lange zurückliegt oder er es generell ablehnt, Gutachten zu erstellen. Ein **unwilliger Gutachter** hilft dem Klagebegehren regelmäßig nicht weiter. Es kann dann sinnvoller sein, nicht den entsprechenden Spezialisten, sondern einen seiner nachgeordneten Mitarbeiter zu benennen. Oft wird das Gutachten dann ohnehin auf dem Briefbogen der entsprechenden Klinik oder des Universitätsinstitutes ausgefertigt, auf dem der Name des renommierten Spezialisten aufgeführt ist.

4. Begründung des Antrages nach § 109 SGG

165 Mit dem Beweisantrag nach § 109 SGG sollte dessen Notwendigkeit in einem Schriftsatz zur Gerichtsakte sorgfältig begründet werden. Diese Begründung zeigt dem nach § 109 SGG ernannten Arzt die Punkte auf, unter denen er die bisherige Begutachtungen nach der Auffassung des Auftraggebers kritisch untersuchen soll. Die Begründung des Beweisantrages versetzt ihn in die Lage, die Erwartungshaltung des Auftraggebers des Gutachtens zu erkennen und informiert ihn darüber, mit welchen Problemen er sich nach dessen Auffassung intensiv beschäftigen soll.

---

93 So auch *Kahlert* ASR 3/2016, S. 100.
94 www.stiftung-gesundheit.de; www.sozialgerichtsbarkeit.de; www.anhaltspunkte.de.

5. Kostenvorschusspflicht

Das Gericht macht die Beauftragung des Sachverständigen von der vorherigen Einzahlung eines Kostenvorschusses in Höhe der zu erwartenden Kosten des Gutachtens abhängig. Es ist sinnvoll, mit dem Sachverständigen abzuklären, welche Kosten zu erwarten sind, und dem Gericht das Ergebnis mitzuteilen. So kann der Tendenz mancher Richter entgegengewirkt werden, die Vorschüsse unnötig hoch anzusetzen. 166

Mit dem Mandanten ist dessen **Zahlungsfähigkeit** abzuklären, da die Gerichte meistens zur Einzahlung binnen Monatsfrist auffordern. Eine Kostenübernahme im Wege der Prozesskostenhilfe ist gesetzlich nicht vorgesehen. Muss der Betrag vom Mandanten erst noch angespart werden, kann bei Gericht ein entsprechender **Zahlungsaufschub** beantragt werden. Sollten die Kosten des Gutachtens den angeforderten Vorschuss übersteigen, haftet der Kläger auch für den übersteigenden Betrag. 167

Rechtsschutzversicherungen sind für die Kosten des Gutachtens nach § 109 SGG eintrittspflichtig. Ein Antrag auf entsprechende Kostenübernahme kann schon mit der Deckungsanfrage bei Einreichung der Klageschrift gestellt werden (siehe Formulierungsvorschlag für eine Deckungsanfrage im Sozialrecht Anhang A. III. Nr. 4). 168

6. Prozessuale Einzelheiten

Wenn der Prozessbevollmächtigte zu der Auffassung gelangt, dass auch das Landessozialgericht den Sachverhalt nicht in dem von ihm für notwendig erachteten Umfang aufklären will und noch medizinische Zweifelsfragen offen sind, bleibt nur noch der Weg in die **Revisionsinstanz.** 169

Dieser Schritt muss sorgfältig vorbereitet werden. Bei sozialmedizinischen Streitigkeiten verbleibt für eine Nichtzulassungsbeschwerde normalerweise nur die Rüge eines Verfahrensfehlers bzw. der nicht ordnungsgemäßen Sachverhaltsaufklärung (vgl. § 2 Rn. 53 ff.). 170

Nach der Rechtsprechung des Bundessozialgerichtes muss das Gericht dem **Antrag auf mündliche Anhörung** des Sachverständigen folgen, wenn der Antrag rechtzeitig gestellt wurde und der Kläger sachdienliche Fragen schriftlich angekündigt hat.[95] Sachdienliche Fragen iSv § 116 Satz 2 SGG liegen dann vor, wenn sie sich im Rahmen des Beweisthemas halten und nicht abwegig oder bereits eindeutig beantwortet sind.[96] Hierbei müssen keine Fragen formuliert werden; es reicht vielmehr aus, die erläuterungsbedürftigen Punkte hinreichend konkret zu bezeichnen.[97] Unabhängig davon, ob das Gericht ein Gutachten für erläuterungsbedürftig hält, soll das Fragerecht dem Antragsteller erlauben, im Rahmen des Beweisthemas aus seiner Sicht unverständliche, unvollständige oder auch widersprüchliche Ausführungen eines Sachverständigen zu hinterfragen, um auf das Verfahren Einfluss zu nehmen und die Grundlagen der gerichtlichen Entscheidung verstehen zu können.[98] 171

95 BSG 12.4.2005 – B 2 U 222/04 B, juris Rn. 6.
96 Vgl. BSG 27.11.2007 – B 5a/5 R 60/07 B = SozR 4-1500 § 116 Nr. 1 Rn. 10.
97 Vgl. BSG 12.4.2000 – B 9 VS 2/99 R = SozR 3-1750 § 411 Nr. 1 Rn. 10.
98 BSG 7.8.2014 – B 13 R 439/13 B, juris Rn. 12.

Das Gericht kann diesen Antrag ablehnen, wenn er verspätet gestellt wird. Er sollte schriftsätzlich angekündigt werden und ist spätestens in der der Gutachtenerstellung folgenden mündlichen Verhandlung zu stellen Das Übergehen eines Antrags auf ergänzende Anhörung des Sachverständigen ist nach der Rechtsprechung des BSG ein Verstoß gegen den Grundsatz rechtlichen Gehörs und führt zur Aufhebung des Urteils und Zurückverweisung.[99]

172 Der Antrag auf Anhörung eines Sachverständigen ist nach der Rechtsprechung des BSG in zweiter Instanz nur zulässig, wenn er bereits in erster Instanz gestellt worden ist. Dabei reicht eine schriftliche Antragstellung in der ersten Instanz aus. Das Berufungsgericht kann den Antrag zurückweisen, wenn er zu einem vom Sozialgericht eingeholten Gutachten nicht schon in erster Instanz gestellt worden ist.[100] Ein Verfahrensfehler, der mit der Nichtzulassungsbeschwerde gerügt werden kann, liegt jedoch nur dann vor, wenn der Antrag **in der Berufungsinstanz erneut übergangen** wird und er in der mündlichen Verhandlung vor dem Landessozialgericht zu Protokoll wiederholt worden ist.[101] Auch wenn die Auffassung vertreten wird, dass bei anwaltlicher Vertretung ein erstinstanzlich nicht gestellter Antrag auf Anhörung des Sachverständigen in zweiter Instanz nicht mehr nachgeholt werden kann,[102] ist darauf hinzuweisen, dass eine derartige Anhörung von Amts wegen vorgenommen werden kann, wenn mit der Berufungsbegründung begründete Zweifel aufgezeigt werden, ob der entscheidungserhebliche medizinische Sachverhalt durch das erstinstanzlich eingeholte Gutachten vollständig aufgeklärt worden ist. In der Praxis ist es allerdings viel häufiger, dass das Landessozialgericht ein weiteres Gutachten eines neuen Sachverständigen einholt.

7. Prüfschema: Auswahlkriterien für einen Gutachter nach § 109 SGG

173 (1) Der Antrag nach § 109 SGG sollte begründet werden. Der Arzt des Vertrauens muss wissen, welche Zweifel an den bislang bestehenden Gutachten bestehen und in die "richtige" Richtung gelenkt werden.

(2) Vor Beantragung sollte mit dem Gutachter geklärt werden, ob er zur Übernahme des Gutachtenauftrages bereit ist. Dabei sollte er befragt werden, mit welchen Kosten zu rechnen ist. Die Bereitschaft des Sachverständigen zur Gutachtenübernahme sowie die Höhe der zu erwartenden Kosten sollten dem Gericht mitgeteilt werden.

(3) Als Gutachter des Vertrauens sollten keinesfalls behandelnde Ärzte ausgesucht werden.

(4) Der Gutachter nach § 109 SGG sollte mindestens über die gleiche Qualifikation verfügen wie die zuvor gehörten Gutachter oder zumindest ausgewiesener Spezialist seines Fachgebietes sein.

---

99 BSG 16.6.2016 – B 13 R 119/14 B, juris, Rn. 12.
100 BSG 25.10.2012 – B 9 SB 51/12 B mit Anmerkung *Francke* – jurisPR-MedizinR 6/2013.
101 Vgl. BSG 12.4.2005 – B2 U 222/04 B, NZS 2005, 670.
102 BSG 5.5.1998 – B 2 U 305/97 B, juris, Rn. 3.

(5) Der Mandant muss darauf hingewiesen werden, dass ein guter Diagnostiker mit hervorragendem Ruf nicht unbedingt ein kompetenter Gutachter in sozialmedizinischen Fragen sein muss!
(6) Der Antrag nach § 109 SGG sollte nicht zu früh gestellt werden. § 109 Abs. 2 SGG beachten. Gegebenenfalls muss begründet werden, weshalb der Antrag nicht in dieser Instanz gestellt wird.
(7) In sozialgerichtlichen Verfahren tritt keine Präklusionswirkung ein. Die neue Instanz eröffnet insofern eine neue Situation. In vielen Fällen erspart eine sorgfältige Berufungsbegründung den Mandanten/der Rechtsschutzversicherung die Kosten eines Gutachtens nach § 109 SGG, weil das Berufungsgericht den Sachverhalt – anders als die erste. Instanz – für aufklärungsbedürftig hält.

G. Berufung

Die Anforderungen an die Berufungsbegründung unterliegen nicht den strengen Anforderungen wie bei der Berufungsbegründung im Zivilrecht seit der ZPO-Reform im Juli 2001. Auch die **Begründungsfristen** des Zivilrechtes gelten nicht. Dennoch sollte man die Geduld des Senates (und auch des Mandanten) nicht unnötig beanspruchen. 174

In zweiter Instanz sind neue Angriffs- und Verteidigungsmittel möglich. Auch ein in erster Instanz nicht gestellter Antrag nach § 109 SGG kann in der Berufungsinstanz grundsätzlich noch erfolgen (vgl. vorstehend § 11 Rn. 139 ff. und Rn. 155 ff.). 175

Bei Anträgen nach § 109 SGG ist darauf zu achten, dass vom Senat gesetzte Fristen nicht überschritten werden. Sollte eine Fristverlängerung erforderlich werden, weil zB noch Rücksprache mit dem Hausarzt oder einem Beratungsarzt gehalten werden muss, kann ein begründeter Verlängerungsantrag gestellt werden. Anträge, die nach Fristablauf oder gar erst in der mündlichen Verhandlung gestellt werden, können wegen Verspätung zurückgewiesen werden. 176

Nicht allgemeingültig geklärt ist der „schulmäßige" **Aufbau** einer Berufungsbegründung. Es hat sich in der anwaltlichen Praxis bewährt, die Berufungsbegründung mit einer knappen Sachverhaltsdarstellung zu beginnen und erst im Anschluss daran Rechtsausführungen zu machen. Dem wird entgegengehalten, dass sich der Sachverhalt bereits aus dem Tatbestand aus dem erstinstanzlichen Urteil und den Akten ergibt. Die Darstellung der tatsächlichen Probleme aus der Sicht des Berufungsklägers trägt jedoch zur besseren Verständlichkeit der Berufungsbegründung bei und macht sie somit überzeugender. Bei einer guten Sachverhaltsdarstellung weiß der Berufungsrichter schon nach dessen Lektüre, in welche Richtung die Angriffsmittel gegen das erstinstanzliche Urteil gehen. Diese sind dann im zweiten Teil der Berufungsbegründung vorzutragen. Nach der Darlegung der formellen Mängel des Gutachtens, inhaltlicher Unrichtigkeiten oder fehlerhafter sozialmedizinischer Beurteilung erfolgt der anwaltliche Hinweis darauf, dass die erstinstanzliche Sachverhaltsaufklärung nicht vollständig ist und vom Senat nachgeholt werden muss. 177

In vielen Fällen, in denen in erster Instanz kein vorschneller Antrag nach § 109 SGG gestellt worden ist, führt eine gute Berufungsbegründung bereits dazu, dass die erforderliche weitere Sachaufklärung von Amts wegen durch das Berufungsgericht erfolgt. 178

Wenn dann noch Zweifel an der Richtigkeit an der sozialmedizinischen Beurteilung bestehen, kann als „letzte Waffe“ der Antrag nach § 109 SGG immer noch gezielt eingesetzt werden. Gerade in diesem Falle ist es aber wichtig, einen geeigneten Sachverständigen in Bezug auf das jeweilige Fachgebiet und seine spezielle Qualifikation zur Beantwortung der jeweiligen medizinischen Frage auszusuchen.

179 Nach anwaltlicher Erfahrung sind Landessozialgerichte eher bereit, höher qualifizierte Gutachter (ohne Pauschalvertrag, insbesondere auch solche aus Universitätskliniken) zu benennen als erstinstanzliche Richter, die unter dem Druck der Kostenstatistik stehen.

180 Sollte (wider Erwarten) auch das Landessozialgericht nicht vollständig aufklären wollen, besteht neben dem Antrag nach § 109 SGG die Möglichkeit, die mündliche Anhörung des Sachverständigen zu beantragen. Sollte der Senat diesem Antrag nicht nachgehen und vom Kläger beabsichtigt sein, notfalls Nichtzulassungsbeschwerde einzulegen, muss der **Antrag auf Anhörung des Sachverständigen im Termin zu Protokoll** erklärt werden (vgl. vorstehend § 11 Rn. 172).

H. Weiterführende Literaturhinweise

Berchtold/Richter (Hrsg.), Prozesse in Sozialsachen, 2. Aufl. 2016; *Bieresborn* (Hrsg.), Einführung in die medizinische Sachverständigentätigkeit vor Sozialgerichten, 2015; *Erlenkämper*, Arzt und Sozialrecht, 2003; *Herold-Tews*, Der Sozialgerichtsprozess, 6. Aufl. 2012; *Kahlert*, Psychiatrische Sachverständigengutachten im Erwerbsminderungsrecht – Einflussmöglichkeiten und Handlungsanleitung für Rechtsanwälte, ASR - Anwalt / Anwältin im Sozialrecht 3/2016, S. 90 ff.; *Lüdtke/Berchtold* (Hrsg.), Sozialgerichtsgesetz Handkommentar, 5. Aufl. 2017; *Meyer-Ladewig/Keller/Leitherer*, Sozialgerichtsgesetz (SGG), Kommentar, 11. Aufl. 2014; *Plagemann* (Hrsg.), Münchener Anwaltshandbuch Sozialrecht, 4. Aufl. 2013.

§ 12 Orthopädische Erkrankungen und Funktionsstörungen

A. Einführung

Der orthopädische Begutachter beurteilt die **Funktionsstörungen** im Bereich der Wirbelsäule sowie der oberen und unteren Extremitäten. Dabei werden die Erkrankungen im Bereich der Gelenke, der Muskulatur, der Sehnen und der Kapsel-/Bandstrukturen begutachtet. 1

I. Spezialisierung im eigenen Fachbereich

In der Regel ist weitere Spezialisierung innerhalb des eigenen Fachbereichs nicht notwendig. Der Gutachter sollte vielmehr das gesamte Fachgebiet aus eigener beruflicher Erfahrung beurteilen können. Eine zu starke Spezialisierung führt häufig zu einer begrenzten Beurteilungsfähigkeit auf das eigene Spezialwissen. Dem Gutachter sollten die sozialmedizinischen Begriffe vertraut sein. Die unterschiedlichen Voraussetzungen bei der Beurteilung, zB im Schwerbehindertenrecht, in der gesetzlichen und privaten Rentenversicherung bzw. Berufsunfähigkeitsversicherung, in der gesetzlichen und privaten Unfallversicherung und im Schadensrecht, sollten ihm bekannt sein. In speziellen Fällen, zB nach mehrfachen Operationen im Bereich der Wirbelsäule oder bei speziellen rheumatologischen Fragestellungen, sollten jedoch Spezialisten beauftragt werden, die sich mit dieser Materie nahezu ausschließlich beschäftigen. In diesen Fällen ist die Spezialisierung für die Beurteilung aufgrund der Erfahrung notwendig. 2

Allerdings sollte auch bei diesen Spezialgebieten der Mediziner die notwendige **gutachterliche Erfahrung** aufweisen. Die Verwertbarkeit eines Gutachtens ist in Frage gestellt, wenn ein Spezialist nur seine medizinischen Erfahrungen vermittelt, ohne auf die eigentlich entscheidenden sozialmedizinischen Fragestellungen einzugehen. 3

II. Zusatzgutachten

Werden jedoch im Rahmen der orthopädischen Begutachtung Erkrankungen bzw. Funktionsstörungen anderer Fachgebiete festgestellt, so sollten Zusatzgutachten in Auftrag gegeben werden. Auch in manchen anderen Fällen sind zur besseren Abklärung Zusatzgutachten notwendig. Zum Beispiel bei der Fragestellung einer Wurzelreizsymptomatik bei einem Bandscheibenvorfall mit sensiblen oder motorischen Ausfällen sollte ein zusätzliches **neurologisches Gutachten** eingeholt werden. Wie schon erwähnt, sind bei speziellen rheumatologischen Erkrankungen entsprechende rheumatologische Zusatzbegutachtungen sinnvoll. Insbesondere bei chronischen Erkrankungen kommt es im Verlaufe der Erkrankung oft zu einer anhaltenden somatoformen Schmerzstörung. Hierbei handelt es sich um Schmerzzustände, die nicht eindeutig auf eine körperliche Schädigung zurückzuführen sind. Der anfängliche Schmerz an einem bestimmten Punkt durch Verletzung kann ebenso chronifizieren wie ein weitergeleiteter Schmerz bei einer Wurzelreizung bzw. -schädigung. Der erste Schmerz wird nozizeptiver Schmerz, der zweite enthesiopatischer Schmerz genannt. Bei der Chronifizierung kommt es häufig zu einer psychischen Mitbeteiligung. Im ICD 10 (Internationale Klassifizierung von Krankheiten, siehe hierzu § 9 Rn. 11) wer- 4 den diese Veränderungen unter dem Kapitel F 45 aufgelistet. Hierzu zählt auch die Fibromyalgie. Bei diesen chronischen Erkrankungen, die mindestens sechs Monate bestehen müssen, kommt es zu körperlichen und psychischen Veränderungen. In diesen Fällen sollten **psychosomatische (Zusatz-)Begutachtungen** erfolgen. Eine orthopädische und/oder neurologische Begutachtung ist bei der anhaltenden somatoformen Schmerzstörung nicht ausreichend. Die Begutachtung wäre auch als fachfremd anzusehen. Die Domäne der Begutachtung der somatoformen Schmerzstörung ist die Psychosomatik. Eine psychiatrische Begutachtung ist bei diesen Funktionsstörungen nicht indiziert. Sie ist angezeigt bei Psychosen in ihrer gesamten Vielfalt, dh wenn eine primäre Erkrankung der Psyche als Diagnose vorliegt.

B. Funktionsstörungen im Einzelnen

5 Im Folgenden werden einige wichtige Funktionsstörungen auf orthopädischem Fachgebiet erläutert.

I. Wirbelsäule

6 Auf orthopädischem Gebiet sind Erkrankungen der Wirbelsäule die häufigste Ursache für eine Erwerbsminderung.

1. Untersuchungsmethoden

7 Die Wirbelsäule wird in **drei Segmente** aufgeteilt, ist jedoch als funktionelle Einheit anzusehen. Übergänge zwischen Halswirbelsäule (HWS) und Brustwirbelsäule (BWS) sowie Brustwirbelsäule und Lendenwirbelsäule (LWS) sind fließend. Auch die tiefe Rückenmuskulatur setzt im Bereich aller drei Abschnitte übergreifend an. Jede Bewegung der Wirbelsäule führt zu einer Mitbeteiligung aller Abschnitte.

8 Bei der **Beugung/Streckung** (Flexion/Extension) sind insbesondere die HWS und LWS beteiligt. Durch den Brustkorb ist diese Bewegung im Bereich der BWS deutlich geringer ausgeprägt. Die seitliche Bewegung wird nahezu in allen Abschnitten gleichmäßig durchgeführt. Die **Rotation** erfolgt hauptsächlich im Bereich der HWS und im Bereich der BWS. Insbesondere die Rumpfdrehung wird durch die BWS durchgeführt und nicht durch die LWS. Verantwortlich hierfür sind insbesondere die kleinen Wirbelgelenke. Durch die Anlage der kleinen Wirbelgelenke ist eine Rotationsbewegung im Bereich der BWS möglich, während im Bereich der LWS die Bewegung nach vorne und hinten möglich ist.

9 Für die Untersuchung sind immer noch die Anamnese und der Untersuchungsbefund die entscheidenden Kriterien. Insbesondere im Bereich der Wirbelsäule ist die radikuläre Ausstrahlung (Wurzelreizsymtomatik), dh die mechanische Einwirkung auf die im **Spinalkanal** (Rückenmarkskanal) verlaufenden Nerven aufgrund von Bandscheibenveränderungen wichtig. Die reinen Bewegungsausmaße sind für die Beurteilung von Schmerzzuständen der Wirbelsäule im Gegensatz zu den Gelenken dagegen nicht so entscheidend. Das Ott'sche Maß, dh die Aufdehnung im Bereich der BWS beim Rück- und Vorwärtsneigen (28/30/32), sowie das Schober'sche Zeichen, dh das Aufdehnen im Bereich der LWS beim Rückwärts- und Vorwärtsneigen (9/10/12), stellen

die speziellen unverzichtbaren Untersuchungen dar. Bei sehr mobilen Personen sind beim Vorbeugen 5 cm sowohl im Bereich der BWS als auch im Bereich der LWS möglich: je mobiler die Person desto freier die Aufdehnung. Je stärker degenerative oder entzündliche Veränderungen bestehen, desto geringer sind die Dehneffekte. Beim **Morbus Bechterew** kommt es teilweise zu einer kompletten Einsteifung der Wirbelsäule, dann ist weder ein Vorbeugen noch ein Rückneigen möglich. Für die Begutachtung sind somit insbesondere die Einschränkungen der Bewegungsfunktion von Bedeutung.

Bei der Inspektion der Wirbelsäule ist zunächst darauf zu achten, ob eine Fehlhaltung mit Seitausbiegung bzw. mit Rotation vorliegt. Außerdem sind funktionelle Untersuchungen zur Diagnose von Blockierungen im Bereich der Wirbelsäule und der **Iliosakralgelenke** (Gelenkverbindung zwischen Wirbelsäule und Becken) wichtig. Zur Beurteilung von **Lähmungserscheinungen** durch radikuläre Ausstrahlung bei Bandscheibenveränderungen sind die Muskelatrophie sowie insbesondere im Bereich der unteren Extremitäten das Fußnachziehen von großer Bedeutung. Ebenfalls sollten die Eigenreflexe überprüft werden. Diese sind nur bei Schädigungen spezieller Nervenwurzeln mitbeteiligt und können somit die Höhe eines Bandscheibenvorfalles aufzeigen (Patellasehnenreflex (PSR) in Höhe L 3 und L 4, Achillessehnenreflex (ASR) in Höhe S 1). 10

Wichtig für die klinische Untersuchung einer Wurzelreizdiagnostik sind das **Lasègue'sche Zeichen**, das Pseudolasègue'sche Zeichen sowie das Bragard'sche Zeichen. Das Lasègue'sche Zeichen bezeichnet eine Schmerzzunahme beim gestreckten Anheben des Beines von der liegenden Oberfläche. Die Schmerzausstrahlung erfolgt von der LWS über die Rückseite des Oberschenkels bis zur Wade. Das Lasègue'sche Zeichen ist positiv bei einer Läsion von L 4, L 5 und S 1. Das **Bragad'sche Zeichen** wird genauso ausgeführt wie das Lasègue'sche Zeichen. Zusätzlich wird durch eine Dorsalflexion (passive Bewegung des Fußes im Sprunggelenk zum Schienbein) des Fußes die Schmerzausstrahlung verstärkt. Das sogenannte **Pseudolasègue'sche Zeichen** stellt einen Muskeldehnungsschmerz im Bereich des Oberschenkels dar. Dieses Zeichen bedeutet keine Wurzelschädigung, sondern einen Schmerz im Bereich der verkürzten ischiocruralen Muskulatur (Muskulatur im Bereich der Rückseite des Oberschenkels und des Gesäßes). Mit dem Langsitz, d.h. mit Aufrichten des Oberkörpers zum Sitzen bei gestreckten Beinen, kann das Lasègue'sche Zeichen überprüft werden. Der Langsitz ist nicht möglich, wenn eine Wurzelreizläsion besteht und das Lasègue'sche Zeichen aufgrund der Wurzelreizungen positiv ist. Das umgekehrte Lasègue'sche Zeichen wird in Bauchlage überprüft. Das gestreckte Bein wird überdehnt durch eine passive Bewegung des Oberschenkels im Hüftgelenk zur Rückseite des Beines und anschließend im Kniegelenk gebeugt. Schmerzen treten an der Vorderseite des Oberschenkels bei einer L 3 oder L 4 Symptomatik auf. 11

Zur weiteren Diagnostik sind zudem **Röntgenaufnahmen** notwendig. Sie zeigen alle knöchernen Veränderungen im Bereich der Wirbelsäule an. Die Aufnahmen erfolgen entweder in zwei Ebenen oder zusätzlich mittels der Schrägaufnahmen zur Darstellung der kleinen Wirbelgelenke. Auch können Funktionsaufnahmen mit Vorbeugung und Rückneigung des Rumpfes zum Ausschluss oder zum Beweis eines Wirbelgleitens 12 durchgeführt werden. Weitere Untersuchungen stellen die **Computertomographie (CT)** und die Kernspintomographie (MRT) dar. Mit der CT-Untersuchung, die eine Röntgen-Untersuchung darstellt, sind Bandscheibenveränderungen sichtbar zu machen. Aufgrund der Tatsache, dass es sich um eine Röntgenuntersuchung handelt, sind jedoch die knöchernen Strukturen deutlich besser zu beurteilen. Hierzu zählen insbesondere die kleinen Wirbelgelenke, die bei einer Verschleißreaktion degenerative Veränderungen aufzeigen und der knöcherne Spinalkanal. Die **MRT-Untersuchung** zeigt hingegen die Bandscheibenstrukturen deutlich besser auf als die CT-Untersuchung. Allerdings sind die knöchernen Strukturen mit der MRT-Untersuchung in der Regel nicht so deutlich darzustellen. Bei Bandscheibenvorwölbungen und Bandscheibenvorfällen sind die MRT-Aufnahmen zu empfehlen, weil darauf diese Strukturen gut darstellbar sind und eine Abgrenzung zur Nervenwurzel besteht. Bei knöchernen Veränderungen, zB Frakturen und degenerativen Veränderungen der Wirbelgelenke (Spondylarthrose) sowie bei knöchernen Einengungen des Wurzelkanals (Spinalkanalstenose) sind die CT-Untersuchungen besser geeignet. Sollte für die Begutachtung sowohl der Bandscheibenschaden als auch eine knöcherne Veränderung (zB Bandscheibenschädigung im Bereich der angrenzenden Segmente nach einem Wirbelkörperbruch) von Bedeutung sein, so sollten sowohl CT- als auch MRT-Untersuchungen veranlasst werden.

2. Bandscheibenveränderungen

13 Die Bandscheibe stellt ein bradytrophes Gewebe dar. Es ähnelt dem Knorpelgewebe und ist wie dieses nicht durchblutet. Daher kann es sich nicht regenerieren. Es kommt bei jeder Bandscheibe zu einer fortschreitenden **Degeneration.** Die Degeneration beginnt bereits frühzeitig in den 20-er Jahren. Bandscheibenvorfälle treten hauptsächlich zwischen dem 25. und 50. Lebensjahr auf. Durch die Degeneration des Anulus fibrosus (Äußerer Bandscheibenring) kann der Nucleus pulposus (Bandscheibenkern) nach dorsal (zum Spinalkanal gerichtet) hervortreten und dann Kontakt zur äußeren Nervenwurzel bekommen. Durch den Druck auf die Nervenwurzel können Schmerzen und/oder Parästhesien (Missempfindungen und Sensibilitätsstörungen) und/oder Paresen (Lähmungen) im Bereich der Ausdehnung der entsprechenden Nervenwurzel auftreten. Jede Nervenwurzel zeigt ein spezielles Muster der Ausstrahlung.

14 Durch degenerative Bandscheibenveränderungen (Dehydratation mit Höhenminderung und/oder Bandscheibenvorfall) kommt es im weiteren Verlauf zur Degeneration im Bereich der Wirbelkörper. Die Höhenminderung der Bandscheibe ohne knöcherne Veränderung der Wirbelkörper wird Chondrosis intervertebralis genannt. Die Höhenminderung der Bandscheibe mit knöcherner Beteiligung im Sinne von Randzacken im Bereich der Wirbelkörper wird Osteochondrosis intervertebralis genannt. Die Randzackenbildung (Spondylophyten) selbst wird als **Spondylosis** benannt. Die Degeneration im Bereich der kleinen Wirbelgelenke wird Spondylarthrose oder im Bereich der HWS Unkarthrose genannt. Bei deutlichen degenerativen Veränderungen im Bereich der kleinen Wirbelgelenke kommt es zu einer knöchernen **Einengung des Spinalkanals.** Durch die Einengung des Spinalkanals kann ein direkter Druck auf die Nervenwurzeln erfolgen, so dass die klinischen Veränderungen den Veränderungen

bei einem Bandscheibenvorfall gleichen können. Durch die allmähliche Zunahme der Einengung sind jedoch in der Regel keine akuten und plötzlich auftretenden Beschwerden zu erwarten. Vielmehr treten die Veränderungen allmählich und schleichend auf. So können Sensibilitätsstörungen langsam zunehmen. Schmerzen treten ebenfalls langsam auf. Typisch ist ein Schmerzbild mit Ausstrahlung in die Beine nach einer **kurzen Gehstrecke**. Nach einer Pause von wenigen Minuten sind erneut kurze Gehstrecken möglich. Die Veränderung ähnelt der sogenannten Schaufensterkrankheit, bei der durch Durchblutungsstörungen bedingt ebenfalls nur kurze Gehstrecken möglich sind, die ebenfalls durch Pausen unterbrochen werden (Claudicatio intermittens bei der Durchblutungsstörung und Claudicatio spinalis bei der Spinalkanalstenose).

3. Skoliose

Bei jeder Skoliose besteht sowohl eine **Seitausbiegung** als auch eine Drehkomponente 15
(Rotation) im gesamten Bereich der Wirbelsäule. Die skoliotische Fehlhaltung stellt im Gegensatz dazu eine schmerzbedingte Seitausbiegung ohne Rotationskomponente dar. Sie tritt auf bei akuten Rückenbeschwerden, Hexenschuss, Ischiasreizung und Ileosakralgelenksblockierungen. Sie ist somit reversibel bei Rückgang der Schmerzsymptomatik. Die eigentliche Skoliose dagegen ist irreversibel. Auch nach einer konservativen oder operativen Therapie besteht weiterhin eine Skoliose.

Die Rotationskomponente ist nicht auf die Wirbelsäule begrenzt. Im Bereich der 16
BWS wird durch die Rotation der Thorax mit gedreht. Dies führt zu einer vermehrten und ungleichmäßigen Belastung der inneren Organe. Aufgrund dessen kann es insbesondere bei einer deutlichen Rotationsfehlhaltung im Bereich der BWS zu Veränderungen der pulmonalen (Lungen) und cardialen (Herz) Funktionen kommen.

Es bestehen neben der Skoliose Veränderungen, die mit einer verstärkten **Rundrü-** 17
ckenbildung im Bereich der BWS oder einer Hohlrückenbildung im Bereich der LWS verbunden sind. Neben der anlagebedingten Fehlform treten im Bereich des Wachstums insbesondere in Höhe der BWS Veränderungen beim **Morbus Scheuermann** auf. Die Ursache dieser Veränderung ist nicht bekannt. Es kommt im Bereich der noch nicht verknöcherten Strukturen zu Einbrüchen insbesondere im Bereich der Grund- und Deckplatten der Wirbelkörper. Die Veränderungen bestehen hauptsächlich im vorderen Anteil der Wirbelkörper. Daraus folgt eine leichte Keilform des Wirbelkörpers mit verstärkter Kyphose (Rundrückenbildung) der BWS. Auch im Erwachsenenalter können, zB durch Wirbelkörperfrakturen oder eine Osteoporose, **Keilwirbelbildungen** auftreten, die ebenfalls zu einer verstärkten Kyphose der BWS führen. Diese veränderte Statik führt ebenfalls zu einer vermehrten Beanspruchung der Wirbelkörper und zu einer frühzeitigen Verschleißreaktion.

4. Spondylolyse und Spondylolisthesis (Wirbelgleiten)

Beim Wirbelgleiten kommt es zu einem Ventralgleiten (nach vorne Gleiten) des jewei- 18
ligen oberen Wirbelkörpers zum darunter liegenden Wirbelkörper und in seltenen Fällen auch zu einem Dorsalgleiten (nach hinten Gleiten) des oberen auf den darunter liegenden Wirbel. Ursache sind angeborene Spaltbildungen im Bereich des Wirbelbo-

gens. Ebenso können degenerative Veränderungen im Bereich der Bandscheibe mit Höhenminderung der Bandscheibe zu einem Wirbelgleiten führen. Die Einteilung in **Schweregrade** erfolgt nach Meyerding. Es werden vier Stufen unterschieden:

19 Leichte Formen können ohne jegliche Beschwerden existieren. Ab einem Meyerding Grad II ist häufig mit einer Beschwerdesymptomatik zu rechnen. Es treten Schmerzen, teilweise auch ausstrahlend in die unteren Extremitäten, auf.

20 Für die sozialmedizinischen Einschätzungen sind insbesondere die **Wurzelreizerscheinungen** wichtig. Eine dauerhafte Wurzelreizerscheinung führt zu einer chronischen Schmerzsymptomatik. Die Belastbarkeit ist dann auch bei leichteren Belastungen dauerhaft eingeschränkt. Gleiches gilt auch für deutliche Veränderungen bei einer stärkergradigen Skoliose oder einer stärkergradigen Kyphose. Diese angeborenen oder erworbenen Veränderungen führen zu einer Mehrbelastung der gesamten Wirbelsäule insbesondere in den Scheitelpunkten. Stärkere körperliche Belastungen führen dann zu einem frühzeitigen Auftreten der Verschleißreaktion. Bei schweren körperlichen Tätigkeiten mit Heben und Tragen von Gewichten über 12 kg kommt es zu einer Belastung im Bereich der Wirbelsäule, insbesondere im Bereich der LWS. Aber auch längeres Sitzen führt durch die starke Belastung mit hohen Druckkräften auf die LWS zu einer Beschwerdesymptomatik. **Der Druck auf die unteren Bandscheiben ist im Sitzen doppelt so hoch im Vergleich zum Stehen und 10fach so hoch im Vergleich zum Liegen.** Daher sind ein ergonomisch angepasster Arbeitsplatz sowie Pausen mit Umhergehen und möglichst gymnastischen Übungen sinnvoll zur Vermeidung weiterer Schäden. Durch muskuläres Training können die Pausen allmählich verringert werden. Bei Akutbeschwerden sind teilweise Pausen alle 2 Stunden für ca. 10 Minuten sinnvoll. Stehende Tätigkeiten sind in der Regel ohne wesentliche Einschränkungen möglich. Daher ist ein **Stehpult** zur Entlastung am Arbeitsplatz ratsam. Leichte Tätigkeiten sind in der Regel mit vorübergehenden Pausen über einen Zeitraum von 6 Stunden und mehr zumutbar. Schwere körperliche Tätigkeiten sind im Akutstadium oder bei ausgeprägten chronischen Verläufen nur über einen Zeitraum von 3-6 und teilweise über einen Zeitraum von unter 3 Stunden zumutbar. Die Einschätzung sollte jedoch individuell erfolgen. Eine schematische Beurteilung ist nicht sinnvoll.

II. Obere Extremitäten

21 Für den Bereich der Gelenke sind die **Bewegungsausmaße** die entscheidenden Kriterien für die Einschätzung der Funktion. Bewegungseinschränkungen können sowohl aufgrund von Verschleißreaktionen im Bereich der knöchernen Strukturen als auch durch solche im Bereich der Muskulatur auftreten.

1. Schultergelenke

22 Ein Beispiel für Verschleißreaktionen im Bereich der Muskulatur und der Sehnen stellen die Schultergelenke dar. Die Hauptursache für eine Bewegungseinschränkung sind Degenerationen und Rissbildungen im Bereich der sogenannten **Rotatorenmanschette.** Die Funktion der Rotatorenmanschette ist vielfältig. Zum einen muss der Arm im Schultergelenk fixiert werden. Dies geschieht gegen die Erdanziehungskraft. Zum Zweiten werden im Bereich des Schultergelenkes Bewegungen durchgeführt, wie sie

in keinem anderen Gelenk möglich sind. Dies beansprucht die gesamte Rotatorenmanschette bei allen Bewegungen. Der Arm wird dabei nach vorne und zur Seite angehoben. Die Bewegungen werden dabei auch über Kopf durchgeführt. Ebenso erfolgen Drehbewegungen nach innen und außen. Durch diese enormen Bewegungsmöglichkeiten kommt es schon frühzeitig (Mitte der 20-er Jahre) zu einer Degeneration dieser Muskelgruppen.

Beim Anheben des Armes über die Schulterhöhe tritt der Oberarmkopf nach oben. 23
Damit wird die Rotatorenmanschette gegen das Schultereckgelenk gedrängt. Bei einer unveränderten gesunden Muskulatur ist gerade so viel Platz vorhanden, dass die Rotatorenmanschette unbeeinträchtigt entlang gleiten kann. Bei Auftreten von degenerativen Veränderungen kommt es jedoch zu einer Entzündung im Bereich der Muskulatur, die sich dadurch verdickt. Beim Anheben des Armes über die Schulterebene hinaus kommt es dann zu einem Andrücken der Muskulatur an das Eckgelenk (Engpass- oder Impingement-Syndrom). Gleichzeitig werden die Schleimbeutel, die unterhalb des Eckgelenkes und in der Muskulatur liegen, mit gereizt. Je stärker diese Reizung ist, desto mehr kommt es zu einer Bewegungseinschränkung. Im weiteren Verlauf kommt es zu einer Mitbeteiligung der Kapsel. Die Kapsel schrumpft und führt somit teilweise zu einer Aufhebung der Bewegungsfunktion im Bereich des Schultergelenkes. Teilweise kommt es zu einer entzündlichen Reaktion im Bereich der Kapsel im Sinne einer Kapsulitis. Neben dem verschleißbedingtem Impingementsyndrom können auch eine anlagebedingte ungünstige Formgebung des Schulterdaches ein Impingementsyndrom verursachen.

Eine reine Verschleißreaktion im Bereich des Schultergelenkes selbst ist eher selten. 24
Solche knöchernen Verschleißreaktionen treten häufig nach einer Fraktur im Bereich des Oberarmkopfes auf.

Oberarmkopffrakturen sind häufige Verletzungen. Insbesondere durch sportliche 25
Sturzbelastungen kommt es zu diesen Verletzungen (Skifahren, Inline-Skaten, Motorradfahren). In der Regel tritt eine Dislokation der einzelnen Bruchstücke auf. In diesem Fall ist ein operativer Eingriff notwendig. In der Regel verbleibt auch nach der Osteosynthese eine Inkongruenz der Gelenkfläche des Oberarmkopfes mit der entsprechenden Prädisposition zur Arthrose. Nur unverschobene Frakturen, die knöchern in unveränderter Position ausheilen, stellen keine präarthrotische Veränderung dar. In diesem Fall ist von einer vollkommenen regulären Ausheilung ohne Operation auszugehen. Knöcherne degenerative Veränderungen bestehen häufiger im Bereich des Schultereckgelenkes.

Funktionseinschränkungen im Bereich der Schultergelenke haben unterschiedliche 26
Auswirkungen im alltäglichen Leben. Bewegungseinschränkungen unterhalb der Schulterebene, dh, der Arm kann nicht bis 90 Grad nach vorne bzw. zur Seite angehoben werden, stellen eine deutliche Funktionsbeeinträchtigung dar. Zum Beispiel können keine Gegenstände aus einem Hängeschrank mit dem betroffenen Arm herausgeholt werden. Das Halten eines Gegenstandes mit ausgestrecktem Arm vor dem Körper (dabei ist das Gewicht nicht von Bedeutung) ist ebenfalls nicht möglich. Geringere Einschränkungen, dh, das Anheben des Armes bis ca. 140 Grad nach vorne

und zur Seite, führen nur bei dauernden Tätigkeiten über Kopf zu Beschwerden und Einschränkungen. Nicht beeinträchtigt sind bei Funktionseinschränkungen des Schultergelenks alle Tätigkeiten mit herabhängenden Armen. Auch leichte bis mittelschwere Gegenstände können in der Regel getragen werden. Arbeiten am Schreibtisch (wie das Bedienen der PC-Tastatur und Schreibtätigkeiten) sind nicht beeinträchtigt. Feinmotorische Tätigkeiten sind ebenfalls nicht betroffen. Bei der **klinischen Bewegungsfunktionsprüfung** sind Schmerzen im Bereich des Schultergelenkes und der Muskulatur nicht ganz zu vermeiden. Allerdings führen vorsichtige Funktionsprüfungen nur zu einer kurzzeitigen Verschlimmerung der Beschwerden. Häufig fällt dem Gutachter bei der Untersuchung eine ausgeprägte **muskuläre Gegenspannung** des Untersuchten auf. Dieser drückt mit Kraft gegen die Bewegung des Untersuchers. Dieser teilweise enorme Kraftaufwand ist bei einer akuten Schmerzsymptomatik nicht möglich. Auch das eigenständige Anspannen der Muskulatur führt sofort zu einer Schmerzsymptomatik. Der Untersuchte versucht in diesen Fällen bewusst, mit der Gegenspannung die Funktion einzuschränken.

27 Bei den muskulär bedingten Einschränkungen der Bewegungsfunktion im Bereich des Schultergelenkes ist anzumerken, dass teilweise – häufig jedoch erst nach vielen Monaten – gewisse Besserungen auftreten und das Schultergelenk freier bewegt und mehr belastet werden kann. Da im Bereich der Schultergelenke häufig Weichteilstrukturen für die Funktionseinschränkung verantwortlich sind, sind mitunter für die Begutachtung auch **Sonografie und Kernspinuntersuchungen** zur weiteren Abklärung teilweise notwendig.

2. Ellenbogengelenke

28 Im Bereich der **Ellenbogengelenke** sind chronische Veränderungen der Streck- und Beugemuskelansätze häufig. Es handelt sich um den sogenannten Tennis- bzw. Golferellenbogen. Eine Mitbeteiligung des Gelenkes ist in beiden Fällen nicht gegeben. Im Bereich des Ellenbogengelenkes ist anzumerken, dass bei einer Fraktur in Höhe des Ellenbogengelenkes häufig frühzeitige Verschleißreaktionen mit ausgeprägten Bewegungseinschränkungen in dessen Bereich auftreten. Diese Veränderungen sind folgenreich, da durch eine deutlich ausgeprägte Beugeeinschränkung Bewegungen im alltäglichen Leben eingeschränkt werden können. Hierzu zählen teilweise schon die Nahrungsaufnahme mit Löffel und Gabel und Hygienemaßnahmen. Erst recht können aber manuelle Tätigkeiten oder das Bedienen von **Tastaturen** unmöglich werden.

3. Handgelenk

29 Beeinträchtigungen der Handgelenksfunktion treten häufig nach Verletzungen im Bereich der handgelenksnahen Strukturen auf. Die häufigste Form der Handgelenksfraktur stellt die **distale Radiusfraktur** dar. Diese tritt in der Regel bei einem Sturz auf den ausgestreckten Arm mit nach oben angewinkelter Hand auf. Im Wachstumsalter kommt es häufig nur zu einer sogenannten Grünholzfraktur. Die Knochenstruktur ist dabei nicht komplett durchtrennt. Diese Fraktur heilt in der Regel folgenlos aus. Im Erwachsenenalter werden unverschobene oder nur leicht verschobene Frakturen konservativ mittels Gips behandelt. Alle verschobenen Frakturen müssen jedoch operativ

versorgt werden. Die häufigsten Frakturen treten ohne Gelenkbeteiligung auf. Bei einer achsgerechten Korrektur sind daher Folgeschäden im Sinne einer frühzeitigen Verschleißreaktion nicht zu erwarten. Bei jeder Gelenkbeteiligung im Bereich der distalen Speiche sind jedoch immer Folgeveränderungen im Sinne einer frühzeitigen Verschleißreaktion sowohl im Bereich des Handgelenkes als auch der Handwurzel zu erwarten.

Eine besondere Form der Handgelenksfraktur stellt die **Skaphoid-, Navicular- oder Kahnbeinfraktur** dar. Der Unfallmechanismus ist ähnlich wie bei der Handgelenksfraktur. Wenn das Kahnbein betroffen ist, kommt es häufig aufgrund der besonderen Blutversorgung zu einer Pseudarthrose. Dies bedeutet, dass die Fraktur nicht ausheilt. In diesem Fall kommt es zu einer frühzeitigen Verschleißreaktion wiederum im Bereich des Handgelenkes und der Handwurzel. Auch tritt häufig bei der Kahnbeinfraktur eine Inkongruenz in Höhe der Frakturlinie auf. Zu berücksichtigen sind auch Veränderungen im Bereich der Bandstrukturen (SL-Band) und im Bereich des Diskus intervertebralis. Bei dem Discus triangularis handelt es sich um einen Faserknorpel. Er liegt zwischen der distalen Elle und den angrenzenden Handwurzelknochen. Der Name kommt von seiner dreieckigen Form. Er dient der Verbesserung der Gelenkartikulation und der Pufferung von Druckbelastungen zwischen Elle und Handwurzel. Zusammen mit den Bandstrukturen zwischen Elle, Speiche und Handwurzel bildet er einen dreieckförmigen Faserknorpelkomplex (TFCC – triangulärer fibrocartilaginärer Komplex). Durch Sturz auf das Handgelenk können frische Einrisse auftreten. Durch Überbelastungen kommt es zu chronischen Schädigungen. Die Diagnostik erfolgt durch MRT oder Arthroskopie. Gleichzeitig kann arthroskopisch der Defekt behandelt werde. 30

Bei Stürzen auf das Handgelenk und insbesondere bei distalen Radiusfrakturen mit nachfolgender Arthrose des Handgelenkes kommt es zu einer Verletzung des scapholunären Bandes (Band zwischen Kahnbein und Mondbein), das zu einer Lücke zwischen Kahnbein und Mondbein führt. Diese Veränderung ist als scapholunäre Dissoziation (SLD) röntgenologisch sichtbar und führt zu einer Schmerzsymptomatik und Kapselreizung. 31

4. Fingergelenke

Einschränkungen der Bewegungsfunktion im Bereich der Hände und der Finger treten bei **Verschleißreaktionen** und bei entzündlichen Veränderungen auf. Zu den Hauptursachen **entzündlicher Veränderungen** gehören die rheumatischen Erkrankungen. Häufig sind Veränderungen im Bereich der Hände die ersten klinischen Zeichen einer solchen Erkrankung. Es kommt immer zu einem Fortschreiten der Veränderungen. Es kann zu einem rasch progredienten Verlauf mit Destruktion der Gelenkflächen kommen. Dann ist die Funktion der Finger aufgehoben. Aber selbst bei einem langsameren Fortschreiten sind schon frühzeitig deutliche Funktionseinschränkungen vorhanden. Auch bei einer optimalen medikamentösen Therapie kommt es zu einem Fortschreiten der Veränderungen. Jegliche Veränderung im Bereich der Hände und Finger führt zu einer Einschränkung der **Feinmotorik.** Die Finger können nicht mehr vollständig gestreckt und gebeugt werden. Der Faustschluss kann nicht mehr erfol- 32 gen. Ein Festhalten, zB einer Kaffeetasse, ist nicht mehr möglich. Wegen der eingeschränkten Bewegungsfunktion kommt es zu einer Verminderung der Muskulatur. Die Kraft nimmt kontinuierlich ab. Auch Verletzungen führen zu einer raschen Funktionseinschränkung. Schon kleinste Defekte, wie zB Verletzungen am Daumen, können die Funktion der gesamten Hand beeinträchtigen. Verletzungen und damit Funktionseinschränkungen im Bereich des Daumens und des Zeigefingers sind für das Greifen und die Funktion der Gesamthand am wichtigsten. Das erklärt auch die diffizile Einteilung der **MdE-Tabelle** hinsichtlich der Handfunktion im Bereich der gesetzlichen Unfallversicherung.

III. Untere Extremitäten

33 Funktionseinschränkungen im Bereich der unteren Extremitäten sind von großer praktischer Bedeutung. Verschleißreaktionen führen sowohl im Bereich der Hüftgelenke als auch der Kniegelenke zu einer raschen Einschränkung der Bewegungsfunktion. Die Ursache der Verschleißreaktionen ist häufig nicht bekannt. In der Regel handelt es sich um **anlagebedingte Veränderungen**, die schicksalhaft auftreten. Sie können aber auch Folge gelenknaher Knochenbrüche sein.

1. Hüftgelenke

a) Fehlformen

34 Im Bereich der Hüftgelenke bilden die angeborenen Fehlformen (Hüftgelenksdysplasie, Coxa valga, Coxa vara) und die erworbenen Veränderungen während der Wachstumsphase (Morbus Perthes, Epiphyseolysis capitis femoris) die häufigsten Ursachen für eine frühzeitige Verschleißreaktion. Bei der **Hüftgelenksdysplasie** ist die Gelenkpfanne zu flach ausgebildet. Außerdem ist der Schenkelhalswinkel zu steil aufgerichtet. Dadurch kommt es zu einer Mehrbelastung des Hüftgelenkes im äußeren oberen Bereich mit dem entsprechenden Knorpelabrieb und der frühzeitigen Verschleißreaktion.

35 Bei einer Coxa valga ist der Schenkelhals zu steil und bei einer Coxa vara ist der Schenkelhals zu flach angelegt. Als Folge dieser anlagebedingten Veränderungen kann es zu einem Impingement im Bereich des Hüftgelenkes kommen. Sind der Oberschenkelkopf und die Gelenkpfanne nicht optimal aufeinander abgestimmt, schlägt der Kopf (Femur) an die Pfanne (Acetabulum). Dieser Anschlag wird Femoro-acetabuläres-Impingement (FAI) genannt. Schon geringe Abweichungen von der Passform führen zu einem Verschleiß der knorpeligen Gelenklippe (Labrum) und des Knorpels an der äußeren Pfannenbegrenzung und auf Dauer zu einem Verschleiß der Knochenstruktur (Koxarthrose). Auch durch berufliche Überbelastung und durch Leistungssport kann es zu einem Impingement und somit zu einem frühzeitigen Verschleiß kommen.

36 Man unterscheidet 2 Typen des Impingements:

1. CAM-Impingement oder Nockenwellen-Impingement
   Der Femur ist Ursache des CAM-Impingements. Die Symptomatik tritt bereits bei Jugendlichen auf. Der Übergang vom Oberschenkelhals zum Kopf ist verbreitert

und der Oberschenkelkopf schlägt an die Gelenklippe und den Pfannenrand. Dies führt zu einem Verschleiß und zu einem Einriss der Gelenklippe und zu einem Abscheren der Knorpelschicht. Diese Veränderung kommt bei einer Coxa valga vor.

2. Pincer-Impingement oder Beißzangen-Impingement
Dieses Impingement kommt bei einer tiefen Pfanne (Coxa vara und profunda) vor. Der Oberschenkelkopf ist normal geformt. Die Pfanne umgreift den Oberschenkelkopf wie eine Beißzange. Eine Beschwerdesymptomatik tritt erst später im Alter von 30–40 Jahren auf. Frauen sind dabei häufiger betroffen. Auch Mischformen eines CAM-Impingements und Pincer-Impingements kommen häufiger vor.
Diagnostiziert wird ein Impingement im Bereich der Hüftgelenke durch eine MRT-Untersuchung. Auch eine Arthroskopie kann für die weitergehende Diagnostik und vor allem für die Therapie eingesetzt werden.

b) Erkrankungen des Oberschenkelkopfes

Beim Morbus Perthes kommt es zu einer Durchblutungsstörung im Bereich der Wachstumsfuge und der Epiphyse. Die Ursache ist nicht bekannt. Durch die verminderte Durchblutung wird das Gewebe nekrotisch, der Oberschenkelkopf zerfällt. Im weiteren Verlaufe kommt es zu einer Revaskularisation des Kopfes und somit auch zu einem Neuaufbau des Oberschenkelkopfes. Sehr häufig verbleibt eine gewisse Inkongruenz des Oberschenkelkopfes mit einer entsprechenden präarthrotischen Disposition. Nur in Ausnahmefällen kommt es zu einer nahezu physiologischen Aufrichtung des Kopfes. Hinsichtlich der Therapie gibt es weiterhin sehr unterschiedliche Meinungen. Von einer frühzeitigen Operation bis zu einer reinen konservativen Therapie werden heute alle Maßnahmen durchgeführt. 37

Bei der Epiphysiolysis capitis femoris kommt es zu einem Abrutschen des Oberschenkelkopfes in Höhe der Wachstumsfuge. Die Epiphyse wandert nach distal. Auch hier ist die Ursache nicht bekannt. In der Regel sind beide Hüftgelenke betroffen. Bei jeder Epiphysiolysis ist ein operativer Eingriff notwendig. Die Gegenseite wird in der Regel prophylaktisch fixiert. 38

c) Hüftgelenks- und Beckenfrakturen

Der Oberschenkelhalsbruch ist in der Regel eine Fraktur, die im Alter meist auf dem Boden einer Osteoporose oder Osteopenie auftritt. Frakturen bis zum 60. Lebensjahr treten in der Regel bei Traumen mit hohen Beschleunigungskräften auf (zB Sturz von einer hohen Leiter, Motorradsturz). **Frühzeitige Verschleißreaktionen** sind sowohl bei Schenkelhalsfrakturen und insbesondere bei Pfannenfrakturen (Acetabulumfraktur) zu erwarten. 39

Anfänglich sind die Veränderungen noch muskulär zu kompensieren. Bei stärkeren Verschleißreaktionen kommt es jedoch zu einer raschen Einschränkung der Bewegungsfunktion. Durch die zunehmende Funktionseinschränkung kommt es zu einer Beugekontraktur im Hüftgelenk, zu einer Abspreizhemmung und zu einer Rotationseinschränkung. Schon Abspreizhemmungen von 15 Grad sowie Rotationseinschränkungen von 15 Grad führen zu einer Einschränkung im alltäglichen Leben. So kann 40 beispielsweise ein Herrenrad nicht mehr benutzt werden. Beugeeinschränkungen von 30 Grad führen zu einer Einschränkung beim **Treppensteigen.** Durch die zunehmende Schmerzsymptomatik und Funktionseinschränkung ist die Wegestrecke zunehmend eingeschränkt. Allerdings haben die Funktionseinschränkungen keinen wesentlichen Einfluss auf das Sitzen und Stehen. Limitierend ist hierbei der Schmerz.

2. Kniegelenke

41 Im Bereich der **Kniegelenke** sind anlagebedingte Fehlformen (X-Bein und O-Bein), anlagebedingte Prädisposition und Verletzungen im Bereich der Bänder, der Menisci, der Knorpelschicht und der knöchernen Gelenkstrukturen für das Auftreten einer frühzeitigen Verschleißreaktion von Bedeutung.

a) Meniskus

42 Der Meniskus stellt ein bradytrophes Gewebe dar, dh das Gewebe ist nicht durchblutet und kann sich somit nicht regenerieren. Durch Stauchung und Rotationsbewegungen sind insbesondere bei einem vorgeschädigten Meniskus **Einrisse** möglich. Dabei ist der Innenmeniskus deutlich häufiger betroffen. Die Ursache dafür liegt in der stärkeren Fixierung des Innenmeniskus. Der Außenmeniskus kann sich bei Bewegungen teilweise mitbewegen. Andererseits sind Schädigungen am Außenmeniskus für die weitere Kniebinnenschädigung von wesentlich größerer Bedeutung. Bei einer Außenmeniskusläsion kommt es deutlich häufiger zu einer Verschleißreaktion im Bereich des Kniegelenkes im Vergleich zum Innenmeniskus.

b) Seitenband- und Kreuzbandverletzungen

43 Seitenband- und Kreuzbandverletzungen kommen bei Drehtraumen im Bereich des Kniegelenkes vor. Betroffen sind insbesondere das Innenband und das vordere Kreuzband. Das typische Verletzungsbild stellt eine Kombination aus Beugung, Außendrehung und Abknickung des Kniegelenkes nach außen dar. Hierbei kommt es zu einer Beteiligung des Innenbandes und des Kreuzbandes. In vielen Fällen ist auch noch der Meniskus mit betroffen. Sind alle drei Strukturen betroffen, handelt es sich um das sogenannte unhappy triad. Dies ist eine komplexe Verletzung im Bereich des Kniebinnenraumes. Aufgrund der **Drehkomponente** wird grundsätzlich auch der **Knorpelbelag mit verletzt.** Teilweise kann es zu einem Abscheren von Knorpelstücken kommen. Ein operativer Eingriff zur Stabilisierung des Kniegelenkes ist in jedem Fall bei weiteren körperlichen Belastungen im Beruf oder beim Sport notwendig. Ansonsten sind auch muskelaufbauende Maßnahmen im Sinne einer Krankengymnastik bzw. eines Gerätetrainings im Fitnessstudio möglich. Aufgrund der Mitbeteiligung des Knorpelgewebes ist jedoch in jedem Fall eine frühzeitige **Verschleißreaktion** zu erwarten. Diese tritt unabhängig davon auf, ob eine Operation erfolgt ist oder nicht. Reine Seitenbandverletzungen werden in der Regel konservativ behandelt. Hier sind nur bei ausgeprägten Ausrissen und bei besonderen körperlichen Belastungen in der Folge eventuell operative Eingriffe notwendig.

c) Chondromalazia, Chondralläsion, Osteochondrosis dissecans

Wie das Meniskusgewebe stellt auch das Knorpelgewebe ein bradytrophes Gewebe dar. Nach Beendigung des Wachstums bestehen keine Gefäßverbindungen mehr zum **Knorpelgewebe.** Daher kann sich das Knorpelgewebe ebenfalls nicht regenerieren. Jegliche Schädigungen im Bereich des Knorpels führen zu einer weiteren **Verschleißreaktion.** Ursache für die Verschleißreaktionen sind wiederum anlagebedingte Prädispositionen, Unfallereignisse und Veränderungen im Bereich der Kniescheibe, insbesondere Kniescheibenluxationen. Man unterscheidet den Typ Grad I bis IV (I: Normale Knorpelstruktur, II: Weiche Knorpelstruktur, III: unregelmäßige Knorpelkontur, IV: Kompletter Aufbrauch der Knorpelschicht, sogenannte Knochenglatze). 44

Eine besondere Form der Knorpelläsion stellt die Osteochondrosis dissecans (O.d.) dar. Ursache sind manchmal traumatische Ereignisse. In der Regel ist die Ursache jedoch nicht bekannt. Es kommt zu einer **partiellen Minderdurchblutung.** Eine O.d. im Wachstumsalter heilt, solange die Knorpeloberfläche nicht unterbrochen ist, folgenlos aus. Nach Abschluss des Wachstums sind jedoch Dauerschädigungen auch bei leichten Veränderungen sehr wahrscheinlich. In der Regel kommt es zu einer unregelmäßigen Kontur im Bereich der veränderten Knorpelschicht. Durch diese Inkongruenz der Gelenkflächen treten frühzeitige Verschleißreaktion auf. Beim Herausbrechen des Knorpelknochenstückes (Mausbett) liegt ein freier Gelenkkörper im Bereich des Kniegelenkes. Dieser freie Gelenkkörper kann zusätzlich zu Veränderungen im gesamten Kniegelenk führen. 45

d) Kniegelenksfrakturen

Kniegelenksfrakturen führen in der Regel zu einer frühzeitigen Verschleißreaktion. Meistens sind die Gelenkflächen mitbeteiligt. Die häufigste Form ist die Schienbeinkopffraktur. Bei jeglicher Gelenkbeteiligung, auch wenn sie im Nachhinein operativ gerichtet wird, ist grundsätzlich die Knorpelschicht verletzt. In den meisten Fällen bleibt auch eine gewisse Stufenbildung erhalten. Diese Inkongruenz der Gelenkfläche führt zu der **frühzeitigen Verschleißreaktion.** Das Gleiche gilt für Verletzungen im Bereich des Oberschenkels im Bereich der Oberschenkelkondylen. Auch bei einer Verletzung im Bereich der Kniescheibe ist die Kniescheibenrückfläche einschließlich der Knorpelschicht mitbeteiligt. Es kommt dann auch in diesem Bereich zu einer frühzeitigen Verschleißreaktion. 46

Wie bereits bei der Wirbelsäule erwähnt, sind auch bei den Gelenken die Anamnese und die Befunderhebung von entscheidender Bedeutung. Bei einer längeren Minderbelastbarkeit eines Gelenkes kommt es zu einer Atrophie der dazugehörigen Muskulatur. Vielfach kommt es zu einer Ergussbildung im Bereich der betroffenen Gelenke. Im weiteren Verlauf ist die Einschränkung der Bewegungsfunktion das entscheidende Kriterium. Diese Einschränkung kann sowohl die Beugung als auch die Streckung betreffen. Bei stärkergradigen Veränderungen sind auch Belastungen im Alltagsleben eingeschränkt. Eine Beugung im Kniegelenk von unter 90 Grad führt dazu, dass das normale **Treppensteigen** nicht mehr möglich ist. Auch Fahrradfahren ist dann aufgrund der Bewegungseinschränkung ausgeschlossen. Gleiches gilt im Bereich des Hüftgelenkes bei einer Beugekontraktur von 20 bis 25 Grad. Häufig kommt es bei 47 einer zunehmenden Verschleißreaktion zu einer Achsfehlstellung, insbesondere zum Auftreten eines O-Beines (genu varum). Durch die zunehmende Fehlform ist ein längeres Stehen nicht möglich. Auch akute Reizsymptome, insbesondere Ergussbildungen, führen zu einer eingeschränkten Steh- und Gehfähigkeit.

48 Neben der Röntgendiagnostik stellt die Kernspintomografie eine ausgezeichnete Diagnostik der Kniegelenksbinnenstrukturen dar. Wie bereits erläutert, sind mit der Kernspinuntersuchung die Weichteilstrukturen darstellbar. Insbesondere Meniskusläsionen sowie Verletzungen im Bereich der Seiten- und Kreuzbänder können dargestellt werden. Diese Strukturen sind mit der Röntgenaufnahme nicht zu erfassen. Bei Verdacht auf **Veränderungen der Bandstrukturen** sollten daher bei einer Begutachtung auch **Kernspinuntersuchungen** veranlasst werden. Eine CT-Untersuchung dagegen bringt keine zusätzlichen Vorteile. Eine Arthroskopie sollte nur dann veranlasst werden, wenn auch ein operativer Eingriff, zB eine Meniskusteilresektion, auf jeden Fall notwendig ist. Eine Arthroskopie nur aus diagnostischen Zwecken ist heute nicht mehr notwendig.

3. Sprunggelenke

a) Distorsion und Bandverletzungen

49 Die häufigste Verletzung im Bereich des oberen Sprunggelenkes stellt die Distorsion dar. Es kommt in der Regel zu einer Einwärtsbewegung des Fußes (Supinationstrauma). Die äußeren Bandstrukturen sind betroffen. Es kommt zu einer Überdehnung bis zu einer Zerreißung der Bandstrukturen. Auch das Innenband kann mitverletzt werden, insbesondere bei einer stärkeren Stauchung im Sprunggelenk. Durch die Verkippung des Talus sind Knorpelverletzungen möglich. Im speziellen Fall kann auch eine Osteochondrosis dissecans Folge dieses Ereignisses sein (unabhängig von unfallbedingtem Auftreten einer O.d. kommt es wie bereits im Bereich des Kniegelenkes häufig zu einer O.d. unbekannter Ursache). In der Regel wird die Distorsion konservativ mit speziellen Schienen ruhig gestellt. Operative Eingriffe sind nur bei ausgeprägten Bandläsionen und bei Leistungssportlern indiziert.

b) Sprunggelenksfrakturen

50 Sprunggelenksfrakturen kommen wie Bandverletzungen bei Distorsionstraumen im Bereich des Sprunggelenkes vor. Auch hier sind die **Supinationstraumen** die häufigsten Ursachen. Betroffen ist hauptsächlich der Außenknöchel. Die häufigste Einteilung der Sprunggelenksfraktur ist die Einteilung nach Weber. Bei Typ A besteht eine Fraktur unterhalb der Syndesmose. Diese Verletzungen heilen in der Regel folgenlos aus. Bei der Fraktur Typ Weber B kommt es zu einer Verletzung in Höhe der Syndesmose. Instabilitäten aufgrund der Verletzung der Syndesmose sind möglich. Die Fraktur Typ Weber C stellt eine Fraktur oberhalb der Syndesmose dar. Auch hier sind **Instabilitäten** möglich. Bei diesen sind frühzeitige Verschleißreaktionen zu erwarten. Neben der Außenknöchelfraktur sind teilweise auch Innenknöchelfrakturen durch die Stauchungskräfte möglich. Bei komplexen Verletzungen – zB der Pilon-tibiale-Fraktur – unter Mitbeteiligung der Gelenkflächen im Bereich des Schienbeins sind frühzeitige

Verschleißreaktionen zu erwarten. In der Regel werden die Knöchelbrüche operativ mittels Platte, Schrauben und Cerclagen versorgt.

4. Fuß- und Zehengelenke

Funktionseinschränkungen im Bereich der Sprunggelenke und der Füße sind für die Begutachtung im Vergleich zu den Einschränkungen der Hände von untergeordneter Bedeutung. Nur ausgeprägte degenerative Veränderungen führen zu einer Funktionsbeeinträchtigung. Von gewisser Bedeutung sind die Fersenbeinbrüche. Insbesondere Fersenbeintrümmerfrakturen führen durch eine Veränderung der Statik mit Abflachung des Fußgewölbes zu einer Beeinträchtigung beim Stehen und Gehen. 51

5. Beurteilung der zumutbaren Wegstrecke

Für die Gehfähigkeit sind somit Veränderungen der Gelenke entscheidend. Für die Einschätzung ist die Bewegungsfunktion das Hauptkriterium. Bei einer deutlichen Einschränkung der Bewegungsfunktion ist auch die Länge der Gehstrecke dauerhaft beeinträchtigt. Bei weniger stark ausgeprägten Bewegungseinschränkungen sind auch die Bewegungen der Hüftgelenke und der Kniegelenke beim Gehen bzw. beim Treppensteigen zu berücksichtigen. Hierzu sollten nicht nur kurze Wegstrecken im Bereich eines Raumes berücksichtigt werden. 52

Gehstrecken von bis zu fünfhundert Metern sowie das Treppensteigen (treppauf- und treppabwärts) sind dann mit zu berücksichtigen. Ein Gehen auf dem Laufband ist keine übliche Belastung für das Gangbild. Trotzdem stellt es eine Methode dar, die für die Beurteilung der Länge der Wegstrecke mitberücksichtigt werden kann. 53

C. Weiterführende Literatur- und Internethinweise

Fritze/Mehrhoff (Hrsg.), Die Ärztliche Begutachtung, 8. Aufl. 2008; *Mehrtens/Valentin/Schönberger* (Hrsg.), Arbeitsunfall und Berufskrankheit, 9. Aufl.; *Schiltenwolf/Hollo* (Hrsg.), Begutachtung der Haltungs- und Bewegungsorgane, 6. Aufl.; *Thomann/Schröter/Grosser* (Hrsg.), Orthopädisch-unfallchirurgische Begutachtung, 2. Aufl.; Verband Deutscher Rentenversicherungsträger (Hrsg.), Sozialmedizinische Begutachtung für die gesetzliche Rentenversicherung, 6. Aufl. 2003 (z.Zt. vergriffen). 54

www.awmf.de – Leitlinien der Erkrankungen und Begutachtung;

www.onmeda.de/krankheiten – Allgemeine medizinische Information;

www.medizin-2000.de – Allgemeine medizinische Information;

www.bmas.de – Bundesministerium für Gesundheit und Soziale Sicherung (Hrsg.), Anhaltspunkte für die ärztliche Gutachtertätigkeit im sozialen Entschädigungsrecht und nach dem Schwerbehindertenrecht (Teil 2 SGB IX), Jahr 4. Auflage 2008 – z.Zt. vergriffen Download von der Homepage des BMA möglich – Publikationen – Schlagwort „Anhaltspunkte".

§ 13 Innere Medizin

A. Teilgebiete der Inneren Medizin

1 Bei der internistischen sozialmedizinischen Begutachtung erfolgt in erster Linie die Beurteilung der Folgen von Erkrankungen der verschiedenen inneren Organe. Das zu beurteilende Spektrum ergibt sich in etwa aus der Untergliederung in einzelne Organsysteme, die der Vielzahl der möglichen **Zusatzqualifikationen** im Facharztbereich der Inneren Medizin zu entnehmen ist. Als wesentliche Bereiche, die in ihrer Wertigkeit nebeneinander stehen, sind hier zu nennen:

- Nephrologie (Nieren- und Bluthochdruckerkrankungen),
- Kardiologie/Angiologie (Herz- und Gefäßkrankheiten),
- Pulmologie (Lungenerkrankungen),
- Gastroenterologie (Magen und Darmerkrankungen),
- Hämato-/Onkologie (Blutzellerkrankungen und Tumorerkrankungen),
- Endokrinologie (Stoffwechselkrankheiten, hormonelle Erkrankungen),
- Rheumatologie (rheumatische- und Bindegewebserkrankungen).

B. Angrenzende Fachgebiete

2 Die Erkrankungen aus dem psychosomatischen Formenkreis (Fachgebiet psychosomatische Medizin) können die Auswirkungen organischer Erkrankungen mit verursachen oder verstärken. Auf die Wechselwirkungen zwischen organischen Erkrankungen und psychosomatischen Faktoren wird im Einzelnen nachstehend in § 15 eingegangen.

3 Die Teilgebietsbezeichnung „Rehabilitationswesen" im Rahmen der gutachterlichen Tätigkeit weist auf eine besondere Qualifikation hinsichtlich der Graduierung oder Einschätzung von Funktionsstörungen/Handicaps/Fähigkeitseinbußen durch jede Art von Grunderkrankung unter Berücksichtigung sozialmedizinischer Aspekte hin. Diese Gebietsbezeichnung wird nach dem Erwerb der Facharztqualifikation durch eine zweijährige Weiterbildungszeit in einer Rehabilitationsklinik unter Zusatz von mehreren Theorieblöcken in Vorlesungsform erworben.

4 Ein sehr schwer zu beurteilender Bereich stellt die Schmerzqualifikation und -quantifikation dar, obgleich objektive Messwerkzeuge fehlen, gibt es mittlerweile Schmerzfragebögen und -skalen, die im Rahmen der schmerztherapeutischen Beurteilung zum Einsatz kommen. Unbedingt sollte bei gutachterlichen Zweifeln die Fachkompetenz der „Schmerztherapeuten", eine Teilgebietsbezeichnung u.a. der Anästhesiologie oder der inneren oder der Allgemeinmedizin, zu Rate gezogen werden.

5 Gerade im Bereich der Schmerztherapie hat sich ein relevanter Fortschritt hinsichtlich Therapie und Einstufung vollzogen, die Frage nach Behinderungsgraden oder Erwerbsfähigkeit sollte bei entsprechender Thematik nicht ohne Konsultation eines Schmerztherapeuten erfolgen.

6 Alle Erkrankungen des Stütz- und Bewegungsapparates gehören ausnahmslos zur orthopädischen Begutachtung.

Bei bösartigen (onkologischen) Grunderkrankungen ist oft eine ergänzende Begutachtung, abhängig vom Sitz des Tumors, erforderlich. So sollte zum Beispiel bei Tumoren im Kopf-/Halsbereich neben der Hals-Nasen-Ohrenheilkunde auch eine schmerztherapeutische und ggf. eine neurologische Fachbegutachtung erfolgen. 7

Die Beurteilung der Folgen großer Magen-Darm-Operationen kann eine endokrinologische oder auch gynäkologische bzw. urologische Mitbetrachtung erfordern. Eine Grenzüberschreitung des Fachgebietes ist bei den fokussiert operativen Fächern, wie zum Beispiel (operative) Gynäkologie, Urologie oder Hals-Nasen-Ohrenheilkunde, sehr oft gegeben und sollte eine Mitbegutachtung je nach Schwerpunkt des subjektiven Leidens des Patienten nach sich ziehen. 8

Generell ist es ratsam, Gutachter zu wählen, die nicht nur die aktuellen operativen Verfahren beherrschen, sondern die Langzeitbetreuung ihrer entsprechend operierten Patienten als ihre Aufgabe sehen. 9

Die Gebietsüberschreitung eines Einzelfachs ist immer dann gegeben, wenn es über die messbare Leistungseinbuße hinaus zu schwer quantifizierbaren Schmerzen und auch langanhaltenden seelischen Veränderungen infolge der notwendigen Krankheitsverarbeitung kommt. Man denke hier an große, einschränkende Operationsnarben, Organverluste oder chronisch fortschreitende Erkrankungen. 10

In der Inneren Medizin ist die Problematik der Wahl des Gutachters weniger mit der Kenntnis des operativen Verfahrens verknüpft als mit der umfänglichen Kenntnis der diagnostischen Verfahren und der sinnvollerweise angesammelten therapeutischen Erfahrung aus vielen Behandlungsverläufen, was eine bestimmte Anzahl von Berufsjahren erforderlich macht. Gleichzeitig ist der aktuelle Kenntnisstand über die therapeutischen Optionen unerlässlich, wenn man bedenkt, dass die „Halbwertzeit" des medizinischen Wissens maximal fünf Jahre beträgt. 11

Handelt es sich bei dem erteilten Gutachtenauftrag um eine für den Gutachter eher außergewöhnliche und seltene Krankheitsentität, was natürlich nur der Gutachter selbst imstande ist zu beurteilen, sollte der Auftrag zurückgewiesen werden. Im Zeitalter des „Ranking" der Fachkliniken und Koryphäen sollte die Suche nach dem geeigneten Spezialisten kein Problem mehr darstellen. 12

C. Fachspezifische Einzeluntersuchungen

I. Laboranalyse des Blutes

Die Innere Medizin zieht zur Diagnostik und Therapieüberwachung wie kaum eine andere medizinische Disziplin die Laboranalyse heran. Wichtig ist hierbei, dass es sich immer um Momentaufnahmen handelt und ein gesunder Organismus Abweichungen ausgleichen kann. Einige wichtige Parameter seien beispielhaft hier genannt, um eine kleine Einführung für das Verständnis dieser Dimensionen zu geben. 13

Die Basis jeder internistischen Untersuchung stellt die **ausgedehnte körperliche Untersuchung** dar, welche immer anhand eines ausführlichen Untersuchungsbogens nachvollziehbar zu dokumentieren ist. Ein Zeitaufwand von ca. 60 Minuten sollte hierfür veranschlagt werden. Hinzu kommt eine ebenso ausführliche Befragung(Anamneseer- 14 hebung) der aktuellen Beschwerden, insbesondere auch der Auslöser und des Schweregrades der Beschwerden, der Vorgeschichte und der Familienvorgeschichte wie auch des psychosozialen Umfelds. Die Schilderung des psychischen Gesamteindruckes und der Glaubhaftigkeit sind obligat. Auch hierfür sollte man etwa 60 Minuten veranschlagen. Hinzu kommt der Zeitaufwand für die nachstehend dargestellten „technischen" Untersuchungen.

15 **Die Laboranalyse des Blutes stellt mit der Urinanalyse eine unverzichtbare Basisanforderung für ein gutes internistisches Gutachten dar!** Erwähnt werden hier ausschließlich aus dem Blut erhobene Analysewerte, unter dem Begriff „klinische Chemie" oft im Text zusammengefasst.

16 Hb = Hämoglobin: Maß für die Menge des roten Blutfarbstoffes. Eine Halbierung des Wertes akut ist lebensbedrohlich.

17 Leuko = Leukozyten = Zahl der weißen Blutzellen = Abwehrzellen: Eine Veränderung spiegelt Entzündungsprozesse wider.

18 HK = Hämatokrit: Maß für den Anteil der Zellelemente im gesamten Blut. Veränderungen finden sich bei chronischen Lungen- oder Bluterkrankungen.

19 Na = Natrium: Schon geringe Abweichungen unterhalb des Normbereiches sind bedrohlich

20 K = Kalium: wichtiges Elektrolyt im gesamten Reizleitungssystem des Körpers, geringe Abweichungen vom Normbereich sind krankheitsrelevant.

21 Crea = Creatinin: Grobes Maß für die Nierenfunktion. Verdopplung des Normwertes bedeutet einen Funktionsausfall um etwa 50 %.

22 GOT/GPT/yGT/CHE = Leberwerte: Maß für die Funktion der Leber. Bedeutsam immer bei mindestens Verdopplung oder Verdreifachung der Normwerte.

23 Die Vielzahl weiterer Laborwerte wird nun nicht weiter ausgeführt, gutachterlich sollte jedoch immer die Schwere oder Stadieneinteilung einer Erkrankung auch durch die Hinzunahme der Laborparameter nachvollziehbar dargestellt werden.

II. Spezielle Untersuchungsmethoden

1. Fahrradergometrie

24 Zur Beurteilung der Leistungsfähigkeit sind dynamische Untersuchungen unerlässlich. Bedeutend ist vor allem die körperliche Belastbarkeit, welche in der definierten **Fahrradbelastungsuntersuchung (Fahrradergometrie)**, im allgemeinen Ergometrie genannt, ermittelt wird. Hier wird bei definierter, standardisierter Fahrradergometerbelastung mit festgelegten Steigerungsstufen die individuelle Belastbarkeit bis zur Ausbelastungsgrenze definiert. Bedeutsam sind hier vor allem der Ausgangspuls (Ruhepuls), der Maximalpuls bzw die Ausbelastungsherzfrequenz (maximal erreichter Puls in der letzten Belastungsstufe) und die Dauer der definierten Belastung, um den Maximalpuls zu erreichen. Nach den Richtlinien zur Durchführung der Ergometrie er-

rechnet sich dieser Puls durch die Formel: 220 minus Alter (Jahre) mit einem Toleranzbereich von 10–12 Schlägen pro Minute.[1]

Die heutigen standardisierten Ergometeruntersuchungen implizieren eine Sollwattformel mit Einbeziehung von Alter und Körpergewicht, welches im Ergebnisprotokoll mitgeliefert wird. 25

Parallel dazu werden mit den Pulswerten auch die Blutdruckwerte ermittelt. Dies lässt objektive Rückschlüsse auf die Herz-Kreislauf-Funktion und somit auf die körperliche Belastbarkeit zu. 26

Die auf dem Ergometer erzielte maximale Wattstufe sollte mindestens 100 Watt erreichen, was einer Belastung von schnellerem Radfahren oder Jogging entspricht und im sozialmedizinischen Sinne eine Leistungsfähigkeit für leichte körperliche Arbeit bedeutet. Die Dauerbelastung bei beruflicher Tätigkeit sollte zwei Drittel der maximal erreichten Leitungsfähigkeit auf dem Ergometer nicht übersteigen.[2] Die 50-Watt-Stufe entspricht einer Belastung wie langsamem Treppensteigen[3] oder schnellerem Gehen, die 25-Watt-Stufe entspricht lediglich ebenerdigem Gehen. Wichtig ist für den Befund, wie plausibel die erreichte maximale Wattleistung in Beziehung zum erzielten Maximalpuls und -blutdruck ist. Dies sollte im Gutachten nicht unerwähnt bleiben. So ist zum Beispiel bei einer 100-Watt-Belastungsstufe für einen mittelalten untrainierten Mann ein Puls von etwas 150 Schlägen pro Minute zu erwarten. Im Einzelnen existieren zu diesen Belastungsstufen umfangreiche Tabellen, mit denen die Vor- und Darstellung mancher Rentenantragsteller „wenig Treten = viel Rente, viel Treten = wenig Rente“ ausgehebelt werden kann.[4] 27

Mit Sicherheit stellt die Fahrrad- oder auch Laufbandergometrie (Belastung auf dem Laufband mit definierter Laufbandgeschwindigkeit und definiertem Steigungswinkel unter EKG-Ableitung) nur einen Mosaikstein für die ganzheitliche Beurteilung eines Patienten dar, dennoch ist sie ein unverzichtbarer Bestandteil zur Beurteilung der körperlichen Belastbarkeit. 28

Abgeleitet von dieser Basisdiagnostik der Ergometrie ist noch die Spiroergometrie mit gleichzeitiger Messung des Sauerstoffpartialdruckes im Blut bzw. Messung des Sauerstoffverbrauches unter Belastung als objektive Diagnostik zu erwähnen; die Messung der individuellen Sauerstoffaufnahme erlaubt neutral die Beurteilung der körperlichen Leistungsfähigkeit. 29

Diese ist apparativ aufwendiger und daher für den Gutachter seltener verfügbar. Die Leistungsgrenze wird hier durch das Messen der anaeroben Schwelle im Rahmen der Blutgasanalyse bei einer Ausdauerbelastung bestimmt und lässt dadurch zum Beispiel mangelnde Mitarbeit sehr schnell daran erkennen, dass die sogenannte anaerobe Schwelle nicht erreicht wurde. Die Beurteilung dieser Untersuchung setzt allerdings einige Erfahrung voraus.[5] 30

1 *Stierle* et.al. Klinikleitfaden Kardiologie, 2. Aufl. 1997, S. 62-64.
2 *Tillmanns* in: Fritze/Mehrhoff (Hrsg.), Die ärztliche Begutachtung, S. 328 ff.
3 *Buchwalsky/Blümchen*, Rehabilitation in Kardiologie und Angiologie, S. 82 ff.
4 *Buchwalsky/Blümchen*, S. 86.
5 *Merget* in: Fritze/Hehrhoff (Hrsg.), Die ärztliche Begutachtung, S. 132.

2. Gehstreckentest

31 Eine der Ergometrie vergleichbare Darstellung der Leistungseinschränkung stellt der definierte **Gehstreckentest** im Rahmen der lungenfachärztlichen Diagnostik dar. Hier wird in definiertem Takt eine definierte Gehstrecke mit einer begleitenden Person zurückgelegt. Die Grenze der Belastbarkeit wird durch die Luftnot festgelegt, die zum Beenden des vorgegebenen Taktes führt. Dies ist objektiv anhand der zurückgelegten Gehstrecke gut zu ermitteln. Solche Gehstreckentests lassen sich etwas abgewandelt auch für die häufig zu begutachtende arterielle Verschlusskrankheit (aVK) anwenden.

32 Die Limitierung ist hier jedoch besonders durch die subjektive Schmerzangabe des Patienten definiert, womit schon die Grenzen dieser Methode erkennbar sind.

3. Ultraschalldiagnostik

33 Parallel zu den dynamischen Untersuchungen existieren eine Reihe wichtiger statischer Methoden, die im Folgenden erwähnt werden: Die **Ultraschalldiagnostik oder Sonographie** gehört aufgrund ihrer Fülle an Informationen in der Hand des erfahrenen Untersuchers und der völligen Nebenwirkungsfreiheit zu den wichtigsten Vertretern dieser Messmöglichkeiten.

34 Es lässt sich heutzutage sonographisch jedes Weichteilorgan, das unter Umgehung des Knochens angeschallt werden kann, untersuchen. Hier sind zu nennen: die Sonographie des Bauchraumes, der Schilddrüse, des Herzens (Echokardiographie) sowie der großen und kleinen Gefäße (zentraler oder peripherer Doppler). Mit der Zunahme der technischen Erweiterungen lassen sich nicht nur Größe und Morphologie sowie anatomische Besonderheiten klar definieren, sondern auch die Durchblutungsverhältnisse in allen physikalischen Richtungen sowie Drucke und Strömungsverhältnisse erfassen, es lässt sich der Grad eines Organumbaus bei Lebererkrankungen (Fibroelastographie) oder die Qualität eines Herzscheidewanddefektes (Kontrastechokardiographie/transösophageale E.) ermitteln.

4. Stress-Echokardiographie

35 Eine nicht-invasive Beurteilung von Durchblutungsverhältnissen des Herzens stellt die **Stress-Echokardiographie** dar. Hier wird die Ergometrie mit zeitgleicher, stufenweise wiederholter Echokardiographie kombiniert.

36 Bei fehlender Durchführbarkeit der Ergometrie (Fahrradfahren seitens des Probanden nicht möglich) findet die Gabe von Frequenz erhöhenden Pharmaka Anwendung, um eine

37 Beurteilung der Herzwandbewegungen unter Pulsanstieg zu erreichen. Besonders bei der Beurteilung von Herzerkrankungen ist hier ein objektives Messwerkzeug gegeben, um mit jeder Belastungsstufe auch die Durchblutung der Herzmuskelwandabschnitte zu beurteilen.

5. Lungenfunktionsuntersuchung

38 Eine weitere wichtige Methode zur Objektivierung einer Leistungsfähigkeit stellt die **Lungenfunktionsuntersuchung** dar. Insbesondere die sogenannte **Bodyplethysmogra-**

phie oder große Lungenfunktionsuntersuchung liefert eine Fülle statischer (mitarbeitsunabhängiger) und dynamischer (mitarbeitsabhängiger) Daten. Der dynamische Teil der Untersuchung ist, wie erwähnt, stark von der optimalen Mitarbeit des Probanden abhängig. Auch hier fand sich beispielsweise dann, wenn es unter Bergleuten um die überzeugende Darstellung einer schweren Lungenerkrankung ging, häufig die Vorstellung „viel Pusten – wenig Rente, wenig Pusten – viel Rente". Durch die Ergänzung um statische, nicht mitarbeitsabhängige Parameter ist es für den Gutachter heute jedoch möglich, die Plausibilität der gesamten Daten zu überprüfen. Die statischen Daten sind subjektiv weniger beeinflussbar. Die Bewertung der Mitarbeit und deren Berücksichtigung im Gutachten sind unter Umständen sinnvoll. Die Bemerkung: „Aufgrund mangelnder Compliance (Mitarbeit) nicht verwertbar" sollte möglichst nicht Eingang ins Gutachten finden, da immer auch mitarbeitsunabhängige Parameter in der Begutachtung zur Verfügung stehen.

6. Röntgenaufnahme der Lunge

Ergänzend zur Beurteilung der Atemwegs- und Lungenfunktion gehört noch immer 39 eine **Röntgenaufnahme der Lunge** in zwei Ebenen lege artis hinzu. Erwähnenswert ist hierbei, dass der Proband zwar einer geringen Strahlenbelastung ausgesetzt ist, diese jedoch aufgrund ihrer Singularität keine krankmachende Wirkung hat.

7. 24-Stunden-Blutdruckmessung und 24-Stunden-EKG-Ableitung

Die ambulante **24-Stunden-Blutdruckmessung (LZ-RR)** oder **24-Stunden-EKG-Ableitung (LZ-EKG)** 40 seien noch als objektive Messmethode dynamischer Werte mit guter Aussagekraft hinzugefügt. Wertvoll ist hierbei immer das obligatorische Tätigkeitsprotokoll des Patienten, das gutachterliche Schlussfolgerungen von körperlicher oder seelischer Belastung in Verbindung mit den erhobenen Werten zulässt.

Alle folgenden kurz genannten Untersuchungen sind invasiver (eingreifender) Natur 41 und verlangen nach entsprechender Aufklärung die schriftliche Einwilligung des Patienten. Erforderlich sind sie bei speziellen Fragestellungen.[6]

8. Coronarangiographie

So ist noch immer die **Coronarangiographie** (Linksherzkatheter, „großer" Herzkathe- 42 ter) der Gold-Standard zur Beurteilung von Ausmaß und Funktionseinschränkung einer koronaren Herzkrankheit (KHK). Mittlerweile entwickeln sich die Computertomographie und die **Magnetresonanztomographie** des Herzens zu qualitativ vergleichbaren Methoden, die allerdings deutlich kostenintensiver sind und auch noch bestimmte Grenzen der Untersuchungsmöglichkeit haben (Schrittmacher-Träger, geforderte Minimalfrequenz des Herzens).

Diese Methoden sind jedoch als nichtinvasive Diagnostik deutlich risikoärmer, dafür 43 besteht bei der Computertomographie eine nicht unerhebliche Strahlenbelastung. All diese Methoden beschreiben genau die Morphologie der Herzkranzarterien wie auch die Funktionalität der Herzkammer, also die Pumpfunktion. Mit der Coronarangio-

6 *Tillmanns* in: Fritze/Mehrhoff (Hrsg.), Die ärztliche Begutachtung, S. 154–155.

graphie ist ein Restrisiko der tödlichen Komplikation von etwa 0,1 % verbunden.[7] Die Durchführung der Untersuchung an großen Untersuchungszentren reduziert dieses Risiko, es steigt jedoch mit der Schwere der Erkrankung.

9. Endoskopische Untersuchungen

44 Weiterhin lassen sich der Bronchialtrakt wie auch der Magen-Darm-Trakt **endoskopisch** (von innen mittels Glasfaseroptik) direkt und aktuell betrachten, was sicherlich auch nur sehr speziellen Fragestellungen vorbehalten bleibt. Das Komplikationsrisiko ist hier weitaus geringer als bei der Coronarangiographie anzusetzen.

45 Die gesamte Palette der **röntgenologischen Bildgebung** wird hier bewusst ausgespart; dennoch bleibt sie eine wertvolle Zusatzinformation. Die am häufigsten verfügbare Abbildung ist hierbei die Lungenaufnahme, die für kardiologische und pulmologische Fragestellungen wichtig ist, gefolgt von den Wirbelsäulenaufnahmen bei orthopädischen Gutachten.

46 Einen Qualitätssprung der bildgebenden Verfahren muss man mit der zunehmenden Verfügbarkeit der Kernspin- oder Magnetresonanz-Tomographie (MRT) dennoch feststellen.

47 Die Coronorangiographie mit gewissem Restrisiko lässt sich durch die weniger eingreifende „Cardio-MRT“ Diagnostik leider noch nicht gänzlich von der Abbildungsqualität her ersetzen.

D. Indikation der Untersuchungen

48 Zusammenfassend lässt sich sagen, dass zum Fundament eines internistischen Gutachtens folgende Untersuchungen gehören sollten:

- Ausführliche körperliche Untersuchung und Anamnese,
- Basis-Laboranalyse im Sinne der sogenannten klinischen Chemie (Blut),
- Urinstatus (Urinuntersuchung mittels Teststäbchen),
- EKG,
- Ergometrie,ggf. Spiroergometrie
- Lungenfunktionsuntersuchung, ggf. Bodyplethysmographie sowie Blutgasanalyse,
- Röntgenaufnahme der Lunge,
- Ultraschall des Bauchraumes,
- Ultraschall der Schilddrüse,
- Ultraschall des Herzens sowie der kleinen und großen Gefäße.

49 Dies erfordert einen Zeitaufwand von insgesamt etwa vier Stunden. Je nach Fragestellung muss dieser Untersuchungskomplex um die entsprechende spezielle Diagnostik ergänzt werden.

50 Die Qualität eines Gutachtens wächst mit der Genauigkeit und der sprachlichen Verständlichkeit. So sollte mit der Beschreibung der Diagnosen nach Möglichkeit eine **Einteilung in Schweregrade**, sofern vorhanden, einhergehen. Diese Graduierung sollte den Bezug zur Leistungseinschränkung wiedergeben. Für viele aus internistischer

7 *Hahn*, Innere Medizin, S. 61.

Sicht zu beurteilenden Erkrankungen gibt es Einteilungen in Schweregrade, welche auch die geforderte Einschränkung der Belastbarkeit spiegeln. Diese für die juristische Entscheidung wesentliche Feststellung ist im Gutachten eindrücklich darzulegen.

E. Häufig vorkommende Fachbegriffe und Fallkonstellationen

I. Herzinsuffienz

Mit dem Begriff „Insuffizienz" ist allgemein Schwäche gemeint. Hier zum Beispiel der Begriff **„Herzinsuffizienz NYHA St III"**, welcher eine Herzmuskelschwäche dritten (von vier möglichen) Schweregrades meint. Dies bedeutet eine erhebliche Leistungsminderung schon bei leichtester Belastung und hat ohne therapeutisches Eingreifen die Gewährung einer Erwerbsunfähigkeitsrente zur Folge. Die alleinige Bezeichnung „Herzinsuffizienz" in einem internistischen Gutachten ist damit, wie oben dargelegt, für die Beantwortung der sozialmedizinischen Fragen nicht ausreichend und sollte stadiengenau mit Bezugnahme auf die körperliche und gegebenenfalls geistige Leistungsfähigkeit beschrieben werden. 51

II. Lungenerkrankungen

Der Begriff **„COPD"** meint die chronisch obstruktive (verengende) Lungenerkrankung, welche die häufigste zur Berentung führende Lungenerkrankung ist. Auch hier existieren vier Schweregrade nach GOLD I-IV, die Stadien A-D im COPD-Assessment oder die Stadieneinteilung nach mMRC 1–4, welche eine Beschreibung der Atemnot vornimmt. 52

So meint zum Beispiel die Diagnose **„COPD Gold St II"** eine mittelgradige Einschränkung der Belastbarkeit, was noch eine regelmäßige leichte körperliche Belastung erlaubt. Im Stadium III ist eine leichte körperliche Arbeit stundenweise noch denkbar, ab Stadium IV liegt eine völlige Erwerbsunfähigkeit vor bei mitunter notwendiger permanenter Sauerstofftherapie mittels mobiler Sauerstoffeinheit. 53

Die eher in jüngerem Lebensalter auftretende Erkrankung des Asthma bronchiale kann selten später in eine chronisch obstruktive Lungenerkrankung übergehen; interessanterweise werden in der Berufskrankheitenverordnung von 2006 beide Erkrankungen in ihrer MdE-Einstufung gleich betrachtet.[8] 54

Das häufig beschriebene Symptom der Luftnot, im fachsprachlichen **„Dyspnoe"** genannt, ist ebenfalls mit dem Einsatz zahlreicher diagnostischer Mittel auf ihren wirklichen Sachverhalt hin zu objektivieren. 55

Neben den o.a. Funktionstests wie Spiroergometrie oder definiertem Gehstreckentest ist mit dem Einsatz von Röntgenaufnahmen und anderen abbildenden Verfahren die Möglichkeit für den Gutachter gegeben, die beklagte subjektive Luftnot mit den objektiven Befunden zu korrelieren und so den Wahrheitsgehalt der Beschwerden zu überprüfen. 56

8 *Fritze/Mehrhoff* (Hrsg.), Die ärztliche Begutachtung, S. 294.

III. Koronare Herzkrankheit

57 Bei der koronaren Herzkrankheit (**KHK**) handelt es sich um ein vielfältiges Krankheitsbild mit einer großen Palette von Diagnosemöglichkeiten. So kann die optimal behandelte Form der KHK dazu führen, dass keinerlei Einschränkungen im Erwerbsleben bestehen, während eine andere Form der KHK trotz Ausschöpfung aller therapeutischen Optionen chronisch fortschreitend auf eine Erwerbsminderungsrente hinausläuft.

58 So ist die genaue Beschreibung der Anzahl und des Ausmaßes der Schädigungen der befallenen Herzkranzarterien unerlässlich. Wichtig ist immer, den aktuellen Stand der Leistungseinbuße und der dauerhaften Schädigungsfolgen anhand international standardisierter Stadien zu definieren. Damit ist die gutachterliche Aussage nachvollziehbar und kann der rechtlichen Entscheidung zugrunde gelegt werden. Insbesondere im Rahmen der Herz-Kreislauf-Erkrankungen sollte also auf das oben angegebene Instrumentarium, welches Kardiologen regelmäßig zur Verfügung steht, zurückgegriffen werden.

IV. Arterielle Verschlusskrankheit

59 Bei der sogenannten **aVK** handelt es sich um die häufig zu begutachtende **arterielle Verschlusskrankheit**, im Volksmund auch „Raucherbein" genannt. Nicht immer sind allerdings nur die Beine betroffen. Auch hier existiert die Stadieneinteilung nach Fontaine in vier mögliche Schweregrade, abhängig von der schmerzfrei zurückgelegten Gehstrecke. Ab Stadium III mit einer schmerzfreien Gehstrecke unter 50 m und Ruheschmerzen beidseits liegt eine MdE von 90–100 % vor.[9] Um die Plausibilität der durch den Probanden angegebenen schmerzfreien Gehstrecke zu überprüfen, sollten neben dem Gehstreckentest auch die Durchblutungsmessung der peripheren Gefäße und einzelne sogenannte Funktionsproben (z.B. Lagerungsprobe nach Ratschow) durchgeführt werden.

60 Hierzu zählt auch die Angabe des sogenannten ABI (Ancle/Brachial-Index), ein einfaches und sicheres Maß für die Einschränkung der Durchblutung. Indexwerte > 1 sind als unbedenklich zu bewerten. Dies ermöglicht eine vollkommen objektive Beschreibung der tatsächlichen Befunde und deren zu erwartende Einschränkungen.

V. Diabetes mellitus

61 Die Gruppe der sogenannten Stoffwechselkrankheiten wird aufgrund der Fülle der Möglichkeiten hier nur stichpunktartig bezüglich des in der juristischen Praxis bedeutsamen **Diabetes mellitus** behandelt. Auch hier gibt es umfangreiche Beschreibungsmöglichkeiten, die sich wieder nach dem Ausmaß der eingetretenen Schädigungen richten. Durch die fundamentalen Eingriffe der Erkrankung in den gesamten Organismus mit Schädigung vieler weiterer Organsysteme sollte immer eine gutachterliche Mitbetrachtung der am häufigsten mitgeschädigten Organe erfolgen. Hier sind zu nennen: die Herzkranzgefäße, die peripheren Gefäße, die Augen, das Nierensystem,

9 *Bönner* in: Fritze/Mehrhoff, Die ärztliche Begutachtung, S. 387.

die Situation der peripheren Nerven und auch das Immunsystem. Das Fehlen dieser Mitbetrachtung ist ein eindeutiger Qualitätsmangel im Gutachten und bietet dem Anwalt einen guten Angriffspunkt.

Die genaue und objektive Beschreibung von Leistungseinbußen und Schädigungsfolgen ist mit der Vielzahl der zur Verfügung stehenden diagnostischen Mittel heute sehr gut möglich. Generell bekannte Stadieneinteilungen und das Vorhandensein zahlreicher Tabellenwerke mit der Darstellung von Funktionsuntersuchungen und deren plausiblen Werten ermöglichen dem Gutachter eine präzise und vor allem von allen Prozessbeteiligten überprüfbare Aussage. 62

F. Weiterführende Literatur- und Internethinweise

Fritze/Mehrhoff (Hrsg.), Die ärztliche Begutachtung, 8. Aufl. 2012; *Herold*, Innere Medizin, 2015; *Köhler/Schönhofer/Voshaar*, Pneumologie, 2. Aufl. 2014; *Haak/Palitzsch*, Diabetologie für die Praxis, 2012. 63

www.escardio.org, – Europäische Gesellschaft für Kardiologie;

www.awmf-online.de – Arbeitsgemeinschaft der Wissenschaftlichen Medizinischen Fachgesellschaften e.V.;

www.leitlinien.de –AWMF Leitlinien, Informationen und Zugang zu Leitlinienprogrammen

www.dgk.org – Deutsche Gesellschaft für Kardiologie „DKG“;

www.hochdruckliga.de – Deutsche Hochdruckliga e.V. DHL;

www.goldcopd.com – Obstruktive Lungenerkrankungen (in Englisch);

www.herold-innere-medizin.de – *Herold*, Innere Medizin, 2015, als e-book.

§ 14 Nervenheilkunde

A. Definitionen einzelner Fachgebiete

1 Die Hirn- und Nervensysteme des Menschen gehören wohl mit zu den erstaunlichsten Organen, die das Leben hervorgebracht hat. Das Gehirn umfasst ca. **100 Milliarden Zellen** komplexes Nervengewebe und verleiht uns unsere individuellen besonderen Fähigkeiten: Denken, Fühlen, Empfinden, Lernen, Erinnern, das Bewusstsein, aber auch das Unterbewusstsein. In dem vergangenen Jahrhundert wurde so manches Geheimnis des Gehirnes gelüftet, aber je mehr Geheimnisse gelöst wurden, umso mehr Fragen haben sich aufgetan. Insbesondere im Bereich der Erkrankungen des Nervensystems gibt es neue und täglich hinzukommende Erkenntnisse und auch Herausforderungen, denen sich die Disziplinen Neurologie, Psychiatrie und Psychosomatik widmen. Die Grundlagenforschung in der Neurologie und Psychiatrie stellt hierbei die Basis dar, um Ursachen und Entstehung von Erkrankungen und Störungen besser zu verstehen. Dieses Wissen und die medizinische Erfahrung sind dann wiederum Grundlage für eine (möglichst) erfolgreiche Behandlung dieser Störungen.

2 Es soll im weiteren Verlauf keine detaillierte Darstellung des Aufbaus und der Funktion des Gehirns und des Nervengewebes erfolgen, sondern die Fachgebiete der Neurologie, Psychiatrie und Psychosomatik sollen in Abgrenzung zur Psychologie und Psychotherapie eingehend erläutert sowie ein exemplarischer Untersuchungsablauf soll geschildert werden. Zum Schluss werden die erwähnten Fachbegriffe noch in einer kurzen Propädeutik klärt.

I. Die Neurologie

1. Definition und Geschichte der Neurologie

3 Die Neurologie als eigenständiges Fach existiert ca. seit Mitte des 20. Jahrhunderts. Zuvor war sie eingebettet in die **Innere Medizin.** Die bedeutenden neurologischen Forscher, nach denen Erkrankungen oder auch bestimmte Untersuchungsmethoden benannt wurden, waren allesamt auch in Innerer Medizin ausgebildet. Erst nach dem zweiten Weltkrieg erfolgte aufgrund der zunehmenden Erkenntnisse in diesem Fachgebiet eine weitergehende **Subspezialisierung**, sodass schließlich die Neurologie als Fach von der Inneren Medizin getrennt wurde und als eigenständige Facharztausbildungsgang in der deutschen Medizin und im internationalen medizinischen Bereich etabliert wurde.

4 Die Neurologie beschäftigt sich mit Aufbau, Funktion und Störung des Nervensystems. Ein Neurologe ist ein Facharzt, der auf die Erkennung und Behandlung von vielen Funktionen oder Ausfällen des Gehirns, des Rückenmarks, der Sinnesorgane, der peripheren Nerven und der Muskulatur spezialisiert ist. Neben den organischen Beschwerden beschäftigt sich der Neurologe aber immer auch mit der Gesamtperson des Patienten.

5 Zu den neurologischen Erkrankungen zählen viele Krankheiten unterschiedlicher Ursachen (Entzündungen des Gehirns/Rückenmarks, degenerative Krankheiten, Schlaganfälle, Verletzungen, Bandscheibenvorfälle, Kopfschmerzen).

2. Verwandte Fachgebiete

Die der Neurologie verwandten Fachgebiete sind: 6

- Neurophysiologie: Untersuchung der Funktionsweise des Nervensystems mittels sogenannter Elektrophysiologie oder Magnetwellen.
- Neuropathologie: Untersuchung von Gewebsveränderungen bei operativ entnommenem Nerven-Muskelgewebe.
- Neurochirurgie: Teilgebiet der Chirurgie, das sich auf operative Eingriffe am zentralen und peripheren Nervensystem spezialisiert hat (Bandscheiben, traumatische Verletzungen, Tumore).

II. Psychiatrie

1. Definition und Geschichte der Psychiatrie

Das Fachgebiet der Psychiatrie umfasst das Wissen, die Erfahrung und die Befähigung zur Diagnostik und Behandlung sowie Rehabilitation psychischer und psychosomatischer Erkrankungen unter Anwendung sozio- und psychotherapeutischer Verfahren. 7

Die Geschichte der Psychiatrie ist sehr alt. Bereits in der Antike wurden Störungen und auffälliges Verhalten beschrieben, die als Krankheiten erkannt, jedoch in ihrer Entstehung nicht verstanden wurden. Daher beschränkten sich die Therapiemaßnahmen auch auf unspezifische Anwendungen wie Massagen und/ oder Aderlässe. Im weiteren Verlauf der Menschheit kam es zu Zeitaltern, in denen psychisch Kranke stigmatisiert und der Hexenverfolgung, Inquisition oder sonstigen Ausgrenzung (Narrenschiff) ausgesetzt waren. Auch die berüchtigten zuchtarmen Tollhäuser des 17. Jahrhunderts zeugen von einer strikten Ausgrenzungspolitik gegenüber psychisch Kranken. Erst seit Ende des 18. Jahrhunderts kam es ganz allmählich zu einem naturwissenschaftlich geprägten psychiatrischen Krankheitsmodell, das sich im 19. Jahrhundert langsam weiterentwickelte, um dann in der NS-Zeit das dunkelste Kapitel dieser Fachdisziplin aufzuschlagen. Die von den Nationalsozialisten praktizierte Euthanasie wurde in Kooperation mit deutschen Psychiatern durchgeführt. Nach dem zweiten Weltkrieg kam es zu einem schmerzhaften und aufsehenerregenden Klärungsprozess, der im Rahmen der deutschen Ärzteschaft zu heftigen Polarisierungen geführt hat. Hier spielte in aufklärerischer Weise Prof. Alexander Mitscherlich eine führende Rolle, um die Vergangenheit aufzuarbeiten und damit die Grundlage für ein neues Vertrauen gegenüber der Psychiatrie zu schaffen. 8

Im weiteren Verlauf des 20. Jahrhunderts wurden zunehmend **spezialisierte Diagnose- und Behandlungsschemata** entwickelt. Ungefähr seit dem Jahr 2000 hat die Psychiatrieforschung den Schritt auf die **Molekularebene** vollzogen und ist damit in der Entstehungs- und Ursachenforschung psychischer Erkrankungen ein großes Stück weitergekommen. 9

Als Beweis hierfür mag angesehen werden, dass die meisten internationalen Forschungsprojekte in Bezug auf Grundlagenforschung in der Medizin ab dem Jahre 2006 auf dem Gebiet der Neuroforschung stattfinden. Hier sind in den nächsten Jah- 10 ren bahnbrechende Ergebnisse insbesondere hinsichtlich der Behandlung chronischer psychischer Erkrankungen (wie Schizophrenie und Alzheimerdemenz) zu erwarten.

2. Teilbereiche der Psychiatrie

11 Die Gebiete der Psychiatrie umfassen die diagnostische und ambulante sowie die stationäre und therapeutische Richtung. Daneben gibt es noch die sogenannte teilstationäre Behandlung. Im Wesentlichen werden therapeutische Fachrichtungen, hierunter fallen die genannten Richtungen, Geronto etc. und die forensische Psychiatrie unterschieden, in der es nur teilweise um eine Therapie der untergebrachten Patienten geht.

a) Ambulant/stationär

12 Bis Mitte der 70. Jahre des 20. Jahrhundert spielte die ambulante Psychiatrie eine eher untergeordnete Rolle. Hauptort der Behandlung waren die psychiatrischen (Landes-)Kliniken. Mit der Enquete von 1975 wurde eine Reform zu Gunsten der ambulanten Versorgung durchgeführt. Es wurde eine sogenannte Sektorisierung eingeführt, die den Krankenhäusern der Stadt/Regierung fest zugewiesene Bezirke zuordnete. Schwer psychisch erkrankte Patienten können seit Inkrafttreten des PsychKG nur noch in diese Krankenhäuser eingeliefert werden. Des Weiteren kam es nach einer schrittweisen Auflösung der sogenannten Langzeitstationen zur **Resozialisierung und Reintegration** der Langzeitpatienten in Wohngruppen und betreute Wohneinrichtungen. Diese enorme Veränderung führte anfangs zu erheblichen Schwierigkeiten in der Versorgung, da es zu sehr vielen Rückfällen bei den chronisch kranken Patienten kam. Mittlerweile haben sich die **Versorgungsformen im ambulanten Bereich** etabliert und es gibt im gesamten Westeuropa vorbildliche Unterbringungsmöglichkeiten für sowohl akut als auch chronisch psychisch kranke Menschen. Die Versorgung in West- und weitestgehend auch in Südeuropa ist in ihrem Standard deutlich angestiegen. Nachzügler sind diesbezüglich noch die neuen EU-Staaten, die im Rahmen der Osterweiterung hinzugekommen sind. Aber auch hier ist eine positive Entwicklung deutlich erkennbar.

13 Gab es vor der Zeit der Enquete eine ganz klare „Drehtürpsychiatrie“, bei der die Patienten teilweise mit kurzen Unterbrechungen mehrere Jahre ihres Lebens auf geschlossenen und halboffenen psychiatrischen Stationen verbrachten, so konnte durch die jetzt zunehmend entstehenden tagesklinischen und poststationären Betreuungen der **stationäre Aufenthalt** bei den Patienten **deutlich reduziert** werden.

14 Dennoch sind weiterhin geschlossene Aufnahmestationen im psychiatrischen Bereich in einem derart eng besiedelten Wohnraum wie Westeuropa dringend notwendig. Durch die akuten Psychosen können erhebliche **Fremd- und Eigengefährdungen** entstehen, die nur unter den Bedingungen einer geschlossenen psychiatrischen Unterbringung zum Wohle des Patienten und der Allgemeinheit behandelt werden können.

15 Mit Abschaffung der sogenannten vorläufigen und dauerhaften Vormundschaft im Betreuungsgesetz wurde eine deutlich demokratischere Vorgabe zur Behandlung akut psychisch kranker Menschen geschaffen. Eine Unterbringung ist in Deutschland ohne richterliche Anhörung längstens 24 Stunden rechtlich zulässig und in der Praxis auch

realistisch. Die stationären Behandlungszeiten haben sich deutlich verkürzt, insbesondere durch die zunehmend angewandte sogenannte „tagesklinische Nachbehandlung“, bei der die Patienten schrittweise in ihren Lebens- und Arbeitsalltag mit Hilfe der Kooperation verschiedener Fachdisziplinen (Ergotherapie, Soziotherapie, Psychotherapie, Musik-, Bewegungs-, Gestaltungstherapie) reintegriert werden können.

Hinzu kommt ein enormer Fortschritt in der **psychopharmakologischen Behandlung.** 16
Hier ist es in den letzten Jahren gelungen, immer spezifischer wirksame Medikamente zu entwickeln, die der individuellen Symptomatik besser angepasst werden können und deren Nebenwirkungen keine sichtbare Diskrimination der behandelten Patienten mehr verursachen. Bis in die 80-er Jahre hinein wurden die antipsychotisch wirksamen Medikamente (Neuroleptika) in zum Teil sehr hohen Dosen angewandt, was massive Bewegungsstörungen mit Erstarrung von Mimik und Körperhaltung zur Folge hatte. Diese so behandelten Menschen waren sofort erkennbar als psychiatrische Patienten, was zu einer erheblichen Diskriminierung beigetragen hat.

b) Forensische Psychiatrie

Mit der Entwicklung eines differenzierteren Rechtswesens und der Fortentwicklung 17
kriminologischer Ermittlungsmethoden gewann eine unterforensische Psychiatrie im letzten Jahrhundert zunehmend an Bedeutung. Der wachsende Einfluss wissenschaftlicher Erkenntnisse führte zur wissenschaftlichen Aufarbeitung von Straftaten. Die Täter wurden hinsichtlich ihrer Beweggründe, Bewusstseinslage sowie ihrer mentalen, geistigen und emotionalen Zurechnungsfähigkeit im Bezug auf eine Straftat begutachtet; es wurden Empfehlungen für einen Umgang mit ihnen gegeben.

Wurde die forensische Psychiatrie teilweise noch bis in die 60-er Jahre des 20. Jahr- 18
hunderts hinein eher als eine Teildisziplin der Pathologie angesehen, so entwickelte sie zunehmend ein Eigenleben und stellt insbesondere heutzutage eine eigene, hoch **spezialisierte fachliche Disziplin im Rahmen der Psychiatrie** dar. Dies zeigt sich in der Einrichtung forensisch-psychiatrischer Lehrstühle an Universitäten, einer wachsenden Fachliteratur und der Forschungsaktivität auf diesem Gebiet. Hauptsächliches Betätigungsfeld ist die Beurteilung und Diagnostik sowie die Betreuung von psychisch kranken Straftätern. Daneben umfasst dieses Fachgebiet jedoch auch den gesamten Komplex der Betreuung nach dem PsychKG sowie insbesondere die Unterbringung nach diesem Gesetz. Bei diesen beiden Punkten kommt es im zivilrechtlichen Bereich zu einer häufigen Berührung zwischen Juristen und Psychiatern. Kenntnisse beider jeweiliger Sachgebiete in Bezug auf die Konsequenzen für den betroffenen Patienten sind hier überaus wichtig.

c) Kinder- und Jugendpsychiatrie

Ein weiteres Fachgebiet der Psychiatrie ist die Kinder- und Jugendpsychiatrie. Hier 19
werden psychische Erkrankungen des Kindes- und Jugendalters diagnostiziert und behandelt. Leider ist diese Disziplin sowohl von der Anzahl der tätigen Ärzte/Ärztinnen als auch auf wissenschaftlichem Gebiet nur gering entwickelt. Als Indiz hierfür mag dienen, dass eine Kassenzulassung als Kinder- und Jugendpsychiater in keinem Bundesland begrenzt ist. Es gibt keine sogenannte Zulassungsbegrenzung und auch

keine Altersbegrenzung (!) für die Zulassung. Kinder- und jugendpsychiatrische Kliniken sind ständig überbelegt und auf Monate hinweg mit Terminen ausgebucht.

20 Da die Psychiatrie historisch den gesellschaftlichen Entwicklungen in Gestalt der Symptomatik und Erkrankungshäufigkeit seit Jahrhunderten folgt, mag dies als kleiner Hinweis auf die derzeit offensichtlich problematische gesellschaftliche Entwicklung gelten. Die nüchternen Zahlen besagen eine Zunahme psychischer Erkrankungen bei Kindern, vor allem **Essstörungen** und **Suchterkrankungen**. Die Dunkelziffer ist in diesem Bereich besonders hoch, da viele psychische Erkrankungen von Kinderärzten, die über keinerlei psychiatrische Ausbildung verfügen, mitbehandelt werden und somit prüfbare epidemielogische Daten fehlen.

21 Eine Kurzaufnahme soll die Wichtigkeit der Kinder- und Jugendpsychiatrie betonen Die in der letzten Zeit gehäuft vorkommenden Vergewaltigungs- und Tötungsdelikte an Kindern führen sowohl bei den überlebenden Kindern als auch bei Geschwisterkindern und im sozialen Umfeld der betroffenen und geschädigten Kinder (Schule) zu erheblichen **psychischen Verhaltensauffälligkeiten**, ja Krankheiten, die zum größten Teil mangels ausgebildeter Therapeuten nicht professionell behandelt werden können. Lehrer sind in einer solchen Situation ebenso wie Eltern häufig völlig überfordert.

d) Gerontopsychiatrie

22 Das Fachgebiet der Gerontopsychiatrie beschäftigt sich mit den psychiatrischen Erkrankungen des höheren Alters. Hier stehen insbesondere die **Demenzen** im Vordergrund. Es kommt mit fortschreitendem Verlauf zu erheblichen Verhaltensstörungen und Symptomen wie Verwirrtheit, Halluzinationen, Wahnvorstellungen, erheblicher Unruhe und Störung des Tag-Nacht-Rhythmus mit massiver Eigengefährdung (Erfrieren etc.). Daneben spielen **Depressionen** ebenfalls eine große Rolle in der ambulanten stationären Behandlung.

23 Die älter werdende Gesellschaft wird in den nächsten Jahren hier zu einem erheblichen Anstieg der Erkrankungen und notwendigen Behandlungen führen. Diese Tatsache, die allgemein bekannt ist, hat bislang im deutschen Gesundheitswesen leider noch zu keinerlei Konsequenzen hinsichtlich der Versorgungsstrukturen geführt; so ist bei einem heutigen Stand von ca. **900.000 Alzheimerpatienten in Deutschland** bis zum Jahre 2020 mit einem Anstieg auf 2.000.000 Erkrankungen zu rechnen. Hierfür stehen weder entsprechende Pflegeeinrichtungen noch Behandlungskapazitäten zur Verfügung. Demgegenüber sind die Arztzahlen erheblich rückläufig. Sowohl Auswanderungen von jungen Ärzten als auch weniger Studienanfänger nicht nur in den allgemeinmedizinischen Fächern, sondern insbesondere auch in der Psychiatrie, führen zu erheblichen Versorgungsengpässen. Wissenschaftlich ist die Gerontopsychiatrie ähnlich wie die Kinder- und Jugendpsychiatrie auf der anderen Seite der Skala der psychiatrischen Erkrankungen wenig erforscht. Daneben gibt es nur weitgehend symptomatische Therapieansätze sowie zum Teil völlig veraltete Unterbringungskonzepte.

III. Nervenheilkunde

Neurologie und Psychiatrie waren vom fachlichen Ausbildungsgang her bis Anfang der 80-er Jahre unter dem Namen Nervenheilkunde/Nervenarzt zusammengefasst. Inzwischen handelt es sich, wie vorstehend beschrieben, um zwei eigenständige Fächer. Die Anzahl der in Deutschland tätigen „Nervenärzte" liegt derzeit bei ca. 1.200 und ist weiter in Abnehmen begriffen. Die jetzt noch beruflich tätigen „Nervenärzte" haben sich weitestgehend entschieden, überwiegend **neurologisch** oder überwiegend **psychiatrisch** tätig zu sein. 24

IV. Psychosomatik

1. Definition

Die Psychosomatik ist die Lehre von der **Wechselwirkung zwischen körperlichem und seelischem Erleben.** Sie beschäftigt sich mit körperlichen Krankheiten, die eine seelische Ursache oder Mitursache haben. War sie noch bis in die 1970-er Jahre hinein ein Untergebiet der Psychiatrie, so stellt sie heute eine eigenständige Fachrichtung dar. Auch hier gibt es eigene Lehrstühle und eine Vielzahl von Fachliteratur. Im psychosomatischen Bereich besteht eine sehr große Forschungsaktivität. Aktuell findet eine wissenschaftliche Annäherung zwischen neurobiologischer Hirnforschung und Psychosomatik statt. In zunehmendem Umfang können die Gehirnprozesse auf physiologischer Ebene körperlichen Symptomen zugeordnet werden, sodass frühere Deutungsmodelle, insbesondere auf psychoanalytischer Basis, einer Korrektur unterzogen werden. 25

2. Krankheitsmodelle der Psychosomatik

Die Krankheitsmodelle der Psychosomatik richten sich im Wesentlichen nach den sogenannten **Schulen bedeutender Vordenker.** Bekannt sind hier insbesondere die vier Richtungen der Wiener Psychotherapeutenschule: *Freud*, *Jung*, *Adler*, *Frankl.* Jeder dieser Protagonisten steht für eine bestimmte Deutung der psychischen und somatischen Beschwerden in einem differenzierten, gedachten, psychosomatischen Koordinaten- und Denksystem. Hier haben sich weltweit mittlerweile Schulen mit weiteren Subspezialisierungen und dem Anspruch auf eine umfassende Deutung aller in dem Fachgebiet vorkommenden Krankheitssymptome etabliert. Sicher hat diese nicht ohne Konflikte einhergehende Diversifizierung auch zu einem etwas unscharfen Bild dieser Disziplin in der Öffentlichkeit beigetragen. Insbesondere die sehr spezielle Wortwahl mit Wortneuschöpfungen, die zum Teil heute in die Allgemeinsprache übergegangen sind, hat manchmal eher zum Unverständnis als zum Verständnis beigetragen (Beispiele: Verdrängung, Komplex, neurotisch, hysterisch). 26

Die Psychosomatik ist in der heutigen Zeit, in der durch eine enorme Beschleunigung des äußeren Lebens und eine immer größere Entfernung des Einzelnen vom Kenntnisstand komplexer gesellschaftlicher, wirtschaftlicher und technischer Vorgänge enormer Stress entsteht, von großer Bedeutung. Psychosomatische, auf dem Boden neurobiologischer Erkenntnisse stehende Krankheitsmodelle ermöglichen heute ein Erkennen des **Zusammenspiels zwischen Veranlagung, biographisch Erlebtem und kognitiv Erlerntem.** 27

V. Psychologie

1. Definition

28 Die Psychologie ist die Wissenschaft des normalen menschlichen Verhaltens und Erlebens. Sie bezieht sich überwiegend auf den gesunden, aber auch auf den kranken Organismus, hier auf einzelne Individuen oder auf Gruppen.

2. Ausbildung der Psychologen

29 Formal handelt es sich bei der Psychologie um einen **nichtmedizinischen Diplomstudiengang.** Nach dem Vordiplom haben Studenten die Möglichkeit, sich in verschiedenen Disziplinen zu spezialisieren. Nach Abschluss des Studiums (d.h. nach dem Diplom) kann eine weitere Spezialisierung vorgenommen werden in Richtung klinischer Psychologie/Psychotherapie. Wesentlicher Unterschied zur Psychiatrie ist, dass es sich bei **Psychiatern** um **Fachärzte** handelt. Das heißt, nach abgeschlossenem Medizinstudium mit erfolgter Approbation (drittes Staatsexamen) erfolgt eine fünfjährige Spezialisierung in einer Klinik nach einem festgelegten Curriculum. Danach wird eine Facharztprüfung abgelegt.

3. Klinische Psychologie

30 Der klinische **Psychologe** absolviert nach dem **Diplom** eine vier- bis fünfjährige Ausbildung an Kliniken, während der er Fertigkeiten in den unterschiedlichen Therapietechniken erlernt. Er ist nicht befugt, medikamentös zu behandeln oder Zwangseinweisungen nach dem PsychKG vorzunehmen. Es besteht die Möglichkeit einer Kassenzulassung mit Erstattung der Therapien durch die gesetzlichen Krankenkassen. Eine ärztliche Approbation liegt beim Psychologen/Psychotherapeuten aber nie vor.

4. Forensische Psychologie

31 Im Rahmen der Entwicklung der forensischen Psychiatrie hat sich auch die forensische Psychologie weiterentwickelt. Schwerpunkte dieser Tätigkeit sind kriminologische Untersuchungen, Täterprofile und Verhaltensanalysen sowie Schulungen von Polizei und Ordnungskräften im Umgang mit psychisch kranken Tätern. Daneben werden testpsychologische Untersuchungen von Tätern im Rahmen von Strafprozessen durchgeführt. Forensisch tätige Psychologen sind entweder in forensisch psychiatrischen Instituten oder bei Polizeibehörden tätig.

VI. Psychotherapie

1. Ausbildung der Psychotherapeuten

32 Die Fachbezeichnung Psychotherapie ist erst seit 1999 gesetzlich geregelt und geschützt. Davor war der Begriff völlig nach freiem Belieben verwendbar. Ärzte (jedweder Fachrichtung) und Psychologen können diese **Weiterbildung** nach Abschluss ihres Studiums absolvieren. Die Ausbildung umfasst mehrere Jahre, kann berufsbegleitend oder im Rahmen der Facharztausbildung geleistet werden und schließt, unabhängig von der Facharztprüfung bei Ärzten, mit einer **separaten Fachprüfung** ab.

2. Therapierichtungen

Grundlegend können zwei Therapierichtungen unterschieden werden: 33

- **Verhaltenstherapie**
  Hier werden bewusst und geplant Prozesse angestoßen, die Verhaltensstörungen positiv beeinflussen und psychisches Leid lindern sollen. Ziel ist es, seelische oder zwischenmenschliche Konflikte zu bewältigen. Hier gibt es vielfältige Methoden, die zum Teil mit einzel- und gruppentherapeutischen Ansätzen arbeiten. Grundlage aller Therapieformen der Verhaltenstherapie sind Lern- und Verhaltenstheorien, die auf wissenschaftlich-empirischen Erkenntnissen beruhen.
- **Tiefenpsychologie**
  Bei dieser interpersonellen Therapie wird von der Annahme ausgegangen, dass innere und/oder soziale Konflikte ihre Ursache in **Anpassungsstörungen** der frühen Lebensphasen bzw. nicht adäquat verarbeiteten Konflikten haben. Durch Offenlegung der zugrunde liegenden Störungen/Konflikte soll eine bessere Integration und Verarbeitung mit dem Ziel größerer Lebensqualität erreicht werden. Krankheitssymptome werden hier als Symptom eines **unbewussten Konfliktes** gedeutet. Diese Art der Psychotherapie ist daher sehr langwierig und häufig nicht mit sofort erkennbaren positiven Erlebnissen und Erkenntnissen für den Patienten verbunden.

B. Untersuchungsablauf

Im Folgenden werden typische Untersuchungsabläufe einer neurologischen und einer psychiatrischen ärztlichen Untersuchung dargestellt. 34

Der Untersuchungsablauf kann individuellen Schwankungen unterlegen sein, die erwähnten Bestandteile sollten sich jedoch in der Befundmitteilung, spätestens in der Zusammenfassung eines Gutachtens wiedererkennen lassen. Gelegentlich auftauchende Formulierungen wie „orientierende neurologische oder psychiatrische Untersuchung“ sind inakzeptabel, da sie Verallgemeinerungen darstellen und dem gerade im forensischen und versicherungsrechtlichen Bereich notwendigen Einzelbefunden und individuellen Gegebenheiten der Person zu wenig Aufmerksamkeit schenken. 35

I. Anamnese

Bevor mit einer neurologischen/psychiatrischen Untersuchung begonnen wird, ist eine ausführliche Anamneseerhebung von zwingender Bedeutung. Je nach Gegebenheiten (wie sprachlicher Verständigung, Auffassungsfähigkeit und Kooperation) kann eine Anamnese bis zu einer Stunde dauern. Der übliche **Zeitbedarf** der Erhebung einer kompletten **Anamnese** liegt bei durchschnittlich ca. 45 Minuten. Werden weitere Personen hinzugezogen, kann sie sich auf mehrere Untersuchungstage ausdehnen. Grundsätzlich werden unterschieden: 36

1. *Eigenanamnese*: Hierunter fällt die Selbstbeschreibung der medizinischen Vorgeschichte. Das sind Kinderkrankheiten, Unfälle, schwere Krankheiten (ambulante und/oder stationäre Behandlungen) unter besonderer Berücksichtigung des Nervensystems (z.B. Schädelhirntrauma, Epilepsie, Meningitis, Hirnhautentzündung

im Kindesalter, Schlaganfälle, chronische Erkrankungen im neuropsychiatrischen Bereich).

2. *Biographische Anamnese*: Der Proband beschreibt seine eigene Biographie bis zum gegenwärtigen Zeitpunkt unter besonderer Berücksichtigung des Elternhauses, der Beziehung der Eltern zueinander, der anderen Familienmitglieder, seine persönliche Einschätzung der eigenen Rolle in der Familie, in der Schule, in der Ausbildung und im Berufsleben. Der Proband sollte möglichst zum Abschluss eine möglichst genaue Charakterisierung seiner Person vornehmen (Selbsteinschätzung).
3. *Familienanamnese*: Hier wird explizit nach neurologischen/psychiatrischen Krankheiten in der Familie (von Generationsmitgliedern der beiden Generationen zuvor) erfragt. Insbesondere bei psychiatrischen Erkrankungen, zB bei Schizophrenie, ergeben sich sehr oft Häufungen in einer Familie.
4. *Fremdanamnese*: Die Befragung von Menschen aus dem familiären oder/und sozialen Umfeld des Probanden ist bei der Anamneseerhebung manchmal von besonderer Bedeutung. Da bei psychiatrischen Erkrankungen z.B. fast nie ein Krankheitsgefühl oder Leidensdruck besteht, kann die Fremdanamnese zu einer eindeutigen Diagnosestellung wesentlich beitragen. Häufig werden durch Befragung des Umfeldes bereits längerfristig bestehende, zunächst kleinere Verhaltensauffälligkeiten erkennbar, die manche Ereignisse nicht als akut und punktuell, sondern als logische Folge einer bereits länger bestehenden krankhaften Entwicklung deutlich werden lassen. Fehlt in einem Gutachten die Fremdanamnese, so beraubt sich damit der Gutachter eines wesentlichen diagnostischen Instrumentes!
5. *Sozialanamnese*: Hier wird vom Probanden seine möglichst vollständige soziale Entwicklung erfragt. Hierzu gehören die schulische und berufliche Ausbildung, die Familienstandsentwicklung sowie die berufliche Tätigkeit.
6. *Suchtanamnese*: Auch bei scheinbar nicht suchtkranken Probanden muss immer eine derartige Abfrage erfolgen. Hintergrund sind z.B. pathologische Rauschzustände, die bereits bei geringen Alkoholkonzentrationen bei bestimmten Persönlichkeitsveränderungen auftreten können. Eine genaue Abfrage des Konsums berauschender Getränke oder Rauschgifte ist daher von wichtiger diagnostischer Bedeutung.

II. Neurologische Untersuchung

1. Ablauf/Zeitbedarf

37 Der **Zeitbedarf** für eine ausführliche **neurologische Untersuchung** beträgt ca. 30–45 Minuten. Die Untersuchung sollte in einem beheizten Raum stattfinden. Der Patient ist entkleidet bis auf die Unterwäsche (nicht nackt!). An Instrumenten werden dazu benötigt: ein Reflexhammer, eine Stimmgabel, ein Mundspatel, ein Watteträger und ein Augenspiegel. Die Untersuchung folgt einem festgelegten Schema, das Neurologen in der klinischen Ausbildung systematisch erlernen. Dieses Schema findet sich im neurologischen Gutachten in Form der aufgeführten Systematik wieder.

Der Untersuchungsgang beginnt mit der Untersuchung der **12 Hirnnerven.** Hier wird die Sinneswahrnehmung und -verarbeitung überprüft. Sie werden mit römischen Ziffern (I bis XII) bezeichnet. 38

Als Nächstes werden der Tonus und die Trophik der Muskulatur geprüft. Beispiel: Erhöhter Tonus = Spastik (Multiple Sklerose, zB nach Schlaganfall) oder Rigor (Parkinson). Verringerter Tonus = Hypoton (Polyneuropathie, periphere Lähmungen). 39

Bei den Reflexen wird unterschieden zwischen den **Muskeleigenreflexen (MER)**, die durch Schlag mit dem Reflexhammer auf die Muskelsehne ausgelöst werden, und den **Fremdreflexen**, die durch Streichen an bestimmten Hautarealen Muskelkontraktionen hervorrufen. Die **MER** sind physiologisch vorhanden, ihr Fehlen pathologisch. Die **Fremdreflexe** fehlen normalerweise, ihr Vorhandensein ist pathologisch (Babinski/Gordon/Strümpell-Zeichen, Palmomentalreflex). 40

Die Kraftprüfung unterscheidet im pathologischen Bereich zwischen **Parese** (= Schwäche) und **Plegie** (= Lähmung). Beachte: Nur Muskeln können gelähmt sein, nie Nerven! Bsp: Die „Facialislähmung“ (= Läsion des N. facialis = VI. Hirnnerv) ist korrekt eine Gesichtslähmung (= Lähmung der vom N. VI innervierten Muskulatur). 41

Sensibilitätsstörungen werden nach der ursächlich verantwortlichen Läsion unterschieden. Es gibt **periphere** (einem peripheren Nervenversorgungsgebiet zuordenbare), **zentrale** (einem bestimmten Gehirn- oder Rückenmarksgebiet zuordenbare) und **segmentale** (einer Rückenmarksnervenwurzel zuordenbare) Ausfälle. Daneben werden die **Tiefensensibilität** sowie das Temperaturempfinden geprüft. 42

Die Prüfung der **Koordination** beinhaltet die Untersuchung der Feinmotorik (Diadochokinese = Wechsel-Folgebewegungen der Hände, Finger–Nase- und Knie–Hacke-Versuch), der Rumpfhaltung im Sitzen und die Beobachtung des Gangbildes. Überprüfung des Gleichgewichtes durch den **Romberg**-Test (Proband steht mit geschlossenen Augen und streckt beide Arme gerade nach vorne = er sollte nicht aus dem Gleichgewicht kommen) und **Unterberger**-Tretversuch (Augen und Arme wie bei Romberg, Proband tritt auf der Stelle = bei Innenohr-/Kleinhirnläsionen dreht er sich zur betroffenen Seite). Störungen sind hier z.B. die **Ataxie** = ungerichtete, wackelige Bewegungen (wie betrunken). Auch der **Tremor** (= Zittern) wird hier entsprechend seiner Ausprägung und Auslösung dokumentiert. 43

Die Anteile des Nervensystems, die hier geprüft werden, sind das Rückenmark und das Kleinhirn. Diese sind für die Koordination von Bewegungsabläufen zuständig. 44

Zum Abschluss werden die **Hirnwerkzeugstörungen** geprüft. Störungen in diesem Funktionsbereich des Gehirns sind die **Aphasie** (= Sprachstörung durch eine Großhirnerkrankung wie Schlaganfall, Tumor etc.), **Apraxie** (= Störung eines gezielten Bewegungsablaufes s.o.) und **Dysarthrie** (= Sprech- und Schluckstörung durch Läsion im Bereich der tieferen Hirnabschnitte). 45

2. Bedeutung der Verlaufsbeobachtung

Neurologische Erkrankungen sind in aller Regel lang andauernde Erkrankungen, die fast immer einen fortschreitenden Charakter zeigen. Insbesondere in Berentungs- 46 oder Entschädigungsverfahren mit entsprechender Begutachtung kommt daher der Verlaufsbeobachtung eine besondere Bedeutung zu. Bei verlaufsbeobachtenden Gutachten wird sich in aller Regel der neurologische Befund nur noch an den pathologischen Auffälligkeiten orientieren, um hier eine entsprechende **Veränderung zu dokumentieren.** Die Folgegutachten können daher folgerichtig einen geringeren Umfang aufweisen.

III. Psychiatrische Untersuchung

1. Ablauf/Zeitbedarf

47 Der **Zeitumfang** der Erhebung eines **psychiatrischen Befundes** für ein Gutachten sollte mindestens eine Stunde betragen. Unter Umständen kann eine Nacherhebung zu einem anderen Zeitpunkt/Tag sinnvoll sein. Die psychiatrische Untersuchung folgt wie die neurologische Untersuchung einem systematischen Ablauf, der im Rahmen der Facharztausbildung erlernt wurde und sich in der Dokumentation des Gutachtens niederschlägt.

48 Zunächst wird die **Orientierung** geprüft. Im Krankheitsfall (z.B. bei Demenz) schwindet sie typischerweise in dieser Reihenfolge: erst zeitlich, dann örtlich und räumlich, schließlich zur Person. Danach werden das **Neuzeit- und Altzeitgedächtnis, die Aufmerksamkeit und die Konzentration** abgefragt und bei Bedarf später testpsychologisch detailliert weiter untersucht. Der **formale Gedankengang** beschreibt die innere Logik des Gesprochenen. Bei Psychosen ist er zerfahren oder assoziativ gelockert („vom Hundertsten ins Tausendste“), bei Demenz gelockert bis nur noch insulär vorhanden.

49 Das **inhaltliche Denken** wird abgefragt auf Sinnestäuschungen (Halluzinationen) und Wahnwahrnehmungen. Die **Affektlage** sollte ausgeglichen, gut anregbar und mitschwingend sein. Störungen sind hier Depressivität, Anhedonie (Unfähigkeit zur Freude), Parathymie und Paramimie (inadäquater Affekt: Lachen bei Trauer, Weinen bei Freude) und Angstsymptome. Der **motorische, psychomotorische und innere Antrieb** beschreibt das Erscheinungsbild und Temperament des Probanden. Störungen sind hier Gehemmtheit und Agitiertheit als Gegenpole. Es folgt eine Stellungnahme, inwiefern Hinweise auf eine **hirnorganische Störung** (Überschneidung mit neurologischem Befund) vorliegen. Als letztes wird eine Aussage über eine mögliche Fremd- oder Eigengefährdung getroffen (Beurteilung einer möglichen Suizidalität).

2. Zustandsbild

50 Neben der Diagnose liefert das Zustandsbild eine aktuelle Beschreibung des Probanden. Hier werden seine Besonderheiten im Verhalten und Ausdruck sowie die Registrierung von spontanen Äußerungen registriert und wiedergegeben. Das Zustandsbild stellt somit eine geraffte Form des psychopathologischen Befundes dar. Das heißt, es werden die krankhaften Veränderungen in Bezug auf das Erscheinungsbild des Probanden genau beschrieben.

C. Zusatzuntersuchungen

In der neurologisch-psychiatrischen Begutachtung finden sich häufig testpsychologische Zusatzuntersuchungen, welche die Befunde der ärztlichen Untersuchung untermauern, ergänzen oder abschwächen können. Im Folgenden werden kurz die Problematik der Testpsychologie sowie mögliche technische Untersuchungen angesprochen. 51

I. Psychologische Testuntersuchungen

In der wissenschaftlichen Fachwelt liegen eine Unzahl von psychologischen Testverfahren vor. Als Beurteilungsgrundlage für die Einschätzung der getesteten Einzelperson dienen statistisch ermittelte Durchschnitts- und Steuerungswerte. Die Orientierung erfolgt dann an einer statistischen Norm, wobei insbesondere nach Alter, Beruf und Geschlecht verschiedene Normalgruppen unterschieden werden. Viele dieser Verfahren sind nicht ausreichend validiert, das heißt, sie haben einen nur begrenzten Aussagewert im Hinblick auf die mögliche Diagnosesicherung. Grundsätzlich sind bestimmte Gütekriterien unabdingbare Voraussetzung für ein psychologisches Testverfahren. Diese sind: Objektivität, Reliabilität (Zuverlässigkeit) und Validität (Gültigkeit). Kurz zu diesen Begriffen: 52

- *Objektivität*: Das Testergebnis sollte von der Person des Auswerters unabhängig sein.
- *Reliabilität*: Maß für die Messgenauigkeit und Stabilität des Testes, so dass bei wiederholter Anwendung vergleichbare Messwerte erzielt werden können.
- *Validität*: Der Test sollte wirklich das prüfen, wozu er bestimmt ist.

Diese sehr eng gefassten Bedingungen erfüllen im Allgemeinen Intelligenz- und spezielle hirnorganische Leistungstests. Persönlichkeitstests (sog. projektive Testverfahren) liefern hier eindeutig schwächere Ergebnisse. Der bekannte projektive Test, der „Rorschach-Versuch", ist in seiner Validität oft schwer oder gar nicht zu beweisen. Er beruht auf der Persönlichkeitsgebundenheit der optischen Wahrnehmung und ist nur im Gesamtbefund zu verwerten. Er kann bei unkritischer Deutung zu schweren Fehlbewertungen führen. 53

Bei Hirnschädigungen können **hirnorganische Leistungstests** durch Neuropsychologen erforderlich werden. Die **Neuropsychologie** ist ein interdisziplinäres Teilgebiet der (klinischen) Psychologie und der Neurowissenschaften. Sie beschäftigt sich mit der Variation physiologischer Prozesse vor allem im zentralen Nervensystem und deren Auswirkungen auf psychische Prozesse. Die Neuropsychologie ist eine relativ junge Disziplin, wie die wissenschaftliche Psychologie insgesamt. In der Praxis beschäftigt sie sich in erster Linie mit den Folgen zerebraler Traumata. 54

Der „Hamburg-Wechsler-Intelligenztest Erwachsener und Kinder" (HAWIE und HAWIK), wird den Einschätzungen der intellektuellen Fähigkeiten noch am ehesten gerecht. Beide Tests ergeben als Resultat eine individuelle Abweichung von einem Mittelwert der jeweiligen Altersgruppe. 55

Bei den psychometrischen Verfahren zur **Persönlichkeitstestung** finden sich überwiegend der Minnesota Multiphasic Personality Inventory (MMPI) und das Freiburger 56

Persönlichkeitsinventar (FPI). Hier wird aus mehreren 100 Fragen versucht, ein Persönlichkeitsprofil zu entnehmen. Eingebaut sind in diese Tests Fragen zur Überprüfung, sodass es schwer fällt, hier eine Manipulation von Seiten der Testperson vorzunehmen. Das Gleiche gilt für die sogenannten Fremdbeurteilungsskalen (der Untersucher stellt die Fragen selbst und dokumentiert die Antworten) oder/und Selbstbeurteilungsskalen (der Patient füllt den Fragebogen aus).

57 Jedoch können auf diese Art und Weise subjektiv erlebte körperliche und psychische Beschwerden sowie Symptome und psychopathologische Syndrome quantitativ etwas besser erfasst werden. Die hierzu gebräuchlichen Testverfahren sind die:

- *Befindlichkeitsskala nach Zerssen*: Augenblickliche subjektive Befindlichkeit;
- *Beschwerdelisten*: subjektiv erlebte körperliche und psychische Beschwerden;
- *Depressionsskalen nach Hamilton und MADRS*: Depressionen, bestimmte psychopathologische Symptome, die bei bestimmten Krankheitsbildern vorkommen.

58 Insgesamt bleibt festzuhalten, dass testpsychologische Untersuchungen lediglich ein **ergänzendes diagnostisches Hilfsmittel** zur Beurteilung von Symptomen, Syndromen oder Persönlichkeitsstörungen darstellen. Sie stehen damit im Gutachtenzusammenhang deutlich hinter den ärztlich erhobenen Befunden.

II. Technische Untersuchungen

59 Technische Untersuchungen bieten in der modernen Neurologie und psychiatrischen Untersuchung gelegentlich eine wertvolle Hilfe zur diagnostischen Einordnung der Beschwerden.

1. Neurologie

60 Bei neurologisch-organischen Veränderungen des Gehirnes lassen sich durch moderne bildgebende Verfahren Defekte eindeutiger lokalisieren und in ihrer Funktionalität und Pathologie darstellen.

a) MRT

61 Die **Kernspintomografie oder auch Magnetresonanztherapie** (MRT) ist in der Lage, das Nervengewebe bis zu einer Größenordnung von einem halben Millimeter darzustellen. Der Patient wird hierbei durch ein großes Magnetfeld geschoben. Die erhaltenen Bilder messen den Elektronenspin in wasserhaltigen Zellen des Nervensystems. Das so virtuell im Computer zusammengesetzte Bild stellt eine Spiegelung der realen Verhältnisse in einem verkleinerten Maßstab dar, insbesondere Durchblutungsstörungen und Tumore, aber auch posttraumatische Verletzungen mit Narbenbildungen lassen sich hier exakt und sogar teilweise in dreidimensionaler Darstellung eindeutig beurteilen.

b) PET/SPECT

62 Einen Schritt weiter geht die physiologische Untersuchung des Hirnstoffwechsels durch die Gabe von radioaktiv markiertem Kontrastmittel, das in den Zellstoffwechsel eingebaut wird und dann im bildgebenden Verfahren dargestellt werden kann. Diese Verfahren (**PET = Positronenemissionstomografie** oder **SPECT = Single Photon**

Emission Computed Tomography) dienen insbesondere zur differenzierten Beurteilung von Stoffwechselprozessen. Sie haben bislang in Gutachten noch keine ausreichende Validität. Das bedeutet, die Verfahren sind wenig krankheitsspezifisch. In Zukunft könnte sich das jedoch durch Weiterentwicklung dieser Untersuchungsverfahren ändern.

c) Elektrophysiologische Messungen

Durch elektrophysiologische Messungen können insbesondere traumatische und bleibende Schäden im peripheren Nervensystem objektiviert werden. Die hierzu verwendeten Verfahren sind: 63

- **EMG:** Elektromyogramm; zeigt Muskelschäden aufgrund einer Denervierung eines Muskels (der betroffene Muskel erhält keine Nervenimpulse mehr).
- **NLG:** Nervenleitgeschwindigkeit; zeigt sensible oder motorische Nervenschädigung im peripheren Nervensystem (das heißt, nach dem Austritt aus dem Rückenmarkskanal) an, vor allem bei Einklemmungssyndromen, Bandscheibenschäden oder Traumatisierungen.
- **MEP:** Magnetisch evoziertes Potential; zeigt eine Störung der motorischen Bahn vom Gehirn zum Muskel an. Dies ist wichtig, um zentrale Lähmungen, die durch Verletzungen, Tumore oder Durchblutungsstörungen im zentralen Nervensystem (Gehirn, Rückenmark) eingetreten sind, nachzuweisen.
- **SEP:** Somatosensorisch evoziertes Potential; zeigt Läsionen der zentralen sensiblen Afferenz peripherer Nerven an. Das heißt, es wird durch die Messung nachgewiesen, ob sensible Impulse von der Peripherie (z.B. Hände oder Füße) regelrecht zum Gehirn weitergeleitet werden.
- **AEP:** Akustisch evoziertes Potential; zeigt an, ob eine Läsionen im Bereich der Hör- und Gleichgewichtswahrnehmung im zentralen Schaltorgan, dem Hirnstamm, vorliegen.
- **VEP:** Visuell evoziertes Potential; zeigt eine Läsion des zentralen Sehnerven, wie sie am häufigsten bei der Multiple Sklerose auftritt.

2. Psychiatrie

Technische Verfahren im Rahmen psychiatrischer Untersuchungen beschränken sich im Wesentlichen auf die Durchführung einer Kernspintomografie des Kopfes, um mögliche hirnorganische Ursachen für psychische Erkrankungen auszuschließen. 64

D. Diagnosestellung

I. Klassifizierungssysteme (ICD/DSM)

In der Neurologie und Psychiatrie werden analog zu den anderen Fachgebieten der Medizin Diagnosen nach international standardisierten Diagnosesystemen verschlüsselt. In den USA und Kanada wird überwiegend nach DSM vorgegangen, in Europa, insbesondere in Deutschland, nach dem sog. ICD-Schlüssel (International Classification of Diseases). Die Problematik der Diagnoseverschlüsselung ist sehr komplex und kann an dieser Stelle nicht abschließend dargestellt werden. In allen Fachgebieten kommt es hier zu regelmäßigen Diskussionen über die Durchführbarkeit und Erkenn- 65 barkeit der Patientenerkrankung in der eingesetzten Buchstaben-Ziffern-Kombination. Bislang gab es insgesamt 10 Revisionen dieser Diagnoseschlüssel in den letzten 15 Jahren, was einen kleinen Einblick in die Diskussion geben mag.

66 Im Rahmen der neurologisch-psychiatrischen Erkrankung sind folgende Diagnosegruppen von Bedeutung:

- **Diagnosegruppe F:** Psychische Erkrankungen mit attesterotischer Tendenz und hirnorganische Erkrankungen sowie Sucht, Depressionserkrankungen, Angst und Psychosen inklusive Schizophrenie.
- **Diagnosegruppe G:** Entzündliche und degenerative Erkrankungen des zentralen Nervensystems inklusive Morbus Alzheimer, Multiple Sklerose, Morbus Parkinson und Polyneuropathien (periphere Nervenentzündungen).
- **Diagnosegruppe I:** Durchblutungsstörungen des Gehirnes.
- **Diagnosegruppe M:** Hierunter fallen Bandscheibenerkrankungen der Hals- und Brustwirbelsäule.
- **Diagnosegruppe R:** Hierunter fallen vegetative Störungen des Nervensystems, unter anderem auch Schwindel, aber auch (und dies zeigt die Überregulierung des Systems) Mundgeruch.
- **Diagnosegruppe T:** Hierunter fallen alle Traumatisierungen, unter anderem auch die des Nervensystems.
- **Diagnosegruppe X:** Selbstbeschädigungen, wie z.B. Suizid.

67 Für den Interessierten: www.aekno.de

II. Stadieneinteilungen

68 Zusätzlich zu den Diagnosegruppen und Untergruppierungen spielen in der Neurologie und auch in der Psychiatrie Stadieneinteilungen der spezifischen Erkrankung bei der Einschätzung der Leistungsfähigkeit bzw. Leistungseinschränkung zum Teil eine entscheidende Rolle. Insbesondere bei den neurodegenerativen Erkrankungen wie Multiple Sklerose, Morbus Alzheimer und Morbus Parkinson sind spezifische Einteilungen mit konkreten eingeschränkten Leistungsmerkmalen verbunden. Im Einzelfall muss hier in die entsprechenden Skalen hineingegangen werden und die dort beschriebenen Leistungsmerkmale müssen konkret überprüft werden.

69 Günstig ist es, wenn sich der nervenärztliche Gutachter an die international gültigen Stadieneinteilungen der Krankheit hält. Dies macht den **Befund objektiver und überprüfbar**. Auch sind Vergleiche mit Vorgutachten oder späteren Untersuchungen dann möglich. Generell lässt sich bei den neurologisch-psychiatrischen Krankheiten keine allgemein gültige Grenze der Erwerbsminderung hinsichtlich einer möglichen Verrentung festlegen. Diese variiert sehr stark interpersonal, insbesondere bei den psychiatrischen Erkrankungen. Festzuhalten ist allerdings, dass die degenerativen Krankheiten des Nervensystems (z.B. Multiple Sklerose, Parkinson, Demenz, Schizophrenie, Huntington) fortschreitenden Charakter haben und in der Regel keine Rückbildung der Leistungseinbuße zeigen.

E. Fachbegriffe in der Umgangssprache

Wie bereits erwähnt, haben einige Fachbegriffe aus der Neurologie und Psychiatrie in den vergangenen Jahrzehnten ihren Weg in die Allgemeinsprache gefunden. Es ist daher nochmals festzuhalten, dass Begriffe wie Hysterie, Idiotie, Verdrängung, Komplex etc. im Kontext neurologisch-psychiatrischer Begutachtungen andere und eindeutig definierte Bedeutungen haben als in der Umgangssprache. Hier kommt es trotz Wissens um diesen Umstand immer noch zu entsprechenden **Fehlinterpretationen**. Andererseits muss sicherlich auch die Forderung an die Gutachter gestellt werden, Gutachten der Gegenwartssprache anzupassen und sich eindeutig und verständlich zu den Erkrankungen und ihren Auswirkungen zu äußern. 70

F. Weiterführende Literatur

Weiterführende Literatur findet sich im Internet auf den Seiten der jeweiligen Ärztekammern, bei die-nervenaerzte-im-netz, BVDN (Berufsverband deutscher Nervenärzte), DMSG (dt. Multiple Sklerose Gesellschaft), dPV (dt. Parkinsonvereinigung), Epilepsieliga, Dt. Gesellschaft für Muskelkrankheiten, Alzheimergesellschaft, Kompetenznetzwerk Depression, Schizophrenie, die Entfesselten. 71

§ 15 Fachgebiet Psychiatrie/Psychotherapie

A. Einleitung

1 Die ärztliche Begutachtung in der sozialgerichtlichen Praxis im Fach Psychiatrie und Psychosomatik ist ein schwieriges Terrain. Objektivität und Objektivierung sind häufig Quellen von Missverständnissen und Fehlbeurteilungen im Umgang mit psychiatrischen Gutachten, vor allem angesichts der doppelten Subjektivität von Arzt und Proband und der unvermeidlichen, meist rein sprachlichen Fixierung von Befunden ohne objektivierbare, quantitative oder bildhafte Außenkriterien. Der Prozess der Feststellung der sozialmedizinischen Befunde und ihrer Bewertung nach ärztlicher Überzeugung ist ein sehr komplexes, individuelles Geschehen, das sich jedoch an **Leitlinien** und neueren wissenschaftlichen Erkenntnissen orientiert und daher **überprüfbar** ist. Dennoch entstehen oftmals der Eindruck und auch die Befürchtung gutachterlicher Willkür. So neigen z. B. manche Gutachter dazu, bei jedem Probanden mit organisch unerklärten Schmerzen Simulation zu vermuten und andere dazu, das Verständnis für die lebensgeschichtliche Entwicklung der Störung eines Probanden gleichzusetzen mit dem Einverständnis zu seinem Rentenwunsch.

2 Indikationskriterien für die Begutachtung in der Psychiatrie und Psychosomatik sind in dem nachstehenden **Prüfschema** (vgl. nachstehend § 15) dargestellt. Wenn Körperschmerzen ganz im Vordergrund der Symptomatik stehen, ist ein **schmerztherapeutisches Gutachten** erforderlich. Falls sich zeigt, dass die organischen Befunde nicht ausreichen, um das Schmerzerleben auch nur annähernd zu erklären bzw. depressive und/oder Angstsymptome erkennbar sind oder bereits eine psychische Erkrankung vordiagnostiziert wurde, ist zusätzlich ein **psychiatrisch-psychotherapeutisches** Gutachten erforderlich.

3 Für die Qualitätssicherung sind die formale und inhaltliche Qualität des Gutachtens die wichtigsten Merkmale. Die von Schulte 1995 zur Frage nach Abweichungen von Qualitätsstandards und Qualitätskriterien untersuchten 150 neurologischen und psychiatrischen Fachgutachten ergaben **Hinweise auf gravierende Mängel**. So fehlte in 87 % eine psychometrische bzw. testpsychologische Abklärung, es wurden in 78 % unerwünschte Arzneimitteleffekte nicht berücksichtigt. Bei 72 % war eine unzureichende sozialmedizinische Anamnese erhoben worden und in immerhin noch 52 % eine unzureichende biographische Anamnese. Nach dieser Untersuchung sind in der Fachwelt Bemühungen entstanden, diese Qualitätsmängel zu verbessern, unter anderem wurde von einer Expertengruppe ein Begutachtungsleitfaden entwickelt.[1] Die Begutachtung von Probanden mit **Migrationshintergrund** weist spezielle Aspekte und Anforderungen auf. Der Gutachter sieht sich dem eigenen Widerstand der Angst vor allem Fremdartigen (Xenophobie), die oft genug nicht realisiert wird, gegenüber, dem Widerstand des Probanden mit seinen Ängsten und unterschiedlichen Wertvorstellungen und dem sozialpolitischen Widerstand der Gesellschaft, der vielfältig in Entschei-

1 Leitlinien für die Begutachtung von Schmerzen sind auf den Seiten der „Arbeitsgemeinschaft wissenschaftlich-medizinischer Fachgesellschaften (AWMF)“ im Internet zugänglich gemacht (http://www.uni-duesseldorf.de/WWW/AWMF/).

dungen hineinspielen kann. Hausotter und Schouler-Ocak haben sich intensiv mit den Aspekten der Begutachtung bei Menschen mit Migrationshintergrund auseinandergesetzt.[2]

Anforderungen an psychiatrisch-psychotherapeutische Gutachten sind in dem nachstehenden Prüfschema (vgl. nachstehende Tabelle Rn. 89) aufgeführt. 4

B. Diagnostik

Kernstück der psychiatrischen Diagnostik ist die Erhebung eines ausführlichen psychopathologischen Befundes. Dieser Befund sollte in möglichst differenzierter Form erhoben und dokumentiert werden. Es bietet sich auch die Verwendung eines Dokumentationsmanuals an,[3] das durch weitere Kategorien ergänzt werden sollte. Zur psychiatrischen Diagnostik gehören auch eine körperliche Untersuchung und der Einsatz psychometrischer Testverfahren. In Einzelfällen können zusätzliche Untersuchungen notwendig sein, wie z.B. Laboruntersuchungen, EEG-Untersuchung, Kernspinuntersuchung bzw. Computertomogramm des Schädels. 5

I. Anamnese

1. Eigenanamnese

Zur Erfassung und Einordnung von psychischen Störungen und Verhaltensstörungen ist die ausführliche Anamnese (Befragung des Probanden) von größter Bedeutung. 6

2. Fremdanamnese

Neben einer Eigenanamnese, auch unter biographischen Gesichtspunkten, kann die Erhebung einer Fremdanamnese weitere wichtige Aufschlüsse über die diagnostische Einordnung und auch zur Leistungsfähigkeit geben, wobei die Erhebung fremdanamnestischer Angaben in den unterschiedlichen juristischen Bereichen nicht immer erlaubt und bei sozialrechtlichen Fragestellungen nicht unumstritten ist, da ja in der Regel die **Familienmitglieder** naturgemäß die Problematik nicht neutral darstellen werden und können. Allerdings ist gerade bei schweren psychischen Störungen, bei denen zwischen Selbst- und Fremdeinschätzung des Verhaltens und der Leistungsfähigkeit in der Regel eine große Diskrepanz besteht, eine Fremdanamnese unerlässlich. Probanden mit bestimmten psychischen Erkrankungen neigen krankheitsbedingt zur Dissimulation und psychopathologische Auffälligkeiten werden selbst bei sehr umfangreicher Untersuchungszeit dann oftmals nur über fremdanamnestische Angaben zum Verhalten und den Äußerungen des Probanden im Alltag erkennbar. Die Fremdanamnese bedarf immer der **Zustimmung des Probanden**. 7

II. Körperliche Untersuchung

Zu jeder psychiatrisch-psychotherapeutischen Begutachtung gehört auch eine körperliche Untersuchung. Es können sich **Hinweise auf behandelbare und prinzipiell rever-** 8

2 Hausotter/Schouler-Ocak, Begutachtung bei Menschen mit Migrationshintergrund unter medizinischen und psychologischen Aspekten, 2007.
3 AMDP-System, 1995.

sible körperliche Grunderkrankungen als Ursache für die psychischen Störungen bzw. Verhaltensstörungen ergeben. Bei Hinweisen auf leistungsrelevante Erkrankungen wird eine zusätzliche Begutachtung auf dem jeweiligen Fachgebiet erforderlich werden, allerdings nur, wenn hieraus leistungsrelevante Ergebnisse zu erwarten sind. Durch eine körperliche Untersuchung ergeben sich zusätzliche Aspekte, die die Schilderung des Probanden stützen oder entkräften und es können neue Aspekte hinzukommen. Beispielsweise wird ein Alkoholmissbrauch von Probanden in der Regel nicht geschildert, auch eine Alkoholabhängigkeit eher nicht, weil krankheitsbedingt der Alkoholkonsum vom Probanden eher bagatellisiert wird. Bei einer Alkoholabhängigkeitserkrankung zeigen sich jedoch immer **körperliche Folgen**, die bei einer körperlichen Untersuchung zumindest zum Teil erkannt werden können. Weitere Hinweise können deutliche Diskrepanzen zwischen dem Zustand der Oberbekleidung und dem der Unterwäsche bzw. dem körperlichen Pflegezustand geben, beispielsweise auch deutliche Diskrepanzen zwischen der Schilderung des täglichen Aktivitätsniveaus und der körperlichen Verfassung (z.B. auch des Körperschmucks wie Piercing, Tätowierung, Nagelschmuck etc.). Auch das **Verhalten bei der körperlichen Untersuchung** kann zusätzliche Hinweise ergeben.

III. Psychischer Befund

9 Der psychische Befund ist Grundlage jeder Leistungsbeurteilung. Die Feststellung von Einschränkungen im Leistungsbild ist ohne ein im Querschnittsbefund oder bei der Längsschnittbetrachtung der Erkrankung eindeutig darstellbares psychopathologisches Äquivalent nicht begründbar. Der psychopathologische Befund ist in möglichst differenzierter Form zu erheben und zu dokumentieren. Hierzu gehören auch die Schilderung des Ersteindrucks, u.a. des äußeren Erscheinungsbildes, und eine Beschreibung, die der Individualität des Probanden gerecht werden muss. Diese Darstellung darf keine wertenden oder deutenden Elemente enthalten und sollte eine angemessene und bildhafte Vorstellung des Probanden vermitteln. Folgende Bereiche sind für die Beurteilung von besonderem Interesse:

1. Orientierung

10 Die Orientierung zur Zeit, zum Ort, zur Situation und zur Person ist immer zu überprüfen. Orientierungsstörungen bedingen in aller Regel eine Aufhebung des Leistungsvermögens.

2. Antrieb

11 Das Vorhandensein eines ausreichenden Antriebs ist Voraussetzung dafür, dass ein Proband überhaupt zur Erfüllung gezielter Aufgaben in der Lage ist. Störungen des gezielten Antriebs bzw. der Intentionalität sind sowohl innerhalb als auch außerhalb der Untersuchungssituation zu beobachten. Hinweise können sich auch aus Anamnese und Fremdanamnese ergeben. Antriebsstörungen stellen sich oftmals auch in einer Minderung der Entscheidungsfähigkeit bis hin zur Entscheidungsunfähigkeit dar. Eine Antriebssteigerung kann zu ziellosem Verhalten führen. Bei bestimmten Erkrankungen sind Störungen des Antriebs zu beobachten, die eine Minderung der zeitli-

chen Leistungsfähigkeit bedingen können. Es finden sich aber auch Antriebsstörungen von derartiger Ausprägung, dass eine Tätigkeit gar nicht erst aufgenommen werden kann und damit die Leistungsfähigkeit aufgehoben ist.

3. Auffassung, Aufmerksamkeit, Konzentrationsfähigkeit

Als Auffassungsstörung wird die Störung der Fähigkeit bezeichnet, Wahrnehmungen 12
in ihrer Bedeutung zu begreifen und sinnvoll miteinander zu verbinden sowie im weiteren Sinne auch in den Erfahrungsbereich einzubauen. Störungen der Auffassung, der Aufmerksamkeit bzw. der Konzentrationsfähigkeit wirken sich im Allgemeinen auf **Güte und Tempo der zu leistenden Arbeit** aus. Die Aufmerksamkeits- bzw. Konzentrationsfähigkeit kann grundlegend gestört sein oder aber im Zeitverlauf abnehmen (Ermüdung). Je nach Ausprägungsgrad wird sich eine Einschränkung der zeitlichen Leistungsfähigkeit oder der qualitativen Leistungsfähigkeit allein ergeben. Bei klinisch auffälligen Konzentrationsstörungen ist immer der Einsatz neuropsychologischer Verfahren zur Leistungsdiagnostik zu empfehlen.

4. Flexibilität

Flexibilität ist die Fähigkeit, sich bei den wechselnden Anforderungen rasch geistig 13
umzustellen und bei Problemlösungen von einer Strategie auf die andere zu wechseln. Anhaltspunkte für eine Einschränkung ergeben sich aus der Exploration und können gegebenenfalls durch entsprechende testpsychologische Verfahren objektiviert werden. Höheres Alter allein bedingt keine Minderung der Flexibilität.

5. Gedächtnis

Gedächtnis bezieht sich auf die Fähigkeit der Aufnahmespeicherung und auf den Ab- 14
ruf von Informationen. Die **Merkfähigkeit** bezeichnet die Fähigkeit, sich **frische Eindrücke** über eine Zeit von ca. zehn Minuten zu merken. Bei leichten Störungen der Merkfähigkeit können von dreimal dargebotenen und von Probanden wiederholten Zahlen oder Begriffen nur noch ein oder zwei spontan erinnert werden; bei schweren Merkfähigkeitsstörungen werden die drei Zahlen oder Begriffe nach zehn Minuten auch mit Hilfestellung nicht wiedererkannt. Als **Gedächtnis** wird die Fähigkeit bezeichnet, Eindrücke oder Erfahrungen **längerfristig** (länger als zehn Minuten) zu speichern bzw. Erlerntes aus dem Gedächtnis abzurufen. Das Gedächtnis wird auf der Zeitachse aufgeteilt in das eher labile Frischgedächtnis (bis etwa 60 Minuten) und das eher stabile Altgedächtnis (Erinnerung an weiter zurückliegende Erfahrungen). Gedächtnisstörungen werden in aller Regel im Rahmen der Anamneseerhebung deutlich; dies gilt insbesondere für Störungen des Altgedächtnisses. Störungen des Frischgedächtnisses beeinträchtigen die Leistungsfähigkeit so erheblich, dass eine Erwerbstätigkeit gar nicht mehr möglich ist. Einschränkungen durch Störungen des Frischgedächtnisses können sich auch auf der qualitativen Ebene abbilden. Zur Objektivierung stehen **standardisierte testpsychologische Verfahren** ergänzend zur Verfügung.

6. Formales Denken

Denkabläufe können in Bezug auf Geschwindigkeit, Kontrolle, Organisation und 15
Produktivität gestört sein. Formale Denkstörungen beeinflussen grundsätzlich die ko-

gnitiven Fähigkeiten des Probanden. Treten formale Denkstörungen beim Probanden mit **psychotischen Störungen** auf, führen sie vor dem Hintergrund der Desorganisation der Denkabläufe häufig zu einer Einschränkung der quantitativen Leistungsfähigkeit. Bei **depressiven Erkrankungen**, insbesondere chronisch depressiven Störungen, bedingen die hier bestehenden formalen Denkstörungen vor dem Hintergrund einer Verarmung des Denkens eher eine Einschränkung der qualitativen Leitungsfähigkeit.

7. Inhaltliches Denken

16 Störungen des inhaltlichen Denkens sind in ihren Auswirkungen auf die Leistungsfähigkeit zu betrachten. Isolierte **Wahninhalte** müssen das Leistungsvermögen nicht unbedingt beeinträchtigen. Über möglicherweise bestehende qualitative Einschränkungen hinaus kann es, insbesondere bei stark affektiv besetzten Wahninhalten, auch zu quantitativen Leistungseinschränkungen kommen.

8. Affektivität

17 Störungen der Affektivität, zu denen Einschränkungen der Gefühle, Stimmungen, Emotionalität, Schwingungsfähigkeit oder Befindlichkeit zählen, wirken sich vorrangig auf die zeitliche Leistungsfähigkeit aus. Die Grenze zwischen gesundem Erleben und Psychopathologie ist in diesem Bereich allerdings besonders unscharf. Das quantitative Leistungsvermögen kann insbesondere bei schwerer Depressivität, Ängstlichkeit oder erheblichen Insuffizienzgefühlen eingeschränkt sein, obwohl Diskrepanzen zwischen subjektiver Bewertung und objektiv bestehender Leistungsfähigkeit nicht selten sind. Bei stärkerer Ausprägung der jeweiligen Symptomatik ist aber auch von qualitativen Beeinträchtigungen des Leistungsvermögens auszugehen. Diese Störungen – zum Beispiel im Rahmen von **Zwangskrankheiten** oder bei einer Agoraphobie als Ausdruck einer **Angsterkrankung** – müssen sich nicht immer im unmittelbaren Querschnittsbefund äußern, sondern sind gelegentlich erst über eine differenzierte Längsschnittbetrachtung erfassbar.

9. Weitere psychische Dimensionen

18 Von Bedeutung für die Einschätzung der Leistungsfähigkeit können darüber hinaus zusätzliche Kategorien innerhalb des psychischen Befundes sein: So sind bei somatoformen Störungen das **Krankheitsverständnis** und das **Selbsterleben** der Betroffenen auf der psychovegetativen Ebene zu beschreiben. Die **somatoforme Symptomatik** spiegelt sich hier deutlich in der Befunddarstellung wider. Neben dem subjektiven Krankheitserleben und der Krankheitseinsicht können auch Introspektionsfähigkeit, Psychogeneseverständnis und Veränderungsmotivation sowie krankheitsfixierende Einstellungen oder persönliche Grundhaltungen einen wichtigen Beitrag zur Beurteilung des quantitativen und qualitativen Leistungsvermögens liefern. Das gleiche gilt für einen möglicherweise vorhandenen **sekundären Krankheitsgewinn** oder eine eventuelle Regressionsneigung. Regression bedeutet ein Zurückschreiten von einer höheren auf eine frühere, ältere bzw. niedrigere Entwicklungsstufe. Psychisch wird es ausgedrückt durch ein Wiederauftreten von kindlichen Verhaltensweisen. Mit „sekundärem Krankheitsgewinn" ist ein Vorteil gemeint, den ein Kranker aus der Flucht in die Krankheit ziehen kann, z.B. kann er den als schmerzlich empfundenen Situationen

aus dem Weg gehen. Obwohl das Symptom selbst unangenehm ist, gestattet es doch, unangenehmen Konflikten auszuweichen. Zu bedenken sind auch die verfügbaren persönlichen Ressourcen, z. B. in Form von perfektionistischem Leistungsanspruch, Pflichtgefühl, Durchsetzungsvermögen, Konfliktfähigkeit oder Selbstwirksamkeit. Ein reduziertes Selbstwertgefühl oder eine verminderte interne Kontrolle bei der Ursachenattribuierung („schicksalhaftes Erleben“) ist dagegen den individuellen Risikofaktoren zuzurechnen. Die psychiatrisch-psychotherapeutische Erfahrung spricht insgesamt dafür, dass vor allem die oben beschriebenen Auffälligkeiten bei Antrieb, Auffassung, Flexibilität, Gedächtnis sowie formalem und inhaltlichem Denken zu einer Einschränkung der zeitlichen und qualitativen Belastbarkeit führen. Auch die übrigen Dimensionen des psychischen Befundes manifestieren sich letztendlich in ihren Auswirkungen auf das Leistungsvermögen auf diesen Ebenen.

Bei der Einordnung der Symptome eines psychischen (Querschnitts-)befundes ist im- 19
mer zu beachten, dass niemals ein einziges Symptom eine psychische Erkrankung ausmachen kann, sondern immer einige Symptome zusammen ein sogenanntes Syndrom ergeben, das wiederum erst durch den Verlauf, d.h. in der Längsschnittbetrachtung (Wann angefangen? Wie oft und in welcher Form wieder aufgetreten? Etwas anderes, ggf. wann, noch hinzugekommen? Unter welchen Bedingungen und wieweit zurückgebildet?) einer psychischen Erkrankung zugeordnet werden kann.

10. Testpsychologische Untersuchungen

Zur Ergänzung der psychiatrisch-psychotherapeutischen Befunderhebung stehen test- 20
diagnostische Verfahren zur Verfügung, die **von Psychologen entwickelt** wurden. Für sozialgerichtliche Fragestellungen handelt es sich überwiegend um **persönlichkeits- und leistungsdiagnostische Instrumente**. Eine sinnvolle Durchführung und Auswertung ist in allen Fällen an die Mitarbeit der Probanden gebunden, auch wenn bei einzelnen Testsystemen eine Plausibilitätsprüfung eingeschlossen ist. Selbst wenn die Reichweite der testpsychologischen Ergebnisse für die Diagnostik der begutachtungsrelevanten Fragestellungen begrenzt ist, sind sie doch eine wichtige Ergänzung und die Durchführung der Testverfahren auch eine Art **Belastungserprobung**, in der sich auch motivationale Aspekte darstellen. Die Auswahl der testpsychologischen Untersuchungen ist abhängig von der jeweiligen Problemsituation. Entscheidend bei der Anwendung ist die kritische Gewichtung, Interpretation und Wertung der Testergebnisse im Zusammenhang mit den übrigen Einzelbefunden. Durch den Einsatz testdiagnostischer Verfahren kann die Aussagekraft der sozialmedizinischen Beurteilung im Einzelfall deutlich erhöht werden. **Für Auswertung und Interpretation der Testverfahren sind spezifische Erfahrungen und Kompetenz unabdingbar.** Bisher entscheidet der untersuchende Facharzt, ob er die Verfahren nach Training selbst anwendet und interpretiert. **Bei umfassenderer Testung, z.B. differenzierter Leistungstestung, ist die Kooperation mit einem hierfür ausgebildeten Psychologen erforderlich** (Anforderung eines testpsychologischen Zusatzgutachtens).

C. Komorbidität

21 Mit Komorbidität ist das Zusammentreffen eigenständiger, unterschiedlicher Erkrankungen gemeint, die nebeneinander bei einem Probanden auftreten und dadurch in der Regel einen ungünstigeren Krankheitsverlauf, und damit auch eine ungünstigere Prognose hinsichtlich Wiederherstellung von Leistungsfähigkeit, bedingen. Die oftmals enge **Verstrickung zwischen verschiedenen Krankheiten** ist zu beachten. Zum Beispiel tritt bei Probanden mit Schlaganfall häufig eine Depression auf, ebenso bei Probanden mit Parkinsonerkrankung (40-60 %). Die komplexe Tinnituserkrankung weist eine hohe Komorbidität mit depressiven Störungen auch schwerer Ausprägung auf. Auch Angststörungen und chronische Schmerzsyndrome treten häufig zusammen mit einer Tinnituserkrankung auf. Gelegentlich wird eine schwere seelische Erkrankung durch die Tinnituserkrankung ausgelöst. Bei Probanden mit Persönlichkeitsstörungen, Angsterkrankung oder Depression kann es in der Folge häufiger zu Medikamentenmissbrauch und/oder Alkohol- und Drogenmissbrauch kommen. Posttraumatische Belastungsstörungen zeigen eine beträchtliche Komorbidität mit affektiven Störungen, Angststörungen, Substanzmissbrauch und somatoformen Störungen.

D. Schweregrad, Prognose und Sozialmedizinische Beurteilung

22 Maßgebend für die Beurteilung des Leistungsvermögens im Erwerbsleben ist nicht allein die Diagnose, sondern die konkrete Symptomatik beim einzelnen Probanden und dessen Bewältigungsmöglichkeiten. Ohne eindeutig auffälligen psychopathologischen Befund ist eine Leistungsminderung nicht zu begründen. Darzustellen sind die bestehenden Leistungseinschränkungen (negatives Leistungsbild) und das noch vorhandene Restleistungsvermögen (positives Leistungsbild). Der Schweregrad der psychiatrischen Symptomatik führt zur (allein relevanten) Beeinträchtigung von Aktivität und Partizipation und ohne einen Mindestgrad an aus der Symptomatik resultierenden Aktivitätsbeeinträchtigung kann sich keine Einschränkung des quantitativen Leistungsvermögens ergeben. Es sollte dargestellt sein, welche psychische und körperliche Symptomatik besteht und zu welcher Diagnose diese führt. Weiter ist dann eine Quantifizierung der Symptomatik vorzunehmen und danach eine Quantifizierung der Beeinträchtigung von Aktivität und Partizipation und in einem letzten Schritt erfolgt daraus die Bewertung des Behinderungsgrades bzw. des Leistungsvermögens. „Leicht" bedeutet gering ausgeprägt und unerheblich, woraus folgt, dass qualitatives und quantitatives Leistungsvermögen nicht beeinträchtigt sein kann. „Mittelschwer" bedeutet, dass mittelgradige Schwierigkeiten in sozialen, häuslichen und beruflichen Aktivitäten bestehen und daher von einer Einschränkung des Leistungsvermögen (3-6 Stunden) auszugehen ist. „Schwer" führt zur Aufhebung der Leistungsfähigkeit.

23 Der Schweregrad der psychischen Gesundheitsstörung erhöht sich und die Prognose verschlechtert sich:

1. durch die Art der psychischen Störung,
2. bei psychischer und körperlicher Komorbidität (vor allem chronischen körperlichen Begleiterkrankungen),

3. bei ungünstiger psychosozialer Auswirkung der Störung, z.B. Verlust der sozialen Integration,
4. wenn die Störung primär chronifiziert und Remissionen (das vorübergehende Nachlassen chronischer Krankheitszeichen, jedoch ohne Erreichen der Genesung) nicht aufzuzeigen sind,
5. bei mehrjährigem Krankheitsverlauf mit unveränderter oder progredienter Symptomatik ohne längerfristige Remission,
6. bei unbefriedigenden Behandlungsergebnissen trotz konsequent durchgeführter ambulanter und stationärer Behandlungsmaßnahmen, auch mit unterschiedlichem therapeutischen Ansatz,
7. bei gescheiterten Rehabilitationsmaßnahmen.

E. Zu den Begriffen Simulation, Aggravation, Dissimulation und Verdeutlichungstendenz

Zur Orientierung kann es sinnvoll sein, klinische Täuschungsphänomene zu unterteilen: 24

- Wenn Motivation und Symptombildung **unbewusst** sind, handelt es sich um eine somatoforme Störung im weitesten Sinne.
- Motivation und Symptombildung sind **bewusst** bei Aggravation und Simulation.
- Ist die Motivation **unbewusst**, die Symptombildung dagegen **bewusst**, geht es um artifizielle Störung mit Gerechtigkeits- oder Aufmerksamkeitsbegehren.

Simulation ist das bewusste Vortäuschen einer krankhaften Störung zu bestimmten, klar erkennbaren Zwecken. Im Zusammenhang mit sozialrechtlicher Begutachtung wird sie häufig vermutet, aber selten begründet bewiesen und sehr selten erwähnt. Philipp hat in der Literatur genannte Hinweise auf das Vorliegen von Simulation zusammengefasst (vgl. nachstehend Rn. 91). 25

Aggravation ist die bewusst intendierte, verschlimmernde bzw. gravierendere Darstellung einer vorhandenen Störung zum Zweck der Erlangung von (meist materiellen) Vorteilen. Sie ist in Begutachtungssituationen häufig, aber nicht regelmäßig nachweisbar und kann unterschiedliche Ausmaße annehmen. Zu erwarten ist, dass der Gutachter jede moralische Bewertung von Aggravation unterlässt, da sie nicht selten plausibel auf die Infragestellung jeglichen Leidens durch Vorbehandler oder Vorgutachter zurückgeführt werden kann. Es ist zu erwarten, dass Aggravation von anders motivierten Verdeutlichungstendenzen vorhandener Beschwerden abgegrenzt wird. Zum Beispiel kann diese interaktionell bedingt sein, um das ärztliche Gegenüber vom Vorhandensein der Beschwerden zu überzeugen, sie kann aber auch persönlichkeitsbedingt (z. B. histrionischer Persönlichkeitsstil) oder kulturabhängig im Sinne kulturspezifischer Beschwerdedarstellung unterschiedlich ausgeprägt sein. Im konkreten Fall können sich eine habituelle Verdeutlichungstendenz und situationsspezifische Aggravation überlagern. Eine eher intrapsychisch motivierte Verdeutlichungstendenz kann dann vorliegen, wenn Themen der Legitimität, Gerechtigkeit und Wiedergutmachung aus biographisch determinierten Konflikten unbewusst große Bedeutung haben. Die Feststellung eines übertriebenen Ausdrucksverhaltens, wie ein theatrali- 26 scher oder dramatisierender Berichtsstil reicht für sich keinesfalls aus, um eine bloße Verdeutlichung auszuschließen und eine Aggravation festzustellen. Indizien zur Erkennung von Aggravation mit unterschiedlicher Beweisstärke hat Philipp ausgeführt (vgl. nachstehend Rn. 92).

27 „Überlistung" per se beweist Aggravation ebenfalls nicht! Auch gibt es keinen isolierten Beweis in Form eines Tests. Wird Aggravation begründet vermutet oder nachgewiesen, ist das bei der Beurteilung des Schweregrads einer Störung und der Leistungsfähigkeit im Sinne eines niedrigeren Schweregrades zu berücksichtigen.

28 **Dissimulation** (verringernde, **herunterspielende Darstellung** von Beschwerden) kommt auch in der sozialgerichtlichen Begutachtung vor und erhellt sich eher durch Fremdangaben sowie den Persönlichkeitsstil, auch z. B. das Intelligenzniveau. Dissimulation ist somit intrapsychisch und/oder intrapersonell motiviert. Auch dies ist bei der Beurteilung des Schweregrades zu berücksichtigen im Sinne eines höheren Schweregrades.

29 Bei **Verdeutlichungstendenzen** handelt es sich um den bewussten Versuch, den Gutachter vom Vorhandensein der Beschwerden zu überzeugen. Der Nachweis einer Verdeutlichungstendenz **führt nicht zu einer Korrektur der Schweregradeinschätzung** und hat keine Konsequenz für die gutachterliche Einschätzung des quantitativen Leistungsvermögens bzw. des Grades der Behinderung. Die Abgrenzung gegenüber Aggravation erscheint theoretisch klar und eindeutig, erweist sich praktisch aber schwierig. Die Grenzen sind fließend und sind in der Untersuchungssituation nicht immer exakt zu ziehen.

F. Sozialmedizinische Beurteilung bei verschiedenen psychiatrisch-psychosomatischen Erkrankungen

30 Es wird die ICD-10 Verschlüsselung für die Erkrankungsgruppen genannt. Die Experten planen eine Verabschiedung des ICD-11 im Jahr 2017. Dieses ist derzeit noch nicht verfügbar. Das DSM (Diagnostic und Statistical Manual of Mental Disorders von der American Psychiatric Association) liegt seit Mai 2013 in seiner aktuellen Version als DSM-5 vor. Diese wird vor allem im Bereich der Forschung angewandt. Im klinischen Kontext wird in Deutschland nach wie vor das von der Weltgesundheitsorganisation (WHO) herausgegebene Klassifikationssystem, die International Classification of Deseases (derzeit ICD-10, demnächst ICD-11) angewandt.

I. Schizophrenie (ICD 10: F20), schizoaffektive (ICD-10: F25), wahnhafte Störung (ICD-10: F24) und vorübergehende psychotische Störung (ICD-10: F23)

31 Im Verlauf einer Schizophrenie (Hauptgruppen der sog. endogenen Psychosen) kommt es zum Auftreten charakteristischer, symptomatisch oft sehr vielgestaltiger psychopathologischer Querschnittsbilder mit Wahn, Halluzinationen, formalen Denkstörungen, Ich-Störungen, Affektstörungen und psychomotorischen Störungen. Andere verwendete Begriffe sind: Schizophrene Psychose, Psychose aus dem schizophrenen Formenkreis. Diese Erkrankung ist durch verschiedene Langzeitstudien relativ gut bekannt, ihr langfristiger Verlauf ist individuell sehr variabel. Nach wie vor

gilt hierbei die altbekannte Drittelregel: Ein Drittel ungünstige Verläufe mit Ausprägung einer schwerwiegenden Behinderung; ein Drittel wechselnde Verläufe mit zeitweiligen Krankheitsepisoden und wiederholter Rehospitalisierung, aber Aufrechterhaltung eines zumindest zeitweise ausreichenden sozialen Funktionsniveaus; ein Drittel günstiger Verlauf mit nur geringer Beeinträchtigung der sozialen Teilhabe. Die **Schizophrenie** ist eine schwerwiegende, meist chronisch verlaufende Erkrankung, die bei einem Großteil der Betroffenen (bis 90 %) zu deutlichen und längerfristigen Funktionseinbußen in den Bereichen kognitive Leistung, emotionale Stabilität und Kommunikationsfähigkeit führt und dadurch die soziale Teilhabe erheblich gefährdet. Das Ausmaß der individuellen Behinderung ist jedoch variabel und stark von äußeren Faktoren wie Reaktion der Umgebung, äußere Unterstützung, angemessene Anforderungen und nicht zuletzt der Qualität der Behandlung und Rehabilitation abhängig. Prognostische Kriterien für den Ausgang der Krankheit im Einzelfall liegen zwar vor, bieten aber keine ausreichende Sicherheit. Einschränkungen des Funktionsniveaus müssen daher im Einzelfall ermittelt und in angemessenen Zeitabständen (spätestens alle drei Jahre) fortgeschrieben werden. Rehabilitation und daher auch die Mitwirkung bei der Behandlung spielen eine große Rolle beim Verlauf. Schizophrenie bedeutet nicht dauernde Erwerbsunfähigkeit. Ein Großteil der Erkrankten bleibt langfristig auf dem allgemeinen Arbeitsmarkt oder wenigstens in speziellen Nischen bis hin zur Werkstatt für psychisch Behinderte erwerbsfähig, wenn hinreichend auf die individuellen Möglichkeiten und Bedürfnisse eingegangen wird. Gerade für an Schizophrenie Erkrankte ist der Grundsatz Rehabilitation vor Rente nicht nur volkswirtschaftlich sinnvoll, sondern im Sinne angemessener Anforderungen, Förderung basaler Fähigkeiten und Stärkung des Selbstwerterlebens in sich auch therapeutisch wirksam.

Die Prognose **schizoaffektiver Störungen** ist gegenüber der Schizophrenie deutlich 32
günstiger. Die Unterscheidung hat auch Bedeutung für die Behandlung, weil hier beispielsweise eine Phasenprophylaxe mit bestimmten Medikamenten in Betracht kommt. Insgesamt ergibt sich eine bessere Prognose und daher eine noch größere Zurückhaltung gegenüber Frühberentung.

Chronisch wahnhafte Störungen sind selten und führen, wenn sie anhaltend auftre- 33
ten, zur Erwerbsunfähigkeit. Vorübergehende **psychotische Störungen** sind zeitlich begrenzt und führen, wenn keine Komorbidität mit anderen psychischen Erkrankungen besteht, naturgemäß nicht zur Leistungsminderung.

II. Affektive Störungen (ICD 10: F30, F31, F32, F33, F34)

Zu den affektiven Störungen zählen **depressive und manische Erkrankungen** (affekti- 34
ve Störungen sind hauptsächlich durch eine krankhafte Veränderung von Stimmung – Affektivität – und Antrieb charakterisiert) bzw. deren Mischform (depressive und manische Episoden). Depressive Störungen sind neben den **Angststörungen** die häufigsten psychischen Erkrankungen. Hauptsymptome sind gedrückte Stimmung, Hemmung des Denkens und Antriebs und körperlich vegetative Störungen. Diese verlaufen häufig in Episoden, die nach einem mehr oder weniger symptomfreien Intervall rezidivieren können. Die Dauer variiert in einer Größenordnung von Wochen bis

Monaten. Die Beurteilung einer affektiven Störung erfolgt retrospektiv, wobei Beginn, Ersterkrankungsalter, Phasenzeit, Phasendauer, Intervalldauer sowie Revisionsgrad zu berücksichtigen sind.

35 In Gutachten zur Frage der Leistungsfähigkeit bzw. des Grades der Behinderung treten häufiger die rezidivierende depressive Störung und die Dysthymie auf. **Die rezidivierende depressive Störung ist** charakterisiert durch wiederholte depressive Episoden, wobei dies entsprechend der jeweiligen Ausprägung als leicht, mittelgradig oder schwer beschrieben wird. Bei der **Dysthymie** handelt es sich um eine chronische, wenigstens mehrere Jahre andauernde depressive Verstimmung, die jedoch nicht die Kriterien für eine leichte oder gar mittelgradige rezidivierende depressive Störung erfüllt. Die Frage, ob nach ein- oder mehrmaligem Auftreten einer depressiven Symptomatik mit dauerhaften Leistungseinbußen gerechnet werden muss, ist für den Einzelfall schwierig zu beantworten. Es ist davon auszugehen, dass die **Prognose** umso besser ist, je stabiler die Primärpersönlichkeit des Betroffenen ist, je weniger Episoden auftreten und je weniger schwer diese ausgeprägt sind. Kommt es zwischen den Episoden zu einer vollständigen Remission, so ist in diesen Zeiten die Leistungsfähigkeit nicht eingeschränkt. Bei den rezidivierenden depressiven Störungen und bei der Dysthymie kann es jedoch zu einer qualitativen und quantitativen Einschränkung der Leistungsfähigkeit kommen. Bei der Dysthymie als einer definitionsgemäß chronischen Erkrankung können im weiteren Verlauf Leistungseinschränkungen auftreten. Der Frage der Komorbidität ist besondere Aufmerksamkeit zu widmen, da sie vor allem mit anderen psychischen Störungen zu einer Beeinträchtigung der Leistungsfähigkeit führen kann, die nicht auftreten würde, wenn eine solche Komorbidität nicht gegeben wäre.

36 Die **Chronifizierung von Depressionen** wird in der sozialmedizinischen Begutachtung oft unterschätzt und verkannt. Leider gibt es keine eindeutige Festlegung, ab wann eine Depression als chronisch zu bezeichnen ist. Sicherlich ist sie als chronisch einzuordnen, wenn ein jahrelanger Verlauf besteht oder wenn aufgrund des bisherigen kürzeren Verlaufs (nicht weniger als ein bis zwei Jahre) ein chronisches Fortbestehen mit großer Sicherheit vorherzusehen ist. Besonders schwierig wird es, wenn eine depressive Stimmung weder in der Untersuchungssituation noch anamnestisch evident wird, weil der Schwerpunkt nicht auf der depressiven Verstimmung, sondern auf Antriebs- oder Vitalstörungen oder auf der Hypochondrie (Angst vor körperlicher Erkrankung) liegt, denn dann werden **chronische Depressionen gutachterlich oft unterschätzt.** Es finden sich regelhaft vielfältige körperliche Symptome und Allgemeinbeschwerden sowie Schlafstörungen, so dass bei der Beschwerdedarstellung des Probanden häufig Klagen über die eigentlichen affektiven Beschwerden (niedergedrückte Stimmung, innere Leere) in den Hintergrund treten. Sie müssen daher ausführlich im Interview herausgearbeitet werden, weil sie für die Leistungsfähigkeit wie auch die oftmals vorhandenen kognitiven Störungen (Vergesslichkeit, Konzentrationsmangel, Einschränkung der Aufmerksamkeitslenkung) und auch das Antriebsverhalten von großer Bedeutung sind. Daraus folgt, dass bei diesen Störungen die **Beschwerdeschilderung des Probanden allein oft nicht genügt.** Bei der Erhebung des Schweregrads sind testpsychologische Verfahren unverzichtbar, und auch Fremdangaben sowie die Berücksich-

tigung des **prämorbiden Persönlichkeitsstils** sind unerlässlich. Insbesondere ist die Frage des Vorliegens einer bereits bestehenden Persönlichkeitsstörung, das heißt einer vulnerablen Primärpersönlichkeit, zu klären. Die Prognose hängt unter anderem von einer Komorbidität mit anderen psychischen Erkrankungen, aber auch vom **Ergebnis der bisher durchgeführten psychopharmakologischen und psychotherapeutischen Behandlungen** ab.

Als Faustregel kann gelten, dass die Wiederherstellung einer vollen beruflichen Leis- 37
tungsfähigkeit kaum zu erwarten ist, falls im Verlauf der Erkrankung folgende Faktoren vorliegen: mittelschwer bis schwer ausgeprägte depressive Symptomatik, chronifizierter Verlauf, erfolglose Behandlungsversuche im ambulanten und stationären Rahmen in unterschiedlichen therapeutischen Settings bei ausreichend langer und ausreichend hoher Dosierung der antidepressiven Medikation mit Wechsel des Medikaments und gescheiterte Rehabilitationsbehandlung.

III. Neurotische, Belastungs- und somatoforme Störungen

1. Angst- und Panikstörungen (ICD-10: F40, F41)

Je nach Schweregrad und Verlauf können alle Angststörungen erhebliche sozialmedi- 38
zinische Bedeutung haben. Spezifische Phobien sind in der Regel mit deutlich weniger Einschränkungen für die Lebensführung verbunden, während Agoraphobien und Panikstörungen als bedeutsamer anzusehen sind. Agoraphobien (Synonym: Platzangst) können mit und ohne Panikstörung auftreten. Das **klinische Bild** ist geprägt durch schwere Ängste bzw. Vermeiden von Menschenmengen, öffentlichen Plätzen, alleine Reisen und Reisen mit weiter Entfernung von zuhause. Es kommt in den gefürchteten Situationen zum Gefühl der Ohnmacht, Herzrasen, Schweißausbrüchen, Zittern, Atembeschwerden, Brustschmerzen oder Beklemmungsfühlen, Schwindel, ggf. des Gefühls, dass Objekte der Umgebung unwirklich sind oder man selbst nicht wirklich hier, sondern weit weg ist (Depersonalisation), Angst vor Kontrollverlust oder Angst zu sterben. Die soziale Phobie kann je nach Grad der Generalisierung zu erheblichen Einschränkungen führen. Bei allen Angststörungen ist die Frage nach der korrekten Diagnose und der konsequenten Therapie zu stellen. In der Regel werden sie mit einer Kombinationstherapie aus verhaltenstherapeutisch orientiertem Vorgehen und Pharmakotherapie ambulant behandelt. Stationäre Behandlungen kommen in Betracht bei schweren Beeinträchtigungen und bei zusätzlicher Komorbidität. Berentungen auf Zeit sind in der Regel nicht sinnvoll, da hierdurch die Chronifizierung gefördert wird. Bei der Frage der Leistungsfähigkeit sind zu berücksichtigen: die Symptomatik, die Auslösesituation, beispielsweise bei spezifischen Phobien, die Dauer der Symptomatik, der bisherige Verlauf, die Komorbidität und prämorbide Persönlichkeit.

2. Zwangsstörungen (ICD-10: F42)

Die Zwangsstörung muss differenziert werden von zwanghaften Phänomenen des 39
täglichen Lebens, die weit verbreitet sind und denen kein Krankheitswert zukommt. Abzugrenzen ist auch eine anankastische Persönlichkeitsstörung. Zwangsstörungen können zu einer quantitativen Leistungsminderung führen, wenn die Zwangshand-

lungen besonders ausgeprägt sind. An eine Berentung sollte allerdings erst gedacht werden, wenn mindestens zwei konsequente, auch stationäre, Behandlungen ohne Erfolg geblieben sind, wobei bei Zwangsstörungen die Wirksamkeit therapeutischer Maßnahmen am besten belegt ist.

3. Reaktionen auf schwere Belastung und Anpassungsstörungen (ICD 10: F43)

40 Ein Trauma ist, wie andere negative Erfahrungen im Leben, mit einer Reihe negativer psychischer Konsequenzen verbunden. Nach Traumata können eine akute Belastungsreaktion, eine posttraumatische Belastungsstörung (PTSD) und eine andauernde Persönlichkeitsstörung nach Extrembelastung (ICD-10: F62.0) entstehen. Es ist zu erwarten, dass gutachterliche Fragestellungen in diesem Bereich zunehmen, da psychische Traumafolgen zunehmend in das medizinisch-psychosomatische Bewusstsein gerückt sind, was sich an einer breiten medizinisch-psychologischen Forschung auf diesem Gebiet zeigt. **Posttraumatische Belastungsstörungen** entstehen als verzögerte oder protrahierte Reaktion auf ein belastendes Ereignis oder eine Situation außergewöhnlicher Bedrohung bzw. katastrophalen Ausmaßes, das bei fast jedem Menschen eine entsprechende Reaktion hervorrufen würde. Typische Merkmale sind das wiederholte Erleben des Traumas in sich aufdrängenden Erinnerungen (Flashbacks) vor dem Hintergrund eines Gefühls der emotionalen Stumpfheit und Gleichgültigkeit sowie der Vermeidung von Aktivitäten, die Erinnerungen an das Trauma wachrufen können. Daneben besteht ein Zustand vegetativer Übererregbarkeit, in der Regel verbunden mit Schlafstörungen und Geräuschempfindlichkeit. Der Verlauf ist wechselhaft und hängt vom Ausmaß der Traumatisierung ab. In der Mehrzahl der Fälle klingt die Störung ab und hält selten länger als sechs Monate an. Es kann aber auch zu einem chronischen Verlauf kommen, der in der Regel dann mit psychischer und **somatischer Komorbidität** einhergeht. Die Störungen weisen dann eine hohe Komorbidität insbesondere zu Angststörungen und depressiven Störungen auf. Daneben können auch andere zahlreiche psychische Erkrankungen entstehen (weitere sog. traumaassoziierte Störungen: dissoziative Störungen, Somatisierungsstörungen, Borderline-Persönlichkeitsstörungen, antisoziale Persönlichkeitsstörungen, Substanzmissbrauch). Ereignisse wirken dann besonders traumatisierend, wenn sie eine intensive Bedrohung der Sicherheit oder körperlichen Unversehrtheit darstellen, wenn sie wiederholt vorkommen oder lange dauern, wenn sie absichtlich durch Menschen herbeigeführt werden, wenn sie zu irreversiblen Schäden oder Verlusten führen, wenn sie unerwartet eintreten, wenn der Betroffene sich schuldig für das Eintreten des Ereignisses fühlt, wenn der Betroffene keine Kontrolle ausüben konnte oder wenn Hilfe ausblieb. Die Begutachtung erfordert Kenntnis auf diesem Gebiet (Ärztekammern bieten spezielle Fortbildung für die Begutachtung von Traumafolgen an, in denen an mehreren Tagen die Problematik der Untersuchung und Bewertung am Beispiel aufenthaltsrechtlicher Verfahren trainiert wird). Die Diagnostik, d.h. **Befragung, gestaltet sich aus unterschiedlichen Gründen schwierig** (z.B. Unfähigkeit zur Auskunft aufgrund dissoziativer Amnesien, häufig störungsbedingt erhöhtes Misstrauen, bei Abfragen der Vorkommnisse werden schmerzhafte Erinnerungen aktiviert, bei Opfern von Gewalttaten bestehen häufig große Scham- und Schuldgefühle, die das Berichten erschweren).

Auch die Problematik einer Aggravierung (z.B. bei Entschädigungsantrag nach dem OEG oder bei einer BG-Leistung) ist hier schwieriger einzugrenzen.

Anpassungsstörungen können nach entscheidenden Lebensveränderungen, nach einem belastenden Lebensereignis oder auch nach schweren körperlichen Erkrankungen oder Operationen auftreten. Die Symptomatik ist sehr variabel, meist finden sich depressive Symptome, Ängste oder eine Mischung verschiedener Symptome wie Ängsten, Sorgen, Anspannung, Ärger und depressive Verstimmungen. Bei der Diagnose zu berücksichtigen sind folgende Parameter: Art und Ausprägung der Symptome, belastendes Ereignis, prämorbide Persönlichkeit und bisheriger Verlauf. Definitionsgemäß halten die Symptome nicht länger als sechs Monate an, abgesehen von der längeren depressiven Reaktion, die jedoch nicht länger als zwei Jahre dauert. Zu bedenken ist hier allerdings, dass es aufgrund der klinischen und gutachterlichen Erfahrung eine ganze Reihe von Probanden gibt, deren Symptomatik auch länger als zwei Jahre besteht (was früher dann als „Entwicklung" beschrieben wurde). 41

In Anbetracht des günstigen Verlaufs kommt es bei diesen Störungsbildern üblicherweise nicht zu einer Einschränkung der Leistungsfähigkeit. Allerdings ist insbesondere bei den posttraumatischen Belastungsstörungen in einem Teil der Fälle mit der Entwicklung einer zusätzlichen psychischen Störung zu rechnen, sei es einer depressiven Störung oder einer Angststörung, wodurch aufgrund der Komorbidität eine Einschränkung der Leistungsfähigkeit auch im quantitativen Bereich resultieren kann. Das gilt vor allem dann, wenn schwierige Lebenssituationen nicht oder nur geringfügig veränderbar sind, so dass auch therapeutische Bemühungen, die wie stets im Vordergrund stehen müssen, ihre Grenzen finden können. Entscheidend für die sozialmedizinische Beurteilung sind Grad und Ausmaß der konkreten psychopathologischen Symptomatik und der Verlauf mit der Klärung, ob die Symptome chronifiziert sind und anhaltend zu Aktivitätseinschränkungen und Partizipationseinschränkungen geführt haben. 42

Das Kapitel F 43 „Reaktionen auf schwere Belastungen und Anpassungsstörungen" der ICD-10 wird für ICD-11 einer umfassenden Revision unterzogen. Dazu zählen auch die Konzepte der unten genannten somatoformen Störungen, die ganz erheblich in die Kritik geraten sind. 43

Zum Begriff des „Burnout"

Dieser hat in den letzten Jahren eine große Popularität erlangt und sich zur „Modediagnose" entwickelt. Auch Ärzte sprechen von „Burnout", wenn es um Erschöpfung und Überforderung geht. Bisher existiert jedoch keine einheitliche oder far international konsentierte Definition von „Burnout". Im ICD-10 taucht der Begriff nur als Restkategorie „Z 73 Probleme mit Bezug auf Schwierigkeiten bei der Lebensbewältigung, inkl. Ausgebranntsein (Burnout-Syndrom) auf. Das Burnout-Syndrom gilt daher nicht als Krankheit, sondern als Problem der Lebensbewältigung. Überblickt man jedoch die Symptomatik eines lang anhaltenden Burnout-Syndroms, so drängen sich Parallelen zu einer Depression auf. Breit wird diskutiert, inwiefern Burnout die früher diagnostizierte „Neurasthenie" ablöst. Bei Betrachtung der Symptomatik und der Krankheitsentwicklung überzeugt noch am meisten die Einordnung als eine Form der 44

„Erschöpfungsdepression", wobei dieser Terminus der klassifikatorischen Neuordnung zum Opfer gefallen ist, was nicht bedeutet, dass ein solches Krankheitsbild nicht existiert. Eine lang anhaltende Überforderung am Arbeitsplatz mit der Folge einer manifesten Erschöpfung depressiver Prägung kann sehr wohl die Annahme eines zeitlich eingeschränkten Leistungsvermögens rechtfertigen. Die Begutachtung im Rentenverfahren wird sich am zweckmäßigsten an den Kriterien für die Beurteilung einer krankheitswertigen Depression orientieren.

4. Dissoziative oder Konversionsstörungen (ICD 10: F44)

45 Diese Störungen wurden früher auch als **hysterische Störungen** bezeichnet. In Anbetracht der problematischen Bedeutung, die das Wort „hysterisch" in der Umgangssprache erhalten hat, sollte dieser Begriff im klinischen und gutachterlichen Kontext nicht mehr verwandt werden. Symptomatologisch äußern sich die dissoziativen Störungen bzw. Konversionsstörungen durch motorische, sensorische und sensible Funktionsstörungen, durch nicht-epileptische Anfälle, durch sexuelle Begleitsymptome und unter Umständen durch die Desintegration psychischer Funktionen. Es besteht eine hohe Komorbidität mit Persönlichkeitsstörungen, Angststörungen und somatoformen Störungen. Der Schweregrad ist sehr variabel und kann von subklinischen Symptomen bis zur schwersten Ausprägung reichen. Der Verlauf kann episodenhaft oder chronisch sein. In Anbetracht der sehr variablen Symptomatik in Kombination mit weiteren psychischen Störungen und in Anbetracht des wechselhaften Verlaufs ist es nicht möglich, Richtlinien zur sozialmedizinischen Beurteilung zu geben. Zu berücksichtigen sind wieder folgende Aspekte: prämorbide Persönlichkeit, gegebenenfalls Vorliegen einer Persönlichkeitsstörung, vor allem einer histrionischen Persönlichkeitsstörung, Komorbidität mit sonstigen psychischen Störungen, Symptomatik und Verlauf. Bei einer massiven Beeinträchtigung, die therapeutisch nicht zu beeinflussen ist, kann es zu einer dauerhaften quantitativen und qualitativen Leistungseinschränkung kommen. Eine solche Feststellung sollte jedoch immer erst nach mindestens zwei konsequenten Behandlungsversuchen in stationärem Rahmen erfolgen.

5. Somatoforme Störungen (ICD-10: F45)

46 Subkategorien: Somatisierungsstörung, undifferenzierte Somatisierungsstörung, hypochondrische Störung, somatoforme autonome Funktionsstörung und anhaltende somatoforme Schmerzstörung. Diese sind manchmal unscharf voneinander abzugrenzen. Die Störungen sind dadurch definiert, dass vom Probanden körperliche **Symptome hartnäckig geschildert** werden – trotz wiederholter negativer Ergebnisse körperlicher Untersuchungen und der Versicherung der Ärzte, dass die Symptome **nicht körperlich begründbar** sind. Frühere Bezeichnungen für die Störung: funktionelle Syndrome, psychovegetative Dystonie, psychovegetatives Syndrom oder Erschöpfungszustand. Probanden mit somatoformen Störungen finden sich eher in der allgemeinärztlichen Versorgung und bei Ärzten somatischer Fachrichtungen und weniger im psychiatrisch-psychotherapeutischen Bereich. Dies ist dadurch begründet, dass die Probanden ein körperliches Krankheitskonzept haben und daher der ärztlichen Auffassung, dass psychische Faktoren eine wichtige Rolle bei der Entstehung, Auslösung und Aufrechterhaltung ihrer Symptome spielen können, in der Regel vehement wider-

sprechen und häufig auch gekränkt reagieren. Bei etwa zwei Drittel der Probanden mit somatoformen Störungen liegt eine Komorbidität mit anderen psychischen Erkrankungen vor, meist mit einer depressiven Symptomatik. Probanden mit somatoformen Störungen zeigen häufig einen chronischen Verlauf, was zu langen „Patientenkarrieren" mit immer wiederholten körperlichen Untersuchungs- und Behandlungsmaßnahmen führt. Es zeigt sich eine ausgeprägte Inanspruchnahme medizinischer Dienste, wobei die Probanden nicht selten als problematisch und sogar als unangenehm erlebt werden. **Therapeutische Bemühungen** sind dementsprechend **schwierig und häufig unbefriedigend.** Diese Probanden werden häufig mit sehr unterschiedlichem Erfolg in der psychosomatischen Rehabilitation behandelt. Dabei kann der langfristige Behandlungserfolg über drei bis fünf Jahre durch folgende Faktoren prognostiziert werden: kein Rentenwunsch, geringe Anzahl ärztlicher Behandlungen, kürzere Zeiten der Arbeitsunfähigkeit. In Anbetracht der Häufigkeit, der Chronizität, der ausgeprägten Inanspruchnahme medizinischer Dienste, der psychosozialen Beeinträchtigung und des subjektiven Leidensdrucks haben diese Störungen ein erhebliches sozialmedizinisches Gewicht, unabhängig davon, wie sie letztlich bezeichnet werden. Dies ist deshalb immer wieder zu betonen, weil **für die sozialmedizinische Beurteilung keineswegs die diagnostische Zuordnung entscheidend ist, sondern Art und Ausmaß der konkreten Symptomatik und der Verlauf mit der Frage einer Chronifizierung.** Dies ist deshalb so wichtig, weil bekanntlich nicht die Diagnose, sondern die Erheblichkeit einer psychischen bzw. psychopathologischen Symptomatik und die daraus resultierenden konkreten Beeinträchtigungen Voraussetzungen für die Leistungsgewährung im Bereich der gesetzlichen Rentenversicherung sind. Entscheidend sind die individuellen, konkret benennbaren Beeinträchtigungen des Probanden. Neben Grad und Ausmaß ist der Verlauf zusätzlich entscheidend. Dabei können folgende Aspekte Berücksichtigung finden: Der Schweregrad erhöht sich, wenn psychiatrische Komorbidität besteht (Persönlichkeitsstörung, Missbrauchsproblematik, Suchtmittelmissbrauch, geringfügige hirnorganische Beeinträchtigung), ein **mehrjähriger Krankheitsverlauf bei unveränderter oder progredienter Symptomatik** ohne längerfristige Remission sowie ausgeprägter Krankheitsgewinn, Verlust der sozialen Integration (Ehescheidung, Arbeitsplatzverlust, sozialer Rückzug), unbefriedigende Behandlungsergebnisse trotz konsequent durchgeführter ambulanter und stationärer Behandlungsmaßnahmen auch mit unterschiedlichem therapeutischen Ansatz und wenn Rehabilitationsmaßnahmen gescheitert sind.

IV. Persönlichkeits- und Verhaltensstörungen (ICD-10: F60-F68)

Menschen mit Persönlichkeitsstörungen können unterschiedlichste, im Längsschnitt wechselnde, psychische oder somatische Symptome aufweisen. Diese umfassen zum Beispiel Ängste, Depressivität, Selbstwertprobleme und Probleme der Impulskontrolle. Im Zusammenhang damit stehen dann definitionsgemäß mehr oder weniger ausgeprägte **Schwierigkeiten bei der psychosozialen Anpassung**, speziell im Beruf. Aus den daraus entstehenden Konflikten kann eine Verschärfung der psychischen und/oder somatischen Symptomatik resultieren. Diese Irritierbarkeit oder eingeschränkte Belastbarkeit muss bei der Beurteilung der Leistungsfähigkeit wie bei der Prognose 47 berücksichtigt werden. Persönlichkeitsstörungen verlaufen chronisch mit Beginn im Jugend- bzw. frühen Erwachsenenalter. Oftmals ist eine berufliche Leistung über einen langen Zeitraum möglich, ab einem bestimmten Zeitpunkt jedoch nicht mehr. Zu achten ist bei Probanden mit Persönlichkeitsstörung immer auch auf eine stoffgebundene Abhängigkeit (Alkohol, Drogen, Medikamente). Liegt zusätzlich eine Suchtentwicklung vor, handelt es sich immer um eine schwere ausgeprägte und prognostisch ungünstige Störung, und es muss darauf geachtet werden, dass suchtspezifische Interventionen in die Behandlung und Rehabilitationsdiskussion einfließen. Man kann Persönlichkeitsstörungen entsprechend einer aus Nordamerika stammenden **Gruppierung** (APA, 1994) in drei Hauptgruppen ordnen:

48 **Gruppe A:** Sonderbare und exzentrische Personen, welche die paranoide, die schizoide und die schizotypische Persönlichkeitsstörung umfassen. Gemeint ist damit die Neigung zu Misstrauen und zu paranoiden Vorstellungen bei fehlendem zwischenmenschlichem Kontakt und ausgesprochener Affektarmut bis zur Gefühlskälte sowie das Auftreten von seltsamem und exzentrischem Verhalten.

49 **Gruppe B** umfasst die histrionische (früher hysterische), narzisstische, dissoziale und emotional instabile Persönlichkeitsstörung mit den beiden Unterformen des Borderlinetypus und des impulsiven Typus. Die zusammenfassende Beschreibung der Personen mit solchen Störungen lautet „dramatisch, emotional oder launisch". Beschrieben werden Störungen der Impulsivität, Tendenzen zur Selbstbeschädigung sowie ausgeprägte Störung des Selbstwertgefühls, schneller Wechsel von Idealisierung und Entwertung nahestehender Personen und Probleme in der Regulierung von Nähe und Distanz zu anderen Menschen.

50 **Gruppe C** umfasst die ängstlich-vermeidende oder selbstunsichere, die abhängige, die anankastische (zwanghafte) und die passiv-aggressive Persönlichkeitsstörung mit dem gemeinsamen Charakter des Ängstlichen und Furchtsamen. Menschen mit derartigen Persönlichkeitsstörungen sind leicht verletzbar, andauernd angespannt und besorgt, entwickeln Gefühle von Hilflosigkeit und Abhängigkeit, neigen zu massiven Trennungsängsten, zu übermäßiger Gewissenhaftigkeit und fehlender Flexibilität.

51 Diese Gruppeneinteilung ist nicht unwidersprochen geblieben und es handelt sich auch nicht um Diagnosen im eigentlichen Sinne. Insbesondere die Probanden der Gruppe C neigen dazu, Angststörungen und depressive Störungen zu entwickeln.

52 In der sozialmedizinischen Beurteilung spielen Persönlichkeitsstörungen dann eine Rolle, wenn komorbide Erkrankungen hinzukommen oder die Konflikte mit Bezugspersonen bzw. im beruflichen Umfeld so sehr in den Vordergrund treten, dass eine **chronische Überforderung** daraus entsteht, die oftmals wiederum wegen der Persönlichkeitsstörung schwerer bewältigt werden kann und die dann zu komorbider psychischer Erkrankung führt.

V. Intelligenzminderung (ICD 10: F70-F73)

53 Die Diagnose kann definitionsgemäß nur aufgrund eines adäquat durchgeführten und sorgfältig normierten Intelligenztestes gestellt werden. Anhand des Intelligenzquotienten (IQ) unterscheidet man niedrige (IQ 70 bis 84), leichte (IQ 50 bis 69),

mittelgradige (IQ 35 bis 49) und schwere bzw. schwerste (IQ 20 bis 34) Intelligenzminderung. Intelligenzgeminderte Menschen können in etwa gleicher Häufigkeit wie Gesunde an allen denkbaren psychischen Störungen erkranken. Diese nehmen aufgrund der Intelligenzminderung eine besondere Färbung an und können diagnostische und therapeutische Probleme aufwerfen. Eine schwere Intelligenzminderung ist häufig auch mit körperlichen, insbesondere auch neurologischen Erkrankungen und Behinderungen aufgrund genetischer Defekte oder Hirnveränderungen kombiniert. Eine Intelligenzminderung bleibt im Wesentlichen konstant, eine kausale **Therapie ist in aller Regel nicht möglich**, lediglich eine geeignete Förderung, so dass im Vordergrund Maßnahmen der Rehabilitation einschließlich Sonder- und Heilpädagogik und der Integration stehen. Die sozialen Auswirkungen einer Intelligenzminderung hängen vom Schweregrad, den Komplikationen und dem erreichten Rehabilitationserfolg ab. Während bei grenzwertiger Intelligenz und leichter Intelligenzminderung selbstständige soziale Teilhabe gelingen kann und Beschäftigung mit leichten Arbeiten auf dem allgemeinen Arbeitsmarkt denkbar ist, führen das Auftreten von nicht ausreichend beherrschbaren Komplikationen sowie die Schweregrade der mittelschweren und schweren Intelligenzminderung regelmäßig zur **Hilfsbedürftigkeit**.

VI. Sucht und suchtähnliche Erkrankungen (ICD-10: F1-F19)

Nachfolgende Stoffe haben psychotrope Wirkung und sind im ICD 10 als Substanzen 54
erfasst, die psychische und Verhaltensstörungen, wie etwa einen schädlichen Gebrauch oder ein Abhängigkeitssyndrom, hervorrufen können: Alkohol, Opioide, Cannabinoide, Sedativa und Hypnotika, Kokain, Koffein, Halluzinogene, Tabak, flüchtige Lösungsmittel.

Die Bedeutung der sozialmedizinischen Folgen des Suchtmittelkonsums ist enorm, 55
wenn man dessen Häufigkeit und das **Ausmaß der Schäden** betrachtet. Besonders bei Suchterkrankungen ist das bio-psycho-soziale Krankheitsmodell überaus passend und fruchtbar. Der Begriff „Sucht“ wird nach wie vor sehr viel verwandt, sowohl im allgemeinen Sprachgebrauch als auch in der medizinischen Alltagssprache. In wissenschaftlichen Zusammenhängen ist der Begriff verlassen und durch den Begriff „Abhängigkeitssyndrom“ ersetzt worden. Es ist eine Unterscheidung zwischen Abhängigkeit und Missbrauch zu treffen, wobei sich der Missbrauch vom normalen Gebrauch durch die Umstände und die Dosierung des Konsums unterscheidet. Im ICD 10 ist der Begriff „Missbrauch einer Substanz“ durch den Begriff des „schädlichen Konsums“ ersetzt, der sich nicht am Konsummuster, sondern an den Folgen orientiert und den Nachweis einer körperlichen oder psychischen Schädigung voraussetzt. Wenn auch die Abhängigkeit für alle Suchtmittel durch die gleichen Kriterien definiert wird, so ist doch die **pharmakologische Wirkung** der Suchtmittel auf den Organismus und damit auch ihre leistungsmindernde Schädlichkeit außerordentlich unterschiedlich. Zur Leistungsminderung durch Suchtmittel selbst kommt es oft erst durch das Auftreten von Entzugsphänomenen, von Toleranzentwicklung mit Dosiserhöhung des Suchtmittels, ggf. dann auch Überdosierung sowie durch Folgeerkrankungen. Von Bedeutung sind vor allem Störungen durch Alkohol, Opioide, Sedativa und Hypnotika. Die Diagnose eines Abhängigkeitssyndroms setzt voraus, dass eine psy-

chotrope Substanz eingenommen wird, die ein Abhängigkeitspotential besitzt. Damit scheiden sogenannte „nicht stoffgebundene Süchte“, wie zum Beispiel Spielsucht, sowie Schäden durch unsachgemäße Einnahme nichtpsychotroper Substanzen (wie z. B. Abführmittel oder bestimmte Schmerzmittel) aus. Bei einer **Abhängigkeit** bestehen in Regel immer psychische, körperliche und soziale Folgen. Die Feststellung eines Missbrauchsyndroms bleibt im gutachterlichen Alltag oft schwierig, weil damit in der Regel nicht offen umgegangen wird bzw. die Probanden den Missbrauch nicht als solchen einschätzen und daher nicht erwähnen. Selbst bei ausdrücklichen Fragen werden Dosierung und Art der Suchtmittel eher heruntergespielt. Es gehört zum Wesen der Suchtkrankheit, dass Probanden ihre Suchtkrankheit verbergen und selbst auch über lange Zeit hinweg **nicht wahrhaben wollen**. Ein Abhängigkeitssyndrom bedeutet, dass ein starker Wunsch und auch Zwang besteht, die Substanz einzunehmen, dass Schwierigkeiten bestehen, den Konsum zu kontrollieren und der Substanzgebrauchs trotz schädlicher Folgen fortgeführt wird. Dem Substanzgebrauch wird Vorrang vor anderen Aktivitäten und Verpflichtungen gegeben. Es entwickelt sich eine Toleranzerhöhung und manchmal auch ein **körperliches Entzugssyndrom**. Die Abgrenzung zwischen schädlichem Gebrauch und Abhängigkeitssyndrom kann manchmal schwierig bleiben, weil die Übergänge fließend sind. Abhängigkeitserkrankungen sind in bestimmten Berufen ein Sicherheitsrisiko (z. B. Berufskraftfahrer, Lokomotivführer, Pilot). Zur Leistungsminderung oder Leistungsunfähigkeit kann es aufgrund von Abstinenzunfähigkeit kommen. Eine weitere Leistungsminderung kann dann durch **Folgeerkrankungen** entstehen, die je nach konsumierten Suchtmitteln auf biologischer und psychosozialer Ebene unterschiedlich sind. Auch Begleiterkrankungen, die in höherem Alter in der Regel zu erwarten sind und die nicht in ursächlichem Zusammenhang mit dem Suchtmittelkonsum stehen, können eine Leistungsminderung aufgrund der Kombination hervorrufen. Für den Verlauf von Suchterkrankungen haben auch die Kontextfaktoren wie Arbeitsbedingungen, familiäre und Partnerschaftsbeziehungen sowie die Möglichkeiten der Freizeitgestaltung und Selbstverwirklichung, also letztlich die Gesamtheit der Partizipation, großen Einfluss. Die intensivste und differenzierteste Behandlung erfolgt im Rahmen einer stationären Rehabilitation in einer Fachklinik. Es wurden in den letzten Jahren jedoch auch die ambulanten und teilstationären Behandlungsmöglichkeiten ausgebaut. In speziellen Einrichtungen können nach erfolgter Entwöhnungsbehandlung Hilfen zur weiteren beruflichen und sozialen Reintegration gegeben werden und damit das vor allem unmittelbar nach Entlassung aus der Therapie hohe Rückfallrisiko reduzieren.

G. Zur Problematik der Begutachtung von Schmerzsyndromen

I. Einteilung der Schmerzarten

56 Die Begutachtung von Schmerzen ist eine interdisziplinäre ärztliche Aufgabe, die Kompetenz sowohl zur Beurteilung körperlicher als auch psychischer Störungen erfordert.

57 Schmerzen können in akuten Schmerz und chronischen Schmerz unterteilt werden: **Akuter Schmerz** dauert selten länger als einen Monat, **chronischer Schmerz** besteht länger als sechs Monate.

Von einem **Schmerzsyndrom** ist zu sprechen, wenn der Schmerz über eine längere Zeit hinweg das führende Symptom einer Gesundheitsstörung ist und durch entsprechende organische Befunde nicht oder nicht hinreichend zu erklären ist. Hiervon sind Schmerzen abzugrenzen, die lediglich das **Begleitsymptom** körperlicher Erkrankungen darstellen. 58

Chronischer Schmerz führt zu einem eigenständigen Dauerleiden, der Schmerzkrankheit, die das Allgemeinbefinden des Probanden und sein gesamtes Lebensgefühl schwerwiegend beeinträchtigen kann. Jeder Schmerz wird auf der kognitiven, der affektiven und der vegetativen Ebene wahrgenommen und ist stets ein subjektives Phänomen. 59

II. Somatoforme Schmerzstörung

Eine anhaltende somatoforme Schmerzstörung besteht, wenn über Monate hinweg anhaltend über schwere und quälende Schmerzen geklagt wird, durchgeführte somatische Untersuchungen kein ausreichendes Ergebnis zeigen und daher **emotionale und psychosoziale Belastungsfaktoren** als ursächlich angesehen werden müssen. 60

Bei der Begutachtung von chronischen Schmerzen bestehen erhebliche Schwierigkeiten. Dabei ist davon auszugehen, dass etwa 20 bis 30 % aller Patienten über Schmerzen klagen, ohne dass eine spezifische organische Ursache für die geklagten Beschwerden eruiert werden kann. 61

Hinter dem Schmerz als Leitsymptom können sich die verschiedensten Erkrankungen verbergen:

1. Begleitsymptom einer Gewebeschädigung oder körperlichen Erkrankung

Der „übliche Schmerz“ kann infolge einer Gewebeschädigung oder körperlichen Erkrankung auftreten 62

2. Bei Gewebeschädigung oder körperlicher Erkrankung mit psychischer Komponente

Zu einer körperlich begründeten Schmerzsymptomatik kommt eine psychische Störung hinzu, die bereits beim Auftreten der Gewebeschädigung oder -erkrankung vorgelegen oder sich danach entwickelt hat. Bei schweren Gewebeschädigungen oder -erkrankungen ist diese Konstellation häufig zu finden, insbesondere kombiniert mit einer Anpassungsstörung, Dysthymia oder einer rezidivierend depressiven Störung. 63

3. Leitsymptom einer psychischen Erkrankung

Hierbei gibt es keine nennenswerte Gewebeschädigung oder körperliche Erkrankung, welche die geklagten Schmerzen auch nur ansatzweise erklären kann. 64

Man kann die Gruppe der psychischen Erkrankungen, die mit dem Leitsymptom Schmerzen einhergehen, unterteilen in 65

(1) Erkrankungen, bei denen Schmerzen **neben den weiteren Symptomen** dieser Erkrankung bestehen und

(2) Schmerzen, die **im Rahmen einer psychischen Erkrankung** auftreten, bei der die Schmerzen das eigentliche Symptom darstellen.

66 Schmerzen können im Rahmen von Angststörungen, depressiven Störungen und bestimmten Persönlichkeitsstörungen festzustellen sein. Insbesondere auch bei der früher so bezeichneten „larvierten" Depression stehen körperliche Störungen und auch Schmerzen ganz im Vordergrund. Ebenso treten regelhaft bei der posttraumatischen Belastungsstörung Schmerzen auf. Körpermissempfindungen und Schmerzen können auch bei einer psychotischen Störung, z. B. einer Schizophrenie, bestehen und auch in Verbindung mit dem Missbrauch von psychotropen Substanzen im Rahmen eines Abhängigkeits-Syndroms (z. B. im Entzug). Wenn der Schmerz das eigentliche **Leitsymptom** darstellt, wird die psychische Erkrankung als anhaltende somatoforme Schmerzstörung (ICD-10: F45.4) bezeichnet.

67 Mit dem Begriff „somatoform" werden allgemeine Krankheitserscheinungen bezeichnet, die wie körperlich verursachte Erkrankungen aussehen, es aber tatsächlich nicht sind. **Somatoforme Störungen** werden durch anhaltende Körperbeschwerden charakterisiert, für die sich trotz angemessener ärztlicher Untersuchung eine ausreichende organische Pathologie oder Pathophysiologie nicht finden lässt. Zu beachten ist dabei, dass eine **willentliche Kontrolle** der körperlichen Symptomatik bei diesen Störungen nicht vorliegt. Allerdings muss dies in der Begutachtungssituation genau überprüft werden. Diese Störungen wurden früher häufig auch als „funktionelle Störungen" bezeichnet, womit gemeint war, dass psychologische Einflüsse für die Symptombildung von Bedeutung sind.

III. Beurteilung von Schmerzsyndromen

1. Objektive Kriterien

68 Die Beurteilung von Schmerzsyndromen gehört zu den schwierigsten und strittigsten Problemen der Begutachtung. Bei rund zwei Dritteln der vor einem Sozialgericht zur Verhandlung kommenden Fälle des neurologisch-psychiatrischen Fachgebiets stehen Schmerzen im Vordergrund der Beschwerden. Von ihrer Schutzfunktion ausgehend hat sich die Schmerzempfindung im Lauf der Menschheitsgeschichte wesentlich verändert. In den letzten Jahrzehnten ist die Toleranz von Schmerzen, nicht zuletzt angesichts der Erwartungshaltung an die eigene Gesundheit, nochmals deutlich gesunken. Beim Erleben von Schmerzen spielen zusätzlich zahlreiche Faktoren der aktuellen Lebenssituation sowie biographische Einflüsse eine Rolle. Für Schmerzempfindung gibt es keine Normwerte, diese ist individuell sehr unterschiedlich. Probleme bei der Begutachtung stellt die „Objektivierung" des Schmerzerlebens dar. **Daher wäre es ein Irrtum, zu glauben, es gäbe für die Beurteilung subjektiver Befunde ohne adäquaten körperlichen Befund keine objektiven Kriterien.**

69 Hilfreich hierbei ist die **Konsistenzprüfung.** Wer beispielsweise Schmerzen bei der Arbeit hat, hat diese auch in der Freizeit. Auch die Schilderung eines Tagesablaufs und der außerberuflichen Aktivitäten, die Intensität und der berichtete Erfolg von Behandlungsversuchen, möglicherweise auch die Fremdanamnese, ermöglichen es an-

hand der Zusammenschau, zuverlässige Aussagen über die Konsistenz der beklagten Beschwerden zu treffen.

Bei der Begutachtung ist das Vorliegen von organischen Krankheitsbildern abzuklären und zu differenzieren, ob der Schmerz als Leitsymptom einer psychischen Erkrankung besteht oder ob zumindest eine psychische Komorbidität vorliegt. Somatoforme Schmerzstörungen gehen häufig mit bzw. neben anderen psychischen Störungen einher (es sollen 60 % der Fälle zusätzlich unter depressiven und Angstkrankheiten leiden). Auch die Abgrenzung zum Krankheitsbild der sogenannten Fibromyalgie ist schwierig. Manchmal wird auch die Auffassung vertreten, dass sowohl die somatoforme Schmerzstörung als auch die Fibromyalgie als Sammelbezeichnung für verschiedenste psychosomatische und psychiatrische Störungen dienen. Bei der Begutachtung sind in der Regel **fachübergreifende Erfahrungen** im Bereich der Schmerzstörungen notwendig. Wegen der Notwendigkeit abzuklären, inwieweit eine Schädigung des Nervensystems oder anderer Gewebe vorliegt, ist oftmals als Hauptgutachter ein Orthopäde oder Neurologe in Betracht zu ziehen. Wenn aufgrund bislang durchgeführter Ermittlungen klar ist, dass es sich um Abgrenzungsprobleme von körperlichen und psychischen Störungen handelt oder handeln könnte oder gar bereits zuvor der Verdacht auf das Vorliegen einer psychischen Störung geäußert wurde, ist zu empfehlen, einen Psychiater, ggf. auch einen Facharzt für psychotherapeutische Medizin, hinzuzuziehen. 70

2. Quantifizierung des Schmerzes

Hauptproblem ist der Nachweis und die Quantifizierung des Schmerzes, da sich Schmerz nicht messen lässt und letztlich nicht objektivierbar ist. Selbst wenn entsprechende Befunde, etwa aus bildgebenden Verfahren, vorliegen, so sagt dies alleine noch nichts über das Ausmaß des Schmerzes und der hiermit einhergehenden Funktionsbeeinträchtigungen aus. Bei der Begutachtung besteht daher die Notwendigkeit, die Beschwerdeschilderung des Klägers zu den bei ihm vorliegenden Symptomen und Beeinträchtigungen anhand verschiedener Kriterien dahingehend zu überprüfen, ob sie zur Gewissheit des Gutachters tatsächlich bestehen. **Die Diagnosestellung und die Festlegung der hieraus resultierenden Beeinträchtigungen dürfen nie alleine auf die Beschwerdeschilderung des Probanden gestützt werden, vielmehr sind Symptomatik, Verlauf und alle sonstigen vorliegenden medizinischen Unterlagen zu berücksichtigen.** 71

Wichtig ist die differenzierte Erhebung einer Schmerzanamnese (Wo tritt der Schmerz auf? Wann tritt der Schmerz auf? Wodurch wird der Schmerz ausgelöst? Wie wird der Charakter des Schmerzes empfunden? Wie stark wird der Schmerz empfunden? Was kann den Schmerz beeinflussen? Welche Behandlungsversuche sind bislang durchgeführt worden?). Sehr wichtig ist auch die **sorgfältige Anamnese der durchgeführten Therapiemaßnahmen** (Hat eine regelmäßige ärztliche Behandlung stattgefunden? Sind ambulante oder stationäre medizinische Rehabilitationsmaßnahmen durchgeführt worden? Sind ggf. auch auf eigene Kosten Therapiemaßnahmen durchgeführt worden? Sind – und wenn ja welche – Medikamente verordnet worden und werden diese auch eingenommen?). Zu beachten wäre eine deutliche Diskrepanz von vorgetragenen Beschwerden und durchgeführten Therapiemaßnahmen, die Rückschlüsse 72 auf die Qualität und Quantität des Schmerzerlebnisses zulassen. Umgekehrt spricht der Umstand, dass ein Kläger die ihm angebotenen Therapiemaßnahmen wahrnimmt und auch durch weitere Eigenbemühungen auf eine Verringerung der Beschwerden hinzuwirken versucht, für das Vorliegen von Beschwerden, wobei allerdings stets die Gesamtumstände (Werden äußere Hilfen überhaupt angeboten? Individuelle Möglichkeiten, Persönlichkeitsstruktur) zu berücksichtigen sind. Rückschlüsse lassen sich vor allem auch aus **der Medikamentenanamnese** ziehen. So kann die Durchführung einer schmerzspezifischen Medikation ein Hinweis für das Vorliegen von Schmerzen sein. Nicht selten ist bei langjährigen Schmerzpatienten eine **Schmerzmittelabhängigkeit** zu verzeichnen. Auch die Durchführung von mit Risiken behafteten Behandlungsmaßnahmen stellt ein wichtiges Indiz für das Vorliegen von gravierenden Schmerzen und einen erheblichen Leidensdruck dar. Ggf. können die Angaben zum Konsum von Schmerzmitteln durch entsprechende laborchemische Untersuchungen überprüft werden.

73 Besondere Aufmerksamkeit ist darauf zu richten, welche **Einschränkungen in den Aktivitäten des täglichen Lebens und bei der Teilhabe in verschiedenen Lebensbereichen** beschrieben werden. Wenn die Schmerzen als Leitsymptom einer psychischen Erkrankung zu verstehen sind, ist die umfassende Erhebung der biographischen Anamnese erforderlich. Gerade auch hinsichtlich der Auswirkungen auf das Erleben und die Perspektiven des weiteren Krankheitsverlaufs lassen sich viele Störungen nur in Kenntnis der individuellen Faktoren verstehen. Außergewöhnliche Belastungen sind zu erfragen, da als Auslöser für das Schmerzgeschehen fast immer überfordernde Lebenssituationen in Betracht zu ziehen sind. **Die Diagnose „somatoforme Schmerzstörung" setzt das Vorliegen eines schweren emotionalen oder psychosozialen Konfliktes zwingend voraus.** Ohne adäquates auslösendes Ereignis darf sie nicht gestellt werden.

3. Standardisierte Untersuchungsverfahren

74 Zur Beurteilung des Schmerzerlebens dienen auch **standardisierte Untersuchungsmethoden** (z. B. PDI – Pain Disability Index oder DSF – Deutscher Schmerzfragebogen). Allerdings handelt es sich um Selbsteinschätzungsverfahren, die für sich allein genommen in der Begutachtungssituation nicht viel aussagen (beispielsweise wird das höchste Chronifizierungsstadium nach Gerbershagen (Stadium III) schon dann erreicht, wenn jemand angibt, an dauerhaften Schmerzen verschiedener Lokalisation zu leiden und häufig den behandelnden Arzt zu wechseln. **Eine eigenständig zu verantwortende Leistungsbeurteilung durch einen erfahrenen Sachverständigen kann durch keinen der inzwischen vielfältig entwickelten Schmerzfragebögen ersetzt werden.** Die subjektive Selbsteinschätzung einschließlich aller Selbsteinschätzungsskalen und Fragebögen allein ist in der gutachtlichen Situation bei dem gleichzeitig bestehenden Wunsch einer finanziellen und/oder gesellschaftlichen Kompensation der geklagten Beschwerden nur von geringer Bedeutung. Zwar wird der Einsatz von **Skalen und Fragebögen** im Sozialgerichtsverfahren ausdrücklich gefordert, es ist jedoch darauf hinzuweisen, dass diese **nicht valide** sind. Sie können daher die Eigenschilderung der Beschwerden ergänzen, ersetzen jedoch nicht die eigenständig zu verantwortende

Leistungsbeurteilung durch einen in der Problematik der Schmerzbegutachtung erfahrenen Sachverständigen.

4. Konsistenzprüfung

Mehr als bei anderen psychischen Störungen ist eine **Konsistenzprüfung bei der Beurteilung** vorzunehmen. Es können z. B. Diskrepanzen auftreten zwischen der Beschwerdeschilderung in der Begutachtungssituation und der Aktenlage. Auch die Angaben zu durchgeführten Therapiemaßnahmen sind zu überprüfen. Es kann z. B. eine vage und unbeteiligte Schilderung Zweifel an einer tatsächlichen Beeinträchtigung entstehen lassen. Gleiches gilt, wenn über nicht aushaltbare Beschwerden geklagt wird, diese in ihrem Charakter jedoch nicht mehr geschildert und differenziert werden können. Auch ein Widerspruch zwischen den vorgetragenen Beschwerden und dem in der Untersuchungssituation zu beobachtenden Verhalten und dort zu beobachtenden körperlichen Beeinträchtigungen ist zu diskutieren. Weiter ist zu klären, ob die geschilderten Beeinträchtigungen mit den angegebenen **sozialen und beruflichen Aktivitäten** in Einklang zu bringen sind. Allerdings können entsprechende Angaben nur bedingt verwertet werden, weil viele Kläger mittlerweile um die Bedeutung dieser Fragen wissen und sich nur noch zurückhaltend äußern. Dagegen kann vor allem auch die Betrachtung der durchgeführten Behandlungsmaßnahmen Hinweise für nicht in dem geklagten Umfang vorhandene Funktionsbeeinträchtigungen liefern. Eine **fehlende oder nur sporadische Behandlung** verträgt sich nicht mit der Behauptung, es würden stärkste chronische Schmerzen vorliegen. Wichtig bei der Leistungsbeurteilung sind auch die psychosozialen Kriterien, Anforderungen des Arbeitsplatzes sowie die Beurteilung der psychosozialen Situation (mit wem lebt der Betroffene zusammen, wie ist sein Kontaktverhalten, in welchen Lebensbereichen partizipiert er im familiären und häuslichen Rahmen, aber auch im außerfamiliären Bereich, welche Hobbys und Interessen und damit verbundene Aktivitäten werden ausgeführt). 75

5. Beurteilung in Schwerbehindertenverfahren

Bei der Feststellung des Behinderungsgrades im Schwerbehindertenverfahren ist zu unterscheiden, ob es sich um Schmerzen handelt, die vollständig oder teilweise auf Gewebeschäden zurückzuführen sind, oder ob es sich um Schmerzen bei einer primär psychischen Erkrankung handelt. Im ersten Fall richtet sich die GdB-Bewertung in erster Linie nach der zugrunde liegenden Gewebeschädigung. Die üblichen Schmerzen sind bereits in der Bewertung des Grundleidens in der jeweils zugrunde liegenden Ziffer der Versorgungsmedizinischen Grundsätze (vgl. vorstehend § 6 Rn. 9 ff.) enthalten. Liegen hingegen außergewöhnliche Schmerzen oder seelische Begleiterscheinungen vor, können diese zu einer höheren GdB-Bewertung führen. Zu beachten ist dabei, dass auch besonders schmerzhafte Zustände bereits bei „üblichen" Schmerzen berücksichtigt sind. Zum Teil sind entsprechende Schmerzzuschläge bei bestimmten Krankheitsbildern auch noch ausdrücklich in den Versorgungsmedizinischen Grundsätzen ausgeführt (z. B. bei außergewöhnlichen Schmerzen im Rahmen eines Postdiskotomie-Syndroms). Können die Schmerzen in erster Linie nicht durch Gewebeschäden erklärt worden, ist hingegen eine Bewertung nach Ziffer 3. der GdS Tabelle der Versorgungsmedizinischen Grundsätze vorzunehmen. Deren Voraussetzungen wur- 76 den oben bereits dargestellt. Für die GdB-Bewertung ist dann maßgeblich das **Ausmaß der vorliegenden sozialen Anpassungsschwierigkeiten**, wobei hier unter Berücksichtigung des neuen Behinderungsbegriffs Teilhabeeinschränkungen in allen Lebensbereichen zu berücksichtigen sind. Wenn sowohl ein Einzel-GdB nach den Versorgungsmedizinischen Grundsätzen aus einem primär somatischen Funktionssystem wie auch ein Einzel-GdB aus dem Funktionssystem „Gehirn einschließlich Psyche" festgestellt wird, muss bei der Bildung des Gesamt-GdB stets kritisch hinterfragt werden, ob es zu einer Anhebung des Gesamt-GdB kommen kann, weil sich beide Gesundheitsstörungen hier auf gleiche Weise (chronische Schmerzen) manifestieren. Dies wird meist vor dem Hintergrund diskutiert, ob eine sogenannte **„Überschneidung"** vorliegt (vgl. vorstehend § 6 Rn. 22 ff.). Zu berücksichtigen ist aber, dass im Rahmen einer Chronifizierung von Schmerzzuständen, die initial noch organisch erklärbar waren, zunehmend psychosoziale Faktoren bedeutsamer werden. Richtigerweise müsste deswegen häufiger darüber diskutiert werden, ob überhaupt noch vom Vorliegen einer eigenständigen somatischen Gesundheitsstörung ausgegangen werden kann, die einen eigenständigen GdB von zumindest 20 rechtfertigt.

IV. Darstellung der Ergebnisse

77 Zur **Objektivierung schmerzbedingter Funktionsstörungen** hat der Sachverständige im ersten Schritt detailliert Stellung dazu zu nehmen, ob und aufgrund welcher Fakten die vom Patienten geklagten Funktionsbeeinträchtigungen zur subjektiven Gewissheit des Gutachters in dem geklagten Umfang bestehen. Angesichts des Versagens apparativer und testpsychologischer Befunde kommt für die Objektivierung schmerzbedingter Funktionsbeeinträchtigungen zwei Parametern hervorragende Bedeutung zu, nämlich zum einen dem Nachweis körperlicher und/oder psychischer Beeinträchtigungen im privaten und/oder beruflichen Alltagsleben sowie in der sozialen Partizipation, zum anderen der Beurteilung der objektivierbaren Funktionsbeeinträchtigungen anhand der Beobachtungen während der Exploration und Untersuchung. Lassen sich Funktionsbeeinträchtigungen zur Überzeugung des Gutachters nachweisen, so gilt es im zweiten Schritt zu klären, ob und inwieweit die geklagten **Beschwerden bewusst oder bewusstseinsnah** zur Durchsetzung eigener Wünsche gegenüber Dritten eingesetzt werden und damit letztlich willentlich zu überwinden wären, oder ob die „Schmerzkrankheit" den Lebenslauf und die Lebensplanung so weit übernommen hat, dass eine Überwindbarkeit – willentlich und/oder durch Therapie – nicht mehr möglich erscheint. Im Rahmen einer Chronifizierung kann sich eine bewusste oder bewusstseinsnahe Aggravation von Schmerzen zunehmend verselbstständigen und schließlich zu einem willentlich nicht mehr zu beeinflussenden, psychisch determinierten Schmerz-Syndrom führen.

V. Prognose einer günstigen Beeinflussung

78 Die Prognose einer günstigen Beeinflussung der Schmerzen und damit der Verbesserung der Leistungsfähigkeit verschlechtert sich a) bei mehr als drei operativen Eingriffen im Zusammenhang mit den Schmerzen, b) bei depressiven und hypochondrischen primären Wesenszügen, c) bei einer von Anfang an als subjektiv hoch einge-

schätzten Schmerzintensität. Die Prognose wird umso ungünstiger, je länger der Schmerz anhält und je länger die dadurch bedingte Arbeitsunfähigkeit andauert.

Beispiel: Fibromyalgie-Syndrom Fibromyalgie ist die lateinische Umschreibung für Schmerzen im Bereich des Bindegewebes und der Muskeln. Die Fibromyalgie bzw. das Fibromyalgie-Syndrom stellt einen emotional stark belastenden Sonderfall dar. Es herrscht ein „Glaubenskrieg" darüber, inwieweit es sich bei der seit Mitte der 80-er Jahre in der medizinischen Fachliteratur zunehmend beschriebenen „neuen Krankheit" um eine eigenständige Erkrankung handelt. Es gibt zahlreiche ernstzunehmende Hinweise, dass es sich bei der Fibromyalgie um eine multifaktorielle Störung mit erheblichen psychischen Anteilen, häufig induziert durch eine körperliche Grundsymptomatik mit sekundärer Konditionierung, handelt. Psychische Komorbiditäten sind nicht regelhaft vorhanden, jedoch häufig und wirken sich bei der Schweregradeinteilung aus. Eine sozialmedizinische Beurteilung des Leistungsvermögens von Probanden mit Fibromyalgie-Syndrom allein aufgrund orthopädischer Befunde führt meist zur Überschätzung des Leistungsvermögens. Bei mittelschweren und schweren Formen liegt regelhaft eine psychische Komorbidität vor, sodass eine psychiatrisch-psychotherapeutische Zusatzbegutachtung erforderlich ist. Probanden mit psychischer Komorbidität weisen eine ungünstige Selbstprognose bezüglich Wiederaufnahme der Erwerbstätigkeit auf. 79

H. Aspekte bei der psychiatrisch-psychotherapeutischen Begutachtung von Probanden mit Migrationshintergrund

Von Seiten der psychiatrisch-psychotherapeutischen Fachgesellschaften wurden **„Die zwölf Sonnenberger Leitlinien"** (Machleidt 2002) zur Verbesserung der Versorgung von Menschen mit Migrationshintergrund und psychischen Erkrankungen erarbeitet. Diese Leitlinien fordern unter Punkt 10 die „Sicherung für Qualitätsstandards für die Begutachtung von Menschen mit Migrationshintergrund im Straf-, Zivil- und Sozialrecht". Transkulturelle und migrationsspezifische Faktoren per se besitzen keinen Krankheitswert. Diese Faktoren können wohl wertfrei dargestellt werden, unterliegen aber der Beweiswürdigung des Gerichtes. Dort, wo sie für die Beurteilung bedeutsam werden, sind sie transparent darzulegen und es ist genau zu begründen, wie sie Einfluss auf die Beurteilung haben. Es sollen selbstverständlich operationalisierte Diagnosen, insbesondere die Kriterien nach internationaler Klassifikation auf Impairments, Disabilities and Handicaps (ICDH), Anwendung finden. Spekulative, nichtssagende Diagnosen, die durch die Befunde nicht begründet werden, sollen vermieden werden, ebenso wie diskriminierende, wertende und pseudowissenschaftliche Begriffe sollen. Es sind auch schematische Einordnungen, wie „Heimwehreaktion" oder „Entwurzelungsdepression" bzw. „psychogen, ohne Krankheitswert" zu unterlassen. 80

Die **Anamnese** hat bei Probanden mit Migrationshintergrund einen besonders hohen Stellenwert. Neben krankheitsspezifischen Aspekten sollten auch kulturspezifische Aspekte und die speziellen Umstände der Migration Eingang in die biographische Anamnese finden. Zu berücksichtigen sind vor allem: Welche Werte, Traditionen und/oder Traumata aus Kindheit und Jugend in Heimat oder Aufnahmeland wirken fort? Welche Trennungs- und Verlusterlebnisse gab es in Zusammenhang mit der Migration? Wie verlief der Migrationsprozess? Wie verlief die Anpassung bzw. Integration? War sie gewünscht? Wie war bzw. ist die Lebenszufriedenheit und -qualität jetzt? Wurden Erwartungen erfüllt? Besteht eine neue Identität? Wie sind die Zukunftsvorstellungen? Welche Erklärung hat der Proband für seine Erkrankung, welche Vorstellungen über Krankheitsentstehung? Hängen diese mit seinen kulturellen 81

Vorstellungen zusammen? Gibt es etwa eine „magische“ Auffassung von Krankheit, die tief verwurzelt ist? Wie ist die Situation des Ehepartners, wie die Situation im Herkunftsland? Inwieweit besteht Kontakt zu Landsleuten? Welche Bewältigungsstrategien und welche soziale Unterstützung bei belastenden Lebenssituationen bestehen? Wie sind Organchiffren, wie z.B. „“alles kaputt, keine Kraft“ einzuordnen? Ist kulturspezifische Beschwerdedarstellung zu beobachten?

82 Die **Begutachtungsdauer** ist länger als üblicherweise und in der Regel ist es notwendig, einen **qualifizierten Dolmetscher** hinzuzuziehen. Vor dem Einsatz von Laiendolmetschern (Angehörige, Sprechstundenhilfe, Krankenschwester etc.) muss gewarnt werden. Im Umgang mit professionellen Dolmetschern sind bei psychiatrischen Untersuchungen Regeln zu beachten, u.a. muss der Dolmetscher informiert werden, wie er dolmetschen soll (z.B. alles übersetzen, nichts weglassen, am besten Simultandolmetschen, Unterschied zwischen objektiver Übersetzung und „Interpretation“ kennen und deutlich machen). Ein **Vor- und Nachgespräch mit dem Dolmetscher** ist erforderlich.

I. Prüfschema

I. Indikation für eine psychiatrisch-psychotherapeutische (Zusatz-)Begutachtung

83 (1) deutliche Diskrepanz zwischen den angegebenen körperlichen Beschwerden und den organischen Befunden;
(2) hohes Ausmaß an Leidensdruck im Verhältnis zum Ausmaß der Beschwerden,
(3) sozialmedizinisch nicht konkret bestimmte Diagnosen in den Akten wie „psychovegetative Dystonie, psychosomatisches Syndrom, Rentenneurose, funktionelle Störung, lavierte Depression, psychische Überlagerung, Somatisierungsstörung“,
(4) nicht weiter begründete Unterstellung von Aggravation und Simulation durch den Gutachter,
(5) auffallend häufiger Arztwechsel mit zunehmender Inanspruchnahme medizinisch-diagnostischer Maßnahmen,
(6) Suche nach psychotherapeutischer Hilfe in der Vergangenheit (auch wenn die Behandlung nicht fortgeführt wurde) – „das nützt ja doch nichts/ich bin doch nicht krank im Kopf“,
(7) Hinweise auf psychische Störungen in den ärztlichen Befundberichten, die vom Hausarzt oder Facharzt „mitbehandelt“ werden,
(8) Misstrauen oder Überängstlichkeit des Mandanten, eine inhaltliche Kommunikation mit ihm ist nicht möglich, er verschließt sich,
(9) der Mandant ist nicht führbar, lässt sich nichts erklären, unterbricht seinen Gesprächspartner nach jedem Halbsatz, um seine Darstellung vorzubringen und ist nicht in der Lage, dem roten Faden der Erklärungen des Gesprächspartners zu folgen.
(10) es finden sich Hinweise auf Traumatisierungen in der Vergangenheit (Gewalt, Missbrauch, erhebliche lang andauernde Belastungen).

II. Notwendigkeit testpsychologischer Zusatzgutachten

(1)

Der psychologische Test ist ein Mittel zur Diagnostik. 84

Eine Diagnose sagt noch nichts über das verbliebene Leistungsvermögen aus, testpsychologische Befunde helfen, das vorhandene Funktionsniveau zu beschreiben und zu bewerten.

(2)

Psychologische Tests sind Hilfsmittel, die ein Gutachter einsetzt, um diagnostische und prognostische psychische Aspekte systematisch zu objektivieren, besser zu dokumentieren und darzustellen. 85

(3)

Für die Begutachtung im Sozialrecht sind folgende psychometrische Testverfahren von Bedeutung: 86

- *Leistungstest zur Identifizierung des Rest-Leistungsvermögens,*
- *Symptomskalen (z.B. Depression, Angst, Schmerz, Tinitus),*
- *Persönlichkeitsfragebogen,*
- *Verfahren zur Untersuchung von Bewältigungsstrategien.*

(4)

Psychometrische Tests können zur Beurteilung der Leistungsfähigkeit bzw. zur Feststellung des Ausmaßes der geistigen und seelischen Belastbarkeit im Erwerbsleben eingesetzt werden. Sie erlauben eine Quantifizierung von Symptomen durch Vergleiche mit der Normpopulation. 87

(5)

Eine psychologische Diagnose kann nur durch ausreichend ausgebildete Personen als Untersucher, durch psychologische Testverfahren und eine sorgfältige Auswahl der „Testbatterie" mit der erforderlichen Sicherheit gestellt werden. Dies ist auch Voraussetzung, um eine absichtliche Veränderung der Befunde, die auf Verfälschung hindeuten, zu bewerten. 88

III. Anforderungen an psychiatrisch/psychotherapeutische Gutachten

(1) Hat die Untersuchung mit ausreichender Zeit und ohne Zeitdruck in ruhiger Atmosphäre ohne äußere Störungen stattgefunden? 89

(2) Sind die Diagnosen in ein anerkanntes Klassifikationsschema (ICD 10, DSM V) eingeordnet?

(3) Ist die biographische und soziale Anamnese vollständig? Wurde eine Fremdanamnese (Frau, Partner, Kinder) erhoben, um die Angaben des Probanden zu objektivieren?

(4) Wurde eine Medikamentenanamnese vorgenommen und wurden die Auswirkungen der aktuellen Medikamenteneinnahme diskutiert (gegebenenfalls ergänzende Laboruntersuchung)?

(5) Wurde der primäre Persönlichkeitsstil herausgearbeitet und ein Umgang mit Bewältigungsstrategien und Leistungseinschränkungen im jetzigen sozialen Umfang berücksichtigt? Eine Persönlichkeitsdiagnostik ist unabhängig vom Vorliegen von Persönlichkeitsstörungen unentbehrlich.

(6) Werden schon länger bestehende oder neu hinzugekommene psychosoziale Belastungsfaktoren (z.B. Anpassungsverläufe bei Personen aus anderen Kulturkreisen) ausreichend gewürdigt und fließen diese in die Bewertung ein?

(7) Wurde eine Zusatzdiagnostik, z.B. testpsychologische standardisierte Verfahren, ggf. Medikamentenspiegel im Blut etc vorgenommen?

IV. Qualitätskriterien nach R. M. Schulte[4]

90 **Abweichungen von den Qualitätsstandards** ergaben sich nach folgenden Prozentzahlen, wobei Mehrfachangaben möglich waren:

12 %	fehlende Darstellung der Vorberichte, Vorgutachten und Vorbefunde
18 %	unzureichende Darstellung des Krankheitsverlaufes einschließlich der durchzuführenden Therapie
27 %	unzureichende aktuelle Anamnese
13 %	fehlende Medikamentenanamnese
23 %	fehlende Suchtanamnese
72 %	unzureichende sozialmedizinische Anamnese
61 %	unzureichende Sozial- und Arbeitsanamnese
52 %	unzureichende biographische Anamnese
92 %	fehlende Fremdanamnese
8 %	lückenhafter somatischer Untersuchungsstatus
19 %	inkompletter psychopathologischer Status
51 %	überzogene, im Hinblick auf die Vorbefunde nicht erforderliche medizinisch-technische Abklärung
87 %	fehlende psychopathometrische und testpsychologische Abklärung
18 %	fehlende Ableitbarkeit der Diagnosen, mangelhafte diagnostische Spezifizierung
27 %	mangelhafte Epikrisen der diagnostizierten Erkrankungen
31 %	unzureichende differentialdiagnostische Abklärungen und Überlegungen
71 %	fehlende Aussagen zur Differentialtherapie
78 %	fehlende Berücksichtigung unerwünschter Arzneimitteleffekte
35 %	fehlende Begründung des dargestellten quantitativen Leistungsvermögens unter synoptischer Betrachtungsweise
47 %	fehlende Begründung der aufgelisteten, vorgeschlagenen, qualitativen Funktions-beeinträchtigungen unter synoptischer Betrachtungsweise
39 %	fehlende Stellungnahme zur Prognose
66 %	fehlende Äußerungen zum Erfordernis medizinischer Rehabilitationsmaßnahmen
89 %	fehlende Stellungnahmen zum Erfordernis beruflicher Rehabilitationsleistungen
76 %	fehlende Angaben des Zeitpunktes des Versicherungsfalles

24 %	ungerechtfertigter, unkorrekter Gebrauch der jeweiligen Rechtsbegriffe
82 %	fehlende Stellungnahme zur Geschäftsfähigkeit und zum Erfordernis einer Betreuung
46 %	fehlende Stellungnahmen zur Indikation weitergehender Begutachtungen
21 %	unbefriedigende persönliche Nachzeichnung des Probanden
18 %	mangelhafte Gliederung des Gutachtens
8 %	kritisierbare äußere Gestaltung des Gutachtens

V. In der Literatur genannte Hinweise auf das Vorliegen von Simulation

Aus: Philipp, MEDSACH 112 3/2016

Diskrepanz innerhalb der Beschwerdeschilderung in Form wechselhafter, vager, unpräzis-ausweichende Schilderung der Beschwerden und des Krankheitsverlaufes. 91

Diskrepanz zwischen Selbstschilderungen des Untersuchten und fremdanamnestischen Informationen (einschließlich Aktenlage). Es

- werden Beschwerden und Beeinträchtigungen genannt, die in der Dokumentation bisheriger Voruntersuchungen fehlen, obwohl behauptet wird, dass sie damals bereits vorhanden waren, oder
- werden Beschwerden und Beeinträchtigungen genannt, die inhaltlich im Widerspruch zu den vorliegenden Vordokumentationen stehen, oder
- werden in mehreren Selbstbeurteilungstests völlig unterschiedliche Beschwerden abgebildet.

Diskrepanz zwischen Erlebnisschilderung des Untersuchten und Einfühlbarkeit derselben durch den Gutachter:

- Das Vorbringen der Klagen lässt beim Gutachter kein Gefühl des Betroffenseins entstehen, sondern ein Gefühl des Unechten, des Falschen, der Nichteinfühlbarkeit und Nichtverstehbarkeit, des Zornes oder des Gekränktseins, oder
- die Darstellung entspricht weitgehend jenen Beschwerdeangaben, die nach populärwissenschaftlich aufbereiteten oder von Selbsthilfegruppen verbreiteten Darstellungen von einem bestimmten Krankheitsbild erwartet werden, oder
- der Beschwerdebericht hat keine Erlebnisqualität, d.h. die Beschwerden werden lediglich begriffsmäßig aufgezählt, ihrem Vortrag fehlt aber jede Einbettung in reale Alltagserlebnisse.

Diskrepanz zwischen der Art der beklagten Beschwerden und ihres Verlaufes einerseits und dem typischen Bild und Verlauf des betreffenden Krankheitsbildes andererseits, wie mangelnde neurologische Erklärbarkeit behaupteter oder demonstrierter Sensibilitätsstörungen, z.B.:

- Sensibilitätsstörung einer gesamten Körperhälfte einschließlich Kopf mit scharfer Markierung an der Körpermittellinie oder
- strumpfförmige Sensibilitätsstörungen, die nicht auf ein bestimmtes Dermatom oder das Versorgungsgebiet bestimmter peripherer Nerven zu beziehen sind und bei denen jede neurographische Normabweichung fehlt.

4 Schulte, Neurologisch-psychiatrische Gutachten, Qualitätsstandards und Qualitätskriterien neurologischer und psychiatrischer sozialmedizinischer und forensischer Gutachten, 1995.

VI. Indizien zur Erkennung von Aggravation mit unterschiedlicher Beweisstärke

Aus Philipp, MEDSACH 112 3/2016

92

Beweisstärke	Indiz
+	Diskrepanz zwischen subjektiver Beschwerdeschilderung und dem objektivem psychischen Querschnittsbefund.
+	Diskrepanz zwischen behauptetem Leidensausmaß und für den Gutachter fehlender Erkennbarkeit eines entsprechenden Leidensdrucks.
+	Diskrepanz zwischen behaupteter momentaner vegetativer Anspannung und Erregung einerseits und mangelnder Beobachtbarkeit einer vegetativen Begleitsymptomatik wie Schwitzen, Zittern oder motorischer Anspannung andererseits.
+	Mangelnde Objektivierbarkeit behaupteter Erschöpfbarkeit angesichts von fehlenden Erschöpfungsanzeichen während der Untersuchung.
+	Mangelnde Objektivierbarkeit behaupteter kognitiver Beeinträchtigungen angesichts der Intaktheit von Konzentrations-und Gedächtnisleistungen in der Untersuchung.
+	Mangelnde Objektivierbarkeit behaupteter Beweglichkeitseinschränkungen; die beobachtbare Beweglichkeit ist deutlich besser, als sie aufgrund der Beschwerdeschilderung zu erwarten gewesen wäre.
+	Mangelnde neurologische Erklärbarkeit behaupteter oder demonstrierter motorischer Schwäche, z.B. unzureichende Kraftentfaltung bei Faustschluss, Armbeugung oder Beinstreckung, interpretiert als bewusstseinsnahe Mangelinnervation.
+	Mangelnde neurologische Erklärbarkeit behaupteter oder demonstrierter Gleichgewichts- und Koordinationsstörungen, wie z.B. Schwanken oder Fallneigung im Stand- und Gangversuch ohne jede objektive neurologisch-pathologische Grundlage.
++	Diskrepanz zwischen dem Ausmaß der geschilderten Beschwerden und der Intensität der bisherigen Inanspruchnahme therapeutischer Hilfe (einschließlich Hinweisen auf medikamentöse Incompliance).
++	Diskrepanz zwischen behaupteter Symptomschwere und berichteten Alltagsaktivitäten, z.B. bei nachgewiesener Aufrechterhaltung eines strukturierten Tageslaufs, Durchführung notwendiger häuslicher Pflichten, Aufrechterhaltung von Freizeitaktivitäten oder Aufrechterhaltung sozialer Kontakte.
+++	Deutliche Beschwielung der Hände bei gleichzeitiger Behauptung, mit den Händen überhaupt nicht mehr zugreifen zu können.
+++	Zufällig beobachteter freier, flotter und aufrechter Gang außerhalb der Untersuchungssituation bei schmerzgeplagtem, verlangsamtem und gebeugtem Bewegungsverhalten im Untersuchungsraum.
+++	Zufällig beobachtetes fröhliches Lachen außerhalb der Untersuchungssituation bei ansonsten unaufhellbarer Trauermine im Untersuchungsraum.
+++	Behauptung völligen sozialen Rückzugs, obwohl ein regelmäßiger Kontakt mit Freunden und Bekannten stattfindet.
+++	Behauptung völliger Inaktivität und Handlungsunfähigkeit während des Tageslaufs, obwohl Haushalt und Körperpflege noch ohne fremde Hilfe selbständig erledigt werden.
+++	Behauptung völliger Freud- und Interessenlosigkeit, obwohl Haustiere gepflegt, Enkelkinder umsorgt und Hobbies und Freizeitbetätigungen ausgeübt werden.

J. Weiterführende Literaturhinweise

93 *Foerster*, Die psychoreaktiven Störungen – auch außerhalb der Begutachtung ein häufig schwieriges Thema, MEDSACH 106 1/2010; *Hausotter/Schouler-Ocak*, Begutachtung bei Menschen mit Migrationshintergrund unter medizinischen und psycholo-

gischen Aspekten, 2007; *Hausotter*, Begutachtung somatoformer und funktioneller Störungen, 2002; *Hausotter*, Burnout-Syndrom als Begutachtungsproblem, MEDSACH 108 5/2012; *Kügelgen/Hanisch* (Hrsg.), Begutachtung von Schmerz. Diskussionsbeiträge zur Schmerzbegutachtung, 2001; *Maercker* (Hrsg.), Posttraumatische Belastungsstörungen 4.Aufl., 2013; *Philipp*, Verdeutlichung, Aggravation und Simulation in der sozialmedizinischen Begutachtung. MEDSACH 112 3/2016; *Philipp*, Bedeutung der Schweregradeinschätzung von Symptomatik und Aktivitätsbeeinträchtigung für die sozialmedizinische Rentenbegutachtung von Depressionen und Angsterkrankungen. MEDSACH 110 4/2014; *Schneider/Henningsen/Rüger*, Sozialmedizinische Begutachtung in Psychosomatik und Psychotherapie. Autorisierte Leitlinien, Quellentexte und Kommentar, 2001; *Widder/Derthwinkel/Egle/Foerster/Schiltenwolf*, Begutachtung von Patienten mit chronischen Schmerzen, MEDSACH 103 4/2007.

www.deutsche-rentenversicherung.de – Deutsche Rentenversicherung, Leitlinien für die Sozialmedizinische Begutachtung, sozialmedizinische Beurteilung bei psychischen und Verhaltensstörungen, August 2012.

Anhänge

Anhang A. Mustertexte und Arbeitsmaterialien für Sozialgerichtsverfahren

I. Muster: Fragebogen zur Person mit Entbindung von der ärztlichen Schweigepflicht

Aktenzeichen des Sozialgerichts ______________________________ (sofern bekannt)

Name/Anschrift: ______________________________

Es wird um vollständige Angaben gebeten, d. h. Straßennamen, Hausnummern und Postleitzahlen sind anzugeben, damit das Gericht von Ärzten und Arbeitgebern Berichte und Auskünfte anfordern kann.

I. Angaben zur Person

Geburtstag: ______________________ Geburtsort: ______________________

II. Angaben über das Berufsleben

1. Erlernter Beruf:

____

2. Lehre und Anlernzeiten:

____

3. Abgelegte Prüfungen:

____

4. Bisher ausgeübte Tätigkeiten: (Hierbei ist die tatsächlich ausgeübte Tätigkeit anzugeben.)

____

Genaue Angabe der Tätigkeit	von wann bis wann	Name und Anschrift des Arbeitgebers
a)		
b)		
c)		
c)		
d)		

Üben Sie eine selbstständige Tätigkeit aus? ☐ Ja ☐ Nein
Wenn ja, welche und seit wann?

____

Wann wurde ggf. das Gewerbe abgemeldet?

____

III. Angaben über Krankheitsbefunde

Sind Sie bereits in einem anderen Verfahren ärztlich untersucht worden? Wenn ja:

____

Bearbeitende Stelle und Aktenzeichen:

____

a) Unfallversicherung am: ______________________________

Berufsgenossenschaft: ______________ Aktenzeichen: ______________

b) Rentenversicherung am: ____________________
Versicherungsanstalt: ____________ Aktenzeichen: ____________

c) Arbeitslosenversicherung am: ____________________
Arbeitsamt: ____________ Aktenzeichen: ____________

d) Kriegsopferversorgung am: ____________________
Versorgungsamt: ____________ Aktenzeichen: ____________

e) Anerkennung nach dem Schwerbehindertengesetz am: ____________________
Versorgungsamt: ____________ Aktenzeichen: ____________

f) Pflegeversicherung am: ____________________
Pflegekasse: ____________ Aktenzeichen: ____________

g) am: ____________________
Versicherungsträger: ____________ Aktenzeichen: ____________

IV. Angaben über ärztliche Behandlungen

1. Wegen welcher Krankheit haben Sie den Antrag gestellt?

____
____
____
____
____
____
____

2. Seit wann halten Sie sich für berufs- bzw. erwerbsunfähig?

____

3. Welche Ärzte haben Sie in den letzten 3 Jahren behandelt?

Name und Anschrift des Arztes	Fachrichtung	von wann bis wann	wegen
a)			
b)			
c)			
d)			
e)			
f)			
g)			
h)			

4. In welchen Krankenanstalten sind Sie in den letzten 5 Jahren stationär behandelt worden?

Name und Anschrift der Krankenanstalt	Abteilung	von wann bis wann	wegen
a)			

b)

__________ __________ __________ __________

c)

__________ __________ __________ __________

d)

__________ __________ __________ __________

V. Mitgliedschaft in Krankenkassen

Name und Anschrift der Krankenkasse	versichert von wann bis wann
a) __________	__________
b) __________	__________

VI. Letzer Krankengeldbezug

a) Von welcher Krankenkasse? __________

b) Von wann bis wann? __________

c) Falls ausgesteuert, seit wann? __________

VII. Bezug von Arbeitslosengeld oder sonstiger Leistungen der Arbeitsämter

a) Von welchem Arbeitsamt? __________ Aktenzeichen: __________

b) Von wann bis wann? __________

c) Verlust des letzten Arbeitsplatzes wegen __________

VIII. Auswirkungen der Erkrankungen auf Ihre Leistungsfähigkeit:

1.	Können Sie Ihre zuletzt ausgeübte Tätigkeit noch verrichten?	☐ ja	☐ nein
2.	Wie lange könnten Sie leichte Arbeiten verrichten?	☐ unter 6 Stunden	☐ unter 3 Stunden
3.	Benötigen Sie betriebsunübliche Pausen?	☐ ja	☐ nein
4.	Welche Strecke können Sie zu Fuß zurücklegen?	________	Meter
5.	Können Sie öffentliche Verkehrsmittel benutzen?	☐ ja	☐ nein
6.	Haben Sie einen Führerschein und einen PKW?	☐ ja	☐ nein

VIII. Erklärung

In dem Verfahren entbinde ich die Ärzte/Psychotherapeuten, bei denen ich in Behandlung bin oder früher in Behandlung oder zur Untersuchung war, gegenüber dem Gericht und meinen Prozessbevollmächtigten von ihrer Schweigepflicht.

Ich stimme der Heranziehung und der Einsichtnahme in über mich geführte medizinische Unterlagen (z. B. Aufzeichnungen, Krankengeschichten, Untersuchungsbefunde, Kurberichte, Röntgenbilder) durch das Gericht und die von ihm beauftragten medizinischen Sachverständigen zu. Ich bin mit der Beiziehung der Streitakten aus laufenden und abgeschlossenen Verfahren vor den Sozialgerichten wie auch mit der Beiziehung von Akten anderer Gerichte, Behörden und Sozialversicherungsträger einverstanden. Dies gilt insbesondere für die Verwaltungsvorgänge:

- der zuständigen Krankenkasse,
- des zuständigen Unfallversicherungsträgers (Berufsgenossenschaft),
- des zuständigen Versorgungsamtes,
- des zuständigen Rentenversicherungsträgers (z.B. LVA, BfA),
- der zuständigen Agentur für Arbeit.

Insoweit entbinde ich auch die vorgenannten Stellen von ihren sozialrechtlichen und sonstigen Geheimhaltungspflichten.

__________	__________
(Datum)	(Unterschrift)

II. Klagemuster

1. Klage an das Sozialgericht wegen Erwerbsminderungsrente

An das

Sozialgericht (...)

Klage[1]

des Herrn/ Frau

(...)

– Kläger –

Prozessbevollmächtigte: (...)

gegen

(...)

wegen: Erwerbsminderung

– Beklagte –

Aktenzeichen der Beklagten: (...)

Namens und unter Bezugnahme auf die anliegende Vollmacht des Klägers erheben wir Klage gegen die Beklagte mit folgenden Anträgen:

> Die Beklagte wird verpflichtet[2], dem Kläger unter Aufhebung des Bescheides vom (...) in der Fassung des Widerspruchsbescheides vom (...) Rente wegen Erwerbsminderung[3] nach Maßgabe der gesetzlichen Bestimmungen zu gewähren[4].

Weiter beantragen wir

> dem Kläger Prozesskostenhilfe[5] zu gewähren sowie den Unterzeichner als Rechtsanwalt beizuordnen.

Die Prozesskostenhilfeunterlagen fügen wir anbei.

Begründung:

Der am (...) in (...) geborene Kläger hat eine Berufsausbildung zum (...) absolviert und war zuletzt bis zum ... im erlernten Beruf/als ... tätig. Er bezieht derzeit Arbeitslosengeld/Krankengeld/Arbeitslosengeld II/Sozialhilfe.

Aus gesundheitlichen Gründen ist der Kläger nicht mehr in der Lage, unter den konkurrierenden Bedingungen des allgemeinen Arbeitsmarktes eine geregelte Erwerbstätigkeit zu verrichten. Er hat deshalb bei der Beklagten am (...) die Gewährung von Rente wegen verminderter Erwerbsfähigkeit beantragt.

Durch Bescheid vom (...) hat die Beklagte diesen Antrag abgelehnt. Sie ist der Auffassung, dass der Kläger noch mindestens 6 Stunden pro Tag erwerbstätig sein kann.

Gegen diesen Bescheid hat der Kläger fristgerecht Widerspruch eingelegt, den die Beklagte durch Widerspruchsbescheid vom (...) zurückgewiesen hat.

Aufgrund der Ausführungen in dem angefochtenen Bescheid gehen wir davon aus, dass die Wartezeit für eine Erwerbsminderungsrente unstreitig erfüllt ist.

---

1 Der Eingangssatz der Klage mit Parteibezeichnung und der Antrag auf Akteneinsicht gilt auch für die nachfolgenden Muster.

2 Von der Sozialgerichtsbarkeit wird bei Verpflichtungsklagen auch die Formulierung „wird verurteilt" akzeptiert.

3 Wenn zuvor eine Zeitrente gewährt wurde und deren Weitergewährung begehrt wird, ist einzufügen:„über den (Datum des Endes der Zeitrente) hinaus".

4 Dieser Klageantrag, der offenlässt ob eine befristete oder unbefristete Rente wegen voller oder teilweiser Rente begehrt wird, vermeidet Kostennachteile wenn z.B. nur eine Zeitrente zugesprochen wird.

5 Den PKH-Antrag nur stellen, wenn die Voraussetzungen des § 114 Abs. 1 ZPO (Bedürftigkeit) vorliegen.

Der ablehnende Rentenbescheid der Beklagten ist aufzuheben, da entgegen der Auffassung der Beklagten die medizinischen Voraussetzungen für die Gewährung einer Versichertenrente wegen Erwerbsminderung vorliegen. Die Erwerbsfähigkeit des Klägers ist infolge von Krankheit und anderen Gebrechen so weit herabgesunken, dass er nicht mehr in der Lage ist, auf dem allgemeinen Arbeitsmarkt unter betriebsüblichen Bedingungen eine geregelte Erwerbstätigkeit für die Dauer von zumindest 3 Stunden pro Tag zu verrichten.

B e w e i s: Einholung eines sozialmedizinischen Sachverständigengutachtens

Individualtext:

- *Krankengeschichte*
- *Schwerpunkt der Gründe für die Erwerbsminderung*
- *Auswirkungen auf die Leistungsfähigkeit,*

Den Fragebogen zur Person und eine Entbindungserklärung von der ärztlichen Schweigepflicht überreichen wir – nur für das Gericht – anliegend[6] und regen an, von den dort angegebenen Ärzten aktuelle Befund- und Behandlungsberichte anzufordern, soweit diese die Hauptleiden des Klägers behandelt haben.

Es wird ferner angeregt, bei der Beklagten hinsichtlich der beantragten Rente eine Probeberechnung unter Zugrundelegung des Rentenantragsdatum als Leistungsfall, einen aktuellen Versicherungsverlauf sowie eine Auskunft zu der Frage einzuholen, bis zu welchem Zeitpunkt als Leistungsfall die gesetzliche Vorversicherungszeit derzeit erfüllt ist.

Zur weiteren Bearbeitung der Angelegenheit sind wir auf die Einsichtnahme in die medizinischen Unterlagen aus der Verwaltungsakte der Beklagten angewiesen und beantragen

Akteneinsicht in die Verwaltungsakte der Beklagten.

Wir behalten uns vor, zur Notwendigkeit von Beweiserhebungen nach § 106 SGG weiter vorzutragen, sobald uns die angeforderten Unterlagen aus der Verwaltungsakte und die Befundberichte der behandelnden Ärzte vollständig vorliegen.

Weiterhin bitten wir, uns vom Gericht eingeholte medizinische **Gutachten in doppelter Ausfertigung zu überlassen.**[7] Für die Kommunikation mit der Partei und deren Ärzte benötigen wir zwei Exemplare der Gutachten. Die hierdurch entstehenden Kopierkosten werden regelmäßig nicht als gesondert erstattungsfähig angesehen. Schließlich werden auch vom Gericht Schriftsätze in doppelter Ausfertigung gefordert.

Rechtsanwalt/Rechtsanwältin

2. Klageantrag bei Berufsunfähigkeit (Nur bei Klägern, die vor dem 2.1.1961 geboren sind)[8]

Die Beklagte wird verpflichtet, dem Kläger unter Aufhebung des Bescheides vom (...) in der Fassung des Widerspruchsbescheides vom (...) Rente wegen voller Erwerbsminderung, hilfsweise teilweiser Erwerbsminderung bei Berufsunfähigkeit zu gewähren.

Der Kläger hat eine Berufsausbildung als **(...)** abgeschlossen und war in seinem Beruf bis zur krankheitsbedingten Aufgabe beschäftigt. Aufgrund der vorstehend geschilderten Krankheiten und Beschwerden ist der Kläger nicht mehr in der Lage, diesen Beruf oder sozial zumutbare Verweisungsberufe auszuüben.

Die von der Beklagten in den angefochtenen Bescheiden genannten Verweisungsberufe kann der Kläger aus folgenden Gründen nicht mehr verrichten:

a) gesundheitliche Gründe
b) der genannte Arbeitsplatz steht auf dem Arbeitsmarkt nicht zur Verfügung

6 Siehe Muster I oder vergleichbare Fragebögen der Sozialgerichtsbarkeit.
7 Diesem Antrag wird in der Praxis selten stattgegeben.
8 Für jüngere gesetzlich Versicherte besteht kein Versicherungsschutz bei Berufsunfähigkeit, vgl. § 3 Rn 35 ff.

3. Klage auf Gewährung einer medizinischen Rehaleistung des Rententrägers[9]

Die Beklagte wird verpflichtet, dem Kläger unter Aufhebung des Bescheides vom (...) in der Fassung des Widerspruchsbescheides vom (...) auf seinen Antrag vom (...) Maßnahmen der medizinischen Rehabilitation nach Maßgabe der gesetzlichen Bestimmungen zu gewähren.

Begründung:

Der am (...) in (...) geborene Kläger ist aus gesundheitlichen Gründen nicht mehr in der Lage, seinen zuletzt ausgeübten Beruf als (...) auf Dauer und ohne Gefährdung seiner Gesundheit zu verrichten. Er beantragte daher bei der Beklagten am (...) die Gewährung einer medizinischen Rehabilitationsleistung.

Durch Bescheid vom (...) lehnte die Beklagte die Gewährung der beantragten Maßnahme mit folgender Begründung ab: (...)

Gegen diesen Bescheid hat der Kläger fristgerecht Widerspruch eingelegt, den die Beklagte durch Widerspruchsbescheid vom (...) zurückgewiesen hat.

Individualtext:

- *Krankengeschichte,*
- *Auswirkungen auf die Leistungsfähigkeit,*
- *Gefährdung der Gesundheit*

Der Kläger hat Anspruch auf eine medizinische Rehabilitationsmaßnahme, da die medizinischen und persönlichen Eingangsvoraussetzungen für eine medizinische Rehabilitationsmaßnahme gegeben sind und ein Rehabilitationserfolg zu erwarten ist.

Beweis: sozialmedizinisches Sachverständigengutachten
Lediglich die Art und Weise der Durchführung der Maßnahme steht im pflichtgemäßen Ermessen der Beklagten.

4. Klageantrag wegen Feststellung von Unfallfolgen und Zahlung von Verletztenrente[10]

1. Unter Aufhebung des Bescheides der Beklagten vom (...) in der Fassung des Widerspruchsbescheides vom (...) wird festgestellt, dass die Gesundheitsstörung „(...)" Folge des Arbeitsunfalles vom (...) ist.
2. Die Beklagte wird verpflichtet, dem Kläger eine Unfallrente in Höhe von mindestens 20 % der Vollrente nach Maßgabe der gesetzlichen Bestimmungen zu zahlen.

Begründung:[11]

Der Kläger befand sich am (...) als Fahrer seines Motorrollers auf dem Weg zur Arbeit, als ihm ein abbiegender Pkw-Fahrer die Vorfahrt nahm. Beim Ausweichmanöver kam der Kläger zu Fall und stürzte auf sein rechtes Knie. Der Kläger wurde in die Berufsgenossenschaftliche Unfallklinik eingeliefert. Dort wurde ein Riss des rechten Außenmeniskus festgestellt.

---

9 Zu den Anspruchsvoraussetzungen vgl vorstehend § 3 Rn 193 ff., das „Wie" ist Ermessensentscheidung.

10 Der Verletzte kann seinen Anspruch auf Feststellung, dass eine Gesundheitsstörung Folge eines Arbeitsunfalls ist, nicht nur mit einer kombinierten Anfechtungs- und Feststellungsklage iS des § 54 Abs. 1 Satz 1 SGG, § 55 Abs. 1 Nr. 3 SGG, sondern auch mit einer Kombination aus einer Anfechtungsklage gegen das Nichtbestehen des von ihm erhobenen Anspruchs feststellenden Verwaltungsakt und einer Verpflichtungsklage gem. § 54 Abs. 1 SGG verfolgen (vgl zur Statthaftigkeit der Verpflichtungsklage auf Feststellung eines Arbeitsunfalls BSG, Urteil vom 5.7.2011 – B 2 U 17/10 R –, BSGE 108, 274-289, SozR 4-2700 § 11 Nr. 1, Rn. 12; BSG vom 27.4.2010 – B 2 U 23/09 R – Juris Rn. 9; BSG vom 2.4.2009 – B 2 U 29/07 R – Juris Rn. 14; siehe BSG vom 15.2.2005 – B 2 U 1/04 R – SozR 4-2700 § 8 Nr. 12 – Juris Rn. 13 zur Auslegung.

11 Nachfolgend ein beispielhafter Sachverhalt, bei dem die Folgen eines anerkannten Arbeitsunfalles streitig sind.

Die Beklagte hat das Ereignis vom (...) als Arbeitsunfall durch Bescheid vom (...) anerkannt.[12] Die Beklagte ist aber der Auffassung, dass dieser Meniskusriss schon vor dem Unfall vorgelegen hat und auf degenerative Verschleißerscheinungen zurückzuführen ist. Sie hat daher die Anerkennung der Unfallfolgen (...) durch die angefochtenen Bescheide verweigert.

Der Kläger weist darauf hin, dass er vor dem Unfall nie Kniebeschwerden hatte und noch am Wochenende vor dem Unfall aktiv an einem Fußballturnier teilgenommen hat.

Die angefochtenen Bescheide sind aufzuheben, da die Kniebeschwerden und die im Klageantrag angegebenen Verletzungsfolgen ausschließlich auf den bei der Beklagten versicherten Wegeunfall zurückzuführen sind.

Beweis: unfallchirurgisches Sachverständigengutachten

Bedingt durch die Unfallfolgen ist die Beugungsfähigkeit des rechten Beines des Klägers auf unter 90 Grad herabgesunken. Der Kläger kann nur noch durch Nachziehen des Beines Treppen steigen. Die unfallbedingte MdE beträgt mindestens 20 %.

Beweis: wie vor

5. Klageantrag wegen Anerkennung einer Berufskrankheit

Die Beklagte wird unter Abänderung des Bescheides vom (...) in der Fassung des Widerspruchsbescheides vom (...) verpflichtet, bei dem Kläger das Vorliegen der Berufskrankheit BK (...), Anlage zur BKV anzuerkennen und ihm eine Verletztenrente wegen einer MdE in Höhe von mindestens 20 % nach Maßgabe der gesetzlichen Bestimmungen zu gewähren.

6. Klageantrag wegen Hinterbliebenenversorgung nach Tod des Versicherten aufgrund beruflicher Einflüsse

Die Beklagte wird verpflichtet, der Klägerin unter Aufhebung des Bescheides vom (...) in Gestalt des Widerspruchsbescheides vom (...) Leistungen bei Tod gemäß § 63 SGB VII wegen des Versterbens ihres Ehemannes am (...) nach Maßgabe der gesetzlichen Bestimmungen zu gewähren.

Begründung:

Der verstorbene Ehemann der Klägerin ist bei der Beklagten unfallversichert und war während der letzten 15 Jahre seiner beruflichen Tätigkeit einer hohen Exposition von Chrom und Nickel ausgesetzt.

Zehn Monate vor seinem Tod wurde bei ihm erstmals eine Lungenkrebserkrankung diagnostiziert, die auf die berufliche Belastung mit Chrom und Nickel zurückzuführen ist.

Beweis: lungenfachärztliches Gutachten

Die Beklagte ist demgegenüber der Auffassung, dass die Lungenkrebserkrankung auf den langjährigen Zigarettenkonsum zurückzuführen ist und bereits zuvor bestanden hat, ohne ärztlich festgestellt worden zu sein.

12 Ist dies nicht der Fall, ist die Klage in Form einer kombinierten Anfechtungs- und Verpflichtungsklage gem. § 54 Abs. 1 Satz 1 SGG auf Aufhebung der Ablehnungsentscheidung der Beklagten und Verpflichtung des UV-Trägers auf Anerkennung eines bestimmten Ereignisses als Arbeitsunfall zu richten, sofern die Verletzung als solche unstreitig ist (BSG, Urteil vom 5.7.2016 – B 2 U 5/15 R –, BSGE (vorgesehen), SozR 4-2700 § 2 Nr. 35, Rn. 10). Ist der Gesundheitsschaden ebenfalls streitig, ist die Klage auch darauf zu richten. Vom Primärschaden, der zum Arbeitsunfallbegriff nach § 8 Abs. 1 SGB VII gehört, sind diejenigen Gesundheitsschäden zu unterscheiden, die rechtlich wesentlich erst durch den Erstschaden verursacht (unmittelbare Unfallfolgen) oder der versicherten Tätigkeit aufgrund der Spezialvorschrift des § 11 SGB VII als Versicherungsfall zuzurechnen sind (mittelbare Unfallfolgen), s BSG, Urteil vom 15.5.2012 – B 2 U 16/11 R –, BSGE 111, 52 = SozR 4-2700 § 2 Nr. 21, Rn. 12; vgl auch BSG vom 27.4.2010 – B 2 U 23/09 R – Juris Rn. 9; BSG vom 2.4.2009 – B 2 U 29/07 R – Juris Rn. 14 sowie noch BSG vom 15.2.2005 – B 2 U 1/04 R – SozR 4-2700 § 8 Nr 12 – Juris Rn. 13.

Der Kläger ist an den Folgen der Berufskrankheit BK1103, 4109, Anlage zur BKV, verstorben.[13]

Beweis: internistisches Gutachten

Entgegen der Auffassung der Beklagten war der Kläger während seiner beruflichen Tätigkeit im Zeitraum vom (...) bis (...) mehr als der Mindestdosis an Chrom und Nickel ausgesetzt, die erforderlich und geeignet ist, eine Lungenkrebserkrankung zu auszulösen.

Beweis: arbeitstechnisches Gutachten

Da der verstorbene Ehemann der Klägerin 10 Jahre vor seinem Tod den Zigarettenkonsum eingestellt hat, ist die Lungenkrebserkrankung entgegen der Auffassung der Beklagten auch nicht auf schädlichen Tabakgenuss zurückzuführen.

7. Klageantrag auf Gewährung von Krankengeld

Die Beklagte wird verpflichtet, dem Kläger unter Aufhebung des Bescheides vom (...) in der Fassung des Widerspruchsbescheides vom (...) im Zeitraum vom (...) bis (...) Krankengeld zu gewähren.

Begründung:

Der langfristig an der Wirbelsäule erkrankte Kläger wurde von seinem Hausarzt im Zeitraum vom (...) bis (...) arbeitsunfähig krank geschrieben. Nach Anhörung des MDK lehnte die beklagte Krankenversicherung die Zahlung von Krankengeld für diesen Zeitraum ab und vertrat dabei die Auffassung, der Kläger hätte in diesem Zeitraum seinem Beruf als Laborant noch vollschichtig nachgehen können, da es sich hierbei um eine leichte körperliche Tätigkeit handele.

Dabei verkennt die Beklagte das körperliche Anforderungsprofil des vom Kläger ausgeübten Berufes. Nach der Arbeitsplatzbeschreibung des Kläger und der Konfektionierung der zu transportierenden Chemikalien muss der Kläger ohne mechanische Hilfsmittel mindestens ein Mal pro Stunde Gebinde mit einem Gewicht von 30 KG auf Brusthöhe anheben. Hierzu war er im streitigen Zeitraum krankheitsbedingt nicht in der Lage.

Beweis: orthopädisches Gutachten

8. Klageantrag auf Hörgeräteversorgung mit einem bestimmten Gerät

Die Beklagte wird verpflichtet, den Kläger unter Aufhebung des Bescheides vom (...) in der Fassung des Widerspruchsbescheides vom (...) mit einem Hörgerät der Marke (...) gemäß Angebot des Hörgeräteakustikers (...) vom (...) zu versorgen.

Begründung:

Der hochgradig schwerhörige Kläger ist bei der Beklagten krankenversichert. Von seinem HNO-Facharztes wurde ihm ein Hörgerät verordnet. Nach intensiven Untersuchungen und ausgiebiger Testung des Sprachverständnisses des Klägers in beschallter Umgebung stellte sich heraus, dass nach dem heutigen Stand der Medizintechnik nur das Gerät der Marke (...) geeignet ist, das verbliebene Resthörvermögen des Klägers an das eines Gesunden anzugleichen.

Gestützt auf ein Gutachten des MDK ist die Beklagte der Auffassung, dass die Hörminderung des Klägers auch durch ein Hörgerät ausgeglichen werden kann, das zum Festbetrag oder Vertragspreis der Beklagten erhältlich ist.

Die Stellungnahme des MDK, auf die die Beklagte sich stützt, lässt jedoch unberücksichtigt, dass dem Kläger bei stärkeren Umgebungsgeräuschen eine normale Verständigung mit einem Festbetragsgerät nicht möglich ist.

Beweis: Hals- Nasen- Ohren- fachärztliches Gutachten

---

13 Es besteht weder eine Anspruchsgrundlage für einen Anspruch des Hinterbliebenen auf eine isolierte Vorabentscheidung des Trägers über das frühere Vorliegen eines Versicherungsfalles beim Versicherten, noch ein Bedürfnis dafür, weil nach dem Tod des Versicherten der Eintritt weiterer Versicherungsfälle, deren Folgen voneinander abzugrenzen sein könnten, ausgeschlossen ist (BSG vom 29.11.2011 – B 2 U 26/10 R –, juris Rn. 19).

9. Klageantrag wegen Bewilligung einer bestimmten stationären Rehabilitationsmaßnahme durch eine Krankenkasse[14]

Die Beklagte wird verpflichtet, dem Kläger unter Abänderung des Bescheides vom (...) in der Fassung des Widerspruchsbescheides vom (...) eine stationäre Rehabilitationsmaßnahme in der Reha-Klinik (...) zu gewähren,

hilfsweise:

die Beklagte wird verpflichtet, über den Reha-Antrag des Klägers vom (...) unter Beachtung der Rechtsauffassung des Gerichtes erneut zu entscheiden.

10. Klageantrag einer Klinik wegen Kosten einer Krankenhausbehandlung

Die Beklagte wird verpflichtet, an die Klägerin wegen der Behandlung ihres Versicherten (...) im Zeitraum vom (...)bis (...) Behandlungskosten in Höhe von (...) nebst Zinsen hieraus in Höhe von (...) Prozentpunkten über dem jeweiligen Basiszinssatz seit dem (...)[15] zu zahlen.

Begründung:

Der bei der Beklagten Versicherte (...) wurde im (...) Krankenhaus, dessen Trägerin die Klägerin ist, wegen einer schmerztherapeutischen Behandlung mit dem Medikament (...) stationär behandelt.

Die Beklagte ist der Auffassung, die Behandlung ihres Versicherten im Krankenhaus wäre nicht medizinisch notwendig gewesen. Alle Behandlungsmaßnahmen, die von der Klägerin stationär durchgeführt wurden, hätten auch im Rahmen einer ambulanten Behandlung erfolgen können.

Entgegen der Auffassung der Beklagten bestand eine Krankenhausbehandlungsbedürftigkeit, weil während der Behandlung des Klägers durch das Medikament (...) eine kontinuierliche Überwachung seiner Vitalfunktionen erforderlich war. Der MDK, auf dessen Gutachten die Beklagte sich stützt, hat bei seiner Beurteilung nicht berücksichtigt, dass der Kläger neben dem chronischen Schmerzsyndrom auch an einer Herzerkrankung leidet, die bei der Einnahme des Medikamentes (...) bei Herzproblemen ein sofortiges ärztliches Eingreifen erforderlich macht, was nur bei einem stationären Aufenthalt gewährleistet ist.

Beweis: kardiologisches Gutachten

11. Klageantrag wegen Sachleistung und Kostenerstattung bei Behandlung mit einem Off-Label-Use-Medikament

1. Die Beklagte wird unter Aufhebung des Bescheides vom (...) in der Fassung des Widerspruchsbescheides vom (...) verpflichtet, zukünftig die Kosten der Behandlung der (...)-Erkrankung des Klägers mit dem Medikament (...) zu übernehmen.[16]
2. Die Beklagte wird unter Aufhebung des Bescheides vom (...) in Gestalt des Widerspruchsbescheides vom (...) verurteilt, an den Kläger (...) EUR zu zahlen.[17]

Begründung:

Der Kläger leidet an einer lebensbedrohlichen neuro-degenerativen Erkrankung, die zu weitgehenden Lähmungserscheinungen aller Muskeln führt. Ein Medikament für die Behandlung dieser Erkrankung ist bislang nicht zugelassen worden.

a) Der Kläger wird in der (...)- Klinik mit dem Medikament (...) behandelt. Nach Auskunft der Klinik ist dies aufgrund der Comorbidität des Klägers die einzig mögliche Behandlungsform. Therapien mit zugelassenen Medikamenten stehen nicht zur Verfügung.

---

14 Zur Ermessensentscheidung über das „Wie" der Leistung vgl. § 7 Rn 57.
15 Zum Zinsanspruch enthalten ggfs. auf Grundlage von § 112 SGB V getroffene Vereinbarungen gesonderte Regelungen.
16 Für die Zukunft: Anspruch auf Sachleistung vgl § 7 Rn 5.
17 Der Anspruch auf Kostenerstattung für die Vergangenheit besteht nur ausnahmsweise, § 13 Abs 3 SGB V.

Nach den jüngsten, noch nicht validierten Forschungsergebnissen hat das von der Klinik eingesetzte Medikament aber eine klinisch relevante Wirksamkeit. Die Beklagte hat die Behandlung mit diesem Medikament im Hinblick auf die noch fehlende Zulassung für die durchgeführte Therapie abgelehnt.

Die Behandlung mit dem Medikament (...) ist zur Zeit die einzig erfolgversprechende Behandlung der lebensbedrohlichen Erkrankung des Klägers.

Beweis: Neurologisches Gutachten
Die Beklagte ist daher verpflichtet, zukünftig die Kosten der Verordnung dieses Medikamentes zu übernehmen.

b) Da keine alternative Therapie zur Verfügung stand und nach Absetzen des Medikamentes mit einer drastischen Verschlechterung des Krankheitszustandes des Klägers bis hin zur Atemlähmung zu rechnen ist, hat der Kläger das Medikament auf eigene Kosten beschafft und hierfür Aufwendungen in Höhe von (...) EUR gehabt. Wegen der rechtswidrigen Leistungsablehnung ist die Beklagte gemäß § 13 Abs. 3 SGB V verpflichtet, dem Kläger die nachgewiesenen Kosten für die Behandlung in Höhe des Klageantrages zu 2) zu erstatten.

12. Klageantrag wegen Einstufung in einen höheren Pflegegrad

Die Beklagte wird verpflichtet, bei dem Kläger unter Abänderung des Bescheides vom (...) in der Fassung des Widerspruchsbescheides vom (...) auf seinen Antrag vom (...)[18] den Pflegegrad (...) anzuerkennen.

13. Klageantrag wegen Schwerbehinderung

1. Die Beklagte wird verurteilt, bei dem Kläger unter Abänderung des Bescheides vom (...) in der Fassung des Widerspruchsbescheides vom (...) einen höheren Grad der Behinderung sowie das Vorliegen der Nachteilsausgleiche (...) anzuerkennen.
2. Die Kosten des Rechtsstreits werden der Beklagten auferlegt.

III. Mustertexte für die Mandatsbearbeitung

1. Anschreiben an Mandant/in bei Rentenklagen

Sehr geehrter Herr/Frau (...),

in Ihrer Rentenangelegenheit überreichen wir die von uns bei Gericht eingereichte Klageschrift vom heutigen Tage mit der Bitte um Kenntnisnahme.

Das Gericht wird zunächst von den Ärzten, die Sie derzeit behandeln, Befundberichte einholen. Anhand dieser Unterlagen wird es entscheiden, ob Sie durch einen unabhängigen Sachverständigen untersucht werden sollen.

Die durchschnittliche Verfahrensdauer eines Klageverfahrens vor den Sozialgerichten beträgt ca. 1 Jahr. Bitte weisen Sie Ihre Ärzte beim nächsten Besuch darauf hin, dass die Verfahrensdauer erheblich verkürzt werden kann, wenn die Anfragen des Gerichtes unverzüglich beantwortet werden. Nach Eingang der Arztberichte bei uns und einer eventuellen Stellungnahme der Beklagten werden wir auf die Angelegenheit zurückkommen.

Zum Erhalt Ihres zukünftigen Versicherungsschutzes in der Rentenversicherung ist es äußerst wichtig, dass Sie während der Dauer des Verfahrens entweder durchgehend bei Ihrer Krankenkasse als arbeitsunfähig gemeldet werden oder beim Arbeitsamt als arbeitsuchend gemeldet sind, sofern für Sie während des Verfahrens keine Versicherungsbeiträge entrichtet werden.

Wir überreichen Ihnen einen Fragebogen des Sozialgerichtes[19], eine Entbindungserklärung von der ärztlichen Schweigepflicht sowie eine Prozessvollmacht. Bitte füllen Sie die Unterlagen

18 Datum des Antrages bei der Pflegekasse.
19 Muster siehe Anhang A I. Dieser Absatz entfällt, wenn der Fragebogen schon mit der Klage eingereicht wurde.

sorgfältig aus. Besonders wichtig ist, dass alle Anschriften der behandelnden Ärzte vollständig und gut lesbar sind. Wenn Sie die Unterlagen unterschrieben haben, bitten wir um Rücksendung an unser Büro.

Sollte im Verlaufe des Verfahrens eine Veränderung Ihres Gesundheitszustandes eintreten, sollten Sie Ihre behandelnden Ärzte bitten, uns oder Ihnen entsprechende Befundunterlagen zukommen zu lassen. Dazu gehören beispielsweise Krankenhausberichte oder Berichte von Fachärzten an Ihren Hausarzt.

Über weitere Einzelheiten informieren wir Sie durch die anliegenden Hinweise zu Klageverfahren in Rentensachen.

Für weitere Rückfragen stehen wir Ihnen – gerne auch telefonisch – zur Verfügung.

Mit freundlichen Grüßen

Rechtsanwalt/Rechtsanwältin

2. Hinweise an Mandant/in zum Verfahrensablauf in Rentensachen wegen Erwerbsminderung vor den Sozialgerichten

Zunächst wird das Gericht vom Rentenversicherungsträger die Verwaltungsakte über Sie anfordern. In dieser Akte befinden sich Befundberichte von Ihren Ärzten und die bislang vom Versicherungsträger eingeholten Gutachten. Sollten noch nicht alle von Ihnen angegebenen Ärzte befragt worden sein oder deren Befundberichte nicht hinreichend aussagekräftig sein, so holt das Gericht, wenn es dies für erforderlich hält, noch weitere Befundberichte Ihrer Ärzte ein. Sie erhalten eine Durchschrift der vom Gericht eingeholten Befundberichte.

Sollte sich für das Gericht aus den Befundberichten ergeben, dass die Entscheidung der Rentenversicherung nach Aktenlage keiner weiteren Überprüfung bedarf, wird es einen entsprechenden Hinweis erteilen.

Andernfalls wird das Gericht medizinische Sachverständigengutachten bei unabhängigen Ärzten in Auftrag geben. Nicht immer stehen an Ihrem Wohnort sachkundige Ärzte zur Verfügung, die auch in der Lage sind, die Gutachten möglichst schnell zu fertigen. Die Gutachter werden Sie zu einer Untersuchung laden und aufgrund der Untersuchungsergebnisse und der in der Akte befindlichen Berichte Ihrer Ärzte schriftliche Gutachten erstellen.

Sobald die Gutachten dem Gericht vorliegen, erhalten Sie eine Durchschrift hiervon, mit der Bitte um Stellungnahme. Sollten die Gutachten Ihre Auffassung bestätigen, fragt das Gericht bei der Beklagten an, ob ein Anerkenntnis oder Vergleichsangebot abgegeben wird.

Sollten die Gutachten die Auffassung der Rentenversicherung bestätigen, werden wir gefragt, ob Sie die Klage zurücknehmen wollen.

Wenn Sie mit dem Inhalt des gerichtlichen Gutachtens nicht einverstanden sind, besteht die Möglichkeit, die Richtigkeit des Gutachtens in Frage zu stellen, die mündliche Anhörung des Gutachters zur weiteren Erläuterung seines Gutachtens vor dem Gericht zu beantragen oder die Einholung eines Gutachtens eines Arztes Ihres Vertrauens zu beantragen. Ob die Einholung eines derartigen Gutachtens sinnvoll ist, sollten Sie mit uns besprechen. Wir können Sie auch bei der Auswahl eines geeigneten Gutachters beraten.

Wenn wir ein eventuelles Vergleichsangebot der Beklagtenseite annehmen oder die Klage zurücknehmen, ist das Verfahren genauso erledigt, wie durch ein Urteil des Gerichtes. Andernfalls kommt es zu einer mündlichen Gerichtsverhandlung, zu der Sie regelmäßig persönlich erscheinen müssen. Das Gericht wird dann ein Urteil verkünden, gegen das ggf Berufung an das Landessozialgericht eingelegt werden kann.

Das Sozialgericht klärt lediglich, ob und ab wann die Rente zu zahlen ist. Die Höhe der Rente wird in einem nachfolgenden Verwaltungsverfahren durch den Rentenversicherungsträger berechnet, der dann einen Ausführungsbescheid erlässt. Sollte die Rentenberechnung unzutreffend sein, muss dieser Bescheid erneut mit Widerspruch und Klage angegriffen werden.

Das Verfahren vor den Sozialgerichten ist gerichtskostenfrei. Das Risiko einen „Gegenanwalt" bezahlen zu müssen, besteht in Rentensachen nicht. Wenn Sie nicht in der Lage sind einen Rechtsanwalt zu bezahlen, besteht die Möglichkeit Prozesskostenhilfe zu beantragen. Bitte fragen Sie uns nach den entsprechenden Formularen.

3. Hinweise zu Klageverfahren in Schwerbehindertenangelegenheiten

Ablauf des Verfahrens

Zunächst wird das Gericht die Verwaltungsakte über den Vorgang anfordern. In dieser Akte befinden sich Befundberichte von Ihren Ärzten. Sollten noch nicht alle von Ihnen angegebenen Ärzte befragt worden sein, so holt das Gericht, wenn es dies für erforderlich hält, noch weitere Befundberichte ein. Sie erhalten eine Durchschrift der vom Gericht eingeholten Befundberichte.

Wenn sich für das Gericht aus den Befundberichten ergibt, das die Entscheidung der Verwaltung nach Aktenlage keiner weiteren Überprüfung bedarf, wird es einen entsprechenden Hinweis erteilen

Andernfalls wird das Gericht medizinische Sachverständigengutachten bei unabhängigen Ärzten in Auftrag geben. Nicht immer stehen an Ihrem Wohnort sachkundige Ärzte zur Verfügung, die auch in der Lage sind, die Gutachten möglichst schnell zu fertigen. Die Gutachter werden Sie zu einer Untersuchung laden und aufgrund der Untersuchungsergebnisse und der in der Akte befindlichen Berichte Ihrer Ärzte, ein schriftliches Gutachten erstellen.

Sobald die Gutachten dem Gericht vorliegen, erhalten wir eine Durchschrift hiervon, mit der Bitte um Stellungnahme. Sollten die Gutachten Ihre Auffassung bestätigen, fragt das Gericht bei dem Beklagten an, ob ein Anerkenntnis oder Vergleichsangebot abgegeben wird.

Sollten die Gutachten die Auffassung der Beklagten bestätigen, werden wir gefragt, ob wir die Klage zurücknehmen wollen. Wenn Sie mit dem Inhalt des gerichtlichen Gutachtens nicht einverstanden sind, besteht die Möglichkeit, ein Gutachten eines Arztes Ihres Vertrauens einzuholen. Ob die Einholung eines derartigen Gutachtens sinnvoll ist, sollten Sie mit uns besprechen. Wir können Sie auch bei der Auswahl eines geeigneten Gutachters beraten.

Wenn Sie ein eventuelles Angebot der Beklagtenseite annehmen oder die Klage zurücknehmen, ist das Verfahren erledigt. Andernfalls kommt es zu einer mündlichen Gerichtsverhandlung, zu der Sie regelmäßig persönlich erscheinen müssen.

Wie wird der Grad der Behinderung (GdB) gebildet?

Grundlage ist die Versorgungsmedizin-Verordnung Dort sind viele gängige Erkrankungen aufgeführt und werden bestimmten GdB zugeordnet.

Beispiel: Nach der Versorgungsmedizin-Verordnung beträgt der GdB für Wirbelsäulenveränderungen mit schweren funktionellen Auswirkungen in einem Wirbelsäulenabschnitt 30.

Ihren Erkrankungen werden so bestimmte GdB (Einzel-GdB) nach der o. g. Tabelle zugeordnet. Danach wird ein Gesamt-GdB gebildet. Allerdings dürfen hierzu nicht die Einzel-GdB zusammengezählt werden. Vielmehr wird vom höchsten Einzel-GdB ausgegangen und ermittelt, inwieweit sich die Gesamtbehinderung durch weitere Gesundheitsstörungen verstärkt.

Beispiel:

1. Verlust einer Hand	GdB 50
2. Verlust eines Auges	GdB 25
3. Ausfall einer Niere	GdB 25
Gesamt-GdB	ca. 70

Bei der Bildung des Gesamt-GdB bleiben 10er Grade regelmäßig unberücksichtigt.

An welche Voraussetzungen sind Nachteilsausgleiche geknüpft?

a) Erhebliche Gehbeinderung – **„G"**

In seiner Bewegungsfähigkeit im Straßenverkehr erheblich beeinträchtigt ist, wer infolge einer

Einschränkung des Gehvermögens, auch durch innere Leiden, oder infolge von Anfällen oder von

Störungen der Orientierungsfähigkeit nicht ohne erhebliche Schwierigkeiten oder nicht ohne Gefahren

für sich oder andere Wegstrecken im Ortsverkehr zurückzulegen vermag, die üblicherweise noch zu

Fuß zurückgelegt werden. Als ortsübliche Wegstrecke in diesem Sinne gilt eine Strecke von etwa zwei Kilometern, die in etwa einer halben Stunde zurückgelegt wird.

b) Notwendigkeit ständiger Begleitung – **„B"**
   Die Voraussetzungen sind erfüllt, wenn der Antragsteller bei der Benutzung öffentlicher Verkehrsmittel regelmäßig einer Begleitung bedarf
c) Außergewöhnliche Gehbehinderung – **„aG"**
   Den Nachteilsausgleich erhält, wer nicht mehr gehen kann (Querschnittsgelähmte u.ä.) oder wer sich nur noch – meist unter Zuhilfenahme von zwei Unterarmstützen – wenige Meter weit fortbewegen kann (z. B. Doppelbeinamputierte etc.)

d) Befreiung von den Fernsehgebühren – **„RF“**
Den Nachteilsausgleich erhält, wer grundsätzlich an öffentlichen Veranstaltungen – auch mit der Hilfe Dritter – nicht mehr teilnehmen kann. Die Voraussetzungen sind meist nur erfüllt, wenn der Behinderte ständig an seine Wohnung gebunden ist. Wer Freifahrt in öffentlichen Verkehrsmitteln beansprucht (NA „G“) hat in der Regel keinen Anspruch auf „RF“

e) Hilflos – **„H“**
Hilflos ist, wer bei vielen täglichen Verrichtungen (Essen, Waschen, Toilettenbesuch u. ä.) in erheblichem Umfang fremder Hilfe bedarf

4. Rechtsschutz-Anfrage im Sozialrecht

Sehr geehrte Damen und Herren,

in der vorbezeichneten sozialgerichtlichen Angelegenheit sind wir für Ihren Versicherungsnehmer tätig geworden. Anliegend überreichen wir Ihnen Kopien des angefochtenen Bescheides, des Widerspruchsbescheides und unserer Klageschrift vom heutigen Tage mit der Bitte um Ihre Kostenübernahmeerklärung für das gerichtliche Verfahren.

Wenn wir keine gegenteilige Mitteilung von Ihnen erhalten, gehen wir davon aus, dass Ihre Kostenübernahmeerklärung auch die Kosten eines Gutachtens nach § 109 SGG beinhaltet, sofern wir dessen Einholung für sachdienlich halten.

Etwaige Rückfragen und Sachstandsnachfragen bitten wir unmittelbar an Ihren Versicherungsnehmer zu richten. Die Verfahrensdauer liegt in sozialgerichtlichen Angelegenheiten erfahrungsgemäß nicht unter einem Jahr.

Im Hinblick auf die zu erwartende Verfahrensdauer bitten wir Sie, uns mit einem Kostenvorschuss in Höhe von (...) € incl. Mehrwertsteuer zu versehen.

Mit freundlichen Grüßen

Rechtsanwalt/Rechtsanwältin

5. Anschreiben an Mandant/in mit Beweisbeschluss und Fragebogen

Sehr geehrter Herr/ Frau (...),

in Ihrem Rentenrechtsstreit überreichen wir Ihnen den Beweisbeschluss des Sozialgerichtes. Auf Anordnung des Gerichts sollen Sie von den in dem Beweisbeschluss benannten Ärzten zur weiteren Aufklärung Ihres Gesundheitszustandes untersucht werden.

Die Einladung zu den Untersuchungsterminen werden Sie von den Sachverständigen unmittelbar erhalten. Wenn Ihnen innerhalb der nächsten drei Wochen noch kein Untersuchungstermin bekanntgegeben wird, sollten Sie das Sekretariat der in dem Beweisbeschluss benannten Ärzte anrufen, um einen Termin zu vereinbaren.

Bitte nehmen Sie zu den Untersuchungen das gleichfalls beigefügte Formular des Sozialgerichts für die Erstattung von Fahrtkosten mit.

Soweit sich in Ihrem Besitz Röntgenunterlagen befinden, sollten Sie diese zur Untersuchung mitnehmen. Um die Strahlenbelastung durch unnötige Röntgenaufnahmen zu vermeiden, können Sie gegebenenfalls Ihre behandelnden Ärzte zuvor um Aushändigung der Röntgenunterlagen für den Untersuchungstermin bitten. Allerdings ist darauf hinzuweisen, dass aus diagnostischen Gründen die Anfertigung neuer oder spezieller Röntgenunterlagen erforderlich sein kann. Dies wird der Gutachter mit Ihnen besprechen.

Sollten sich während der Untersuchung ausnahmsweise Unstimmigkeiten ergeben, der im Beschluss ernannte Arzt Sie nicht persönlich untersuchen, sondern den Gutachtenauftrag vollständig auf einen anderen Sachverständigen übertragen oder der Arzt Ihnen bei der Erhebung der Befunde nicht zuhören, bitten wir um kurzfristige Information, da ein etwaiger Befangenheitsantrag gegen den Sachverständigen nur innerhalb einer Frist von 2 Wochen nach Bekanntwerden der Befangenheitsgründe zulässig ist. Weitere Einzelheiten, auf die Sie achten sollten, können Sie dem beiliegenden Fragebogen über gutachterliche Untersuchungen entnehmen. Wir würden es begrüßen, wenn Sie diesen Fragebogen nach der Untersuchung durch den Sachverständigen ausfüllen und an uns zurücksenden würden, da wir bei der Auswertung der Gutachten auf Ihre Mithilfe angewiesen sind.

Mit dem Eingang der Gutachten bei uns ist circa 4–6 Wochen nach der letzten Untersuchung zu rechnen. Sobald die schriftlichen Sachverständigengutachten bei uns vorliegen, werden wir unaufgefordert auf die Angelegenheit zurückkommen.

Mit freundlichen Grüßen

Rechtsanwalt/Rechtsanwältin

6. Fragebogen über den Ablauf gutachterlicher Untersuchungen

Sehr geehrte Mandantin, sehr geehrter Mandant,

Auf Anordnung des Gerichtes sollen Sie von einem oder mehreren Gutachtern untersucht werden. Zur Beurteilung der Qualität eines Gutachtens ist nicht nur die fachliche Qualität des Gutachters zu überprüfen. Auch der Ablauf der Untersuchung und der persönliche Eindruck, den Sie vom Gutachter hatten, können für die weitere Vorgehensweise in Ihrem Fall oder in gleichgelagerten Fällen von Bedeutung sein. Wir wären Ihnen daher verbunden, wenn Sie uns die nachstehenden Fragen beantworten. Selbstverständlich werden wir diese Angaben vertraulich behandeln, sofern wir nicht im Einzelfall mit Ihnen etwas anderes vereinbaren.

Wenn der Platz auf diesem Fragebogen nicht ausreichen sollte, benutzen Sie bitte die Rückseite oder ein Beiblatt. Bitte senden Sie uns den Fragebogen nach der Untersuchung umgehend zurück.

Wenn Sie der Auffassung sind, dass der Gutachter aufgrund des persönlichen Eindrucks, den Sie während der Untersuchung hatten, ungeeignet ist, bitten wir um unverzügliche telefonische Rücksprache. Ansonsten werden wir auf Ihre Angelegenheit zurückkommen, sobald alle vom Gericht eingeholten Gutachten in unserer Praxis vorliegen.

Unser Aktenzeichen/ Prozessregisternummer ______________________________

Name und Anschrift des zum gerichtlichen Sachverständigen bestellten Arztes:

____

01. Welcher Arzt hat Sie untersucht?

☐ Untersuchung durch o.g. Arzt selbst
☐ Untersuchung durch einen anderen Arzt
(falls bekannt, bitte Namen nennen) ______________________________

Wenn Sie **nicht** vom gerichtlichen Sachverständigen selbst untersucht worden sind:

02. Hat sich der Arzt, der Sie untersucht hat, mit Namen vorgestellt?

☐ ja
☐ nein

03. Hat der Arzt, der Sie untersucht hat, Ihnen erläutert, weshalb der gerichtliche Sachverständige den Gutachtenauftrag nicht sebst durchgeführt hat? (Gründe bitte angeben)

☐ nein
☐ ja ____

04. Welche Untersuchungen sind auf nichtärztliche Mitarbeiter übertragen worden?

____

____

05. Hatten Sie ausreichend Gelegenheit, dem Arzt Ihre Beschwerden zu schildern?

☐ ja
☐ nein

06. Wie lange hat die Untersuchung insgesamt gedauert? ____________________

07. Wie lange haben Sie sich mit dem Arzt unterhalten? ____________________

08. Hatten Sie den Eindruck, dass sie gründlich untersucht worden sind?

☐ ja
☐ nein

09. Sind Sie korrekt behandelt worden? (Verhalten des Arztes oder sonstiger Personen, Wartezeiten vor der Untersuchung, während der Untersuchung etc.)

☐ ja
☐ nein, weil ____________________

10. Ist die Praxis/Klinik, in der die Untersuchung stattgefunden hat, verkehrsgünstig erreichbar?

☐ ja
☐ nein

11. Haben Sie zu der durchgeführten Untersuchung noch sonstige Anmerkungen zu machen?

☐ nein
☐ ja

7. Anschreiben an Mandant/in bei ungünstigem Gutachten

Sehr geehrter Herr/ Frau (...),

in Ihrem sozialgerichtlichen Verfahren überreichen wir Ihnen Kopien der im Auftrag des Sozialgerichts erstellten Gutachten.

Leider müssen wir Ihnen die Mitteilung machen, dass nach dem Inhalt dieser Gutachten das Klageziel nicht erreicht werden kann. Nach Auffassung der Gutachter sind Sie noch in der Lage, leichte Tätigkeiten mehr als 6 Stunden täglich zu verrichten[20].

Sie sollten den Inhalt der Gutachten mit Ihren behandelnden Ärzten besprechen. Falls diese die Beurteilung Ihres Leistungsvermögens für unzutreffend halten, wären wir den Ärzten für die Hereingabe einer kurzen, medizinisch begründeten Stellungnahme verbunden. Auf Wunsch der Ärzte behandeln wir den Autor der Stellungnahme vertraulich. Daneben besteht die Möglichkeit, dass Ihre Ärzte mit dem Unterzeichner telefonisch Kontakt aufnehmen, um medizinische Hinweise zu geben, die für eine andere Beurteilung Ihrer Leistungsfähigkeit wichtig sind. Wenn Sie oder Ihre Ärzte zu dem Ergebnis kommen, dass das Gutachten entweder im diagnostischen Teil oder bei der Beurteilung Ihrer Leistungsfähigkeit unzutreffend ist, sollte dem Gericht dies in medizinisch möglichst genauer Form mitgeteilt werden.

Es besteht dann die Möglichkeit, einen Gutachter unseres Vertrauens gem. § 109 SGG zu benennen. Allerdings müsste vor Einholung eines derartigen Gutachtens ein Kostenvorschuss an die Gerichtskasse gezahlt werden, der erfahrungsgemäß auf ca. 800,-- bis 1.500.-- € festgesetzt wird. Sofern Sie rechtsschutzversichert sind, werden diese Kosten von Ihrer Rechtsschutzversicherung übernommen. Mit der Klageerhebung haben wir eine entsprechende Zusage Ihrer Rechtsschutzversicherung beantragt.

Wir bitten um Mitteilung, ob Sie die Einholung eines derartigen Gutachtens wünschen. Bei der Auswahl des Gutachters können wir Ihnen gerne behilflich sein und mit Ihnen besprechen, ob die Einholung eines derartigen Gutachtens in Ihrem Fall sinnvoll ist. Als Gutachter sollten Sie keinesfalls Ihre behandelnden Ärzte wählen, die bereits einen Befundbericht erstellt haben. Bei dem Gutachter nach § 109 SGG sollte es sich um einen anerkannten Spezialisten seines Gebietes oder zumindest einen gerichtserfahrenen Gutachter handeln.

20 Formulierungsvorschlag für Rentensachen, der an die anderen Rechtsgebiete angepasst werden kann.

Für weitere Rückfragen steht Ihnen oder Ihren Ärzten der Unterzeichner, gegebenenfalls auch telefonisch, gerne zur Verfügung.

Mit freundlichen Grüßen

Rechtsanwalt/Rechtsanwältin

8. Stellungnahme an das Gericht bei positivem Gutachten

An das

Sozialgericht

(...)

In dem sozialgerichtlichen Verfahren

x./. y

Az.: (...)

kommt der gerichtlich ernannte Sachverständige Dr. (...) in seinem sorgfältig und nachvollziehbar begründeten Gutachten zu dem Ergebnis, dass der Kläger leichte Tätigkeiten des allgemeinen Arbeitsmarktes nur noch für die Dauer von 3–6 Stunden täglich verrichten kann.

Der Kläger hat seinen letzten Arbeitsplatz verloren und ist jetzt arbeitslos. Entgegen dem Wortlaut des § 43 Abs. 2 S. 2 SGB VI liegt volle Erwerbsminderung nicht erst vor, wenn das berufliche Leistungsvermögen auf weniger als 3 Stunden täglich abgesunken ist, sondern bereits dann, wenn das Leistungsvermögen auf unter 6 Stunden abgesunken ist und der Teilzeitarbeitsmarkt verschlossen ist. Auch unter Zugrundelegung der ab dem 31.12.2000 geltenden Rechtslage ist aber die konkrete Arbeitsmarktlage zu berücksichtigen (konkrete Betrachtungsweise), sodass die teilweise Erwerbsminderung, wenn der allgemeine Arbeitsmarkt verschlossen ist, in die volle Erwerbsminderung „umschlägt".[21]

Sofern die Beklagte daher nicht unverzüglich ein prozessbeendendes Anerkenntnis abgibt oder ein Vergleichsangebot unterbreitet, wird um kurzfristige Terminierung des Rechtsstreits gebeten.

Rechtsanwalt/Rechtsanwältin

9. Anforderung eines Befundberichtes durch den Verfahrensbevollmächtigten

An die Arztpraxis (...)

Betrifft: Anforderung eines Befundberichtes

Ihr Patient (...), geboren am (...)

Sehr geehrte/r Frau/Herr Dr. (...),

wir vertreten Ihren vorgenannten Patienten in einem Rentenrechtsstreit gegen die (...) Versicherung wegen Berufsunfähigkeit. Die von der Versicherung beauftragten Ärzte haben die Auffassung vertreten, dass unser Mandant/Ihr Patient in seinem früheren Beruf als (...) noch zu mehr als 50 % arbeiten kann. Dies ist nach Angaben Ihres Patienten unzutreffend.

Im Rahmen des von uns zu führenden Gerichtsverfahrens wird Ihr Patient durch unabhängige Sachverständige untersucht werden. Für die sozialmedizinische Beurteilung dieser Sachverständigen ist es erforderlich, dass die Gutachter über die von Ihnen getroffenen Diagnosen und den Verlauf der bisherigen Behandlungen informiert werden. Aus dem Bereich der gesetzlichen Sozialversicherung ist Ihnen bekannt, dass die Sozialgerichte Befundberichte einholen. Für den von uns zu führenden Rechtsstreit sind aber die Zivilgerichte zuständig. Wegen anderer Verfah-

21 Vgl vorstehend § 3 Rn 156.

rensgrundsätze können Zivilgerichte keine Befundberichte bei Ihnen anfordern. Diese müssen vielmehr von dem Patienten angefordert und dem Gericht vorgelegt werden.

Wir bitten namens unseres Mandanten daher um Beantwortung folgender Fragen:

1. In welcher Zeit haben Sie unseren Mandanten behandelt? Welche Beschwerden wurden jeweils geäußert?
2. Welche Befunde wurden von Ihnen im Einzelnen erhoben? Bitte stellen Sie kurz die entsprechenden Untersuchungsmethoden dar. Wir bitten die Diagnosen möglichst präzise – gegebenenfalls unter Verwendung der ICD-10 Diagnoseschlüssel – anzugeben.
3. Ist die Erwerbsfähigkeit unseres Mandanten durch die Leiden auf Ihrem Fachgebiet nennenswert eingeschränkt? Wenn ja, inwiefern?
4. Wie sind die von Ihnen festgestellten Gesundheitsstörungen behandelt worden? Teilen Sie bitte die einzelnen Therapiemaßnahmen nach Art und Frequenz mit und stellen Sie den Behandlungserfolg dar. Etwaige Gründe für das Scheitern der Therapie oder eine Therapieresistenz bitten wir anzugeben.
5. In welchem zeitlichen Umfang kann unser Mandant seinen früheren Beruf als (...) noch verrichten? *(gegebenenfalls sind hier prägende Tätigkeitsmerkmale anzugeben)*
6. Hat sich der Gesundheitszustand unseres Mandanten im Behandlungszeitraum geändert? Falls ja, seit wann und inwiefern?
7. Sehen Sie eine realistische Chance, dass die Krankheit, die der Berufsausübung unseres Mandanten entgegensteht, innerhalb des nächsten halben Jahres so weit gebessert werden kann, dass unser Mandant seiner früheren Berufstätigkeit zu mehr als 50 % wird nachgehen können?
8. Haben klinische Behandlungen und Untersuchungen durch andere Ärzte/Krankenhäuser stattgefunden? Wenn ja, wo und mit welchen Ergebnissen? Sofern Ihnen über stationäre und ambulante Behandlungen Unterlagen vorliegen, bitten wir diese in Kopie oder im Original beizufügen. Die Rückgabe wird zugesichert.

Unser Mandant wird Sie bei seinem nächsten Besuch *(alternativ: durch die beigefügte Schweigepflichtentbindungserklärung)* von Ihrer ärztlichen Schweigepflicht entbinden.

Die Kosten für diesen Befundbericht bitten wir uns *(alternativ: unmittelbar unserem Mandanten)* aufzugeben.

Wir bedanken uns im Namen Ihres Patienten für Ihre Mithilfe.

Mit freundlichen Grüßen

Rechtsanwalt

Anhang B. Optimierung der Arbeitsabläufe in der Anwaltskanzlei

Für den überwiegenden Anteil sozialrechtlicher Mandate gilt, dass sich das erstattungsfähige gesetzliche Honorar nicht nach dem Gegenstandswert, sondern nach den Betragsrahmengebühren berechnet. Dass ein Gerichtsverfahren, in dem eine Überprüfung sozialmedizinischer Beurteilungen nach Maßgabe der vorstehenden Kapitel erfolgt, bei diesem Honoraraufkommen nicht kostendeckend geführt werden kann, ist für denjenigen einsichtig, der die mit dem Betrieb einer Anwaltspraxis verbundenen notwendigen Kosten, insbesondere Personalkosten, kennt. Hinzu kommt, dass der stetig anwachsende Anteil psychisch beeinträchtigter Mandanten bei Verfahren mit sozialmedizinischer Beurteilung zu einem signifikant erhöhten Arbeitsanfall im Anwaltsbüro führt. Der oder die Prozessbevollmächtigte und seine Mitarbeiter/innen führen nicht nur den Prozess, sondern müssen auch die mit den gesundheitlichen Beeinträchtigungen verbundenen sozialen Probleme und Verständnisschwierigkeiten für die vom Gesetzgeber vorgegebenen Notwendigkeiten auffangen. Dies erfordert oft mehr Zeit als die eigentliche Mandatsbearbeitung. Die vom Gesetzgeber unterstellte Quersubventionierung durch Mandate aus anderen Rechtsgebieten findet beim sozialrechtlichen Spezialisten nicht mehr statt. Eine Spezialisierung auf bestimmte Rechtsgebiete ist jedoch für eine optimale und effiziente Bearbeitung gerade sozial- und medizinrechtlicher Mandate unabdingbar.

Dem Anwalt stehen neben der Möglichkeit, Honorarvereinbarungen abzuschließen, meistens nur zwei Möglichkeiten offen, die Ertragssituation bei der Bearbeitung sozialrechtlicher Mandate zu verbessern:

(1) Verringerung des Büroaufwandes für sozialgerichtliche Verfahren durch Rationalisierung der Verfahrensabläufe innerhalb der Kanzlei und im Umgang mit den Gerichten sowie.

(2) Optimale Ausnutzung des gesetzlichen Gebührenrahmens

Wenn man von der Auswertung des Beweisergebnisses absieht, laufen medizinrechtliche Mandate im Sozialrecht nach einem vergleichbaren Schema ab. Dieser Umstand eröffnet die Möglichkeit, die Arbeitsabläufe in der Kanzlei zu standardisieren.

I. Verwendung von Musterschreiben

Die Information des Mandanten über den weiteren Fortgang des Verfahrens durch vorformulierte Schreiben verringert den Schreibaufwand und vermeidet unnötige Rückfragen von Mandanten.

II. Vorschläge zur Verfahrensbeschleunigung

Durch Abstimmung der Arbeitsabläufe auf die gerichtlichen Vorgaben lassen sich unnötige Aktenwiedervorlagen vermeiden und das Verfahren insgesamt beschleunigen. Dies führt nicht nur zur Kosteneinsparung, sondern auch zur größeren Mandantenzufriedenheit.

Nachstehend abgedruckt sind daher die vom Autor dieses Beitrages für die anwaltliche Fortbildung entwickelten Thesen für die rationelle Bearbeitung sozialrechtlicher Mandate.

III. 15 Thesen für die rationelle Bearbeitung sozialrechtlicher Mandate

1. Eine zügige Durchführung des Verfahrens dient sowohl dem Interesse des Richters (Erledigungsziffer/Statistik), als auch dem wirtschaftlichen Interesse des Anwaltes. Je länger das Verfahren dauert, desto häufiger stellt der Mandant Rückfragen, weil er sich verständlicherweise um seine Existenz Sorgen macht.

2. Zur Verfahrensbeschleunigung und Kostenersparnis sollten unnötige Aktenwiedervorlagen vermieden werden. Musterschreiben verwenden, Schiebeverfügungen vermeiden. Den zu erwartenden Zeitaufwand abschätzen und ggf Honorarvereinbarungen abschließen (zB bei schwierigen Mandanten oder auswärtigen Terminen).

3. Die Klageschrift sollte dem Gericht nicht erst am letzten Tage des Fristablaufes, sondern spätestens einen Monat nach Bescheiderteilung vorliegen. Der Richter muss dann die Rechtzeitigkeit der Klageerhebung nicht erst durch Akteneinsicht überprüfen

Also: Die Klagefrist nach Bescheiddatum, nicht nach Zustellung notieren.

4. Mit der Klage die

- Prozessvollmacht,
- die Formulare des Gerichtes (Fragebogen zur Person, Entbindungserklärung von der ärztlichen Schweigepflicht),
- eine Kopie der angefochtenen Bescheide,
- Kopien eventuell vorliegender Arztberichte

übersenden. Dies ermöglicht dem Richter nach Aktenanlage beim Sozialgericht unmittelbar Ermittlungen zur Sache aufzunehmen. Wenn die Klage zum Nachweis des Zugangs vorab per Fax geschickt wird, kennzeichnen, dass die Anlagen folgen.

5. Es ist darauf zu achten, dass die Anschriften in den Fragebogen zur Person vollständig sind und leserlich ausgefüllt werden.

Überinformationen des Gerichtes bei der Angabe der behandelnden Ärzte vermeiden. Es genügt jeweils ein Behandler der jeweiligen Fachrichtung. Doppelbenennungen einzelner Fachrichtungen sind nur bei kurz vorhergehendem Arztwechsel oder Subspezialisierungen sinnvoll.

Einmalige Konsiliaruntersuchungen als solche kennzeichnen. Der Hauptbehandler wird die Befundberichte dem Gericht in aller Regel ohnehin übersenden.

6. Die Klagebegründung sollte weniger Einzelheiten zu den verschiedenen Diagnosen, als vielmehr gestraffte Ausführungen zu den Auswirkungen der einzelnen Erkrankungen und zu deren Summierung auf das Leistungsvermögen, bezogen auf das jeweilige Klageziel (3 Stunden/6 Stunden/Berufsunfähigkeit), beinhalten.

7. Eine weitergehende Klagebegründung sollte erst dann erfolgen, wenn alle Gutachten aus den Verwaltungsakten und sämtliche Befundberichte vorliegen. Diese sollte die Notwendigkeit weiterer Aufklärung von Amts wegen darlegen. Nur aufgrund anwaltlicher Darlegungen wird sich das Gericht nicht über die sozialmedizinische Beurteilung im Verwaltungsverfahren hinwegsetzen können.

8. Der Mandant sollte bei jeweiligen Verfahrensschritten (Klageerhebung oder Beweisbeschluss) über den weiteren Fortgang des Verfahrens schriftlich informiert werden, um unnötige Rückfragen zu vermeiden. Formschreiben verwenden.

9. Beweisanträge nach § 109 SGG sollten eingehend begründet werden, um dem Gutachter des Vertrauens die Probleme aus der Sicht des Klägers zu veranschaulichen.

10. Als Gutachter nach § 109 SGG scheiden behandelnde Ärzte aus. Gutachter nach § 109 SGG sollten mindestens die gleiche Qualifikation aufweisen wie der von Gericht gehörte Gutachter.

11. Vor Beantragung eines Gutachtens nach § 109 SGG klären, ob der Sachverständige den Antrag ausführen will. Ein unwilliger Gutachter hilft meist nicht weiter.

12. Anträge nach § 109 SGG in erster Instanz nicht vorschnell stellen, wenn medizinisch begründete Zweifel an der Richtigkeit des Gutachtens nach § 106 SGG dargestellt werden können. Dann sollte die Anhörung des Gerichts-Sachverständigen beantragt werden. Kommt das Gericht diesem Antrag nicht nach, muss dieser in der mündlichen Verhandlung wiederholt und zu Protokoll diktiert werden.

13. Ein auf den Hinweis eines Berufungsgerichtes, von Amts wegen keine weiteren Ermittlungen vornehmen zu wollen, erstmals in zweiter Instanz gestellter Antrag nach § 109 SGG ist dann nicht verspätet, wenn fundierte Kritik am Gutachten bereits erstinstanzlich erhoben worden ist und sonstigen Beweisanträgen in der ersten Instanz nicht nachgegangen wurde.

14. Bei Hinweis auf Rechtsmittelmöglichkeiten stets angeben, was der Anwalt tun wird, wenn der Mandant sich nicht äußert, um fruchtlose Versuche, den Mandanten am Tage des Fristablaufes zu erreichen, und sinnlose, zur Fristwahrung eingelegte Rechtsmittel, zu vermeiden.

15. Um Streit um die Höhe der Gebühr möglichst zu vermeiden, sollten **Gebührenansätze** sowohl im Kostenfestsetzungsverfahren als auch gegenüber Rechtsschutzversicherungen und Mandanten **begründet werden.** Geltend zu machen sind die hohe wirtschaftliche Bedeutung des Falles für den Kläger, die Schwierigkeiten bei der Bewertung sozialmedizinischer Fragestellungen, eine überlange Verfahrensdauer oder ein überdurchschnittlicher Aktenumfang. Im Einzelfall auf einen erhöhten Zeitaufwand beim Mandantenkontakt, zB durch sprachliche Schwierigkeiten oder die Persönlichkeitsstruktur des Mandanten, hinzuweisen.

IV. Angemessene Vergütung des anwaltlichen Arbeitsaufwandes

1. Überschreiten der Mittelgebühr in Rentensachen

Trotz aller Rationalisierung und Standardisierung bleibt bei Rentensachen wegen der Vielzahl der mit dem Eintritt der Arbeitsunfähigkeit eintretenden Probleme auf verschiedenen Rechtsbereichen ein erheblich überdurchschnittlicher Arbeitsaufwand. Wegen der langen Verfahrensdauer sind meistens die Aussteuerung bei der Krankenversicherung und der ggf. der „nahtlose" Erhalt des Sozialleistungsbezuges durch Zahlungen des Arbeitsamtes zu erläutern. Dem Mandanten ist das gesetzliche Instrumentarium verständlich zu machen. Ihm sind Vorschläge für zukünftige Antragstellungen z.B. beim Arbeitsamt nach § 145 SGB III zu unterbreiten. Dies erfordert einen erheblichen zeit- und Arbeitsaufwand, ohne dass gesonderte Gebührentatbestände anfallen.

Nach der früheren Rechtsprechung mehrerer Landessozialgerichte konnte die Mittelgebühr bis zur Höchstgebühr überschritten werden, da diese Verfahren für den Versicherten von größter wirtschaftlicher Bedeutung sind und wegen der mit dem Wegfall der Erwerbsfähigkeit verbundenen Probleme auf verschiedenen Rechtsgebieten mit erhöhtem Arbeitsaufwand verbunden sind.[22] Diese Rechtsprechung wird von manchen Versicherungsträgern und leider auch vielen Gerichten seit der Erhöhung des Gebührenrahmens ab 1.8.2013 nicht mehr angewandt. In der Regel wird bei Rentensachen jetzt nur noch eine Erhöhung der Mittelgebühr um 20% als gerechtfertigt angesehen, was allerdings die gesetzliche Anpassung der Rahmengebühren an die wirtschaftlichen Notwendigkeiten des Betriebs einer Anwaltspraxis konterkariert.

Um bei der derzeitigen Praxis der Festsetzung der Gebühren innerhalb des gesetzlich vorgegebenen Gebührenrahmens wirtschaftlich überleben zu können, wird dem Prozessbevollmächtigten mit sozialrechtlicher Spezialisierung aus wirtschaftlichen Gründen nichts anders übrigbleiben, als seinen Vortrag auf das rechtlich Notwendige zu beschränken. Nach § 108 SGG **kann** die mündliche Verhandlung durch Schriftsätze vorbereitet werden. Eine Verpflichtung, Schriftsätze einzureichen, besteht nicht.[23] Für den Anwalt ist es am effektivsten, den gesamten Streitstoff erst nach Durchführung der Ermittlungen des Gerichts von Amts wegen vor dem Termin zur mündlichen Verhandlung aufzuarbeiten.

Diese Arbeitsweise entspricht auch der Handhabung vieler Richter. Dass es hierdurch häufig zu Vertagungen und Verfahrensverzögerungen kommt, liegt auf der Hand. Dies ist zwar nicht im Interesse der Justiz. Wenn sie aber den Zeitaufwand der Anwälte nicht angemessen honorieren will, sondern den Interessen der viel zu häufig unterlegenen Versicherungsträger folgen will, kann sie von den freiberuflich tätigen Prozessbevollmächtigten nicht erwarten, dass diese die Aufgaben wahrnehmen, die nach § 103 Satz 1 SGG eigentlich dem Gericht obliegen. Es ist lediglich Pflicht des Anwaltes, den Sachverhalt aus der Sicht seines Mandanten darzustellen und die richtige Rechtsanwendung durch die Gerichte zu kontrollieren. Darüber hinaus gehende „Serviceleistungen" zur Arbeitserleichterung der Gerichte können nur erwartet werden, wenn sie auch angemessen honoriert werden.

2. Sonstige Verfahren

In **Schwerbehindertenangelegenheiten** wird der Anwalt sich zumeist mit der **Mittelgebühr** bescheiden müssen, auch wenn der Arbeitsaufwand für die Mandatsbearbeitung nicht wesentlich geringer ist als der eines Rentenverfahrens. Je nach Kostenstruktur

22 Vgl. LSG NRW 5.5.2008 – L 3 R 84/08; LSG Rheinland-Pfalz 6.11.1997 – L 4 V 32/97 – NZS 1998, 207.
23 Leitherer in: Meyer-Ladewig/Keller/Leitherer, § 108 SGG Rn 2.

der Praxis und der Frage, ob eine Honorarvereinbarung abgeschlossen werden kann, muss man sich genau überlegen, ein derartiges Mandat anzunehmen. Häufig folgt einem Schwerbehindertenmandat jedoch ein Rentenverfahren oder ein arbeitsrechtliches Mandat, so dass wegen der Synergieeffekte (und der Außendarstellung gegenüber den Mandanten) das Verfahren trotz unzureichender Honorierung mitgeführt werden muss.

Ob sich die Rechtsprechung sich auf Dauer der Erkenntnis, dass qualifizierte Arbeit vor den Sozialgerichten auch entsprechend honoriert werden muss, weiter verschließen werden, hängt unter anderem auch mit dem Verständnis für betriebswirtschaftliche Zusammenhänge und die mit dem Betrieb einer Anwaltspraxis verbundenen Kosten zusammen. Hier ist zumindest in der Justiz ein zögerliches Umdenken einzelner Richter feststellbar.[24]

3. Gebührenvereinbarungen

Als Ausweg aus der unzureichenden gesetzlichen Honorierung besteht für den Anwalt die Möglichkeit, Honorarvereinbarungen, die für die vorgerichtliche Beratung ohnehin obligatorisch sind, abzuschließen.

Dabei ist aber zu berücksichtigen, dass viele Kläger, die Mandate aus dem Bereich des Sozialversicherungsrechtes erteilen, finanziell schwach ausgestattet sind. Dies gilt insbesondere für Streitigkeiten wegen Erwerbsminderungsrenten, denen meist eine längere Erkrankung und damit verbundene Einkommensminderungen vorausgehen. Wenn die Voraussetzungen für die Gewährung von Prozesskostenhilfe vorliegen, scheidet der Abschluss von Honorarvereinbarungen allerdings aus. Auch einem rechtsschutzversicherten Kläger ist schwer zu vermitteln, dass die Versicherung, die ihm einen allumfassenden Versicherungsschutz versprochen hat, seinen Spezialisten nur unzureichend honorieren will. Rechtsschutzversicherungen leisten Zahlungen nur innerhalb des gesetzlichen Gebührenrahmens.

Ob und in welcher Höhe der Abschluss einer Honorarvereinbarung im Einzelfall möglich ist, hängt von der Struktur der Mandantschaft, der Überzeugungskraft des Anwaltes und dem Willen, gegebenenfalls bestimmte Mandate dann eben nicht zu übernehmen, ab.

Grundsätzlich bieten sich verschiedene Möglichkeiten der Gebührenvereinbarung: Neben der Vereinbarung eines erhöhten Pauschalhonorars oder einer zeitabhängigen Vereinbarung kann jetzt auch ein Erfolgshonorar vereinbart werden.

a) Pauschalhonorarvereinbarung

Der Abschluss eines erhöhten Pauschalhonorars unter Hinweis auf die höhere Vergütung von Zivilrechtsstreitigkeiten bietet einen guten Ansatz, die unzureichende gesetzliche Honorierung zu verbessern.

Bei der Netto-Standard-Rente der DRV iHv 1.077,08 EUR wäre bei Abrechnung nach dem Gegenstandswert ein Streitwert von 36 Monaten = 38.774,88 EUR anzu-

24 Vgl Bericht über das kostenrechtliche Symposium beim LSG NRW in ASR 2008 S. 125-126.

setzen. Die Streitwertgebühr (2,5-facher Gebührenfaktor) betrüge dann 2.255 EUR. **Die Rahmengebühr beträgt also ca. 30 % einer vergleichbaren Streitwertgebühr.**

Allerdings weckt man durch den Abschluss einer Pauschalvereinbarung hohe Erwartungen bei der Mandantschaft, die dadurch der Auffassung ist, sie könne den Anwalt nunmehr in großem zeitlichem Umfang beanspruchen. Gerade bei psychosomatischer Beteiligung am Krankheitsbild oder bei abgelehnten Rentenbewerbern, die auf andere Sozialleistungen angewiesen sind und Probleme mit den zuständigen Sozialleistungsträgern haben, besteht ein großer Beratungsbedarf. Bei allem Verständnis für die wirtschaftliche Notlage der Mandanten kann es jedoch nicht Aufgabe des Rechtsanwaltes sein, ohne entsprechende Honorierung Aufgaben zu übernehmen, die in den Aufgabenbereich eines Sozialberaters, Psychotherapeuten oder wegen überlanger Verfahrensdauer ggf sogar des Richters fallen.

b) Zeithonorarvereinbarung

Das zeitabhängige Honorar hat den Nachteil, dass eine Zeiterfassung – entweder über EDV oder manuell – geführt werden muss. Weiterhin sind die betriebswirtschaftlich notwendigen, relativ hohen Stundensätze einem in kaufmännischen Dingen nicht bewanderten Mandanten häufig schwer zu vermitteln.

Eine Zeithonorarvereinbarung hat andererseits den Vorteil, dass das Bewusstsein, dass die Zeit des Anwaltes Geld kostet, bei vielen Mandanten ungemein erzieherisch wirkt. Ihr Abschluss dürfte daher in den Fällen, in denen aufgrund der Persönlichkeitsstruktur des Mandanten eine hohe zeitliche Inanspruchnahme des Anwaltes zu erwarten ist, vorzuziehen sein.

c) Erfolgshonorar

Der Abschluss einer Erfolgshonorarvereinbarung ist jetzt gesetzlich zwar nach § 4 a RVG grundsätzlich möglich, wenn der Auftraggeber aufgrund seiner wirtschaftlichen Verhältnisse bei verständiger Betrachtung ohne die Vereinbarung eines Erfolgshonorars von der Rechtsverfolgung abgehalten würde. Die Vereinbarung als Erfolgshonorar wird in den meisten sozialgerichtlichen Angelegenheiten aber kaum in Betracht kommen.[25] Für bedürftige Mandanten kommt idR die Gewährung von Beratungshilfe oder Prozesskostenhilfe in Betracht. Für die Auftraggeber, die die Voraussetzungen dieser Hilfen nicht erfüllen, ist in den üblichen Leistungsfällen betreffend die Rentenversicherung oder die Unfallversicherung das Kostenrisiko idR nicht sehr hoch. Wenn um Sozialleistungen gestritten wird, die auch im Erfolgsfall für das Bestreiten des Lebensunterhaltes des Versicherten benötigt werden, wird wenig Spielraum für eine angemessene Honorierung zeitaufwändiger Streitverfahren bleiben.

25 So auch Radtke-Schwenzer in: Plagemann, Münchener Anwaltshandbuch Sozialrecht, § 50 Rn. 138.

Stichwortverzeichnis

Fette Zahlen bezeichnen die Paragraphen, magere die Randnummern.

FSC
www.fsc.org
MIX
Papier | Fördert gute Waldnutzung
FSC® C083411

Kolibri 360 GmbH
Ferdinand-Jühlke-Straße 7
99095 Erfurt, Deutschland
produktsicherheit@kolibri360.de